Georg Kreis

VORGESCHICHTEN ZUR GEGENWART

Ausgewählte Aufsätze
Band 3

Schwabe Verlag Basel

Gedruckt mit freundlicher Unterstützung der Berta Hess-Cohn Stiftung, Basel

Umschlag: «Helvetia auf Reisen» am Brückenkopf der Mittleren Brücke
im Kleinbasel von der Basler Bildhauerin Bettina Eichin (Foto Kurt Wyss).

Bildredaktion: Georg Kreis
Gesamtherstellung: Schwabe AG, Druckerei, Muttenz/Basel
Printed in Switzerland
ISBN 3-7965-2154-1

www.schwabe.ch

Inhalt

Teil 1
Lokales und Regionales

Das lokale Basel

Das regionale Basel

Teil 2
Nationales und Internationales

Aussenpolitik

«Europa»

Internationale Welten

Elsass

Vorwort

Geschichte findet überall statt, auf allen Ebenen, in allen Dimensionen und Räumen. Dieser Band verbindet Lokales, Nationales und Internationales. Im «Lokalteil» wird beispielsweise der Abbruch der Basler Stadtmauern behandelt, eine Variante von Entfestigungsvorgängen, die im Laufe des 19. Jahrhunderts da und dort stattgefunden haben. Es wird auch ein Basler Kunststreit aus den 1950er Jahren rekonstruiert, an dem sich konkret und doch in allgemeiner Weise die Mentalitätsstrukturen des Kalten Kriegs ablesen lassen. Ein weiterer Themenblock umfasst Beiträge zur schweizerischen Aussenpolitik, insbesondere zur Reisediplomatie und zur demokratischen Mitwirkung in der internationalen Politik. Unter dem Titel «Europa» bündelt eine Abhandlung zum Basler Pan-Europa-Kongress von 1932 wiederum Lokales, Nationales und Internationales. Andere Beiträge befassen sich mit der demokratischen Mitwirkung im gesamteuropäischen Integrationsprozess und mit der bekannten Frage, inwiefern die schweizerische Integrationsgeschichte des 19./20. Jahrhunderts eine Vorwegnahme eines analogen Vorgangs ist, der auf europäischer Ebene nach 1945 einsetzt. Weitere Beiträge befassen sich mit der wechselvollen Geschichte des Elsass, einem langjährigen Spannungsfeld innereuropäischer Gegensätze. Die überzähligen Texte zum zweiten Band haben in diesem Band nun doch nicht berücksichtigt werden können. Alles in allem sind aber mit dieser grosszügigen Edition die wichtigsten Arbeitsfelder im Sinne einer vorläufigen Rechenschaftslegung abgesteckt und dokumentiert. Der Verfasser dankt hier nochmals dem Verlag für das grosse Engagement und die ausgezeichnete Zusammenarbeit. Er dankt auch für die grosszügige finanzielle Unterstützung, die dieser Band durch die Berta Hess-Cohn Stiftung erfahren hat.

Auf dem Umschlag des ersten Bandes ragt Wilhelm Tell, der im Altdorfer Zentrum mit trotziger Geste den zweiten Pfeil hochhält. Der Umschlag des zweiten Bandes führt nach Bern vors Bundeshaus, wo die Armee im August 1945 nach vollbrachtem Aktivdienst die Fahnen deponiert. Das Bildmotiv des dritten Bandes markiert mit Bettina Eichins Basler Helvetia gleichsam die nächste Phase der Geschichte, die durch eine gewisse Nachdenklichkeit und stärkere Offenheit gegenüber dem «Ausland» gekennzeichnet ist. Gekennzeichnet? Hier vermischen sich, dies sei ohne weiteres zugegeben, Tatsachenfeststellung und Wunschdenken.

Basel, im Oktober 2005 *Georg Kreis*

Teil 1
Lokales und Regionales

Wenn man ein Bild zur Veranschaulichung des historischen Basel sozusagen «zu gut» hat, spricht viel dafür, eine Darstellung des Stadtkerns mit der Brücke zu wählen. Sie ist mit dem Rhein, der Hauptkirche und ebender 1225 geschaffenen Brücke die klassische Ikone der Erkennung und Wiedererkennung. Hier der umgekehrte Blick von einem der Münstertürme in einer Aufnahme von Adolphe Braun um 1865 (Sylvie Henguely, Der Rhein. Vom Stereobild zum Panorama. In: «Als regne es hier nie ...». Fotografien – Photographies. Hrsg. v. Susanne Bieri. Basel 2003. S. 100. Foto: Adolphe Braun, Dornach. Nr. 2888).

Basel und seine Geschichte

Kürzlich ist am Eröffnungsakt der 600-Jahr-Feier zur Vereinigung von Klein- und Grossbasel offiziell verkündet worden: «Basel hat trotz Vielfalt seine Identität nicht verloren.» Herausgefordert durch die Selbstverständlichkeit, mit der man annahm, dass Basel eine Identität habe, die es konservieren oder verlieren könne, möchte ich unseren kurzen Gang durch Basels Geschichte auf die Identitätsfrage ausrichten. Dies soll aber nicht – wie es legitimerweise oft geschieht – für die interne Selbstverständigung der Ortsansässigen, sondern so geschehen, dass die Überlegungen auch von allgemeinerem Interesse sind und zugleich trotzdem etwas über Basels Geschichte mitteilen.

Zwei theoretische Vorbemerkungen sind nötig: Die erste muss auf die *Bedeutung der Geschichte* für die kollektive Identität hinweisen. Gemeinwesen definieren sich gerne historisch, weil sie die Werte, die sie sich – ob bereits verinnerlicht, ob nur programmatisch – zuschreiben, nicht *an sich* in Anspruch nehmen können, sondern historisch begründen müssen. Das Wesen wird gefasst mittels der Vorstellung, wie die eigene Vergangenheit gewesen sei. Die Verbindung zur Vergangenheit hat bekanntlich – je nach Einstellung – entweder den Charakter eines usurpatorischen Rückgriffs zur billigen Selbstaufwertung, oder sie wird ernsthaft als verpflichtendes Erbe verstanden, dem entsprechende Eigenleistungen folgen müssten.

Die zweite Vorbemerkung muss auf die *wachsende Variabilität* sowohl der Identität als auch des Geschichtsbildes aufmerksam machen. Die traditionelle Vorstellung geht davon aus, dass es erstens nur *eine* Identität gibt, nämlich die richtige, die mit dem angeblich unverrückbaren Wesen[1] identische Vorstellung, und dass es zweitens auch nur *eine* Geschichte gibt, darum nur *ein* richtiges, nämlich mit der objektiv fassbaren Vergangenheit übereinstimmendes Bild. Heutzutage sieht man ein, dass beides – Identität und Geschichte – in erster Linie Wahrnehmungs- und Vorstellungsprodukte sind: variable, situative, inkonsistente, ja widersprüchliche Konstruktionen. Dem eingangs zitierten Diktum müsste demnach entgegengehalten werden, dass Basel «die Identität» nicht verlieren könne, weil es sie als solche gar nicht gibt. Es gibt nur ein Arsenal von virtuellen Identitätspartikeln und Geschichtspartikeln, die in den tagtäglichen Verstän-

1 Es gibt eine überraschend reichhaltige, freilich von unterschiedlichen Grundverständnissen ausgehende Literatur über das Wesen der Basler: August Rüegg, Vom Basler Geist und vom Charakter der Basler. Basel 1943. – Carl J. Burckhardt, Einleitung zur Denkschrift von 1957. – Fridolin, Der Basler. Basel 1957. – Rudolf Moosbrugger, Was ist ein Basler? Basel 1982. – Hans Trümpy, Vom Wesen der Basler. In: Das Politische System Basel-Stadt. Basel 1984. S. 145–153.

digungsversuchen mit mehr oder weniger Plausibilität für konkrete Haltungen und Handlungen als legitimierende Instanzen eingesetzt werden.

Aktivieren kann man freilich nur, was vorhanden ist. Bekanntes und auch nur Halbbekanntes bilden einen mehr oder weniger gemeinsamen Vorrat an Vorstellungen. Man kann auch von einem gemeinsamen Spielfeld reden, jedenfalls gehören auch bestimmte eingeübte Kombinationen von Elementen und immer wieder gefahrene Argumentationsparcours ebenfalls zum Prozess der kollektiven Verständigung.

In ziemlich freier Reihenfolge sollen nun in insgesamt zehn Abschnitten einige Elemente des baslerischen Identitätssystems präsentiert werden. Nicht ihrer äusseren Ausformung, aber ihrer inneren Qualität nach könnten es zum Teil auch Elemente anderer kommunaler Identitätssysteme sein. Basel ist stadtgeschichtlich in mancher Hinsicht ja nur ein «casus», eine Variante. Dies gilt selbst bezüglich der allgemein verbreiteten, verständlichen und bis zu einem gewissen Grad auch berechtigten Neigung, sich als einzigartig, als ausserordentlich, als etwas Spezielles zu verstehen. Es geht uns doch allen wie den Freiburgern im Breisgau, die bezogen auf ihr Münster sagen, dass sie den «schönsten Turm der Christenheit» hätten.

1. Das erfolgreiche Basel

Auch Basels Geschichte wird mit Vorliebe als Erfolgsgeschichte gelesen, als Geschichte einer Entwicklung, die da, wo einst zwischen den Ausläufern des Juragebirges und des Schwarzwaldes Mammut und Elch gegrast hatten, eine blühende Stadt hervorbrachte, mit Türmen und Toren, gedeckten Tischen, vollen Truhen; mit umsichtigen Bischöfen, einem rührigen Bürgertum, klugen Kaufleuten und Bankiers; schon seit 1225/26 mit der für lange Zeit einzigen Rheinbrücke zwischen Bodensee und Nordsee oder mindestens zwischen Konstanz und Köln, seit 1460 mit der einzigen Universität weit und breit, seit 1471 mit dem kaiserlichen Privileg, zweimal jährlich Warenmessen durchzuführen, im 16. Jahrhundert mit Buchdruckern, die – bescheiden ausgedrückt – zur europäischen Spitzenklasse gehörten; im 17. Jahrhundert, nach dem Aufkauf der Amerbachschen Sammlung, mit – wie man heute sagt – Europas erster öffentlicher Kunstsammlung.[2]

Zu dieser Art, Basels Geschichte zu lesen, gehört es durchaus, auch einigen dunklen Momenten Aufmerksamkeit zu schenken: insbesondere der grossen Pest um 1340 und dem grossen Erdbeben von 1356. Diese Momente werden aber als bloss vorübergehende Rückschläge verstanden. Deren Funktion ist es, den unaufhaltsamen Aufstieg

2 Basel gehört auch in den Bereichen Kunst und Architektur zur «Weltliga». Dazu beigetragen haben die 1970 entstandene internationale Kunstmesse «Art» (zeigen – schauen – kaufen. 25 Jahre Art. Basel 1995), die 1995 eröffnete «Fondation Beyeler» (Hans-Joachim Müller, Ernst Beyeler, Kunsthändler, Sammler, Museumsgründer. Basel 1994), das 2003 in Betrieb genommene und vom Architekturbüro Herzog & de Meuron entworfene und von Vera Oeri finanzierte «Schaulager».

noch eindrücklicher erscheinen zu lassen. «Alle diese Heimsuchungen», heisst es in einer populären Schrift über Basel, «vermochten den Unternehmungsgeist und den Gewerbefleiss der Bürger nicht darniederzuhalten.»[3] Vielleicht ist dies ein ermunternder Trost angesichts der katastrophalen Finanzlage, in der sich die Stadt wie andere Gemeinwesen zur Zeit befinden.

Die Liste der Premieren und Superlative wurde, wie wir noch hören werden, mit der Zeit etwas magerer. Hervorragendes lässt sich indessen, wie wir ebenfalls noch hören werden, alleweil vermelden. In Basel fuhr 1844, von Strassburg kommend, die erste Eisenbahn auf Schweizer Boden. Als Nachfolgerin einer blühenden Textilindustrie nimmt die Basler chemische Industrie[4] eine Weltspitzenstellung ein, mit anhaltendem Erfolg und markanten Fortschrittsleistungen, etwa 1933 mit der Vitamin-C-Synthese, 1938 mit der Entdeckung des Psychopharmakons LSD, 1939 mit der Entwicklung des Insektenvertilgungsmittels DDT.[5]

In Basel wurden um 1950 die ersten Fernsehübertragungsversuche der Schweiz durchgeführt.[6] 1966 führte Basel-Stadt als erster Kanton der deutschen Schweiz, zwar spät, aber doch vergleichsweise früh, das Frauenstimmrecht ein. Es gibt weitere Guinness-Daten: Seit den fünfziger Jahren gerät man dank dem Basler Zoologischen Garten – und dies tönt ironischer, als es gemeint ist – mit ausserordentlichen Zuchterfolgen bei Nashörnern, Gorillas, Okapis und Elefanten immer wieder in die Schlagzeilen der Rekorde. Die Superlative neigen dazu, trivialer zu werden,[7] die Wissenschaft behält jedoch in Basels Identitätssystem eine Spitzenposition.

2. Das gelehrte Basel

Basel kann sich wegen seiner aus dem grossen Basler Konzil (1431–1448) hervorgegangenen Hochschule als Gelehrtenstadt verstehen und dabei betonen, dass es sich nicht um irgendeine Universität handle, sondern um die älteste von einer Stadt geschaffene Universität nördlich der Alpen und um, wie gesagt, die für lange Zeit (beinahe 400 Jahre) einzige Universität der Schweiz. Aus der Entstehung und der weiteren Entwicklung ergab sich ein enges Verhältnis zwischen der Basler Bürgerschaft und ihrer Universität. Das «gescheiteste Haus», wie die Universität von Basels Hauptzeitung

3 Basel. Kleines Stadtbuch. Hrsg. v. Verkehrsverein Basel. Basel 1956. S. 4.

4 Zu den Anfängen siehe Tobias Straumann, Die Schöpfung im Reagenzglas. Eine Geschichte der Basler Chemie (1850–1920). Basel 1995. – Mit wichtigen Basler Beiträgen: Chemie in der Schweiz. Geschichte der Forschung und der Industrie. Hrsg. v. Thomas Busset, Andrea Rosenbusch, Christian Simon. Basel 1997.

5 Christian Simon, DDT. Kulturgeschichte einer chemischen Verbindung. Basel 1999.

6 Gegenläufig zur zunehmenden Bedeutungslosigkeit der Basler Medien veröffentlichte Markus Kutter 1985 mit der Unterstützung der Basler Handelskammer die kleine Schrift «Medienstadt Basel?».

7 Vgl. Hannes Bertschi, Basler Buch der Rekorde. 240 Superlative. Basel 1982. Mit einer Ergänzung im «Basler Magazin» Juli–Oktober 1987.

traulich und doch respektvoll genannt worden ist,[8] nimmt im baslerischen Identitätssystem eine hohe Stellung ein. Die «Basilea docta» findet ihr Abbild in der über 100 Gemälde umfassenden Porträtgalerie.[9] In der auf das 16. Jahrhundert zurückgehenden und bis zum Ausbruch des Ersten Weltkriegs geführten Galerie spiegeln sich die Mentalitäten der verschiedenen Epochen: zunächst die im Humanismus begründete Hochschätzung des Individuums, dann der barocke Wille zur Schaustellung, später der bürgerliche Historismus. Die grosse Basler Museumstradition hat ebenfalls ihre Wurzeln im «gelehrten» Basel.[10]

Basel nimmt gerne Gewicht und Glanz grosser Geister für sich in Anspruch. Selbst in den populärsten Schriften[11] findet man die Namen aufgeführt, «die Basel zu Weltruf verhalfen». Diese Namen werden aber nicht nur gegen aussen gekehrt, sie haben auch im Inneren des Gemeinwesens ihre Bedeutung. Ein einfaches Zeichen dieser Anerkennung sind die Namensgebungen für gewisse Basler Strassen.[12] Auch in den kürzesten Präsentationen der Stadt finden sich neben Erasmus, der zuerst und immer wieder genannt wird (aber mit dem «Erasmusplatz» keinen prominenten öffentlichen Raum zugewiesen erhalten hat), Namen wie Vesal, Paracelsus, Bernoulli und Euler.[13] Je mehr wir uns der Gegenwart nähern, desto grösser wird die Zurückhaltung. Die Linie lässt sich allerdings leicht weiterziehen, etwa mit dem Aufklärer Isaak Iselin, dem Dreigestirn Jacob Burckhardt, Johann Jakob Bachofen und Friedrich Nietzsche, den beiden C.G. Jung, aus jüngerer Zeit mit dem Bern-Basler Karl Barth und dem Deutschen Karl Jaspers[14] und mit den «Basler» Nobelpreisträgern: dem in Olten geborenen, aber immerhin in Basel zur Schule gegangenen und für seine DDT-Entdeckung geehrten Paul Müller (1948), dem in Polen geborenen, in Zürich heimatberechtigten und ausgebildeten Tadeus Reichstein (1950) und dem aus dem Aargau stammenden und in Genf und an vielen Instituten der Welt ausgebildeten Werner Arber (1978), noch kürzlich Rektor unserer Universität.

Das Verständnis der Gelehrsamkeit sollte nicht zu eng gefasst werden, zumal man Basels Grösse natürlich auch mit kulturellen Grössen belegen kann, die nicht der Wis-

8 Basels gescheitestes Haus. Ein Blick in Institute und Seminare der Universität Basel. Sonderdruck der Basler Zeitung 1988. 196 S.

9 Paul Leonhard Ganz, Die Basler Professorengalerie in der Aula des Museums an der Augustinergasse. In: Basler Zeitschrift für Geschichte und Altertumskunde. Bd. 78. 1978.

10 Hans-Rudolf Hagemann, Die Rechtsgutachten des Bonifacius Amerbach. Basler Rechtskultur zur Zeit des Humanismus. Bd. I und II. Basel 1997/2001.

11 Zum Beispiel im bereits zitierten Büchlein des Basler Verkehrsvereins von 1956 oder in einem für seine internationale Kundschaft hergestellten Schriftchen des Schweizerischen Bankvereins von 1957. Vgl. auch Otto Spiess, Die Weltberühmten. In: Basel. Denkschrift zur Erinnerung an die vor 2000 Jahren erfolgte Gründung der Colonia Raurica, 44. v.Chr.–1957 n.Chr. Olten 1957.

12 Neuerdings: André Salvisberg, Die Basler Strassennamen. Basel 1999.

13 In diese Galerie gehören auch die Gebrüder Platter. Zu Thomas Platters 500. Geburtstag ist 2002 der von Werner Meyer und Kaspar von Greyerz herausgegebene Tagungsband «Platteriana» erschienen.

14 Aufsätze über Jaspers und Barth in: Zeitbedingtheit – Zeitbeständigkeit. Professoren-Persönlichkeiten der Universität Basel. Hrsg. v. Georg Kreis. Basel 2002.

senschaftswelt im strengen Sinne angehören: beispielsweise mit den länger an anderen Orten als in Basel schaffenden Malern Holbein und Böcklin, mit den Schriftstellern Konrad von Würzburg und Sebastian Brant, die nach Basel übergesiedelt sind,[15] und in jüngerer Zeit mit den promotorischen und konservatorischen Einsätzen eines Georg Schmid im kunsthistorischen oder eines Paul Sacher im musikalischen Bereich. Alle zusammen sind bleibende Stützen eines Basel, von dem im nächsten Punkt die Rede sein soll.

3. Das zivile Basel

Man kann die Inanspruchnahme individueller Leistungen durch ein Kollektiv belächeln, zumal wenn sie, wie auch im Falle von Erasmus, Persönlichkeiten gilt, die nur temporär in Basel weilten und – zu Recht oder zu Unrecht – mit dieser Stadt haderten. Dem ist entgegenzuhalten, dass dieser Identifikation immerhin eine keineswegs selbstverständliche Anerkennung geistiger Leistungen zugrunde liegt. Basel ist eine sehr zivile Stadt, sie hat keine kriegerischen Heldentaten, mit denen sie ihre Identität ausstatten könnte. Aus den grossen Schlachten, die unmittelbar vor ihren Toren bei St. Jakob (1444) und bei Dornach (1499) ausgetragen wurden, versuchte sie sich herauszuhalten.[16]

Der zivile Charakter der Stadt zeigt sich in der Art, wie sie ihre Macht festigte und mehrte, zunächst unter dem Regime des Bischofs, dann unter dem Regime der Zünfte. So wurde vor 600 Jahren der rechtsrheinische Brückenkopf nicht etwa mit Waffengewalt erobert, sondern mit der Macht des Geldes erworben: Ein zahlungskräftiges Bürgertum liess sich ihn für ein paar Tausend Gulden von seinem bischöflichen Stadtherrn überschreiben. In einer Basler Geschichte jüngeren Datums lesen wir: «Mit ihrem Gold, nicht mit ihrem Schwert, schob sie Bischof und Adel beiseite, sicherte sich die Passhöhen des Jura und öffnete sich so den Weg zum eidgenössischen Mittelland und zum Gotthard.»[17] Einmal führte Basel in eigener Sache und – wie man beifügen muss – in unglücklicher Weise einen heissen Krieg: 1833, als es die liberale Bewegung «seiner» Bauern unterdrücken und ihnen weiterhin das politische Mitbestimmungsrecht vorenthalten wollte.[18]

15 Hans Werthmüller, Tausend Jahre Literatur in Basel. Basel 1980.

16 Jubiläen haben 1994 und 1999 auch dazu neuere Publikationen gezeitigt: Ereignis – Mythos – Deutung. 1444–1994 St. Jakob an der Birs. Basel 1994. – «an sant maria magtalena tag geschach ein grose schlacht». Gedenkschrift 500 Jahre Schlacht bei Dornach 1499–1999. Hrsg. v. Regierungsrat des Kantons Solothurn. Solothurn 1999. Alles in allem wurde aber nicht so sehr die Schlacht, sondern der daraus hervorgegangene Friede von Basel begangen.

17 Martin Alioth, Ulrich Barth und Dorothee Huber, Basler Stadtgeschichte. Bd. 2. Basel 1981. S. 15.

18 Basel-Landschaft hat 1983 selbstverständlich die Trennung und Erlangung der Unabhängigkeit vor 150 Jahren in Erinnerung gerufen; in Basel-Stadt wurde der Moment dagegen übergangen. Vgl. die Schrift: Baselland vor 150 Jahren. Wende und Aufbruch. Liestal 1983.

Als Verkörperungen des zivilen Geistes gelten die Basler Staatsmänner Rudolf Wettstein und Peter Ochs; der eine zürcherischer, der andere hamburgischer Herkunft, der eine mit Verdiensten um die Exemtion der Eidgenossenschaft vom Deutschen Reich 1648 im Westfälischen Frieden, der andere mit Verdiensten als Vordenker der frankreichorientierten Helvetischen Republik von 1798.[19]

4. Das kirchliche Basel

Das kirchliche Basel ist, auch wenn seine Bedeutung heutzutage stark zurückgegangen ist, das Fundament oder der Nukleus dieser Stadt. Kirchlich waren seine ersten Stadtherren vom 8. bis zum 16. Jahrhundert, kirchlich ist sein Wappen mit dem Krummstab als dem Symbol der bischöflichen Herrschaft. Die von Kaiser Heinrich geförderte und im Jahr 1019 eingeweihte Basilika wie ihre Nachfolgerin, die um 1200 errichtete Kathedrale, erhielten selbstverständlich ihren Platz im Kerngebiet der Stadt, im vormaligen römischen Kastell. Das Münster «auf Burg» und die Rheinbrücke mit ihrer Kapelle bilden zusammen die beiden wichtigsten Identifikationselemente der frühesten Stadtbilder. Um die Hauptkirche entstanden bald weitere Kirchen, vor allem der zahlreichen Klöster und Stifte, aber auch der Pfarreien. Im Mittelalter machte die Geistlichkeit etwa einen Zehntel der Stadtbevölkerung aus.

Basel versteht sich noch heute als reformierte Stadt, auch wenn die Protestanten nur noch 44,4 Prozent seiner Bevölkerung ausmachen. Von 1529 an war die Stadt in der Tat ein rein reformiertes Gemeinwesen, zeittypisch ohne Toleranz gegenüber Andersgläubigen. Die Katholiken erhielten erst Ende des 18. Jahrhunderts durch die Helvetische Revolution wieder das Recht, öffentlich Messen abzuhalten, und erst in der zweiten Hälfte des 19. Jahrhunderts mit der St. Clara-Kirche einen festen Kultraum zugestanden. Erst 1886 ist mit St. Marien ein erster katholischer Kirchenneubau entstanden. Noch zu Beginn des 20. Jahrhunderts konnte es vorkommen, dass in Schulbubengesprächen die Frage, ob man katholisch sei, mit der Antwort «I bi Basler» quittiert wurde.[20]

19 Beide haben im Zusammenhang mit Jubiläen und Jubiläumsausstellungen weitere Würdigungen erfahren: Wettstein – Die Schweiz und Europa 1648. Hrsg. v. Historischen Museum Basel. Basel 1998. – Zu Ochs zunächst: Beat von Wartburg, Musen [und] Menschenrechte. Basel 1997. 1997/98 veranlasste die kurz zuvor entstandene Peter Ochs Gesellschaft die Herausgabe von 4 Quellenbänden. Schliesslich von Beat von Wartburg herausgegeben und mit einem wichtigen Beitrag von Christian Simon, Basel 1798, Vive la République Helvétique. Basel 1998. Den Promotoren von «1798» wurde unterstellt, indirekt den Anschluss an die EU zu fördern, während die Promotoren von «1648» explizit die souveräne Distanz zu Europa betonten.

20 Noch immer unüberholt: Theo Ganter, Volkskundliche Probleme einer konfessionellen Minderheit. Dargestellt an der römisch-katholischen Diaspora der Stadt Basel. Winterthur 1970. Dazu Aram Mattioli und Charles Stirnimann, «Die Rückeroberung der Strasse für Gott». Innenansicht zur Sozial- und Mentalitätsgeschichte der Basler Katholiken in der Epoche des Ersten Weltkrieges. In: Fenster zur Geschichte. Festschrift für Markus Mattmüller. Basel 1992. – Das «Fromme Basel».

Die Reformation war, wie in anderen Orten, nicht nur ein kirchlicher, sondern mindestens so sehr ein weltlicher Vorgang. Im Vorfeld der Reformation entzog der Basler Rat (1521) in einem einseitigen Akt dem Fürstbischof die ohnehin weitgehend nur noch theoretische Stadtherrschaft. Wie andere Städte hat auch Basel einen eigenen Reformator, und wie in anderen Städten wird der über längere Zeit sich anbahnende komplexe Vorgang personalisierend als das Werk dieses Mannes verstanden. Im Falle Basels handelt es sich um Johannes Oekolampad, der 1522 aus Deutschland geflohen war, hier zugleich als Lehrer an der Universität und als Pfarrer von St. Martin wirkte und in einer dem Stadtrat zugeeigneten Widmung folgende Mahnung aussprach:

> «Möge ein anderer die prächtigen Gebäude Eurer Stadt bewundern, ihr mildes Klima, ihren fruchtbaren Boden, ihre schöne Lage, all den Nutzen des Rheinstromes, der sie durchfliesst, all die Kunstfertigkeit ihrer Handwerker, all den Ruhm ihrer Buchdrucker! Möge ein anderer preisen all die grossen Privilegien, die Basel von Königen und Päpsten geniesst, all die hohe Ehre, die ihm das grosse Konzil brachte, all die hohe Zier durch seine Gelehrten, vor allem durch den grossen Fürsten der Wissenschaft, Erasmus, all seine treue Eidgenossenschaft mit den Schweizern, all seine hohe Staatskunst, mit denen es sich um die benachbarten Fürsten und Städte verdient macht! Mir scheint das alles nicht so bewundernswert, obwohl sich Basel darin mit den berühmtesten Städten messen kann, ja sogar die meisten übertrifft; aber da wir erwarten, dass einmal diese ganze, der Vergänglichkeit verfallene Welt untergehen werde, was sollen wir solche Dinge bestaunen, was soll uns das alles gefesselt halten? Nein, darin preise ich Basel glücklich, und das macht mich froh und freudig, dass es den Herrn als seinen Gott anerkennt!»[21]

5. Das schöne Basel

Unter dem Eindruck von Oekolampads Mahnung soll dieser Abschnitt kurz gehalten werden. Man könnte sich mit der Bemerkung begnügen, dass Basel von nahezu jeder Epoche Baudenkmäler von bester Qualität hat und dass man sich, wie Neujahrskarten und Konfiserieprodukte zeigen, sofern sie nicht wie etwa Karl Mosers Antoniuskirche aus dem späten 20. Jahrhundert stammen, gerne mit ihnen identifiziert. Hier scheinen aber doch besondere Hinweise zum einen auf das Rathaus und zum anderen auf die Stadttore, insbesondere das Spalentor, am Platze. Das Rathaus aus dem 16. Jahrhundert ist Ausdruck des kraftvollen Selbstbewusstseins des Bürgertums und in der Senke des Birsigtals das weltliche Gegenstück zum sakralen und fürstbischöflichen Zentrum auf der Anhöhe über dem Rhein.

Religion in einer Stadt des 19. Jahrhunderts. Hrsg. v. Thomas K. Kuhn und Martin Sallmann. Basel 2002.

21 Vorlesung über den Propheten Jesaja, 1525 bei Cratander gedruckt.

Baudenkmäler sind bekanntlich im identitären Repräsentationsprozess besonders wichtig, weil sie von den Menschen, den Einheimischen wie den Durchreisenden, als fassbare Materialisierungen von Wesen, vielleicht auch des berühmten «genius loci», verstanden werden. Da solche Symbolbauten ohnehin losgelöst von der meistens weniger schönen, oft zuweilen sogar hässlichen Umwelt sind, tut es den Identifikationsmöglichkeiten – leider – beinahe keinen Abbruch, wenn architektonische Schönheit durch die Veränderungen der Umgebung eine städtebauliche Isolation erleben (z.B. beim Holsteinerhof oder beim Leisslerschen Sommersitz «Sandgrube»). Erfreulicherweise haben sich in der Stadt zwar auch einige grössere Ensembles erhalten (neben dem Münsterquartier insbesondere der Nadelberg und der Heuberg), doch hat auch (was in anderen Städten die Bomben des Krieges anrichteten) der «Fortschrittswille» der Zwischenkriegs- und der Nachkriegszeit schwere Wunden in die Altstadt geschlagen. Die beklagenswertesten Opfer sind der Fischmarkt, der St. Alban-Graben und die Aeschenvorstadt. In der Absicht, eine autogerechte Stadt zu schaffen, wurde in den fünfziger Jahren sogar die Unterkellerung des Münsterplatzes und der historischen Grünanlage vor der Universität (Petersplatz) gefordert.[22]

Wichtig im Identitätssystem sind die Brunnen und Denkmäler. Die vor allem im 19. Jahrhundert wichtigen Denkmäler, bis hin zu dem von Frédéric-Auguste Bartholdi geschaffenen Strassburger Denkmal, sind für die Basler Vorstellungswelt ziemlich bedeutungslos geworden. Dies zeigt das heutige Basler Postkartensortiment, auch wenn man nie sicher ist, in welchem Mass das Angebot sich auf den Geschmack ausrichtet oder diesen umgekehrt bestimmt. Auch die Renaissance-Brunnen haben (anders als etwa in Bern, Solothurn oder Neuenburg) trotz ihrer künstlerischen Qualität nicht den Rang von Wahrzeichen.[23] Dagegen hat es der beim Theater gelegene, aus tiefsinnig-sinnlos permanent sich bewegenden Maschinenteilen zusammengestellte und 1977 installierte Brunnen von Jean Tinguely geschafft, für die Bewohner wie die Besucher der Stadt zu einem Symbol Basels zu werden.[24]

6. Das alte Basel

Identität orientiert sich mit Vorliebe am Alten, insbesondere an den vermeintlichen Anfängen. Von den 19 Daten, mit denen die Touristen unserer Tage durch das Werbematerial des Verkehrsbüros über Basels Geschichte informiert werden, betreffen 17

22 Vgl. Georg Kreis, Goldene Jahre mit irritierenden Erfahrungen (Basel 1945–2000). In: Basel – Geschichte einer städtischen Gesellschaft. Basel 2000. S. 287.

23 Gleichzeitig als Hinweis auf eine interessante, mittlerweile leider eingestellte Zeitschrift: Basel und seine Brunnen. In: B wie Basel. Juli/August 2001. S. 6–33.

24 Andres Pardey, Freunde und Zeitgenossen, Jean Tinguely und Basel. Basel 1997. 1996 wurde für Tinguely in Basel ein eigenes Museum geschaffen. Zum 25-Jahr-Jubiläum des Tinguely-Brunnens vgl. Raphael Suter in: Basler Zeitung vom 8./9. Juni 2002.

(oder 89 Prozent) die Zeit bis zum 16. Jahrhundert. Man könnte meinen, die Geschichte sei danach stehengeblieben. Das erste der beiden verbleibenden Daten zur Neuzeit betrifft die bereits erwähnte Teilung von Stadt und Landschaft in zwei Halbkantone 1833 nach der liberalen Revolution, welche die zuvor unmündig gehaltene Landbevölkerung zu einer eigenen Rechtspersönlichkeit aufwertete. Das zweite Datum markiert die Inbetriebnahme des Rheinhafens im Jahre 1924.

Derselbe Prospekt geht noch immer davon aus, dass Basel 44 v.Chr. gegründet worden sei. Er rekapituliert damit die in der Zwischenkriegszeit zur Schulmeinung verfestigte Auffassung, dass Basel gewissermassen eine Filiale der von Lucius Munatius Plancus gegründeten, 10 Kilometer rheinaufwärts gelegenen *Colonia Augusta Raurica* sei. Indessen weiss man bereits seit den siebziger Jahren aufgrund des in Basels Siedlungskern entdeckten *Murus Gallicus,* dass die keltischen Rauriker schon Jahrzehnte vor der Entstehung der römischen Siedlung im heutigen Augst das Kerngebiet des künftigen Basel besiedelt haben. Dies hätte man auch ohne *Murus Gallicus* schon vorher erkennen können. Man hatte es aber vorgezogen, sich weiterhin, wie schon im 16. Jahrhundert, als direkte Erben «zivilisierter» Römer statt «unzivilisierter» Gallier zu verstehen. Darum feierte man, ohne sich durch Einwände der kritischen Forschung irritieren zu lassen, mit Bezug auf das Augster Gründungsdatum, das ebenfalls zu relativieren wäre, 1957 mit einem rauschenden Volksfest das angeblich 2000jährige Bestehen der Stadt.

Nachtrag aus der Basler Geschichte von 2000: Dass man sich damals vor allem auf den römischen Ursprung bezog, ist für die auf «Rationalität» und technischen Fortschritt bauende Zeit nicht untypisch. Wie sehr dieser Bezugspunkt dem vorherrschenden Geist der 1950er und 1960er Jahre entsprach, zeigt die Dominanz des ganz anderen Paradigmas in den stärker von Zweifeln und Suchen nach Alternativem geprägten 1980er und 1990er Jahren, als der mythische Bezug zu keltischen Ursprüngen dominierte.[25] Analoges machen gewisse Gedenkfeiern sichtbar: die Erasmus-Feier 1969 zum 500. Todestag des grossen Humanisten und «Frühaufklärers»[26] und das Paracelsus-Gedenken von 1993 zum 500. Geburtstag des Naturdenkers, Kosmologen und «Alternativarztes».[27]

25 Peter Jud, Dem keltischen Ursprung Basels auf der Spur. In: Basler Stadtbuch 1989. S. 244–249. Rolf d'Aujourd'hui, Zum Genius Loci von Basel. Ein zentraler Ort im Belchen-System. In: Basler Stadtbuch 1997. S. 125–138. – Ders. in: Dreiland-Zeitung vom 26. März 1999. Die Aufwertung des Keltischen stand auch im Dienste der Wiederherstellung einer grenzüberschreitenden Einheit.

26 Werner Kaegi, Erasmus ehedem und heute 1469–1969. Basel 1969. Universitätsrektor Kurt Eichenberger stellte den Bezug zur dynamischen Gegenwart deutlich her: «So erlebte [Erasmus] die Brüchigkeit des Hergebrachten, öffnet sich dem Neuen, bereitet den Weg radikaler Erneuerung und ist gleichwohl bestrebt, es nicht zum Einsturz kommen zu lassen [...].»

27 Vgl. Ewald Billerbeck, Paracelsus in Basel. In: Basler Zeitung vom 24., 25., 26. und 29. Mai 1993. – Carlos Gilly, Basel rehabilitiert Paracelsus (1493–1541). In: Basler Stadtbuch 1993. S. 35–42. – Frank Geerk, Paracelsus – Arzt unserer Zeit. Zürich 1993. «1968» wollten Studenten den «offiziellen», von der Schulmedizin vereinnahmten Paracelsus verbrennen, der wirkliche Paracelus sei ein Hippie und Universalgenie gewesen (Bericht von Christian J. Haefliger).

Nach der Modernisierungseuphorie der fünfziger und sechziger Jahre und der damit verbundenen Bevorzugung des Rationalen und Römischen hat im eher zivilisationsmüden Klima unserer Tage die Keltenbegeisterung den Weg für ein neues Gründungsverständnis frei gemacht.[28] Basel, das heisst das keltische Oppidum nicht des künftigen Münsterhügels, sondern das am westlichen Stadtrand beim alten Gaswerk gelegene, ist diesem Verständnis zufolge ein Produkt aus Astronomie und Topographie: Sein Standort liege nämlich auf dem Schnittpunkt von Sonnen- und Mondlinien, die zwischen den markantesten Bergen der schweizerischen, der deutschen und der französischen Regio (den verschiedenen Belchen und dem Blauen) gezogen werden können. Auch die römische Kolonie liege in einem sinnvollen Winkelverhältnis zur genannten Keltensiedlung. Die auf die Regio-Berge bezogene, in der zweiten Hälfte der achtziger Jahre populär gewordene Gründungstheorie erfüllt die Funktion, an die gemeinsamen kulturellen Wurzeln zu erinnern, die dem sogenannten «Dreiland» oder «Dreieckland» im Oberrheingebiet zugrunde liegen.[29]

Die Vorstellung von den «roots» geht davon aus, dass in den Anfängen sozusagen für immer das Wesen bestimmt sei. Heutzutage wagt es freilich niemand mehr, die Basler und Baslerinnen einem bestimmten archaischen Stamm und seiner Kultur zuzuordnen. Man zieht es vor, Basel an allem teilhaben zu lassen: am Gallischen durch die Kelten, am Romanischen durch die Römer, am Germanischen durch die Alemannen. Diese Kombination soll allerdings in besonderer Ausprägung doch zu einer frühzeitlich entstandenen Eigenart geführt haben, die so stark sei, dass sie jeden Zuzüger innert kürzester Zeit assimiliere.[30]

Die Vorstellung vom «Dreiland» ist die Folge einer stärkeren Hinwendung zur ausländischen Nachbarschaft, wie wir sie mit entsprechenden Rückgriffen auf die Geschichte bei anderen Grenzregionen der Schweiz ebenfalls feststellen können: Im Tessin erinnert man sich daran, dass man zur «terra lombarda» gehöre, im Waadtland wird die vormalige Zugehörigkeit zum «europäischen» Savoyen reaktiviert. Die Regio-Vorstellung will, zumal die politische Wiedervereinigung mit dem 1833 abgetrennten Hinterland 1969 nicht zustande kam (bzw. in fernste Zukunft rückte), die einengenden nationalstaatlichen Grenzen überwinden und die Stadt zum *Zentrum* einer internationalen Region machen. Mit dieser Neuorientierung verbindet sich unterschwellig das ungute Gefühl, Basel habe sich beinahe ein halbes Jahrtausend zuvor durch den Beitritt zur Eidgenossenschaft selbst in eine einengende *Randlage* gebracht, die jetzt wieder abgebaut werden müsse. Dieser Auffassung ist jedoch entgegenzuhalten, dass

28 Christian Osterwalder Maier, Die Rache der Unterlegenen: Keltische Siege im mystischen Nebel. In: Archäologie der Schweiz 14, H. 1, 1991. S. 53–60.

29 Rolf d'Aujourd'hui (Kantonsarchäologe), Das Belchen-Dreieck. In: 3. Die Wochenzeitung für das Dreiland, 18. Juni 1992. Vgl. auch Walter Eichin und Andreas Bohnert: Das Belchen-System. In: Markgräflerland, H. 2, 1985. S. 176ff. – Markus Kutter, Kopfgeburt einer Nation: Das Dreieckland. Privatdruck 1987.

30 Rudolf Moosbrugger (Kantonsarchäologe), Was ist ein Basler? Basel 1982.

Basels Ausdehnung mindestens nach Norden schon im 14. Jahrhundert enge Grenzen gesetzt waren. Das rechtsrheinische Basel war, wie berichtigend in Erinnerung zu rufen ist, schon damals nicht Vorgarten, sondern Hinterhof.[31]

7. Das eidgenössische Basel

Die schweizerische Dimension wird nicht an erster Stelle erwähnt. Als man zu Beginn des Jahrhunderts, 1901, die 400jährige Zugehörigkeit zum Bund feierte, war das anders. Da wurde der Bundesbeitritt von 1501 als «das wichtigste Ereignis» in Basels Geschichte gewürdigt.[32] Was dieser Beitritt für die Stadt bedeutete, lässt sich nicht in zwei Sätzen sagen. Die Stadt erlangte den Schutz, den sie suchte, und die Schweiz integrierte einen wirtschaftlichen und militärischen Aussenposten, an dem sie interessiert war. Stellt man auf die Basler Darstellungen ab, ist das Interesse der Eidgenossen grösser und das Werben um die Stadt entsprechend stürmisch gewesen. Basel, das lange (schon zur Zeit der Schlacht von Sempach von 1386) eine Mittelstellung zwischen der Eidgenossenschaft und Habsburg eingenommen hatte, spielte innerhalb des eidgenössischen Bundes die Rolle, welche die Schweiz im europäischen Staatensystem hatte: Es nahm als kleine und merkantile Einheit eine neutrale Haltung ein, seine Aufgabe war es, in Konflikten zwischen anderen Bundesgliedern als «stille sitzender» Mediator zu wirken.

1847 nahm es denn auch im Streit zwischen den konservativen und föderalistisch eingestellten und den fortschrittlichen, eher zentralistisch gesinnten Kantonen eine vermittelnde Haltung ein. Zuvor hatte es allerdings schmerzlich erleben müssen, dass seine aufständische Landbevölkerung die Unterstützung der fortschrittlichen Miteidgenossen erhalten hatte. Dies hinderte namhafte Altbasler nicht, beim Aufbau des Bundesstaates von 1848 tatkräftig mitzuwirken. Die moderne Schweiz verdankt (mit dieser Feststellung wären wir wieder bei der Kategorie des «erfolgreichen Basel») ihr Zollsystem und ihre Münzordnung baslerischem «know-how» (Achilles Bischoff und Johann Jakob Speiser). Aus Basler Sicht neigt man leicht dazu zu sagen, dass es alles in allem vom Bund wesentlich weniger erhalten, als es diesem gegeben habe. Dies ist eine Sicht vor allem der jüngsten Jahrzehnte, und es ist eine Sicht, die mit der Erfahrung der eigenen Schwäche zu tun hat – und uns zum nächsten Punkt führt.

31 Werner Meyer, Vor 600 Jahren wurde Kleinbasel erworben. In: Basler Zeitung vom 6. April 1992. Vom gleichen Verfasser siehe den Beitrag in der Festschrift: Leben in Kleinbasel 1392, 1892, 1992. Hrsg. v. Brigitte Meles. Basel 1992.

32 Paul Burckhardt, Basels Eintritt in den Schweizerbund. Basel 1901. Vgl. auch Edgar Bonjour, Albert Bruckner, Basel und die Eidgenossen. Geschichte ihrer Beziehungen zur Erinnerung an Basels Eintritt in den Schweizerbund 1501. Basel 1951. Vgl. auch den zum Jubiläum von 2001 publizierten Text in diesem Band. S. 31–36.

8. Das dekadente Basel

Dicht neben dem erfolgreichen liegt das dekadente Basel, das die Erfolge nur hinter sich und nicht mehr vor sich hat. Basel ist lange Zeit die grösste Stadt der Schweiz und, wie gesagt, über Jahrhunderte die einzige Universitätsstadt der Schweiz gewesen, Basel stand in der Entwicklung der Eisenbahn an der Spitze usw. Und ist es heute nicht weit davon entfernt, Entsprechendes vorweisen zu können? Man kann die Basler Geschichte so lesen. Das Bedürfnis nach Selbstkritik hat vielleicht schon immer auch diese Sicht gefördert. Der Eindruck, in einer Zeit des Niedergangs zu leben, dürfte im 17. Jahrhundert und nach der Kantonstrennung von 1833 besonders stark gewesen sein, seit den siebziger Jahren des 20. Jahrhunderts hat er fast schon leitmotivischen Charakter, weil Basel Abwanderungen von Firmen, Schliessungen von Konsulaten und erfolglose Bewerbungen um gesamtschweizerische Funktionen (insbesondere das Fernsehstudio der deutschen Schweiz) hinnehmen musste.[33]

Basel muss sich gleich doppelt deklassiert vorkommen, nämlich durch zwei historische Rivalen: einmal durch Zürich, privilegierter Partner für die üblichen Ortsneckereien und ungebremst weiter wachsende Schweizer Metropole, zum anderen durch Baselland, das ehemalige Untertanengebiet, das heute von der Stadtflucht profitiert, günstigere Finanzverhältnisse hat und von der Stadt in beinahe demütiger Weise um Beteiligungen an der Finanzierung von teuren Zentrumsleistungen gebeten wird. Dies führte zum Vorschlag, der den gesamten städtischen Halbkanton als Konkursmasse den vermeintlich reichen Vettern auf dem Land überlassen wollte.[34]

9. Das andere Basel

Die Vorstellung, dass es mindestens zwei Basel gibt, das offizielle und dann eben das «andere», diese Vorstellung dürfte schon ziemlich alt sein. Alt ist jedenfalls die entsprechende Realität: das schon für das 15. Jahrhundert bezeugte leichte Leben in gewissen Vorstädten, die Subkulturen in bestimmten Quartieren, dann – *en bloc* – die eigene Mentalität im rechtsrheinischen Stadtteil, dem bereits erwähnten Kleinbasel oder sogenannten «minderen» Basel. Das Verhältnis zwischen Gross- und Kleinbasel ist schon wie dasjenige zwischen Kopf und Bauch gedeutet worden: auf der Kopfseite die Hauptkirchen, die Regierungsgebäude, die Universität und lange Zeit die einzigen Gymnasien, die Hauptsitze der Banken und auf der Bauchseite der Grossteil der Industrie, die Kaserne, die Arbeiter- und Fremdarbeiterquartiere, das lockere Nacht-

33 Inzwischen ist, um eine weitere Station zu nennen, 1996 die Basler Börse geschlossen worden beziehungsweise indirekt nach Zürich abgewandert. Vgl. Die Basler Börse 1976–1996. Hrsg. v. der Börsenkammer des Kantons Basel-Stadt. Basel 1997. Zur jüngeren Entwicklung vgl. 125 Jahre Handelskammer beider Basel. Die letzten fünfzig Jahre. Ubstadt-Weiher 2001.

34 Vgl. dazu auch den Aufsatz in diesem Band. S. 129–135.

leben, Prostituierte, Revolverkinos etc.[35] In Basel wie andernorts gibt es eben Quartiere, die liegen näher bei «Jerusalem» oder näher bei «Babylon».

Das «mindere» Basel steht mit beinahe kompensatorischem Stolz zu seinem Ruf.[36] Es beharrt auf seinem einfachen Wesen und kann auch darauf beharren, denn was Basel sei und was Basel ausmache, das wurde und wird nicht ausschliesslich von der Oberschicht bestimmt. Das gilt auch für die parteipolitische Schichtung. In der ersten Hälfte des 19. Jahrhunderts hatten die der Oberschicht angehörenden konservativen Liberalen noch alleine entschieden, was für Basel gut sei; 1875 rückten die damals mittelschichtigen Freisinnigen nach, dann die Katholiken und Sozialdemokraten aus den unteren Schichten und zumeist nichtbaslerischer Herkunft. Doch auch sie definierten sich schnell ebenfalls als Basels Sachwalter und teilen inzwischen mit den älteren Parteien wie in den meisten schweizerischen Exekutivräten in einer permanenten grossen Koalition die Macht.

Zuweilen kommt sogar der Eindruck auf, dass das Basler Wesen eher von der Basis bestimmt wird. Das manifestiert sich deutlich an der Fasnacht und während des übrigen Jahres im fasnächtlichen Vereinsleben. So nimmt auch der «Fährimann» im System der Basler Identität eine nicht «mindere» Position ein als ein Zunftmeister oder ein Professor. Neben der vorgestellten Gelehrtengalerie gibt es in Basel eine für die Identität der Stadt wichtige Galerie der Stadtoriginale (vom «Pfluume-Bobbi» über den «Schlange-Hansi» zum «Bluemefritz»).[37]

Seit den siebziger Jahren verwischt sich die ohnehin schon immer fragwürdig gewesene Aufteilung zwischen dem «offiziellen» und dem «anderen» Basel. Nach dem Aufbruch von 1968 kam das *«alternative» Basel* als in sich sehr heterogene Kultur hinzu. Und Ende der achtziger Jahre leistete man sich (nach Paris, Köln und Berlin) auch in Basel den postmodernen Spass, vorübergehend ein «musée sentimental»[38] zu halten, in dem kunterbunt, einzig durch die in diesem Fall stupide und zugleich rettende Ordnung des Alphabets gegliedert, über 1000 alltägliche und doch sensationelle Objekte gezeigt wurden; Gegenstände, die sich über Jahrhunderte im baselstädtischen Lebensraum angehäuft hatten, etwa Jakob Burckhardts Sterbestuhl, Hermann Hesses Brillen, aber auch eine Robe des bekanntesten Basler Couturiers Fred Spillmann und ein Fussball, mit dem der Stadtklub – lange ist's her – eine Meisterschaft gewonnen hat.[39]

35 Konrad Wolff, Symbolische Topographie einer Stadt. In: Ein Inuk sein. Hrsg. v. Gaetano Benedetti und Louis Wiesmann. Göttingen 1986.

36 Dieser Teil der Stadt hat zum 600-Jahr-Jubiläum der Zugehörigkeit zu Basel beziehungsweise zur sogenannten «Vereinigungsfeier» eine eigene Stadtgeschichte erhalten, vgl. Ernst Ritter, Kleinbasel. Basel 1991. Jüngst ist hinzugekommen als erster Band der Basler Profanbauten: Thomas Lutz, Die Altstadt von Kleinbasler Profanbauten. Bern 2004 (Die Kunstdenkmäler des Kantons Basel-Stadt. Bd. VI).

37 Eugen A. Meier, Das andere Basel. Basel 1976. – Hans A. Jenny, Basler Originale. Basel 1996.

38 Ausstellungskatalog. Hrsg. v. Barbara Huber-Greub und Stephan Andrea. Basel 1989.

39 Inzwischen ist der FCB, mindestens im schweizerischen Rahmen, wieder ganz vorne mit dabei.

Zum anderen Basel gehören auch die in dieser Stadt lebenden *Ausländer*. Viele Namen, die heute als altbaslerisch gelten, sind vor noch nicht allzu langer Zeit aus dem Ausland in die Stadt getragen worden. Gemeint ist damit weniger die Hugenotteneinwanderung des 17. Jahrhunderts, die der Stadt die Sarasins, Socins, Mivilles, Christ etc. gebracht hat, sondern die gewaltige Einwanderung des 19. Jahrhunderts. Dazu nur ein Beispiel: Rudolf Wackernagel, der frühere Basler Staatsarchivar und Autor der grossen Basler Geschichte, entstammt einer Familie, die 1833 aus Deutschland eingewandert ist. Es handelte sich aber zumeist um vermögende und gebildete Einzeleinwanderer. Daneben kam es aus den umliegenden Agrargebieten zu Masseneinwanderungen, die mittelfristig problemlos absorbiert wurden. Die grösseren Zahlen und die andere Herkunft der heutigen Zuzüger machen eine Integration schwieriger. Wie in anderen Städten gibt es eigentliche Ausländerviertel mit bis zu 40 Prozent Ausländern.[40] Die eingangs zitierte Bemerkung, wonach Basel trotz der Vielfalt seine Identität nicht verloren habe, ist vor dem Hintergrund dieses beunruhigenden Umstandes zu sehen.

Ein anderes als das bisher einzig beachtete Basel ist das Basel der *Frauen*. Die klassische Basler Geschichte hat wenig Frauen in ihrem Kanon, etwa die Münster-Mitstifterin Kunigunde, Gattin Heinrichs II., oder die Königin Anna, Gattin des Rudolf von Habsburg; in Stein verewigt, haben sie lange die schwache Position des weiblichen Geschlechts gehalten. Die Naturforscherin Maria Sibylla Merian aus dem 17. Jahrhundert finden wir natürlich nicht in der erwähnten Gelehrtengalerie. Heutzutage ist «man» aber mächtig am Aufholen: 1964 ist mit der Flüchtlingsmutter Mathilde Paravicini immerhin eine erste Frau bei der Vergebung von Strassennamen berücksichtigt worden. Kürzlich kam der Kunstmäzenin Maja Sacher und der Historikerin Julia Gauss die gleiche Anerkennung zu, und demnächst wird die Schriftstellerin Cecil Ines Loos an der Reihe sein. Gut Ding will Weile haben! Anzumerken ist aber auch, dass in einem weitgehend überbauten Stadtstaat von 37 Quadratkilometern nicht jeden Tag für neue Strassen Namen zu vergeben sind. – Wie andernorts haben sich auch in Basel im Laufe der achtziger Jahre Historikerinnen ans Werk gemacht und begonnen, die bisher ausgeblendeten Lebenswelten der Frauen zu dokumentieren und zu analysieren. Das weibliche Basel wird in öffentlichen Stadtrundgängen an ausgewählten Orten weitervermittelt, mit Darstellungen der Lebensverhältnisse vor allem von Frauen der Unterschicht (Fabrik- und Heimarbeiterinnen, Hausiererinnen, Dienstboten etc.).[41]

40 Madeleine Imhof, Migration und Stadtentwicklung. Basel 1998 (Basler Beiträge zur Geographie. H. 45). 1998 überschritt der Ausländeranteil im Matthäusquartier die 50-Prozent-Marke.

41 Quergängerin. Katalog hrsg. v. Verein Frauenstadtrundgang Basel. Basel 1991. Später folgten weitere Ausgaben. Siehe auch den Ausstellungskatalog: d' Studentin kunnt. 100 Jahre Frauenstudium an der Universität Basel. Basel 1990.

10. Das internationale Basel

Ob Schicksal oder Verdienst, Stärke oder Schwäche, das internationale Element nimmt in Basels Identität eine wichtige Stellung ein. Als Schicksal kann man die Grenzlage bezeichnen, die der Polis internationale Kontakte geradezu aufdrängt; eine Grenzlage, die, wie gesagt, nicht erst mit dem Beitritt zur Eidgenossenschaft zustande kam. Basel war schon zur Zeit der Gallier, Römer und Germanen Grenzland und damit zugleich aber auch Begegnungsland. Deshalb kann es nicht als Zufall gelten, dass im Raume Basels – «auf dem Felde bei Mittenza» – 1032 die Zuteilung Burgunds an das Deutsche Reich vereinbart und 1795 mit dem sogenannten «Basler Frieden» eine (vorübergehende) Einigung zwischen dem revolutionären Frankreich und dem König von Preussen geschlossen wurde.

Wegen seiner Grenzlage ist Basel am Ende der Napoleonischen Ära in den Krieg hineingezogen worden und hat es während der beiden Weltkriege des 20. Jahrhunderts den Krieg vor seiner Tür gehabt. Nicht zufällig hat eine Äusserung über Basel aus dem Jahre 1943 betont: «Basel ist Grenzstadt, das heisst eine in ihrer Existenz in höchstem Masse exponierte Stadt, eine empfindliche und verwundbare Stadt.»[42]

Basels Internationalität ist indessen doppelt begründet: Sie ergibt sich, so paradox dies erscheinen mag, sowohl aus ihrer marginalen als auch aus ihrer zentralen Lage. Gewiss: Viele Zentren neigen dazu, sich sogleich als Zentrum der Welt zu sehen und diese Neigung mit kühnen Konstruktionen zu begründen. Die Vorstellung von Basels Zentralität kann sich beispielsweise abstützen auf das Faktum, dass Basel Weltzentrum für viele multinationale Unternehmen ist (der chemischen Industrie, der Banken, des Versicherungswesens, der Transportdienste etc.). Hier ist auch an die 1929 geschaffene Bank für Internationalen Zahlungsausgleich zu erinnern. Die Unternehmen mit globaler Dimension sind aber nicht nur wirtschaftlicher, sie sind auch geistlicher Natur, zum Beispiel die 1815 gegründete Missionsgesellschaft oder (wenn man Dornach zu Basel zählt) die Ende 1923 entstandene Anthroposophische Gesellschaft.

Kürzlich ist die neuerdings etwas vergessliche Stadt von einem aus Zürich stammenden Genfer mit einer idealen Darstellung beglückt und so daran erinnert worden, dass die Stadt beim Tagesanbruch der Moderne, das heisst im 16. Jahrhundert, ein «foyer éclatant de la culture européenne» gewesen sei.[43] Europastadt Basel – die Zukunft wird's weisen, ob dies mit Vermarktung der Vergangenheit nur ein leerer Slogan oder eine ernstgenommene *«vocation»* ist.

Basel ist vor allem Verkehrszentrum. Es kann sich seit Jahrhunderten als Knotenpunkt wichtiger Transportrouten sehen, welche Süden und Norden, Westen und Osten

42 August Rüegg, Von Basler Geist und vom Charakter der Basler. Basel 1943.
43 Alfred Berchtold, Bâle et l'Europe. Une histoire culturelle. Lausanne 1990. 2 Bde.

miteinander verbinden.[44] Doch auch hier ist zu relativieren: Die meisten Orte auf der Welt sind, sofern man sie nicht durch Mauern vorübergehend abschirmt, Zentren aller Himmels- und Windrichtungen. In Basel verstärkten im 19. Jahrhundert Eisenbahnen und im 20. Jahrhundert die Güterschiffahrt die Funktion als Stapelplatz, Drehscheibe, «Goldenes Tor». Vom heutigen Flughafen, der 1945 in Betrieb genommen wurde, kann man – je nach Einstellung leider oder glücklicherweise – nicht sagen, dass er die Dimension eines Grossflughafens habe; seine Bedeutung liegt nicht in der Grösse, sondern in der Tatsache, dass er auf schweizerisches Betreiben ausserhalb des eigenen Territoriums als binationaler Betrieb geführt wird.[45]

Als Schwäche kann man den Sinn fürs Internationale insofern deuten, als er möglicherweise das lebensnotwendige Interesse am unmittelbaren Umfeld lange Zeit gering hielt und die Basler Politik darum zuwenig Territorialpolitik war. Eine Stärke ist Basels Internationalität darum, weil sie den Ausgleich zum engen Horizont der Stadtmauern – der wirklichen wie der irrealen – bildet. Die internationalen Verbindungen sind nur bedingt die Folge der geographischen Lage, sie sind vor allem das Ergebnis der eigenen Bemühungen. Das wussten die Stadtväter, die sich im 15. Jahrhundert um die Beherbergung des Konzils bewarben; das wussten die Seidenbändelherren des 18. Jahrhunderts und wissen die heutigen Konzernstrategen des 20. Jahrhunderts. Es sind echte Basler Verdienste im Spiel gewesen, als 1897 hier der erste Zionisten-Weltkongress, 1912 der Friedenskongress der Sozialistischen Internationale, 1932 der dritte Paneuropa-Kongress abgehalten wurde.[46] Es ist auch Basels Werk, dass 1989 in Basel der Dreiländergipfel mit der Verabschiedung eines Manifests für ein Europa der Regionen zustande kam. Im gleichen Jahr beherbergte die Stadt die Teilnehmer des ökumenischen Kirchenkongresses «Frieden in Gerechtigkeit».

44 Ein älterer Stadtprospekt dazu: «Es gibt Städte an prädestinierter Stelle. Man würde sie auf kleinsten Erdkarten, ohne Namensbenennung, finden. Basel ist solch eine Stadt: Am Knie des Rheines, in der Mitte Europas, im Kreuzpunkt der wichtigsten Verkehrswege.» Zit. nach: Unsere Heimat. Basler Staats- und Bürgerbuch. Basel 1959. S. 14.

45 Ein Abschnitt hätte auch «Das zentrale Basel» lauten können. Gemeint wäre damit die kleine Internationalität, die Basel als Zentrum einer trinationalen Region miteinander verknüpft. Vgl. dazu den Aufsatz in diesem Band. S. 175–185. Aus der historischen Forschung dazu: Basel und der Oberrhein – Entstehen und Wandel einer Grenzregion. In: Basler Zeitschrift für Geschichte und Altertumskunde. Bd. 102. 2002. Ebenfalls: Aram Mattioli, «Volksgrenzen» oder Staatsgrenzen? Wissenschaft und Ideologie in der Debatte um die Hochrheingrenze (1925–1947). In: Grenzen und Raumvorstellungen. Hrsg. v. Guy P. Marchal. Zürich 1996. S. 285–314.

46 Vgl. dazu den Aufsatz in diesem Buch. S. 299–321.

Eidgenössische Gesandte und Basler Magistraten verlesen 1501 den Bundesbrief, dessen Inhalt von den anwesenden Miteidgenossen per Eid bekräftigt wird. Von besonderem Interesse ist die spinnende Frau im Stadttor anstelle eines Wächters; möglicherweise ein Hinweis darauf, dass nun der zivile Fleiss und nicht die bewaffnete Wachsamkeit die Beziehungen zwischen den Verbündeten prägen wird (nach der Chronik von Christoph Silberysen, Ende 16. Jahrhundert. Aus: Basel. Geschichte einer städtischen Gesellschaft. Hrsg. v. Georg Kreis und Beat von Wartburg. Basel 2000. S. 71. Aargauische Kantonsbibliothek, Aarau. MSWettF 16:1, S. 298). Zur Eidproblematik vgl. den Aufsatz «Schwören in der Schweiz» in: Georg Kreis, Vorgeschichten zur Gegenwart. Ausgewählte Aufsätze. Bd. 1. Basel 2003. S. 187–196.

Basel und die Eidgenossenschaft 1501–2001

Es entspricht einem Ritual, sich an Beitrittsjubiläen zu vergegenwärtigen, worin der – selbstverständlich bereichernde – Beitrag des neu hinzugekommenen Ortes besteht, und sich zu überlegen, wie die Beziehungen zwischen dem Teil und dem Ganzen hier und heute sind. Dabei ist nicht zu vermeiden, ja es drängt sich geradezu auf, dass stereotype Bilder, die als solche weder grundsätzlich falsch noch einfach zufällig sind, rekapituliert und mit der aktuellen Einschätzung verknüpft werden.

So muss man sich heute auch für Basel überlegen, worin das Spezifische besteht, was dieser Stand in die helvetische Familie einbringt und da sozusagen sicherstellt. Bei derartigen Überlegungen ist allerdings nicht zu vermeiden, dass in der Würdigung eines kantonalen Sonderfalls innerhalb des schweizerischen Sonderfalls mit selbsterfüllender Wirkung das Besondere etwas besonderer gemacht wird, als es in der Alltagsnormalität ist. So gelangen wir beinahe zwangsläufig zur Auffassung, dass die Betonung des Besonderen gerade in diesem Fall besonders gerechtfertigt ist. Denn: Basel ist eben anders, ist nicht wie der Rest der Schweiz, sowohl im Selbstbild der Basler wie im Fremdbild der Miteidgenossen.

Eine, wenn nicht die Hauptbesonderheit ergibt sich aus seiner Geschichte und seiner Lage: einer Geschichte, die Basel eine bestimmte Lage gegeben hat, und einer Lage, die für Basel zum historischen Schicksal geworden ist. Daneben wäre auch von Mentalität und Geist zu reden, von Humanismus, Toleranz und Witz, wobei diese Elemente schwerlich auf Ursprünge zurückgeführt werden können, sondern schlicht als etwas Entstandenes und Tradiertes verstanden werden müssen, das sich als kulturelle Gegebenheit mehr oder weniger stark manifestiert und fortsetzt.

Besonderheit der Lage

Was sich aus dem topographischen Sporn zwischen Rhein und Birsig an frühgesellschaftlicher Realität im Laufe der «ersten» Jahrhunderte herausbildete, war nicht von Anfang an auf die noch gar nicht existierende Eidgenossenschaft ausgerichtet. Basels Lage wurde erst mit den Jahrhunderten der eidgenössischen Zugehörigkeit zu einer Randlage. Mit 1501 dürfte nicht sogleich eine Abwendung von dem – anachronistisch ausgedrückt – nun zum «Ausland» gewordenen Nordwesten jenseits der eigenen Grenzen stattgefunden haben. So war etwa das 1530 mit Strassburg abgeschlossene Bündnis auch drei Jahrzehnte nach dem Bund eine unbedenkliche Selbstverständlichkeit.

Eine politische Sonderrolle hatte Basel aber gleich von 1501 an insofern zu spielen, als es sich bundesbrieflich verpflichtete, in allfälligen Streitigkeiten zwischen den Eidgenossen zu vermitteln oder sich mindestens neutral zu verhalten, das heisst «stille zu sitzen». So speziell war die letztere Bestimmung aber doch wiederum nicht, denn man findet sie auch im Brief zum im gleichen Jahr geschlossenen Bündnis mit Schaffhausen. Aber in Basel wurde das Vermittlungsgebot, das später insbesondere in den konfessionellen Gegensätzen und im Sonderbundskrieg von 1847 tatsächlich umgesetzt wurde, zu einem wichtigen Bestandteil mindestens des Selbstbildes.

1847 blieben die Vermittlungsversuche völlig erfolglos, das städtische Basel, das den Konservativen innerlich näherstand, wurde von den Radikalen verhöhnt und als «Amphibie» bezeichnet, die bald zu den einen, bald zu den anderen kröche; die Basler sollten sich von der Einbildung frei machen, dass sie in der Lage wären, die schweizerische Politik mitzubestimmen. Am Schluss musste sich die Stadt plötzlich um sich selber kümmern und besorgt sein, dass sie nicht durch inneren Streit zerrissen und von aussen besetzt wurde.

Basel, zunächst noch für ein paar Jahre katholisch, dann protestantisch, war für viele Eidgenossen noch lange Zeit Ausland; dies so sehr, dass es seine Miteidgenossen auffordern musste, ihre Kinder «fürderhin» doch eher an die Basler Universität (bis 1830 die einzige der Schweiz) statt an andere Hochschulen zu schicken. Basel half aber kräftig mit, das Tessin zu erobern, und integrierte sich über die Teilhabe an den Gemeinen Herrschaften zusätzlich in das System der Eidgenossenschaft. 1798, beim Untergang der Alten Eidgenossenschaft, scherte Basel unter Peter Ochs' Führung dann allerdings früh aus dem Verteidigungsbündnis aus und wartete mit seiner Revolution nicht, bis die konservativeren Miteidgenossen die Unumgänglichkeit von Reformen eingesehen hatten.

Die Zugehörigkeit zur Schweiz führte eigentlich erst im 20. Jahrhundert (mit dem Ausbruch des Ersten Weltkriegs 1914) zu einer Abtrennung vom nichtschweizerischen Umfeld, und diese Abtrennung wurde in der ersten Hälfte dieses Jahrhunderts als Segen verstanden. Als man 1951, sechs Jahre nach Kriegsende und mitten in einem neuen globalen Konflikt, der 450jährigen Bundeszugehörigkeit gedachte, wertete man die Zugehörigkeit zur Schweiz als glücklichen Umstand, weil sie Basel die Verwicklung in die grossen Kriege des 20. Jahrhunderts erspart hatte. Die zuvor schützenden Grenzen wurden dann aber schon bald wegen der anziehenden Hochkonjunktur als Hindernis empfunden, die Enge und vielleicht die Erinnerung an die Zeit vor 1501 machten Basel zu einem Pionierkanton der grenzüberschreitenden Kooperation (Stichwort: Regio Basiliensis). Jahre später wurde die Möglichkeit, mit dem «Rest» der Schweiz zu einem Teil des Europäischen Wirtschaftsraums (EWR) zu werden, in Basel (Stadt und Land) sehr willkommen geheissen. Nach dem Nein vom 6. Dezember 1992 fragten sich einige, ob sich nicht eine Lösung finden liesse, wenigstens die Nordwestschweiz am EWR teilhaben zu lassen und so die isolierenden Konsequenzen von 1501 rückgängig zu machen.

In der Geschichte der Eidgenossenschaft kommt es immer wieder vor, dass Kantone als Zeichen ihrer Unzufriedenheit wenigstens rhetorisch ihre Zugehörigkeit zum

Bund in Frage stellen, und es ist kein Zufall, wenn uns diesbezüglich vor allem der Stadtstaat der Republik Genf als welsches Pendant zu Basel, den Romands de la Suisse alémanique, in den Sinn kommt. Basel ist unseres Wissens nur einmal so weit gegangen, als es 1832 in der Auseinandersetzung mit seiner Landbevölkerung von der radikalen Mehrheit der lieben Miteidgenossen nicht nur nicht unterstützt, sondern recht eigentlich verraten wurde, weshalb Basel mit dem Austritt drohte und sich nach fremder Hilfe umsah. Ähnlich und doch ganz anders unverstanden fühlte man sich, nun aber Stadt und Land für einmal gleichgesinnt Arm in Arm, in der zweiten Hälfte der 1970er Jahre im Kampf gegen das AKW oder KKW Kaiseraugst, als man jenseits des Jura der Region Basel Lokalegoismus vorwarf und laut über ein Militäraufgebot nachdachte.

Ausgeglichenes Geben und Nehmen?

Darf man solches an einem Feiertag in Erinnerung rufen? Bundesfeierrhetorik bemüht sich, dem Harmoniegebot der Stunde entsprechend, die Bundesverhältnisse als ausgeglichene Verhältnisse des wechselseitigen Gebens und Nehmens zu deuten. Der Bund von 1501 kann in der Tat so gelesen werden: Die Stadt erlangte im Bund den Schutz, den sie suchte, und die Schweiz integrierte einen wirtschaftlichen und militärischen Aussenposten, an dem sie interessiert war.

Von den Beziehungen unter den Bundesgliedern heisst es allerdings auch, dass sie – wie bei Familienbanden – ihr Verhältnis nicht buchhalterisch handhaben und dass sie nach dem Prinzip der fundamentalen Solidarität funktionieren sollten. Dennoch wurde und wird vor allem in Basels städtischer Hälfte von Zeit zu Zeit die Frage laut, ob man nicht zu stark und zu oft nur der Gebende sei. Dieser Eindruck kam jeweils vor allem dann auf, wenn die Stadt bei der Verteilung von Bundesinstitutionen nicht zum Zuge kam, bei der Domizilierung etwa des Landesmuseums 1890, der Nationalbank 1907, des deutschschweizerischen Fernsehstudios 1959. Was es in Basel an Institutionen von gesamtschweizerischer Bedeutung gibt, von der Mustermesse über das Tropeninstitut bis zum Wirtschaftsarchiv, ist alles weitgehend aus eigener Kraft entstanden. Auch der Rhein mit seinen Häfen, das «goldene Tor» der Schweiz, und die an diesem Fluss gross gewordenen chemischen Fabriken werden als Basler Beiträge an die Schweiz gesehen. Selbstverständlich war Basel im Finanzausgleich stets einer der starksten Nettozahler, musste sich dann aber wehren, wenn es zum Beispiel auf Strasse und Schiene die nötigen Verbindungen «mit der Schweiz» sicherzustellen galt. Basel war allerdings lange Zeit derart stark, dass es gegenüber der Schweiz – zum Beispiel in der Hochschulpolitik – möglichst autonom bleiben wollte.

Hans-Peter Tschudis Wahl von 1959 in den Bundesrat (indirekt auf Kosten Walter Bringolfs, der den Randkanton Schaffhausen und Beitrittsbruder von 1501 repräsentiert hätte) war kein gnädiges Berücksichtigen der Basler Region. Sie bestätigte zwar das damals noch stolze Kraftgefühl der Basler, im Rückblick könnte man aber auch hier sagen, dass Basel mit diesem besonders tüchtigen Magistraten der gebende Teil war. Was hat Basel erhalten? Als erstes kommt einem das pure Faktum der Zugehörigkeit zur Eidgenossenschaft in den Sinn, die es Basel erspart hat, bloss eine Provinzstadt in einem der beiden grossen Nachbargebilde zu sein. Das aber könnte eher die schweizerische Sicht sein, denn in Basel erscheinen die Freiburger und Strassburger nicht im geringsten als bedauernswerte Existenzen.

Stadt und Land

Basel ist insofern auch etwas Besonderes, als man es stets in seiner Duplizität denken muss, als zwei Halbkantone, die doch je volle Staatsgebilde sind. Dabei ist kaum zu vermeiden, dass die städtische Seite in der Vorstellungswelt präsenter ist. Das heisst, man glaubt eher zu wissen, was ein Baselstädter denn was ein Baselbieter ist – und welche sonderbare Sprache er spricht. Man kann nicht sagen, dass dem Basler die ganz grosse Sympathie der Miteidgenossen entgegenströmt. Für Basler kommen die Baselstädter in schweizerischen Romanen, Theaterstücken, Filmen etwas zu oft als unvertraute, ja dubiose Figuren vor.

Basel-Stadt und Basel-Landschaft stimmten 1848 mit 88 Prozent und mit 89,5 Prozent für die Annahme der Bundesverfassung; sie vollzogen damit sozusagen ein zweites Mal den Bundesbeitritt. Im Falle der Landschaft war dieses Ergebnis keine Überraschung, befand sie sich doch seit ihrer Konstituierung von 1833 als eigenes Staatswesen im Gleichklang mit den Architekten des Bundesstaates. Umgekehrt war das Abstimmungsresultat für die Stadt, wo übrigens die nichtbaslerischen Schweizer nicht mitstimmen durften, aus dem früher genannten Grund keine Selbstverständlichkeit. (Nachtrag: Um 1832 war wegen des Konflikts mit den radikal gewordenen Bundesgenossen offen und laut darüber nachgedacht worden, ob Basel nicht besser aus dem Bund von 1501 wieder austreten und sich als freie Reichsstadt dem Deutschen Bund anschliessen solle.)

Von städtischer Seite kam nach 1848 bemerkenswerterweise nicht nur kein Widerstand, sondern tatkräftige Hilfe beim Aufbau des jungen Staatswesens. Basler stellten ihr Wissen zur Verfügung bei der Zollvereinheitlichung (Achilles Bischoff), bei der Währungsunion (Johann Jakob Speiser), bei der Schaffung einer einheitlichen Generalpost (Benedikt La Roche), bei der Regelung des Eisenbahnwesens (Karl Geigy). Das Jubiläum von 1901 war Anlass für eine völlig ungetrübte und mit einem breit abgestützten Festspiel begangene Bundeserneuerung. 1907 erhielt Basel-Stadt seine Wichtigkeit im Bund sogar durch ein Tripelpräsidium bestätigt: Es stellte gleichzeitig mit Ernst Brenner den Bundespräsidenten, mit Paul Speiser den Nationalratspräsidenten und mit Paul Scherrer den Ständeratspräsidenten.

Schweizerischer Meltingpot

Stadt wie Land haben in den vergangenen 150 Jahren eine starke Zuwanderung erlebt, gewiss auch aus dem näheren und ferneren Ausland, aber vor allem aus der Schweiz. Obwohl beide eine vergleichsweise liberale Einbürgerungspolitik betrieben, haben sie heute ansehnliche Teile von Ausserkantonalen in ihren Kantonsteilen: In Basel-Stadt sind es zur Zeit knapp mehr als die Hälfte, nämlich 36,6 Prozent von 72,4 Prozent Schweizern/-innen, und in Basel-Landschaft dürften es sogar noch mehr sein (dies wird aber, was ebenfalls etwas aussagt, statistisch nicht mehr erhoben). Die starke binnenschweizerische Durchmischung dürfte auch in anderen Teilen der Schweiz eine Normalität sein. Das Besondere im Falle der Rheinstadt besteht jedoch darin, dass hier Ausserkantonale mit grösster Selbstverständlichkeit politische Karriere machen und in Basel wie in der Schweiz als «Basler» wahrgenommen werden. Das war offenbar schon im 17. Jahrhundert zu Zeiten des aus Zürich stammenden Bürgermeisters Wettstein so, und es galt auch im 20. Jahrhundert für den Oltener Eugen Dietschi, der Ständerat und Meister einer Herrenzunft werden konnte. Der erwähnte Basler Ständerat Scherrer kam aus der Ostschweiz, der ebenfalls erwähnte Paul Speiser aus Gelterkinden; Alfred Schaller und Helmut Hubacher, um für die Stadt nur noch diese Beispiele beizufügen, stammten – was man auch ihrer Sprache anmerkte – im einen Fall aus Flüelen (UR), im anderen Fall aus Krauchthal (BE). Und der Verteidigungskampf für die Erhaltung eines selbständigen Baselbiets wurde in den 1960er Jahren von einem Pfarrer aus Winterthur, dem späteren SVP-Regierungsrat Paul Manz, angeführt.

Wie sich im Baselbiet zum Beispiel an den Banntagen alters- und milieuübergreifend gross und klein, weniger Begüterte, ziemlich Begüterte und sehr Begüterte zusammenfinden, geschieht Ähnliches an der baselstädtischen Fasnacht (die bekanntlich nicht nur an den Fasnachtstagen wichtig ist). Und im baselstädtischen Fall ist verbürgt, dass sogar Ausländer – und nicht nur als Laternenträger – einbezogen werden. Was baslerisch ist, wurde und wird nicht nur durch die Oberschicht definiert, auch die alte Arbeiterschaft mit ihrer spezifischen Ausdrucksweise gehörte wie in keiner anderen Stadt anerkanntermassen zum Wesenskern der Stadt. Der Umgangston zum Beispiel an den Gerichten unterscheidet sich in Basel, wie externe Beobachter feststellen, in wohltuender Weise von vergleichbaren, hier nicht näher zu nennenden Orten.

Ob es sich dabei um eine Folge des gegenwartsmächtigen Geschichtsbildes von der humanistischen und toleranten Stadt handelt oder nicht, die Region zeichnet sich durch eine besondere Aufgeschlossenheit aus. Um nicht nochmals vom EWR zu reden: In der deutschen Schweiz führten Basel-Stadt 1966 als erster und Basel-Landschaft als zweiter Kanton das Frauenstimmrecht ein, wobei sich – wie im Falle des EWR – vor allem der ehemalige Bauernkanton als besonders fortschrittlich erwies und nicht die Stadt, denn dieser stand der auch in anderen Kantonen bestehende, aber jeweils von den Landmehrheiten geschluckte Bonus der Urbanität ungeschmälert zur Verfügung.

Nochmals: Stadt und Land

Die Identifikation mit dem jeweiligen Kantonsteil oder Teilkanton ist nicht auf beiden Seiten der Birs die gleiche. Auf der Landschaft ist sie eindeutig intensiver als in der Stadt, dies vielleicht aus verschiedenen Gründen, sicher aber auch wegen der Wiedervereinigungsfrage. Noch immer dominiert auf der Landschaft, die mittlerweile schon lange zum Industriekanton geworden ist, die Furcht nicht mehr so sehr vor einem «unfriendly takeover» von seiten der Stadt als vielmehr vor einem unerfreulichen Griff in die Staatskasse des Baselbiets. Dieses Bedrohungsszenario und die lange bestehende Rückständigkeit in der Entwicklung nähren einen zum Teil auch trotzigen und kompensatorischen Stolz auf das eigene Gemeinwesen.

So haben die Baselbieter schon 1987 (und dies als Spätfrucht des 150jährigen Unabhängigkeitsjubiläums von 1983) beschlossen, sich eine breitangelegte, mit 9 Millionen Franken finanzierte und von in der Stadt ausgebildeten Historikern/-innen erarbeitete neue Kantonsgeschichte zu geben, und zwar im Hinblick auf das noch in weiter Zukunft liegende Jubiläum von 2001, das einem Staatsvertrag galt, an dem sie als Untertanen nur indirekt beteiligt waren. In der Stadt konnte man sich bezeichnenderweise zu etwas Analogem nicht aufraffen: Ein entsprechendes und nicht minder berechtigtes und nötiges Unternehmen wurde trotz positivem Regierungsbeschluss und Parlamentsmehrheit in einer Volksabstimmung 1992 mit 72 Prozent Nein-Stimmen abgeschmettert. Die Stadt kam dann dank dem heutigen Jubiläum in letzter Minute doch noch zu einem allerdings wesentlich bescheideneren Geschichtswerk.[1] Es will beinahe scheinen, dass dies der sprichwörtlichen Bescheidenheit der stolzen Stadt entspräche.

1 Basel – Geschichte einer städtischen Gesellschaft. Hrsg. v. Georg Kreis und Beat von Wartburg. Basel 2000. Vgl. auch den Aufsatz in diesem Band. S. 99–118.

Von einem bestimmten Moment an war nicht nur das Verkehrschaos derart angewachsen, sondern auch die darüber stets grösser gewordene Ungeduld, dass sich die Städte mit der Beseitigung der mittelalterlichen Befestigungsanlagen Luft verschafften. Der an einem Markttag herrschende Betrieb in der Aeschenvorstadt wurde zu einem Thema der Karikaturisten (Postheiri vom 5. Mai 1855. Aus: Georg Kreis, Der Weg zur Gegenwart. Basel/Boston/Stuttgart 1986. S. 96). Der sanierte Zustand wird beinahe aus der gleichen Perspektive im Bild zum nächsten Aufsatz festgehalten (vgl. S. 52).

Aufbruch und Abbruch. Die «Entfestigung» der Stadt Basel[1]

Die Sprengkraft, welche die Stadtbefestigungen zu Fall brachte, dürfte in hohem Mass von den modernen Lebensbedürfnissen der städtischen Bevölkerung ausgegangen sein. Demnach hätte der gesellschaftliche Aufbruch den baulichen Abbruch bewirkt. Umgekehrt dürften Alltag und Lebensstile durch die Mauern beziehungsweise deren Entfernung stark geprägt worden sein, hat also der Abbruch den Aufbruch gefördert.

Die Stadtmauern bildeten Grenzmarkierungen zwischen Zonen unterschiedlicher Lebensstile und Alltage. Sie trennten lange Zeit – realiter oder nur symbolisch – die Zone der Geborgenheit, der Sicherheit und der Dichte von der Zone der Offenheit, der Unsicherheit und der Weite. Es läge nahe, auch von einer Abgrenzung zwischen Ordnung und Unordnung zu sprechen, zumal die Regelungsdichte im engen Raum notwendigerweise grösser war. In Wirklichkeit existieren aber zwei getrennte Ordnungen, die städtische (z.T. bürgerliche) und die ländliche, und letztere stand und steht bezüglich der Regelhaftigkeit der ersteren kaum nach. Die Abtragung der Stadtmauern könnte eine Verwischung der beiden Ordnungen gebracht haben. Wir wissen aber, dass in den meisten Fällen eine gewisse Aufweichung der Stadt-Land-Grenze dem Abbruch der Mauern vorausgegangen ist und mit ihm nur eine nachträgliche Ratifikation vorgenommen worden ist. Zudem waren ländliche Elemente (etwa die Nutztierhaltung oder der Gartenbau) auch innerhalb der Mauern weit stärker, als man gemeinhin annimmt, präsent. Die Städte wurden möglicherweise erst nach dem Fall ihrer Mauern (mit dem Strassenbau, den neuen Wohnungsbauten, dem Bau der Kanalisation) so städtisch, dass sie das markante Gegenstück zum Land bildeten, das wir trotz der heutigen Zersiedelung des Landes in ihnen sehen.

Der Ordnungscharakter der Stadtmauern war gewiss stark, es wäre aber ein Irrtum anzunehmen, dass in der «offenen Bürgerstadt» nach ihrer Entfestigung wesentlich geringere Ordnungsansprüche gegolten hätten. Die nachfolgenden Ausführungen werden die frappante Übereinstimmung von vorangegangenen Befestigungstoren und modernen Polizeistationen sichtbar machen. Zudem sollten mit dem Zerfall traditioneller Ordnungsgefüge die übriggebliebenen Befestigungsteile in neuer Weise, nämlich als Ausdruck der Beständigkeit, zu Ordnungsfaktoren werden.

1 Der Beitrag ist einerseits ein «Relikt» aus der Zeit, da man in Basel noch an die Lancierung einer «Neuen Basler Geschichte» gedacht hat, und andererseits das Produkt eines Kolloquiums des ETH-Instituts für Denkmalpflege zum Thema «Stadt- und Landmauern im Mittelalter und in der Neuzeit» vom März 1993.

Stadtmauern können auf unterschiedliche Weise interessieren: Man kann wissen wollen, wo sie errichtet und vor allem wie sie gebaut worden sind und was von ihnen noch übriggeblieben ist. Man kann die Stadtmauern aber auch als Produkt eines bestimmten Denkens, als Ausdruck einer bestimmten Mentalität verstehen. Das direkt Wahrnehmbare hatte jedoch in der Auseinandersetzung mit solchen Mauern aus begreiflichen Gründen bisher den Vorrang. Trotzdem sollte man versuchen, auch die immaterielle Wirklichkeit zu erfassen, einmal in der Geschichte der ersten Errichtung von Mauern, dann des Ausbaus und der Unterhaltsarbeiten, zum andern dann auch in der Geschichte der eintretenden baulichen Vernachlässigungen, des Verzichts auf Erneuerung – und schliesslich des Abbruchs. Die zum Thema bereits vorliegenden Publikationen beschränken sich weitgehend auf die Beschreibung des Entfestigungsprozesses und setzen sich nicht systematisch mit der Frage auseinander, warum denn Stadtbefestigungen «plötzlich» entbehrlich erschienen.[2] Sie behandeln das Thema ohne analytische Ansätze, gehen vor allem deskriptiv vor und durchsetzen die Beschreibungen mit Werturteilen, welche die Entfestigung in der positiven Variante als urbanistischen Fortschritt preisen oder in der negativen Variante als Zerstörung historischen Kulturgutes beklagen. In der Literatur des 20. Jahrhunderts dominiert die klagende Variante, doch werden meistens beide unkritisch miteinander verknüpft. Paul Siegfried geisselt den Abbruch der alten Befestigungsanlagen als Produkt der «materialistischen Weltanschauung, deren furchtbaren Bankrott wir seit dem Ausbruch des Weltkrieges miterleben».[3] Und in Christoph Müllers Publikation von 1956 finden wir etwa die

2 Das Thema hat bisher noch keine geschichtswissenschaftliche Bearbeitung erfahren. Die beiden wichtigsten Beiträge stammen aus der Feder von Amateuren: Der als Jurist ausgebildete und seit 1919 als Schriftsteller tätige Paul Siegfried hat, allerdings ohne Quellenangaben, die informativste Arbeit verfasst: Basels Entfestigung. In: Basler Jahrbuch 1923. S. 81–146. Siegfried hat u.a. auch eine Schrift über die Basler Strassennamen publiziert. – Im ersten, 1932 herausgekommenen Basler Band der Kunstdenkmäler findet sich sodann, von C. H. Baer verfasst, eine nüchterne Chronik der verschiedenen Eingriffe der Jahre 1805–1889; S. 169–173. – Christoph Adolf Müller, anfänglich in einem Baugeschäft tätig, dann langjähriger Sekretär der öffentlichen Denkmalpflege, hat im zweiten Teil seiner Geschichte der Stadtbefestigung das Schlusskapitel der Entfestigungsproblematik gewidmet und dabei die von Siegfried übergangenen Schwibbögen des inneren Mauerrings einbezogen, alles in allem aber, wiederum ohne Quellenangabe, ja sogar ohne Hinweis auf Siegfried, die Darstellung von 1923 zusammengefasst; Basel 1956 (134. Neujahrsblatt der GGG). S. 75–88. Vom gleichen Verfasser stammt der 1963 erschienene Aufsatz über die Torsperren, vgl. Anm. 13. – Eine umfassende Dokumentation zu den Basler Stadtmauern findet sich für den äusseren Grossbasler Ring im Jahresbericht der Archäologischen Bodenforschung des Kantons Basel-Stadt 1989. Basel 1991. Für die Grossbasler Rheinmauern im Jahresbericht 1990 und für die Kleinbasler Mauern im Jahresbericht 1992.

3 Paul Siegfried, Basels Entfestigung. S. 135. In einem eingehenden Vergleich mit Zürich kommt der Verfasser allerdings zur Feststellung, dass Basel mehr von seiner historischen Bausubstanz gerettet habe. S. 129–133. Der Autor schliesst seinen antiquarisch-positivistisch gehaltenen Aufsatz mit einer, wenn man die weitere Entwicklung der Zwischenkriegszeit kennt, etwas bedenklichen Zukunftsspekulation: «Schon hat die Wissenschaft vom Materialismus sich losgesagt und schon bekennt sie unumwunden, dass er ein unheilvoller Irrtum war. Schon mehren sich überall die Zei-

Klage, dass für bescheidene Zweckbauten, wie sie die Vorfahren errichtet hätten, «neben Hochhäusern unserer aus allem Mass geratenen Zeit» leider weder Raum noch Sinn mehr vorhanden sei.[4]

Wir wissen wenig über die zeitgenössischen Einstellungen gegenüber den Stadtbefestigungen und deren Schleifung. Wir können aber annehmen, dass diese alles andere als gleichartig gewesen sind, dass sich die Haltung je nach Interessenlage bei einem Teil der Stadtbevölkerung im Laufe der Zeit gewandelt hat und bei anderen nicht. Und wir müssen davon ausgehen, dass es sich bei der Entfestigung um einen höchst konfliktreichen Vorgang gehandelt hat. Militärische und polizeiliche Interessen standen wohl in Konkurrenz zu den verkehrstechnischen und sanitarischen. Diese modernisierenden Interessen standen wiederum im Gegensatz zu den historisierenden Interessen der Denkmalpflege. Konfliktreich waren aber auch die unterschiedlichen Einschätzungen innerhalb der einzelnen Sachkomplexe. Die Konfliktdimension kann in der nachfolgenden Umschreibung der einzelnen Komplexbereiche wegen der genannten Schwäche der Forschungslage nur angedeutet werden. Mehr Aufschluss gäbe die Sichtung der einschlägigen Debatten im Grossen Rat und der Stellungnahmen der Presse.

In der Auseinandersetzung mit den Ursachen für die Entfestigung von Städten bietet sich als erstes die Überlegung an, dass die mittelalterlichen Mauergürtel für die schnell wachsende Stadtbevölkerung zu eng geworden sein könnten. Im Falle von Basel nahm die Bevölkerung in den für uns wichtigen Jahrzehnten, das heisst in den Jahren 1840–1870, tatsächlich stark zu. Sie verdoppelte sich von rund 22 000 auf rund 44 000. Der Plan von Friedrich Mähly zeigt aber, dass 1847 (als der Plan entstand) der Raum innerhalb der Mauern von 1400 noch lange nicht überbaut war und es ausserhalb der Stadt noch wenig permanent bewohnte Häuser gab. Die vergleichsweise bescheidene Zuwanderung von rund 5000 zusätzlichen Bewohnern in den vierziger Jahren wurde vor allem durch eine stärkere und zum Teil mit unwürdigen und vor allem ungesunden Lebensbedingungen verbundene Belegung bestehender Gebäude aufgefangen.[5] Mit dem Anstieg der Bevölkerung bis 1860 auf über 38 000 muss dann allerdings der Anteil der ausserhalb der Mauern wohnenden Stadtbevölkerung stark zugenommen haben und die alte Stadtbefestigung in zunehmendem Mass als lästiges Verkehrshindernis empfunden worden sein. Der Ratschlag zum Stadterweiterungsgesetz von 1859 stellte fest: «Es ist eine in die Augen springende Thatsache, dass seit

chen, dass auch in den tieferen Schichten die Wendung herannaht; schon stellen sich, zögernd zwar erst, die grossen Massen zum Abmarsch bereit. Noch lastet auf uns die Nacht; doch röten schon den Himmel die ersten Strahlen des kommenden Tags. Was er uns bringen wird, das wissen wir nicht etc.» (S. 146). Neuerdings zu Zürich: Christoph Ebnöther, Die Diskussion um die Schleifung der Zürcher Schanzen zwischen zürcherischem Staatsbildungsprozess und eidgenössischer Landesverteidigung. Zürich 2001. CVCIII. Neujahrsblatt der Feuerwerker-Gesellschaft auf das Jahr 2002.

4 Christoph A. Müller, Geschichte der Stadtbefestigung. S. 85.

5 Vgl. den Bericht von Friedrich Göttisheim über Basler Kost- und Logierhäuser. Basel 1867.

ungefähr einem Jahrzehnt das Anbauen ausserhalb unserer Stadtmauern in einem Grade sich mehrt, wie früher nie.»[6]

Neben der Bevölkerungsentwicklung haben andere Entwicklungen die Befestigungen als entbehrlich und deren Beseitigung als wünschenswert, ja notwendig erscheinen lassen. Im folgenden sollen nun die verschiedenen Aspekte dieses komplexen Vorgangs beleuchtet werden.

1. Der militärische Aspekt

Zürich, Bern und Genf, aber auch Städte des näheren Auslandes haben zwei bis drei Jahrzehnte vor Basel mit der Entfestigung begonnen: Zürich schon 1833, Bern 1834, Genf 1849.[7] Die vielleicht vorherrschende Meinung sieht im langen Festhalten am Mauerring eine ängstliche, irrationale und für das damalige Basel typische Rückständigkeit. In der Literatur zu unserem Thema betonen dagegen die meisten Verfasser, dass mindestens bis 1848 diese Haltung trotz der Modernisierung der Kriegführung Sinn gemacht habe. Der Krieg mit der Basler Landbevölkerung 1830–1833 und die Freischarenzüge von 1844/45 hätten gezeigt, dass die Mauern noch von militärischer Bedeutung seien. Umgekehrt hätten dann aber die Kriegsvorbereitungen von 1856/57 im Zusammenhang mit dem Neuenburger Konflikt deren Nutzlosigkeit, ja Hinderlichkeit sichtbar gemacht: Wälle und Gräben wurden weit draussen angelegt. Um schnell dorthin zu gelangen, musste in der alten Mauer sogar ein zusätzlicher Ausgang geschaffen werden.[8]

Der Rückgang der militärischen Bedeutung kann an den Revisionen der Überbauungsverbote entlang den Aussenseiten der Gräben abgelesen werden. 1831 wurde während des Bürgerkriegs mit dem Baselbiet die Bestimmung reaktiviert, dass ein «Glacis» von 70 Metern unüberbaut bleiben müsse. Noch 1844 hatte das Militärkollegium eine Zone von zwei- bis dreifacher Grösse verlangt, 1855 sie dann aber auf 35 Meter (bzw. 100 Fuss) reduziert, und zwar auf Druck der Grundbesitzer, die ihr Land zu Bauland aufwerten wollten.

Die 1841/43 geführten Debatten um die Frage, ob die Elsässerbahn nur an die Stadt heran- oder in sie hineingeführt werden sollte, stand mehr im Zeichen der polizeilichen als der militärischen Überlegungen. Wohl meldeten sich militärische Bedenken, die Eisenbahn in die Stadt einzulassen. Eine Station «intra muros» hätte einem Trojanischen Pferd Einlass geben können. Der Berner Gesandte warf an der Tagsatzung die Frage auf, ob Basel noch in der Lage sei, dem Bund den nötigen Schutz zu

6 Ratschlag Nr. 247 vom 6. Juni 1859. S. 3.

7 Die Reihe der INSA widmet den Beseitigungen der Stadtbefestigungen keine spezielle Beachtung. Angaben dazu lassen sich aber aus den anders orientierten Ausführungen dieser an sich vorzüglichen Dokumentation zusammentragen.

8 Zum Beispiel Paul Siegfried, Basels Entfestigung. S. 92f.

geben.[9] Die «Extra muros»-Variante hätte aber den «Glacis»-Bedingungen widersprochen. Wie wichtig man den Festungsgedanken damals noch nahm, zeigt vor allem die Tatsache, dass man den Bau eines Eisenbahneingangs zum Anlass für den Bau eines auf Kosten des Bahnunternehmens errichteten erweiterten Mauergürtels nahm, um so für rund 150 Häuser zusätzliche Siedlungsmöglichkeiten innerhalb der Festung zu schaffen. Dass man umgekehrt den Festungsgedanken bereits auch etwas zu relativieren bereit war, zeigt eine andere Tatsache: Während man früher in der Regel alte Mauern erst abbrach, wenn die neuen standen, war man jetzt bereit, durch den gleichzeitigen Abbruch und Aufbau unter Verwendung des alten Materials vorübergehend eine militärische Schwächung in Kauf zu nehmen, sofern die polizeiliche Abgeschlossenheit gewährleistet blieb.[10]

Die militärische Funktion der Befestigungsanlagen erfuhr nach der Revision der «Glacis»-Bestimmungen von 1855 in den Jahren 1858/59 eine weitere Einschränkung, als wegen des Baus des ersten Centralbahnhofes der Stadtgraben zwischen St. Alban- und Steinentor aufgefüllt und das Aeschenbollwerk geschleift wurde.[11] Im Stadterweiterungsgesetz von 1859 findet man dann eine wichtige Akzentverschiebung: Hier wurde nicht mehr der Abbruch als Ausnahme behandelt, sondern festgehalten, was vorläufig vom Abbruch ausgenommen sei. Die Regierung versicherte, es handle sich keineswegs darum, «grundsätzlich die Beseitigung oder Schleifung unserer Befestigungen zu beschliessen»; sie mass den verbleibenden Festungsteilen (z.B. dem «Hohen Wall» oder den Bollwerken St. Leonhard, St. Elisabethen, St. Alban) aber nur noch «sekundären militärischen Werth» zu.[12]

2. Der polizeiliche Aspekt

Es wird gerne übersehen, dass die Stadtmauern bis in die zweite Hälfte des 19. Jahrhunderts auch die Funktion hatten, den Verkehr von Personen und Waren zu überwachen. Mit der Warenkontrolle sicherte man sich vor allem die Zolleinnahmen und schützte wohl auch die eigenen Produkte. Die Personenkontrolle galt sowohl den Durchreisenden wie der einheimischen Bevölkerung. Bis 1859 konnte die Stadt wegen der Torsperren nachts weder betreten noch verlassen werden. An gewissen Toren und für bestimmte Personenkategorien (Kuriere, Ärzte, Hebammen etc.) galten Sonderbestimmungen. Die Türschlüssel mussten nachts beim Platzkommandanten abgegeben werden.[13]

9 Paul Burckhardt, Geschichte der Stadt Basel. Basel 1942. S. 262.
10 Ratschlag Nr. 132 vom 14. Januar 1841. S. 21.
11 Dazu der Ratschlag Nr. X vom 3. Mai 1858.
12 Ratschlag Nr. 247 vom 6. Juni 1859. S. 12.
13 Vgl. Christoph A. Müller, Die Basler Torsperren im 19. Jahrhundert. In: Basler Jahrbuch 1963. S. 13–35.

Wie bereits angedeutet, entschied man sich 1843 in der Kontroverse um die Elsässerbahn vor allem darum für die «Intra muros»-Lösung, weil diese die polizeiliche Kontrolle erleichterte. Wäre der Bahnhof ausserhalb der Mauer zu liegen gekommen, hätte man die Passagiere nicht sogleich abfangen und überprüfen können; diese hätten, zumal wenn sie sich der Kontrolle zu entziehen versuchten, durch eines der sieben Stadttore in die Stadt gelangen können. Die heute belächelte Order, nachts am neuen Eisenbahntor das Gatter zu schliessen, war weniger auf die unwahrscheinliche Eventualität eines militärischen Überfalls ausgerichtet als auf die Absicht, unkontrollierte Personenbewegungen zu verhindern.[14]

Zehn Jahre später wurde dieser Standpunkt aufgegeben. Die beiden anderen Basler Bahnhöfe kamen, wie im nächsten Abschnitt noch ausgeführt wird, ausserhalb der Mauern zu stehen. Der Weg zum 1855 in Betrieb genommenen Badischen Bahnhof wurde anfänglich nachts ebenfalls mit einem Eisengitter versperrt. Das Stadterweiterungsgesetz von 1859 erklärte dann aber ausdrücklich, dass die Mauern für den «polizeilichen Schutz gegen Überschwemmung von Gesindel» nicht mehr nötig seien. Im Gegenteil:

> «Mit der Zunahme der Bevölkerung vervollkommnet sich in einem civilisirten Gemeinwesen auch die Organisation der Polizei und vor einer wohlorganisirten, thätigen und wachsamen Polizei hat derartiges Volk jeweilen mehr Respect als vor Mauern und Graben, hinter welchen die Leute in vermeintlicher Sicherheit schlafen.»[15]

Ganz aufgeben wollte man die polizeiliche Kontrolle am Stadtrand allerdings nicht: Zunächst plante man die Schaffung von Rondenwegen sowohl auf der Höhe der alten Mauerlinie wie auf einer neuen äusseren Linie, und man behielt sich vor, auf diesen Linien doch noch einen «wirklichen Abschluss mittels Mauer, Graben, Palisaden oder sonst» zu errichten. Dieser Plan wurde nicht verwirklicht. Hingegen kamen die meisten der neu errichteten Polizeiwachen an die alten Stadteingänge zu liegen: beim St. Albantor, beim Aeschenplatz, beim ehemaligen Steinentor, beim Spalen- und beim St. Johannstor.[16]

14 Ratschlag Nr. 146 vom 5. Juni 1843, S. 6–10.

15 Ratschlag Nr. 247 vom 6. Juni 1859, S. 10.

16 Paul Siegfried, Basels Entfestigung. S. 102. Dies erinnert daran, dass *«polizein»* im Griechischen den Sinn hatte von «miteinander eine Mauer um eine Siedlung bauen». Vgl. auch Peter Nitschke, Von der Politeia zur Polizei. In: Zeitschrift für Historische Forschung 1. 1992. S. 1–27. Die Polizei wurde zuvor mitunter als «lebendige Ergänzung der Stadtmauern» verstanden. Vgl. Carl Moser-Nef, Die freie Reichsstadt und Republik Sankt Gallen. Bd. 3. Zürich 1931. S. 795. (Hinweis von Karl Ebnöther).

3. Der verkehrstechnische Aspekt

Mit Verkehr ist vor allem der rollende Verkehr gemeint, aber weniger der Verkehr der Pferdefuhrwerke und der Kutschen als der Verkehr der Eisenbahnen. Paul Siegfried sieht die «eigentliche Ursache» der Entfestigung in der Einführung der Eisenbahnen.[17] 1840 hatte man bei der Eisenbahnführung der Elsässerbahn noch mit einer Modifikation der Befestigungsanlagen reagiert; 1854 wurde zur Verbesserung der Verbindung mit dem Badischen Bahnhof an der nördlichen Kleinbasler Mauer ein Bollwerk beseitigt und ein Graben aufgefüllt; 1857/58 wiederholte sich dieser Vorgang auf der Südseite der Grossbasler Mauer wegen der Verbindung zum Centralbahnhof.

Gewiss hätte auch der stets zunehmende Verkehr der Fuhrwerke eine Öffnung der Stadt nötig gemacht, in der Verbindung mit der Eisenbahn bildete sich aber eine symbolhafte und damit zusätzlich wirksame Konfrontation zwischen «Relikten des Mittelalters» und den «Massnahmen der Zukunft», zwischen Statik und Dynamik, ja zwischen elitärer und egalitärer Gesellschaftsordnung. Eine ähnliche Gegenüberstellung finden wir bei der «Spanischbrötlibahn», die von 1847 an, nach dem Verständnis der Zeit, bei Baden als Volksvehikel (für Bürger jeglichen Standes) unter den Trümmern des stolzen Fürstensitzes hindurchbrauste, in welchem einst die österreichischen Herrschaften der alten Zeit glänzende Feste feierten.[18] Auch in Bern besteht ein enger kausaler und zeitlicher Zusammenhang zwischen Aufbau des Bahnhofs und Abbruch von Festungswerken.[19] In Basel kam es 1867 zu einer weiteren, aber leicht andersartig symbolischen Abtretung: Eines der letzten Mauerstücke, der «Hohe Wall», wurde der Universität zur Verfügung gestellt, damit sie für die aufkommenden Naturwissenschaften ein Haus errichten konnte: das mit einer Sternwarte versehene «Bernoullianum».

Die Mauern wurden gegen Ende der fünfziger Jahre, wie bereits ausgeführt, auch wegen der Ausdehnung des Siedlungsgebietes immer mehr als Hindernis empfunden. Hinzu kam die Zunahme des berufsbedingten Pendlerverkehrs. Aus C. A. Müllers Darstellung geht hervor, dass Baselbieter Arbeiter auf ihrem Arbeitsweg unter Umständen zweimal ein Tor passieren mussten, zunächst um auf der Grossbasler Seite in die Stadt und dann auf der Kleinbasler Seite zu einer ausserhalb der Stadt gelegenen Fabrikanlage zu kommen. Darum sei auf Betreiben von Fabrikanten und Gewerbetreibenden schon in den dreissiger Jahren ein Pauschalabonnement für das Durchschreiten der Tore eingeführt worden.[20]

17 Paul Siegfried, Basels Entfestigung. S. 87.

18 Georg Kreis, Der Weg zur Gegenwart. Basel 1986. S. 103.

19 Franz Bächtiger, Zur Revision des Berner Christoffel. In: Jahrbuch des Bernischen Historischen Museums 1979/1980. Bern 1980. S. 115–278.

20 Christoph A. Müller, Die Basler Torsperren im 19. Jahrhundert. S. 24.

4. Der sanitarische Aspekt

Zwischen der Stadtsanierung, die nach der Choleraepidemie von 1855 beschleunigt an die Hand genommen wurde, und dem Abbruch der Mauern besteht kein direkter Zusammenhang, obwohl gerade im Mauerbereich Liegenschaften zum Teil besonders sanierungsbedürftig waren.[21] Auf der symbolischen Ebene lag jedoch beides nahe beisammen: die Öffnung der Stadt und die Kampagne, die mehr Licht und Luft – mehr «Salubrität» – in die Strassenzüge bringen wollte. Ein Zusammenhang ergab sich auch darum, weil mancherorts an Stelle des Gemäuers grüne Promenaden entstanden und Bollwerke in Parkanlagen umgewandelt wurden. Diese Art der Nutzung erklärt sich allerdings weniger aus der direkten Absicht, Grünzonen zu schaffen, als aus dem Umstand, dass Basel-Stadt im Falle einer Abtretung an Private zur baulichen Nutzung zwei Drittel des Ertrags hätte dem Kanton Basel-Landschaft abtreten müssen.[22]

5. Der volkswirtschaftliche Aspekt

In den Ausführungen zur volkswirtschaftlichen Seite wird der Konfliktcharakter des Entfestigungsvorgangs am fassbarsten, obwohl auch diesbezüglich nur pauschal von Spekulation, kleinlicher Interessenpolitik, Egoismus etc. die Rede ist.[23] In diesem Sektor müssten vor allem die Entwicklung der Bodenpreise analysiert und Interessen der Fuhrleute und deren Einfluss auf die Verkehrspolitik identifiziert werden.[24] Der Ratschlag von 1859 zur Stadterweiterung nennt als wichtigen Grund für das vermehrte Bauen ausserhalb der Mauern das «natürliche Bestreben, sich bei den immer steigenden Mietpreisen wohlfeilere und zugleich luftigere und bequemere Wohnungen zu verschaffen».[25] Ferner müsste die Kostenseite der Beseitigung näher betrachtet werden, die durch den Abbruch entstandenen Belastungen des Staatshaushaltes, die Interessen von Abbruchunternehmen an entsprechenden Aufträgen und die Lage auf dem Arbeitsmarkt. Darüber, wer die Abbrucharbeiten durchführte und mit welchen

21 Ohne einen Hinweis auf diesen Zusammenhang zum Beispiel Rudolf Kaufmann, Die bauliche Entwicklung der Stadt Basel. Basel 1948/49 (126. und 127. Neujahrsblatt der GGG). – C. H. Baer (vgl. Anm. 2) spricht in seinem kurzen Abschnitt ausführlich von der Cholera, sagt aber nichts über die Zusammenhänge mit den Festungsmauern.

22 Vgl. dazu Anm. 23. Zu den Grünanlagen Othmar Birkner und Hanspeter Rebsamen, Basel. In: INSA. Bd. 2. Zürich 1986. S. 76–79.

23 Zum Beispiel bei Siegfried gestützt auf ein Gedicht von Jakob Mähly, S. 88. Oder in der Gesamtdarstellung von Paul Burckhardt, Geschichte der Stadt Basel. Basel 1942. S. 261, 266.

24 Zu den Bodenpreisen könnten im zweiten Teil des sogenannten «Schanzenstreits» von 1858–1863 zwischen Basel-Stadt und Basel-Landschaft um den Wert des zu teilenden Gutes Auskünfte angefallen sein. Zum Streit selber vgl. Eduard His, Eine historische Staatsteilung. Tübingen 1927. – Werner Kundert, Der Basler Schanzenstreit von 1859/62. In: Basler Zeitschrift für Geschichte und Altertumskunde. Bd. 73. Basel 1973. S. 157–194.

25 Ratschlag Nr. 247 vom 6. Juni 1859. S. 3.

Arbeitstechniken man vorging, schweigen sich die vorliegenden Publikationen sozusagen gänzlich aus. Nur in einem Fall wird, weil man darin eine Besonderheit sah, erwähnt, dass um 1865 ein Bollwerk im Rahmen eines Notstandsprogramms für Arbeitslose der Seidenbandindustrie abgetragen wurde.[26] Gleiches geschah zum Beispiel in Genf um 1850 während der Krise in der Uhrenindustrie.

6. Der denkmalpflegerische Aspekt

Die Stadtbefestigung war in militärischer Hinsicht ein Gesamtsystem, deren einzelne Elemente sich gegenseitig bedingten, von der Mauer zum Graben bis zur Kontereskarpe, mit den Türmen, Toren und Bollwerken. Die Diskussion um die Beseitigung oder Erhaltung der Stadtbefestigung konzentrierte sich jedoch auf die Tore: Sie bildeten die ärgerlichen Engpässe und zugleich wichtige Wahrzeichen der Stadt. Die Tore waren schon immer mehr als blosse Nutzbauten, ihre Ausstattung zeigt, dass Tore und andere Festungsteile auch Repräsentations- beziehungsweise Selbstdarstellungsfunktion hatten und, wie sich zum Beispiel der Ratschlag von 1859 ausdrückte, als «Zierde» empfunden wurden. Vier der sieben grossen Tore fielen in den sechziger Jahren innert kürzester Zeit der Spitzhacke beziehungsweise den modernen Mobilitätsansprüchen zum Opfer: 1861 das Aeschentor, 1864 das Riehentor, 1866 das Steinentor und 1867 das Bläsitor. Um 1870 gab es Bestrebungen, auch das St. Albantor niederzureissen, in diesem Fall gewann aber die denkmalschützerische Tendenz, die schon einige Jahre zuvor eingesetzt hatte.

Bereits 1852 hat der Autor eines für die Jugend verfassten Neujahrsblattes wehmütig festgestellt, das «neueste Zeitalter» habe schon «so manches Hohe erniedrigt» und so manche Reste einer entlegeneren Zeit hinweggeräumt. Die Wehmut dieses Bürgers hält sich aber in Grenzen, das Neue erfährt im gleichen Atemzug eine positive Würdigung: «Manche Thürme, die noch unsre Väter gesehen, haben geräumigen, heitern Zugängen Platz gemacht. Das Alte ist vergangen, siehe es ist Alles neu geworden. Wohlan, jedes Zeitalter hat seine Bedürfnisse ...»[27] Die gegen Ende der sechziger Jahre einsetzende Nostalgie sollte dann aber eine andere Qualität als diese verhalten wehmütige Äusserung von 1852 haben.

In den Diskussionen um die Beseitigung des Riehentores 1864 und des Steinentores 1866 finden wir erste Erwägungen, die den Stadtbildaspekt einbeziehen. Im einen Fall wurde dem Turm attestiert, dass er an sich schön sei; es wurde aber auch gesagt, dass er, seitdem die anschliessende Stadtmauer abgebrochen sei, nicht mehr in einem richtigen Verhältnis zu seiner Umgebung stehe.[28] Im anderen Fall hiess es, das in der

26 Paul Siegfried, Basels Entfestigung. S. 122.
27 Daniel A. Fechter, Das alte Basel in einer allmählichen Erweiterung bis 1356. Basel 1852 (30. Neujahrsblatt der GGG). S. 34.
28 Paul Siegfried, Basels Entfestigung. S. 120.

Talsenke stehende Tor bilde wegen seiner Lage kein charakteristisches Merkmal und müsse deshalb nicht geschont werden.[29] Die Debatte um den allfälligen Abbruch des Bläsitores zog sich fünf Jahre hin. In der Regel gingen die Abbruchbegehren von den sich behindert fühlenden Anwohnern aus. Für den Grossen Rat und den Regierungsrat kam der Kostenfrage eine wichtige Bedeutung zu. Kosten fielen allerdings immer in beiden Varianten an: beim Abbruch wie bei der Konservierung.

Im Falle des St. Albantores setzte sich die Regierung 1869/70 zweimal für dessen Konservierung ein und wurde zweimal vom Grossen Rat in diesem Plan nicht unterstützt. Das Vorhaben drang erst im dritten Anlauf durch, nachdem ein privates Komitee sich bereit erklärt hatte, einen Teil der Restaurationskosten zu übernehmen.[30] Damit, heisst es in der Literatur, sei das Fortbestehen der verbliebenen drei Stadttore gesichert gewesen. Die Legende weiss indessen zu berichten, dass noch zu Beginn des 20. Jahrhunderts darüber diskutiert worden sei, ob man nicht das Spalentor abbrechen sollte, um für das Tram eine bessere Linienführung zu gewinnen. Belege dafür lassen sich aber keine finden. Es könnte sich um ein Relikt oder eine Kontroverse von 1932 um Renovationskosten handeln.

1869 hatte sich sogar der städtische Kunstverein für das St. Albantor eingesetzt und beklagt, dass ein Blick auf die Stadt die «alte stolze, malerische und zugleich heimelige Umgürtung mit Mauern, Zinnen und Türmen schmerzlich vermissen lässt».[31] Malerisch und heimelig: Diese Qualitätsempfindungen markieren den romantischen Historismus, der die letzten Jahrzehnte des 19. Jahrhunderts und die Zeit bis 1914 prägte. Frühe Spuren der jetzt vorherrschenden Haltung finden sich schon 1856 in einem Gedicht, das im St. Albantor (man möchte sagen: in mittelalterlicher Manier, wie sie durch die Vergabe von Eigennamen «Dornimaug» oder «Wagdenhals» zum Ausdruck kommt) eine Person sieht, ihm eine Seele zuschreibt und dieses, in der eigenen Heimat angesichts prahlerischer Dampfmaschinen ein Fremdling geworden, der «schönen und glücklichen Vergangenheit» nachträumen und über mangelnde Ehrfurcht vor dem Alter klagen lässt.[32]

Lyrik war offenbar die gegebene Form, wenn man sich über den Wandel der Zeit auslassen wollte. Schon 1864 lässt der erst 46jährige, mithin noch nicht von individualtypischer Altersnostalgie geprägte Dichter Theodor Meyer-Merian einen «alten Bürger» klagen: «Wahrlich, ich muss es erleben, dass mir die Vaterstadt fremd wird!» Das Gedicht ergeht sich als Dokument des konservativen Zeitgeistes über die fortschrittliche Variante des Zeitgeistes in den folgenden klassischen Hexametern:

29 Paul Siegfried, Basels Entfestigung. S. 123.

30 Grossratsbeschluss vom 20. Februar 1871.

31 Eingabe vom 10. März 1869; zitiert nach Basel. Das Stadtbild nach den ältesten Photographien seit 1860. Hrsg. v. Rudolf Kaufmann. Basel 1936. Einleitung.

32 Basler Nachrichten vom 8. Oktober 1856, nochmals veröffentlicht am 7. Juni 1870.

«Der mit sausendem Flügel als Zeitgeist jetzt durch die Welt fliegt,
Folgend der eisernen Bahn durch ländlich blühende Fluren.
Ihm auch wichen die Mauern, die tapfer so manchem Jahrhundert
Widerstand leisteten, und es drang ein fremdes Gefolge,
Menschen mit anderer Meinung und anderes neues Bedürfnis
Durch die Bresche herein, und die schützenden Wälle, die Tore,
Stürzten und füllten mit Schutt die Gräben der Stadt und die Gärtchen.
Nichts mehr zeigte Bestand, nur Staub und Trümmer bedeckten
Öde Plätze, daraus sich mühsam aus der Verwüstung
Hob die vereinzelte Mauer, der Anfang werdender Strassen ...»[33]

Der um zehn Jahre jüngere Dichter Jakob Mähly warf sich um 1870 ebenfalls mit einem Gedicht in die Schlacht um die Erhaltung des St. Albantors:

«Der Tore sind schon gefallen so viel,
Soll auch das letzte noch sinken?
Hat der Bürger denn wirklich kein Schönheitsgefühl?
Soll alles im Niveau ertrinken?»

Das mehrere Strophen umfassende Gedicht schliesst mit dem Ausruf:

«O ihr modernen Toren!
Der Geist, der in euren Ahnen gohr,
Der ist verraucht und verloren.»[34]

Diese Zeilen sind mehr als eine persönliche Stellungnahme, sie geben einen Hinweis auf einen wichtigen Mentalitätswandel. Mit dem Wandel ist aber nicht die Verflüchtigung des Geistes der Ahnen in den Jahren der rasanten Modernisierung gemeint. Diese Art des Wandels hat es zwar auch gegeben, jedoch gegen Ende der fünfziger Jahre. Es geht vielmehr um den Versuch einer restaurativen Wiederaneignung der Ahnenwelt gegen Ende der sechziger Jahre, mithin eher um eine Verflüchtigung des Geistes der Moderne.

Die Retromentalität beschränkte sich nicht auf die Welt der Dichter, sie erfasste auch die Welt der Politik und fand Eingang in Amtsschriften. Der Ratschlag vom Mai 1870 bemerkt:

«Unnötig und noch dazu zum Nachteil der Ansicht unserer Stadt sollen wir uns der wenigen Überreste unsrer alten Geschichte nicht entäussern. Spräche darüber der eigne Sinn nicht laut genug, so könnten wir in dieser Hinsicht an andern gebil-

33 Theodor Meyer, Die Nachbarn. Basel 1864. Zitiert nach Paul Siegfried, Basels Entfestigung. S. 139.
34 Zitiert nach Paul Siegfried, Basels Entfestigung. S. 126.

> deten Städten ein Beispiel nehmen, wo Ästhetik so gut wie Pietät verhindern, historische Reste zu beseitigen, wenn dies nicht aus gebieterischen Gründen unumgänglich notwendig wird.»[35]

1871/72 wurde das St. Albantor im Geiste des Historismus verschönert, man nahm ihm die mittelalterliche Pechnase weg und setzte ihm ein steilwinkliges Schieferdach auf. Ähnliches geschah 1874 dem St. Johannstor – und wurde im Ausland an anderen Bauten praktiziert. Was sich in Basel abspielte, entsprach einem transnationalen Zeitgefühl. Der Historismus hat allerdings nicht das Rad der Geschichte zurückgedreht, er hat dies gar nicht beabsichtigt. Er hat vielmehr den starken und permanenten Veränderungen der Gegenwart als stabilisierendes Element «bleibende Vergangenheit» zur Seite gestellt: keine echte Vergangenheit, sondern eine arrangierte, künstliche Vergangenheit, zum Beispiel in der Form eben eines spitzwinkligen Schieferdaches.

Diese Inszenierungen können als Produkt einer Gegenstrategie verstanden werden, die mit etwas Verzug auf die zahlreichen Umbauten und Neubauten reagierte. Gegen Ende der fünfziger Jahre muss halb Basel eine einzige Baustelle gewesen sein. Sicher handelt es sich aber auch um eine Gegenstrategie gegen den Einbruch der Fabrikindustrie. 1864 sprach sich der Regierungsrat (bzw. der Kleine Rat) gegenüber dem Grossen Rat mit zwei Begründungen für die Erhaltung des Bläsitores aus, erstens weil es den Verkehr nicht behindere und zweitens weil der «allgemeine Anblick und Charakter unserer Stadt» diese Schonung erfordere. Die Kompensationsfunktion wird im folgenden Satz des regierungsrätlichen Berichts sichtbar:

> «Von einer Menge von Punkten aus gesehen, ragt auch das Bläsitor wohltätig aus den übrigen Gebäuden hervor; und wenn die Industrie des dortigen Quartiers seit einigen Jahren ihre noch höher ragenden Dampf- und Russsäulen daneben gestellt hat, so ruht manches Auge mit umso grösserem Wohlgefallen auf solchen alten Türmen, welche, ohne den Anforderungen der neuen Zeit im Wege zu stehen, ein Andenken bleiben an die alte …»[36]

Wir dürfen annehmen, dass in Basel, wie an anderen Orten mitunter auch etwas früher, um 1860 ein eher rückwärtsorientiertes durch ein eher vorwärtsorientiertes Denken abgelöst worden ist. Um 1870 handelte es sich nicht um eine erneute Ablösung im entgegengesetzten Sinn, da sich Moderne nicht rückgängig machen lässt. Um 1870 etablierte sich in Basel wie an anderen Orten ein Dualismus von anhaltender, manchmal etwas schnellerer, manchmal etwas langsamerer Modernisierungsdynamik einerseits und kompensierender Pflege der Vergangenheit andererseits.

Diese Kompensationsmechanik ist noch immer am Werk. Sie hat auf der Seite der Neuschöpfungen in Basel 1984–1987 den Büroneubau «Gundeldinger-Tor» entstehen

35 Ratschlag Nr. 399 vom 2. Mai 1870. S. 5.

36 Zitiert nach Paul Siegfried, Basels Entfestigung. S. 141.

lassen, der wie in anderen Städten mit einem klärenden Akzent im Häusermeer markieren soll, dass hier die Stadt beginne. Ihr ist auch die etwa gleichzeitig (1986) errichtete Stadtmauer-Fassade des Wirtschaftswissenschaftlichen Zentrums entsprungen.

Auf der Seite der Denkmalpflege hat das Bedürfnis nach Vergangenheit 1976 und 1985 zur Wiederherstellung der alten Dächer auf dem St. Alban- und dem St. Johannstor geführt und zu einer in Etappen durchgeführten Restauration des letzten Mauerstücks, der sogenannten Letzimauer im Dalbeloch: 1966 mit der Befreiung von Anbauten aus dem 19. Jahrhundert (Werk-, Fabrik- und Lagerräumen) und der Wiederherstellung des Wehrgangs und 1978–1980 mit dem Wiederausheben des im 19. Jahrhundert zugeschütteten Grabens. Dass auch dieser Trend zeittypisch und überregional ist, zeigt die 1975 eingeweihte «Christoffel»-Dokumentation in der Berner Bahnhofpassage und die um 1987 in Winterthur geführte Debatte um den integralen Wiederaufbau gewisser Stadttore.

Inzwischen werden in der Rheinstadt und wohl auch in anderen Städten mit historischem Hinter- und Untergrund an allen möglichen Stellen auch kleinere Relikte sichtbar und zugänglich gemacht, damit die Passanten sich erinnern können, dass man einmal Stadtmauern hatte und die Stadt noch immer historische Tiefe besitzt.

Etwas steril und öde mutet dieses Bild schon an, obwohl es wie alle Darstellungen dieser Art einen möglichst positiven Eindruck vermitteln will. Das Positive soll in diesem Fall die harmonische Kombination von Alt und Neu sein (Stadtplanbüro 1953, StABS BD-Reg 1S. Aus: Michael Gasser und Marianne Härri, Die Basler Aeschenvorstadt. Basel 2001. S. 138).

Das Schicksal der Aeschenvorstadt

Für Lucius Burckhardt (1925–2003) und Markus Kutter (1925–2005)

Das Schicksal der Aeschenvorstadt ist ein Musterbeispiel einer Fehlplanung: Mit fragwürdigen Mitteln wurden fragwürdige Ziele verfolgt. Alte Bausubstanz wurde für eine Kapazität des Strassenverkehrs geopfert, wie man sie heute unbestrittenermassen gar nicht benötigt. Diese zusätzliche Verkehrskapazität wollte man haben, weil man davon ausging, dass sie eine unerlässliche Voraussetzung für ein blühendes Geschäftsleben ist, während heute bei dieser Art von Strasse eher eine Fussgängerzone diese Voraussetzung bildet und der Durchgangsverkehr diesbezüglich eher negativ wirkt.[1]

Doch wer machte, wer bestimmte das Schicksal der Aeschenvorstadt? Technokraten? Magistraten? Gewisse Architekten und ihre Financiers? Die Medien? Das Volk? Der Zeitgeist? War man der Gefangene von Sachzwängen? Erlag man der Trägheit bestehender Konzepte? War der Fehler nicht vorauszusehen? Wies niemand auf andere Lösungen hin, die sich – rückblickend – als die besseren herausgestellt hätten? Wenn es doch solche Stimmen gab, warum konnten sie sich nicht im nötigen Mass Gehör verschaffen?

Realisierte und unrealisiert gebliebene Lösungen können nicht in objektiver Weise eingeschätzt und miteinander verglichen werden. Abgesehen davon, dass es sicher auch heute Leute gibt, die entschieden in Abrede stellen, dass da überhaupt ein Fehler begangen wurde, und heute viele Menschen in der Aeschenvorstadt ein und aus gehen, ohne zu merken, dass hier eine bessere Lösung hätte sichergestellt werden können, können wir nicht wissen, was uns alternative Lösungen beschert hätten.

Die Grundidee bestand im Falle der Aeschenvorstadt darin, dass mit einer Verbreiterung der Fahrbahn die Strasse den gestiegenen Verkehrsbedürfnissen angepasst, eine moderne Geschäftsstrasse geschaffen würde und so ein Verbindungsstück

1 Diese Vorstudie zu einem Vortrag zum 100jährigen Bestehen des Basler Heimatschutzes führt, ohne dass dies geplant und Absicht gewesen wäre, in meine Kindheit zurück. Ich habe meine ersten sieben Lebensjahre (1943–1950) in unmittelbarer Nachbarschaft der Aeschenvorstadt verbracht, im damals noch dunklen Hirschgässlein (in einem Haus neben dem heutigen Historischen Seminar, das damals schon im Besitz der Spenglerei Morath war). Eingekauft wurde in der Aeschenvorstadt beim Tellbrunnen, und am Sonntag gab es manchmal Tee und Kuchen bei Wiener Musik im Basler Hof. Der Kindergarten, den ich besuchte, war ein Betrieb der CMS (Frl. Dändliker) neben der Elisabethenkirche, wo heute die Theater-Pyramiden stehen. Viele Stunden verbrachte ich im Larvenatelier Fiorese am heute nicht mehr existierenden unteren Hirschgässlein. Mein erstes Kittelchen mit Mütze habe ich im grossen Herrengeschäft des PKZ am Anfang der Aeschenvorstadt bekommen, da wo nachher eine weitere Bank gebaut wurde und jetzt ein Buchladen ist.

zwischen Altstadtzone und Bahnhofzone entstehen sollte.[2] Ein weiteres wichtiges Element dieser «Grosskorrektion» sah eine für die öffentliche Hand kostengünstige Zurückversetzung der Baulinie auf der rechten Seite vor, da die meisten Eigentümer im Hinblick auf ihre grösseren Renditen bereit waren, den Boden für die zusätzliche Allmend dem Staat kostenlos abzugeben. Die privaten Investoren (insbesondere der Briefmarkenhändler Ernst Müller-Price mit dem Architekturbüro Bräuning, Leu und Dürig sowie die Schweizerische Kreditanstalt) waren für die untere Aeschenvorstadt die treibenden Kräfte und stiessen bei den Behörden aus dem genannten Grund auf offene Ohren. Zudem entsprachen die Bauvorhaben der geltenden Zonenordnung und hätte die Unterschutzstellung der gefährdeten Häuser (des Löwen, Drachen, Sternen, Hirzen) den Staat zusätzlich grössere Beträge gekostet.

Die Umsetzung des Vorhabens war möglich, weil sich die Wirtschaft schon in den frühen 1950er Jahren in einer starken Wachstumsphase befand. Der Grundstein für die Lösung war aber bereits in den Krisenjahren der Zwischenkriegszeit gelegt worden, und zwar mit dem von Stadtplaner Arnold Schumacher erarbeiteten Korrektionsplan von 1934, der seinerseits auf noch ältere Vorhaben zurückgriff.[3] Der 1939 fertiggestellte Spiegelhof zeigt, was mit diesem Plan an Modernisierung und Enthistorisierung auch an anderen Stellen der Stadt angestrebt worden war. Der Plan löste schon im Moment seiner Verabschiedung einen heftigen Streit zwischen Bewahren und Erneuern aus. Im Geleitwort zu dem 1937 vom Maler Hans Eppens herausgebrachten und stark beachteten Buch über die «Baukultur im alten Basel» warnte Staatsarchivar Paul Roth davor, dass Basel eine «architektonisch ebenso langweilige als charakterlose Stadt, wie viele europäische und amerikanische Grossstädte werde», dies anlässlich der durch eine Volksabstimmung mit überwältigendem Mehr gutgeheissenen Beseitigung des alten Zeughauses am Petersplatz zugunsten des neuen Kollegiengebäudes der Universität.[4]

Zu ersten Eingriffen in die Aeschenvorstadt war es ebenfalls 1937 gekommen. Damals lobte sogar das liberale Traditionsblatt, die «Basler Nachrichten», dass eine «heimelige, muffige Dreiergruppe» (Nr. 57–61) durch ein 18 Meter breites und sechs Stockwerke hohes Geschäftshaus ersetzt wurde, mit einem «durchgehenden riesigen Verkaufslokal» im Parterre, mit Büros in den Obergeschossen und zwei Wohnungen

2 Zu anderen Modernisierungsprojekten der Zeit, zum Beispiel um den Nadelberg, vgl. Georg Kreis, Goldene Jahre mit irritierenden Erfahrungen (Basel 1945–2000). In: Basel. Geschichte einer städtischen Gesellschaft. Hrsg. v. Georg Kreis und Beat von Wartburg. Basel 2000. S. 268–308.

3 Die Ausführungen folgen in starkem Mass Michael Gasser und Marianne Härri, Die Basler Aeschenvorstadt. Bausteine einer wachsenden Stadt. Hrsg. v. der E.E. Vorstadtgesellschaft zum Rupf. Basel 2001. S. 127–155.

4 Hans Eppens, Baukultur in Basel. Basel 1937. Vgl. auch Artikel zur 2. Aufl. in Basler Nachrichten vom 10./11. August 1938. Roth schrieb weiter, den «Parolen auf Sanierung der Altstadt nach der hygienischen Seite hin» sei oft zuviel Recht eingeräumt worden. Bezeichnenderweise erlebte die Schrift gerade 1953 eine dritte Auflage. Vgl. auch Uta Feldges, «Die schöne Stadt war unser Ziel». Zur Geschichte des Basler Heimatschutzes (1905–2005). Basel 2005. Kap. 5 und 6 (als Manuskript vorliegend).

im Dachgeschoss.[5] 1953/54 nahmen dann die «Basler Nachrichten» eine etwas andere Haltung ein. Bei der Schleifung des «Goldenen Sternen» und des «Hirzen» bemerkten sie: «Kommende Generationen werden dieses Zerstörungswerk nie begreifen können.»[6] Im vorangegangenen Abstimmungskampf war das Blatt aber entschieden für dieses «Zerstörungswerk» eingetreten (vgl. unten).

In der Folge wurde das Schumacher-Konzept von 1934 in zwei Schritten zugunsten der historischen Bausubstanz leicht revidiert: 1939 wurde erstmals eine geschützte Altstadtzone ausgewiesen, in das Schutzgebiet einbezogen waren die drei anderen Vorstädte, nicht aber die Aeschenvorstadt. Und 1946 wurde dieses Konzept bekräftigt und sogar akzentuiert. Die enormen Kriegsschäden vieler Städte Europas gaben, wie eine Ausstellung im Kleinen Klingental vom Herbst 1945 zeigte, der Wertschätzung historischer Bauten etwas Auftrieb.[7] Der Wirtschaftsboom sollte dann aber Zerstörungen zur Folge haben, welche zum Teil über die Ausmasse derjenigen des Krieges hinausgingen.

Diese Korrektur am Plan von 1934 ging, wie es heisst, einer Gruppe von jungen Leuten, vor allem Studenten und Architekten, zuwenig weit. Sie ergriff 1949 das Referendum gegen den Korrektionsplan, so dass am 11. Dezember 1949 abgestimmt werden musste. Die Referendumsgruppe war grundsätzlich dagegen, dass man der Altstadt (z.B. mit einer Talentlastungsstrasse) eine moderne Struktur verpasse; sie wollte neben der Altstadt ein neues Citycenter im Bereich Theaterstrasse, Heuwaage als Verbindungsstück zum Bahnhof. Sie blieb aber in der Minderheit, 58,8 Prozent der Bürger stimmten dem Korrektionsplan zu und bestätigten damit auch die Erweiterung der Aeschenvorstadt.

Noch war das Schicksal dieses historischen Strassenzugs aber nicht besiegelt. 1953/54 musste und konnte der Souverän noch zweimal seine Meinung kundtun: einmal zum Verkauf von zwei Häusern (in einem obligatorischen Referendum), einmal zur allfälligen Wiedereinführung der alten Baulinie und Unterschutzstellung einzelner Häuser (wie mit einer Initiative gefordert). Die erste Abstimmung betraf ein kleines Geschäft, an ihm entschied sich aber die ganze Auseinandersetzung. Würde der Verkauf abgelehnt, hätte die Wiedereinführung der alten Baulinie noch eine Chance. Würde der Verkauf freigegeben, gälte dies auch für den damit verbundenen Abbruch und wäre so das Ensemble noch mehr zerstört, als es bereits war.

Ein wiederkehrendes Argument spielte auch in diesem Fall eine Rolle: Der Einsatz für den übriggebliebenen Rest lohne sich nicht, die Rettung komme ohnehin zu spät, der Ort habe sein «cachet» bereits verloren. Auch später war, bezogen auf die obere Aeschenvorstadt, ungerührt von den «letzten acht Mohikanern» die Rede.[8] Im Frühjahr 1953 verkündeten die «Basler Nachrichten»: «In der Aeschen, die im Unter-

5 Basler Nachrichten vom 19. Juli 1937.
6 Zit. in Rudolf Suter, Von der alten zur neuen Aeschenvorstadt. Basel 1991. S. 25.
7 Altstadt heute und morgen. Ausstellung der projektierten Massnahmen für die Sanierung der Altstadt von Basel. Kleines Klingental September/Oktober 1945, Basel.
8 Basler Woche Nr. 6, März 1981. Diese Bauten wurden im Spätherbst 1987 abgerissen.

schied zu anderen Vorstadt-Strassenzügen ihr historisches Gesicht schon zu zwei Dritteln verloren hat, muss aus wirtschaftlichen Gründen und Verkehrsgründen und darf trotz heimatschützerisch-städtebaulichen Bedenken auf eine Rettung des weitgehend schon verlorengegangenen Alten verzichtet werden.»[9] Von einem früheren Eingriff im Jahr 1937 ist bereits die Rede gewesen. Und an der oberen Aeschen hatte schon 1901 der traditionsreiche «Bären» dem fünfstöckigen «Baslerhof» weichen müssen, der dann 1976 seinerseits wieder ersetzt werden sollte.

Der Widerstand gegen das Modernisierungsvorhaben war im Vergleich zu demjenigen von 1949 gegen den Korrektionsplan stark gewachsen. Er war allerdings mit dem Makel der «Zwängerei» behaftet, weil die Befürworter darauf verweisen konnten, dass die nun wieder in Frage gestellte Ordnung kürzlich, das heisst vier Jahre zuvor, mit komfortabler Mehrheit bekräftigt worden war und die Unternehmer Planungssicherheit benötigten. Anderseits benötigte ein Prozess des Umdenkens und der Mobilisierung einer neuen Anhängerschaft ebenfalls seine Zeit.

1953 bildete sich ein Aktionskomitee; Lucius Burckhardt und Markus Kutter, beide 28jährig, waren wichtige Exponenten der Bewegung, die auch mit Protestumzügen (natürlich mit Fasnachtselementen) auf ihr Anliegen aufmerksam machten. Es gab eine Kranzniederlegung, Protestschilder gegen den «Moloch» Verkehr, man verlas ein Gedicht, dem die folgenden zwei Zeilen entnommen sind: «E jede Drybel hitt im Auto sitzt / Und an där liebe Aesche dureflitzt».[10] Es ging nicht nur um Rettung von Bausubstanz, sondern mindestens so sehr um Bewahrung von Lebensraum. Dieser wurde im Zuge des Protests zur kleinräumigen Idylle stilisiert und dem Schreckbild der anonymen Geschäftsstrasse gegenübergestellt.

Statt einer sternenförmigen Verbindung des Zentrums mit der Peripherie forderten die Gegner, was später (und etwas zu spät) teilweise verwirklicht wurde: eine Fussgängercity mit einem Cityring und Parkhäusern am Stadtrand, Ausbau des öffentlichen Verkehrs mit U-Bahn und Bussen. Nicht der Verkehr, sondern der einkaufende Fussgänger sollte im Zentrum stehen.[11] Die Vorstadt sollte nicht musealisiert, aber auch nicht zur Ausfallstrasse degradiert werden. Zum einen ging es um Schutz von Individualität, historischer Einmaligkeit und um Rettung unwiederbringlicher Verluste. Zum andern ging es um Respekt vor einem bestimmten Strassentypus: Eine Vorstadt wurde als spannende Mittellage verstanden, man war gegen Gleichschaltung, gegen die Behandlung «wie irgendeine Strasse» in den Aussenquartieren. «Es soll auch in Zukunft erkannt werden, dass hier das eigentliche, das alte Basel beginnt, die Stadt, die ihre Tradition besitzt und die auch ihre Zukunft schaffen wird.»[12] Die Gegner der

9 B. in Basler Nachrichten vom 24. Mai 1953.

10 Michael Gasser und Marianne Härri, Die Basler Aeschenvorstadt. S. 142. Ferner Basler Woche vom 30. April 1953.

11 Lucius Burckhardt, Markus Kutter, Wir selber bauen unsere Stadt. Basel 1953. Von diesem Auftritt führt ein direkter Weg zur bekannteren, von den beiden Autoren zusammen mit Max Frisch verfassten Schrift «achtung: die Schweiz» von 1955.

12 Rudolf Massini, Basler Vorstädte. In: Heimatschutz 48, Nr. 2/3, 1953. S. 34–43.

Sanierungspläne waren keine weltfremden Romantiker, sie orientierten sich am Alltag der Gegenwart; sie argumentierten nicht einfach idealistisch, sondern durchaus auch wirtschaftlich. Begradigungen könnten zu «toten Strecken» führen. Krümmungen und Winkel hätten einen «unterhaltenden Aspekt», davon profitiere die Geschäftswelt, ohne es sich vielleicht bewusst zu sein. Mit Hinweis auf die negativ ausgegangenen Abstimmungen über das Fussballstadion und das Fernsehprojekt sprachen sie die Hoffnung aus, dass der «blinde Fortschritts- und Beton-Kult» ein Ende gefunden habe.[13]

Die Vorbehalte gegen die von den Behörden vorgespurte Erweiterung der Aeschen hatten in den vier Jahren zwischen 1949 und 1953 stark zugenommen. Dem stand allerdings eine gewisse Schlussstrichstimmung entgegen. 1949 hatten noch alle grossen Parteien den Korrektionsplan gutgeheissen. 1953 waren nur noch die Radikalen und Sozialdemokraten für die Durchsetzung der ursprünglichen Ordnung, die Liberalen gaben die Nein-Parole heraus, und die übrigen (die Katholische Volkspartei, die Evangelische Volkspartei, die Bürger- und Gewerbepartei, der Landesring und die PdA) beschlossen Stimmfreigabe. Der Vorstand des Heimatschutzes unterstützte 1953 das Komitee, 1949 hatte er aus Rücksicht auf die internen Befürworter des Korrektionsplanes auf eine Ja-Parole verzichtet und das Komitee nur nachträglich finanziell unterstützt.[14]

Die Schicksalsabstimmung vom 26./27. September 1953 über die beiden Hausverkäufe ging mit einem Zufallsentscheid aus, im einen Fall mit einem Mehr von nur gerade 350 Stimmen beziehungsweise mit einer 50,8-Prozent-Ja-Mehrheit. Die zweite Abstimmung vom 4./5. Dezember 1954 ergab dann ein sehr deutliches Ja von 70,8 Prozent, im übrigen alles Männerstimmen. Es bleibt Spekulation, ist aber denkbar, dass mit dem Frauenstimmrecht ein leicht anderes Resultat zugunsten einer weniger materialistischen Haltung herausgekommen wäre.

Ironie des Schicksals: Das an Stelle der von Heimatschützern verteidigten Häusern in den Jahren 1954–1957 errichtete «Drachen-Center» hätte nach dem Willen der staatlichen Denkmalpflege 2005 vor einer mit starken Eingriffen verbundenen Umnutzung geschützt werden sollen. Dieser ehemalige Neubau gilt mittlerweile als exemplarischer Bau eines frühen City-Hauses, einer «Stadt in der Stadt» als Kombination von überdachten Ladenpassagen, mit Tiefgarage und Hotel, Büros und Wohnungen.[15]

Wie sind nun die eingangs gestellten Fragen zu beantworten? Eine hohe Verantwortung hatten die Behörden mit ihren Vorarbeiten und Vorlagen. Während in anderen Fällen zu beobachten ist, dass sie dem Bewusstseinsstand der breiten Bevölkerung eher voraus sind, bewegten sie sich hier im breiten Strom des Zeitgeistes. Dieser hatte

13 Lucius Burckhardt für die «Aktion Aesche», 1953 (Staatsarchiv Sig. topogr. ZA).

14 Müller bot an, den «Sternen» an die Sternengasse zu dislozieren, das Initiativkomitee lehnte ab, das Gasthaus wurde erst später im St. Alban-Tal wieder aufgebaut. Vgl. auch Uta Feldges, «Die schöne Stadt war unser Ziel». Kap. 8.

15 Basler Zeitung vom 20. Juli 2005 und ablehnender Entscheid der Regierung in der Basler Zeitung vom 12. August 2005.

für den Wert des Historischen nur beschränkt ein Sensorium, er war vielmehr einer Fortschrittsidee verpflichtet, die den praktischen und materiellen Vorzügen Priorität einräumte und den attraktiven Begriff der «Sanierung» auf seiner Seite hatte. Dahinter standen private Unternehmerinteressen. Dass von ihnen ein erheblicher Druck ausging und sie ertragreiche Entfaltungsmöglichkeiten suchten, entsprach der Logik des Wirtschaftslebens. Entscheidend und für das Schicksal der Aeschenvorstadt bestimmend war, dass die Behörden und die Mehrheit der Stimmbürger glaubten, den privaten Ambitionen an diesem Ort freie Bahn geben zu müssen. 1953/54 war immer noch die gleiche unheilvolle Kombination am Werk, die Albert Burckhardt-Finsler, Historiker, Universitätsprofessor und Regierungsrat und 1905 erster Präsident des Schweizerischen Heimatschutzes, damals so umschrieb: «Bald ist es der Unverstand der irregeleiteten Menge, bald ein übertriebener Erwerbssinn, bald die mangelhafte ästhetische und historische Bildung.»[16]

Dies geschah nicht aus einer völligen Blindheit heraus. Man konnte die obsiegende Haltung auch als Resultat eines Abwägens verstehen. Selbst Sanierer – vielleicht gerade sie – führten das Wort von den «notwendigen Opfern» im Munde. Weil man bei anderen Teilen der Altstadt für deren Erhaltung eintrat, glaubte man in diesem Fall das «Opfer» den Freunden des alten Basel zumuten zu können. Dass der Marken-Müller, als eine der den Abbruch der Vorstadt vorantreibenden Hauptkräfte, die Rettung des «Goldenen Sterns» anbot, war nicht nur ein taktischer Schachzug, der der Initiative den Wind aus den Segeln nehmen sollte, sondern entsprach auch dieser gespaltenen Haltung, die einerseits rücksichtslose Modernisierung betrieb und anderseits abgesonderten historischen Welten durchaus einen gewissen Platz einräumte.[17]

Alternativen hätten, wie gesagt, bestanden: eine Entwicklungszone als Verbindungsstück zwischen Zentrum und Bahnhof nicht via Aeschenplatz, sondern via Heuwaage. Vielleicht waren für diese Variante die in solchen Fällen stets sehr wichtigen Besitzverhältnisse weniger günstig, das heisst: Der Besitz der Aeschenparzellen lag in Händen von Leuten, die über grosse Nähe zu den Behörden verfügten. Auch die Idee, dass man nicht leichtfertig zerstören sollte, was an anderen Orten der Krieg zerstört hatte, war, wie die Ausstellung von 1945 zeigt, vorhanden. Die Opposition von 1949 verwies zudem auf schon damals bestehende alternative Vorbilder in Amsterdam und Verona.

Eine ebenfalls wiederkehrende Art, einer Aktion für die Bewahrung historischer Bausubstanz entgegenzutreten, bestand darin, sich mit dem Postulat des Heimatschutzes grundsätzlich einverstanden zu erklären, ein gewisses Verständnis zu mar-

16 Albert Burckhardt-Finsler, Was wir wollen. Probenummer der Zeitschrift «Heimatschutz». Zit. nach Uta Feldges, «Die schöne Stadt war unser Ziel». Kap. 1.4.

17 Ein gesonderter Platz war und ist auch das Buch. Vgl. dazu den Aufsatz in diesem Band. S. 61–67. Im Fall der Aeschenvorstadt ermöglichte die Pensionskasse der Hoffmann-La Roche AG als Bauherrin eines Neubaus, der die (mit einer Ausnahme) letzten, nun wirklich nicht mehr erhaltenswerten sechs Häuser (Nr. 56–66) an der oberen Aeschenvorstadt ersetzte, deren Weiterleben zwischen Buchdeckeln mit dem Auftragswerk von Rudolf Suter, Von der alten zur neuen Aeschenvorstadt.

kieren, den politischen Gegnern sogar ausdrücklich Achtung zu zollen.[18] Zugleich wurde ihnen aber die Sachkompetenz abgesprochen, die Opposition lasse sich, hiess es, vor allem von Gefühlen leiten. Die «Basler Nachrichten» bemerkten, es sei kein Zufall, dass in der «Aktion Aesche» die Praktiker («Architekten, Verkehrsfachleute usw.») fast gänzlich fehlten. Auch im Kreise des Basler Heimatschutzes seien die Fachleute für das Anliegen der «Aktion Aesche» nicht zu haben gewesen.[19] Die «Basler Nachrichten» gaben gegen ihre Hauspartei die schliesslich obsiegende Losung aus, wenn sie im Frühjahr 1953 schrieben: «Wir haben hier wiederholt die These vertreten, dass man, wo sich die praktische Möglichkeit biete, Korrektionen energisch durchführen soll, solange sich der private Unternehmergeist darum interessiert.» Grosskorrektionen würden sich quasi von selbst vollziehen, wenn sie von Behörden mit Geschick und Energie gefördert werden und – «wenn die Baulust nicht künstlich zurückgebunden wird bis zum Eintritt der wirtschaftlichen und damit meist auch baulichen saison morte».[20]

Es kam aber nicht darauf an, ob man grundsätzliches Verständnis für die Postulate des Heimatschutzes hatte. Entscheidend war die konkrete Haltung im konkreten Fall. Da überwogen die der materiellen Welt verpflichteten Argumente, da war von den Notwendigkeiten der wirtschaftlichen Weiterentwicklung, von der Sicherung der Arbeitsplätze, von den Bedürfnissen des Verkehrs und – eher am Rande – von den Einsparungen des Staats die Rede. Ein weiteres Argument rekurrierte, wie gehört, auf die unhaltbaren Zustände in den «muffigen» alten Häusern. Diese Argumente fanden in einer Zeit, da die Haltung der Stimmbürger grösstenteils auf die materiellen Versprechungen der Fortschrittseuphorie ausgerichtet war, grösseren Anklang als die Argumente einer Opposition, die man trotz unverbindlichen Freundlichkeiten als weltfremde Idealisten und obendrein als mühsame Querulanten abtun konnte. Bis in die späten 1960er Jahre war der Einsatz für den Schutz, wie ihn die Aeschenvorstadt nötig gehabt hätte, eine Sache einer Minderheit, die inzwischen tendenziell zur Mehrheit geworden ist. Das grosse Umdenken fand, wie Uta Feldges richtig feststellt, erst in den 1970er Jahren statt.[21] Es wurde von der politischen Linken mitgetragen, die in den 1930er wie in den 1950er Jahren ein kräftiger Motor der zerstörerischen Modernisierung war.

18 Basler Nachrichten vom 24. Mai 1953.

19 Ebenda.

20 Ebenda.

21 Uta Feldges, «Die schöne Stadt war unser Ziel». Einleitung.

Das kollektive Sein in einem einmaligen, unverwechselbaren Zeichen, auch mit einzelnen Zugängen und Abgängen, könnte nicht besser dargestellt werden (Pierre Felder, Der Kanton Basel-Stadt. Basel 1991. Umschlag. Zeichnung: Lucas Zbinden).

Basel in Bildern und Bilderbüchern

Es gibt höchst unterschiedliche Arten, Basel und seine Geschichte zu visualisieren. Den Hang zum Bild hat es vielleicht schon immer gegeben, jedenfalls gibt es – neben der anspruchsvolleren Variante, von der auch noch die Rede sein soll – eine leichtere und gefälligere Art der Wahrnehmung und der Aneignung auch von «Geschichte» über das Bild. Leichter und gefälliger – diese Komparative beziehen sich auf andere Texte, deren Aufnahme als schwieriger eingestuft wird. Zum 500jährigen Bundesjubiläum eine neue Basler Geschichte herauszugeben, überliess die öffentliche Hand gerne der privaten Initiative; sie sorgte aber dafür, dass das Altbekannte in elementarsten Zügen – und eben visualisiert – als Comicheft das breitere Publikum erreichte.[1]

Die folgenden Ausführungen beleuchten ohne direkten Zusammenhang drei spezielle Aspekte der Bildreproduktion zur Basler Geschichte. Zunächst sollen die Bücher zum «verschwundenen» Basel in den zeitlichen Kontext gestellt werden. Ein zweiter Teil befasst sich mit dem sich wandelnden Erscheinungsbild des Baselstabs, und der dritte Teil verweist auf das wachsende Bewusstsein für die Bedeutung der fotografischen Sammlungen.

Das «verschwundene» Basel

Es handelt sich schon um ein ausserordentliches Phänomen: Während eines Vierteljahrhunderts kamen in Basel Jahr für Jahr, produziert vom gleichen Autor, reichbebilderte Bücher über Basels Vergangenheit heraus. Sie wurden in grosser Zahl gekauft und zum Teil mehrfach aufgelegt. Insgesamt erschienen mindestens 25 Ausgaben in den Jahren 1968–1993. Die sprechendsten Titel lauteten: Das verschwundene Basel (1968), Aus dem alten Basel (1970), Z'Basel am mym Rhy (1971), Das süsse Basel (1973), Verträumtes Basel (1974), Das andere Basel (1975), Basel anno dazumal (1980), Basel in der guten alten Zeit (1980), Das sagenhafte Basel (1987), Festfreudiges Basel (1992), Basel – einst und jetzt (1993). Ihr Autor, der sich immer neue Varianten für den im Grunde stets gleichen Stoff ausdachte, war der begabte, schon bald einmal «Stadthistoriker» genannte Amateurpublizist Eugen Anton Meier.

1 Elena Plini und Andrea K. Heyer, Beitreten oder nicht? Wie Basel zur Schweiz kam. Comic. Hrsg. v. der Staatskanzlei Basel-Stadt. Basel 2000. 52 S.

Worin lag das «Geheimnis» dieser Erfolgsgeschichte? Abgesehen davon, dass hier sicher Talent am Werk war, war es das offensichtliche Bedürfnis eines grösseren Publikums, sich von diesem Nostalgieangebot entführen zu lassen. Wenn das Vorwort, das Regierungsrat Edmund Wyss, Vorsteher des Wirtschafts- und Sozialdepartements, ins erste Werk von 1968 schrieb, repräsentativ ist, darf man annehmen, dass der grösste Teil der Leserschaft (noch) kein gestörtes Verhältnis zum städtebaulichen Wandel hatte.

Wyss bereitete es wenig Mühe, wenn historische Schönheit sozusagen weg von der Strasse in die Bücherwelt verschoben wurde: «[...] ja ganze Strassenzüge wichen moderneren, zeitgemässen Gebäuden; auch der wachsende Verkehr hat zahlreiche Wunden in das Stadtbild geschlagen, die zwar nötig waren, aber von denen, die der verschwundenen Kleinstadtschönheit nachtrauern, schmerzlich empfunden werden. Es ist unmöglich, den Lauf der Geschichte aufzuhalten. Möglich und wünschbar bleibt es aber, das Verschwundene in der Erinnerung zu behalten, durch Bild und Text die Erinnerung zu stützen und die Kenntnisse der Vergangenheit zu wahren.»

Wie die Bände selber hatten auch die Vorworte stets das gleiche in neuen Formulierungen festzuhalten. Wiederum Regierungsrat Wyss vier Jahre später: Das Erinnerungsbuch sei eine Verpflichtung für die gegenwärtigen und kommenden Generationen, «bei aller Befürwortung des Fortschritts das Erbe vergangener Zeiten und Geschlechter zu erhalten. Unsere Stadt ist glücklicherweise heute noch reich an wertvollen Baudenkmälern und Sehenswürdigkeiten, pittoresken Winkeln und Strassenzügen» (etc., etc., etc.).

1993 brachte Eugen A. Meier als «25. Basler Weihnachtsbuch» unter dem bereits erwähnten Titel «Basel – einst und jetzt» ein vergleichendes Bilderbuch «mit standortgerechten Neuaufnahmen» heraus. Dieser Buchtypus hatte bereits zwei Vorbilder, eines aus dem Jahr 1954, ein anderes aus dem Jahr 1986. Dasjenige von 1954 wirkte ausgesprochen modern im Vergleich mit den etwa gleichzeitig veröffentlichten Heften aus der Reihe «Schweizer Heimatbücher». Denn diese in den Jahren 1949–1956 erschienenen Hefte zeigten in traditioneller Weise, das heisst zeitlose Schönheit betonend, vor allem die sakralen und säkularen Prachtbauten.[2] Ganz anders der Fotoband von 1954: Er zeigte in grösserer Zahl auch banale Profanbauten, und es war ihm wichtig, den Wandel des Stadtbildes zu dokumentieren.[3] Ausgehend von Fotos, die sein Urgrossvater Jakob Höflinger in der Mitte des 19. Jahrhunderts gemacht hatte, machte der Nachkomme Walter Höflinger wenn möglich vom gleichen Blickwinkel aus nochmals eine Aufnahme und stellte diese der älteren gegenüber, so dass die teils tiefgreifenden Veränderungen gleichsam in die Augen sprangen.

Dabei konnte der Betrachter viele Veränderungen zum Besseren feststellen, insbesondere im Falle der Birsigüberbauung, der sanierten Rheinufer, des Prachtbaus des

2 Gertrud Lendorff, Basel. Mittelalterliche Weltstadt. Bern 1949 (SH 33). – Dies., Basel im Bund der Alten Eidgenossenschaft. Bern 1952. (SH 42). – Dies., Basel, die Biedermeierzeit. Bern 1956.

3 Altes Basel – Neues Basel. Basel 1954. Das Buch erhielt ich mit 11 Jahren von meinem Vater an Weihnachten 1954 geschenkt.

neuen Bürgerspitals. Selbst der Parkplatz auf dem Barfüsserplatz und die Neonlichter der Kinostrasse verströmten die Atmosphäre eines geordneten und strahlenden Fortschritts. Auch in diesem Fall sind die Aussagen in verschiedenen Vor- und Geleitworten von einigem Interesse. Auch sie sprechen den Wandel an, sie tun dies in auffallend harmonisierender Weise. Der Verlag spricht vom Wunsch, der sich manchmal melde, ins «alte, heimelige Basel» zurückzukehren; er scheint aber sicher zu sein, dass die Einsicht überwiegt, dass man das Rad der Entwicklung nicht zurückdrehen könne und auch «diese neue Stadt» ihre Schönheiten habe. Regierungsrat Fritz Ebi spricht sich für den «ausgewogenen Ausgleich» aus, man müsse das Interesse am Alten wachhalten und das Verständnis für das Neue mehren, und Rudolf Kaufmann von der staatlichen Heimatschutzkommission spricht von «organischer Verbindung von Alt und Neu».

Der Hang zum Bild führte in dem Masse zu einer Zunahme von Bildbänden, als solche auch technisch stets leichter herzustellen waren.[4] 1986 kam ein weiteres Buch dieses Typs auf den Markt. Es konnte auf dem Umschlag den BIZ-Turm und im Hintergrund das Lonza-Hochhaus zeigen und bediente in der Einleitung ein anderes Empfinden. Hanns U. Christen (alias -sten) sprach – nicht bezogen auf die Gebäude des Buchumschlags – von den städtebaulichen Sünden des fortschrittsfreudigen 19. Jahrhunderts und beklagte den fehlenden Blick für das Schöne. Zugleich stellte er beruhigt fest, dass sich eine Wende abzeichne: «Widerstand gegen die Zerstörung wächst und wächst.»[5]

Inzwischen hat eine andere Form der Visualisierung eine Renaissance oder ein Comeback erfahren: das Panorama.[6] In unbewusster Anknüpfung an die ältere Form des klassischen Panoramas, des singulären, alles auf einen Blick und gleichsam am Stück wahrnehmbaren Bildstreifens, vermittelt der vom Fotografen Peter Gartmann geschaffene Bildband Dutzende von Weitwinkelaufnahmen, von den Rheinbordmotiven über die Bahnhofgleise bis zum Messeplatz. Die Breite des panoramischen Blicks verleiht dem Gezeigten und dem Betrachtenden stets eine gewisse Erhabenheit. Fotografisch wird dokumentiert, was der einführende Text von Hans-Peter Platz zum Doppelthema macht: die Eigenart der Stadt und die Liebe zur Stadt – ein Hymnus in Worten und noch mehr in Bildern.[7]

4 Eugen A. Meier, Das verschwundene Basel. Basel 1968. Vgl. auch das Vorlauferbuch: Altes Basel – Neues Basel. Fotos von Jakob und Walter Höflinger, Text von Rudolf Kaufmann. Basel 1954.

5 Basel. Gestern und heute aus dem gleichen Blickwinkel. Genf 1986. Wichtige Beiträge zur historisierenden Gegenposition leisteten die seit den 1960er Jahren von Gustav Adolf Wanner in der Presse publizierten Häusergeschichten. Vgl. Gustav A. Wanner, Häuser, Menschen, Schicksale. Hrsg. v. Mascha Wanner-Jasinska. Basel 1985.

6 Zum Panorama vgl. auch Yvonne Boerlin-Brodbeck, Frühe «Basler» Panoramen: Marquard Wocher (1760–1830) und Samuel Birmann (1793–1847). In: Zeitschrift für Schweizerische Archäologie und Kunstgeschichte 42. 1985. S. 307–314. Zur Gattung die Publikationen von Stephan Oettermann und Marie-Louise von Plessen u.a.

7 Ein Basler Panorama. Basel 1996. In gleicher Aufmachung erschien gleichzeitig ein Band über den Baselstab (vgl. Anm. 14).

Das «heraldische» Basel

Das einfachste Bild von Basel ist dasjenige des Baselstabs. Es ist wie jedes heraldische Zeichen einfach und komplex zugleich. Einfach insofern, als es eine Herrschaft, eine Hoheit, ein staatliches Sein zum Ausdruck bringt; komplex darum, weil sich damit beim Betrachter vielfältig variierende Inhalte verbinden. Diese Mischung von Eindeutigkeit und Vieldeutigkeit zeigt sich auch im Formalen. Anders als beim Schweizerkreuz[8] ist im Falle des Baselstabs zwar nie festgelegt worden, wie er offiziell auszusehen hat. Die Bürgergemeinde hat aber immerhin anlässlich ihres 100jährigen Bestehens mit einem Wettbewerb einen gewissen Festlegungsversuch unternommen und die aus 23 eingegangenen Vorschlägen preisgekrönte Variante zum offiziellen Gebrauch empfohlen.[9]

Zuvor hat man sich erneut über die Geschichte des Baselstabs Rechenschaft abgelegt, sein erstes Erscheinen auf einem Zürcher (!) Dokument von 1430 vergegenwärtigt und insbesondere die verschiedenen Interpretationsmöglichkeiten rekapituliert.[10] Während in der oberen Hälfte allgemein ein Bischofsstab gesehen wird, gibt es zur unteren Hälfte zwei sich konkurrenzierende Deutungsvarianten: Die stärker verbreitete, volkstümliche und bereits im 17. Jahrhundert auftauchende Variante sieht im unteren Teil einen Dreizack, wie er als Fahrstachel von Waidlig-Fahrern benutzt wird. Die in Vergessenheit geratene und darum nur in Spezialistenkreisen bekannte und wohl zutreffendere Variante deutet die beiden äusseren «Zacken» als Spitzen eines «pannisellus», eines unterhalb des Stabknaufs befestigten Tuches.[11] François Maurer bemerkte 1971: «Die Herkunft des Basler Hoheitszeichens ist nur im Prinzip deutlich, im einzelnen umstritten.»[12] Die Unbestimmtheit betraf anfänglich die Farbe (der erste Beleg zeigt einen roten Stab) und die inzwischen auf die Linksvariante festgelegte Krümmung.

Zur Verbreitung des Baselstabs gibt es keine systematische Untersuchung. In der Ausgangslage dürfte das Zeichen eng an die Obrigkeit geknüpft gewesen sein und sich darum auf Zeichen an öffentlichen Gebäuden, Bannern, Wappenscheiben, Siegeln und Grenzsteinen beschränkt haben. Wichtig ist, dass das Bischofszeichen auch nach der Reformation von der Bürgerschaft als ihr städtisches Zeichen weitergeführt wurde. In

8 Vgl. dazu den Aufsatz «Das Schweizerkreuz» in: Georg Kreis, Vorgeschichten zur Gegenwart. Ausgewählte Aufsätze. Bd. 1. Basel 2003. S. 251–254.

9 Ulrich Barth, Der neue Baselstab. In: Basler Stadtbuch 1976. Ausgabe 1977. S. 38–44.

10 Andreas Staehelin und Ulrich Barth, Der Baselstab. In: Basler Stadtbuch 1975. Ausgabe 1976. S. 148–178.

11 Andreas Staehelin und Ulrich Barth sprechen sich auch für diese Deutung aus. Dass dies die richtige Variante sei, wurde mir schon in frühen Jahren von meinem Vater beigebracht; Albert Kreis interessierte sich für die Darstellungen auf den Siegeln, von denen er als Goldschmied Repliken herstellte.

12 In den Nachträgen zum Neudruck von 1971 des 1. Bandes der Kunstdenkmäler des Kantons Basel-Stadt von 1932. S. 117.

dem Masse, als private Öffentlichkeit entstand und sich politische Identifikation mit dem Gemeinwesen entwickelte, vermehrte sich auch die Reproduktion des kollektiven Zeichens, zum Beispiel in Vereinssigneten und privaten Markenzeichen. Eine spezielle Verbindung entwickelte sich zwischen dem Hoheitszeichen und der Fasnacht. Was bei einem ganz einfachen, wie beispielsweise dem Zürcher Wappen, nicht möglich ist: Der Baselstab wird zuweilen auch als Lebewesen gesehen, mit menschlicher Gestalt und eigener Seele. Eine Erweiterung eigener Art besteht darin, essbare Baselstäbe zu produzieren, insbesondere «Gutzi»-Gebäck in dieser Gestalt, so dass man – was man liebt – sich auch einverleiben kann.

«Schon» 1975 wurde festgestellt, dass der Baselstab Urständ feiere. Diese Feststellung konnte mit einem Erstaunen darüber verbunden gewesen sein, dass sich Historisches in modernen Zeiten einer derartigen Beliebtheit erfreue. Die anhaltend hohe Wertschätzung dieses und anderer kollektiver Zeichen könnte sich aus dem Bedürfnis erklären, sich gerade infolge des rasanten gesellschaftlichen Wandels in inflationärer Weise mit identitären Zeichen zu vergewissern, dass man zu einer festen Grösse gehört. Da diese Grösse inhaltlich ziemlich unbestimmt bleibt, verpflichtet das Bekenntnis zu wenig. Jedenfalls darf sich die Zugehörigkeit – postmodern – auf höchst vielfältige Weise ausdrücken und ausleben. In eindrücklicher Weise belegt eine kleine Schrift von 1992 die in beliebiger Zahl (zufällig 453mal) existierende Variantenvielfalt des Baselstabs und – wie implizit angenommen – der Art, unterschiedlich und doch gleich oder gleich und doch unterschiedlich zu sein.[13] Wenige Jahre später folgte – vielleicht als diskretes Firmengeschenk – ein Buch, das dem Leser vorführt, wie viele Baselstabvarianten es an wie vielen Stellen in der Stadt gibt und dieser selber wiederfinden kann.[14]

Das «fotografierte» Basel

Das in den letzten Jahren stark gewachsene Interesse an der Fotografie hat auch in Basel zu verschiedenen Initiativen und auch zu schönen Resultaten, aber nicht oder nur teilweise zur angestrebten Institutionalisierung geführt: Im September 1998 überwies der Grosse Rat einen Anzug von Felix Eymann, der auf die verschiedenen privaten Basler Fotoarchive verwies und den Regierungsrat aufforderte, sich für deren Fortbestand zu engagieren und sie zusammen mit dem Bildbestand des Staatsarchivs der Öffentlichkeit zugänglich zu machen. Unabhängig davon, aber im Gleichschritt dazu erschien 1999 anlässlich des Jubiläums zum 100jährigen Bestehen des für das Staatsarchiv errichteten Gebäudes ein wichtiger Band, der zu einer anspruchsvollen Auseinandersetzung mit Bildern einlud.[15] Im Sommer 2001 entstand die im Staatsarchiv domizilierte «Inter-

13 Franz Christen und Edith Schweizer, 453× Baselstab. Basel 1992.

14 Hans-Peter Platz (Text) und Peter Gartmann (Fotos), Der Baslerstab. Basel 1996. Mitfinanziert von Tanner Electric.

15 Bildgeschichten. Aus der Bildersammlung des Staatsarchivs Basel-Stadt 1899–1999. Hrsg. von Esther Baur und Walter Dettwiler. Basel 1999.

essengemeinschaft für Historische Fotografie», und 2004 präsentierte diese Gemeinschaft im Historischen Museum Basel die Sonderausstellung «Blickfänger. Fotografien in Basel aus zwei Jahrhunderten», mit Material aus über 40 verschiedenen Archiven.[16]

Zwei Jahre zuvor war im Kleinen Klingental eine grosse Werkschau zu Lothar Jecks Fotografien gezeigt worden. *Die* Jeck bilden wie *die* Höflinger (mit 5 Namen), *die* Hoffmann (mit 3 Namen) und *die* Wyss/Dierks (mit 3 Namen) eine Basler Fotografen-«Dynastie», das heisst ein Schaffenskontinuum, das sich mindestens über zwei Generationen erstreckt.[17] Allen ist mehreres gemeinsam: erstens dass es nicht reine Stadtfotografen waren, sondern sie ihre Zeit auch standortunabhängig (zum Beispiel mit Reisereportagen) dokumentierten; zweitens dass sie Bilder von hoher künstlerischer Qualität und starker historischer Aussagekraft umfassen und drittens dass sie bisher keine ihrer Bedeutung angemessene Dauerunterkunft gefunden haben. Das Begleitpapier zur Jeck-Ausstellung von 2002 nannte als eines der Ziele dieser Veranstaltung die Sensibilisierung für die Notwendigkeit, «die Werke der führenden Fotografen zur gegebenen Zeit zusammenzuführen, zentral zu archivieren und für die Geschichtsforschung nutzbar zu machen».

Im Herbst 2000, das heisst zwei Jahre nach der Überweisung des Anzugs Eymann, war ein Zwischenbericht der Regierung fällig. Dieser würdigte die Fotografie als Element des kulturellen Erbes, das durchaus eine verstärkte Aufmerksamkeit von Privaten und Staat rechtfertige, zumal auch die Öffentlichkeit ein stark zunehmendes Interesse daran zeige. So beschloss der Grosse Rat am 10. Oktober 2000, den Anzug stehenzulassen. Weitere Abklärungen zeigten, dass Basel über einen für Schweizer Verhältnisse qualitativ und quantitativ ausserordentlich grossen Reichtum an historischen Fotografien verfüge. Eine Fachstelle für die Fotografie, wie man sie beim Erziehungsdepartement einzurichten gedachte, wurde als Pionierprojekt mit Vorbildcharakter gewertet. Allein, der Regierungsrat sah in Anbetracht der Knappheit der staatlichen Mittel keine Möglichkeit, eine derartige Stelle zu schaffen. Im März 2005 folgte der Grosse Rat dem Antrag der Regierung und schrieb den Anzug Eymann ab.

Gemessen am angestrebten Ziel, mit einer Fachstelle und einer Anschubfinanzierung für drei Jahre die Basis zur Konservierung und Valorisierung von Basler Fotosammlungen zu schaffen, war das Ergebnis der über vierjährigen Bemühungen enttäuschend. Der kleine Sprung nach vorne ist ausgeblieben. Die Anstrengungen haben aber eine stärkere Sensibilisierung für den Wert solcher Fotografien (inkl. der immer wieder genannten gewerblichen Fotografie) gebracht, sodann die «Blickfänger»-Ausstellung von 2004, die in der gleichen Richtung wirkte, sowie eine gemeinsame Homepage, deren Bedeutung auf keinen Fall zu unterschätzen ist (www.fotoarchive.org).

16 Unter dem gleichen Titel ist, herausgegeben von Esther Baur und Jürg Schneider, gleichzeitig ein Buch zur Ausstellung mit über 700 Abbildungen erschienen.

17 Angaben im Projekt Fotografen-Lexikon, vgl. www.fotoarchive.org. Die Dokumentation umfasst Sammlungen von Stadt und Land. Zu Baselland vgl. etwa auch: Zeitbilder. Das Fotoarchiv von Theodor Strübin (1908–1988). Hrsg. v. Barbara Rebmann. Liestal 2000.

Etwa zur gleichen Zeit wurde es, ebenfalls nicht ohne grössere Mühe, möglich, die in rund 30 Jahren zusammengetragene und rund 300 000 Bilder umfassende Fotosammlung von Peter und Ruth Herzog mit der im Jahr 2002 geschaffenen «Fondation Herzog» zu einer halböffentlichen Institution zu machen. Es ist eine Einrichtung, deren Ansehen wächst, je grösser der Abstand zu Basel ist. Ihre Bedeutung wird nun aber auch in Basel nach und nach erkannt.[18]

18 Der Gründung gingen u.a. die Ausstellung und der stattliche Bildband voraus: Im Licht der Dunkelkammer. Die Schweiz in der Photographie des 19. Jahrhunderts aus der Sammlung Herzog. Hrsg. v. Schweizerischen Landesmuseum Zürich. Basel 1994.

An der Fassade der ehemaligen Handelsschule und des heutigen Wirtschaftsgymnasiums im Sgraffito von Max Kämpf unten links das Corpus delicti: der anstössige Schmied mit dem noch anstössigeren Schnauz als Allegorie des Handwerks, unter dem Stand des Händlers und demjenigen des Bauern beziehungsweise der Bäuerin. Im August 1950 angefertigt, wurde dieser Teil an einem Samstagmorgen, 9. Dezember 1950, auf offizielles Geheiss weggemeisselt und übermalt (Staatsarchiv Basel-Stadt. Aus: Basler Stadtbuch 2000. Basel 2001. S. 225).

Der Schnauz des Schmieds

Kunst und Kalter Krieg in Basel 1950/51

Vor einem halben Jahrhundert erlebte Basel einen Kunststreit, an den sich, wenn man von bestimmten Altersklassen und bestimmten Milieus, insbesondere der Kunstszene, absieht, verständlicherweise nur noch wenige erinnern.[1] Doch auch diese dürften vor allem nur in Erinnerung haben, dass «da doch was» war. Was aber genau war und wie und warum «es» war, das dürfte ebenso verständlicherweise nicht mehr präsent sein. Warum diese Geschichte jetzt aufwärmen? Allein das halbe Jahrhundert, das inzwischen verstrichen ist, würde dies im Sinne der üblichen dezimalen Erinnerungsrituale ohne zusätzliche Erklärung rechtfertigen. Der Rückblick ist aber darüber hinaus gerechtfertigt: Die in dieser Geschichte massgebliche Grundhaltung ist heute nur noch schwer oder gar nicht mehr nachvollziehbar. Es ist also die Differenz zwischen dem Damals und dem Heute, die in diesem Fall der Geschichte ihr besonderes Interesse verleiht. Dabei ist allerdings zu fragen, inwiefern unsere Zeiten tatsächlich differieren. Jedenfalls ist es heilsam festzustellen, wie man in den kältesten Momenten des Kalten Krieges mit bestimmten Problemen umgegangen ist. Zudem handelt es sich um einen Paradefall zur zeitlosen Problematik des Verhältnisses von Kunst und Politik beziehungsweise Kunst und Macht. Warum diese Geschichte aufwärmen? Ein weiterer Grund liegt in ihrer Qualität: Es ist eine gute Geschichte. Eine Geschichte, wie sie nur das Leben zu bieten hat und wie sie nicht erfunden werden kann. Und ein letzter Grund: Es konnten lange Zeit unzugängliche Akten mit internen Stellungnahmen zum «Fall» ausgewertet werden.

1 In den im Staatsarchiv gesammelten Presseausschnitten zu Max Kämpf erscheint die Episode in knappen Erwähnungen erst in den Artikeln von 1982 zum 70. Geburtstag des Künstlers. Die bisher eingehendste Darstellung des Falles (zwei Seiten!) findet man bei Frank Weiss, «Max Kämpf. Heiteres und Trauriges», in einer Kunsthalle-Publikation anlässlich einer Ausstellung von Max Kämpf. Basel 1984 (ohne Seitenzahlen). Weiss war 1948–1953 Präsident des «Kreises 48», 1936–1944 SP-Mitglied, 1944–1948 Mitglied der PdA, seit 1949 Präsident von «Le Bon Film». 1999 gingen in einer grösseren Schenkung von Frank und Thérèse Weiss-Bleuel u.a. mehrere Zeichnungen von Kämpf ans Kupferstichkabinett (vgl. Basler Zeitung vom 5. Mai 1999). Eine ergänzende Darstellung gibt Robert Th. Stoll, Max Kämpf. Erinnerungen an den Menschen, Kunstmaler und Zeichner. Basel 1992. Stoll, 1949–1955 Leiter der Kunsthalle, war Kämpf biographisch und ideell verbunden.

Die Ausgangslage

1948 erteilte der Kunstkredit dem Maler Max Kämpf einen Ausführungsauftrag für ein Sgraffito an der Aulaaussenmauer der Kantonalen Handelsschule (KHS, heute Wirtschaftsgymnasium und Wirtschaftsmittelschule) an der Andreas Heusler-Strasse 41. Kämpfs Entwurf unter dem Motto «Das Meer» war in einem Wettbewerb, an dem 31 Kunstschaffende teilgenommen hatten, mit dem 1. Preis ausgezeichnet worden. Auf die Unterbreitung weiter ausgearbeiteter Entwürfe, von sogenannten «Kartons», wurde ausdrücklich verzichtet.[2]

Damit hatte Max (Megge) Kämpf zum zweiten Mal einen grösseren Auftrag aus öffentlicher Hand erhalten. Kämpf war 1912 als Sohn einer Kleinbasler Bäckerfamilie zur Welt gekommen, er liess sich zunächst als Flachmaler ausbilden, besuchte 1938/39 die Kunstklasse der Basler Kunstgewerbeschule und war seit 1939 freischaffender Künstler.[3] Bereits 1941 hatte er mit Erfolg am Wettbewerb des Staatlichen Kunstkredits für ein Wandbild des Waisenhauses teilgenommen, der Auftrag zur Ausführung war aber nicht erteilt worden, weil die Bürgerratskommission des Waisenhauses insbesondere auf Betreiben des Waisenvaters den «Traumflug» für unsittlich hielt.[4]

Kurz vor der Fertigstellung des Sgraffitos müssen nicht identifizierbare Personen das Werk Ende August 1950 inspiziert und dabei eine in ihren Augen ungehörige politische Parteinahme festgestellt haben: Am linken Bildrand, wo auf einem Band übereinander drei Berufsallegorien abgebildet waren – zuoberst eine Bäuerin, in der Mitte ein Händler und zuunterst ein Handwerker –, da glaubten sie im Kopf des Schmieds eine Ähnlichkeit mit Stalin zu erkennen und verstanden dies als versteckte Huldigung und politisches Bekenntnis. Der Schmied am Amboss habe, so erklärten die beunruhigten Wächter, auf der Wettbewerbsskizze noch «ganz harmlos» ausgesehen. Ende 1950 behauptete ein Kommentator, der Entwurf habe nachgewiesenermassen die «Eigentümlichkeiten» des Hammerschwingenden noch nicht gehabt und das «fernöstliche Gesicht» sei eingeschmuggelt worden.[5] Es wäre allerdings auch möglich und für die historische Interpretation der Vorgänge eine wichtige Variante, dass sich die be-

2 Antrag vom 29. November 1950 zum Regierungsratsbeschluss vom 1. Dezember 1950: «Die Entwürfe und Unterlagen liessen beste künstlerische Qualität erkennen. Da der Künstler Max Kämpf Gewähr dafür bot, dass er in der Lage sein werde, das Wandbild befriedigend zu gestalten, wurde von ihm die Vorlage der definitiven Kartons nicht verlangt.» – Das Dossier des Staatsarchivs Basel SK-REG 7-13-4, Kunstkredit, umfasst den Antrag vom 29. November 1950, ein Schreiben von J. Goetschel vom 29. November 1950 sowie eine Petition vom 20. Januar 1951. Der Verfasser dankt dem Staatsarchiv für die professionelle Unterstützung bei seinen Recherchen.

3 Zu seinem Leben und Schaffen vgl.: Max Kämpf. Hrsg. v. Hans Göhner. Basel 1984. Vgl. auch ein ausführliches Gespräch im «Basler Magazin» Nr. 11 vom 14. März 1981.

4 Eine spätere Ausarbeitung von 1943/44 wurde vom Kunstkredit doch angekauft und im Basler Kunstmuseum ausgestellt. Waisenvater war Hugo Bein (sen.). Wie Robert Stoll (Max Kämpf. S. 19) ausführt, empfanden einige es als unsittlich, dass ein Bub und ein Mädchen im Traum unter einer Decke lägen.

5 Eugen Dietschi, vgl. unten Anm. 21.

trachtenden Augen in den zwei Jahren verändert haben und plötzlich etwas wahrnahmen, was vorher nicht gesehen wurde.

Die liberal-konservativen «Basler Nachrichten» waren die ersten in Basel, die am Wochenende vom 9./10. September 1950 öffentlich Alarm schlugen.[6] Ein grösserer Artikel von Redaktor N. C. G. Bischoff interpretierte die Handwerkerallegorie ebenfalls als Verbeugung vor Stalin, er lieferte mit einem Bildausschnitt gleich den Beleg dazu und vertrat dezidiert die Meinung, dass dies inakzeptabel sei. Die Kopfbedekkung des Schmieds sei eine «fremdländisch anmutende Mütze» und der Schnauz demjenigen Stalins «verteufelt ähnlich». Was Kämpf sich geleistet habe, würde etwa dem Anblick entsprechen, der entstünde, wenn Hans Brandenbergers Landi-Statue von 1939, der «Wehrwille», mit einem an Hitler erinnernden «Schuhbürsten-Schnäuzchen» versehen wäre.[7] Das Blatt vertrat die Auffassung, dass das Bild überarbeitet werden müsse. «Der Schnauz des Ostens muss deshalb zum mindesten eine Entprovokation erfahren.» Unannehmbar sei diese Darstellung, weil sie an einem öffentlichen Gebäude prange und mit öffentlichen Mitteln erschaffen worden sei. Zudem seien Angriffe auf eine derart bemalte Wand zu erwarten. Von der so orientierten oder vielmehr programmierten öffentlichen Meinung wurde gesagt, sie würde die Ausbildungsstätte der künftigen Kaufmannschaft «sicher nicht gerne unter das Zeichen dieses Schnauzes gestellt» sehen.

Es bleibt unklar, wer aus der Sache ein Medienthema gemacht und mit einem Bildausschnitt (in einer im allgemeinen noch schwach bebilderten Zeitung) auf den Kopf, auf Mütze und Schnauz, eigentlich nur Details eines grossen Sgraffitos, die Aufmerksamkeit gelenkt hat. Gemäss Frank Weiss soll ein politischer Journalist die Schweizerische Depeschenagentur mit einer Grossaufnahme vom Kopf des Schmieds beliefert haben.[8] Doch erst der zitierte Artikel aus den «Basler Nachrichten», die dem Chef des Erziehungsdepartements parteipolitisch nahestanden, machte aus der Sache einen öffentlichen Skandal.[9] Von nun an konnte die Affäre ganz offensichtlich nur bewältigt werden, indem man das Hineininterpretierte später wiederum herausmeisselte – oder «abklopfte».

6 Basler Nachrichten Nr. 384, 9./10. September 1950, «Schnauze, die die Welt erschüttern». Beim Verfasser «B.» handelt es sich um Nicolas Carl Guntram Bischoff mit folgenden hier wichtigen biographischen Stationen: 1918 erster Sekretär der Basler Bürgerwehr, von 1920 bis 1960 Redaktor bei den «Basler Nachrichten», 1922–1929 Sekretar der Liberalen Partei, seit 1933 im Grossen Rat. Um 1950 auch Oberstleutnant, Meister der Zunft zu Hausgenossen und Präsident des Basler Verkehrsvereins.

7 Der ED-Antrag vom 29. November 1950 nahm ebenfalls eine Gleichsetzung mit dem hypothetischen Fall vor, «wenn es einem Künstler eingefallen wäre, einen Mann mit dem kleinen Schnurrbart und der grossen Strähne zur Anbringung an einem öffentlichen Gebäude vorzuschlagen».

8 Frank Weiss, «Max Kämpf. Heiteres und Trauriges».

9 Das Antragspapier des Erziehungsdepartements vom 29. November 1950 ist diesbezüglich ungenau, spricht es doch von ca. 40 Publikationen in der Zeit von Anfang bis Mitte September, so dass offenbleibt, wer aus der Sache ein Medienthema gemacht hat. Der Antrag verweist auf zwei Beilagen (Presseliste und Pressezitate), die aber nicht erhalten geblieben sind. Die «Basler Nachrichten» vom 9./10. September 1950 bemerkten, der Schnauz habe in Wort und Bild bereits die Runde im Schweizerland angetreten.

Der Bildersturm im Advent

Das anstössige Sgraffito erfuhr drei Monate später, am Samstagmorgen des 9. Dezembers 1950, die geforderte «Entprovokation», allerdings nicht in Form einer Abänderung, sondern – eben – mit der Entfernung der Darstellung. Das Feld mit der Handwerker-Allegorie wurde im Auftrag der Regierung weggemeisselt und übermalt. Dies bedeutete nun allerdings eine erneute, aber andere Provokation in eine andere Richtung, von der später noch die Rede sein wird. Wie aber kam es zu diesem hochoffiziellen Bildersturm? Was waren die Umstände, unter denen es zu dieser besonderen Aktion kam, zu einem Vorgang, für den es in der Fachliteratur den erhabenen Begriff des Ikonoklasmus gibt?

Auf Grund der spärlichen Quellen können wir uns das folgende Bild machen: Gemäss der Darstellung des Erziehungsdepartements vom 29. November 1950 muss das im Luftmatt-Quartier zirkulierende Gerücht, wonach Kämpf an der Handelsschule einen Stalin gemalt habe, bis an den Münsterhügel vorgedrungen sein und dort zu ersten informellen Besprechungen zwischen Regierungsmitgliedern geführt haben. Erziehungsdirektor Peter Zschokke veranlasste darauf in seiner Eigenschaft als Präsident der Kunstkreditkommission, dass Edwin Strub, im Nebenamt langjähriger Sekretär des Kunstkredits,[10] und Kantonsbaumeister Julius Maurizio mit dem Künstler ein Gespräch führten, ihm die aufgestiegenen Bedenken darlegten und ihn ersuchten, den Kopf des Schmieds oder zum mindesten den Schnauz zu ändern. Dieses Gespräch fand am 7. September 1950 statt, zwei Tage bevor die «Basler Nachrichten» mit der Angelegenheit an die Öffentlichkeit gingen und sozusagen nachdoppelten.

Max Kämpf muss sich bei diesem Kontakt und in einem weiteren Gespräch, das am 11. Oktober 1950 stattfand, grundsätzlich bereit erklärt haben, neue «Kopf-Formulierungen» auszuprobieren. Kantonsbaumeister Maurizio hielt in der Notiz zur Begegnung vom 11. Oktober fest: «Kämpf ist guten Willens und wäre froh, wenn die Angelegenheit bald bereinigt werden könnte.» Es folgten verschiedene weitere Gespräche und Schreiben. Am 30. Oktober 1950 besichtigte die Kunstkreditkommission das Wandbild und bekräftigte, dass die «kleine Korrektur» vorgenommen werden müsse. Kämpf erhielt eine Frist bis zum 15. November 1950 eingeräumt. «Nach Ablauf dieses Datums müssen wir uns die Entfernung des Gerüsts und allfällige weitere Massnahmen vorbehalten.»[11] Da Kämpf auf dieses Ultimatum nicht reagierte, veranlasste das Erziehungsdepartement die Wiedereinberufung der Jury von 1948 auf den 21. November 1950. Das Gremium war gespalten: Das Protokoll spricht von der «einen Seite», welche Kämpf Vertrauensmissbrauch vorwarf und schlechten Willen. «[...] es ist auch nicht mehr glaubhaft, dass dieser Kopf im Gegensatz zu den lediglich schema-

10 Der Kleinbasler Edwin Strub war hauptberuflich Redaktor bei der «National-Zeitung», seit der Schaffung des Kunstkredits 1919 dessen Sekretär, seit 1922 radikal-demokratischer Grossrat, 1944 Grossratspräsident.

11 Zschokke an Kämpf, 31. Oktober 1950, zit. nach Antrag vom 29. November 1950.

tisch angedeuteten Köpfen der beiden anderen Figuren nur zufällig charakteristisch ausgeführt sei.» Für diese Seite beantragte Innenarchitekt Eduard Voellmy (nachmaliger LDP-Bürgerrat und Präsident des Gewerbeverbandes), dass das Bild nicht abzunehmen sei. Die vom Protokoll als «andere Seite» festgehaltene Position betonte, Kämpf meine es ehrlich, auf ihn sei «in unsauberer Weise» Druck ausgeübt worden, man könne das eingerüstete Wandbild gar nicht richtig beurteilen, es sei auch nicht die öffentliche Meinung, die das Bild ablehne. «Dahinter steckt vielmehr die Agitation Einzelner.» Für diese Seite beantragte der Maler Camenisch, das Bild abzunehmen und Kämpf volle Satisfaktion zu geben. Schliesslich setzte sich der Antrag von Regierungsrat Zschokke, die Figur des Schmieds «abzuklopfen», mit 7 gegen 2 Stimmen durch. Kantonsbaumeister Maurizio konnte, um Kämpf eine allerletzte Gelegenheit zu geben, noch eine Woche Aufschub herausholen, und das Baudepartement wurde beauftragt, «gute Photos des ganzen Bildes» herstellen zu lassen.[12] Jurymitglied Gustav Stettler, Maler, sollte, gemäss Ausführungen des Erziehungsdepartements, nochmals versuchen, den Künstler zu einer Änderung zu bewegen. Zugleich erging durch diesen mit 7:2 Stimmen gefassten Beschluss ein zweites Ultimatum auf den 25. November mit der ausdrücklichen Androhung, dass das Baudepartement im Weigerungsfall die Darstellung des Schmieds «beseitige». Am 27. November traf die Meldung ein, dass Kämpf keine Änderung vornehmen wolle; am 29. November stellte das Erziehungsdepartement den Antrag auf Beseitigung und Reduktion des Künstlerhonorars; am 1. Dezember 1950 fiel der entsprechende Beschluss in der – nach 16jähriger «roter Herrschaft» – seit einem halben Jahr wieder mehrheitlich bürgerlichen Exekutive, und am 9. Dezember kam es zur entsprechenden Ausführung. Der Künstler erfuhr von der Aktion am Montag aus der Presse.

Verpasste Vermittlung

In Wirklichkeit aber war Kämpfs Haltung nicht derart unnachgiebig, wie sie im amtlichen Bericht geschildert wurde. Der Kantonsbaumeister hatte ja selber von Neuformulierungsversuchen berichtet. Kämpf wollte offenbar, da sich seines Erachtens der Kopf nicht einfach auswechseln liess, die ganze Figur neu gestalten. Vielleicht wäre die gewünschte Änderung leichter vorzunehmen gewesen, sie konnte aber nicht so leicht mit den Anforderungen der Selbstachtung in Einklang gebracht werden. Hinzu kam, dass die für eine derartige Arbeit nötige Motivation unter den gegebenen Umständen nicht ohne weiteres aufgebracht werden konnte. Jedenfalls wollte er dafür Zeit, zudem

12 Protokoll der Sitzung, die von 17.00 bis 18.50 Uhr dauerte, das von Georg Duthaler verfasst wurde. Bei der Abstimmung waren die Kunsthistoriker Joseph Gantner und Rudolf Kaufmann abwesend. Es kann angenommen werden, dass auch Gustav Stettler wie Camenisch stimmte (ED-REG 30a (1) 2-1 1950–1953; der Verfasser dankt Dieter Leu vom Staatsarchiv für die aufwendige Recherche zu diesem Dokument).

die künstlerische Freiheit und für die Zusatzarbeit ein Zusatzhonorar. Dies geht aus einem Brief des Anwalts Jules Goetschel vom 29. November 1950 hervor, der mit der Wahrung von Kämpfs Interessen beauftragt war. Goetschel war als Angehöriger der jüdischen Minderheit auf Marginalisierungstendenzen besonders sensibilisiert, im übrigen war er seit 1949 SP-Grossrat.[13] Der Advokat Walter Schiess, Präsident des Basler Kunstvereins und in dieser Eigenschaft beigezogen, teilte, wie Goetschels Schreiben zu entnehmen ist, offenbar die Auffassung, dass eine neue Lösung gefunden werden sollte. Der Anwalt versicherte im übrigen, dass sein Mandant «nicht die geringste Absicht» hatte, dem Bild des Schmieds die Züge Stalins zu verleihen. Diese Erklärung war dem Adressaten bereits bekannt und aktenkundig: Das Antragspapier des Departements hielt fest, Kämpf berufe sich auf eine «Jugenderinnerung an einen alten Schmied im Kleinbasel».[14] Für den Auftraggeber war die Absicht aber egal, wichtig war ihm die mutmassliche Wirkung, und nachdem man dem Künstler nicht mehr vorwerfen konnte, er habe Stalin abbilden wollen, verlegte man sich auf den Standpunkt, dass er wegen gewisser Ähnlichkeiten in unerwünschter Weise an Stalin erinnerte. Rückblickend behauptete Regierungsrat Peter Zschokke, der Schmied habe nach dem Urteil «vieler unbefangener Betrachter» die Züge Stalins getragen.[15] Dem ist freilich entgegenzuhalten, dass es gerade die Befangenheit war, welche in der Darstellung die Züge Stalins erblicken liess.

Die Regierung konnte Goetschels Schreiben nicht mehr Rechnung tragen, dem Erziehungsdepartement dürfte das Angebot überdies zu vage gewesen sein, es befürchtete, mit einem längeren Zuwarten die unerwünschte Darstellung nicht mehr aus der Welt schaffen zu können, und wollte seinerseits ein «fait accompli» schaffen. Dies zerstörte allerdings auch jede Möglichkeit, doch noch eine Verständigungslösung zu finden. Statt einen Zusatzkredit zur Verfügung zu stellen, reduzierte es sogar das Künstlerhonorar von 10 000 auf 7000 Franken. Die restlichen 3000 Franken mussten später aber doch ausbezahlt werden. Im Januar 1951 wurden zudem zusätzliche 1000 Franken in Aussicht gestellt, wenn Kämpf einen neuen Entwurf für «die noch freie Fläche» einreiche.[16] Es hätte allerdings erstaunt, wenn sich Kämpf nach dem Vorgefallenen nochmals an die Arbeit gemacht hätte. 1957 muss Regierungsrat Zschokke einen halbherzigen Versuch unternommen haben, den entstandenen Schaden zu reparieren: Er

13 Goetschel bezeichnete die allfällige Entfernung als rechtswidrig und stellte eine Klage beim Zivilgericht auf Wiederherstellung in seiner ursprünglichen Form und auf eine angemessene Genugtuungssumme in Aussicht. Er stellte seinerseits eine Frist zur Annahme dieses Vorschlages bis zum 15. Januar 1951 und ersuchte im Sinne einer Akontozahlung um die nochmalige Anweisung der 7000 Franken, die Kämpf irrtümlich zurückgewiesen hatte, weil er meinte, dass die Annahme präjudizielle Wirkung habe. Kämpf lebte damals in bescheidenen Einkommensverhältnissen, entsprechend stark fiel die finanzielle Seite der Affäre ins Gewicht.

14 Antrag vom 29. November 1950. Der Maler Heiri Strub berichtet, der Bildhauer Enzner, der an der Hammerstrasse sein Atelier gehabt habe, habe dies bestätigt.

15 50 Jahre Basler Kunstkredit. Basel 1969. S. 47. Vgl. unten Anm. 50.

16 Präsidialverfügung Nr. 34 vom 2. Januar 1951. Goetschel und Kämpf erklärten schriftlich dazu ihr Einverständnis.

wollte die notwendig gewordene Restauration zum Anlass nehmen, von Kämpf eine Neugestaltung der leeren Fläche zu erhalten. Kämpf bestand aber auf der Wiederherstellung des ursprünglichen Zustandes.[17]

Damit man sieht, aus welchem Verständnis und mit welcher Argumentation der Eingriff des Staates gerechtfertigt wurde, soll der Beseitigungsantrag des Erziehungsdepartements hier nochmals zu Wort kommen: Der Behörde war es wichtig zu betonen, dass es nicht um einen künstlerischen Konflikt gehe. Die künstlerische Darstellung des Schmieds sei nicht zu beanstanden, zudem habe der Kunstkredit zu einem Zeitpunkt, da der Streit um den Schmied bereits ausgebrochen sei, ein Werk von Kämpf angekauft. Der zentrale Gedanke war, dass die Verwendung der staatlichen Kunstgelder nicht zu einem «öffentlichen Ärgernis» Anlass geben dürfe. Und der Anlass dazu schien eindeutig gegeben: «Es kann nicht bestritten werden, dass von einem grossen Teil der öffentlichen Meinung nicht verstanden würde, wenn in der heutigen Zeit an einem öffentlichen Schulgebäude eine Figur angebracht würde, die als Stalinbild aufgefasst werden kann.» Man wolle die Angelegenheit nicht dramatisieren, es sei aber – hier wird ein weiteres schützenswertes Gut sichtbar – im Interesse der öffentlichen Kunstpflege, wenn auf die Bevölkerung in ihrer grossen Mehrheit Rücksicht genommen werde. Immer wieder, das wäre ein weiteres Motiv gewesen, wurde, wie schon in den «Basler Nachrichten», auch die Erklärung abgegeben, mit dem Einspruch das Kunstwerk selber vor Angriffen schützen zu wollen. Man verwies in dieser Debatte auf Proteste gegen das Wehrmännerdenkmal auf dem Bruderholz, gegen Niklaus Stöcklins Fresko über den Eheverkündigungen auf dem Münsterplatz und auf das Menning-Attentat auf das von Alfred Heinrich Pellegrini 1941 geschaffene Wandbild «Apoll und die Musen» an der Casino-Mauer.[18] Im Falle von Kämpfs Sgraffito lief die Argumentation in diesem Punkt darauf hinaus, dass die Regierung mit ihrem eigenen Attentat allfälligen anderen Attentaten zuvorkommen wollte.

Die Reaktionen der Parteipresse

Zu weiteren Pressereaktionen kam es erst nach der Beseitigung des Bildes. Die «National-Zeitung» berichtete als erste in einer 12-Zeilen-Meldung über den Konflikt. Sie bestätigte, dass der Schmied eine «unverkennbare Ähnlichkeit» mit Stalin gehabt habe, und stellte den Künstler als völlig uneinsichtig hin. Ohne die beauftragende Instanz zu nennen, hielt der Bericht fest: «Als alles nichts nützte, schritt man am Samstagmorgen zu einer radikalen Lösung: Bauhandwerker kamen und klopften den Schnauz weg.»[19]

17 Robert Stoll, Max Kämpf. S. 63f. Stoll besitzt diesen Briefwechsel sowie mehrere Entwürfe zur Gestalt des Schmieds.

18 In diesem Fall wurde die Nacktheit der Figuren als anstössig empfunden, es gab Proteste im Namen der «hohen katholischen Auffassung von Frauenwürde, Ehe und Mutterschaft». Der Fall ist allerdings schlecht dokumentiert.

19 T., «Das Ende eines Schnauzes». In: National-Zeitung Nr. 573 vom 11. Dezember 1950.

Die «Basler Nachrichten», die im Herbst vorangegangen waren, zogen jetzt nach und hiessen das Vorgehen der Regierung ausdrücklich gut. Es werde niemanden wundern, wenn nach drei Monaten der Geduldsfaden gerissen sei. «Eine Regierung hat schliesslich nicht nur Kunstmilde zu üben, sondern auch ihre Autorität und ihr Prestige zu wahren – auch kämpferischen Künstlern gegenüber.» Neben den ernsten staatsbürgerlichen Erwägungen finden sich Formulierungen, die triumphalen Spott und Schadenfreude ausdrücken: Der Schmied habe Ausgang bekommen, sei verschwunden «unter Zurücklassung eines trotzigen weissen Flecks. Abgeklopft und überstrichen!» Es bleibe abzuwarten, ob er jemals – «mit ausgewechseltem Kopf natürlich» – zurückkehren werde. Geringschätzung gegenüber dem künstlerischen Anspruch des Werkes dürfte in der Bemerkung stecken, vielleicht könnte ein phantasiebegabter Handelsschüler eine temporäre Ersatzfigur zur Verfügung stellen.[20]

In einer weiteren Stellungnahme der «National-Zeitung» brachte Eugen Dietschi, Chef der Lokalredaktion und freisinniger Politiker,[21] ebenfalls viel Verständnis für die Aktion auf: Der Regierung sei der Entscheid sicher nicht leichtgefallen, lief sie doch Gefahr, sich dem Vorwurf eines Eingriffs in die freie Kunst auszusetzen. Doch auch für Dietschi war klar, dass dem Schmied «schweizerische Züge» fehlten und dass er «täuschende Ähnlichkeit» mit dem Diktator im Kreml aufweise. Dietschi entdramatisierte den Konflikt, indem er behauptete, dass im «Schnauz-Krieg» durch Verständigung Friede eingetreten sei, Kämpf würde im Frühjahr die «heute wegrasierte Figur» neu gestalten. Interessant ist, dass Dietschi, soweit die Formulierungen den vermeintlichen Stalin betrafen, eine martialische Sprache wählte, wenn sie aber den Lokalkrieg meinte, versöhnlicher klang, als die Verhältnisse waren. So schrieb er, «der Mann mit dem berüchtigten Schnauz und der fremdartigen Mütze» sei übers Wochenende von Bauhandwerkern (die Berufsbezeichnung war wohl wichtig) «hingerichtet» worden, um dann die Tonart zu wechseln und zu beteuern, es sei «keine gewalttätige Exekution» gewesen, weil der Künstler im allerletzten Moment einsichtig gewesen sei.[22] Da es vermeintlicherweise um einen Schnauz ging, ein Ding, das man haben kann oder nicht, schien die Forderung nach Entfernung vielleicht besonders unproblematisch. Dabei wurde übersehen, dass damit auch anderes «wegrasiert» wurde: der Kopf, der Körper – und auch die Werte, in deren Namen man vorging.

Das katholische «Basler Volksblatt» nahm im bürgerlichen Lager die kritischste Haltung ein. Es räumte ein, dass der Schmied eine unverkennbare Ähnlichkeit mit einem der Grossen habe, der hinter dem Eisernen Vorhang lebe; es gab aber auch zu bedenken, dass es solche Schnurrbärte im tiefen Kleinbasel gebe und diese dort «Grundelschnauz» hiessen, und es bemerkte zum Schluss, dass mit dieser «erbarmungslosen» Intervention «keine Heldentat» vollbracht worden sei.[23]

20 B., «Der verschwundene Schmied». In: Basler Nachrichten Nr. 530 vom 12. Dezember 1950.

21 Dietschi war seit 1929 Grossrat, seit 1941 Nationalrat und als Mitglied der Inspektion der Handelsschule vielleicht speziell herausgefordert.

22 D., «Der Schnauz ist weg». In: National-Zeitung Nr. 580 vom 14. Dezember 1950.

23 «Ende eines Schnauzes». In: Basler Volksblatt Nr. 288 vom 11. Dezember 1950.

Die sozialdemokratische «Arbeiter-Zeitung» sagte kein Wort zum Fall, den man unter parteipolitischen Gesichtspunkten als Konflikt zwischen zwei Gegnern, den Liberalen und den Kommunisten, (miss)verstehen konnte. Die Sozialdemokraten dürften sich in einem Dilemma befunden haben zwischen dem Bedürfnis, zu allem auf Distanz zu gehen, was wie eine Unterstützung der sowjetkommunistischen Position aussah, und ihrem Einstehen für Individualrechte.[24] Die «AZ» rückte Anfang Januar 1951 eine kurze Berichtigung des Anwalts Goetschel ein, der auf die Feststellung Wert legte, dass die in der (bürgerlichen) Presse verbreiteten Berichte von einer angeblichen Zustimmung Kämpfs zur Entfernung seines Schmieds nicht zuträfen.[25] Mit einem Eigenbericht kam das Blatt auf die Sache erst wieder Ende Januar 1951 und nur am Rande der ordentlichen Ratsberichterstattung kurz zu reden.[26]

Der Basler «Vorwärts», das Blatt der Kommunisten, hielt hingegen mit seiner Kritik nicht zurück und sah in diesem Vorfall einen gewiss nicht unwillkommenen Beleg für den repressiven Geist des Bürgertums. Die «Schnauzstürmer» hätten eine anschauliche Lektion erteilt, «wie es um das freie künstlerische Schaffen in der Kulturstadt Basel bestellt ist, wenn ein Vertreter des Grosskapitals die Kunst betreut». Der Verfasser dieses Artikels muss Insiderinformationen gehabt haben (wie der BN-Redaktor, doch von der Gegenseite), er wollte nämlich wissen, ob dem Künstler das «wohlverdiente Honorar» ausbezahlt worden sei, und warf zudem die Frage auf, ob man «den ganzen Türk» gedreht habe, um einen talentierten Künstler, der nicht zum Klüngel gehöre, zu ruinieren.[27] Für das PdA-Blatt war es klar, dass der Schmied nicht Stalin darstelle, es publizierte sogar Stalins Porträt zum Vergleich. Es störte sich aber daran, dass sich die «Systemstützen» an der nicht vorhandenen Ähnlichkeit störten. «Es muss einer schon einen ordentlichen Kommunistenschlotter in den Knochen haben, dass er hinter diesem Schnauz einen Stalin wittert.» Es liess Dietschis Bezeichnung «Diktator» nicht gelten und wollte Stalin als «grossen Staatsmann und Philosophen» bezeichnet haben. «Das Volk, an dessen Spitze Stalin steht, hat 17 Millionen Menschen geopfert, um den Faschismus zu schlagen. Ohne dieses Opfer würden in Basel kein Kunstkredit mehr existieren und keine Zschokkes eine Rolle spielen, es sei denn, sie hätten sich Goebbels' Kultur unterworfen.» Die hagiographische Verehrung des Blattes für den grossen Genossen kam wenig später erneut zum Ausdruck, als es Stalin zum 71. Geburtstag gratulierte und aus dem Glückwunsch vom Vorjahr zitierte, in dem die PdA die «tiefe Hochachtung» vor dem Führer der Bolschewistischen Partei der Sowjetunion und des Weltproletariates ausdrückte.[28] Den als «Bankierblatt» bezeichneten «Basler Nachrichten» entgegnete es, den abgebildeten Schmied habe es tatsäch-

24 Max Wullschleger, seit 1944 AZ-Redaktor, dürfte sich ganz speziell in diesem Dilemma befunden haben, war er doch in den 1930er Jahren noch KP-Mitglied und Redaktor des «Vorwärts».

25 «Der Kampf um den Schnauz». In: AZ Nr. 1 vom 2. Januar 1951.

26 «Die Schnauz-Interpellation». In: AZ Nr. 23 vom 27. Januar 1951, ohne eigene Stellungnahme.

27 «Kulturschänder am Werk». In: Nr. 289 vom 13. Dezember 1950. – ib, «Da stimmt etwas nicht!». In: Basler Vorwärts Nr. 298 vom 23. Dezember 1950 (ib = Heir-i Stru-b).

28 «Lang lebe Genosse J. W. Stalin!». In: Basler Vorwärts Nr. 296 vom 21. Dezember 1950.

lich gegeben, Arbeiter der oberen Hammerstrasse (die ebenfalls zu Basel gehöre) könnten dies bezeugen; von der Dalben aus könne man ihn allerdings nicht sehen.[29] Und die Kopfbedeckung sei aus dieser Sicht vielleicht unbekannt, aber nicht «fremdartig», auch wenn es kein Oberstkäppi und kein Baslerhietli sei, sondern eine von Arbeitern getragene Mütze. Schliesslich: Wenn Kämpf kommunistische Propaganda hätte betreiben wollen, dann hätte er auf dem Flugzeug über dem Meer russische Insignien angebracht und nicht das Zeichen der «fremdländischen» Royal Air Force.

Eine Bürgerpetition

Eine vom 20. Januar 1951 datierte Eingabe an den Gesamtregierungsrat protestierte gegen die Zerstörung des Bildes und gegen die Nichtbeachtung der Vermittlungsmöglichkeiten. Sie sprach die Hoffnung aus, «dass die Regierung Mittel und Wege finden wird, diese das Ansehen der Behörde wie der Künstlerschaft gleicherweise schädigende Angelegenheit in einer Form zum Abschluss zu bringen, die für beide Teile befriedigend ist»[30]. Hinter dem konkreten Anlass sah man aber auch die grundsätzliche Problematik: «Mit grösstem Bedauern stellen wir fest, dass sich damit die Regierung ins Unrecht setzte und damit gerade das Gegenteil der vorgebrachten Absicht erreichte, es wird damit an die nazistischen und sowjetischen Methoden erinnert. In der Befürchtung, es könnten auf diesen ersten derartigen Fall weitere ähnliche folgen, haben wir uns zu dem vorliegenden Schritt entschlossen.»

Interessant ist, wer sich mit seiner Unterschrift zu diesem «wir» bekannte. Auf der Liste mit 57 Unterschriften finden sich naheliegenderweise zahlreiche Künstler, «48er» und andere, Otto Abt, H. J. Barth (Bodin), Martin A. Christ, Ernst Coghuf, Hans Häfliger, Valerie Heussler, Julie Schätzle, Hans R. Schiess, Otto Staiger, Gustav Stettler, Hans Stocker, Hans Weidmann, Adolf Weisskopf und andere. Aus der Kunstszene kam Unterstützung zum Beispiel von Ernst Beyeler und Robert Th. Stoll. Unterschriften kamen auch aus Kirchenkreisen mit dem Münsterpfarrer Eduard Thurneysen, den Theologieprofessoren Karl Barth und Fritz Lieb sowie dem Pauluskirche- und späteren Münsterorganisten Eduard Müller. Ferner finden sich Namen von Freunden und Kunstfreunden wie die beiden Chemiker Alfred Brack und Guido Schetty. Auf der Liste stehen auch der Trommeldoktor Fritz Berger und der Filmdoktor Frank Weiss, Präsident des «Kreises 48», sowie einige mehr oder weniger alte Basler Namen von Alfred La Roche über Alexander Sarasin bis E. Wackernagel.

29 Frank Weiss identifizierte den Schmied sogar mit dem an der Hammerstrasse 40, knapp 100 m von Kämpfs Wohnort an der Riehentorstrasse 25 entfernt wohnhaften Johann Hartmann (Frank Weiss, «Max Kämpf. Heiteres und Trauriges»).

30 Die Eingabe wurde am 25. Januar 1951 zur Berichterstattung an das Erziehungsdepartement überwiesen (Staatsarchiv SK-REG 7-13-4, Kunstkredit).

Ein Vorstoss im Grossen Rat

Fritz Lieb machte darüber hinaus von der Möglichkeit Gebrauch, die er als Grossrat hatte, und interpellierte an die Regierung in dieser Sache. Von seiten der PdA wurde allerdings nicht ohne Häme bemerkt, dass der Professor von seinen SP-Genossen nicht unterstützt werde.[31] Lieb sprach die Erwartung aus, dass sich Regierung und Staatlicher Kunstkredit für die Freiheit künstlerischen Schaffens einsetzten, statt «sich durch eine nur aus einer an Hysterie grenzenden Angst zu erklärende, mit Sensationshascherei verbundene Stimmungsmache beeindrucken zu lassen». Lieb fragte, ob es nicht besser gewesen wäre, statt sofort den Beschluss zur Verstümmelung auszuführen, eine einvernehmliche Lösung einzugehen, wie sie sich zwischen Kämpf und dem Präsidenten des Kunstvereins abzeichnete. «Ist die Regierung nicht der Meinung, dass durch den geschilderten Übereifer einer sich ihrer Verantwortung gegenüber dem eigenen Volk zuwenig bewussten Presse und durch die daraufhin erfolgten staatlichen Massnahmen bei reiflicher Überlegung gerade die Ziele des stalinistischen Kommunismus, den man zu treffen glaubte, nur befördert werden, indem man die geistige Freiheit und im besonderen die Freiheit des künstlerischen Schaffens mit Gewalt einschränkt und eine zu Terrormassnahmen geneigte faschistische Mentalität in der Öffentlichkeit befördert?» Der Interpellant wollte schliesslich auch erfahren, wie die Regierung den schwer geschädigten und in seiner Ehre beeinträchtigten Künstler rehabilitiere.

Erziehungsdirektor Peter Zschokke beantwortete die Interpellation namens des Regierungsrates in der Nachmittagssitzung des Grossen Rates vom 26. Januar 1951: Es habe des Hinweises der Presse nicht bedurft, um festzustellen, «dass die Figur des Schmieds mit dem auffälligen Schnauz an einem staatlichen Gebäude nicht angenommen werden könnte». Auch der Kunstvereinspräsident habe in der Entfernung dieses Bildteils die beste Lösung gesehen; Kämpf sei bereit, im Frühjahr die Stelle neu zu bemalen. Was das Rechtliche betrifft, handle es sich um einen Werkvertrag, der nach den Erwartungen des Bestellers auszuführen sei. «Es geht hier doch nicht um eine künstlerische, sondern um eine politische Frage. Ob das Bild mehr oder weniger Ähnlichkeit mit Stalin hatte, spielt keine Rolle; wesentlich ist, dass heute ein Gesicht mit einem solchen Schnauz sofort an Stalin erinnern muss. [...] Wäre die Figur an der Handelsschule geblieben, so hätte man mit massiven Reaktionen der Bevölkerung rechnen müssen. Der Regierungsrat ist der Öffentlichkeit gegenüber verantwortlich für die Verwaltung staatlicher Gelder.» Der Interpellant erklärte sich von der Antwort nicht überzeugt; wenn der Regierungsrat den nötigen Humor aufbringen könne, würde eine Einigung doch noch möglich sein.

Jetzt war die Presse wieder an der Reihe: Die «National-Zeitung» beschränkte sich auf eine kurze Berichterstattung.[32] Die «Basler Nachrichten» hielten es für lächer-

31 Vgl. unten Anm. 32.

32 «Der Streit um den Schnauz». In: National-Zeitung Nr. 45 vom 28. Januar 1951. Letzte Seite.

lich, dass Grossrat Lieb den Eingriff als «faschistischen Terror» bezeichnet habe.[33] Dem «Vorwärts» passte es hingegen nicht, dass die Petition und die Interpellation die Politik der Sowjetunion mit dem Faschismus gleichsetze. Dies sei eine «grobe Irreführung». In Basel würden «reaktionäre Kreise» sehr wohl mit «faschistischen Tendenzen» Kunst und Künstler unter Druck setzen; in der Sowjetunion werde dagegen nur zu Recht erwartet, dass die Kunst eine Gesinnung ausdrücke, die mit den sozialistischen Ideen des menschlichen Fortschritts übereinstimmten.[34]

Ein Fasnachtssujet

Den in den Handel verstrickten Personen war von Anfang an klar, dass es sich um einen Vorfall handle, der ein Fasnachtssujet abgeben wird. Schon der Antrag des Erziehungsdepartements vom 29. November 1950 führte aus: «In Basel ist man natürlich leicht geneigt, eine derartige Angelegenheit nur von der fasnächtlichen Seite zu nehmen. Wir haben dafür alles Verständnis [...].» Und Eugen Dietschi bemerkte in seinem Kommentar vom 14. Dezember 1950, die eingetretene Verständigung werde nicht verhindern, «dass in der zweiten Februarwoche des neuen Jahres ein sarkastisch klingendes Echo nachhallen wird [...]».

Es fällt auf, dass selbst der mit politischem Ernst geführte Disput stark mit Elementen der Ironie und des Witzes durchsetzt war. Das Schnauzmotiv lud offenbar dazu ein, sich in einer belustigenden Weise mit der Problematik auseinanderzusetzen. So zählte der eine an sich ernste Angelegenheit erörternde N. C .G. Bischoff in den «Basler Nachrichten» unter dem Titel «Schnäuze, die die Welt erschüttern» Schnurrbärte verschiedener Staatsmänner auf und verwandelte Gottfried Kellers bekannten Novellentitel «Kleider machen Leute» in die Formel «Schnäuze machen Männer». Weiter wurde auf die berühmten Schnauzfeste der Kunsthalle verwiesen. Von Kämpf hiess es, er habe an der Darstellung zunächst «kein Härchen» ändern wollen; andererseits möchte der Kunstkredit sich auch nicht auf dem eigenen Schnauz herumtrampeln lassen. «Nicht ‹Schnauz oder Nicht-Schnauz› ist hier die Frage, wohl aber Zweckschnauz oder Phantasieschnauz.»

Was machte nun die Fasnacht, die 1951 vom 12. bis zum 14. Februar stattfand, aus der Angelegenheit?[35] Schon im Trommelkonzert wie auch in den Fasnachtszeitungen, später in den Aufzügen der Cliquen und Wagen und schliesslich in «jedem zweiten» Schnitzelbank war von dieser Affäre die Rede. Gemäss der Berichterstattung war der Schnauz eines der häufigsten Motive. Dies besagt zunächst einmal vor allem, dass

33 «Die Geschichte vom Schnauz». In: Basler Nachrichten Nr. 41 vom 27./28. Januar 1951.

34 «Der Schnauz vor dem Grossen Rat». In: Vorwärts Nr. 22 vom 27. Januar 1951.

35 Was die Geschichtswissenschaft mit dem Thema Fasnacht anfangen kann, zeigt das Buch: Zwischentöne. Fasnacht und städtische Gesellschaft in Basel 1923–1998. Hrsg. v. Christine Burckhardt-Seebass u.a. Basel 1998.

die Affäre im kollektiven Gedächtnis der Basler Bevölkerung einen prominenten Platz hatte; dass Anspielungen möglich waren, ohne dass man die ganze Geschichte erklären musste; und dass es ein Sujet war, an dem, wie das Brauchtum es verlangte, auch genügend Spott entwickelt werden konnte.

Die ehrwürdige Breo-Clique (Jg. 1896)[36] liess den Tambourmajor als «Max dr Kämpfer. Der Ritter ohne Furcht und Tadel» auftreten, ihm gingen die Pfeifer als Schulmädchen der KHS voran, und die Tambouren mit mächtigen Mützen und Schnäuzen waren die «Söhne des Schmieds».[37] Die Laterne zeigte auf der einen Seite identifizierbare Zensoren mit grossen Scheren[38] und auf der anderen Seite Regierungsrat Zschokke als Lehrer vor einer Wandtafel, der den kleinen Megge an den Ohren nimmt, weil dieser ein Schnauzmännli auf die Tafel gekritzelt hat. Bruder Alexander Zschokke schaut hinter der Tafel hervor. Unten der Spruch: «Der Megge sait, wo's däwäg dätscht, jetzt het der Alex wider grätscht.» Und dem Künstlerkollegen gilt weiter der Spruch: «Alex klopf doch, maint der Megge, an dyne Marmor(Bire)wegge.» Die beiden Brüder werden als Einheit gesehen: «Fir der Saich vo däne zwei – wär's greschti Basler Bisswar z'glai.»[39] Abgeschlossen wurde der Auftritt mit einem Wagen der «Gunschtkredit-Bude».[40]

Hier ist eine Erklärung zu Alexander Zschokke fällig: Mit Alexander Zschokkes Rückkehr 1937 aus Düsseldorf, wo der Basler an der Akademie unterrichtet hatte, glaubte man zu spüren, dass die staatliche Kunstpolitik einen Einschlag ins Klassische, Monumentale und Pathetische erhalten habe. Der jüngere Bruder Peter Zschokke wurde allerdings erst 1946 in die Regierung gewählt, er wurde dann aber Chef des Erziehungsdepartements und in dieser Eigenschaft Präsident des staatlichen Kunstkredits. Ein Fasnachtsvers von 1951 spielte auf diese Verbindung an, wenn er den Magistraten sagen liess: «Drum abe mit däm rote Lueder! Und s isch jo doch nit vo mym Brueder!»[41]

Die «Alti Richtig» befasste sich zwar mit einem anderen Thema (dem problematischen Kauf des Schlösschens Angenstein), doch wurde auch hier der Bezug zu unserer Affäre hergestellt mit einem Schlossherrenmenü «moustache sur lard en sauce

36 Die Breo. Basel 1996 (Jubiläumsbuch zum 100jährigen Bestehen).

37 Der Kopf des Tambourmajors ist seit 1977 als Geschenk von H. Fischer unter der Inv.-Nr. VI 46406 im Museum der Kulturen und bis Anfang 1998 als Teil der Dauerausstellung zum europäischen Maskenwesen ausgestellt gewesen (Auskunft von Dominik Wunderlin).

38 Zum «Zensor» Nationalrat Jaquet: «Was isch au los, het der Jaquet dänggt, bin ich liberal oder nur sunscht beschränggt.» Zum «Zensor» und Kunstkreditsekretär Strub: «Der Edwin spilt di fylschti Rolle, was hät er anders spile solle?»

39 Die Wiedergabe in den Zeitungen war so schlecht, dass man nicht einmal die Figuren identifizieren konnte. Auf den Fotos von Felix Hoffmann kann man aber auch die Schriften lesen.

40 Eröffnet wurde der Umzug mit einer Mischung aus Generalstabsoffizieren und Militärrichtern mit Steckenpferden; das mitgeführte Schild «Patisserie-Bunker-Service» ist eine Anspielung auf die damaligen Prozesse gegen Bauunternehmen, die während des Krieges mit schlechtem Material «weiche» Bunker gebaut hatten.

41 Breo-Zeddel 1951.

barbare». Von der «Knulleri-Clique» hiess es, sie kämen – «originell wie immer» – als Schnauzkämpfer mit Hammer und Amboss vorne als Stalin mit Schnauz, hinten als Megge Kämpf mit Bart ausgerüstet.

Die Verse der Breo-Clique werden von den gleichen «Basler Nachrichten», für die im politischen Ernstfall schnell jeder Spass aufhörte, als die besten bewertet: «Die Reime auf einen Schnauz, der fallen musste, gefallen sehr, denn die Herren vom ‹Gunstkredit› müssen in ihnen etliche Haare lassen.» Als gutes Beispiel wurde das folgende Ladärneväersli zitiert: «Dr Max wünscht däne dumme Sieche / e Schnauz vom Märtplatz bis no Rieche.»[42] Die «National-Zeitung» brachte von der gleichen Laterne den folgenden Zweizeiler: «Dr Bollag sait zum Max, däm Sünder / Mol doch däm Schmid dr Schnauz ans Hinder.»[43]

Der im Cliquenarchiv erhalten gebliebene Breo-Zettel gibt Auskunft über die der Thematik verliehenen Stossrichtung.[44] Es ist nicht ganz überraschend, dass für den Schwachen Partei ergriffen und der Mächtige als ängstlich, unverständig, ja dumm hingestellt wurde. Schon in der ersten Strophe kann man lesen: «Und so isch mänge, wo regiert, e bitz vom Angstkompläx beriehrt, dass alles, was es z Russland git, bring z Basel scho der Terror mit.» Von Kämpf heisst es dagegen, er habe – oje – bei dem mit «edler Kinstlerhand» ausgeführten «wunderbaren Schnauzschmid» leider übersehen, dass etc. Zschokke erscheint als jemand, der mit Kämpf sein eigenes Kämpfli betreibe. Zugleich wird die Regierung aber, was nicht erwiesen ist, in dieser Sache als einstimmiges Gremium dargestellt: «Und zuegstimmt hänn die andre säx, denn alli hänn der Ost-Kompläx.» Auch der nur als «Strybli» bezeichnete Kunstkreditsekretär bekommt seinen Teil ab. Ihm wird nachgesagt, dass er über die übermalte Fläche entzückt gewesen sei: «Das lääri Wyss, das raini Nyt, macht Ehr im Basler Kunstkredit!»

Eine Einzelfigur des Cortège ging in der Presseberichterstattung verloren und konnte nur über das Gespräch mit Zeitzeugen zurückgeholt werden. Sie muss uns interessieren, weil an ihr sichtbar wird, wo der «Spass» offenbar ein Ende haben musste: Die Figur stellte den Bildhauer Alexander Zschokke dar, der ein Wägelchen mit sich zog mit einem Galgen, auf dem ein «Gunstkredit»-Rabe sass und an dem Max Kämpfs Schmied als Laubsägelifigur hing. Alexander Z. hatte vorne – in Anspielung auf die Zschokke-Skulptur vor der Universität («Der Lehrer und sein Schüler») – als Puppe Peter Z. um seinen Bauch gebunden. Die beiden Figuren waren mit einem Stethoskop verbunden, das vom Mund des Bildhauers ins Ohr des Regierungsrates führte. Auf dem Wägelchen befand sich im übrigen in Anspielung an den Kunstkredit-Entscheid vom Oktober 1950 ein Modell des Wettsteinbrunnens mit dem Schild «1. Preis unter Brüdern»; der Wettstein auf dem Brunnen pinkelte auf ein Altstadt-

42 Basler Nachrichten Nr. 67 vom 14. Februar 1951.

43 National-Zeitung Nr. 71 vom 12. Februar 1951.

44 Herzlichen Dank an Stéphane Weber, derzeit Cliquenobmann, für die Recherchen, und an Alex Fischer, Comitéobmann, für die Vermittlung.

modell im Brunnen.[45] Regierungsrat Zschokke konnte – gegen ungeschriebene Fasnachtsspielregeln verstossend – beim Comité in Erfahrung bringen, wer unter dieser Einzelmaske steckte: Es war Christoph Bernoulli junior, Phil.-I-Student und Sohn des hochgeschätzten Kunsthändlers Christoph Bernoulli senior. Es muss bei der «guten» Basler Gesellschaft einiges an Empörung ausgelöst haben, dass sich ein Angehöriger dieser angesehenen Familie eine Attacke auf die Zschokkes erlaubte.[46] Der stud. phil. war nicht der einzige, der aufs Erziehungsdepartement an den Münsterplatz zitiert wurde – auch Dr. phil. R. T. Stoll hatte schon antreten müssen. Ihm wurde klargemacht, dass er als Konservator der Kunsthalle, das heisst als Inhaber eines vom Staat subventionierten Postens, keine gegen einen Regierungsentscheid gerichtete Protestpetition unterzeichnen dürfe.[47]

Ernstzunehmende Kritik?

Wenige Tage nach der Fasnacht glaubten die «Basler Nachrichten» die Fasnachtskommentare, die doch stark für den Künstler und gegen die Regierung Partei ergriffen hatten, nochmals kommentieren zu müssen, und zwar mit je einem Kommentar für und gegen eine der beiden Seiten: Der indirekt auf der Seite des Künstlers und seiner Umgebung angesiedelte Kommentar erinnerte daran, die Fasnacht sei anerkanntermassen ein Ventil und damit Gelegenheit, «lachende Wahrheiten» auszusprechen, ohne dass man deswegen gesteinigt werde. Der Text appellierte an die «massgebenden Leute» zu erwägen, «dass gerade die unbefangene Kritik eine sehr wirksame Waffe im Kampf gegen den Totalitarismus jeglicher Art darstellt». Und er schloss mit dem Satz: «Deshalb sollten wir uns auch im Leben B keinen Maulkorb anlegen lassen.»[48] Im gleichen Blatt, in der gleichen Ausgabe sorgte Redaktor Bischoff dafür, dass die Beurteilung nicht zu stark in diese Richtung ausscherte. Denn: «Nach all den fasnächtlichen Belustigungen, die wir dem Schnauzstreit verdanken, wird man die grundsätzliche Seite der ganzen Angelegenheit wieder in den Vordergrund stellen müssen.» Bischoff räumte ein, dass sich die Fasnachtspointen gegen die Regierung und gegen das Schnauzverdikt gerichtet hatten. Ob dies nun die *vox populi* gewesen sei? Oder nur die tiefinnerste Aufleh-

45 Die Jury des Kunstkredits hatte in ihrer Sitzung vom 30./31. Oktober 1950 Alexander Zschokke den 1. Preis für den Gedenkbrunnen bei der Theodorskirche zugesprochen (Staatsarchiv: ED-Reg. 30a (1) 3-1 1919–1979).

46 Der Ärger rührte zum Teil auch daher, dass Zschokke von einer Drittperson mit dem gleichen Kostüm am Abend in der Kunsthalle massiv kritisiert worden ist. Die Masken der beiden Zschokke wurden vom Maler Heiri Strub angefertigt und sind heute ebenfalls im Museum der Kulturen (Abteilung Europa) eingelagert; P. Zschokke unter der Nummer VI 64704 und Alexander unter der Nummer VI 64705.

47 Robert Stoll, Max Kämpf. S. 63.

48 Bth., «Das Leben B beginnt wieder». In: Basler Nachrichten Nr. 72 vom 17./18. Februar 1951. Inlandseite. Man könnte aus dem «Leben B» auch eine Anspielung auf den Lokalredaktor «B.» herauslesen.

nung des Fasnächtlers gegen Verbote schlechthin? Möglicherweise handle es sich um eine «urbaslerische Widerstandsbewegung», der sich die sachliche Meinung des Bürgers unter der Larve mitunter willig beuge. Bischoff hielt sich an der beruhigenden Wahrscheinlichkeit, «dass seit dem Fasnachtsdonnerstag auch die Schnauz-Freundlichkeit im ‹entlarvten› Basel wieder stark im Abklingen ist». Im weiteren erging er sich in der Begründung und Bekräftigung eines einem GSMBA-Jahresbericht entliehenen und indirekt den Schnauzentscheid rechtfertigenden Diktums: «Kunst steht nie ausserhalb und ist immer Ausdruck der im Volke wirkenden schöpferischen Kräfte.»[49]

Die Fasnacht ermöglichte leicht Kritik, entschärfte zugleich aber die kritisierte Problematik – vielleicht sogar mehr, als wünschenswert war. Nachdem die Kritiker ihre Stunde beziehungsweise Tage gehabt und die für den Skandal Verantwortlichen auch etwas abbekommen hatten, konnte man offenbar zur Tagesordnung übergehen. Regierungsrat Peter Zschokke konnte im rückblickenden Bericht des Kunstkredits gerade dank der Fasnachtskommentare eine für die Opfer der Debatte allzu heitere Schilderung des Vorgangs an die Nachwelt weitergeben,[50] und auch sein Nachfolger, Regierungsrat Arnold Schneider, muss offenbar bei der Eröffnung der Ausstellung in der Schweizerischen Schiffahrtsschule Basel im August 1979 der Geschichte eine unangebracht lustige Note zu geben versucht haben.[51]

Sonderbar: Vom Künstler selber ist kein Wort zu dieser Affäre überliefert. Es ist indessen auszuschliessen, dass er nur geschwiegen hätte. Man kann sich vorstellen, wie er, zum Beispiel bei einem Glas Wein oder auch nur bei einem Bier, geschimpft und vielleicht sogar geflucht hat. Später hat er einmal nach einem «33er»-Fest, begleitet von seinen Malerfreunden, auch so etwas wie ein Protestbad in Alexander Zschokkes Wettsteinbrunnen genommen.[52] Die Verstümmelung seines Werkes hatte Max Kämpf verletzt. Noch in den späteren 1960er Jahren weigerte er sich, für die «National-Zeitung» zu arbeiten, weil diese Zeitung für ihn das Blatt war, in dem Redaktor und Kunstkre-

49 B., «Kunst steht nie ausserhalb». In: Ebenda. Lokalseite.

50 Der bereits mit einem Geleitwort von Regierungsrat Arnold Schneider versehene Bericht von Peter Zschokke illustrierte den Konflikt mit einem längeren Vers der Fasnachtszeitung «Die beesi Schnuure» (1951), der aber im Gegensatz zu den bisher zitierten Fasnachtskommentaren nicht für die Opfer Partei ergriff, sondern eine sehr auf Ausgleich bedachte, symmetrische Bewertung vornahm. Dies zeigte sich im Titel «eine verziehrungsrätliche und kaempferische Schildbürgerei» sowie in der Illustration: einem grossen Schnauz, dessen eine Seite von den beiden Brüdern Zschokke gestutzt wird, während die andere Seite vom «Gärtner» Kämpf begossen und zum Spriessen gebracht wird (50 Jahre Basler Kunstkredit. Basel 1969. S. 47f.). – Der unmittelbar nach der Affäre verfasste interne Jahresbericht gab folgenden Rückblick: «Da die ausgeführte Darstellung des Schmieds am linken unteren Bildteil eine gewisse Ähnlichkeit mit einem östlichen Staatsmanne aufwies, musste die Kommission die Abnahme dieses Bildteiles, nachdem lange Zeit wegen einer Änderung der Ausführung erfolglos mit dem Künstler verhandelt worden war, ablehnen. Die Kommission bedauert ausserordentlich, diesen Entscheid treffen zu müssen, weil die Ausführung des Sgraffitos ein Werk von hohen künstlerischen Qualitäten darstellt» (ED-REG 30a (1) 2-1 1950–1953; der Verfasser dankt Dieter Leu vom Staatsarchiv für die aufwendige Recherche zu diesem Dokument).

51 Mitteilung des Malers Heiri Strub.

52 Bericht des Malers Heiri Strub.

ditsekretär Edwin Strub gearbeitet hatte.[53] Sicher werden ihm, dem die Fasnacht viel bedeutete, die Fasnachtskommentare helle Freude bereitet haben.[54] Gemäss Frank Weiss war Kämpf kein politischer Mensch, er habe sich selten an politischen Diskussionen beteiligt.[55] Aber er war, das zeigen seine Sujets, und das zeigt sein Malstil, ein sozial engagierter Künstler. Der bereits aus seinem professionellen Künstlertum gegebene Nonkonformismus dürfte damals allerdings einen zusätzlichen Einschlag ins bewusst Dissidente erhalten haben. Zudem könnte ihn die schmerzliche Erfahrung von 1950 erst eigentlich politisiert haben. 1954 nahm er an der umstrittenen China-Reise teil, zusammen mit dem bekannten Kabarettisten Alfred Rasser, der im übrigen wegen des grossen Schnauzes seiner HD-Läppli-Figur ebenfalls in die Debatte um Kämpfs Schmied einbezogen worden war.[56] Kämpf war aber kein Ideologe, auch kein Parteianhänger und schon gar nicht Stalinist. Andererseits ist auch nicht auszuschliessen, dass er damals Sympathien für den Kommunismus hatte. Wie man weiss, stellte auch Picasso – der Vergleich sei gestattet – der kommunistischen Weltbewegung seine Friedenstaube für das Plakat zum Pariser Weltfriedenskongress von 1949 zur Verfügung, die gerade um 1950/51 immer wieder auch im Basler «Vorwärts» abgedruckt wurde. Picasso zeichnete 1953 im Moment von Stalins Tod auch ein Porträt (selbstverständlich mit entsprechendem Schnauz), das in der kommunistischen Presse veröffentlicht wurde, bei einigen Genossen aber auf wenig Zustimmung stiess.[57]

Opposition zum etablierten Kunstbetrieb

Kämpf war kein «33er», hatte also keine besonders ideell oder ideologisch geprägte Sozialisation erfahren, er war «48er» und als solcher vor allem dem menschlichen Realismus verpflichtet.[58] Ein Teil seiner frühen Bilder waren vom Erlebnis des Zweiten Weltkrieges geprägt: «Menschen im Keller» (1942), «Kain und Abel» (1944) und «Die

53 Bildredaktor Kurt Wyss hätte damals gerne Max Kämpf als Mitarbeiter gewonnen.

54 Kämpf selber war kein Fasnachtler, 1965 hat er jedoch auf Grund einer persönlichen Bekanntschaft für die «Kuttlebutzer» einen aufsehenerregenden «Geisterzug» gestaltet und entsprechende Zeichnungen angefertigt.

55 Frank Weiss, «Max Kämpf. Heiteres und Trauriges».

56 Dazu der Schnitzelbank der «Jungfere Dipflischyssere», zitiert aus den Basler Nachrichten Nr. 66 vom 13. Februar 1951:
«E Kinstler molt am-e-ne Pfoste / E Schnauz, dä g'hert zue eim vom Oste.
E sone Schnauz git's dert nur ein / Ihr wisset jo scho, wär i mein.
D' Regierig aber merkt das gly: / Das hät der Läppli solle sy.»

57 Lettres françaises vom 12.–19. März 1953; Bericht von Herbert Lüthy. Die genaue Datierung der Picasso-Zeichnung (8.4.1953) ist darum wichtig, weil im Falle einer früheren Anfertigung, zum Beispiel 1949 zu Stalins 70. Geburtstag, die Möglichkeit hätte bestehen können, dass die eine oder andere Seite durch dieses Vorbild beeinflusst worden wäre.

58 Hans Weidmann, Die Künstlergruppe «Kreis 48». In: Max Kämpf. Hrsg. v. Hans Göhner. Basel 1984. S. 258f. Einschätzungen von Dorothea Herzog-Christ.

Hölle» (1947/49). Kämpf stand wie tendenziell der ganze «Kreis 48» in Opposition zum Basler Kunstestablishment, vielleicht etwas in Opposition auch zum «Gunstkredit», der dies und jenes hätte besser, es sicher aber nie allen recht machen können. Mit den «48ern» stand er auch in einem gewissen Gegensatz zum sogenannten «Doppelregime Zschokke».

Das Jahr 1950 wäre allerdings für eine naive Sowjetbegeisterung auch etwas spät gewesen. Mit dem Prager Putsch und der Berlin-Blockade von 1948 hatte die vorübergehend hohe Wertschätzung Russlands, die bis ins Bürgertum hineinreichte, eine starke Abkühlung erfahren. Seit dem 25. Juni 1950 wurde in Korea Krieg geführt. Man fragte sich, wie lange es dauern werde, bis der Konflikt auf Europa überspringen und einen Dritten Weltkrieg entfachen werde. Dieser internationale Kontext, mehr noch aber die innen- und gesellschaftspolitische Ablehnung des auf Moskau ausgerichteten Kommunismus erklärt einen grossen Teil der Reaktion auf eine Darstellung, die an Stalin erinnerte und darum als «fremdartig», «unschweizerisch» und «fernöstlich» eingestuft wurde; als *politisch* fremdartig, unschweizerisch und fernöstlich, denn im *unpolitischen* Sinne waren dies die beiden anderen, an das Weltmeer angrenzenden Figuren ebenfalls: der Händler und die Bäuerin.

Die Reaktion auf Kämpfs Schmied erinnerte an eine Episode aus dem Jahr 1947: Damals wurde ebenfalls als politischer Skandal empfunden, dass ein Lehrer an einem Basler Gymnasium das Kommunistische Manifest von Karl Marx und Friedrich Engels behandelte. Und auch damals wetteiferten «National-Zeitung» und «Basler Nachrichten» in der Denunziation der kommunistischen Agitation und warfen die Frage auf, wann wohl demnächst auch Stalin- und Molotow-Bilder in den Basler Schulstuben hängen würden.[59]

Das Motiv des Schmieds war ein gängiges Motiv der bildenden Kunst.[60] Seine Tätigkeit im Bereich der Schwerarbeit konnte ihm die Züge eines proletarischen Arbeiters geben und in die Nähe des Typus «Held der Arbeit» rücken, wie man ihn zum Beispiel von 1.-Mai-Postkarten kennt, auf denen auch – und vor Stalins Zeiten – mit und ohne Hammer Schnauzmänner abgebildet waren. Die Mütze konnte allerdings auch an die KP-Uniformen der 1930er Jahre und der Hammer an das Sowjetemblem erinnern. Aber es war vor allem der Schnauz, der bei einer entsprechenden Disposition die Assoziation in Richtung «Moskau» lenkte. Kämpfs Schmied war diesbezüg-

59 Charles Stirnimann, Der Weg in die Nachkriegszeit. Ein Beitrag zur politischen Sozialgeschichte des «Roten Basel». Basel 1992. S. 372. An dieser Debatte war auch C. N. G. Bischoff beteiligt, Vorreiterin war in diesem Fall aber die NZ mit anonymen bzw. pseudonym, aber klassisch mit «Civis» und «Pater familias» gezeichneten Artikeln und einer Interpellation, diesmal durch NZ-Grossrat Heinrich Kuhn und sekundiert durch NZ-Grossrat Edwin Strub. In diesem Fall war, im Gegensatz zum nichtpolitischen Künstler Kämpf, der «Täter» (Dr. Max Bächlin) immerhin ein PdA-Grossrat.

60 Hubert Köhler, Die Darstellung des Schmiedes in der bildenden Kunst. Aspekte eines Bildmotives im Wandel der Zeitabläufe. In: Arbeit und Industrie in der bildenden Kunst. Hrsg. v. Klaus Türk. Stuttgart 1997. S. 50–61. Köhler führt aus, dass der Schmied, Beherrscher der Urkräfte, oft auch als Teufelshandwerker verstanden und dargestellt wurde.

lich kein Einzelfall. Jahre später erging es in Bern einem Gemälde von Franz Gertsch gleich.[61] Das wenig später ausgehängte MUBA-Plakat «Unentwegt an der Arbeit» zeigte ebenfalls gross Hammer und Amboss, allerdings ohne Schmied, und löste damit sicher keinen Verdacht aus, Sowjetpropaganda zu betreiben.[62]

Am Tag der Interpellationsbeantwortung trat unerwartet ein Kronzeuge dafür auf, dass der «wegrasierte» Schnauz Stalin gehört haben muss: Feldmarschall Montgomery war in Basel zu Gast, er besuchte sogar die Morgensitzung des Grossen Rates.[63] Die «Basler Nachrichten» wussten tags darauf zu berichten, dass Nationalrat Nicolas Jaquet[64] dem Besuch das «unsittliche Bild» gezeigt und dieser «spontan mit halb belustigter Stimme» ausgerufen habe: «Ah, Stalin!»[65] Regierungsrat Zschokke setzte prompt diesen zusätzlichen Beweis am Nachmittag bei der Abgabe seiner Stellungnahme ein und verlieh dem Beleg zusätzliche Glaubwürdigkeit, indem er betonte, dass der britische Feldmarschall den sowjetischen Marschall persönlich kenne.[66] Damit bewegte er sich auf der Realebene, um die es im Grunde gar nicht ging. Frank Weiss argumentierte auf der gleichen Ebene, aber in der entgegengesetzten Richtung, wenn er bemerkte, dass Stalin kein Arbeiter gewesen sei, sondern Zögling eines Priesterseminars, dass er zudem einen deformierten Arm gehabt habe und beides zu einem wichtigen Teil seine Schreckensherrschaft erklären könnte.[67] Auf der Symbolebene stand der grosse Schnauz bis zu einem gewissen Grad tatsächlich für Stalin, wie mit dem kleinen Schnauz Hitler symbolisiert werden konnte. So haben Angehörige der verbotenen kommunistischen Jugendorganisation nach Hitlers Überfall auf die Sowjetunion angesichts der Erfolge der Roten Armee 1942/43 den Slogan «Schnauz schlägt Schnäuzchen» an Wände des Basler Rheinufers geschrieben.[68] Wie es, unabhängig von der Episode von 1950, eine Schnauzvorgeschichte gab, gab es, nun allerdings mit Anspielung auf die erfolgreiche Zensurmassnahme, im Frühjahr 1952 auch eine Nachgeschichte in Form eines Plakatmotivs gegen eine PdA-Initiative.[69]

61 Bericht von Franz Fedier.

62 Basler Nachrichten Nr. 45 vom 30. Januar 1951.

63 Der auf der Ratstribüne weilende «Monty» wurde vom Ratspräsidenten formell begrüsst und von den Ratsmitgliedern mit Applaus empfangen.

64 Jaquet war Reedereidirektor, LDP-Politiker und kommandierte als Oberst das Basler Inf. Rgt. 22.

65 Basler Nachrichten Nr. 39 vom 26. Januar 1951.

66 Bericht in den Basler Nachrichten Nr. 40 vom 26. Januar 1951. Die Breo kam auch auf diese Facette der Geschichte zurück. Sie bildete den Feldmarschall auf einer Seitenwand der Laterne ab und liess auf dem Zettel Regierungsrat Zschokke verkünden: «Sogar der Monty, wo kai Depp, het sofort gsait, es syg der Sepp.»

67 Frank Weiss, «Max Kämpf. Heiteres und Trauriges».

68 Mitteilung von Hansjörg Hofer. Eine Erinnerung dieses Vorgangs zirkuliert auch in der unzutreffenden Variante, wonach ein Spruchband dieses Inhalts bei Kriegsende an einem Fährseil über dem Rhein aufgehängt worden sei. Der technisch nicht gelungene Versuch, ein Spruchband am Seil der Münsterfähre anzubringen, galt der Botschaft «Freiheit für Genosse Hofmeier».

69 Eine grosse Nein-Schere stutzt gleichzeitig einen «Stalin»-Schnauz und die Initiative der Kommunisten. Vgl. Charles Stirnimann und Rudolf Thalmann, Weltformat. Basler Zeitgeschichte im Plakat. Basel 2001. S. 160.

Symbolischer Stellvertreterkrieg

Die wichtigen Fragen lagen alle auf der symbolischen Ebene: Musste ein allenfalls auch missverstehendes Verständnis für den Staat eine gebieterische Realität sein, der er mit repressiven Massnahmen Rechnung zu tragen hatte? Wurde hier nicht ein Stellvertreterkrieg geführt und in der Darstellung des Schmieds sogar ein willkommenes Objekt gesehen, an dem die an sich verständliche Abscheu gegenüber Stalin *in effigie* demonstriert werden konnte? Oder gerieten die Repräsentanten des Staates durch ihre einseitige, nur den vermuteten Bürgerunmut bedenkende Besorgtheit in einen selbstgeschaffenen Engpass, aus dem sie ohne Gesichtsverlust herauskommen wollten und dies schliesslich nur tun konnten, indem sie andere Güter und Werte und zudem und trotzdem auch ihr Ansehen – wenn auch auf andere Weise – beschädigten?

Regierungsrat Zschokke muss sich bewusst gewesen sein, dass er sich mit der als unvermeidlich erachteten Intervention der Lächerlichkeit aussetzte.[70] Es besteht aber kein Grund zu grosser Anerkennung dafür, dass der Magistrat sozusagen im höheren Staatsinteresse dieses persönliche Opfer auf sich genommen hatte. Hier handelte eine Autorität aus einer scheinbar unanfechtbaren Position der Stärke. Die Anfechtung kam dann schon noch, aber ritualisiert auf der politischen Ebene mit der erfolglosen Petition und der wirkungslosen Interpellation sowie auf der gesellschaftlichen Ebene während der Fasnachtstage ebenfalls ohne nachhaltige Wirkung. Das Opfer war Max Kämpf. Er erlebte seine Vaterstadt – nach der Waisenhausaffäre – zum zweiten Mal aus sonderbaren Rücksichten als rücksichtslos, engstirnig und repressiv. Bei alledem gab es in diesem Fall die latent stets vorhandene Tendenz, das Opfer zum Täter zu machen: Er sei es gewesen, der die Autorität in diese unerfreuliche Lage gebracht habe, vielleicht mit versteckter Absicht, sicher aber mit seiner unflexiblen Haltung. In Wirklichkeit war es aber der Geist des Kalten Krieges, es waren die lokal Mächtigen, die, geprägt von diesem Geist, handelten und ein zu enges Verständnis von dem hatten, was erträglich und was unerträglich sei. Heute wird das umstrittene Wandbild kaum mehr beachtet und die Lücke von den wenigsten bemerkt. Es war nicht unwichtig, dass damals um das öffentliche Werk gestritten wurde. Die Zahl derjenigen aber, die dem Streit einen anderen Ausgang gewünscht hätten, könnte schon damals grösser gewesen sein, als angenommen wurde. Sie ist, trotz allem Verständnis für sogenannte Zeitumstände, inzwischen mit Sicherheit noch grösser geworden.[71]

70 Der Antrag vom 29. November 1950 sprach von der Möglichkeit, dass eine eventuelle Rückweisung durch die Kunstkommission als Streich der «Leute von Seldwyla» charakterisiert würde.

71 Inzwischen hat SP-Grossrat PD Dr. Leonhard Burckhardt mit einer Kleinen Anfrage angeregt, am «Tatort» eine erklärende Inschrift mitsamt der Abbildung des entfernten Schmieds anzubringen.

Das 1993 gegründete und seit 1995 in der Rosalie Koechlin-Villa an der Gellertstrasse untergebrachte Europainstitut der Universität Basel – ein Lichtblick in dunkler Nacht? Beinahe ein Adventshaus zur gelegentlich eintretenden Europa-Weihnacht? Das in diesen Räumen vermittelte Wissen ist nüchterner und stellt die schweizerische Beitrittsfrage nicht ins Zentrum seines international besuchten Nachdiplomkurses, der Basel als «Europastadt» eine zusätzliche, in Basel selber aber nur wenig zur Kenntnis genommene Ausstrahlung auf den «Rest Europas» gibt (Basler Stadtbuch 1995. Basel 1996. S. 117. Foto: Kurt Wyss).

Europastadt Basel – eine Frage der Urbanität

Basel steht im Rufe, im speziellen Ausmass eine europäische Stadt zu sein. Dieser Ruf ist berechtigt, er muss aber stets neu gerechtfertigt werden. Der Ruf gründet auf der Geschichte der Stadt. Man weiss, dass sich eine der angesehensten europäischen Geistesgrössen – Erasmus – Basel zur Wahlheimat gemacht hat und in Basel gestorben ist. Man weiss, dass auch im 19. Jahrhundert grosse Gelehrte mit gesamteuropäischer Ausstrahlung Basler waren und/oder in Basel gewirkt haben. Und man weiss im weiteren, dass Basel auch eine Tradition als europäische Kongressstadt hat, angefangen mit dem Konzil des 15. Jahrhunderts über den Basler Frieden von 1795 zum Zionistenkongress von 1897, zum Pan-Europäischen Kongress von 1932 und Regio-Gipfel von 1989. Alfred Berchtold, der aus Zürich stammende Genfer Literaturhistoriker, hat – allerdings auf fernere Jahrhunderte bezogen – in seinem monumentalen Werk «Bâle et l'Europe» (1990) unsere Stadt zur europäischen Stadt *par excellence* hochstilisiert. Wir haben's gern entgegengenommen.

Gegen diese Sicht der Dinge sind jedoch zwei Vorbehalte angebracht: Erstens handelt es sich eben um eine Stilisierung, um ein idealisierendes Konzentrat aus Einzelmomenten, die – nur partiell repräsentativ – von zahlreichen Momenten anderer Qualität (z.B. engem Stadtmauerdenken) durchsetzt sind. Zweitens wird dieses Image, wie es bei stereotypen Bildern gerne der Fall ist, eher aus der fernen Aussensicht (wie im Falle Berchtolds eben z.B. aus Genf) zum Nennwert erklärt; im Innenleben der Stadt ist es jedoch leider wenig alltagsbestimmend.

In Basel-Stadt hat am 6. Dezember 1992 eine Mehrheit für «Europa» gestimmt. Dieses Faktum wird gerne als Beleg für die besondere Europafreundlichkeit der Stadt beigezogen. Erklärung für das Ergebnis ist aber nicht das «Baslertum», sondern die Urbanität des Abstimmungskreises. Wären das am Rande der Ostschweiz gelegene Winterthur oder das in der Innerschweiz gelegene Luzern wie Basel kleine Stadtkantone, sie wären am 6. Dezember ebenfalls unter den annehmenden Ständen gewesen. So besehen war übrigens das Ja des ehemaligen Bauernkantons Basel-Landschaft die eigentliche Leistung.

Ist Basel eine Europastadt? Basel ist gewiss eine Stadt in Europa, und es wollte sogar – lange ist es her – Kulturhauptstadt Europas werden. Meistens ist aber Europa entweder weit weg oder über das Bekenntnis zur Regio scheinbar in abschliessendem Masse abgedeckt. Andere Dinge sind – zu Recht – näher und bieten sich eher an, wenn man nach weiteren Namen für die Stadt sucht: Basel ist Messe- und Kongressstadt, Chemie-, Banken- und Speditionsstadt, Musik-, Museums- und Theaterstadt, Zolli-

Stadt, Trämli-Stadt, wäre gerne Medienstadt und Hafenstadt (Rheinhafen- wie Flughafenstadt) etc.

Europäische Partnerschaften

Kein Zweifel, Basel ist insofern durchaus eine Europastadt, als viele Einwohner dieser Stadt in irgendeiner Form mit «Europa» in Kontakt stehen, über den Beruf, über die Freizeit (Ferien und Sport) und über die Medien. Doch genügt das? So wichtig die individuellen Verbindungen sind, es wäre gut, Basel hätte, soweit dies geht, auch kollektive und institutionalisierte Kontakte.

Es gibt das Netzwerk der europäischen Partnerschaften. Man kennt sie, die Zusatzschilder an den Ortseingängen «Gemeinde Europas» mit dem Hinweis auf eine andere Gemeinde, mit der man «verschwistert» – «jumélée» – ist. Es mag erstaunen, dass Basel da nicht mitmacht, zumal sich im Baselbiet nicht weniger als 16 Gemeinden (Stand September 1998) an diesem System beteiligen. Alle Nachbargemeinden sind da aktiv: Allschwil, Binningen (und Oberwil), Münchenstein, Birsfelden.[1]

Basel wird natürlich immer wieder angefragt, wie auch von Baslern/-innen immer wieder Vorschläge gemacht werden, zum Beispiel anlässlich des Besuchs des Bürgermeisters von Sarajevo vor zwei bis drei Jahren (mit allen Konsequenzen). Dieser Bilateralismus könnte etwas zu verbindlich und zugleich auch etwas willkürlich erscheinen. Man kann sich auch sagen, dass eine solche Partnerschaft nicht toter Buchstabe bleiben dürfe und nur Sinn mache, wenn man sie dann auch wirklich lebte, für ein wirkliches Engagement würde aber Zeit und Geld fehlen.

Die Gemeindepartnerschaften sind 1948 aus den Versöhnungsbestrebungen französischer und deutscher Bürgermeister hervorgegangen. Da wir keine Kriegsgegnerschaften zu überwinden haben, könnte man meinen, dass wir solche Annäherungsstrategien nicht nötig hätten. Indessen haben wir einen vielleicht sogar tieferen Graben zu überwinden: den Graben, der uns Schweizer/innen mit unserem exklusiven und isolationistischen Sonderbewusstsein vom «Rest» Europas trennt. Sollen wir eine mehr oder weniger verbindliche Teilpartnerschaft ausschlagen und uns in einer noch unverbindlicheren Haltung zurücklehnen, die gleich ganz Europa (und die Welt) zum Partner haben will?

Basel muss seine Europaqualität nicht unbedingt mit einer Partnerschaftsübung bekräftigen (Partnerschaft kann es ja zur Genüge mit der anderen Kantonshälfte üben). Basel hätte aber die Möglichkeit, sich vermehrt in breiter abgestützten, multilateralen Stadtnetzwerken zu engagieren. Da gibt es die Kooperation mit Städten des eigenen Landes, die ja auch irgendwie zu Europa gehören, dies im Rahmen des Schweizerischen Städteverbandes (SSV). Und es gibt im Rahmen des Europarates mehrere Gefässe

1 Josua Oehler, Die «Gemeinden Europas» und ihre Mitglieder im Baselbiet. In: Baselbieter Heimatbuch. Bd. 17. Liestal 1989.

des Meinungsaustauschs. Der mit unserem Regiobewusstsein wahrgenommene RGRE (Rat der Gemeinden und Regionen Europas) genügt aber für städtische Bedürfnisse nicht. Basel ist in seinem Kern etwas anderes als eine Agglomeration oder Region, und es ist nicht nur eine Gemeinde, sondern eine Stadt!

Was aber sollen Konsultationen und Kooperationen zwischen Städten im grösseren Rahmen? Im nationalen Rahmen lebt die Bereitschaft zur Zusammenarbeit vor allem von der Hoffnung, auf diese Weise im Wettbewerb der Mittelverteilung beim Lastenausgleich erfolgreicher zu sein. Die sogenannten Kernstädte möchten wie Berggebiete eingestuft werden und als mit Sonderlasten beschwerte Gebiete zu entsprechenden Sondersubventionen kommen. Im Journalistenjargon ist von Rettungsaktionen für sogenannte A-Städte mit überproportionalen Anteilen teurer Bevölkerungssegmente (Auszubildende, Alte, Arme, Ausländer, Arbeitslose etc.) die Rede. Mit der in Artikel 50,3 der neuen Bundesverfassung festgeschriebenen Verpflichtung, wonach der Bund auf «die besondere Situation der Städte» Rücksicht nehmen müsse, ist da ein bescheidener Anfang gemacht.

Neue Zivilisationsallianzen

Konsultationen und Kooperationen im internationalen Rahmen könnten vielleicht auch ein wenig mit Zusatzsubventionen rechnen, sie müssten aber in erster Linie auf eigene Kraft setzen und sich gegenseitig in ihrem Grundwesen bekräftigen. Adolf Muschg hat an einem sehr urbanen Ort, nämlich im Rahmen der Jacob Burckhardt-Gespräche auf Castelen (Augst BL), das «Europa der Städte» beschworen.[2] Die Städte Europas, von Düsseldorf – über Basel – nach Rom oder von Sheffield – über Basel – nach Belgrad, hätten mehr Gemeinsamkeiten als die Nationen und Regionen Europas. Analog zu den mittelalterlichen Städtebünden sollten darum aus den städtischen Gemeinsamkeiten neue Zivilisationsallianzen entstehen.

Hier ginge es in erster Linie um die Pflege der gemeinsamen Stärken, angefangen beim Erfahrungsaustausch zum Beispiel beim erfolgreichen Umgang mit Verkehrsproblemen bis zum konkreten Austausch kultureller Veranstaltungen. Das Wichtigste ist oder wäre aber die Stärkung und Erweiterung des städtischen Bewusstseins, die Umkehr der defensiven Haltung in eine Vorwärtsstrategie, damit das verwirklicht wird, was zum Beispiel der Basler Ökonom René L. Frey 1995 in einem Nationalfondsbericht als Szenario der «stolzen Stadt» bezeichnet hat.[3] Gemeint ist eine Reaktivierung alter städtischer Werte wie internationaler Horizont, Wachstum, dichte Bebauung, Zentralität (inkl. Flughafen), hohe Mobilität, Modernität und – warum denn nicht – auch Reichtum. Das setzt voraus, dass man zum Stadtcharakter der Stadt steht,

2 Adolf Muschg, Stadt Europa. Basel 1999. 21 S.

3 René Frey, Städtewachstum – Städtewandel. Eine ökonomische Analyse der schweizerischen Agglomerationen. Basel 1990. S. 70.

nicht heimlich einer Dorfidylle nachträumt und die eigenen Stärken für Schwächen hält.

Stadtstadt oder Dorfstadt

Hier müssen wir einen Moment bei der Frage verweilen, was denn eine Stadt zur Stadt macht. Eine einfache Antwort lautet: Es sind die Städterinnen und Städter. Dies aber schiebt die Klärung nur vor sich hin. Die Stadt ist in dem Masse Stadt, als ihre Einwohner ein urbanes Leben führen. Mit Urbanität ist idealtypisch gemeint, das vife und zugleich gelassene Interagieren, nach gegebenen und doch gestaltbaren Regeln, die ausgehandelt werden müssen zwischen sozialen Gruppen unterschiedlichster Art, auf engstem sozialem Raum, verdichtete Kommunikation, auch mit einem Bewusstsein für Veränderungen in der Geschichte, die hinter uns und vor uns liegt; offene Lebensverhältnisse. Das Gegenteil von ewig Gleichbleibendem, von Bauernregeln zum zyklischen Jahr, dem Hundertjährigen Kalender, unzweifelhaftem Wissen, wann der Frost kommt und die Kühe kalben.

Zur Stadt gehören sowohl die Zünfter, deren Familiengeschichte mindestens ins ferne 17. Jahrhundert zurückreicht, wie auch die Zugewanderten aus dem weniger entfernten Anatolien oder Galicien. Weil es gerne übersehen oder anders gesehen wird, sei betont, dass man sich die ideale Stadt nicht als homogenes und geschlossenes Gebilde vorstellen muss. Die Stadt besteht zu einem wichtigen Teil aus ziemlich unterschiedlichen Privatwelten und Fremdheiten. Zur Stadt gehört, dass Begegnungen mit Bekannten die Ausnahmefälle sind, während im Dorf der Fremde die Ausnahme bildet.

Ausser der Fähigkeit, mit andersartigen Privatwelten kleinräumig zusammenzuleben, muss eine urbane Gemeinschaft aber auch die Fähigkeit in sich tragen, das öffentliche Leben zu pflegen, nicht im Sinne einer permanenten und umfassenden, sondern einer temporären und partiellen Öffentlichkeit. Mal den «Tag der Zünfte», mal das «festa nostra», mal die Vernissage im Museum der Kulturen, mal der Apéro vor dem Open-air-Kino, mal die Parteidemo auf dem Marktplatz, mal die Debatte im Grossen Rat. Im steten Wechsel zwischen Privatheit/Anonymität und Öffentlichkeit/Prominenz, nicht in vollständiger Indifferenz, sondern in der kulturell produktiven Auseinandersetzung mit dem anderen. Wenn man will, kann man das auch Polis nennen.

Das ist Europa

Und das ist Europa: Man ist zunächst und vor allem man selbst, man nimmt den anderen wahr, setzt sich mit ihm auseinander und versucht sogar, gemeinsame Probleme gemeinsam zu lösen. Mit der Frage, was eine Stadt ausmacht, haben wir uns nicht von der Frage entfernt, was eine Stadt zu einer Europastadt macht.

Das Mass an Urbanität ist das Mass der Europafähigkeit. Gemeint sei mit Europafähigkeit nicht einfach die landläufige EU-Kompatibilität, gemeint ist mehr, nämlich die Kapazität des Gedankenaustauschs mit dem weiteren Europa und die Fähigkeit, gleichzeitig ein Mehreres zu sein. Gemäss diesem Verständnis ist der integrierte Ausländer übrigens sozusagen der ideale Stadtbürger und sind die Städte die idealen Orte Europas. Ausländer (beziehungsweise Bürger/innen anderer Staaten) sind weniger der Versuchung ausgesetzt, ihre eigenen Lebensverhältnisse zu verabsolutieren. Und die Städte sind, weil sie selbst in höherem Masse Differenz in sich tragen, wichtige Fermente der europäischen (und aussereuropäischen) Vielfalt. Für Europa und die Städte gilt, dass sie nur so lange sie selbst sind, als nicht eines ihrer innewohnenden Elemente überhandnimmt und wuchernd die anderen erstickt.

Wir sind gezwungen – dies ist aber keine Pein, sondern Befreiung –, individuell wie kollektiv immer gleich mehreres zu sein. So sind wir eben nicht Messe- oder Museumsstadt, sondern beides, wie wir auch eine Fussgänger- und zugleich eine Autostadt sein müssen, eine Regiostadt und eine Kernstadt, eine Schweizer Stadt und eine Europastadt, eine Zolli-Stadt und eine Unistadt. Eine städtische Stadt gestattet, lokalpatriotisch und zugleich kosmopolitisch, Orts- und zugleich Weltbürger/in zu sein, wie sie es sogenannten Ausländern relativ leicht möglich macht, eine doppelte Heimat zu haben.

Apropos Universität: Auch für sie gelten die Grundregeln der Urbanität, die Gleichzeitigkeit von Geschlossenheit und Offenheit, von An- und Abwesenheit, gelten die Möglichkeit und Notwendigkeit, sie selbst und zugleich für andere wahrnehmbar zu sein. Es gibt das Dreieck mit den sich gegenseitig bekräftigenden Polen: Die Uni ist in ihrem Wesen sehr urban und europäisch, wie auch die Stadt sehr europäisch und Europa sehr städtisch ist und beide mit ihrer Vielfalt und kritischen Neugierde «universitär» sind.

Und was die Universität im grossen ist, das will doch das Europainstitut[4] im kleinen sein: ein Ort des verbundenen Nebeneinanders verschiedener Disziplinen, eine grüne Insel im Gellert und doch ein zentraler Ort dieser Stadt, wenn es um Europafragen geht; eine Ausbildungsstätte mit besonders hohem Ausländeranteil mit einem Dutzend Nationalitäten, zugleich aber sehr baslerisch in ihrer Entstehungsgeschichte und Finanzierung.

Offenheit durch Präsenz

Die Stadt braucht Präsenz der Alteingesessenen wie Präsenz der Zugewanderten, auch der allzu dauerhaft anonym in der Stadt lebenden *ex-patriots* der viel zu stillen Ausländer schwedischer, englischer, ungarischer, luxemburgischer Herkunft. Zum Glück veranstaltet (neuerdings allerdings in Sissach) der Konsul der Niederlande jedes Jahr

4 Genauere Informationen zum Europainstitut finden sich unter: www.europa.unibas.ch.

eine halböffentliche Nationalfeier, so dass man vielleicht mit Verwunderung einen Eindruck davon bekommen kann, wie viele Holländer in der Region leben (377 in BS und 534 in BL).

Bundesrat Joseph Deiss hat kürzlich am Auslandschweizertag in Lausanne ebenfalls betont: Es geht nicht so sehr um Offenheit, es geht vor allem um Präsenz. Diese Präsenz, so kann man beifügen, darf aber keine einseitige Gegenwärtigkeit sein, nur auf Verkünden und Gehörtwerden bedacht, sondern muss auch für Beobachtungen und Botschaften empfänglich sein und auch zuhören können. Und diese Präsenz ist nicht nur eine Präsenz im Ausland, sondern im lokalen Hier und Heute. Der Zürcher Kosmopolit Adolf Muschg hat in der bereits zitierten Rede zu Recht bemerkt, dass Europa nicht ein bestimmter Raum sei, dass es vielmehr eine Art sei, den Raum zu verstehen und Räume zu öffnen.

Bau der Wettsteinbrücke um 1878. Umschlagmotiv der im Jahr 2000 im Hinblick auf das Jubiläum der 500jährigen Zugehörigkeit Basels zur Eidgenossenschaft herausgegebenen Basler Geschichte. Es war die bescheidene Ersatzvariante für das 1992 abgelehnte Grossprojekt (Basel. Geschichte einer städtischen Gesellschaft. Hrsg. v. Georg Kreis und Beat von Wartburg. Basel 2000. Für den Umschlag verwendetes Bild: Schweizerisches Landesmuseum, Zürich, Inv.-Nr. LM-100458. Foto: F. A. Bosshard, Sammlung Herzog). Vgl. dazu auch den Aufsatz «Basel in Bildern und Bilderbüchern» in diesem Band. S. 61–67.

Das Projekt «Neue Basler Geschichte»

Im Frühjahr 1989 hat die Regierung des Kantons Basel-Stadt aufgrund von zwei parlamentarischen Vorstössen[1] die Ausarbeitung eines Konzepts für eine «Neue Basler Geschichte» in Auftrag gegeben.[2] Das in der Folge vom Verfasser dieses Berichts zusammen mit einer Arbeitsgruppe[3] entwickelte und 1990 vorgelegte Projekt ist 1991 von der Regierung und vom Grossen Rat mit einem auf 10 Jahre verteilten Kredit von 8,8 Millionen Franken ausgestattet, in einer Referendumsabstimmung 1992 vom Souverän jedoch abgelehnt worden.[4] Dem folgenden Beitrag geht es in erster Linie darum, wenn schon das vorgeschlagene Werk nicht verwirklicht werden kann, wenigstens die Werkumschreibung öffentlich zu hinterlegen. Im weiteren sollen auch die Begleitumstände des Vorhabens und seines Scheiterns rekapituliert werden, soweit sie für die historiographische Problematik von Interesse sind.[5]

1 Auszug von Monika Schib Stirnimann (SP, Lehrerin) vom 13. Oktober 1987. Einen weiteren Auszug ähnlicher Art reichte Marianne Schmid-Turnherr (Grüne, Hausfrau und Lehrerin) am 9. März 1989 ein.

2 Ausser dem Hinweis, dass die neue Kantonsgeschichte erst mit dem Bundesbeitritt von 1501 einsetzen könnte, enthielt der regierungsrätliche Auftrag vom 21. März 1989 keine Vorgaben.

3 Der Projektgruppe gehörten an: Hans Berner, Susanna Burghartz, Dorothee Rippmann, Philipp Sarasin, Charles Stirnimann, Andreas Staehelin und Regina Wecker. Den Kolleginnen und Kollegen sei auch an dieser Stelle nochmals für ihre Mitwirkung gedankt.

4 Die Regierung wollte wegen ihrer allgemeinen Sparpolitik nicht von sich aus den Kredit beantragen und empfahl in der Erwartung, dass dann der Kreditantrag eben vom Parlament ausgehen werde, am 13. Februar 1991 wegen der angespannten Finanzlage den Verzicht auf das Projekt. Der Grosse Rat beschloss am 15. Mai 1991 erwartungsgemäss mit grossem Mehr (58:7 Stimmen), die beiden Anzüge stehenzulassen, was als Aufforderung zu verstehen war, nun doch mit dem Kreditbegehren vor den Rat zu kommen. Die Regierung fasste am 25. Juni 1991 den entsprechenden Beschluss. Der Grosse Rat bewilligte darauf am 25. September 1991 in einer namentlichen Abstimmung mit 48:28 Stimmen den Kredit, wobei zuvor eine Minderheit die Rückweisung beziehungsweise eine nicht näher bezifferte Redimensionierung des Projekts verlangt hatte. Das Referendum wurde von Kleingruppen des rechten Politspektrums ergriffen und von den Liberalen unterstützt. Der Kredit wurde – neun Monate später! – zur Abstimmung unterbreitet und am 21. Juni 1992 mit 71,7 Prozent Nein-Stimmen massiv abgelehnt. Der Abstimmung ging eine durch ein breites Komitee gestützte Kampagne voraus, die sich zum Minimalziel gesetzt hatte, wenigstens eine Debatte um die Funktion der Geschichte und die wissenschaftlichen Anforderungen der modernen Geschichtsforschung auszulösen.

5 Inzwischen sind zum 500. Bundesjubiläum zwei eher bescheidene Werke erarbeitet und publiziert worden: Basel. Geschichte einer städtischen Gesellschaft. Hrsg. v. Georg Kreis, Beat von Wartburg. Basel 2000. – Und: Basel 1501–2001 Basel. Basel 2001 (179. Neujahrsblatt der GGG).

Zur Ausgangslage

Bestimmend für Basel-Stadt war die Tatsache, dass Baselland 1987 die Ausarbeitung einer neuen Baselbieter Geschichte beschlossen hatte und es, neben anderen Gründen, auch darum wünschenswert erschien, gleichzeitig ein komplementäres Unternehmen in Auftrag zu geben. In der Stadt bestand – und dies sollte sich schliesslich in der Volksabstimmung negativ auswirken – nicht in der für ein solches Unternehmen nötigen Intensität ein selbstentwickeltes Bedürfnis nach einer neuen Kantonsgeschichte. Die historiographische Versorgungslage des baselstädtischen Halbkantons wurde von den tonangebenden Bildungsbürgern grundsätzlich als genügend eingeschätzt. Zur Basler Geschichte liegen in der Tat bereits mehrere Gesamtdarstellungen vor. Diese können jedoch den heutigen Bedürfnissen nur noch sehr bedingt genügen, weil sie entweder zu knapp gehalten, Fragment geblieben oder veraltet sind.

Im Falle Basels sprachen, wie in anderen analogen Ausgangslagen, mehrere grundsätzliche Überlegungen für die Lancierung einer neuen Kantonsgeschichte:

1. Der stets grösser werdende Bedarf, die Vielzahl der seit der letzten Synthese erschienenen *Monographien* in einer Gesamtdarstellung zu verarbeiten.[6]
2. Der ebenfalls wachsende Bedarf nach einer Gesamtdarstellung, welche den inzwischen entwickelten *Fragestellungen und Forschungsmethoden* Rechnung trägt. Abgesehen davon, dass es keine definitiven Geschichtsbilder gibt und jede Generation ihr eigenes Verhältnis zur Vergangenheit finden muss, hat die Geschichtswissenschaft in den letzten Jahrzehnten einen starken Wandel im Sinne einer Erweiterung des Gesichtsfeldes und einer methodologischen Sensibilisierung erfahren. Die ereignisbezogene und bloss beschreibende Abhandlung der Geschichte ist um strukturbezogene und den eigenen Forschungsansatz reflektierende Analysen erweitert worden.
3. Der Bedarf, die im Laufe der Zeit nicht kleiner, sondern grösser gewordenen *Forschungslücken* zu schliessen beziehungsweise den ungleichen Forschungsstand etwas auszugleichen. Der historiographischen Entwicklung entsprechend liegen diese Lücken, sofern sich diese so einfach auseinanderhalten lassen, weniger in der politischen Geschichte und in der Ideengeschichte als in der Mentalitäts-, Wirtschafts- und Sozialgeschichte.

Das bescheidenere Modell (es ist z.B. der neuen Zürcher Kantonsgeschichte und in einem zweiten Anlauf auch der Tessiner Kantonsgeschichte zugrunde gelegt worden) beschränkt sich auf die Punkte 1 und 2. Das aufwendigere Modell (es ist dasjenige der neuen Baselbieter Geschichte) räumt dagegen dem Punkt 3 in der ersten Projektphase

6 Verarbeitung der Forschungsliteratur in der Basler Zeitschrift für Geschichte und Altertumskunde, im Basler Jahr- beziehungsweise Stadtbuch, im Basler Neujahrsblatt, in der Serie «Quellen und Forschungen zur Basler Geschichte» des Staatsarchivs, im Statistischen Jahrbuch des Kantons Basel-Stadt, in den Basler Beiträgen zur Geschichtswissenschaft (Dissertationen) und in unveröffentlichten Lizentiatsarbeiten des Historischen Seminars der Universität Basel.

einen wichtigen Platz ein. Hätte sich Basel mit der ersteren Variante begnügt, wären die dafür nötigen 4 Millionen Franken bewilligt worden. Die andere Variante, die wie diejenige von Baselland rund 9 Millionen Franken gekostet hätte, wurde dagegen als zu teuer empfunden.

Zum Konzept

Im Grundauftrag (Forschung und Darstellung) sowie in den Organisationsformen und Grössenordnungen orientierte sich das Konzept, wie gesagt, weitgehend am basellandschaftlichen Modell. Diese Aspekte müssen hier deshalb nicht erörtert werden. Inhaltlich bildete das Konzept jedoch einen Kontrapunkt zum Baselbieter Projekt. Während in diesem die Dorfgesellschaft einen wichtigen Platz einnimmt, hat jenes aus naheliegenden Gründen die Stadtentwicklung ins Zentrum gestellt, ist doch im Falle von Basel-Stadt die Kantonsgeschichte weitgehend eine *Stadtgeschichte*. Eine so verstandene Kantonsgeschichte musste sich die Aufgabe stellen, auch den Anschluss an die spezifische Forschungsentwicklung der «New Urban History» herzustellen, welche das ereignisorientierte Geschichtsverständnis um strukturelle und funktionelle Analysen erweitert und sich als eigenes Forschungsgebiet etabliert hat. In der Schweiz gibt es zwar eine junge Ortsgeschichte, die den neuesten Anforderungen der Forschung entspricht,[7] bemerkenswerterweise gibt es aber nur wenige Gesamtdarstellungen grösserer Städte. Die beste Dokumentation findet sich in den Inventaren der neueren Schweizer Architektur (INSA). In Kantonsgeschichten werden, wie zum Beispiel die Freiburger Geschichte von 1981 zeigt, die Städte nur marginal behandelt. Beat Junker, der Verfasser der neueren Berner Geschichte, macht ebenfalls darauf aufmerksam, dass er im Rahmen seiner Arbeit nicht in wünschenswerter Weise auf die Entwicklung der Stadt Bern eingehen könne. Selbst von Zürich, der heimlichen Metropole der Schweiz, gibt es keine neuere Stadtgeschichte.[8]

Das Konzept musste zunächst die allgemeinen *Zielsetzungen* formulieren. Im schliesslich vorgelegten Projekt findet sich folgende Umschreibung:

7 Vgl. etwa das Programm des Historikertages 1984, publiziert 1985 als Fasc. 1 der Serie Itinera. Ferner Max Baumann, «Orts- und Regionalgeschichte». In: Geschichtsforschung in der Schweiz. Basel 1992. S. 417–428. Die Aufmerksamkeit kommt allerdings eher den kleineren Siedlungen zugute.

8 Beat Junker, Die Geschichte des Kantons Bern seit 1798. Ein Erfahrungsbericht. In: SZG 43. 1993. S. 492ff. Dagegen gibt es für den Stadtkanton Genf eine 1974 erschienene Stadtgeschichte (von 406 S.) mit mehreren Autoren und in der gleichen Serie «Histoire des villes» eines französischen Verlagshauses eine 1982 erschienene moderne Stadtgeschichte von Lausanne (von 456 S.), in der 10 Spezialisten den neuesten Forschungsstand referieren. Zur Geschichte der Stadt Chur ist 1986 ein 1. und 1993 ein 2. Band (ebenfalls mit mehreren Autoren) erschienen. 1988 wurde eine im traditionellen Stil verfasste St. Galler Stadtgeschichte (von 571 S.) publiziert; Ernst Ehrenzeller, ihr Verfasser, bemerkt im Vorwort, dass in mehreren Bereichen nur knappe Angaben gemacht werden konnten, «weil die als tragfähige Unterlagen unentbehrlichen Einzelstudien vorerst einfach noch fehlen».

> «Die lokale Entwicklung soll im Kontext des regionalen Umfeldes und des internationalen Beziehungsgeflechts sowie im Vergleich mit anderen stadtgeschichtlichen Entwicklungen untersucht werden. In zeitlichen Längsschnitten werden die Entwicklungsverläufe verschiedener Gesellschaftsbereiche und in zeitlichen Querschnitten werden die Bedingungen des Zusammenlebens der verschiedenen Bevölkerungsteile gezeigt und deren Anteil an den jeweiligen stadtgeschichtlichen Entwicklungen. Die Neue Basler Geschichte will der kritisch-aufklärerischen Funktion von Geschichte gerecht werden, die darin besteht, die Historizität und damit auch die Veränderbarkeit gesellschaftlicher Zustände darzustellen und die Bedingungen einsehbar zu machen, unter denen sich Wandel vollzieht.»

Die Neue Basler Geschichte hat einer Reihe von Grundanforderungen zu genügen:

1. Sie soll das Produkt einer eigenen Forschungsleistung sein und die neuesten Forschungsansätze und -methoden berücksichtigen. Insbesondere soll sie ein Problembewusstsein pflegen, das der Komplexität der gesellschaftlichen Realität gerecht wird.
2. Sie soll ihrer Untersuchung und ihrer Darstellung Leitfragen zugrunde legen; sie soll die leitenden Fragestellungen deklarieren und die Kontroversität von Deutungen sichtbar machen. Sie soll da, wo ihre Leitfragen es erfordern, mit neuen Forschungen Antworten entwickeln und dem Leser immer auch die Grenzen des neuesten Forschungsstandes zeigen.
3. Sie soll eine Gesamtsicht erarbeiten, wenn auch einzelne Teile mit durchaus unterschiedlicher Dichte dargestellt werden können. In Anbetracht der wachsenden Zahl disparater Spezialuntersuchungen kommt der Syntheseleistung, welche die zahlreichen Teilanalysen zueinander in Beziehung setzt, eine wichtige Bedeutung zu. So verstandene Synthese ist mehr als Zusammenfassung und Popularisierung und ist eine wissenschaftliche Leistung eigener Art.
4. Sie soll der Basler Bevölkerung ermöglichen, sich mit der städtischen Gesellschaft, in der sie lebt, auseinanderzusetzen. Sie soll mit den verschiedensten Vermittlungsformen ein breites Publikum ansprechen. Sie soll allgemeinverständlich, das heisst auch für den interessierten Laien verständlich, sein.
5. Sie soll in doppelter Hinsicht einen Beitrag zur Schweizergeschichte leisten: einmal durch die Erarbeitung von Forschungsergebnissen zum baslerischen Teil dieser Geschichte und zum anderen durch die Anwendung von Forschungsansätzen und -methoden, von denen innovative Impulse zum Beispiel bezüglich der Themenvielfalt und der Enthierarchisierung der Forschungsfelder ausgehen können.
6. Sie soll an der Diskussion der internationalen Forschung teilnehmen und wichtige Fragen wenn möglich interdisziplinär angehen.

Die Neue Basler Geschichte darf nicht das Produkt bloss eines sich schnell ändernden, modischen Interesses sein. Sie muss in ihrer Anlage und Ausführung den neuesten

Möglichkeiten maximal Rechnung tragen, damit sie dem allgemeinen Ziel gerecht werden kann, ein Ergebnis vorzulegen, das künftigen Bedürfnissen künftiger Benutzer einigermassen entspricht.

Die Funktion der im Punkt 2 genannten *Leitfragen* bedarf noch einiger Erläuterungen: Einmal muss in Erinnerung gerufen werden, dass das, was zu untersuchen und darzustellen ist, nicht direkt aus der Geschichte selbst abgeleitet werden kann. Die Geschichtsschreibung muss sich von expliziten Fragestellungen leiten lassen, und diese müssen, wenn die Demarche wissenschaftlichen Standards genügen will, durch ein Forschungskonzept in einen kohärenten Zusammenhang gebracht werden. Die Nebenfunktion der Leitfragen besteht darin, die nötige Konzentration und Reduktion auf wesentliche Gesichtspunkte sinnvoll zu organisieren. Das vorgelegte Forschungskonzept hat zwar die stadtgeschichtliche Entwicklung möglichst breit erfassen und durchdringen, aber nicht auf Kosten leitender Fragestellungen Vollständigkeit anstreben wollen.

Im Konzept sind, wie dies bei Ausschreibungen von nationalen Forschungsprogrammen üblich ist, die Fragestellungen zunächst systematisch und theoretisch, das heisst zeit- und ortsunabhängig, formuliert worden. Sinn und Chance solcher Fragen liegen einerseits darin, dass das gesamte historiographische Unternehmen von durchgehenden, konsistenten Fragen organisiert wird. Andererseits können langfristige Entwicklungen und Veränderungen nur sichtbar gemacht werden, wenn bestimmte Aspekte über einen langen Zeitraum verfolgt werden. Das Konzept ist davon ausgegangen, dass die konkrete Anpassung der Leitfragen an die spezifischen Basler Gegebenheiten und die einzelnen Untersuchungsepochen Teil der eigentlichen Forschungsarbeit beziehungsweise der zu Beginn der Realisationsphase eingereichten Projektskizzen ist. Die konzeptionelle Vorarbeit soll gewährleisten, dass bereits in der Forschungsphase integriert gearbeitet wird, und soll vermeiden, dass später in der Redaktionsphase disparate und unterschiedlich konzipierte Forschungsarbeiten zu einer Gesamtsicht vereinigt werden müssen.

Das Forschungskonzept bezeichnet den *Bezugsrahmen*, die Untersuchungskategorien, Forschungsebenen und Zugriffsmöglichkeiten, die für das Unternehmen als Ganzes und für die einzelnen Forschungsprojekte massgebend sind. Der zentrale Bezugsrahmen des Unternehmens ist die städtische Gesellschaft.

Der Wandel in der Zeit bildet die *Dimension*, die mit der Frage nach den Brüchen und Kontinuitäten die nötige Berücksichtigung des Entwicklungsaspekts gewährleistet.

Zwei *Hauptuntersuchungskategorien* stehen im Vordergrund: die soziale Differenz und das Geschlecht. Die beiden Hauptuntersuchungskategorien sorgen dafür, dass die städtische Gesellschaft mit den nötigen Differenzierungen analysiert wird. Diese grundlegenden Begriffe werden im Anhang näher erläutert.

Während der zentrale Bezugsrahmen den verschiedenen Untersuchungen eine zumindest minimale Einheitlichkeit sichert und eine minimale Einheitlichkeit des Gegenstandes annimmt, tragen die beiden Hauptuntersuchungskategorien der Erfahrung der Unterschiedlichkeit, das heisst der Gespaltenheit der städtischen Gesellschaft, Rechnung. Die Spannung zwischen Einheitlichkeit der städtischen Gesellschaft und ihrer gleichzeitigen Gegensätzlichkeit konstituiert einen Widerspruch, der nicht aufgelöst, sondern als existentielle Realität sichtbar gemacht werden soll.

Das Konzept unterscheidet sodann drei *Forschungsebenen*, die in Untersuchungsfelder unterteilt und mit Forschungsfragen erschlossen werden. Es sind dies 1. Raum und Räume, 2. Individuum und Gesellschaft, 3. Ereignisse und Konflikte. Die nähere Umschreibung der Forschungsebenen findet sich im Anhang.

Auf allen drei Ebenen wird mit unterschiedlicher Gewichtung nach Strukturen, nach Erfahrungen, nach dem Handeln und nach Prozessen gefragt. Auf der ersten Ebene dominiert das Fragen nach den Strukturen, auf der zweiten das Fragen nach den Erfahrungen und dem individuellen Handeln und auf der dritten das Fragen nach zentralen Ereignissen und dem kollektiven Handeln. Grössere und kleinere Ereignisse können auf allen Ebenen Ausgangspunkt der Recherche und veranschaulichendes Beispiel der Darstellung sein, weil Quellen vor allem in konfliktuellen Situationen anfallen.

Die Forschungsebenen überschneiden sich zum Teil. Das ist nicht nur unvermeidlich, sondern sogar erwünscht, zeigen doch die Überschneidungen, dass derselbe «Gegenstand» mit verschiedenen Ansätzen angegangen werden kann.

Umgekehrt werden Lücken in Kauf genommen, diese sind ebenfalls unvermeidlich und auch nicht nur negativ zu beurteilen, zeigen sie doch, dass Geschichte beziehungsweise Geschichtsverständnis nicht mit einer Anreihung von Fakten vermittelt werden kann und dass sich Geschichtswissenschaft wie jede Wissenschaft darauf konzentrieren muss, Antworten auf klar definierte Fragen zu geben.

Das Konzept musste auch den Zeitraum umschreiben und sich mit den Epochengrenzen auseinandersetzen. Als *Zeitraum*, in dem eine fliessende oder abgestufte Neubearbeitung einsetzen soll, ist das 11. Jahrhundert ins Auge gefasst worden, weil sich in Basel etwa in diesem Zeitraum «städtisches Leben» zu entfalten beginnt. Was darunter zu verstehen ist, wird im Anhang näher erläutert. Setzt man im 11. Jahrhundert ein, kann man den Zeitraum noch berücksichtigen, in dem sich die mittelalterliche städtische Gesellschaft formierte und die Stadt sich auch äusserlich, baulich vom Land deutlich zu unterscheiden begann und ummauert wurde. Das 11. Jahrhundert ist die Zeit, in der sich das europäische Städtewesen zu entfalten beginnt. Die Neue Basler Geschichte hätte demnach einen Zeitraum von rund 1000 Jahren umfassen sollen. Forschung und Darstellung hätten sich allerdings mit wachsender Nähe zur Gegenwart verdichten, dem 19. und 20. Jahrhundert hätte für die Forschungsphase und für die Darstellung ein grösseres Gewicht gegeben werden sollen. Für diese «Privilegierung» der Moderne spricht 1. die von Mediävisten/-innen nicht geteilte Vorstellung vom «beschleunigten Wandel», 2. die ebenfalls nicht unumstrittene Vorstellung, dass die jüngere Zeit noch weniger bearbeitet sei, und 3. die nur bedingt zutreffende Vorstellung vom stärkeren Interesse für die jüngere, die Gegenwart stärker prägende Vergangenheit.

Epochengrenzen als scheinbar feste, für alle Bereiche gültige zeitliche Einschnitte, nach welchen angeblich «alles anders» wurde, sind nicht vorgegeben worden. Das Konzept orientierte sich nicht an den Epochenschwellen der politischen Geschichte. Vielmehr sollte im Bereich der sozialen Verhältnisse, der Wirtschaft, der Mentalitäten und der Kultur untersucht werden, in welchem Rhythmus und wann sich die Dinge änderten. Dabei wäre sichtbar geworden, dass es keine einfach für alle Bereiche der Gesellschaft gleichermassen gültigen Epochenbezeichnungen geben kann. Das Konzept nahm nicht für sich in Anspruch, den Wandel der städtischen Gesellschaft in seinem genauen Verlauf bereits zu kennen.

Zu den Ursachen der Ablehnung

Das Projekt «Neue Basler Geschichte» wollte vor allem unter zwei Gesichtspunkten als wichtiges Unternehmen gewürdigt und unterstützt werden:

Unter dem gesellschaftspolitischen Aspekt ist hervorzuheben, wie wichtig es für das Selbstverständnis einer städtischen Gesellschaft ist, dass sich ihr Denken im (eigentlich permanent gegebenen) Bedarfsfall auf eine umfassende und wissenschaftlich-kritisch erarbeitete Gesamtdarstellung beziehen kann. Der Wandel, dem die Städte mit ihrem schnellen Wachstum, mit den Abwanderungen in die Vororte und der zunehmenden Bedeutung der Zentrumsfunktionen seit den fünfziger Jahren unterworfen sind, macht eine historische Orientierungshilfe speziell nötig. Mit dieser Feststellung sei allerdings nicht gesagt, dass in der Vergangenheit Rezepte für die Gegenwartsbewältigung zu finden seien. Obwohl sich eine bestimmte Art von Stadtgeschichte wegen der Krise der Städte grosser Nachfrage erfreut, soll das geplante Geschichtswerk nicht zur nostalgischen Flucht in eine romantisierte Vergangenheit einladen, sondern als kritisches Gegenüber neue Erfahrungen möglich machen und auf diese Weise einen wesentlich solideren Beitrag zur Kräftigung der kollektiven Identität leisten.

Unter dem forschungspolitischen Aspekt ist hervorzuheben, dass von Zeit zu Zeit eine grössere Anstrengung nötig ist, um mit einer Verarbeitung der laufenden Forschung und einer ausgleichenden Aufarbeitung spezieller Rückstände über eine auf den neuesten Stand gebrachte Gesamtdarstellung zu verfügen. Kommt hinzu, dass auch Basel entsprechende Anstrengungen unternehmen muss, wenn in anderen Kantonen neue Kantonsgeschichten in Auftrag gegeben werden. Kantonsgeschichten bilden einen wichtigen Teil der Schweizergeschichte. Man könnte sogar sagen, dass es, abgesehen von der bundesstaatlichen Entwicklung, eine allgemeine Schweizergeschichte eigentlich nicht gebe, sondern nur die bunte Vielfalt von 26 kantonalen Schweizergeschichten. Fehlt eine dem heutigen Stand einigermassen genügende Basler Kantonsgeschichte, so fehlt diese Stimme im Konzert der schweizerischen Historiographie.

Die Neue Basler Geschichte hat also die doppelte Aufgabe, einmal und in erster Linie den direkten Basler Bedürfnissen, zum anderen aber auch einem gesamtschweizerischen Bedarf zu entsprechen. Den Strukturen unseres Kantons entsprechend, besteht der Basler Beitrag zur Schweizergeschichte in der Erarbeitung einer stadtgeschichtlich ausgerichteten Kantonsgeschichte. Die stadtgeschichtliche Ausrichtung ist um so mehr gerechtfertigt, als Basel während Jahrhunderten die grösste Stadt der Schweiz gewesen ist.

Diese Argumentation wie die zahlreichen Appelle haben in der Abstimmung vom 21. Juni 1992 nicht gegriffen. Man kann sich fragen, ob eine solche Vorlage in einer Volksabstimmung überhaupt Zustimmung finden kann. Bruno Fritzsche hat gewiss recht, wenn er sagt, das Unternehmen sei in das baselstädtische Finanzloch gefallen. Die schon damals sehr deutlichen Hinweise auf die beinahe katastrophale Finanzlage des allen zentralörtlichen Belastungen ausgesetzten Stadtkantons haben dem Projekt keine Chancen gelassen. Die im Abstimmungskampf geführte Debatte drehte sich denn auch in erster Linie um das liebe Geld, obwohl auch andere Widerstände am Werk waren. Die aus anderen Gründen bestehenden Vorbehalte wurden aber nur teilweise ausgesprochen. Es war einfacher, das Projekt freundlich als zwar wünschenswert, aber nicht unbedingt notwendig und darum die damit verbundenen Kosten angesichts der Finanzlage als nicht verantwortbar einzuschätzen.[9] Einmal mehr war ein höchst einseitiges Versorgungs- und Kostenbewusstsein am Werk, das sich vor allem an materiellen Bedürfnissen insbesondere des Bausektors orientiert und die immaterielle Unterversorgung leichthin in Kauf zu nehmen bereit ist.[10] Von einigem Gewicht war ferner die realitätsfremde Überlegung, dass eine solche Arbeit von der Universität, das heisst deren Historischem Seminar, nebenbei und über Doktorarbeiten sozusagen als Gegenleistung für die hohen Aufwendungen für die Hochschule geleistet werden sollte.

Das Nein hatte jedoch zum mindesten noch zwei andere Gründe: einmal die Bedürfnislosigkeit und die Skepsis der traditionell ausgerichteten Teile der Basler Oberschicht und zum anderen der teilweise mit dem ersten Grund verhängte Umstand, dass das baselstädtische Projekt letztlich ein indirektes Produkt des entsprechenden Baselbieter Unternehmens war. Die Bedürfnislosigkeit zeigte sich im Argument, dass man doch schon einige Gesamtdarstellungen und eine Vielzahl von Monographien habe.[11] Und die Skepsis entsprang der Befürchtung, dass ein sozialkritischer Ansatz

9 Nach Einschätzung des Erziehungsdirektors des Kantons Basel-Landschaft hätte das 1987 lancierte Baselbieter Projekt 1992 wegen der veränderten Finanzlage ebenfalls kaum Chancen gehabt, bewilligt zu werden. Wäre das baselstädtische Projekt, das immerhin 1990 beschlussfähig vorlag, speditiver behandelt worden, hätten noch gewisse Chancen bestanden, dass es noch vor dem Aufkommen der finanziellen Schlechtwetterlage bewilligt worden wäre.

10 Weit besser konsensfähig ist die Gewährung eines Kredits von 2,4 Millionen Franken zur Wiederinbetriebnahme von historischen Tramwagen. Geschichte – reduziert auf Nostalgieveranstaltungen!

11 Insbesondere die drei Bände der von Staatsarchivar Rudolf Wackernagel verfassten Geschichte; sie sind in den Jahren 1907–1924 erschienen, decken den Zeitraum bis zur Reformation ab und umfassen insgesamt gegen 2500 Seiten. 1942 folgte die von Gymnasialrektor Paul Burckhardt verfasste einbändige Darstellung von 408 Seiten über die Zeit nach 1529 mit einem deutlichen Schwergewicht auf dem 19. Jahrhundert. 1986 gab die Christian Merian Stiftung die von René Teuteberg verfasste Basler Geschichte (444 S., 2. Aufl. 1988) heraus. Bereits bei der Erteilung dieses Auftrages ist die

das Unternehmen prägen werde und man, sei das Projekt einmal bewilligt, keinen Einfluss mehr auf seinen Fortgang nehmen könne. Diese Befürchtung beruhte auf der Erfahrung, dass wissenschaftliche Historiographie heutzutage die überlieferten Geschichtsbilder häufig nicht bestätigt und dem Publikum, das von der Geschichte die Vermittlung idyllischer Fluchtbilder erwartet, zugemutet wird, sich mit unbequemen Befunden auseinanderzusetzen. Hinzu kam die schiere Unfähigkeit, Wesen und Funktion eines Forschungskonzepts zu begreifen. An seiner Stelle hätte man Inhaltsangaben vorlegen sollen, wie man sie erst nach geleisteter Forschungsarbeit machen kann.

Dass Baselland eine neue Kantonsgeschichte bereits in Auftrag gegeben hatte, war für das eigene Vorhaben nicht nur förderlich. Man konnte das falsche Argument hören, dass der offenbar noch immer rückständige Kanton eben einen besonderen Nachholbedarf habe, wie auch das eher zutreffende Argument, dass die Baselbieter eben besser bei Kasse seien. Ausschlaggebend war aber im einen Fall das kräftige Selbstbewusstsein des Kantons Basel-Landschaft, der sich im übrigen für Publikationen zu Baselbieter Themen einen eigenen Buchverlag hält. Ein entsprechendes Bewusstsein fehlte in der Stadt.[12] Hier dominierten Zukunftsängste und Klagen über die tatsächlich bestehenden strukturellen Probleme des Stadtkantons. Zwischen prospektiver Grundhaltung und ernsthaftem Geschichtsinteresse besteht offenbar ein enger Zusammenhang. So kommt es, dass die «Nachkommen» derjenigen, die 1501 als Untertanen in den Bund mit der Eidgenossenschaft mitgenommen worden sind, ausgehend von ihrem Jubiläumsjahr 1983, sich schon früh auf das Jubiläum von 2001 rüsteten, während die Städter, die sich in einer direkten Linie zu den Akteuren von 1501 hätten sehen können, noch weit davon entfernt sind, etwas Entsprechendes anzusteuern.

Nachtrag 2005: Inzwischen ist im Jahr 2000 im Hinblick auf das Jubiläum zur 500jährigen Zugehörigkeit Basels zur Eidgenossenschaft als bescheidene Ersatzvariante für das 1992 abgelehnte Grossprojekt das im Christoph Merian Verlag veröffentlichte Kollektivwerk des Historischen Seminars erschienen: Basel – Geschichte einer städtischen Gesellschaft. Im Jahr 2002 setzten sich Heiko Haumann, Josef Zwicker und der Schreibende zusammen, um einen Neustart für eine forschungsgestützte Basler Geschichte seit der Kantonstrennung (1832) und unter Einbezug des regionalen

Frage aufgeworfen worden, ob nicht ein umfassenderes Werk angestrebt werden sollte. Dazu kam es nicht, weil die Frist zum anstehenden CMS-Jubiläum zu kurz war und die massgebenden Fachleute sich der Aufgabe nicht annehmen wollten. Die 1984 im Handbuch «Das politische System Basel-Stadt» veröffentlichten Skizzen zur Basler Geschichte (verfasst von Martin Alioth, Martin Schaffner, Andreas Staehelin und Georg Kreis) geben einen nützlichen Überblick, sie vermögen aber den Ansprüchen einer umfassenden Darstellung nicht zu genügen. Auch das jüngst erschienene Werk von Alfred Berchtold über Basels Europabezüge (1990, 891 S.) kann und will nicht eine umfassende Stadt- und Kantonsgeschichte sein.

12 Das Desinteresse an der «Neuen Basler Geschichte» stand in krassem Gegensatz zur Euphorie, mit der im gleichen Jahr das Jubiläum der 600jährigen Vereinigung der beiden Stadtteile Gross- und Kleinbasel gefeiert wurde. Vgl. dazu Philipp Sarasin, «Wozu auch Forschung? Die ‹Neue Basler Geschichte› und das Jahrhundertfest» in Stadtbuch 1992. S. 64–68.

Wirtschafts- und Kulturraums zu lancieren. Der Impuls führte zu der auch in der Universitätsbibliothek deponierten Projektskizze von Daniel Hagmann und André Salvisberg vom Februar 2004. In Anbetracht der schwierigen Finanzierungsmöglichkeiten und der kürzer werdenden Horizonte der beruflichen Engagements der drei selbsternannten Initianten wurde das Projekt im Frühjahr 2005 von diesen zu den Akten gelegt.

Forschungskonzept

Die zentralen Begriffe

Städtische Gesellschaft

Die städtische Gesellschaft umfasst alle Teile der in der Stadt Basel wohnenden Bevölkerung: Sesshafte und die nur für eine bestimmte Zeit sich Aufhaltenden, Bürger/innen, Zugewanderte und «Fremde», Integrierte und Randständige, Arbeitende und Nichtarbeitende, Reiche und Arme, Gebildete und scheinbar Sprachlose – und natürlich Männer wie Frauen, Kinder wie Erwachsene und Alte. Diese starke Heterogenität der Bevölkerung und die damit verbundenen vielfältigen sozialen und kulturellen Kontraste der Gesellschaft sind typisch städtisch; sie sollen in Forschung und Darstellung besonders herausgearbeitet werden.

Die Forschungen der Neuen Basler Geschichte interessieren sich in erster Linie für die verschiedenen Denk-, Lebens- und Arbeitsformen der Menschen sowie für die Bedingungen ihrer Existenz; bauliche Strukturen, ökonomische Verhältnisse, politische Institutionen und kulturelle Normen sollten grundsätzlich im Zusammenhang und aus der Perspektive des Lebens der Menschen in Basel in den Blick kommen. Ziel der NBG ist eine Gesellschaftsgeschichte: Im Bezugsrahmen «städtische Gesellschaft» sollen die ausgewählten und bearbeiteten Elemente der Stadtgeschichte so miteinander verknüpft werden, dass virtuell «das Ganze» der Gesellschaft der Stadt Basel erscheint. Dieses natürlich nie ganz einzulösende Ziel soll die NBG davor bewahren, zum losen Bündel von einigen Spezialuntersuchungen und Spezialgeschichten zu werden.

Die Rede von «städtischer Gesellschaft» impliziert damit jedoch nicht die Vorstellung einer autarken, in sich geschlossenen Einheit. Vielmehr sind in allen Bereichen der NBG die wirtschaftlichen, demographischen, politischen und kulturellen Beziehungen und Abhängigkeiten dieser Stadtgesellschaft mit und von ihrem näheren und weiteren Umfeld zu thematisieren.

Der Begriff «städtische Gesellschaft» postuliert schliesslich eine zumindest minimale Einheitlichkeit der Erfahrungen und Lebensweisen der in Basel wohnenden Menschen, einen zumindest rudimentären Bezug auf eine gemeinsame städtische Identität und auf städtische Traditionen. Wie verbindend diese Referenz allerdings angesichts der vielfältigen sozialen Differenzen in der Stadtgesellschaft ist, muss konkret untersucht werden.

Weil die Gesellschaft nicht nur die Summe ihrer Mitglieder ist und auch nicht nur als Zusammenhang von sozioökonomischen und politischen Strukturen begriffen werden kann, müssen die Kulturen, Denkformen und Mentalitäten, das heisst die von vielen geteilten Vorstellungen und Interpretationen ihrer (städtischen) Welt, als konstitutiver Teil dieser Gesellschaft begriffen werden. Sie haben dementsprechend Gewicht in Forschung und Darstellung.

Wandel

Wandel in der Zeit ist das grundlegende Merkmal historischer Prozesse. Er kann auf zwei Arten erfasst werden:

1. Die Frage nach Entwicklungen und Entwicklungslinien stellt die Kontinuität zur Gegenwart ins Zentrum. Entwicklungen schliessen immer auch Phasen der Stagnation und unterschiedliche Entwicklungsgeschwindigkeiten in den verschiedenen Bereichen der Gesellschaft ein. Sie umfassen neben Gewinnen notwendigerweise auch Verluste an Lebensmöglichkeiten. Beides muss «bilanziert» werden.
2. Der Blick auf die Fremdheit von Vergangenem kontrastiert dagegen die eigene Gegenwart mit ganz anderen Möglichkeiten in der Vergangenheit. Er betont die Diskontinuitäten von Vergangenheit und Gegenwart und eröffnet so neue und kritische Zugänge zur eigenen Epoche.

Soziale Differenz

Die Untersuchungskategorie «soziale Differenz» bezeichnet alle Formen gesellschaftlicher Unterschiede in ihren je spezifischen historischen Ausprägungen und Benennungen. Sie meint nicht die (zufälligen) Unterschiede irgendwelcher Art zwischen einzelnen Individuen. In den Blick kommen mit dieser Kategorie vielmehr die sozioökonomischen, die politisch-juristischen und die kulturellen Bedingungen, Regeln und Codes, welche Individuen mit ähnlichen Chancen ausstatten und zu sozialen Gruppen zusammenfügen, ihre Interessen formen und ihre Diskurse prägen. Die äussere «Gestalt» und die Struktur der städtischen Gesellschaft kann durch die Kategorie «soziale Differenz» erst erkennbar und verständlich gemacht werden.

Die Kategorie «soziale Differenz» leitet daher die Untersuchung im Bereich der materiellen Verhältnisse der Gesellschaft ebenso an wie im Raum des Denkens und Vorstellens, der symbolischen Formen und Kulturen. Sie kann zeigen, dass Unterschiede zwischen gesellschaftlichen Gruppen nicht notwendigerweise und in erster Linie ökonomisch begründet sein müssen, sondern mit ebensoviel Trennschärfe durch gruppen- beziehungsweise klassenspezifische Kulturen konstituiert werden können.

Die Kategorie «soziale Differenz» favorisiert in den Untersuchungen der Neuen Basler Geschichte eine Sichtweise, welche bei allen durch den Begriff der «städtischen Gesellschaft» postulierten Gemeinsamkeiten der in Basel lebenden Menschen die Trennungslinien und Konfliktpotentiale innerhalb der Stadtgesellschaft analysiert.

Das heisst nicht, dass jegliche kulturelle, konfessionelle und politische Vielfalt auf sozioökonomische Unterschiede reduziert werden soll. Die Neue Basler Geschichte geht davon aus, dass sich kulturelle, religiöse und politische Formen immer auch in bezug auf die realen Lebensverhältnise der Menschen ausbilden und verändern.

Geschlecht

Die Untersuchungskategorie nimmt Bezug auf drei Ebenen:

1. auf die Lebensweise und Erfahrungen von Frauen und Männern, auf die Beziehungen und Wahrnehmungen, die Frauen wie Männer unter- beziehungsweise aufeinander, aber auch zum und vom jeweils anderen Geschlecht haben;
2. auf die soziale Konstruktion von Geschlecht, das heisst auf die Konstruktion von Männlichkeit und Weiblichkeit;
3. auf die Organisation von Wahrnehmungen durch die Konstruktion der bipolaren Differenz von männlich und weiblich in den verschiedensten Diskursen.

Die Kategorie Geschlecht thematisiert hierarchische Machtbeziehungen, die sowohl Denken und Diskurse (und zwar nicht nur diejenigen, die sich mit den Geschlechterbeziehungen befassen) als auch Leben, Handeln und Wahrnehmung von Männern und Frauen und ihre jeweiligen Beziehungen prägen. «Geschlecht» hilft also nicht nur die Beziehungen von Männern und Frauen zu beschreiben, sondern bezeichnet auch eine Dimension, die als wesentliches bipolares Klassifikationsschema faktisch überall präsent ist (auch wenn es nicht um Sexualität, Frauenfragen usw. geht).

«Geschlecht» als grundlegende analytische Kategorie einzusetzen erfordert spezielle Anstrengungen, weil sowohl die bisherige Literatur zur Basler Geschichte als auch die meisten Theorien zur Erklärung gesellschaftlicher Verhältnisse diese Kategorie nicht angemessen berücksichtigen. Diese Kategorie eröffnet in besonderem Mass die Möglichkeit zu einem neuen Blick auf die Basler Geschichte und zu innovativer Forschung.

Die Forschungsebenen

Raum und Räume – Raumfunktion, Raumgestaltung und Raumerfahrung

Räume sind Produkte von gesellschaftlichem Handeln und Rahmen für gesellschaftliches Handeln. Raum- und Baustrukturen interessieren damit gleichsam als Codes für gesellschaftliche Zustände, Wertungen und Normvorstellungen. Sie spiegeln bis zu einem gewissen Grad die Bedürfnisse der Gesellschaft wie auch einzelner gesellschaftlicher Gruppen, ebenso deren unterschiedliche Interessenlagen und Handlungsspielräume.

Neben den realen, physischen Räumen sollen auch die Vorstellungen von Räumen und die Denkmuster und gesellschaftlichen Wertordnungen ausgelotet werden, die der baulichen Gestalt der Stadt zugrunde liegen.

Auf der Untersuchungsebene «Raum und Räume» lässt sich einerseits der innerstädtische Raum als Lebensraum und als Ort verdichteter Kommunikation erschliessen. Andererseits zielt die Untersuchung hier im Sinne der historischen Raumforschung und der Zentralitätsforschung darauf ab, sich auch dem ausserstädtischen Handlungsraum zuzuwenden und die Stadt als regionales, polyfunktionales Zentrum zu begreifen. Neben der Binnensicht soll die Problematik der Stadt-Land-Beziehungen, der wirtschaftlichen, sozialen und politischen Verflechtungen mit dem städtischen Umland (Ergänzungsraum) beachtet werden. Es ist danach zu fragen, in welcher Weise sich die Zentralitätsfunktionen unter den Bedingungen von gesellschaftlichem und wirtschaftlichem Wandel verändert und geographisch verschoben haben.

Auf der ideellen Ebene schliesst die Thematik von städtischem Umland (Ergänzungsraum) und Aussenbeziehungen auch die mentalitätsgeschichtlich relevanten Manifestationen von städtischem Selbstverständnis und Eigenbewusstsein ein. Es soll untersucht werden, welche Motive der Konstruktion und Betonung einer baslerischen «Eigenart» zugrunde liegen, inwiefern diese einerseits die Mechanismen von Abgrenzung und Ausgrenzung unterstützen, inwiefern sie andrerseits aber auch integrierend wirken.

Das Thema «Raum und Räume» kann in folgende zwei Untersuchungsfelder gegliedert werden: A. Funktionen von Räumen und Freiräumen, B. Der Raumbezug von Mensch.

A. Funktionen von Räumen und Freiräumen

1. Wohnformen und «Wohnkultur» sind unter dem Aspekt der Alltagserfahrung und Lebensbedingungen der Stadtbevölkerung sowie unter dem gesamtstädtischen Aspekt der Sozialtopographie zu untersuchen.
2. Die Arbeitsräume prägen als zweiter, äusserer Rahmen die Alltagserfahrungen in der Stadt (z.B. Strasse, Marktplatz, Werkstatt, Manufaktur, karitative Einrichtungen, Spitäler, Heime, Fabriken, Verwaltungsräume). Das Auseinandertreten der Funktionen Wohnen und Arbeiten ist das Resultat historischer Prozesse, wobei nicht alle Arbeitsbereiche diesen Prozessen gleichermassen und gleichzeitig unterworfen wurden.
3. Die Räume der städtischen Organisation, der Kommunikation und des Verkehrs können hier als dritte Form von Räumen verstanden werden, welche die Alltagserfahrungen strukturieren. Hier sind Lokalitäten verschiedenster Art zu berücksichtigen: Plätze, Marktplatz, Strassen, Brücken und Rheinufer, Kirchen, Klöster, Zunftstuben, Schulen, Universität, Börse, Badeanstalten, Theater, Museen, Ca-

sino, Spitäler usw. Diese Orte bilden Kristallisationspunkte für die stadttypische «verdichtete Kommunikation». In ihnen entfalten sich unterschiedliche, schicht-, klassen-, gruppen- und geschlechtsspezifische Bedürfnisse und Lebensweisen. Besonders zu beachten sind die Bewegungen in und durch die verschiedenen Räume der Stadt, das heisst die Formen und Folgen der Mobilität.

4. Die Stadt als Wirtschaftszentrum: Die verschiedenen Märkte Basels haben die Stadt in ihrer inneren Struktur wie auch in ihrem Verhältnis zum Umland entscheidend geprägt – je nach Reichweite der spezifischen Marktbeziehungen und den in diesen Märkten zirkulierenden Waren. Zu unterscheiden ist dabei vor allem zwischen a) dem Weltmarkt, für welchen etwa die Seidenbandindustrie produzierte, b) den regionalen Austauschverhältnissen zwischen Basel und seinem (agrarischen, protoindustriellen) Umland und c) dem städtischen Binnenmarkt handwerklich-zünftischer Produkte. Untersucht und dargestellt werden soll hier erstens die Entwicklung der für Basel wesentlichen Marktbeziehungen (vor allem nach Organisation und Form, Waren, Marktteilnehmern und geographischem Raum dieser Marktbeziehungen); zweitens die direkten Beziehungen zwischen der Entwicklung der städtischen Märkte und der baulich-räumlichen und demographischen Entwicklung der Stadt. Drittens schliesslich soll hier zusammenfassend das durch Marktbeziehungen geprägte (und gleichzeitig durch politische Herrschaft überlagerte und gefestigte) Verhältnis zwischen der Stadt und ihrem Umland in allen seinen ökonomischen, politischen, juristischen, demographischen, sozialen und kulturellen Beziehungen erfasst werden.
5. Die Stadt als Umwelt und als ökologischer Lebensraum: Unter diese Thematik fallen die Fragen nach dem Schutz der Stadt (Befestigung und Verteidigung), nach der Wasser- und Energieversorgung, der Entsorgung, den hygienischen Verhältnissen, der Befriedigung von Erholungs- und Freizeitbedürfnissen usw.

B. Der Raumbezug der Menschen

Ausgangspunkt dieses Aspekts sind – nach Geschlecht und Alter differenziert – einzelne Menschen, Gruppen oder Bevölkerungsschichten. Indem man den Raumbezug der Menschen als Leitfaden der Untersuchung nimmt, fasst man die Stadt unter anderem auch als Durchgangs-, Ziel- und Quellort von Migrationen auf, und man schenkt dem Phänomen der geographischen (wie auch sozialen) Wanderbewegungen Beachtung. Als relevantes soziales Lagemerkmal einer bestimmten Schicht oder Berufsgruppe kann ihr je spezifischer Bezug zur Region, zur Stadt Basel oder zum Quartier betrachtet werden. «Soziale Differenz» manifestiert sich unter anderem in unterschiedlichen Graden von Ortsbeständigkeit und Ortsunabhängigkeit, und entsprechend variabel gestalten sich die Einstellungen von Individuen und Kollektiven ihrem Wohnort Basel gegenüber (Beispiele: Bettelmönche, Dienstboten, Handwerksgesellen, Gastarbeiter).

Zur Erschliessung der Untersuchungsfelder A und B werden drei Zugriffsweisen vorgeschlagen:

1. Als Kriterium zur Beurteilung des städtischen Raumgefüges könnten die Formen von Verdichtung und Entflechtung gesellschaftlicher und wirtschaftlicher Funktionen der Stadt gelten. Zu untersuchen ist die räumliche Organisation der Dienste und Einrichtungen des polyfunktionalen Zentrums Basel.
2. Für die Analyse der sozialen Verhältnisse in der Stadt ist die Fragestellung relevant, in welcher Weise sich die Mechanismen von Ausschliessung und Integration von Menschen im Laufe der Zeit äussern. Solche Prozesse lassen sich in ihrer räumlichen Konsequenz für verschiedene Gruppen erfassen: Altersgruppen; Gruppen von Zuwanderern und Fremden (Vorstadtbildung, Ausländerquartiere), Berufsgruppen (Gewerbe mit Geruchs- und Lärmbelästigung), Kranke und «Irre», Randgruppen (das mittelalterliche Kohlenbergquartier).
3. In der Analyse räumlicher Verhältnisse sind die Aufenthaltsorte und Tätigkeitsbereiche sowie der Aktionsradius von Männern und Frauen (Mädchen und Knaben) zu erschliessen. Denn die Geschlechterbeziehungen und Rollenvorstellungen sind mitunter symbolisch in unterschiedlichen Raumzuweisungen und Raumbeschränkungen reproduziert.

Individuum und Gesellschaft

Dimensionen von Denken, Handeln und Erfahrung

Während auf der ersten Untersuchungsebene der Schwerpunkt auf der Verbindung von Strukturen und den Beziehungen von Menschen zum Raum liegt, soll auf dieser Ebene die Erfahrung der Subjekte zum Ausgangspunkt der Untersuchung werden. Im Zentrum steht hier die Welt als «Lebenswelt», das heisst als Welt der Bedeutung und Erfahrung, die Welt, wie sie interpretiert und wahrgenommen wird. Das heisst allerdings nicht, dass sich die Welt der historischen Subjekte allein aus dieser Perspektive heraus zureichend erschliessen liesse, vielmehr muss sie durch strukturanalytische Untersuchungen ergänzt werden.

Denken, Handeln und Erfahrung sollen durch die Anlage von zwei Untersuchungsdimensionen erfassbar werden, die für die städtische Gesellschaft und ihre Subjekte von zentraler Bedeutung sind: «Arbeit und Markt» und «Öffentlichkeit und Privatheit». «Arbeit und Markt» umfasst zunächst die materielle Basis der städtischen Gesellschaft, thematisiert deren Bedeutung für die einzelnen und ihre eigenen Erfahrungen und erschliesst die Stadt als Ort von (Aus-)Tausch und verdichteter Kommunikation. «Öffentlichkeit» und «Privatheit» zielen auf die grundlegende Strukturierung der städtischen Lebenswelt. Dabei stehen Individuen beziehungsweise Gruppen und ihre gesellschaftliche Verflechtung im Zentrum. Gefragt wird nach Handlungsmöglichkeiten und -zwängen, nach Chancen und Kosten historischer Entwicklung.

Arbeit und Markt

Im Rahmen der Neuen Basler Geschichte soll das Wirtschaftsgeschehen nicht als isoliertes Phänomen, sondern ausschliesslich in seinem Zusammenhang mit der städtischen Gesellschaft und mit den Erfahrungen und Lebensweisen ihrer Mitglieder (gemäss den Kategorien soziale Differenz und Geschlecht) erforscht und dargestellt werden. Im Zentrum stehen daher unter den Stichworten «Arbeit und Markt» Fragen nach der Stellung der Menschen im Arbeits- und Wirtschaftsprozess, nach ihren Erfahrungen, ihren Konflikten und ihrem gemeinsamen Handeln im Bereich der Wirtschaft.

Diese sich aus der Anlage des Gesamtkonzeptes ergebende Gewichtung bedeutet, dass der Erforschung und vor allem dann der Darstellung der strukturellen Bedingungen eine Hilfsfunktion zukommt. Wesentlich ist, in allen Untersuchungen zu Arbeit und Markt die Diskurse der Zeitgenossen zu verfolgen, die sich auf diese Fragen beziehen, und nach der Bedeutung der Produktion und des Austausches für die städtische Gesellschaft, für ihre Identität und ihre Kultur zu fragen. Die Marktbedingungen und -mechanismen lassen sich nicht aus der Wahrnehmungsperspektive der historischen Subjekte rekonstruieren, sondern müssen als struktureller Zusammenhang, in welchem die Menschen arbeiten und über den sie nur sehr bedingt verfügen können, rekonstruiert werden. Dazu gehören die Strukturen und langfristigen Entwicklungen in den Bereichen Handel, Geldverkehr, Spedition; Verlagssystem der Seidenbandindustrie; zünftische und binnenwirtschaftliche Gewerbe; chemische Industrie.

Alle Fragestellungen im Kapitel «Arbeit und Markt» müssen den prinzipiellen Konfliktcharakter von Marktbeziehungen speziell berücksichtigen. Dieser besteht erstens darin, dass Marktteilnehmer grundsätzlich nicht alle dieselben Interessen haben, dass sie zweitens nicht mit denselben «Chancen» auf dem Markt ausgestattet sind, und drittens darin, dass Märkte immer potentielle Nachfrager und Anbieter ausschliessen (eventuell mit gravierenden sozialen/politischen Konsequenzen). Der Begriff «Markt» ist daher ganz allgemein nicht im Sinne der neoklassischen Wirtschaftstheorie mit den ihr implizierten Harmonieannahmen zu verstehen, sondern bezeichnet Beziehungen, die im Austausch von Gütern und Diensten aller Art entstehen, mit ihren historisch je unterschiedlichen Formen der juristisch-politischen und ökonomischen Regelung sowie ihrem soziokulturellen Hintergrund. Im einzelnen sind dabei folgende Fragen zu berücksichtigen:

A. Die Bedeutung von Marktbeziehungen für das städtische Leben

Die verschiedenen in der Stadt zentralisierten Märkte sind konstitutiv für die Existenz und für die Form städtischen Lebens in materieller, sozialer, kultureller und politischer Hinsicht. Der Begriff «städtischer Markt» impliziert daher auch Fragen nach seiner Bedeutung als «Ort verdichteter Kommunikation», wo Menschen mit unterschiedlichen Meinungen und Kulturen eigens hingehen, sich treffen, sich vermischen und so die städtische Gesellschaft einem fortwährenden Wandel

unterwerfen. Zu fragen ist hier vor allem nach dem Verhältnis zwischen
- Märkten und der Ausbildung und Reproduktion sozialer Strukturen,
- Märkten und gesellschaftlichen und familialen Beziehungen,
- Märkten und städtischen Kulturen.

Im weiteren sind hier Fragen nach den unterschiedlichen Formen der gesellschaftlich-politischen Markt- und Wirtschaftsregelung sowie der sozialen Sicherung anzuschliessen.

B. Organisation und Bedeutung der Arbeit in der Stadt

Arbeit ist eines der zentralen Elemente im Leben der Menschen: Sie prägt den Tagesrhythmus, strukturiert die Welterfahrung, beansprucht einen grossen Teil der individuellen Kräfte, sie produziert Armut und Reichtum usw. Wer nicht arbeitet, hat – entsprechend den Gründen dieses Nichtarbeitens – einen je speziellen gesellschaftlichen Status, der viel über die gesellschaftlichen Verhältnisse verrät (etwa Verteilung der Reichtümer, Mentalitäten, Beziehungen zwischen Mann und Frau, Stellung von Kindern und Alten). In diesem Sinn ist zu untersuchen, wie Arbeit beziehungsweise Nicht-Arbeit
- organisiert und verteilt,
- wie sie erfahren und mit Bedeutung versehen wurde,
- wie sie den gesellschaftlichen Status der Individuen definierte und
- welche Konflikte aus diesen Verhältnissen entstanden.

Öffentlichkeit/Privatheit

Das Spannungsfeld zwischen Individuum und Gesellschaft wird seit dem 19. Jahrhundert neu mit den Begriffen «privat» und «öffentlich» gefasst. So werden zwei komplementäre Lebenssphären geschaffen und damit die ganze Gesellschaft in zwei sich ausschliessende Bereiche geteilt. Diese Zweiteilung wird zum Instrument für die Erfassung und Organisation der gesellschaftlichen Wirklichkeit, die kaum noch anders gedacht werden kann. Sie ist seither auch für die historische Forschung ein dominantes Wahrnehmungsmuster. So hat diese Zweiteilung den gesamten Privatbereich als historisch und damit für die Geschichtswissenschaft als irrelevant deklariert. Im Gegensatz dazu hat die neueste historische Forschung diesen Bereich fur die Geschichte entdeckt, indem sie die Realitätsmächtigkeit dieser Zweiteilung hinterfragt. Deshalb soll in der neuen Basler Stadtgeschichte das «Private» und seine historische Entwicklung als wesentlicher Teil der Geschichte der städtischen Gesellschaft untersucht und dargestellt werden.

Die Festschreibung des Gegensatzes von «öffentlich» und «privat» ist schon für das 19. und 20. Jahrhundert kontrovers, für frühere Zeiten kann dieses Konzept lediglich Ansatzpunkte für historische Fragen und damit Forschung geben, ohne als analytisches Instrument zu dienen. Vor dem 19. Jahrhundert lauten die Begriffspaare etwa «Haushalt» und «Gemeinde» oder «heimlich» und «öffentlich».

Dennoch eignet sich der Zugang zur Stadtgeschichte, der mit dem Spannungsverhältnis «Öffentlichkeit»–«Privatheit» erschlossen wird, in besonderer Weise zur Anwendung der zentralen Untersuchungskategorien «soziale Differenz» und «Geschlecht». Die Grenzziehung zwischen den beiden Bereichen «Öffentlichkeit» und «Privatheit» verläuft schichtspezifisch unterschiedlich und führt zu ungleichzeitigen Entwicklungen. Gerade für die Kategorie «Geschlecht» verspricht die Untersuchung der als zeitlos und gegeben dargestellten Zuweisung der beiden Sphären (Männer–Öffentlichkeit, Frauen–Privatheit) neue Erkenntnisse, die diese dichotomische Aufteilung problematisieren und den Blick auf eine andere Geschichte freilegen.

Der Gegensatz zwischen «Öffentlichkeit» und «Privatheit» beschreibt, wie gesagt, für keinen Zeitraum die Wirklichkeit angemessen, er erschliesst aber wesentliche Fragefelder:

1. Lebenssituationen und -dimensionen: Kindheit, Jugend, Erziehung und Sozialisation, Alter, Tod; die «rites de passage», mit denen eine Gesellschaft wichtige Übergänge organisiert.
2. Erfahrung und Umgang mit Körper und Krankheit, mit Geschlechtlichkeit und Sexualität. Hier werden für den einzelnen/die einzelne zentrale Grenzziehungen zwischen Normalität und Abweichung direkt erfahrbar, welche mit gesellschaftlichen Institutionen (z.B. Spital) und Normen verknüpft sind. Wissen, Überzeugungen, soziale Wahrnehmungs- und Handlungsmuster sind so untrennbar und wechselseitig mit der Körpererfahrung und Selbstwahrnehmung des/der einzelnen verbunden.
3. Formen des Zusammenlebens: Ehe, Familie, Ehelosigkeit; dazu auch Nachbarschaften und Quartiere, Arbeitsorte, Vereine, religiöse Gemeinschaften usw. als Formen sozialer Netze und der sozialen Sicherung.
4. Formen der Geselligkeit und der Teilhabe am Leben in der Gemeinde/der Öffentlichkeit: Feiern und Feste, Zunftanlässe, Gemeinde- und Quartierveranstaltungen, kirchliche Prozessionen, Turniere, Sportveranstaltungen, Demonstrationen und politische Versammlungen.
5. Kultur, Religion und Bildung: Herstellung und Tradierung von Weltbildern, religiösen Überzeugungen, kulturellen Äusserungsformen und historisch-politischen Identitäten, welche alle dann auch in die Bildungsinhalte der Schulen und der Universität einfliessen. Die Formen der Vermittlung von Inhalten durch Medien via Zeitungen, aber auch etwa das Gerücht oder die Kanzelpredigt sollen untersucht werden.

Die genannten Bereiche können mit Hilfe der folgenden drei Frageperspektiven erschlossen werden:

1. Wie wirken sich gesellschaftliche Strukturen und Institutionen auf «private» Verhältnisse aus? Hier ist etwa zu untersuchen, welche Konsequenzen die jeweilige Organisation der Alterssicherung auf die Lebensformen, die Bedeutung von Nachkommenschaft oder auf die innerfamiliäre, geschlechtsspezifische Arbeits-

teilung hat, wie sich die obrigkeitliche Moralpolitik auf die Sexualität der einzelnen auswirkt oder wie sich Geburten und ihr sozialer und gesellschaftlicher Kontext durch die Verlegung in Spitäler verändern.

2. Welche Wirkungen und Einflüsse haben private Beziehungen und Strukturen auf öffentliche Institutionen und Verhältnisse? Gefragt wird hier nach Geschlechter- und Sozialbeziehungen, deren Struktur sowohl die Organisation als auch die Wahrnehmung öffentlicher Verhältnisse beeinflusst. Zu denken ist etwa daran, dass nicht nur Machtstrukturen die Geschlechterrollen prägen, sondern dass sich auch die Geschlechterrollen in Machtstrukturen spiegeln, dass sich spezifische Familienstrukturen und die aus ihnen resultierenden sozialen Gruppenbildungen in bestimmten Herrschaftsformen (Geschlechterherrschaft) manifestieren oder dass die Verheiratung von Priestern in der Reformation zum Politikum wird.
3. Welche Formen von Öffentlichkeit werden ausgebildet, und wie sind die Partizipationschancen an der Öffentlichkeit verteilt? Hier soll u.a. die Teilnahme an Öffentlichkeit durch den Zugang zu politischen Institutionen und Machtstrukturen, zu Gerichten, Bildungsinstitutionen, Organisationen und Vereinen thematisiert werden. Dabei ist nach Entstehung und Wandel von Institutionen und anderen Formen von Öffentlichkeit als Ausdruck von Gruppeninteressen zu fragen. Entsprechend ist die Ausbildung von Teilöffentlichkeiten zu analysieren und die Ausprägung von klassen- und gruppenspezifischen Kulturen mit ihren Distinktionsmöglichkeiten zu untersuchen, denen auf der Ebene der Stadt wiederum Integrationsmöglichkeiten gegenüberstehen.

Ereignisse und Konflikte

Auf der dritten Ebene soll das Geschehen analysiert werden, das sich aus bestimmten konfliktuellen Situationen als «Ereignis» entwickelt und nicht allein durch Strukturen determiniert ist, sondern auch durch nichtalltägliches individuelles oder kollektives Handeln geprägt wird. Dieser Zugang zielt auf die Erfassung und Erklärung der Politik als eigenständiges Element der Geschichte, wobei das politische Handeln als Versuch gestaltender Einflussnahme innerhalb gegebener Handlungsspielräume zu verstehen ist.

Speziell zu beachten sind die Fragen der Macht, der Herrschaft, der Organisation der Interessen und der Formen der Konfliktaustragung (Monopolisierung der Gewaltanwendung, Verrechtlichung, Formen des Protests usw.).

Die dritte Ebene nimmt neben den beiden anderen Ebenen eine gleichwertige Stellung ein, sie behandelt auch deren Themen, wie umgekehrt das Politische auch auf den beiden anderen Untersuchungsebenen, wenn auch nicht als Schwerpunkt, behandelt werden kann.

Die Mikroereignisse werden als exemplarische Vorgänge zur Erhellung der gesellschaftlichen Strukturen und Mentalitäten auf den anderen Ebenen erfasst, hier geht es um die Analyse der Makroereignisse als Vorgänge, welche den weiteren Verlauf der Geschichte mitbestimmt haben, das heisst ihrerseits die wirtschaftlichen, politischen, sozialen und kulturellen Strukturen der folgenden Zeit geprägt und damit zur Ausbildung der individuellen Eigenheit der Basler Geschichte beigetragen haben. Eine Auswahl zu treffen ist im jetzigen Zeitpunkt nicht möglich. Hingegen können die Auswahlkriterien bereits genannt werden:

1. Das Ereignis muss einen Blick von grosser Tiefenschärfe in die gesellschaftlichen Verhältnisse (Strukturen, Handlungsspielräume, Mentalitäten) gestatten.
2. Das Ereignis muss als Ausdruck des (politischen) Handelns von einzelnen und von grösseren Gruppen in Basel selbst fassbar sein.
3. Das Ereignis soll ein typisches Element der individuellen Basler Geschichte sein.

Es geht auf dieser Ebene nicht so sehr darum, «à tout prix» neue Ereignisse aufzugreifen: Man wird vielmehr «Bekanntem» durch neue Betrachtungsweisen neue Aspekte abgewinnen und dabei die Innovationskraft neuer Untersuchungskategorien und Forschungsfragen prüfen.

Ausser den politischen Ereignissen können auch Ereignisse anderer Art (Erdbeben, Pest, Hungersnöte, der Anschluss ans Eisenbahnnetz usw.) berücksichtigt werden. In diesen Fällen interessieren aber vor allem die Reaktionen und nicht das Vorkommnis selbst. In jedem Fall geht es um Analysen von Verhaltensweisen sowohl anonymer als durchaus auch prominenter Personen. Wird bereits bei den beiden Analysen auf den anderen Untersuchungsebenen keine depersonalisierte Geschichtsschreibung beabsichtigt, kann es auf dieser Ebene erst recht nicht darum gehen, Personen auszublenden.

An Makroereignissen, die zum Teil neu untersucht und jedenfalls in die spätere Gesamtsicht einbezogen werden sollen, seien – ohne Verbindlichkeit und Vollständigkeit – beispielsweise genannt: das Judenschlagen von 1349, der Aufstandsversuch von 1482, der Bundesbeitritt von 1501, die Reformation von 1529, der Bauernkrieg von 1653, das 1691er Wesen, die Revolution von 1798, die Trennungswirren von 1830–1833, Basel und die Entstehung des Bundesstaates 1847/48, die Verfassungskämpfe von 1875 und 1890, die Einführung des Proporzes von 1905, die Trennung von Kirche und Staat von 1910, der Landesstreik von 1918 und der Generalstreik von 1919, die Wahlen von 1935 (Sieg des Roten Basel), die Wiedervereinigungskämpfe 1960–1969 usw.

Was bei den Untersuchungen auf der dritten Ebene deutlicher zutage tritt, gilt auch für die beiden anderen Untersuchungsebenen: Trotz der generalisierenden Fragestellungen gesellschaftsgeschichtlicher Ausrichtung geht es immer um die Erforschung der spezifischen Entwicklung der Basler Geschichte.

Oben: Gebietsteilung zwischen Stadt und Land nach einer zeitgenössischen Karikatur von 1833, die sich ihrerseits an einer älteren Karikatur von 1805 orientiert, in der Kaiser Napoleon und der britische Premierminister Pitt die Welt aufteilen. Was nur die Zeitgenossen wahrnehmen konnten: Die Gabel des Baselbieters sticht in die stadttreuen Gemeinden. Dass er die liberale Tagsatzungsmehrheit auf seiner Seite hat, markiert das Zeichen an seiner Mütze (Fritz Kaus, Basel-Landschaft in historischen Dokumenten. Liestal 1982. S. 108. Foto: Microfilmstelle des Kantons Basel-Landschaft).
Unten: Die Szene wird am Festumzug vom August 2001 zur 500-Jahr-Feier im Stil der im 19. Jh. üblichen und aus historischen Szenen komponierten Festzüge nachgespielt (Basler Zeitung vom 31. Dezember 2001. Foto: Dominik Plüss).

Der Basler Wiedervereinigungsversuch der 1960er Jahre

Zu den Wiedervereinigungsbemühungen, die seit dem 19. Jahrhundert immer wieder mal aufkamen, gibt es keine neuere und umfassende Darstellung. Bezeichnenderweise sind die beiden einzigen grösseren Publikationen zur Frage von der «Siegerseite» geschrieben worden und beleuchten die Vorgänge aus der Sicht des selbständigen Baselbiets.[1] Der nachfolgende Beitrag will diese Lücke nicht füllen, sondern nur die Zeitbedingtheit der letzten Wiedervereinigungsbewegung und der Ablehnung der Vorlage von 1969 sichtbar machen.

Es mag paradox erscheinen: Das Wachstum der Stadt Basel vollzog sich in den 1950er und 1960er Jahren zum grössten Teil im seit 1833 selbständigen Kanton Basel-Landschaft. Die Verflechtung der beiden Kantonsteile verdichtete sich zur vollständigen Symbiose. Der wachsenden Inanspruchnahme baselstädtischer Infrastruktur durch die basellandschaftliche Agglomeration wurde zunächst mit verschiedenen Abkommen Rechnung getragen, zum Beispiel mit einem Schulabkommen, das 1925 erstmals getroffen und laufend revidiert wurde,[2] oder mit dem Spitalabkommen von 1948. Darüber hinaus stellte sich aber die Frage, ob die rechtlichen und politischen Strukturen an die stark veränderten Bevölkerungs- und Wirtschaftsstrukturen angepasst werden sollten. Die Wiedervereinigungsfrage war allerdings bereits in der Zwischenkriegszeit aufgegriffen worden, und zwar von basellandschaftlicher Seite, das heisst vom Unterbaselbiet, und vorab aus wirtschaftlichen und sozialpolitischen Überlegungen. Die Wiedervereinigungsartikel, die 1938 in beiden Halbkantonen gutgeheissen, während des Krieges jedoch nicht weiterbehandelt worden waren, erlangten auch nach Kriegsende keine Rechtskraft: Die eidgenössischen Räte lehnten entgegen dem Antrag des Bundesrates die Gewährleistung dieser Verfassungsrevision aus den verschiedensten Gründen ab:[3] Formaljuristische Bedenken hielten die Einleitung eines

1 Baselland bleibt selbständig. Von der Wiedervereinigungsidee zur Partnerschaft. Liestal 1985. – Ruedi Epple, Bewegung im Übergang. Zur Geschichte der Politik im Kanton Basel-Landschaft, 1890–1990. Liestal 1998. – Zur älteren Wiedervereinigungsbewegung vgl. Ruedi Epple, Bewegung im Baselbiet. Vorwärts oder zurück? In: Nah dran, weit weg. Geschichte des Kantons Basel-Landschaft. Bd. 6. Liestal 2001. S. 83–100. – Zu den Vorgängen der 1960er Jahren, aber mit einer starken Betonung der Gegnerschaft der Wiedervereinigung im gleichen Band vom gleichen Autor, Bewegung im Baselbiet: Fortschritt durch Selbständigkeit. S. 142–160.

2 Willi Schneider, Das regionale Schulabkommen und seine Geschichte. In: Basler Stadtbuch 1981. S. 213–216.

3 Im Ständerat im Dezember 1947 mit 21:14 Stimmen und im Nationalrat im März 1948 mit 88:76 Stimmen.

Wiedervereinigungsverfahrens ohne vorherige Revision von Art. 1 der Bundesverfassung für verfassungswidrig. Traditionalistische Stimmen werteten es als Affront, ausgerechnet im Jahr 1948, da die Bundesverfassung ihr hundertjähriges Jubiläum feiern konnte, Änderungen im Kantonalgefüge anstreben zu wollen. Föderalistische Geister waren grundsätzlich gegen jede Fusion. Aargauer bangten bereits um das Fricktal, Solothurner um das Schwarzbubenland und Berner um den Jura; sie befürchteten, dass man als Gegengewicht zur Stadt einen Grosskanton mit einem möglichst grossen Landteil schaffen wolle. Allfällige Veränderungen der nordwestschweizerischen Kantonsgrenzen hätten den eben wieder aufflackernden Jurakonflikt (Affäre Möckli 1947) weiter beleben können.[4]

Der Impuls, der die Wiedervereinigungsbemühungen in die nächste Phase führte, ging wiederum vom Baselbiet aus. 1958 wurde der Landrat beauftragt, mit einer Standesinitiative in Bern die Gewährleistung doch noch durchzusetzen. Das Plebiszit, aus dem dieser Auftrag hervorging, fiel in der Basler Agglomeration besonders deutlich zugunsten der Wiedervereinigung aus. Im Bezirk Arlesheim, wo rund 60 Prozent der basellandschaftlichen Wohnbevölkerung lebten (wovon aber nur noch 21,7 Prozent Baselbieter Bürger waren),[5] traten 1958 82,5 Prozent der Abstimmenden für die Fortsetzung des Wiedervereinigungsverfahrens ein. 1969, in der entscheidenden Abstimmung, sollten es nur noch 59,9 Prozent sein. Nachdem der Minderheit, die sich gegen die Wiedervereinigung sträubte, gewisse elementare Garantien gegeben worden waren, wurde die eidgenössische Gewährleistung 1960 schliesslich doch noch ausgesprochen und so der Weg für die nächste Etappe geebnet.[6]

Noch im gleichen Jahr konnte ein Verfassungsrat, dem je 75 Mitglieder aus den beiden Halbkantonen angehörten, seine Arbeit aufnehmen. Der in den sechziger Jahren erarbeitete Verfassungsentwurf war so formuliert, dass er die Bedenken der basellandschaftlichen Wiedervereinigungsgegner hätte zerstreuen sollen: Er sprach sich für die Wahrung grösstmöglicher Gemeindeautonomie aus und garantierte der Landschaft eine angemessene Vertretung in den kantonalen und eidgenössischen Behörden. Er sah die Schaffung einer baselstädtischen Einwohnergemeinde (die unter die Aufsicht eines kantonalen Statthalters gestellt würde) und eine entsprechende Vermögensausscheidung vor sowie die Ausdehnung der städtischen Sozialgesetzgebung auf den Gesamtkanton und den Schutz landwirtschaftlicher Klein- und Mittelbetriebe u.a.m.

Während die Befürworter der Wiedervereinigung eine Verfassung erarbeiten wollten, der möglichst viele Bürger zustimmen konnten, waren die Wiederverein-

4 Vgl. den Aufsatz «Konjunkturen in der Bewegung für die Schaffung eines Kantons Jura. Entwurf eines Erklärungsversuchs» in: Georg Kreis, Vorgeschichten zur Gegenwart. Ausgewählte Aufsätze. Bd. 2. Basel 2004. S. 347–357.

5 1960 waren lediglich 51,5 Prozent der Wohnbevölkerung im Kanton geboren, und von den übrigen Geburtskantonen, die 48,5 Prozent stellten, stand Basel-Stadt mit 16,9 Prozent mit Abstand an der Spitze (Statistische Quellenwerke der Schweiz. H-355. Reihe Ag5. Bern 1963. S. 62).

6 Im Ständerat am 16. März 1960 mit 25 : 1 Stimmen und im Nationalrat am 22. Juni 1960 mit 111 : 15 Stimmen.

gungsgegner (etwa 20 Prozent der Verfassungsräte) eher daran interessiert, dass der Entwurf auf möglichst starke Ablehnung stossen werde. Diese Interessenlage schuf eine paradoxe Situation: Die Wiedervereinigungsfreunde, die zugleich eher Befürworter des Frauenstimmrechts waren, lehnten die Verankerung der politischen Gleichberechtigung in der neuen Verfassung ab, und die Wiedervereinigungsgegner sprachen sich trotz der in ihrer Gruppierung vorherrschenden Abneigung gegen das Frauenstimmrecht für die politische Gleichberechtigung im neuen Kanton aus, um auf diese Weise den Verfassungsentwurf mit einer zusätzlichen Hypothek zu belasten. Die Basler Bürgergemeinde hatte das Frauenstimmrecht bereits 1958 mit 63,4 Prozent Ja-Stimmen eingeführt, und 1966 sollte Basel-Stadt als erster deutschschweizerischer Kanton mit 60 Prozent Ja-Stimmen den Frauen auch in kantonalen Angelegenheiten das Stimmrecht geben.[7]

Das Interesse an der Wiedervereinigungsfrage war, wie die unterschiedliche Stimmbeteiligung (vgl. Tabelle) zeigt, in Baselland wesentlich grösser als in Basel-Stadt. Die Aussicht auf einen Zusammenschluss wirkte aber weniger mobilisierend als die Befürchtung, im neuen Kantonsgebilde Eigenheit und Selbständigkeit zu verlieren. Basel-Stadt hatte in den engen 1960er Jahren Basel-Landschaft insbesondere im Schulwesen gedroht, für den Nachbarkanton die öffentlichen Dienste zu sperren. Dies hatte zur Folge, dass der basellandschaftliche Kanton die Infrastruktur zur Deckung des eigenen Bedarfs auszubauen begann. Heute ist es schwer vorstellbar, dass Basel-Landschaft für die Ausbildung seiner Gymnasiasten bis 1961[8] und für die Ausbildung seiner Lehrer/innen bis 1966 auf die Stadt oder auf andere Kantone angewiesen war.[9]

Die für die Wiedervereinigung vorgebrachten Argumente sprachen mehr den Verstand als das Gemüt an. Die gemeinsamen Probleme beispielsweise im Gesundheits-, Erziehungs- und Verkehrswesen liessen sich ihres Erachtens sinnvoller lösen, die Steuerordnung gerechter gestalten, die Besiedlungsplanung wirkungsvoller an die Hand nehmen, die Verwaltung rationeller organisieren. Der ursprüngliche Stadt-Land-Gegensatz sei durch die starken Verflechtungen der verschiedenen Funktionen und insbesondere auch infolge der starken Industrialisierung des ehemaligen Agrargebietes bis zur Bedeutungslosigkeit abgebaut worden. In einer Zeit, da Europa sich

7 Dieser Revision waren mehrere kantonale Versuche vorausgegangen: 1920, 1927, 1946, 1954. 1946 sprachen sich 37 Prozent, 1954 45,8 Prozent für das Frauenstimmrecht aus. In der eidgenössischen Abstimmung von 1959 stieg der Anteil der Zustimmenden auf 46,8 Prozent (eidg. Durchschnitt 33,6 Prozent), 1971 bei der Einführung auf Bundesebene auf 82,2 Prozent. Der Verdoppelung der Zahl der Stimmberechtigten wollte man 1968 eine Verdoppelung der für *fakultatives Referendum* und *Initiative* nötigen Unterschriftenzahlen folgen lassen. Dem wurde aber erst 1975 im zweiten Anlauf zugestimmt.

8 Gesetz vom 24. August 1961. Der zugehörige Bericht enthält grundlegende Überlegungen über die Bedeutung des Schulwesens für das Selbstverständnis eines Staates. Seit 1952 gab es in Liestal eine Progymnasialstufe zur Heranführung an die städtischen Gymnasien.

9 Im Oktober 1966 wurde, analog zu anderen Mittelschulseminarien, am Gymnasium Liestal mit 31 «Primarlehramtskandidaten und -kandidatinnen» eine Seminarabteilung eröffnet. Diese wurde im Frühjahr 1971 zum selbständigen Kantonalen Lehrerseminar.

Abstimmungen auf dem Weg zur nicht vollzogenen Wiedervereinigung

	Basel-Stadt			Basel-Landschaft		
	Ja	Nein	Beteiligung	Ja	Nein	Beteiligung
1936 Wiedervereinigungsinitiative	20 171 73,0%	7 450 27,0%	58,6%	12 727 54,0%	10 823 46,0%	87,5%
1938 1. Wiedervereinigungsartikel	14 639 77,0%	4 377 23,0%	38,3%	11 080 51,9%	10 278 48,1%	78,6%
1958 Standesinitiative	im Grossen Rat einstimmig beschlossen			16 752 58,5%	11 877 41,5%	76,7%
1960 2. Wiedervereinigungsartikel	–	–	–	15 058 60,1%	9 974 39,9%	64,2%
1969 Kantonsverfassung	43 786 66,5%	22 024 33,5%	44,0%	33 222 40,8%	48 183 59,2%	76,0%

anschicke, eine übernationale Einheit zu bilden, sei es ein Anachronismus, die beiden kleinen Halbkantone nicht zusammenführen zu wollen. Nicht die historisch bedingten Kantonsreviere, sondern die real existierenden Regionen sollten die massgebenden Einheiten sein. Die Wiedervereinigung erschien als natürlicher und zwangsläufiger Prozess. Hinzu kam schliesslich die Unterstützung derjenigen, welche die Möglichkeit, einen neuen Staat mit einer neuen, besseren Ordnung zu schaffen, als faszinierende und verpflichtende Aufgabe verstanden.

In der Stadt, wo man die demographische und ökonomische Expansion über die Kantonsgrenze hinaus als Verlust empfand, bildeten die Befürworter anfänglich eine erdrückende Mehrheit. Die baselstädtischen Gegner organisierten sich relativ spät unter der Führung der Liberal-Konservativen und deren Organ, der «Basler Nachrichten». Mit den basellandschaftlichen Wiedervereinigungsgegnern waren sie der Meinung, dass die materialistische, bloss die wirtschaftlichen Gesichtspunkte pflegende Betrachtungsweise der Problematik nicht gerecht werde, dass jeder Kantonsteil vielmehr seine Eigenart zu schützen habe und es überdies eine Illusion sei, von einer Wiedervereinigung zu erwarten, sie würde alle anstehenden Probleme sozusagen automatisch lösen. Was gemeinsam bewältigt werden müsse, könne auch partnerschaftlich gelöst werden, ohne dass dadurch die kantonale Souveränität preiszugeben sei. Von seiten der städtischen Gegnerschaft wurde zudem hervorgehoben, dass es die Stadt sei, welche die finanzielle Hauptlast der Fusionskosten zu tragen habe. Bei den basellandschaftlichen Wiedervereinigungsgegnern kam noch die Befürchtung hinzu, dass die Städter, die – damals noch – im neuen Kanton die Mehrheit gehabt hätten, sich wieder als Herren aufspielen und den grösseren und wichtigeren Teil der führenden Positionen mit ihren Leuten besetzen würden.

Mancherlei Gründe mögen zum basellandschaftlichen Nein vom 7. Dezember 1969 geführt haben; hier sei lediglich die aus den obigen Ausführungen abzuleitende Erklärung festgehalten: Die Ausdehnung der Stadt in den benachbarten Kantonsbereich hatte sich zunächst für das Wiedervereinigungsvorhaben offensichtlich günstig ausgewirkt. Wäre die Wiedervereinigungsfrage bereits zu Beginn der sechziger Jahre spruchreif gewesen, hätte sie möglicherweise auch in Baselland die kantonale Hürde nehmen können. Eine andere Frage ist es, ob sie auch die eidgenössische Zustimmung gefunden hätte. Die weitere Entwicklung der 1960er Jahre zeigte dann aber, dass die Zusammenarbeit, wo nötig, auch ohne vollständigen Zusammenschluss möglich war. Die allenfalls zu erwartenden kleineren Vorteile einer Wiedervereinigung wollte man nicht gegen das Risiko eintauschen, mit der neuen Kantonsgemeinschaft eine Minderheit zu schaffen, die sich mit wachsender Entschiedenheit gegen den Zusammenschluss sperrte. Die baselstädtische Wirtschaft fühlte sich durch die Kantonsgrenze nicht ernsthaft beeinträchtigt; sogar die stärker ins Gewicht fallenden Landesgrenzen bildeten für ihr regionales Wachstum kein gravierendes Hindernis. Von grösserem Nachteil war der gescheiterte Wiedervereinigungsversuch für den baselstädtischen Finanzhaushalt; er hatte – bei zunehmender Abwanderung von steuerbaren Einkommen – die Aufwendung für die kostspieligen Zentrumsfunktionen der Region weiterhin sozusagen alleine zu tragen.

Nach dem Baselbieter Veto zeigten mehrere parlamentarische Vorstösse die verschiedenen Haltungen auf, die nun eingenommen werden konnten: Erika Faust-Kübler (LdU) sprach in ihrer Interpellation vom 11. Dezember 1969 die Erwartung aus, dass Basel nicht immer wieder als Zahlstelle für basellandschaftliche Infrastrukturaufgaben missbraucht werde. Jürgen Zimmermann (FDP) und Mitunterzeichner regten am 3. Dezember 1969 in einem Anzug an, den Wiedervereinigungsparagraphen 58 durch eine verfassungsrechtliche Verankerung der regionalen Zusammenarbeit zu ersetzen. Und Peter Dürrenmatt (LDP) reichte am 8. Dezember 1969 im Nationalrat eine Motion ein, welche die Aufwertung der beiden Halbkantone zu Vollkantonen anstrebte. Zunächst sah es so aus, als ob die harte Linie vorherrschen würde. Der baselstädtische Beitrag an die Birseckbahn (1,2 Mio. Franken), der am 11. Dezember 1969 trotz der Baselbieter Ablehnung der Wiedervereinigung vom Grossen Rat beschlossen worden war, wurde mit einem Referendum bekämpft und im April 1970 mit 74,6 Prozent Nein-Stimmen wuchtig verworfen. Schon bald setzte sich aber die verbindlichere Haltung durch: 1974 wurde (nach Basel-Landschaft 1971) auch in Basel-Stadt der Partnerschaftsartikel angenommen.[10] Als wichtigstes Projekt der neuen Zusammenarbeit kam 1975 der Universitätsvertrag zustande.

10 Kurt Jenny, Partnerschaft der beiden Basel als Alternative zur Wiedervereinigung. In: Basler Stadtbuch 1974. Basel 1975. S. 229–236.

Partnerschaftlich geregelte Institutionen und Tätigkeitsgebiete

1946 die gemeinsame Rheinhafenverwaltung, 1950 die Kraftwerk Birsfelden AG, 1954 die Hardwasser AG und ab 1955 die gemeinsame Finanzierung der archäologischen Arbeiten von Augusta Raurica. 1962 wurde die Gründung eines Technikums beider Basel beschlossen, 1965 eine gemeinsame Verkehrserhebung durchgeführt und eine paritätische Schulkommission gebildet, 1968 folgte die Bildung einer ähnlichen Kommission für Spitalfragen, 1969 die Schaffung der bereits erwähnten gemeinsamen Regionalplanungsstelle. Diese Zusammenarbeit galt es nach 1969 fortzusetzen und zu intensivieren. Als wichtigstes Projekt der neuen Zusammenarbeit kam 1975 der erste Universitätsvertrag zustande. Im weiteren wurde die 1975 von Basel-Stadt und 1978 von Basel-Landschaft gutgeheissene gemeinsame Motorfahrzeug-Prüfungsstelle errichtet. Gemeinsame Regierungskonferenzen dienten der koordinierten Lösung gleichartiger Aufgaben, zum Beispiel des Polizeidienstes auf der N2, der Filmzensur, der Pro Rheno Abwasserreinigung. An späteren partnerschaftlichen Lösungen sind zu nennen: das Umweltschutzabonnement (1983), das Augenspital (1987), das gemeinsam getragene Zentrum für Erwachsenenbildung (1988), die Gründung des Europainstituts (1993), die Finanzierung der Ausbaukosten der Kembser Schleuse (1994), die Zusammenlegung der regionalen Wirtschaftsförderung (1996), der Kinderspitäler und der Fachhochschulen (1998).[11]

Für Basel-Stadt bestand überdies noch eine andere Notwendigkeit: Was wegen der hängigen Wiedervereinigungsfrage zurückgestellt worden war, musste nun an die Hand genommen werden – insbesondere die Regierungs- und Verwaltungsreform, die Verstaatlichung der Universitätsklinik und die öffentlich-rechtliche Anerkennung der Kirchen.

11 1975 bis 1987 kamen über 80 partnerschaftliche Abkommen zustande.

Täglich «überschreiten» Tausende die Kantonsgrenzen zwischen Basel-Landschaft und Basel-Stadt. Diese Grenzen sind klar und zum Teil doppelt markiert, sie bestehen zum Teil auch in den Köpfen. Im Alltag sind sie aber, sofern man sie überhaupt bemerkt, mehr hinderlich als nützlich (Basler Stadtbuch 1990. Basel 1991. S. 41. Foto: Hannes-Dirk Flury, Basel).

Zum historischen Moment eines historischen Vorschlags

Das Basler Manifest[1] möchte ein altes Problem auf neue Art lösen. Dieser Befund ist nicht abwertend gemeint, hängen doch Lösungsmöglichkeiten in hohem Masse von Vorgehens- und Verfahrensweisen ab. Die Feststellung soll uns vielmehr zu den Fragen führen, warum denn ausgerechnet im Jahr 1990 das alte Problem mit einer besonderen Aktion neu angegangen wird und wie der neue Vorschlag in die Reihe der älteren Lösungsversuche einzuordnen ist.

Nicht im Sinne einer provinziellen Nachahmung grösserer Bewegungen der Geschichte, sondern gleichgestimmt und gleichläufig zu anderen «Wenden» in der Weltgeschichte, kam die zu Beginn der 1990er Jahre in vermehrtem Masse bestehende Reformbereitschaft sozusagen zwangsläufig der wichtigsten Frage im Katalog der anstehenden Probleme zugute: nämlich dem Verhältnis zum anderen Kanton. Das 1989 heimlich vorbereitete und im März 1990 veröffentlichte «Manifest für einen Kanton Basel» lancierte den Vorschlag, der Kanton Basel-Stadt solle sich als 6. Bezirk dem Kanton Basel-Landschaft anschliessen. Markus Kutter (LDP), der *Spiritus rector,* konnte herausstreichen, dass sich gewichtige Persönlichkeiten unter den 46 Unterzeichnern befänden, die sich dafür stark machten, dass «in einem neu sich gruppierenden Europa» die beiden Kantone zu einer «grossen Kraft der Gesamtregion» zusammenfänden.[2]

Auf die Frage, warum das Basler Halbkantonsproblem gerade jetzt zu einem erstrangigen Traktandum gemacht werden soll, gibt es zwei verschiedene, zumeist aber kombinierte Antworten. Die eine besagt, dass die Lösung des Problems *besonders dringend,* die andere besagt, dass sie jetzt *am ehesten realisierbar* sei. Mit den Hinweisen auf angebliche Dringlichkeit und Realisierbarkeit können wir uns freilich nicht zufriedengeben. Objektive Lagebeurteilungen sind oft nur sekundäre Legitimationen eines primären Handlungswillens. Wir können uns sehr wohl fragen, ob das aufgeworfene Problem zur Zeit besonders dringlich, seine Lösung zur Zeit denn besonders chancenreich sei. In einem übernächsten Schritt müssen wir uns aber auch fragen, warum ausgerechnet jetzt dieser Handlungswille freigesetzt worden ist.

Der im Manifest aufgeführte Problemkatalog (Bildung, Verkehr, Gesundheit, Entsorgung etc.) ist im Prinzip der gleiche wie vor zwanzig Jahren. Inzwischen könnte

1 Der Text des «Basler Manifests» vom März 1990 findet sich im Basler Stadtbuch 1990, Ausgabe 1991. S. 33f., kommentiert von Markus Kutter.

2 Das letzte Vereinigungsprojekt stammt aus dem Jahr 1979, es galt dem Anschluss des Unterbaselbiets, wurde aber als «Fasnachtsscherz» eingestuft.

es zwar zu einer weiteren Verdeutlichung der Problematik gekommen sein, insbesondere im Bereich der Staatsfinanzen. Aber gerade die vom Manifest beklagte Funktionsausscheidung «Zentrum als Arbeitsort und Umfeld als Wohnort» ist mit der Abwanderung nicht nur von Personen, sondern auch von Unternehmen und mit der Entstehung vieler neuer Arbeitsplätze in der Agglomeration in letzter Zeit eher abgeschwächt worden.[3] Und die neuen Dringlichkeiten? Sie sind am ehesten in der Notwendigkeit zu sehen, zu dem inzwischen nun auch im französischen und deutschen Grenzraum dichter gewordenen Agglomerationsgürtel auf schweizerischer Seite ein gewichtigeres Pendant zu schaffen.

Mehr Erklärungskraft liegt in der speziellen Aktualität weniger der Problematik als der Lösungschancen für die sattsam bekannten älteren Dringlichkeiten. Neue Chancen werden vielleicht im Umstand gesehen, dass eine neue Generation gegenüber der alten Frage eine neue Haltung einnehmen könnte. Die Erklärung ist aber nicht hier zu suchen, sind doch die führenden Kräfte der Manifest-Bewegung alles andere als «newcomers». Neu ist vielmehr das Erlebnis der Veränderbarkeit territorialer Grenzen im Falle des Berner Jura im allgemeinen, des Laufentals im speziellen sowie im Falle der innerdeutschen Grenze. Von einiger Wirkung dürfte auch das reale wie irreale Miterleben der grenzabbauenden Vorhaben der westeuropäischen Union sein. Neu sind im weiteren: das Erlebnis, dass Vereinigungen per Anschluss geschehen können, und die Vorstellung, dass das Laufental-Prozedere auch ein Basler Prozedere sein könnte. In den dreissiger Jahren war – zeittypisch – auch schon von «Anschluss» die Rede gewesen; damals wäre allerdings die Landschaft der anzuschliessende Teil gewesen.

Die Grenzveränderungen unserer Tage haben sich, wenn der Ausdruck gestattet ist, in Grenzen gehalten. Folglich kann auch ihr konkretes Erleben nur von beschränkter Wirkung sein. Wichtiger ist die allgemeine Änderung in der Einstellung den Grenzfragen gegenüber. Im April 1990 erklärte der Inlandchef der Neuen Zürcher Zeitung, ein zur Südjurafrage durchgeführtes Umfrageergebnis erinnere daran, «dass auch Kantonsgrenzen nicht sakrosankt zu sein brauchen». Ein Kommentar dieser Art wäre vor zwei Jahren noch undenkbar gewesen.[4] Der Wandel der Einstellungen zu Grenzfragen lässt sich zum Teil damit erklären, dass sowohl kantonale als auch nationale Grenzen durch die Entscheidungskompetenzen der übergeordneten Grössen einem fortlaufenden Bedeutungsschwund ausgesetzt sind.

Die Veränderung in der Einstellung zu Grenzen ist indessen nur Teil eines breiteren Wandels, der sich in manchen Fragen abzeichnet. Beispielsweise in der Frage der

3 Vgl.: Die Entwicklung der Pendlerbewegungen in der Region Basel 1960–1980. Hrsg. v. Amt für Kantons- und Stadtplanung Basel-Stadt. Basel 1985. – Stadt und Land in Partnerschaft? Zur aktuellen Situation der Bevölkerung beider Basel. Hrsg. v. Werner Gallusser. Basel 1989 (Basler Feldbuch, Bd. 7).

4 Kurt Müller, Meinungsumfrage Kanton Bern und Jura. Abnehmende Bindungen? In: Neue Zürcher Zeitung vom 19. April 1990.

militärischen Landesverteidigung, der Neutralität, der Atomenergie, des Doppelbürgertums, der EG-Mitgliedschaft etc. Das Basler Manifest will etwas in Bewegung setzen – im Grunde aber gibt es vor allem Bewegung weiter, die es selbst empfangen hat. Es ist das Produkt einer Aufbruchzeit. Diese führt aber keineswegs zu einer einheitlichen Strömung, denn sie setzt im Gegenteil latente Veränderungsbereitschaft aller Art frei.

In der Geschichte der beiden Halbkantone sind zwei grössere Wiedervereinigungsbestrebungen aus ähnlichen Voraussetzungen hervorgegangen. Wenn man von Vorläuferbewegungen und der Zufälligkeit absieht, dass hundert Jahre nach der Trennung von 1833 eine Wiedervereinigung als besonders sinnvoll erschien, kann man die erste als Produkt der gesellschaftlichen Umbruchzeit der dreissiger Jahre und die zweite als Produkt der Ende der fünfziger Jahre anziehenden Hochkonjunktur verstehen. Nicht zufällig wurden in beiden Phasen gesamtschweizerisch Totalrevisionen auch der Bundesverfassung angestrebt.[5]

Der gegen Ende der fünfziger Jahre einsetzende gesamtgesellschaftliche Modernisierungsschub begünstigte die Wiedervereinigungsbestrebungen. Wie in den Kommentaren zum Manifest ist schon damals viel von rationaler und rationeller Organisation, von Planung und Effizienz und vom nötigen Gewicht in den auf Bundesebene geführten Verteilungskämpfen die Rede gewesen. Der Aufbruch wirkte in Baselland aber in doppelter Weise: Bei den Wiedervereinigungsbefürwortern förderte er den Fusionswillen, bei den Wiedervereinigungsgegnern bewirkte er eine erhöhte Bereitschaft, «Rückständigkeiten» abzubauen, mit einer forcierten Modernisierung eine eigene leistungsfähige Infrastruktur speziell im Schul- und Spitalbereich entstehen zu lassen. Nicht zuletzt deswegen löste der Aufbruch auch eine Gegenbewegung aus. Leicht retardiert entstand als doppelte Reaktion auf den beschleunigten Wandel wie auf die entsprechende Anpassungsbereitschaft eine konservative Gegenbewegung. Diese orientierte sich an traditionellen Heimatvorstellungen und glaubte mit dem Widerstand gegen die Wiedervereinigung auch die negativen Seiten des Fortschritts abwenden zu können. Es mag paradox erscheinen: Sowohl die Modernität mit ihren infrastrukturellen Leistungen als auch die Antimodernität mit ihrer fundamentalistischen Tendenz haben letztlich die Wiedervereinigung scheitern lassen.

5 Eine umfassende Darstellung der Wiedervereinigungsbestrebungen gibt es nicht. Im Zusammenhang mit der letzten Wiedervereinigungsabstimmung sind immerhin einige kleinere Arbeiten veröffentlicht worden von Andreas Staehelin (1963), Ernst Fischli (1968), Fritz Grieder (1968) und zuletzt von Roger Blum: Epilog zum negativen Entscheid über die Wiedervereinigung beider Basel. Das Ringen um die Basler Wiedervereinigung. Eine Idee und ihr Schicksal von 1833 bis heute. In: Reformatio. Februar 1970. Bern 1970. S. 113–120. Im Sommer 1990 sind an der Universität Basel zwei vom Schreibenden betreute Lizentiatsarbeiten zur Wiedervereinigungsgeschichte angenommen worden: Otmar Wigger, Die schweizerischen Reaktionen auf die Basler Wiedervereinigungsbestrebungen 1933–1960. – Beat Haberthür, Die Wiedervereinigungsdebatte im Verfassungsrat beider Basel 1960–1969.

Der nach dem Scheitern des Wiedervereinigungsversuchs von 1969 in den Verfassungen beider Halbkantone eingeführte Partnerschaftsartikel (BL 1971 anstelle des Wiedervereinigungsvorbehalts, BS 1974 zusätzlich zum Wiedervereinigungsvorbehalt) ist ein Produkt der auf die Aufbruchphase folgenden Konsolidierungs- und Stagnationsphase.[6] Der Partnerschaftsartikel hatte von Anfang an eine Doppelfunktion: Einerseits sollte er einen Riegel gegen weitere Wiedervereinigungsvorhaben und andererseits die Grundlage für die Intensivierung der Zusammenarbeit bilden. Die erstere Funktion hat er insofern erfüllt, als in Baselland mit seiner Annahme zugleich die Wiedervereinigungsartikel gestrichen worden sind. Was die andereFunktion betrifft, kann hier nicht im einzelnen erörtert werden, inwiefern das Zustandegekommene gemessen an den Schwierigkeiten viel und gemessen an den Notwendigkeiten wenig sei. Immerhin ist die Zusammenarbeit nach 1974 sukzessive ausgebaut worden. Mit der Realisierung konkreter Einzelprojekte (z.B. der Pro Rheno Abwasserreinigungsanlage, des Umweltschutzabonnements oder des gemeinsam getragenen Zentrums für Erwachsenenbildung) und über die wachsende basellandschaftliche Beteiligung an den baselstädtischen Zentrumskosten (gegenwärtiger Stand ca. 70 Mio. Franken) ist eine auf kooperative Problembewältigung bedachte Partnerschaftskultur entstanden.[7]

Die regionale Schicksalsgemeinschaft führte allerdings nicht zu Realteilungen, wie sie in der baselstädtischen Standortbestimmung «Basel 86» empfohlen worden waren. Von basellandschaftlicher Seite wurde das Prinzip, dass ein Halbkanton bestimmte öffentliche Aufgaben für beide Basel übernehme, als Leitidee der Partnerschaft abgelehnt.[8] Realteilung hätte wegen der Konzentration der Institutionen im städtischen Zentrum vor allem Abtretung gemeinsamer Aufgaben an Baselland bedeutet. Die Idee, die Primarlehrer- und Kindergärtnerinnenausbildung in Liestal zu konzentrieren, liess sich (vorerst) nicht verwirklichen.[9] Dem analogen Versuch mit dem Kinderspital könnte es, wenn baselstädtische Widerstände nicht aufgegeben werden, gleich ergehen.[10] Die von Gerhard Schmid für 1985 festgestellten mentalen Defizite sind inzwischen nur wenig abgebaut worden: auf baselstädtischer Seite der zu lang-

6 Kurt Jenny, Partnerschaft der beiden Basel als Alternative zur Wiedervereinigung. Basler Stadtbuch 1974. Basel 1975. S. 229–236. – Roger Blum, Der mühevolle Weg zum Partnerschaftsartikel 1969–1974. In: Baselland bleibt selbständig. Von der Wiedervereinigungsidee zur Partnerschaft. Liestal 1985. S. 345–369.

7 Ursula Singenberger hat am Geographischen Institut der Universität Basel eine sogenannte Positivliste der Partnerschaft erarbeitet (Manuskript 1990). – Ein erneutes «Bekenntnis zur Partnerschaft» findet man im Grundsatzreferat von Kurt Jenny, Zur Zukunft des Basler Stadtstaates. In: Informationsschrift Nr. 28. Juli 1990. Hrsg. v. Suter+Suter AG.

8 Paul Nyffeler u.a., Partnerschaft zwischen Basel-Stadt und Basel-Landschaft. Grundlagen, Hintergrund, Stossrichtungen. Liestal 1986. Vgl. auch Kurt Jennys Entgegnung in der Budgetsitzung des Grossen Rates vom 28. Januar 1987.

9 G. K., Nachtrag 2005.

10 G. K., Nachtrag 2005.

same Übergang von einer autonomen zu einer koordinierenden Haltung und in Baselland, aber auch bei den übrigen Partnern der Region, die zu langsame Entwicklung eines Verantwortungsbewusstseins für die Funktionstüchtigkeit der zentralörtlichen Leistungen.[11]

Der Ausbau der Partnerschaft, der von allen – verbal wenigstens – unterstützt wird, kann bezogen auf die Wiedervereinigungsproblematik verschieden verstanden werden: entweder als Prozess, der mit seinen Erfolgen immer weiter von der Wiedervereinigung wegführe, oder als Prozess, der gerade wegen seiner Erfolge im Gegenteil zum Wegbereiter der Wiedervereinigung werde. Damit letzteres nicht doch noch eintrete, wurde in Baselland eine Initiative lanciert, welche die Regierung mit einem Verfassungsartikel verpflichten sollte, die Aufwertung zum Vollkanton anzustreben.[12] Die im Sommer 1984 gestartete Initiative wurde am 12. Juni 1988 mit 60,5 Prozent Ja-Stimmen bei einer Beteiligung von 45,3 Prozent angenommen.

Baselland dürfte mindestens so stark wie Basel-Stadt dem Klima der Aufbruchphase ausgesetzt sein – bemerkenswerterweise ist aber jenseits der Birs kein «Manifest» entstanden. Wie sehr sich doch die Verhältnisse verändert haben, zeigt die Tatsache, dass die Initiative, die 1969 beinahe zur Wiedervereinigung geführt hätte, in den dreissiger Jahren von Baselland ausgegangen war. Und heute? In Baselland machte sich in den letzten Jahren keine Fusionsbewegung bemerkbar. Im Gegenteil: Am 4. November 1984 nahm der Kanton Basel-Landschaft eine neue, moderne Verfassung an, wenn auch nur mit 50,4 Prozent Ja-Stimmen und einer Stimmbeteiligung von bloss 21,9 Prozent.

Man kann das Basler Manifest, wie gesagt, als Produkt einer Aufbruchphase verstehen. Zugleich handelt es sich aber nachweisbar um eine Reaktion auf ein Produkt der vorangegangenen Stabilisierungsphase: Reaktion auf ebenden basellandschaftlichen Versuch, das Resultat von 1969 mit der Aufwertung zum Vollkanton definitiv zu sichern. Bei der Asymmetrie der Verhältnisse erstaunt es nicht weiter, dass in der Stadt ein analoges Vorhaben scheiterte, das ebenfalls zur Streichung des Wiedervereinigungsartikels (Art. 58) hätte führen und die Vollkantonsprogrammatik hätte festschreiben sollen. Ironie des Schicksals oder normaler Lauf der Dinge: Der Versuch, den diffusen

11 Gerhard Schmid, Stadtkanton und Dreiländeragglomeration: Der Fall Basel. In: Schweizerisches Jahrbuch für Politische Wissenschaft 1985. Bern 1985. S. 231–244.

12 Bereits im Herbst 1983 hatte der baselstädtische Ständerat Carl Miville auf Bundesebene mit einer Einzelinitiative die Aufwertung zum Vollkanton angeregt. Der Vorschlag ist am 30. November 1987 abgelehnt worden. – Die Anhänger der Vollkantonsidee argumentieren in der Regel mit der Notwendigkeit, das Gewicht der Region müsse in Bern verstärkt werden. In Baselland geht es aber in erster Linie um die «definitive» Beseitigung der Wiedervereinigungsperspektive. In beiden Kantonen können ferner Überlegungen der parteipolitischen Vertretung eine Rolle spielen. Obwohl die Aufwertung zu Vollkantonen mindestens so aussichtslos wie das Zustandekommen der Wiedervereinigung ist, hat der Kanton Basel-Landschaft nach der Annahme der Initiative die Schaffung einer ständigen Spezialkommission vorgesehen, die «langfristige Aufklärungsarbeit» für einen Vollkanton leisten soll.

Wiedervereinigungsgelüsten ein Begräbnis erster Klasse zu bescheren, provozierte im Gegenteil deren Belebung und Bündelung in der Aktion des Basler Manifests.[13]

Das Manifest hat Reaktionen verschiedenster Art ausgelöst.[14] Hier seien nur zwei gegensätzliche Beurteilungen festgehalten: Die eine sieht in ihm und in der daran geknüpften Initiative ein willkommenes Mittel, den stockenden Ausbau der Partnerschaft voranzutreiben.[15] Die andere sieht in der Aktion im Gegenteil eine Erschwerung der partnerschaftlichen Zusammenarbeit, ja sogar eine Gefährdung einzelner Vorhaben, vor allem der Bemühungen, die Universität zu einer paritätischen Angelegenheit beider Basel zu machen. Es wäre freilich zu wünschen, dass im partnerschaftlichen Zusammenstehen unabhängig von zusätzlichen Impulsen und Gegenimpulsen das sachlich Nötige getan wird.

Wenn im Zusammenhang mit dem neuesten Vorschlag, wie es geschehen ist, auf die Vorbildlichkeit des westeuropäischen Zusammenschlusses hingewiesen wird, sei daran erinnert, dass der heutige Integrationsgrad nicht durch die Lancierung eines einzigen grossen Wurfes, sondern durch schrittweisen Ausbau der Kooperation und durch punktuelles oder sektorielles Herstellen von Überstaatlichkeit entstanden ist. Dass die Aufbruchphase, in der wir zur Zeit leben, zu einer Verwirklichung des «grand design» des Anschluss- und Beitrittsszenarios führen wird, ist höchst unwahrscheinlich. Dies aus verschiedenen Gründen: Insbesondere muss damit gerechnet werden, dass auf der Stadtseite selbst bei mehrheitlicher Befürwortung die ablehnende Minderheit so gross sein wird, dass sie in den weiteren Phasen die Ablehnung zunächst in Baselland, dann in der Schweiz unter anderem aus Rücksicht auf ebendie städtische Minderheit verstärken wird.

13 Die Basellandschaftliche Vollkanton-Initiative löste auf städtischer Seite zwei Prozesse aus: einen gleichläufigen und einen gegenläufigen. In die gleiche Richtung zog der von Gian Reto Plattner und 99 Mitunterzeichnern eingereichte und am 21. März 1985 überwiesene Anzug, der die Regierung aufforderte, sich ebenfalls für die Anerkennung Basel-Stadts als Vollkanton einzusetzen. Dieser Anzug wurde auf Antrag der Regierung vom Grossen Rat am 21. Mai 1987 abgeschrieben. In der gleichen Sitzung wurde aber ein neuer Anzug Plattner überwiesen, der wenigstens die Streichung des Wiedervereinigungsartikels der baselstädtischen Verfassung verlangte. Am 20. September 1989 wurde aber auch dieser Anzug mit grossem Mehr gegen neun Stimmen mit dem Hauptargument gestrichen, dass man in dieser Frage keine Volksabstimmung beziehungsweise keine Ablehnung der Streichung durch den baselstädtischen Souverän riskieren wolle. In die entgegengesetzte Richtung zog die «Vereinigung für eine starke Region Basel», die zuvor auf basellandschaftlicher Seite die Vollkanton-Initiative bekämpft hatte, nun zu einer städtischen Gruppe wurde und gegen den zweiten Anzug Plattner gezielt Propaganda machte. Die treibende Kraft dieser Bewegung, die sich im Dezember 1988 konstituiert hat, ist Karl Wieland (vgl. Basler Zeitung vom 7. Dezember 1988).

14 Abgesehen von den redaktionell eingeholten Reaktionen und den Leserzuschriften der verschiedenen Zeitungen der Regionalpresse vgl. die zwei grösseren Umfragen über die Meinungen in Basel-Stadt (Basler Zeitung vom 3. Mai 1990) und in Baselland (Basler Zeitung vom 19. Mai 1990).

15 Aus ähnlichen Überlegungen, aber auch mit ähnlich kontraproduktiver Wirkung ist die Wohnsitzpflicht für baselstädtische Beamte propagiert und in der Volksabstimmung vom 25. September 1988 mit einer Ja-Mehrheit von 61,8 Prozent Eintreten auf die unformulierte Initiative beschlossen worden.

Kommt hinzu, dass das Anschlussverfahren im Prinzip nicht die Schaffung einer neuen Ordnung vorsieht, sondern davon ausgeht, dass der baselstädtische Souverän pauschal Verfassung und Gesetze übernimmt, über die er nicht hat abstimmen können. Eine positive Wirkung des Manifests könnte dagegen darin bestehen, dass es die Baselbieter nachhaltig auf zweierlei aufmerksam macht: dass Basel-Stadt die strukturellen Probleme wirklich nicht alleine bewältigen kann und der den Städtern noch immer gerne nachgesagte Hochmut wirklich der Vergangenheit angehört.

Bei geringen Erfolgschancen könnte die Aktion allerdings auch mehr schaden als nützen, wenn sie zu einer Wiederholung der Situation von 1960 führen sollte: dass nämlich der Ausbau der Partnerschaft sistiert würde, bis an der Fusionsfront die Entscheide gefallen wären. Diese würden kaum mehr in diesem Jahrtausend spruchreif werden und könnten in eine Zeit fallen, die bereits wieder von restaurativen Mentalitäten geprägt ist.

Die aktuelle Reformphase ist eine Chance für vieles. Durch sie oder in ihr kommt aber nichts von alleine zustande. Alles Neue bedarf des kreativen Engagements. Die Anhänger der Anschlussidee werden versuchen, die Chancen der Zeit zur Chance ihrer Vision zu machen. Die Reformphase sollte aber auch genutzt werden, die dringendsten Teilprojekte zu verwirklichen, natürlich unter dem für die regionalen Zentrumsfunktionen und den baselstädtischen Staatshaushalt lebenswichtigen Aspekt des Lastenausgleichs, aber auch unter dem Aspekt der gemeinsam zu gestaltenden Verantwortung, beispielsweise beim fälligen Ausbau des Flugplatzes, des Messeplatzes, des «Kulturplatzes», und in jedem Fall bei der Schaffung einer paritätischen Trägerschaft für die Universität. Dies entweder mit der Hilfe – oder dann eben trotz des «Basler Manifests».

Nachtrag 2005: Das Manifest beschäftigte in der Folge noch für eine Weile die Basler Politik. Im Juli 1992 wurde eine entsprechende Volksinitiative eingereicht. Ende Juni 1994 gab ihr der Grosse Rat aber nicht einmal die Chance einer Kommissionsberatung. Was mit einem Überraschungscoup angekündigt worden war, endete vier Jahre später, im Oktober 1994, still und unbemerkt.

Die bereits 1954 geschaffene Hardwasser AG – ein Vorzeigestück der Partnerschaft. Genügte dies als Modell für die Bewältigung der Zukunftsaufgaben? (Baselland bleibt selbständig. Liestal 1985. S. 339. Foto: Microfilmstelle des Kantons Basel-Landschaft).

Der lange Abschied von der Wiedervereinigung

Zwischen 1969 und 2002 wurden nicht weniger als elf gewichtige Versuche unternommen, das strukturelle Problem, das die ausgebliebene Wiedervereinigung hinterliess, zu lösen, zu entschärfen oder wenigstens formell zu eliminieren. Von zweien ist bereits die Rede gewesen: von der Einfügung der Partnerschaftsartikel in die Kantonsverfassungen von Baselland 1971 (in Kombination mit der Streichung des Wiedervereinigungsparagraphen) und von Basel-Stadt 1974 (ohne Streichung des entsprechenden Paragraphen) sowie von der Beitrittsinitiative von 1990. Diese beiden Operationen waren Versuche einer längeren Reihe, die man sich vergegenwärtigen sollte, wenn man sich mit dem Verhältnis der beiden Basel befasst.

Allein sechs Versuche galten der «Aufwertung» der beiden Basel zu Vollkantonen. Dabei standen formell zwei Aspekte im Vordergrund, welche die Sache eigentlich nicht ausmachen konnten: die numerische Verbesserung durch die Verdoppelung der Vertretung im Ständerat und die Frage der Gerechtigkeit. Zum ersten Punkt sagten Ratskollegen – lachend –, dass *ein* guter Ständerat (gemeint war Carl Miville) mehr wert sei als zwei mittelmässige.[1] Die «Aufwertung» oder Erhebung oder Anhebung hätte allerdings auch Konsequenzen bei der Auszählung der Standesstimmen in den eidgenössischen Volksabstimmungen. Darum wurde in diesen Diskussionen auch darauf verwiesen, dass schon drei wichtige Abstimmungen wegen des nicht zustande gekommenen Ständemehrs negativ ausgegangen seien.

Zur Gerechtigkeitsfrage: Da die Ständevertretung grundsätzlich nicht nach Grösse und Stärke organisiert und darum diesbezüglich gewollt «ungerecht» war, konnte dieses Argument, wie viele Voten zeigten, die lieben Miteidgenossen schlecht überzeugen und auch kein zentraler Punkt sein. Die Halbkantone[2] waren, wenn man vom unwesentlichen numerischen Aspekt absieht, in keiner Weise schlechter gestellt als die Vollkantone, sie bildeten eigene Staatswesen wie die anderen.

Mit den Aufwertungsversuchen war stets etwas anderes anvisiert: das direkte Verhältnis zwischen den beiden Basel. Auf der basellandschaftlichen Seite ging es vor allem darum, einen definitiven Schlussstrich unter das Wiedervereinigungskapitel zu ziehen

1 Der Ausserrhoder Nationalrat und spätere Ständerat Hans-Rudolf Merz (heute Bundesrat) zitierte 1981 in seiner Variante den Spruch: «Mir schicket lieber en Guete uf Bärn ass zwee Schlechti» (Nationalrat vom 4. März 1981. S. 86).

2 Kurt Jenny hat sich stets dagegen gewehrt, dass man diese juristisch nicht korrekte Bezeichnung verwendet. Der Begriff der «Halbkantone» wurde aber erst mit der neuen, am 1. Januar 2000 in Kraft getretenen Bundesverfassung hinfällig.

und den Staatswerdungsprozess abzuschliessen. Auf baselstädtischer Seite dürfte es vor allem darum gegangen sein, die Beziehungen zum Nachbarkanton zu verbessern (zu entkrampfen, wie man meistens sagte) und auf diese Weise die Möglichkeiten auch für den eigenen Kanton zu verbessern. Die auf der symbolischen Ebene vorgenommene Modifikation sollte auf der realen Ebene die Bodenkontakte verbessern und Grabenkämpfe vermeiden helfen.

Basel-Stadt hat sich während über 30 Jahren gegen diese Flurbereinigung gewehrt. Bis 1980 bestand in Basel die starke Hoffnung, via das Laufental die Wiedervereinigungsfrage nochmals aufrollen zu können. In der Eventualabstimmung vom 13. Januar 1980 plazierten die Laufentaler Stimmbürger und Stimmbürgerinnen den Anschluss an Basel-Stadt jedoch auf den schlechtesten Platz hinter Solothurn und Basel-Landschaft.[3] Von jenem Moment an war klar, dass die Wiedervereinigungsfrage für sehr lange Zeit kein Thema mehr sein konnte.[4] Dies spürte man auch in den Beratungen des Nationalrats vom März 1981 (vgl. unten). Von nun an konnte die Parole der Städter eigentlich nicht mehr Wiedervereinigung, sondern einzig noch Sicherung der privilegierten Partnerschaft lauten. Wie sich diese Partnerschaftsfrage konkret präsentierte, wäre eine andere, in dieser Erkundung wenig erfasste Geschichte. Sie dürfte aber die Auseinandersetzung auf der höheren oder allgemeinen Ebene mitbestimmt haben. Die auffallend frostige Erklärung beispielsweise des baselstädtischen Regierungsvertreters Feldges vom März 1994 könnte auf eine konkrete Auseinandersetzung in einer Einzelfrage zurückgehen. Wenn man den Grad der Partnerschaft an der Höhe der Zahlungen für Zentrumsleistungen messen wollte, müsste man sich vergegenwärtigen, wofür die konkreten Zahlungen (heute etwa 220 Millionen Franken) geleistet werden.

Erst mit der im Jahr 2006 in Kraft tretenden neuen baselstädtischen Verfassung wird man auch in der Stadt auf den Wiedervereinigungsparagraphen verzichtet haben (vgl. unten). Man kann sich fragen, was das Verhältnis zwischen den beiden Basel gewonnen hätte, wenn man schon früher so weit gekommen wäre. Die Antworten zu dieser Frage liegen zwischen zwei Annahmen, die sich beide nicht beweisen lassen: ein (noch) stärkeres Pochen der basellandschaftlichen Seite, dass die Stadt für «ihre» Probleme primär selbst verantwortlich sei, oder eine (noch) stärkere Bereitschaft, gemeinsame Probleme gemeinsam zu lösen.

Wenn man sich aus historischer Perspektive mit den verschiedenen Versuchen befasst, die am Verhältnis zwischen den beiden Basel etwas verändern wollten, kann

3 Andreas Cueni (Hrsg.), Lehrblätz Laufental. Vom schwierigen Weg der direkten Demokratie. Zürich 1993. Anlässlich der eidgenössischen Abstimmung zum revidierten Entscheid des Laufentals zugunsten von Baselland und nicht einem Verbleiben bei Bern. Vgl. auch den folgenden Aufsatz in diesem Band. S. 161–168.

4 Das hinderte einzelne Bürger nicht, die Situation anders einzuschätzen. Im September 1994 erhielt der Verfasser einen Brief aus Therwil von M. R. B., der die 25. Wiederkehr der Abstimmung von 1969 zum Anlass nahm, um insbesondere für die jüngere Generation eine erneute Abstimmung zu fordern. Er stellte sich dabei auf den Standpunkt, dass nicht die Wiedervereinigung, sondern nur die damals vorgelegte Verfassung verworfen worden sei.

es nicht darum gehen zu prüfen, welches die guten oder weniger guten Argumente für welche gute oder weniger gute Lösung waren. Aus historischer Sicht muss mehr die Frage interessieren, zu welchem Zeitpunkt aus welchen Motiven die Thematik aufgegriffen worden ist. Wie wir sehen werden, spielte längere Zeit die anstehende *Jurafrage* eine wichtige Rolle. Später, 1983, bildete die *Laufentalfrage* den Anlass für einen weiteren Vorstoss.

Hingegen war das über Jahre sich hinziehende Projekt der *Totalrevision* kein auslösendes Moment. In der Vernehmlassung der Arbeitsgruppe Wahlen (1967–1973) äusserte sich Basel-Stadt überhaupt nicht zur Frage, während die Halbkantone Ob- und Nidwalden, Basel-Landschaft und Appenzell Ausserrhoden den Moment nutzten, um mit Nachdruck die Aufwertung zu fordern; in Appenzell Innerrhoden aber wurde eine solche entschieden abgelehnt.[5] Das Revisionsprojekt erwies sich vielmehr als Erschwernis, weil vor allem Aufwertungsgegner immer wieder darauf verweisen konnten. Bundespräsident Kurt Furgler tat es 1977 mit Verweis auf den damaligen Verfassungsentwurf und seine Auslegung (vgl. unten), und Ständerat Norbert Zumbühl (CVP/NW) tat es 1987, indem er erklärte, es werde einmal der Moment kommen, da die Bundesverfassung revidiert werde – «dann haben wir Gelegenheit, fundamental die ganze ‹Geschichte› zu diskutieren».[6] Mit den Jahren ging die Reformbereitschaft jedoch derart massiv zurück, dass am Status der Kantone keine Veränderungen vorgenommen wurden. Die neue, im Jahr 2000 in Kraft getretene Verfassung bildete dann aber, wenn nicht den Anlass, so wenigstens den Vorwand für ein neuerliches Aufgreifen der alten Frage, weil sie auf den Terminus der Halbkantone verzichtete und die Gleichstellung der Kantone betonte.

Für die Beitrittsinitiative von 1990 ist vor dem Hintergrund der permanenten strukturellen Problematik als hauptsächlicher Anlass die *allgemeine Aufbruchsituation* der «Wende» bereits genannt worden. Für den Vorstoss vom Dezember 1992 von Hans-Rudolf Gysin (FDP/BL) könnte eine Kombination von zwei Gegebenheiten bestimmend gewesen sein: die drohende Beitrittsinitiative und, was eher eine schwache Voraussetzung war, das gemeinsame Ja zur EWR-Abstimmung der Romandie und der beiden Basel als der «Romands» der deutschen Schweiz. Und zur Erklärung des letzten Versuchs, desjenigen von Claude Janiak vom März 2001, wird auf die neue Situation hingewiesen, welche die neue, am 1. Januar 2000 in Kraft getretene Bundesverfassung geschaffen habe. Es hätte erstaunt, wenn nicht auch das Argument eingesetzt worden wäre, dass die «lieben und getrüwen Miteidgenossen» im Jahr 2001 dem Stand Basel wegen seiner 500jährigen Zugehörigkeit zur Eidgenossenschaft mit der Erfüllung seines legitimen Wunsches gleichsam ein Jubiläumsgeschenk machen könnten; das historische Datum bildete tatsächlich einen schönen Anknüpfungspunkt in der basellandschaftlichen Standesinitiative vom Mai 2001.

5 Von Bundespräsident Kurt Furgler am 6. Oktober 1977 im Ständerat in Erinnerung gerufen (S. 598). Bericht Wahlen 1973. S. 258f.

6 Ständerat vom 30. November 1987. S. 585.

Im weiteren sollte ein derartiger Überblick zeigen, von welcher Kantonshälfte und aus welchen politischen Lagern die Vorstösse jeweils ausgingen und wie diese von der je anderen Seite aufgenommen wurden. Wenn man die Aufwertungsvorschläge als Entkoppelung der beiden Basel (miss)versteht, muss man erstaunt sein, dass diese Vorschläge immer wieder und sogar primär von der baselstädtischen Seite ausgingen. In Basel-Stadt bestand wegen der teuren Zentrumsleistungen und des fehlenden Umlands sicher ein gewisser Leidensdruck und das entsprechende Bedürfnis, Baselland in gemeinsame Trägerschaften einzubinden. Darum kamen Lösungsvorschläge eher von dieser Seite, ob in Richtung eines Ausbaus der Partnerschaft, ob in Richtung einer Reaktivierung des Wiedervereinigungsprozesses.

In beiden Kantonshälften kamen Vorstösse und Unterstützungsaktionen von der Linken wie von der Rechten. In beiden Basel nahmen sich vor allem die Sozialdemokraten der Problematik an. Sie taten dies aus der Absicht, den kantonalen Nationalismus abzubauen und die Voraussetzungen für die internationale Kooperation zu verbessern. Die Motive der rechtsbürgerlichen Seite sind weniger eindeutig. Auf der baselstädtischen Seite könnte das Bestreben eine Rolle gespielt haben, dem Halbkanton ein seiner Bedeutung entsprechendes Gewicht zu geben. Auf der basellandschaftlichen Seite ging es, abgesehen vom Ziel, ein volles Staatswesen zu sein, darum, den städtischen Wiedervereinigungsambitionen definitiv einen Riegel vorzuschieben und zugleich die basellandschaftliche Beteiligung an den baselstädtischen Zentrumskosten in möglichst engen Grenzen zu halten.

Vor der Beitrittsinitiative von 1990 waren schon vier Aufwertungsvorschläge lanciert worden. Etwa gleichzeitig zur Initiative lief ein Projekt, das mit einer Intensivierung des Dialogs die Partnerschaft stärken wollte. Später folgten nochmals zwei Versuche, die beiden Basel in Vollkantone umzuwandeln. Hinzu kamen ferner: ein Projekt, das in der Nordwestschweiz einen Grosskanton schaffen wollte, und schliesslich ein weiterer Versuch, im Jubiläumsjahr 2001 mit zwei Initiativen über sektorielle Zusammenlegungen die Verhältnisse zu verbessern. Indem wir den «historischen Versuch» von 1990 in diese längere Zeitreihe einordnen, können wir feststellen, dass es sich bei diesem Projekt zwar um eine neue Idee zur Lösung alter Probleme handelte, aber auch, dass es einer mittlerweile von verschiedenen Seiten doch stark in Frage gestellten Zielsetzung galt.

Versuch mit partnerschaftlichem Vertrag

Dialogisiert hatte man auch zuvor. Zum Beispiel in den beiden paritätisch abgehaltenen Partnerschaftsseminaren vom Wenkenhof (1984) und vom Leuenberg (1985).[7] Das nächste grössere und strukturierte Dialogprojekt wurde 1989 aus einem Anlass gestartet, der nicht einem speziell guten oder schlechten, einem entspannten oder angespannten Verhältnis zwischen den beiden Kantonsteilen entsprang, sondern dem 700-Jahr-Jubiläum der baselstädtischen Zunft der Hausgenossen in diesem Jahr.[8] Vom leicht nachvollziehbaren Bestreben getragen, nicht nur die Vergangenheit zu feiern, sondern auch etwas für die Zukunft zu tun, meinte man, in der Partnerschaftsfrage durch die Schaffung einer «Table ronde» wie ein neutraler Mediator wirken zu können; wie ein Vermittler, der keine vorgefassten Meinungen habe, institutionell nicht eingeengt und auch frei von parteipolitischen Interessen sei. 1990 dehnte man die Runde auf ausserzünftische Mitwirkende aus. Das Dialogprojekt zog sich über ein paar Jahre hin, bis ihm 1993/94 die Luft ausging. Die Gruppe von über 50 Mitgliedern war einigermassen paritätisch zusammengesetzt, einige BL-Mitglieder dürften aber ehemalige Städter gewesen sein. Prof. Thierry A. Freyvogel, traditionell und beruflich mit der Stadt verbunden, aber wie manche ehemalige Städter auf der Landschaft wohnhaft, war die treibende Kraft. Zunächst war David Linder (BS), dann Urs Gasser (BL) Vorsitzender der «Table ronde». Die Aktion brachte keine konkreten Resultate, man berief sich jedoch darauf, «Direktkontakte» erleichtert und den Partnerschaftsprozess dadurch insgesamt vorangetrieben zu haben.

Vier Vollkantonsversuche

Den *ersten* Vorstoss zur Umwandlung der beiden Halbkantone in Vollkantone unternahm Nationalrat Peter Dürrenmatt (LDP) am Tag nach der negativ ausgegangenen Wiedervereinigungsabstimmung vom 7. Dezember 1969. Auf Grund der überwiegend negativen Reaktionen insbesondere auch der baselstädtischen Regierung zog er seine Motion anderthalb Jahre später wieder zurück.

Die *zweiten* Versuche wurden im Zuge der Entstehung des Kantons Jura lanciert und, zum Teil aus Rücksicht auf die Jurapolitik, auch wieder zurückgenommen. In diesem Kontext reichte Landrat Heinz Furrer (SVP) am 12. Juni 1975 eine Motion ein und nahm die Regierung zwei Jahre später, am 25. Oktober 1977, mit einem grundsätzlich positiven, aber doch zurückhaltenden Bericht Stellung. Im gleichen Kontext hatte der

7 Zu jener Zeit sind erschienen: René L. Frey, Basel-Stadt und Basel-Landschaft. Chancen und Probleme in ihrer Zusammenarbeit. Basel 1984. – Paul Nyffeler, Norbert Schmassmann und Peter Wyss, Partnerschaft zwischen Basel-Stadt und Basel-Landschaft. Liestal 1986.

8 Nicolas Drechsler, Zwischen Partnerschaft und Wiedervereinigung. Die beiden Basel 1975–2000. Basler Lizentiatsarbeit vom Sommer 2002.

Basler Nationalrat Walter Allgöwer (LdU) bereits am 21. März 1977 in Bern mit einer Parlamentarischen Initiative die Schaffung von zwei Basler Vollkantonen gefordert.

Im Ständerat machte sich Willi Wenk (SP) als baselstädtischer Vertreter am 24. März 1977 mit einer Motion dafür stark, dass man die beiden Halbkantone «ihrem politischen und wirtschaftlichen Gewicht entsprechend» einstufe. Bisher habe man erklärt, die Frage könne erst bei der Schaffung des Kantons Jura angegangen werden. Mithin sei der Zeitpunkt jetzt gekommen, da mit der Kantonsschaffung auch zwei zusätzliche Ständeräte geschaffen werden. Wenk erinnerte in der Beratung vom 6. Oktober 1977 daran, dass Alt-Bern diesbezüglich mit der Schaffung von zwei Halbkantonen nicht schlechter fahren würde, da es zuvor bereits eine Aufteilung der Sitze zwischen Bern und dem Jura gegeben habe. Wenn man diese Lösung nicht wähle, dann könne man auch den berechtigten Ansprüchen der beiden Basel Rechnung tragen. Wenk bekannte sich zum Ziel der Wiedervereinigung, er meinte aber, man könne, sollte sie Wirklichkeit werden, auf die beiden Sitze auch wieder verzichten. Die Unterstützung, die er vom Baselbieter Kollegen Werner Jauslin (FDP) erhielt, setzte die Akzente leicht anders, indem er sich auf die Abstimmung von 1969 bezog, die sich – ähnlich wie die Jura-Abstimmung – für zwei Kantone als dauerhafte Lösung ausgesprochen habe. Raymond Broger (CVP), der Standesherr von Appenzell Innerrhoden, wollte in dieser Debatte von einer Aufwertung der Halbkantone nichts wissen. Abgesehen von seiner grundsätzlichen Abneigung gegen jede Veränderung hegte er die wenig begründete Befüchtung, dass damit eine Bewegung eingeleitet werden könnte, die im Ständerat allgemein zu neuen Verteilungsschlüsseln oder Gewichtungen führe, zu Kantonen mit drei oder vier Ständeräten und zu einem Ständerat mit 60 bis 70 Mitgliedern. Er verwies auch auf eine kürzlich durchgeführte Konferenz der Halbkantone, an der sein (Halb-)Kanton bereits die gleiche Haltung eingenommen habe. Bundespräsident Kurt Furgler wollte diese Frage «auf keinen Fall» mit derjenigen des Jura gekoppelt sehen. Er vertröstete die Basler auf die anstehende Totalrevision und nährte Hoffnungen, indem er sagte, in der Expertenkommission zur Totalrevision gebe es einen Trend in Richtung der Aufwertung der Basler Kantone.[9] Er fügte bei, auch die noch nicht entschiedene Laufentalfrage sei zu beachten, dieser Entscheid könne aber «noch einige Monate oder Jahre» auf sich warten lassen. Die Motion erfuhr mit 17 : 10 Stimmen eine deutliche Abfuhr.[10]

In der Vorberatung der letzten, gesamtschweizerischen Abstimmung zur Schaffung des Kantons Jura erinnerten Basler Vertreter in beiden Kammern an den Wunsch nach Aufwertung der beiden Halbkantone. Im Ständerat sorgte der Baselbieter Werner Jauslin (FDP) am 13. Dezember 1977 dafür: Auf die verschiedenen Aktionen des

9 Der Bericht der Expertenkommission, deren Präsident Kurt Furgler war, hielt denn auch fest, dass mit der Schaffung des Kantons Jura die Stellung der beiden Basel «heikel» würde und das Gleichgewicht «am ehesten» erreicht würde, indem man den beiden Basel den Status von Ganzkantonen gäbe und die vier anderen Halbkantone in ihrem Status beliesse (1977. S. 22).

10 Ständerat vom 6. Oktober 1977. S. 597–560. Raymond Broger (AI) war der einzige zusätzliche Votant.

Rassemblement Jurassien und insbesondere der Béliers indirekt anspielend, bemerkte er, dass man die Anliegen auch derjenigen Volksgruppen ernst nehmen solle, «welche keine Kraftakte vollführen, sondern sich ruhig und im Rahmen unserer Rechtsordnung verhalten».[11] In der Volkskammer kam es zu einer geballten Wortmeldung von Basler Nationalräten, was zu Bemerkungen führte, man befinde sich in einer «fasnächtlichen Frühmatinee» oder an einem «politischen Morgenstreich». Claudius Alder (LdU/BL) wollte die Gelegenheit nutzen, um einzig für die beiden Basler Halbkantone eine Umwandlung in Vollkantone zu erreichen. Er wurde dabei von Parteikollege Allgöwer (LdU/BS) unterstützt, der sich als «Mitvater dieser Idee» bezeichnete und bekannte, überhaupt nicht mehr mit der Wiedervereinigung zu rechnen: «Wir sind ein Stadtkanton, und wir können es nicht mehr ändern; wir haben dieses Schicksal zu tragen und damit Schluss.»[12] Die Aufwertungsforderung wurde von Felix Auer (FDP/BL) mitgetragen, er drehte Furglers Argument, dass die Basler Forderung die Juralösung belasten könnte, um, indem er erklärte, dass die Aufwertung der beiden Basel ganz im Gegenteil diese erleichtern könne, weil sie einen Ausgleich – ein *équilibre* – zu den beiden zusätzlichen Jura-Stimmen schaffen und Zögernde in der deutschen Schweiz veranlassen könnte, zugunsten des Juras zu stimmen.[13] Die Anhänger dieser Lösung unterlagen jedoch mit 23 : 123 Stimmen.

Nationalrat Hans-Rudolf Feigenwinter (CVP/BL) nahm in dieser Debatte eine Mittelstellung ein: Er unterstützte die Forderung grundsätzlich, hielt aber den Zeitpunkt für falsch. Von ihm kam das markante Baselbieter Bekenntnis, dass nach der Ablehnung von 1969 «dieses Kapitel der Geschichte nun endgültig abgeschlossen sein sollte». Die Wiedervereinigung der beiden Basel sei kein Rezept für die Lösung der anstehenden Sachprobleme. «Aus der Sicht der Baselbieter hat sie deshalb aus Abschied und Traktanden zu fallen.»[14]

Die traditionelle Gegenposition der Städter vertraten die Nationalräte Wyss und Schnyder. Paul Wyss (FDP/BS) vermutete, dass man mit der Vollkantonslösung die Wiedervereinigung endgültig begraben wolle, und machte zum Argument, dass sich die Bürger beider Kantone – «beide Völker» – zu dieser Frage bisher überhaupt nicht kompetent geäussert hätten. Gleichzeitig gab er zu verstehen, dass er nicht grundsätzlich gegen die Aufwertung sei, aber den Zeitpunkt ebenfalls nicht für geeignet erachte. Nicht gegen Wyss, aber gegen zwei andere Ratskollegen, die ebenfalls das Argument von der nicht vorliegenden Mandatierung durch kantonale Volksentscheide gebracht hatten, wehrte sich Kollge Alder mit dem Argument, dass er als Volksvertreter unabhängig von Mandaten per Volksabstimmungen das Recht habe, einen derartigen Antrag zu stellen.[15] Bundesrat Kurt Furgler wies dagegen auf einen bemerkenswerten Punkt hin, als er sagte, es gehe nicht so sehr um die aktuelle Meinung der Bürger und Bürge-

11 Ständerat vom 13. Dezember 1977. S. 712.
12 Nationalrat vom 8. März 1978. S. 340.
13 Ebenda. S. 338.
14 Ebenda. S. 336.
15 Ebenda. S. 342.

rinnen als um die Rechtslage, und da müsse der baselstädtische Wiedervereinigungsparagraph 58 eben als ein gewisses Hindernis gewertet werden.[16]

Anderseits musste sich Alder von Karl Schnyder (SP/BS), der zugleich gerade Regierungspräsident war, wegen seiner Aussage, dass die Regierungen beider Basel seinen Vorstoss unterstützten, korrigieren lassen. Man sei zwar für die Schaffung von Vollkantonen, doch soll dies nicht in Kombination mit der Jurafrage geschehen. Schnyders Votum war zu entnehmen, dass Aufwertung und Wiedervereinigung nicht als unvereinbar gesehen wurden, dass man aber nicht mit einem baldigen Entscheid zur Wiedervereinigungsfrage rechnete und darum «selbstverständlich» nicht so lange warten wollte. Die Sache müsse unverzüglich *nach* der Jura-Abstimmung an die Hand genommen werden.[17]

Die anstehende gesamtschweizerische Volksabstimmung vom 25. September 1978 über die Schaffung des Kantons Jura war auch für den Basler Grossrat Jürgen Zimmermann (FDP) der Grund für den Anzug, mit dem er ebenfalls eine Standesinitiative für die Erhebung zum Vollkanton forderte. Der Vorstoss wurde aus zwei Motiven nicht überwiesen: Man wollte die Schaffung des neuen Kantons nicht mit dieser Frage belasten und sich die Möglichkeit einer späteren Wiedervereinigung nicht verbauen.[18]

Die Beratung des von Nationalrat Allgöwer 1977 eingebrachten Vorstosses kam erst im Frühjahr 1981 nach längerer und zum Teil aus jurapolitischen Rücksichten eingelegter Pause zu einem Ende. Nach dreistündiger Debatte wurde die Initiative am 4. März 1981 mit 98 : 31 Stimmen deutlich abgelehnt und von der Geschäftsliste gestrichen, so dass sich der Ständerat nicht mehr damit zu befassen hatte. Ein zweiter Anzug, den Grossrat Zimmermann nach der Jura-Abstimmung auf kantonaler Ebene einbrachte und der vom Grossen Rat am 18. Januar 1979 der Regierung überwiesen worden war, wurde nach dem negativen Entscheid zu Allgöwers Vorstoss im Herbst 1981 ebenfalls abgeschrieben.[19] Der Plenumsberatung vom März 1981 war eine Vernehmlassung bei allen Kantonen vorausgegangen: 18 Kantone lehnten eine Anhebung aller Halbkantone ab, und davon wollten 16 Kantone auch nicht eine Anhebung bloss für die beiden Basel zulassen. Für Totalablehnung waren die rechten Parteien, während die SP und der LdU eine Teilzustimmung für die beiden Basel zurückmeldeten.[20]

In den Verhandlungen vom März 1981 traten die Basler Vertreter mit grösserer Einmütigkeit auf, als dies noch 1977 der Fall war.[21] Hans-Rudolf Nebiker (SVP/BL)

16 Ebenda.

17 Ebenda. S. 339ff.

18 Beschluss vom 8. Juni 1978 mit 45 : 25 Stimmen (der Grosse Rat zählte 130 Mitglieder).

19 Bericht der Regierung vom 5. Mai 1981 und Beschluss des Grossen Rates vom 17. September 1981.

20 Auch die befragten Experten, der Historiker Roland Ruffieux, der Politologe Raimund E. Germann und der Staatsrechtler Etienne Grisel, sprachen sich gegen eine Änderung aus (veröffentlichter Bericht in den Verhandlungen des Nationalrats vom 4. März 1981. S. 71ff.).

21 Als in der Minderheit gebliebene Kommissionsmitglieder stimmten alle Basler für Allgöwers Vorstoss: Hans-Rudolf Feigenwinter (CVP/BL), David Linder (LDP/BS), Hans-Rudolf Nebiker (SVP/BL), Heinrich Ott (SP/BL) und Paul Wyss (FDP/BS).

erinnerte an die Vertröstungen und das Versprechen vor dem letzten Juraplebiszit, ehemalige Wiedervereinigungsbefürworter wie Andreas Gerwig (SP/BS) und Heinrich Ott (SP/BL) räumten ein, dass die Wiedervereinigungsfrage im Sinne des ablehnenden Entscheids des Baselbiets definitiv erledigt sei. Claudius Alder (LdU/BL)[22] warnte vor einem Malaise, das der freundeidgenössischen Zusammenarbeit sicher nicht förderlich wäre. Zwei Basler Voten bezogen sich auf die radikalsten Varianten des Kampfes der Juraseparatisten: Felix Auer (FDP/BL): «Wir haben keine Häuser angezündet und keinen Radau gemacht.» Und Karl Fluebacher (FDP/BL) fragte, ob Veränderungen in diesem Land nur durchgeführt werden könnten, «wenn man sich entweder als Terrorist betätigt oder Sprengstoff braucht»[23]. Die grosse Mehrheit wollte jedoch am Status quo nicht rütteln, und Bundesrat Kurt Furgler vertröstete einmal mehr mit Hinweis auf seine Verfassungsreform, dass das Geschäft mit einer jetzigen Ablehnung nicht aus «Abschied und Traktanden» falle.

Der *dritte* Versuch wurde vom baselstädtischen Ständerat Carl Miville (SP) am 5. Oktober 1983 mit einer weiteren Parlamentarischen Initiative unternommen. Anlass dazu waren der (später revidierte) Volksentscheid der Laufentaler für ein Verbleib beim Kanton Bern und die damit verbundene Annahme, dass damit der Verlauf der Kantonsgrenzen in der Nordwestschweiz auf Jahrzehnte hinaus festgelegt sei.[24] Der Vorstoss war durch zwei Umstände belastet: Erstens lag zum Zeitpunkt der Beratung – trotz der Zurückstellung des Geschäfts bis zum November 1987 – noch kein gleichlautendes Begehren von Basel-Landschaft vor.[25] Und zweitens bemerkte man in Bern, dass sich Basel-Stadt in dieser Frage keineswegs einig war.[26] Doch auch ohne diese Erschwernisse wäre die Initiative abgelehnt worden, wie dies dann mit 36 gegen die Stimmen der beiden Basel und eine dritte Stimme auch eintrat.[27] Die Vertreter der anderen vier Halbkantone stellten sich entschieden auf den Standpunkt, dass – «wennschon» – die Umwandlung für alle vorgenommen werden müsse. Dies führte dann zwangsläufig zur Frage der Balance zwischen deutschen und welschen Kantonen. Miville dagegen meinte, dass sich die Umwandlung auf die beiden Basel beschränken könnte und dies nur wieder zum alten Verhältnis vor der Schaffung des Kantons Jura

22 Alders Mitstreiter Allgöwer war inzwischen gestorben. Die weiteren Verhandlungen, Nationalrat 1981. S. 78–94.

23 Weitere Basler Votanten waren: Paul Wagner (SP/BL) und Paul Wyss (FDP/BS).

24 FDP-Nationalrat sicht darin allerdings auch eine «Hals über Kopf» gestartete Einzelaktion im Hinblick auf die wenige Tage später zu bestehende Kampfwahl um den Ständeratssitz. MS vom 7. April 1988 für die Sonderbeilage Baselland in der Basler Zeitung.

25 Miville erklärte, dass eine ganze Serie innerkantonaler Geschehnisse den basellandschaftlichen Ständerat Edi Belser veranlasst hätten, mit einem entsprechenden Vorstoss zuzuwarten.

26 Miville verwies allerdings auf die grossmehrheitliche Überweisung des Anzugs von Gian-Reto Plattner vom 21. Mai 1987.

27 Ständerat vom 30. November 1987. S. 580–585. Es beteiligten sich ausser dem Berichterstatter Arthur Hänsenberger (FDP/BE) nur Vertreter von Halbkantonen an der Debatte: neben Carl Miville (BS) und René Rhinow (BL) waren es die Ständeräte Küchler (OW) und Zumbühl (NW), Schmid (AI) und Schoch (AR).

führen würde. Der ins Feld geführte Vergleichspunkt war nicht ein Vergleich mit den vier demographisch wie ökonomisch tatsächlich viel schwächeren anderen Halbkantonen, sondern der Punkt, dass man 1978 bei der «Teilung» Berns mit grösster Selbstverständlichkeit davon ausging, dass man Bern nie einen Halbkantonsstatus würde zumuten können. Miville sah seinen Kanton als «halbe Portion» behandelt, mit einer zusätzlichen Vertretung in Bern wollte er auch die schwindende Zahl der Nationalräte (infolge der wegen der Stadtflucht zurückgehenden Bevölkerungszahlen) etwas ausgleichen. Die zusätzliche Vertretung wurde nicht, wie dies zuweilen ebenfalls geschah, aus der Stärke des Kantons, sondern vielmehr aus dessen Schwäche abgeleitet. Die durch die Grenzlage eingeschnürte Stadt bilde ein Gemeinwesen «mit schwersten ökonomischen Problemen». Der baselstädtischen Regierung warf er «eine Art Wiedervereinigungsnostalgie» vor, die verkenne, dass der Kanton Basel-Landschaft aus einem Bauernland zu einem finanzstarken Industriekanton mit eigener Infrastruktur, aus einem «Kanton auf Abruf» zu einem Kanton geworden sei, der seine «absolute Identität» gefunden habe. Wegen der Finanzierung von Institutionen wie Universität oder Stadttheater brauche es keine Wiedervereinigung.

Der *vierte* Versuch fällt ins Jahr 1985 und ging von der basellandschaftlichen Seite aus. Die am 26. Juni 1985 eingereichte Volks- und Gemeindeinitiative «Für einen Vollkanton Baselland» wollte einen Artikel in der Verfassung verankern, der die Regierung verpflichtete, auf die Umwandlung in einen Vollkanton hinzuwirken. Im Kanton Basel-Stadt reagierte Grossrat Gian-Reto Plattner auf dieses Vorhaben schnell, das heisst bereits zu Beginn der Unterschriftensammlung in Baselland, und reichte bereits am 21. März 1985 einen Anzug mit einer analogen Zielsetzung ein.[28] Nachdem die Regierung am 10. Februar 1987 in ihrer Stellungnahme auf den noch immer verpflichtenden Wiedervereinigungsparagraphen 58 hingewiesen hatte, reichte Plattner gleich einen weiteren Anzug ein, mit dem er dessen Streichung verlangte. Plattner kritisierte in der Debatte vom 21. Mai 1987, dass das Verhältnis zwischen den beiden Basel ein Tabuthema sei, er sei aber gegen Verdrängungsaktionen, und im Hinblick auf die basellandschaftliche Initiative sagte er, dass es in jedem Fall eine Volksabstimmung gebe. In der Sache selber sprach er sich für eine behutsame Neuorientierung aus; Zürich zeige, dass das Stadtproblem mit der Einfügung in einen grösseren Kanton nicht ge-löst sei. Denn dort würde die Stadt von der stärker ins Gewicht fallenden Landschaft immer wieder überstimmt. Unterstützt wurde der Sozialdemokrat in diesem Fall vom konservativen Bernhard Christ (LDP), der den Wiedervereinigungsartikel als «juristische Ruine» bezeichnete, der einer dynamischen Partnerschaft im Wege stehe. Als besonders störend empfand er, dass Basel-Stadt nur eine halbe Vertretung habe, während der Jura, «das menschenleere Bergland ohne Wirtschaftskraft», eine volle Ver-

28 Für diesen oder den folgenden Anzug gewann Plattner 99 Unterschriften (von 130 möglichen). Zu der die politischen Ziele ergänzenden persönlichen Motivation: Plattner war in der Basler Landgemeinde Riehen aufgewachsen und daher an einem guten Verhältnis mit den basellandschaftlichen «Landgemeinden» interessiert. Zudem war er über Heirat mit der Familie des Baselbieter Altregierungsrats und engagierten Wiedervereinigungsgegners Paul Manz verbunden.

tretung beanspruchen könne. Plattners alter Vorstoss wurde gegen eine Opposition von 15 Stimmen abgeschrieben, der neue Vorstoss dagegen mit grossem Mehr gegen 21 Stimmen an die Regierung überwiesen. Diese nahm, unter anderem mit einer positiven Beurteilung der Partnerschaft, in beiden Fällen eine ablehnende Haltung ein und bekräftigte diese mit ihrer späteren Stellungnahme vom 15. Mai 1989. Am 20. September 1989 folgte der Grosse Rat der Regierung und schrieb jetzt auch den zweiten Anzug ab. Der Vorstoss erwies sich gemäss nachträglicher Einschätzung seines Autors eher als kontraproduktiv, weil er den Baselbietern gewissermassen die anhaltende Renitenz der Städte vor Augen führte. Inzwischen hatte allerdings das Baselbieter Volk am 12. Juni 1988 die Vollkantonsinitiative mit 60,5 Prozent Ja-Stimmen angenommen, was zu einem entsprechenden Paragraphen 1,3 in der Kantonsverfassung führte.

Fünfter Vollkantonsversuch

Nach der Volksabstimmung vom Juni 1988 trat die neue Bestimmung der Baselbieter Kantonsverfassung über die anzustrebende Aufwertung zum Vollkanton am 1. November 1989 in Kraft. Diese Ausgangslage und die EWR-Abstimmung vom 6. Dezember 1992 bildeten die argumentatorische Basis für einen weiteren Versuch in dieser Sache. Die EWR-Abstimmung hätte insofern eine günstige Ausgangslage bilden können, als man die Kantone der Suisse romande wegen der EWR-Zustimmung der beiden Basel für deren Anliegen hätte gewinnen können.[29] Diesmal war es der basellandschaftliche Nationalrat Hans Rudolf Gysin (FDP), der ohne Rücksprache mit der Regierung seines Kantons am 14. Dezember 1992 mit einer Parlamentarischen Initiative die Aufwertung seines Kantons zum Vollkanton forderte. Die Aktion könnte vor allem ein Gegenzug zu der im Juli 1992 eingereichten Beitrittsinitiative gewesen sein. Die Staatspolitische Kommission (SPK) hielt fest, dass die Aufwertung der beiden Basel das föderalistische Gleichgewicht nicht gefährde, weil die beiden Halbkantone in politischer und kultureller Hinsicht durch manches mit der Westschweiz verbunden seien und die Romandie mit der Schaffung des Kantons Jura zwei zusätzliche Stimmen erhalten habe, und empfahl in ihrem Bericht vom 9. Dezember 1993 mit einem deutlichen Mehr (15:6 bei 3 Enthaltungen) die Annahme des Vorstosses. In der Plenumsberatung des Nationalrats vom 3. Februar 1995[30] sprach sich zunächst Andreas Gross (SP/ZH), der zur befürwortenden Kommissionsmehrheit gehörte und in seinem Votum auf seine Basler Herkunft verwiese, erneut dafür aus, dass man dem auch über eine Volksabstimmung manifestierten Baselbieter Begehren entspreche und im Bedarfsfall den Föderalismus weiterentwickle. Hans Rudolf Gysin begründete nochmals seinen Vorstoss, er erklärte dann aber, dass er ihn zurückziehen wolle, nachdem sich in Basel-Stadt keine analoge Bewegung geregt und sich sogar Unwillen über sei-

29 Basler Zeitung vom 15. Dezember 1992.
30 Nationalrat 1995. S. 330–334.

nen Vorstoss manifestiert hatte. Er werde auf das Anliegen zu einem günstigeren Zeitpunkt zurückkommen. Der Rückzug dürfte ihm um so leichter gefallen sein, als auch die Beitrittsinitiative inzwischen zurückgezogen worden war.[31]

Die Stadt fühlte sich durch Gysins Vorstoss in der Tat brüskiert: Weil nicht auch sie von der Staatspolitischen Kommission konsultiert worden war, protestierte Basel-Stadt nach der Veröffentlichung des befürwortenden Berichts der SPK mit einem offiziellen Schreiben bei Nationalratspräsidentin Gret Haller in aller Form. Man erblickte in diesem Alleingang eine Verletzung einer früheren, von Basel-Landschaft mitunterzeichneten Vereinbarung.[32] 1978 hätten nämlich die sechs Halbkantone in Trogen festgehalten, eine allfällige Erhebung zu Vollkantonen nur gemeinsam anzustreben: «Keiner ist gewillt, einen ‹Sonderzug› zu machen.»[33] Die damalige Vereinbarung bedeutete für Basel-Stadt einen gewissen Schutz, weil mit einer Globalanhebung aller Halbkantone kaum zu rechnen war. Um so erstaunlicher, dass sich Basel-Landschaft damals dazu verpflichtet hatte.

Gysins Vorstoss sollte im Februar 1994 nachträglich mit der Lancierung einer baselstädtischen Vollkantonsinitiative der Charakter eines Alleingangs genommen werden.[34] Das Initiativkomitee stammte mehrheitlich aus dem Umfeld des Baselbieter Gewerbeverbandes, doch setzte sich auch alt Ständerat Carl Miville (SP) als Präsident für die Initiative ein. Zusätzliche Unterstützung erhielt der Vorstoss durch einen Anzug von Grossrat Hans-Peter Wessels (SP) vom 19. Januar 1994, der ausdrücklich auf den positiven Entscheid der SPK Bezug nahm. Wessels warf der Regierung vor, sie versuche mit untauglichen Mitteln die Illusion aufrechtzuerhalten, «eine baldige Wiedervereinigung liege im Bereich des Möglichen». Die Regierung solle ihre ablehnende Haltung überprüfen.

Die sozialdemokratische Fraktion war in dieser Sache stark gespalten, und die Liberalen waren (anders als drei Jahre später) entschieden dagegen. Für die ablehnende SP-Hälfte sprach in der Beratung vom 16. März 1994 Grossrat Roland Stark, der den

31 Weitere Begründung in der Baselbieter Post 2/95. Gysin verstand den Rückzug auch als Beitrag zur Verbesserung des Gesprächsklimas zwischen den beiden Basel.

32 Feldges im Interview mit der Basler Zeitung vom 16. März 1994.

33 Der Text der Vereinbarung von Trogen vom 22. Dezember 1978 ist im Nationalratsprotokoll vom 4. März 1981 (S. 75f.) integral abgedruckt. Daraus geht hervor, dass man sich in der gleichen Zusammensetzung am 10. Juni 1976 in Sarnen darauf geeinigt hatte, «die Frage der Aufwertung der Halbkantone nicht mit der Jura-Frage in Verbindung zu bringen». In einer weiteren Konferenz vom 2. November 1978 in Sissach beschloss man, dass die Frage losgelöst von der Totalrevision zu behandeln sei. Konsens war in Trogen am 22. Dezember 1978: «Die Aufhebung des historisch bedingten, ungerechten Status der Halbkantone ist sicher bedeutend höher einzuschätzen als die dadurch verursachte geringfügige Verschiebung der politischen Gewichte in der kleinen Kammer.» Dazu kamen Spezialerklärungen von zwei Halbkantonen: Appenzell Innerrhoden erklärte, dass die angestrebte Lösung nicht zu einer Gesamtreform des Ständerats führen dürfe. Und Basel-Stadt musste auf den Wiedervereinigungsparagraphen 58 hinweisen und erklärte, was so nicht nötig gewesen wäre, dass der Verfassungsauftrag wichtiger sei als die Erlangung einer vollen Standesstimme und des zweiten Ständeratssitzes.

34 Kantonsblatt Basel-Stadt vom 5. Februar 1995.

Vorstoss als politisches «Hors-sol-Produkt» bezeichnete und die Meinung vertrat, es gäbe Wichtigeres – etwa die Arbeitslosigkeit und die Umweltbelastung – zu besprechen. Und Wessels rechtfertigte sich, es sei ja hauptsächlich um eine Diskussion gegangen.

Mathias Feldges hatte als Regierungspräsident bereits in einem gleichentags erschienenen langen Interview die Regierungsposition dargelegt und festgeschrieben. Im Rat erklärte er dann nochmals, dass man im gesamtschweizerischen Rahmen auf die Minderheiten Rücksicht nehmen und im regionalen Rahmen die Partnerschaft schützen müsse. Vom basellandschaftlichen Vorstoss sagte er, dass er zu einer neuen Verkrampfung führen könnte. Der Anzug wurde mit 75:21 Stimmen abgelehnt.[35] Im besagten Interview betonte Regierungspräsident Feldges die Wichtigkeit der engen Zusammenarbeit zwischen Stadt und Land. Die beiden Teile würden noch heute wie gemäss Tagsatzungsbeschluss vom 26. August 1833 einen «einzigen Staatskörper» bilden. Die beiden Halbteile seien keine «autarken Staatswesen», sie seien siamesische Zwillinge, zwei gleichwertige, jedoch organisch verbundene Persönlichkeiten. Er verwies auf verschiedene «gemeinsame Organe» (von der Universität bis zum Lehrlingswesen, von den Spitälern bis zur Fasnacht). Wichtig war ihm der Lastenausgleich: Angesichts der speziellen Verbundenheit müsse dieser in der Struktur der Halbkantone direkt, bilateral erfolgen, während er in der Vollkantonsvariante über den Bund vorgenommen würde. Gysins Vorstoss wertete er als Versuch, sich aus dem Partnerschaftsartikel «hinauszuschleichen» und die interkantonalen Beziehungen der beiden Basel denjenigen zwischen anderen Kantonen der Nordwestschweiz gleichstellen zu wollen. Vordringlich sei die dauerhafte Sicherung des in der Verfassung vorgeschriebenen Lastenausgleichs in den Schlüsselsektoren. Sei dies einmal über den «Tatbeweis» erbracht, könne man über weiteres reden, sei es über die Vollkantonslösung, sei es – was Feldges offenbar doch noch im Spiel behalten wollte – über die Wiedervereinigung. Natürlich wurde auch – am Schluss – noch die unerwünschte Gewichtsverschiebung zum Nachteil der Welschen angesprochen, diese Sorge stand aber nicht im Zentrum, sondern war lediglich ein höchst willkommenes Zusatzargument.[36]

Im August 1994 wurde die Initiative trotzdem eingereicht und im März 1995 trotz des noch immer geltenden Verfassungsauftrags, die Wiedervereinigung zu fördern, für zulässig erklärt. Zuvor hatte sich FDP-Landratspräsident Robert Schneeberger, der zugleich Präsident des Vereins «Pro Vollkanton» war, am 19. Oktober 1994 nach Basel begeben und dort vor dem Büro des Grossen Rats ein Plädoyer für die Vollkantonslösung mit dem Doppelargument gehalten, dass man dadurch die Stimme der Region in Bern stärke und – durch die baselstädtische Zustimmung – auch das Misstrauen wegen der alten Wiedervereinigungsambition abbaue, was den Möglichkeiten der Partnerschaftspolitik zugute käme.[37]

35 Ratsberichterstattung in Basler Zeitung vom 17. März 1994.

36 Interview in Basler Zeitung vom 16. März 1994.

37 Referat in der Dokumentation Gysin, Wirtschaftskammer Baselland.

Die Grundhaltung blieb in Basel-Stadt in den folgenden Jahren die gleiche. Am 17. Juni 1997 legt die Regierung ihren Bericht vor, und am 17. September 1997 wurde dieser im Grossen Rat behandelt: Hans-Peter Tschudi sprach sich namens der Regierung gegen die Initiative aus und nannte als Hauptargumente, dass die Vollkantonslösung die Partnerschaft beeinträchtigen werde, dass eine spätere Wiedervereinigung im Sinne des noch immer bestehenden Verfassungsartikels erschwert würde und dass die Vorlage auf Bundesebene zudem aussichtslos sei. Jetzt waren die Liberalen wieder für die Vorlage. Bernhard Christ, ihr Sprecher, wertete die angestrebte Lösung als ein Zeichen der Normalisierung und bemerkte, dass ein allfälliger Zusammenschluss nach 150 Jahren Selbständigkeit ohnehin nur eine Vereinigung, aber keine Wiedervereinigung sei. Die Initiative wurde jedoch mit grossem Mehr gegen sechs Stimmen (wohl eines Teils der Liberalen) abgelehnt[38] – und in der Folge 1998 zurückgezogen, zumal auf der basellandschaftlichen Seite der vorangegangene Vorstoss Gysins längst zurückgezogen war.

Während man in Baselland mit der Aufwertungsforderung die Wiedervereinigung definitiv begraben und vielleicht auch den Druck bezüglich der Beteiligung an den Zentrumskosten abschwächen wollte, spukte in den Köpfen mancher Städter noch immer die Wiedervereinigungsidee und ging es vor allem darum, die Baselbieter bezüglich des Lastenausgleichs in der Pflicht zu behalten. Abgesehen davon, dass das Argument der Gewinnung grösseren Einflusses in Bern wenig überzeugend war, konnte man sich von Anfang an ausrechnen, dass wegen der unvermeidlichen Veränderung im gesamten Kantonsgefüge (mit den vier anderen Halbkantonen und dem Zahlenverhältnis zwischen deutscher und französischer Schweiz) solche Vorschläge aussichtslos waren. Es ging aber weniger darum, etwas in Bern als in der Region in der einen oder anderen Richtung zu bewegen.

Grosskantonsversuch

Nach dem Auftakt von 1990 und den kleinen Bewegungen im Laufe der 1990er Jahre galt der nächste grössere Impuls dem Projekt eines *Grosskantons Nordwestschweiz*. Die bereits nach dem EWR-Nein vom Dezember 1992 von Gian-Reto Plattner an einem Treffen der «Regio Basiliensis» lancierte Idee[39] erlebte im Zuge einer gesamtschweizerischen Debatte um die Zusammenlegung der 26 historischen Kantone zu sieben neuen Grosskantonen eine kleine Renaissance. Nach den seit 1997 geführten Diskussionen in der Westschweiz, in der Zentralschweiz und in der Ostschweiz[40] wur-

38 Basler Zeitung vom 18. September 1997.

39 Es ging auch um die Frage, ob Basel alleine dem EWR beitreten könne. Dazu wurde beim Zürcher Ökonomen Bruno Frey ein Gutachten eingeholt.

40 Vgl. Georg Kreis, Regierungsreform durch Gebietsreform? Alte und neue Determinanten der kantonalen Regierungsgebiete. In: Verwaltung, Regierung und Verfassung im Wandel. Gedächtnisschrift für Raimund E. Germann. Hrsg. v. Peter Knoepfel und Wolf Linder. Basel 2000. S. 31–43.

den in allen davon betroffenen Gebieten – ausser in den beiden Basel auch im Fricktal (AG) und im Schwarzbubenland (SO) – und in allen grösseren Parteien im Februar 1999 politische Vorstösse zur Schaffung eines Kantons Nordwestschweiz lanciert. Vier gleichlautende Motionen sollten die Regierungen von Solothurn, Basel-Stadt, Basel-Landschaft und Aargau dazu verpflichten, «die verfassungsmässigen und gesetzlichen Voraussetzungen zu schaffen, die die Gründung eines Kantons Nordwestschweiz nördlich des Jurahöhenzuges erlauben». Ein in unserem Kontext interessantes Argument lautete, dass ein Zusammengehen des Baselbiets mit der Stadt in Begleitung von Solothurner und Aargauer Landgebieten eher zumutbar sei. Im September 1999 kam es jedoch im Aargauer Grossen Rat[41] und im Solothurner Kantonsrat und im Oktober 1999 im Baselbieter Landrat zu klaren Absagen. Nur in Basel war man etwas positiver: Man sah im Projekt eine «interessante Vision für die Zukunft», zugleich war man aber so realistisch, den Vorstoss in ein unverbindliches Postulat umzuwandeln.[42]

Sechster Vollkantonsversuch

Der vorläufig letzte Versuch setzte sich aus einer Kombination verschiedener Initiativen zusammen. Am 19. Oktober 2000 verlangte Landrat Dieter Völlmin namens der SVP-Fraktion Auskunft von der Regierung, was sie unternommen habe, um dem Verfassungsauftrag (Paragraph 1,3) gerecht zu werden. Die Regierung erklärte am 8. Februar 2001, dass das Ziel nur mit einem gemeinsamen und koordinierten Vorgehen beider Basel erreicht werden könne. Sie werde in sämtlichen Bereichen um Partnerschaft angegangen, nur in diesem nicht. Solange dieser Zustand anhalte, sei der Landkanton «absolut chancenlos in Bern». Der Interpellant vertrat die Meinung, man müsse nach erfolglosen Versuchen eben neue Versuche unternehmen, die bevorstehende 500-Jahr-Feier biete dazu eine günstige Gelegenheit.

In dieser Debatte taucht erstmals explizit die Erwartung auf, dass Basel-Stadt die Totalrevision seiner Verfassung (vgl. unten) dazu nutzen solle, den Wiedervereinigungsparagraphen endlich zu streichen. Die Regierung deutete diese Erwartung an, und der SVP-Initiant äusserte sich mit der ultimativen Drohung: «Wird der Wiedervereinigungsartikel anlässlich der Revision nicht gestrichen, müsste geprüft werden, ob eine Verfassung, die sich dem Partnerkanton gegenüber derart aggressiv verhält, bundesrechtlich zulässig ist.»

Am 8. Februar 2001 reichte die SVP-Fraktion des Landrats mit Bezug auf das Jubiläum der 500jährigen Bundeszugehörigkeit eine Motion ein, die eine Standesinitiative für die Vollkantone Basel-Landschaft und Basel-Stadt forderte. Der Landrat überwies den Vorstoss am 26. April 2001 einstimmig. Und schon am 8. Mai 2001 kam

41 Im Falle des Aargaus sprach sich eine kleine Bewegung des unteren Fricktals im Zusammenhang mit dem Streit um das Atomkraftwerk Kaiseraugst schon 1981 für einen Anschluss an Basel aus, vgl. etwa Basler Zeitung vom 27. Oktober und Weltwoche vom 28. Oktober 1981.

42 Kanton Nordwestschweiz ad acta. In: NZZ vom 30./31. Oktober 1999.

die Regierung mit einem entsprechenden Entwurf wieder in den Landrat. Auf den gegebenen Anlass bezogen, wurde festgehalten:

> «Das Baselbiet ist glücklich und dankbar, seit 500 Jahren zur Schweizerischen Eidgenossenschaft gehören zu dürfen. [...] Ebenso würde uns aber sehr freuen, von Euch, liebe Miteidgenossen, zusammen mit unserem Nachbar- und Partnerkanton als vollwertiger und gleichberechtigter Stand anerkannt zu werden.»

Am 21. Juni 2001 stimmte der Landrat dann grossmehrheitlich bei wenigen Enthaltungen zu, dies, obwohl eine wichtige Voraussetzung – analoge Bestrebungen auch in Basel-Stadt – wiederum nicht gegeben war. Die Standesinitiative wurde am 26. Juni 2001 in Bern eingereicht. Parallel dazu hatte SP-Nationalrat Claude Janiak auf Bundesebene bereits am 6. März 2001 mit einer Parlamentarischen Initiative einen analogen Vorstoss eingereicht. Dieser war immerhin von der gesamten Basler Deputation (Stadt und Land) mitunterzeichnet worden.[43]

Die Baselbieter Vorstösse hatten inzwischen wegen erneut mangelnder Koordination tatsächlich einen Dämpfer erhalten. Ein von der SVP BS eingebrachter Vollkantonsvorstoss (Anzug) wurde am 6. Juni 2001 im Grossen Rat mit «seltener Einmütigkeit» niedergeschmettert.[44] Ein wichtiges Motiv für die Ablehnung lag in der Meinung, dass dieses Geschäft jetzt in den Verfassungsrat gehöre. Zudem war man gegen den Vorstoss, weil er von der SVP kam.[45] Man votierte nicht offen für Wiedervereinigung, man sprach sich bloss gegen die «Zementierung der Zersplitterung» aus. Roland Stark (SP) prognostizierte, dieser «Placebo-Vorstoss» werde auf Bundesebene versanden. Und die «Basler Zeitung» stellte zutreffend fest, mit der baselstädtischen Ablehnung sei auch der Baselbieter Standesinitiative «das Wasser entzogen».[46]

Auf der basellandschaftlichen Seite war die Empörung gross – und im übrigen in entgegengesetzter Richtung nicht weniger einmütig. Schon am folgenden Tag, am 7. Juni 2001, forderte die FDP-Fraktion des Landrats mit einer Interpellation eine Lagebeurteilung. Man deutete das Nein zum Vollkanton als indirektes Festhalten am doch nie aufgegebenen Wiedervereinigungsszenario.[47] Auf beiden Seiten fielen nach dem Motto «so nicht» harte Worte. Grossrat Roland Stark (SP) verbat sich Ratschläge aus Liestal für die Basler Verfassungsarbeit, der Baselbieter Regierungsrat Andreas Koellreuter sprach von «Bolzerei aus der baselstädtischen Ratsstube», Landrat Ruedi Brassel (SP) warf der SVP BS vor, eine «Vorprellaktion» unternommen zu haben, worauf Landrat Dieter Völlmin (SVP) den Vorwurf mit der Bemerkung parierte, es zeige,

43 Aus Basel: Dunant (SVP), Eymann (LDP), Fest (SP), R. Gysin (SP), Randegger (FDP) und Rechsteiner (SP). Aus Baselland: Baader (SVP), Gonseth (Grüne), H. R. Gysin (FDP), Imhof (SVP), Kurrus (FDP), Leutenegger (SP).

44 Grosses Mehr gegen 9 Stimmen bei 7 Enthaltungen.

45 Vgl. Urs Hobi in der Basler Zeitung vom 2. Januar 2002.

46 Urs Rist in Basler Zeitung vom 7. Juni 2001.

47 Vollkanton bringt die Stimmung im Landrat zum Brodeln. In: Basler Zeitung vom 8. Juni 2001.

dass die Städter eben bereit seien, selbst um den Preis der Brüskierung ihrer Partner der Landschaft, der SVP BS eine Lektion zu erteilen.

Aus Baselbieter Sicht war der Entscheid auch darum ärgerlich, weil er die Beratungen in Bern tatsächlich belastete. Janiaks Vorstoss kam kurz vor der Beratung noch der Umstand entgegen, dass die zuständige Kommission des baselstädtischen Verfassungsrats am 26. Oktober 2001 beschlossen hatte, den Wiedervereinigungsparagraphen 58 nicht in die neue Verfassung hinüberzunehmen (vgl. unten), so dass der zuvor wichtige Vorbehalt, man könne sich nicht über eine baselstädtische Verfassungsbestimmung hinwegsetzen, entfiel. Bemerkenswert hart votierte Dorle Vallender (FDP/AR) als Sprecherin der vorberatenden Kommission gegen den Basler Vorstoss. Sie tat ihn als bloss «emotionale» Angelegenheit ab, die zugunsten des Föderalismus unberücksichtigt bleiben müsse. Sie ging sogar so weit, die Basler der Unbescheidenheit zu bezichtigen, indem sie hervorhob, dass die vier anderen Halbkantone «in ihrer Bescheidenheit» keinen derartigen Antrag gestellt hätten. Serge Beck (LDP/VD), der französischsprachige Sprecher, brachte ebenfalls kein Verständnis auf und taxierte den Vorstoss – notabene nach etwa 25 Jahren Vertröstungen – als überstürzt, das heisst als «précipitation maladroite». Ausser diesen beiden Plädoyers fielen keine anderen ablehnenden Voten, die drei befürwortenden Stellungnahmen vermochten trotzdem keine Mehrheit herbeizuführen, in der Abstimmung vom 29. November 2001 schnitt das Basler Anliegen aber mit 55:68 Stimmen bei 13 Enthaltungen so gut wie noch nie ab. Noch gleichentags gab die basellandschaftliche Regierung ihrer «grossen Enttäuschung» Ausdruck und ging insbesondere auf die Meinung ein, dass man entweder alle Halbkantone aufwerte oder keinen: «Es macht ja gerade den Föderalismus unseres Landes aus, dass Einzellösungen gefunden werden können und nicht alles über einen Kamm geschoren gehört.»[48]

Zuvor hatte Claude Janiak nochmals die ganze Argumentationskette durchdekliniert und zusätzlich auf den jüngsten Entscheid des baselstädtischen Verfassungsrats verwiesen, aber auch beinahe etwas bitter festgestellt: «Da verhalten sich solche, die sich für fortschrittlich halten, nicht anders als viele, die am sogenannten Bewährten nichts ändern wollen.» Christine Wirz-von Planta (LDP/BS) hatte darauf aufmerksam gemacht, dass sich ein ablehnender Entscheid des Nationalrats negativ auf den Verfassungsrat auswirken könnte. Und Andreas Gross (SP/ZH), ein «Heimwehbasler» und engagierter Verfechter der direkten Demokratie, hatte der Kommissionssprecherin wegen ihrer Abqualifizierung der emotionalen Motive mangelnden Respekt gegenüber Menschen vorgeworfen, die sich diskriminiert fühlen.[49]

Im Ständerat wurde die Meinung der vorberatenden Kommission zu Janiaks Vorstoss am 10. Juni 2002 von Franz Wicki (CVP/LU) vorgestellt. Auch er meinte, dass das föderalistische Gleichgewicht gestört würde; interessanterweise ging es aber nicht so sehr um das Verhältnis zwischen deutsch- und französischsprachigen Kantonen,

48 www.baselland.ch/docs/reg-verw/mitteilungen.

49 Nationalrat vom 29. November 2001. S. 1619–1623.

sondern neuerdings um den «Graben zu den ländlichen und bevölkerungsschwächeren Kantonen». Wicki konnte auch auf die ablehnende Haltung von Basel-Stadt zurückgreifen, wie sie im Juni 2001 im Grossen Rat zum Ausdruck gekommen war, und zitierte gerne das Wort von der «Zementierung der Zersplitterung». In der Hauptsache ging es ihm aber darum, den Ständerat so zu behalten, wie er war. «Bis jetzt hat es funktioniert, und ich glaube, dass es keinen Grund gibt, diesen politischen Ausgleich nun zu stören.» Obwohl sich keine weiteren ablehnenden Stimmen mehr meldeten, hingegen engagiert noch drei befürwortende Voten abgegeben wurden, entschied der Ständerat mit 23 : 9 Stimmen im Sinne des Kommissionssprechers.

Unter den annehmenden Gegenstimmen war auch diejenige des Solothurners Rolf Büttiker (FDP), der Baselland gegenüber «Nachbarschaftshilfe» leisten wollte. Er widerlegte das Argument der nötigen Rücksichtnahme auf die Romands mit dem auch schon früher gefallenen Gegenargument, dass die Basler doch die Romands der deutschen Schweiz seien, in den Fragen des EWR, der bewaffneten Auslandeinsätze, der UNO-Mitgliedschaft gestimmt hätten wie diese, weshalb die Romands eigentlich daran interessiert sein müssten, Basel innerhalb der Schweiz zu stärken. Der Baselbieter Ständerat Hans Fünfschilling (FDP) wies darauf hin, dass Baselland der einzige Kanton sei, der (mit dem Laufental) einen Gebietszuwachs erlebt habe, und fügte bei: «Wir sind grösser als die vier kleinen Halbkantone, wir sind auch grösser als die Mehrheit der Vollkantone.» Und der baselstädtische Ständerat Gian-Reto Plattner (SP) erinnerte an die Basler Beiträge an den bundesstaatlichen Finanzausgleich und forderte den Luzerner Standesherrn auf, er solle doch nach einem Rotationsmodell mit seinem Kanton für eine Weile als Halbkanton leben, damit er merke, wie dies sei.

Versuch mit sektoriellen Zusammenlegungen

Zum Jubiläum «500 Jahre Basel in der Eidgenossenschaft» wurden 2001 in beiden Halbkantonen zwei Initiativen lanciert. Sie wollten (von der hohen Ambition der Totalfusion auf die Ebene bescheidener Ambitionen heruntergekommen) lediglich die kantonalen Spitäler und das Sicherheitswesen unter eine gemeinsame Leitung stellen. Die Resultate der Abstimmungen vom Mai 2004 überraschten nicht und frappierten doch mit ihrer konträren Deutlichkeit.[50] Während in Basel-Stadt die Spitalinitiative mit 85,1 Prozent und die Sicherheitsinitiative mit 84 Prozent Ja-Stimmen angenommen wurden, wurden die gleichen Vorlagen in Baselland mit 67,2 Prozent und mit 69,2 Prozent Nein-Stimmen abgelehnt.[51] Ebenfalls abgelehnt (und zwar mit 74 Prozent Nein-

50 Eva Rüetschi, ehemalige Gemeinderatspräsidentin von Reinach und eine der Hauptinitiantinnen der Jubiläumsinitiativen, war speziell überrascht über die schwache Unterstützung im unteren Baselbiet.

51 Gleichzeitig musste in Baselland auch über die SVP-Initiative entschieden werden, welche eine Plafonierung der Zahlungen an Basel-Stadt einführen wollte. Die Initiative wurde mit 74 Prozent abgelehnt.

Stimmen) wurde in Baselland eine SVP-Initiative, welche eine Plafonierung der Zahlungen an Basel-Stadt auf den Vorjahresstand von 220 Millionen Franken einführen wollte.

Die Ablehnung der Zusammenlegungsinitiativen lässt sich mit der Abneigung gegen «unnötige Grossfusionen» auf den Punkt bringen. Als gemässigte Mittelhaltung zwischen den als «extrem» empfundenen Alternativen der Zusammenlegungsinitiativen und der Plafonierungsinitiative sprachen sich die Sprecher der Baselbieter Mehrheit für «projektbezogene Vertiefung» insbesondere im Polizei- und Feuerwehrwesen aus. Ein Pressekommentar hielt fest: «Das stete Pochen des Stadtkantons auf zusätzliche Baselbieter Beteiligungen an seinen Zentrumsfunktionen löst auf der anderen Seite eher zunehmende Abwehrreflexe aus. Hinzu kommt ein ungebrochener Argwohn, dass der Stadtkanton nach wie vor die Wiedervereinigung im Schilde führt.»[52] Bleibt demnach nur die Suche nach Lösungen in konkreten Einzelfällen wie zum Beispiel beim Kinderspital[53] – eine Politik in ganz kleinen Schritten.

Weitere Stationen auf dem partnerschaftlichen Weg

Die regionale Schicksalsgemeinschaft hatte im Bereich der grenzüberschreitenden Aufgaben nicht zu Realteilungen geführt, wie sie in der baselstädtischen Standortbestimmung «Basel 86» empfohlen worden waren. Von basellandschaftlicher Seite wurde das Prinzip, dass einer der beiden Kantone bestimmte öffentliche Aufgaben gleich für beide Basel übernehme, als Leitidee der Partnerschaft abgelehnt. Realteilung hätte wegen der Konzentration der Institutionen im städtischen Zentrum vor allem Abtretung gemeinsamer Aufgaben an Baselland bedeutet. Die Zusammenlegung der Primarlehrer- und Kindergärtnerinnenausbildung in Liestal hatte nicht untypische Hürden zu nehmen und nahm acht Jahre in Anspruch: von 1996, als Basel-Landschaft eine Ausbildungsreform lancierte, Basel-Stadt eine Arbeitsgruppe im Hinblick auf eine Fusion der Ausbildungen einsetzte und im September 1996 auf Einladung der «Vereinigung für eine starke Region Basel/Nordwestschweiz» in der «Grün 80» an der Kantonsgrenze eine Aussprache zwischen beiden Seiten stattfand, bis zum formellen Inkrafttreten der Hochschule für Pädagogik und Soziale Arbeit beider Basel (hpsabb) am 1. Januar 2004. Im Jahr 2002 wurde die im Vorjahr von beiden Regierungen verabschiedete Vorlage in beiden Kantonsparlamenten

52 NZZ vom 17. Mai 2004.

53 Nach negativen Volksabstimmungen in beiden Basel zu einem einzigen bikantonalen Universitätskinderspital (UK) wurde vorübergehend ein heute als so nicht weiterführbares UKBB an zwei Standorten (Bruderholz und Kleinbasel) betrieben und ist jetzt für 2009 eine gemeinsame Kinderklinik auf dem «Schällenmätteli» mit paritätischen Investitionskosten (je 74,65 Millionen Franken) und Betriebskosten geplant. Im Herbst 2005 gehen entsprechende Kreditvorlagen an die Parlamente.

zurückgewiesen, im Jahr 2003 hatte sie in Baselland aber noch eine Volksabstimmung zu bestehen, weil es im Landrat nicht gelang, die für Gesetzesänderungeen nötige Vierfünftelmehrheit zu erreichen.[54] Das Baselbieter Volk hiess schliesslich am 30. November, wenn auch bei einer sehr schwachen Stimmbeteiligung von knapp 21 Prozent, das Projekt mit stolzen 78,5 Prozent Ja-Stimmen gut.[55] Hingegen kam nach erfolglosen Anläufen 1999 die Zusammenlegung der beiden Kinderspitäler im engeren Agglomerationsraum als UKBB nur halbwegs zustande. – Im November 1997 gelang es, die Mehrheit des Baselbieter Stimmvolkes für den Kulturvertrag zu gewinnen. Damit konnte der Landkanton seine jährlichen Beiträge an Basels Zentrumskultur auf rund 7 Millionen Franken verdoppeln, wovon etwa die Hälfte für die Basler Theater bestimmt war. Die Basler Bewerbung um das Label «Kulturstadt Europas 2001» war auch im Namen der ganzen Region eingereicht worden. Dies half aber nichts, im Mai 1998 kam aus dem Europa der Fünfzehn ein negativer Bescheid. – In der Entwicklung partnerschaftlicher Trägerstrukturen für die Universität wurden, wenn auch bei langsamem Tempo, in den letzten Jahrzehnten grosse Erfolge erzielt: Nachdem der Kanton Basel-Landschaft 1976 mit einer 10-Millionen-Jahressubvention eingestiegen war und diese stufenweise etwas erhöht hatte, verpflichtete er sich in einer zweiten Phase (1986–1995) zu einer Unterstützung in Höhe von 27 Millionen Franken (plus Spitalbetriebskosten und Teuerung) und in einer dritten Phase (1996–2001) von 75 Millionen Franken. In einer vierten Phase 2001–2006 waren und sind es 89 Millionen Franken (mit Teuerungsindex). Auf 2007 ist die Einführung der gemeinsamen Trägerschaft vorgesehen und eine Erhöhung des Unibudgets um 26 Millionen Franken, deren Aufteilung auf die beiden Basel bei Redaktionsschluss noch nicht festgelegt worden ist.

Neue baselstädtische Verfassung ohne Altlast

Seit Januar 2000 arbeitete in Basel-Stadt ein 60köpfiger Verfassungsrat mit dem Auftrag, eine völlig neue Verfassung zu erarbeiten. Auf dieses Projekt bezogen sich, wie schon ausgeführt, seit Februar 2001 immer wieder basellandschaftliche Mahnungen, endlich den Wiedervereinigungsartikel zu streichen. In der Stadt war – allerdings schon vor dem Entscheid des Nationalrats vom November 2001 – signalisiert worden, dass man nicht ewig an der alten Zielvorgabe festhalten wolle. Mitte November 2001[56]

54 Abstimmung vom 5. Juni 2003. Die SVP hatte schon in der 1. Lesung vom 22. Mai 2003 gegen die Vorlage opponiert. Im baselstädtischen Grossen Rat war sie am 21. Mai 2003 angenommen worden.

55 Basler Lehrerinnen- und Lehrerausbildung. Einige Denkwürdigkeiten zwischen 1873 und 2003. Basel 2004. – Vom Seminar zur hpsabb. Ein Wandel in Etappen. Red. Mathilde Gyger. Liestal 2004.

56 Basler Zeitung vom 19. und 20. November 2001.

wurde bekannt, dass die zuständige Kommission des Verfassungsrats den in der geltenden Verfassung noch immer bestehenden Wiedervereinigungspassus (Paragraph 58) nicht in die neue Verfassung hinübernehmen wolle. Statt einer rückwärtsgerichteten Betrachtungsweise wolle man für eine nach allen Seiten offene Kooperation Raum schaffen. Darum wollte man auch auf den 1974 eingeführten Partnerschaftsartikel (Paragraph 17a) verzichten. Das besondere Verhältnis zwischen Basel-Stadt und Basel-Landschaft würde durch die normative Kraft des Faktischen bestimmt und bedürfe keiner besonderen Verfassungsbestimmung. So hiess es denn in einem Zwischenbericht vom 26. Oktober 2001, statt einer zu stark auf den Partnerkanton Basel-Landschaft ausgerichteten Politik wäre eine konsequente Öffnung des Horizonts auf 360 Grad zu pflegen, Basel-Stadt sei auf eine intensive Zusammenarbeit mit allen ihn umgebenden institutionellen Partnern der unterschiedlichsten Kategorien (Gemeinden der Agglomeration, Kantone und Region Ober- und Hochrhein) angewiesen. In der definitiven Version, über die am 30. Oktober 2005 abgestimmt worden ist, bekennt sich die Verfassung in Paragraph 3 zu einer kantons- und länderübergreifenden Zusammenarbeit mit den Behörden der Kantone – hervorgehoben durch ein «insbesondere» im Falle des Kantons Basel-Landschaft –, der Gemeinden der Agglomeration und der Region Oberrhein.

Das Papier vom Herbst 2001 kulminiert in der Feststellung, dass das Wiedervereinigungsziel nicht mehr zeitgemäss sei, diese Einsicht aber nicht die Möglichkeit eines näheren Zusammengehens in Zukunft ausschliesse. Die letzte These hält fest:

> «Zweifellos war die Geschichte von Stadt und Landschaft Basel lange geprägt von politisch, ökonomisch, soziologisch und kulturell schwer zu überwindenden Konflikten. Diese haben bis heute in beiden Kantonen zu einer zwanghaften, rückwärts gewandten Betrachtungsweise der gegenseitigen Beziehungen geführt, ohne dass die ‹Vergangenheit bewältigt› werden konnte. Diese gilt es nun zu beenden, um Raum zu schaffen für eine nach allen Seiten offene, unvoreingenommene Prüfung aller Kooperationsmöglichkeiten und deren Entwicklung auf den verschiedenen Ebenen innerhalb der trinationalen Agglomeration Basel.»[57]

Der Zwischenbericht vom Herbst 2001 wurde am 24. Januar 2002 im Verfassungsrat beraten und trotz einiger Änderungsanträge in der vorgelegten Version gutgeheissen. Nur zwei dieser Anträge waren von etwelcher Bedeutung. Die DSP wollte statt eines expliziten Verzichts auf den Verfassungsauftrag zur Förderung der Wiedervereinigung den Zusammenarbeitsparagraphen aus der basellandschaftlichen Verfassung übernehmen. Hansjörg Wirz, der für die DSP sprach, erhob den Vorwurf, man würde die Wiedervereinigungsproblematik wegreden und damit ein falsches Signal für die Zu-

57 3. Zwischenbericht der unter dem Präsidium von Maria Iselin-Löffler arbeitenden Verfassungsratskommission Gemeinden und regionale Zusammenarbeit. Thesen und Antrag vom 26. Oktober 2001. These 8. S. 10.

kunft setzen. Man dürfe nicht die Augen vor dem Luxus der Doppelspurigkeit verschliessen, die man sich mit den beiden Halbkantonen leiste, Privatunternehmen hätten unter solchen Bedingungen längst fusioniert. Wirz berief sich auf eine Radioumfrage, die gezeigt habe, dass die Wiedervereinigung «nicht tot» sei. Letztlich war aber auch er nicht gegen die Streichung des Wiedervereinigungsartikels; er bemerkte aber sarkastisch, es sei doch tröstlich, dass man nicht mit einem speziellen Artikel auch noch eine zukünftige Zusammenlegung verbieten wolle.[58] Der andere Vorstoss kam von der SP und wollte mit einer zusätzlichen These ein Bekenntnis zu einem Grosskanton: «Der baselstädtische Verfassungsgeber handelt im Bewusstsein, dass die Entwicklung unserer Region und die Erfüllung der Aufgaben für die Bevölkerung und Wirtschaft dieser Region auf längere Sicht in einem *grösseren gliedstaatlichen Gemeinwesen* besser gewährleistet werden können» (Hervorhebung durch den Vf.). Gegenstimmen befürchteten, in Baselland würde man darin einen versteckten Wiedervereinigungsparagraphen sehen, der «neue Ängste» schüren würde (Ruedi Grüninger, FDP). Der Vorschlag wurde evakuiert, indem man von ihm sagte, man könne ihn vielleicht an einem anderen Ort, zum Beispiel im Ingress, unterbringen. Zur Abfederung der segmentierenden Wirkung der Grenzen regte Markus Kutter (LDP) die Aufnahme von Gastgrossräten aus den benachbarten Kantonen (BL, SO, AG, JU) sowie aus der französischen und deutschen Nachbarschaft an. Da kein formeller Antrag vorlag, wurde darüber jedoch nicht abgestimmt.

Der Wiedervereinigungstraum, der während Jahrzehnten einem gedeihlichen Verhältnis zwischen den beiden Basel eher abträglich als förderlich war, wurde mit der Annahme der neuen Verfassung vom 30. Oktober 2005 dezent begraben. Jetzt erst wäre der Weg frei für einen neuen Versuch, die beiden Basel zu Vollkantonen zu machen.

58 Sitzungsprotokoll vom 24. Januar 2002. S. 23. Wirz hatte am gleichen Tag seine Position auch in der «Basler Zeitung» kundgetan. Der DSP-Antrag wurde mit grossem Mehr gegen 6 Stimmen abgelehnt.

Nach der gesamtschweizerischen Zustimmung vom 26. September 1993 zum Kantonswechsel des Laufentals vom Kanton Bern zum Kanton Basel-Landschaft demonstrieren die Proberner «Wildschweine» in einem letzten Aufflackern nochmals ihren Unmut und verbrennen öffentlich (und vor dem Pressefotografen) die Baselbieterfahne. Warum will jemand zu diesem oder jenem Kanton gehören? Sind es rationale oder irrationale Gründe oder gar eine Mischung aus beidem? (Basler Zeitung vom 26. September 2003. Foto: Keystone, Karl-Heinz Hug).

Territoriale Identität und gesellschaftlicher Wandel

Ist der Streit um Kantonszugehörigkeiten noch zeitgemäss?

Ist der Streit um Kantonszugehörigkeiten noch zeitgemäss? Wie kommt eigentlich eine Identifikation mit bestimmten Räumen zustande? Welche allgemeine Funktion haben territoriale Identitäten? Sind sie ein Instrument konservativer Politik? Sind sie zu vereinbaren mit fortschrittlichen und reformistischen Haltungen? Geben sie uns eine Orientierungshilfe, wenn über neue Raumzugehörigkeiten entschieden werden muss? Wie hält es die Schweiz mit Gebietsveränderungen? Mit welchen Argumenten sind im Laufental Anschlussvarianten befürwortet beziehungsweise abgelehnt worden?

Der folgende Beitrag geht diesen Fragen nach und warnt zugleich davor, der territorialen Zugehörigkeit zuviel Bedeutung beizumessen. Die Frage sei gestattet: Ist der Streit um Kantonszugehörigkeiten nicht eine ziemlich unzeitgemässe und lächerliche Sache? Unzeitgemäss darum, weil heutzutage die individuelle Lebensgestaltung zählt und nicht die Zugehörigkeit zu dieser oder jener abstrakten Grossgruppe. Und lächerlich darum, weil ein beträchtliches Missverhältnis besteht zwischen dem in solche Fragen investierten emotionalen Aufwand und deren realer Bedeutung. Die folgenden Ausführungen sind ein Versuch, in zehn Punkten die territoriale Zugehörigkeitsproblematik gedanklich zu erkunden.

Erstens

Zugehörigkeitsbedürfnisse mögen als unzeitgemäss erscheinen, sie sind aber nicht kleiner geworden. Es wäre ein Irrtum anzunehmen, dass mit der unbestritten vorhandenen Individualisierungstendenz die Zugehörigkeitsfragen bedeutungslos geworden wären. Hinwendung, ja Hingabe gehört offensichtlich weiterhin zu den Grundbedürfnissen des Menschen. Man könnte sogar die These wagen, dass gerade durch den zunehmenden Rückzug auf sich selber die Frage der komplementären Zuwendung zu Umwelten an Bedeutung gewonnen hat.

Zugehörigkeit ist aber keine selbstverständliche Gegebenheit mehr, sie muss von jedem einzelnen entwickelt werden. Die Zugehörigkeit etwa zu einem gegebenen Ort, einer historischen Partei, einem Verein, in dem schon die Eltern waren, oder zu einer traditionellen Glaubensgemeinschaft steht in Konkurrenz zu neuen Zugehörigkeiten, etwa zu Fan- und Fernsehgemeinden, zu Konsumentenkategorien, spontan entstandenen Aktionsgemeinschaften. Auch die in Knotenpunkten der grossen Strassennetze angesiedelten Einkaufs- und Erlebnisparks sind – als Shoppyland oder Heidiland – darauf angelegt, neue territoriale Bindungen zu erzeugen.

Zweitens

Zugehörigkeit entsteht zum Teil aus dem direkten räumlichen Erlebnis, aus der tagtäglichen Wahrnehmung von Landschaftszügen, von Siedlungsstrukturen sowie der Wahrnehmung des sozialen Lebens. Diese Vorstellungen, von denen man sagen könnte, dass sie durch den Raum selbst produziert werden, dürften allerdings eher unbewusster Natur sein. Sie werden nicht reflektiert, auch nicht artikuliert.

Zu einem anderen und wichtigeren Teil sind die Zugehörigkeitsgefühle aber Kunstprodukte. Unsere Raumvorstellungen sind in hohem Masse von Stilisierungen, Arrangements und Konstruktionen geprägt. Man könnte auch von Stereotypen oder Klischees reden. Wir wachsen in solche Bilder hinein, übernehmen sie und geben sie weiter. Auch dies geschieht zumeist unbewusst. Diese Art von Bildgenerierung wird weniger vom Raum selbst als vielmehr von den klassischen Ideenvermittlern, den Lehrern, Pfarrern, Schriftstellern, Journalisten und Politikern, erzeugt – zumeist von Männern wohlgemerkt, die oft gleich mehrere dieser Funktionen in sich vereinigen.

Die meisten Bilder beschränken sich, was ihren Inhalt betrifft, auf sich selber. Das heisst: Sie nehmen das auf, was im Raum drin ist – Berge und Bäume, Wiesen und Wälder, Land und Leute –, und behaupten, ohne Vergleiche mit anderen Räumen anzustellen, dass es sich um das Einmalige, Spezifische, Konstituierende gerade dieses Raumes handle, der eben «nicht wie jeder andere» sei. Ein Beispiel dafür geben Landschaftsschilderungen des «Baselbieterliedes» von 1887, die auch zum Solothurnischen passen könnten, aber in die schlussfolgernde Feststellung münden: «Schöner as im Baselbiet cha's währli niene sy.»

Drittens

Zugehörigkeitsgefühle sind wichtige Teile unseres Selbstverständnisses. Die räumlichen Zugehörigkeitsgefühle nehmen da aus mehreren Gründen eine besonders wichtige Position ein. Der Mensch ist bekanntlich ein territoriales Wesen, er entwickelt aus der mit der Zeit gewachsenen Vertrautheit Gefühle nicht nur der sozialen, sondern auch der räumlichen Verbundenheit. Zu diesem Verbundenheitsgefühl gehört die in der Regel selbstverständliche Vorstellung der wechselseitigen Zugehörigkeit: Man gehört (zu) einem bestimmten Raum, wie dieser Raum (zu) einem gehört. Raum und Mensch sind bis zu einem gewissen Grad identisch.

Über die Identifikation mit einem bestimmten Lebensraum wird die Anteilnahme an den verschiedensten diesen Raum irgendwie betreffenden Fragen, das umfassende Interesse an einer ganzheitlichen Politik gefördert. Das räumliche Zugehörigkeitsgefühl ist auch wegen seiner Dauerhaftigkeit besonders wichtig: Es gibt in einer bewegten und sich immer schneller verändernden Welt Rückhalt, Geborgenheit, Verankerung in einem bestimmten «Revier». Diese Befindlichkeit trägt, sofern sie mit dem Gang der Welt richtig verknüpft wird, Wesentliches zur Lebensqualität bei.

Viertens

Der Raum, in dem man verankert ist, wird durch unsere Raumvorstellungen seinerseits verankert. Man sieht sich aufgehoben in einem Bezirk, ist Teil einer Region, eines Kantons, eines Landes. Joseph Gersters Laufental-Lied von 1914 nimmt diese Einordnung vor: «O Laufetal, wie bisch du chli … Rueisch wie ne Ching im Muetterschoss …» Zu den grösseren Raumkategorien entwickelt man ebenfalls Zugehörigkeitsgefühle. Da sie aber nur in geringem Mass direkt erfahrbar sind, handelt es sich eher um Zugehörigkeitspotentiale, die man in sich trägt und die darauf warten, sich an abstrakten Grössen kristallisieren zu können. Die heraldischen Darstellungen, aber auch die stets neu oder doch immer ähnlich skizzierten «Kantonsporträts» (nach der Formel: 26mal die Schweiz / 26 Suisses à découvrir) geben Orientierungs- und Identifikationshilfen. Dasselbe gilt für andere Veranschaulichungen der regionalen Eigenheit durch die Entwicklung besonderer Kulturmerkmale, vor allem durch die Trachten. So ist in den dreissiger Jahren im Laufental eine eigene Tracht entwickelt und eine eigene Trachtengruppe gegründet worden.

Auf ein Gesamtsystem abgestützte Raumvorstellungen gestatten die breitere Einbettung des lokalen Kernlandes. Sie lassen jeder Grösse einen bestimmten Teil der Identifikation zukommen. Normalerweise sind diese Zugehörigkeitsvorstellungen komplementär, sie konkurrenzieren sich nicht, sondern stützen sich sogar. Je nach Person, Zeitumständen und Sachfrage wird in variabler Weise die eine Identifikationsgrösse wichtiger als die anderen.

Zugehörigkeiten werden gerne als etwas Selbstverständliches verstanden, die, sofern man nur lange genug dazugehört, eben vorhanden seien. Das anthropologische Grundbedürfnis der räumlichen Zugehörigkeit steht aber nicht im selbstverständlichen Einklang mit den herrschenden Raumordnungen und den ablaufenden Gesellschaftsprozessen. Es ist Spannungen und Widersprüchen ausgesetzt, die sich aus der Mobilität und der Vielfalt der Raumbezüge und der permanenten Veränderung der eigenen Lebensbedingungen ergeben. Man ist heutzutage mehr als zu früheren Zeiten der Meinung, dass die Menschen mehrere, sich zum Teil sogar widersprechende Zugehörigkeiten in sich tragen können.

Fünftens

Wie reagieren Gefühle der territorialen Zugehörigkeit, wenn Veränderungen im Raumsystem auftreten? Zugehörigkeiten sind ihrem Wesen nach auf Dauer angelegt und reagieren darum eher negativ auf Veränderungen – sofern sie diese überhaupt bemerken. Und sie reagieren besonders negativ, wenn sie diese plötzlich zur Kenntnis nehmen müssen.

Im Falle schleichender Veränderungen als Folge von Agglomerationsbildung kann man längere Zeit die alten Zugehörigkeiten weiterpflegen. Verspätetes Nachdatieren der Raumvorstellungen dürfte sogar der Regelfall sein – erstens, weil unser Bewusstsein in allem nachhinkt; und zweitens, weil sich Zugehörigkeiten gerade dadurch auszeichnen, dass es Gewissheiten sind, die eigentlich unverändert bleiben dürften und nicht permanent überprüft werden müssten.

Der Bewusstseins-«gap» wird dann aber problematisch, wenn Vorstellungswelt und Realwelt zu stark (was immer das heisst) auseinanderklaffen. Räumliche Inkongruenz von historisch-staatsrechtlichen, gesellschaftlichen und mentalen Raumstrukturen findet man an zahlreichen Orten, zum Beispiel in den Überschneidungsgebieten der Zürcher, Genfer, Basler, St. Galler und Luzerner Agglomeration.

Sechstens

Welche mentalen Bewältigungsprobleme bringen plötzliche Kantonswechsel? Zunächst muss darauf hingewiesen werden, dass solche Wechsel nicht zuletzt durch die irrationale Seite des Problems im allgemeinen weder vorgesehen noch erwünscht sind. Die staatsrechtliche Raumstruktur der Schweiz ist äusserst stabil, beinahe unveränderlich.[1] Der einzige und ziemlich glücklose Versuch einer vollständigen Neugestaltung der Kantonskarte ist 1798 durch die Franzosen unternommen worden. Und seit 1815 hat nur eine grössere Gebietsverschiebung stattgefunden: der Übergang Engelbergs 1816 von Nidwalden an Obwalden. Zusätzliche Grenzen sind bis zur Schaffung des Kantons Jura in den Jahren 1970–1978 nur einmal – 1833 nach dem Basler Bürgerkrieg – gezogen worden.

Artikel 1 und 5 der Bundesverfassung sichern den Bestand der Gebietskörperschaften (die Zahl der Kantone und Halbkantone sowie deren Territorien, abgesehen von kleinen Grenzkorrekturen). Das heisst nicht, dass da und dort nicht territoriale Veränderungswünsche aufgekommen wären. So hat Murten 1870, anlässlich der Vorbereitung der Totalrevision, von Freiburg nach Bern wechseln wollen. Dieser Wunsch ist aber nicht so nachhaltig vorgebracht worden, dass sich die Bundesbehörden ernsthaft damit hätten auseinandersetzen müssen.

1 Vgl. dazu Heinrich Koller, Gebietsveränderungen im Bundesstaat – Ansichten und Aussichten nach dem Laufental-Entscheid. In: Festgabe für Alfred Rötheli. Solothurn 1990. S. 173–191.

Noch 1947/48 hat sich die grosse Mehrheit der eidgenössischen Räte auf den Standpunkt gestellt, dass die Gebietsbestände der Schweiz unveränderbar seien und darum die Trennung des Kantons Basel nicht mehr rückgängig gemacht werden könne, und zwar auch dann nicht, wenn eine Mehrheit der direkt betroffenen Bevölkerungen dies wollte und anschliessend eine schweizerische Mehrheit von Volk und Ständen dies guthiesse. Diese als stur zu bezeichnende Haltung wurde 1960 allerdings revidiert, bezeichnenderweise zu Beginn der grossen, von der Hochkonjunktur getragenen Aufbruchphase. Und gegen Ende der gleichen Phase, 1969, wurde sogar in der Jurafrage die Möglichkeit einer territorialen Lösung eingeräumt.

Siebtens

Es macht den Anschein, als ob man seit den sechziger Jahren territorialen Veränderungen gegenüber eine offenere Haltung eingenommen habe. Diese Tendenz könnte durch die Veränderungen in der internationalen Szene gefördert worden sein. Jedenfalls ist die Diskussion um Gebietsveränderungen – wie vieles andere – heutzutage weniger tabuisiert. Unlängst ist in Genf über den Austritt aus der Schweiz «laut nachgedacht» worden, in Basel-Stadt sucht eine Bewegung den Anschluss an den Kanton Basel-Landschaft, in Zürich wird die Trennung von Stadt und Kanton gefordert. Zumeist entspringen solche Vorschläge echten Sorgen um die Einnahmen- und Ausgabenstruktur der Staatshaushalte; sie sind aber auch als eine Form der Unmutsbekundung zu verstehen: als negativer Hinweis auf die (damit zugleich bestätigte) Grundvorstellung, dass man zusammengehören wolle, eine Willensgemeinschaft sei.

Das freiere Reden über allfällige Fusionen und Sezessionen darf aber nicht darüber hinwegtäuschen, dass die schweizerische Gebietsstruktur auch heute nicht beliebig veränderbar ist. Wie allein schon die Debatten um die Aufwertung der Halbkantone zeigen, dominiert noch immer die Auffassung, dass die Schweiz ein subtil austariertes Gebilde sei und selbst geringfügige Veränderungen unerwünschte Gleichgewichtsstörungen brächten.

Achtens

Territoriale Zugehörigkeit impliziert die Zugehörigkeit zu einem politischen Raum. Bisher ist nur von Zugehörigkeit im Sinne der Identifikation mit einem geographischen Lebensraum gesprochen worden. Man sollte aber neben dieser von einer anderen, an einem politischen Raum orientierten Zugehörigkeit reden.

Die eine Zugehörigkeitsvorstellung bezieht sich auf den Boden, das Klima, die Langzeitwirkung des sozialen Lebens, zuweilen sogar auf das Blut, das heisst die Vorstellung, ein Völkchen mit den gleichen Urahnen zu sein. Jedenfalls spricht man gerne von «Verwurzelung». Die andere ist eine konditionelle Zugehörigkeitsvorstellung, sie stellt auf Vorbedingungen ab, bezieht sich auf abstrakte Werte, kann beispielsweise sagen, dass man sich dort zu Hause fühle, «wo Freiheit herrsche», wo eine bestimmte soziale und politische Lebensqualität gegeben sei.

Das eine ist ein konservatives, rückwärtsorientiertes Zugehörigkeitskonzept, es generiert einen historisierenden, auf Harmonie bedachten, statischen Lokalpatriotismus. Das andere ist ein fortschrittliches, zukunftsorientiertes, die Auseinandersetzungen nicht scheuendes Zugehörigkeitskonzept, das in einen ideenorientierten, dynamischen Verfassungspatriotismus mündet. Statisch ist die eine Variante, weil sie von definitiven Grössen ausgeht; dynamisch die andere Variante, weil sie der Wandelbarkeit der Dinge Rechnung trägt, diese gar als nötig erachtet.

Die konservative Vorstellung ist nicht zwangsläufig die ältere, es gibt sie auch heute und wird sie in Zukunft geben. Umgekehrt ist die fortschrittliche Vorstellung bereits bemerkenswert alt, schon der Gottfried Keller der 1848er Revolution huldigte einem anationalen Vaterlandsbegriff,[2] und der Staatsrechtler J. C. Bluntschli bekannte gegen Ende des 19. Jahrhunderts, dass das Staatsbürgerrecht eigentlich «nur» eine Zugehörigkeit zu einem bestimmten Wertsystem sein sollte.[3]

Die Unterscheidung zwischen diesen beiden Zugehörigkeitsvarianten ist eine theoretische. Die Übergänge sind fliessend, oft treten beide Varianten kombiniert auf. Das bekannteste Beispiel gibt das nordjurassische Zugehörigkeitsmuster, das sich einerseits auf eine tausendjährige Geschichte bezieht und auf eine völkische Einheit abstützt und sich andererseits von zeit- und ortsunabhängigen Idealen leiten lässt.

Die eine Zugehörigkeitsvorstellung passt eher zu den kleineren Räumen, zum «terroir» und zum «piccolo mondo», die andere eher zu den grösseren, insbesondere zur nationalen Dimension. Unangemessen, ja unheimlich wird es dann, wenn die Muster der Kleingruppenzugehörigkeit auf die grossen Grössen übertragen, wenn aufgrund von Landschaftsverbundenheit und Geschichtsträchtigkeit beispielsweise ein standardisierter Kantonstyp oder sogar ein Einheitsschweizertum als zwangsläufige und feste Gegebenheit angenommen wird. Ben Vautiers Satz «La Suisse n'existe pas» (bekanntgeworden durch die Debatte um den Pavillon der Weltausstellung von Sevilla 1992) hat mit der Abwandlung des gleich gemeinten älteren Satzes «La Romandie n'existe pas» ja genau das sagen wollen.

2 Vgl. dazu den Aufsatz zu den schweizerischen Beziehungen zu Deutschland im 19. und 20. Jahrhundert in diesem Band. S. 455–470.

3 Johann Caspar Bluntschli, Die schweizerische Nationalität. In: Juristengenerationen und ihr Zeitgeist. Abhandlungen grosser Juristen aus zwei Jahrhunderten mit einführenden Worten. Hrsg. v. Hans Merz, Dietrich Schindler und Ulrich Walder. Zürich 1991. S. 83–101.

Neuntens

Von welcher Art von Zugehörigkeitsvorstellungen haben sich die Laufentaler und Laufentalerinnen bei ihrem Entscheid für Bern oder das Baselbiet leiten lassen? Die eine Vorstellung ist offensichtlich die der historisch definierten Zugehörigkeit, sie beruht auf einer konservativen Grundhaltung und operiert mit der Parole der staatspolitischen «Treue». Die andere Vorstellung orientiert sich an der wirtschaftlichen und gesellschaftlichen Agglomerationsstruktur und bis zu einem gewissen Grad auch an verfassungspolitischen Aspekten, das heisst Kriterien der politischen Affinität.

Die Orientierung an zeitgenössischen Gegebenheiten erfolgte in nur geringem Masse aus einer Ablehnung der historischen Zugehörigkeit, auch wenn sie sich praktisch so auswirkt. Im Laufe der gemeinsamen Geschichte seit 1815 mag es dann und wann wohl zu Unstimmigkeiten gekommen sein, zum Beispiel in Fragen der Jagd- und Wildaufsicht, insbesondere aber wegen der konfessionellen Andersartigkeit. Die Verbindung zwischen dem katholischen Laufental und dem reformierten Bern ist aber nicht als derart problematisch empfunden worden, dass man die Kantonszugehörigkeit von sich aus zu einem politischen Traktandum gemacht hätte.

Die in den letzten Jahren vehement diskutierte Zugehörigkeitsfrage ist im Grunde nur ein Nebenprodukt der nordjurassischen Selbstbestimmungsbewegung. Die Bevölkerung ist aus einer ziemlich selbstverständlichen Gegebenheit heraus seit 1974 plötzlich mit frei wählbaren Zugehörigkeitsvarianten konfrontiert gewesen und musste nicht nur einen Entscheid treffen, sondern sich auch für eine Methode der Entscheidungsfindung entschliessen. Worauf sollte man achten, wenn man die Frage entscheiden musste, mit welcher Kombination man im Laufental am besten fahre?

Wie einzelne zu ihren Entscheiden kamen, ist schwer auszumachen. Feststellbar ist dagegen, wie in den Kampagnen für die eine oder andere Variante argumentiert wurde: eher rational mit volkswirtschaftlichen und verwaltungstechnischen Argumenten; eher irrational mit scheinrationalen Argumenten aus dem Fundus von Geschichte, Volkskunde und Staatsethik. Vorherrschend ist in allen Varianten die Argumentation gewesen, wonach Gleiches zu Gleichem gehöre. Darum konnten Befürworter der Baselbieter Variante sagen, Baselland und Laufental seien durch den gleichen Menschenschlag geprägt. Und Befürworter der Berner Variante konnten erklären, dass die dezentrale Position des Laufentals gut zu Berns dezentraler, auf die Gemeinden und Bezirke abstellender Staatsstruktur passe. Dem ist aber entgegenzuhalten, dass auch im Baselbiet die Gemeindeautonomie sehr hochgehalten wird und die zweifelhaften Bilder von unterschiedlichen beziehungsweise gleichartigen Volkscharakteren nicht mehr den aktuellen gesellschaftlichen Realitäten entsprechen.

Und der zuvor erörterte verfassungspatriotische Gesichtspunkt? Obwohl alle Anschlusskantone nach den gleichen demokratischen Prinzipien funktionieren, bestehen bezüglich der politischen Kultur gewisse Unterschiede, die beim Entscheid für die eine oder andere Variante eine Rolle gespielt haben. Die Wahl wurde, in der Wahrnehmung der Mehrheit, als Entscheid zwischen einer von obrigkeitlich-autoritären

Mustern geprägten und einer durch revolutionär-egalitäre Vergangenheit geprägten Politkultur verstanden und mit entsprechenden Bekenntnissen quittiert.

Zehntens

Irgendwie scheint in Fragen der territorialen und staatsrechtlichen Zugehörigkeit eine rationale Begründung nicht zu genügen. Wie bei den Einbürgerungsbegehren werden pathetische Motive erwartet, ein nüchterner, bloss auf Zweckmässigkeit abstellender Entscheid ist suspekt und entspricht anscheinend nicht den gängigen Erwartungen. Utilitaristische Überlegungen werden schnell als materialistisch abgetan, obwohl doch von den Menschen im Alltag überall, von den Ausbildungsinvestitionen über die Gesundheitspflege und das Verkehrsverhalten bis zur Altersvorsorge, kalkulierende Einschätzungen und Problemlösungen erwartet werden. Zu diesem Kalkül gehört beispielsweise die Überlegung, dass man als kleines Gebiet in Kombination mit einem mittelgrossen Kanton allein schon aus numerischen Gründen mehr Gewicht (z.B. mehr Chancen bei der Ämtervergabe) hat denn als Teil eines grossen Kantons.

Es ist verständlich und sogar zu begrüssen, dass man sich im Moment eines möglichen Kantonswechsels die Frage stellt, wer man – als kleines Kollektiv – sei und ob man mit seinem so oder anders verstandenen kollektiven Wesen zu dieser oder jener anderen staatsrechtlichen Einheit besser passe oder nicht. Dieser Frage wird tendenziell jedoch eher zuviel Bedeutung beigemessen, und dies mit einer Fixierung auf vermeintlich unverrückbare Vorstellungsinhalte. Abschliessend sei deshalb betont, dass überkommene Identitäten, diejenige des Laufentals oder eines Kantons oder der Schweiz, weniger durch irgendwelche Anschlussvarianten – auch nicht durch den gefürchteten EWR – bedroht sind als durch die in jeder Variante wirkende Vereinheitlichungstendenz der modernen Massenkultur. Da aber im sozialen Wandel zugleich die einzige Kraft für die nötige Erneuerung der kleineren und grösseren Einheiten unserer Gesellschaft liegt, sollten die Vorstellungen von uns selbst dieser Regeneration nicht im Wege stehen. Es ist wichtig, dass – mit oder ohne territoriale Bindung – entwicklungsfähige Identitäten unterhalten werden.

Es ist die Abgewandtheit der Helvetia, die dieser von Bettina Eichen 1980 geschaffenen Variante der Nationalfigur besonderen Zuspruch verschafft. Der Blick auf den aus der Schweiz gleichsam hinaus ins übrige Europa fliessenden Rhein veranschaulicht eine wichtige Dimension dieser Stadt (Foto: Kurt Wyss).

Kantone zwischen Stagnation und Aufbruch

Am 6. Dezember 1992 sprach sich die Region Basel für den Beitritt der Schweiz zum Europäischen Wirtschaftsraum (EWR) aus. Dass die Stadt Basel eine solche Entwicklungschance erkannte und bejahte, erstaunte nicht: Alle grösseren Schweizer Städte hatten mit Ja-Mehrheiten reagiert, selbst Luzern inmitten der eher konservativen Innerschweiz und Winterthur am Rande der traditionell reaktionären Zone des Zürcher Hinterlandes. Das zustimmende Votum des Kantons Basel-Landschaft dagegen hob sich deutlich vom dominierenden Nein-Trend der meisten Landgebiete ab, die zwar weitgehend verstädtert und zersiedelt, mental aber nicht urbanisiert sind.[1]

Dass die Region Basel besonders integrationsfreundlich ist, wird gerne mit der unmittelbaren Erfahrbarkeit des europäischen Auslandes in Verbindung gebracht. Diese Erklärung jedoch reicht nicht aus. Auch andere Kantone haben entsprechende Anschauung vor ihren Türen: 16 der 26 Kantone sind Grenzkantone. Die meisten unter ihnen unterscheiden sich aber in mindestens zweierlei Hinsicht von der Region Basel: Erstens bestehen nicht immer so intensive historische, kulturelle und wirtschaftliche Beziehungen zum Ausland, und zweitens haben diese Kantone, weil nicht vom Jurakamm isoliert, nicht derart schwache Verbindungen zum «Rest» der Schweiz.

Die Basler Offenheit gegenüber dem europäischen Ausland schien sich nach der Abstimmung noch weiter entfalten zu wollen. Die Idee «OWR statt EWR» (OWR gleich «Oberrheinischer Wirtschaftsraum») zirkulierte. Sie musste, sofern sie jemals ernst gemeint war, inzwischen allerdings einer nüchterneren Einschätzung Platz machen. An einer Tagung von gesamtschweizerischem und europäischem Format, die am 27. Oktober 1995 im Kongresszentrum der Messe Basel stattfand, stellte der Präsident der Regio Basiliensis, Peter Gloor, in seinem Eingangsvotum fest: «Für die Grenzkantone zeichnet sich eine gewisse Stagnation in den grenzüberschreitenden Beziehungen ab.»[2] Die rege Beteiligung – unter anderem der aussenpolitischen Kommission des

1 Die Abstimmung zu Schengen/Dublin vom 5. Juni 2005 ergab ein ähnliches Bild. Jetzt gab es sogar ein Ja in der Stadt St. Gallen in einem ablehnenden Kanton St. Gallen, wie es übrigens ein Ja in der Stadt Schaffhausen in einem ablehnenden Kanton Schaffhausen gab. Desgleichen Aarau im Aargau und Chur in Graubünden.

2 Veranstalter der Tagung «Der Aufbruch der Kantone nach Europa» waren das Europainstitut an der Universität Basel unter der Verantwortung von Stephan Kux, die Schweizerische Gesellschaft für Aussenpolitik und die Regio Basiliensis. Das Patronat lag bei der «Versammlung der Regionen Europas» (VRE). An der Tagung sprachen, neben den im Artikel Erwähnten, unter anderem: Fritz Hopelmeier, Präsident des Landtags von Baden-Württemberg, zum Thema «Die Stellung der deut-

Ständerates unter Präsident René Rhinow – bezeugte immerhin ein bemerkenswertes Interesse für die Frage, welche Rolle die Kantone im künftigen Europa einnehmen sollen. Man könnte sogar die These aufstellen, das Scheitern der Öffnung auf Bundesebene habe die Öffnung auf den Kantonsebenen befördert, und damit sei der abgebremste «Aufbruch des Bundes nach Europa» kompensiert worden.

Bezeichnet dieses Wort vom «Aufbruch» nun das tatsächliche Geschehen oder lediglich ein Programm? Der Aufbruch der Kantone war zunächst vor allem ein innenpolitischer – nicht nach Europa, sondern nach Bern. Im Gegensatz zum «Kontaktgremium», das vom Bundesrat einberufen werden muss, wurde die im Oktober 1993 gegründete «Konferenz der Kantone» (KdK) als selbständiges Organ eingerichtet. Die Kantone hatten bemerkt, dass sie die EWR-Verhandlungen verschlafen hatten, und reagierten auf den bundesrätlichen Europa-Aufbruch. Leicht und schnell erwirkten sie ein Mitspracherecht in dessen künftigen Verhandlungsrunden. Dem Nationalrat wie dem Ständerat gelang es ebenfalls, eine gewisse Einflussnahme auf die Verhandlungsführung der Exekutive sicherzustellen.

In beiden Fällen wurde zu Recht ein Informations- und Konsultationsrecht gefordert, betreffen doch manche Geschäfte auch Kantonskompetenzen und bestehendes Landesrecht. Ein «Mitwirkungsgesetz» und später die neue Bundesverfassung (Entwurf Artikel 44,3)[3] sollen nun die kantonale Mitwirkung an der Gestaltung der Aussenbeziehungen garantieren. Die Kantone unterhalten inzwischen auch eine dauernde Vertretung im Integrationsbüro der Bundesverwaltung (EVD/EDA). Dessen Leiter, der Botschafter Bruno Spinner, bezeichnete an der Basler Tagung die Mitwirkung der Kantone ausdrücklich als «Mehrwert» im Verhandlungsprozess, weil dadurch die Sachkompetenz verbessert werde.

Ihren Mitwirkungswillen begründeten die Kantone auch mit dem Argument, sie könnten dann die Verhandlungsergebnisse gegenüber dem Souverän besser mittragen. An dieses Versprechen wird man sich erinnern müssen. Die Kantone hatten ja bereits die EWR-Vorlage «mitgetragen» und sich allesamt für den EWR-Beitritt ausgesprochen, allerdings ohne den erhofften Erfolg.[4] Wie das Verhalten zeigt, tendieren viele Parlamentarier dazu, «oben» gerne reinreden zu wollen, sich «nach unten» aber nur wenig zu engagieren. So mahnte auch René Rhinow, die innenpolitische Mitwirkung bei aussenpolitischen Geschäften dürfe die Handlungsfähigkeit nicht lähmen.

schen Bundesländer in der EU»; Ulla Kalbfleisch-Kottsieper vom Ausschuss der Regionen über den Aufbau der Regionen Europas; Oskar Zipfel, Kabinett der für die Regionalpolitik der EU zuständigen Kommissarin Monika Wulf-Mathies, zum gleichen Thema; Luc Van den Brande, Präsident von Flandern und Vizepräsident der VRE zum Thema «Europa zwischen Integration und Regionalismus».

3 Jetzt Artikel 45,2.

4 Im Falle der Schengen/Dublin-Abstimmung wurde die Ja-Parole von den Kantonen über die Polizeidirektoren kräftig mitgetragen. Ohne sie oder gar gegen sie wäre diese Abstimmung nicht zu gewinnen gewesen.

Der «Aufbruch» führte die Kantone aber nicht nur nach Bern; sie unterhalten jetzt in Brüssel eine eigene Informationsstelle und beteiligen sich beinahe vollzählig an der «Versammlung der Regionen Europas» (VRE). Bundesrat Flavio Cotti betonte in seiner Basler Rede, man habe die Kantone gebeten, Fälle zu nennen, in denen der Bund die «kleine Aussenpolitik» der Kantone durch eine nichtliberale, engstirnige Praxis behindert habe; kein einziger Fall sei jedoch angeführt worden. Im übrigen zog der Chef des Departements für auswärtige Angelegenheiten (EDA) aus dem Bestehen älterer und dem Entstehen jüngerer grenzüberschreitender Regionen (in Basel, in Genf, im Jura, im Tessin, im Bündnerland und am Bodensee) den Schluss, der Aufbruch sei bereits in vollem Gange.

Nationalrat Ernst Mühlemann, Mitglied des Bodenseerates und Präsident der aussenpolitischen Kommission des Nationalrates, regte an, eine Dachorganisation der schweizerischen Segmente der sechs grenzüberschreitenden Arbeitsgemeinschaften zu schaffen, und zwar unter der Federführung der Nordwestschweiz. Nicht weniger erstaunlich ist, dass der Europa-Ausschuss der Konferenz der Kantone, der die bilateralen Verhandlungen mit der EU begleitet, von einem Basler Magistraten, Regierungsrat Ueli Vischer, präsidiert wird.

«Konferenz der Kantone», «Verein der Regio-Vereine» – solche Zusammenschlüsse dürfen natürlich nicht Selbstzweck sein. Letztlich zählt allein der *output* an tatsächlich Geprägtem und Mitgestaltetem. Ihre Ideen und Perspektiven haben die Kantone und die regionalen Arbeitsgemeinschaften naheliegenderweise zuerst auf eine institutionalistische Art formuliert: Man gründete Vereine, berief Konferenzen ein, verlangte (und verlangt noch immer) Kompetenzen und Anerkennung. Wichtig ist jedoch, dass diese Schritte nicht schon den grössten Teil der Phantasien und Energien verbrauchen. So sah Christian J. Haefliger, Geschäftsführer der Regio Basiliensis, im Ausbau der Kooperation und in der Schaffung zusätzlicher Gremien vor allem ein Mittel, das nicht nur zur Überbrückung, sondern zur Abschaffung bzw. Restrukturierung der veralteten Kantonsgrenzen beiträgt. Und der erfolgreiche Regio-Unternehmer und Präsident der Regio Freiburg, Georg Endress, empfahl dem Basler Publikum, bei grenzüberwindenden Beziehungen alles als erlaubt zu betrachten, was nicht ausdrücklich verboten sei. Botschafter Spinner, Mitglied der FDP, setzte noch eins drauf, indem er ermunternd in den Saal rief: «Grenzüberschreitung ist immer ein Stück revolutionäre Tätigkeit.» Der verbale Elan der verschiedenen Redner erinnerte daran, dass Grenzlagen vielleicht mehr Entwicklungspotential innewohnt als Einschränkung – zumal wenn sie durch die Interreg-Programme der EU gefördert werden.[5] Jedenfalls hatte man den Eindruck, dass sich ein innerschweizerischer Referent plötzlich benachteiligt fühlte, weil sein Kanton nur von miteidgenössischen Ständen umgeben ist und keinen Zugang zum Ausland hat.

5 Die Schweiz beteiligt sich mit 24 Millionen Franken am aktuellen Interreg-II-Programm.

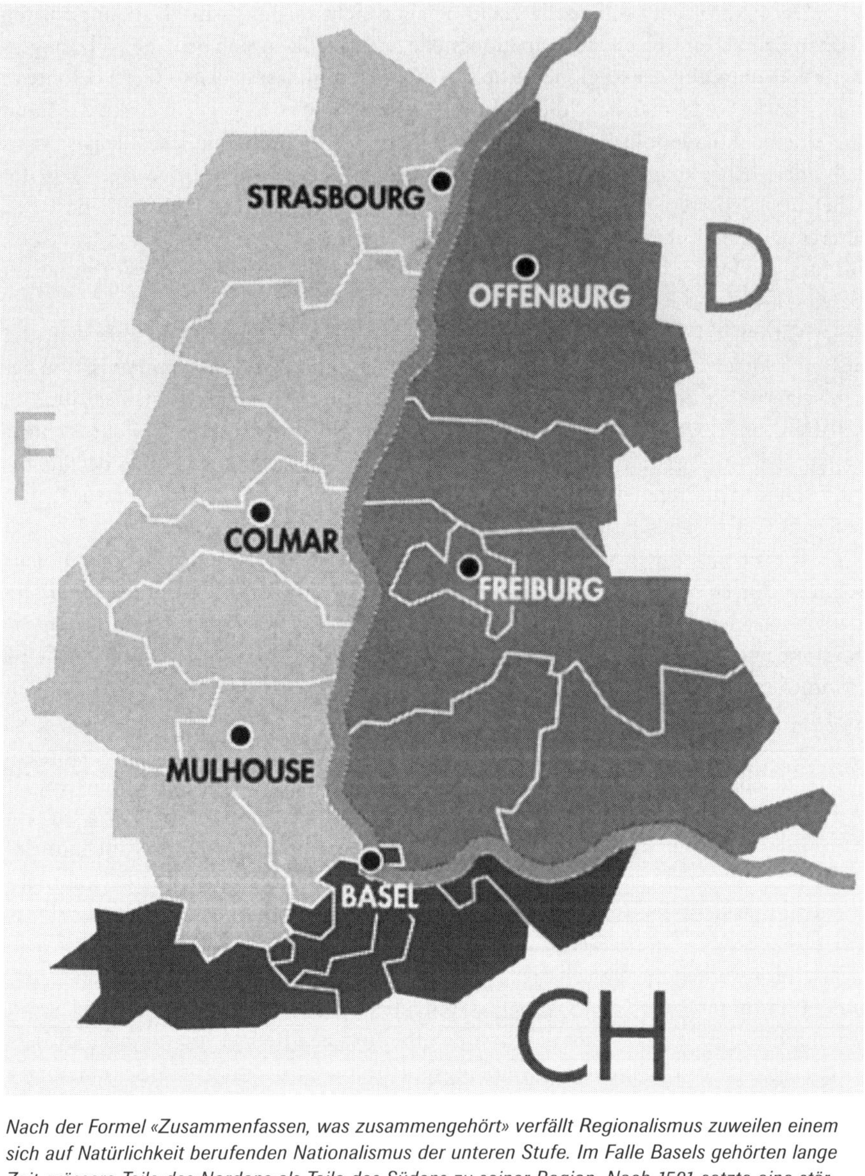

Nach der Formel «Zusammenfassen, was zusammengehört» verfällt Regionalismus zuweilen einem sich auf Natürlichkeit berufenden Nationalismus der unteren Stufe. Im Falle Basels gehörten lange Zeit grössere Teile des Nordens als Teile des Südens zu seiner Region. Nach 1501 setzte eine stärkere Südorientierung ein. Nach 1963 verstärkten sich wieder die Verbindungen nach Norden (Regio-inform 2/1996. S. 2).

Die «Euregio Oberrhein» und die «Regio Basiliensis»

Warum, so müssen wir uns vorweg doch die Frage stellen, besteht das Interesse an regionalen Strukturen – das Interesse nicht der beobachtenden und analysierenden Wissenschaftler, sondern der engagierten Akteure? Der Regionalismus entspringt in den meisten Fällen zwei Arten von Grundhaltungen: entweder dem antizentralistischen Föderalregionalismus oder dem grenzüberschreitenden Anschlussregionalismus. In beiden Fällen rekurriert man gerne auf ethnische oder mindestens auf zwingende naturräumliche Kategorien. Dabei betreibt man zuweilen einen archaisch anmutenden Regionalnationalismus oder Nationalregionalismus, mithin einfach das auf unterer Stufe, was man auf oberer bekämpft. Wegleitend ist dabei die Absicht, entweder neue Staatsgebilde oder staatsähnliche Subgebilde zu schaffen. Solchen Bewegungen ist von seiten der kritischen Wissenschaft mit aller Deutlichkeit entgegenzuhalten, dass Regionen keine objektiv gegebenen Grössen, sondern vielmehr soziale Gebilde, das heisst von gesellschaftlichen Exponenten entworfene und geschaffene und – im Erfolgsfall – von einer breiteren Bevölkerung mitgetragene Grössen sind. Beatrice Speiser, die sich eingehend mit der Basler Region beschäftigt hat, betont völlig zu Recht den Zweckcharakter der Regionenbegriffe und hält eine Region idealtypisch dann für gegeben, wenn «eine von allen Partnern gleichermassen befürwortete Vision und ein Gesamtbild» bestehen.[1]

Im Falle der «Region Oberrhein» geht es weder um den antizentralistischen Regionalismus noch um den Anschlussregionalismus, sondern um eine dritte Kategorie, nämlich um das, was man als einen modernen, astaatlichen Wachstumsregionalismus bezeichnen kann. Diese Art von Regionalismus konnte sich in den vergangenen 30 Jahren in einem Raum entfalten, der keinen nationalistischen Spannungen mehr ausgesetzt ist und sich darum für grenzüberschreitende Zusammenarbeit speziell eignet. Da in der Alltagswirklichkeit Zusammenarbeit selbst in diesem Fall z.T. recht schwierig und mühsam ist, kann man erahnen, wie gross die Schwierigkeiten und Anstrengungen in noch heissen Konfliktzonen sind.

Das vergleichsweise wenig spektakuläre Problem ist im Falle der «Region Oberrhein» das grenzübergreifende Wachstum einer Agglomeration. Diese Agglomeration setzt sich – wie jede andere – zusammen aus Wohnorten und Arbeitsorten, sie benötigt eine Infrastruktur: Strassen, öffentliche Verkehrsmittel, andere öffentliche Einrich-

1 Beatrice Speiser, Der grenzüberschreitende Regionalismus am Beispiel der oberrheinischen Kooperation. Basel 1993 (Schriften der Regio 13. 276 S.). S. 253.

tungen wie Schulen und Sportplätze, Kehrichtverbrennungs- und Kläranlagen, Spitäler, Motorfahrzeugkontrollstellen etc. Dieses Gebilde ist keine statische Einheit, es wächst nicht nur, es bewegt sich mit Pendlerströmen, Abwanderungen und Zuwanderungen, Firmengründungen und -liquidationen etc.

Ein Teil dieser Prozesse bedarf der ordnungspolitischen Steuerung und raumplanerischen Gestaltung. Ist dies schon schwierig in einem einheitlichen Rechtsraum, wird es noch schwieriger, wenn die Agglomeration wie im Falle Basels durch kommunale, kantonale und nationale und – mit dem Inkrafttreten des Schengener Abkommens vom März 1995 – sogar durch kontinentale Grenzen in verschiedene politische, rechtliche, administrative Einheiten zerteilt wird. Basel könnte man mit den Worten von Christian J. Haefliger, Geschäftsführer der «Regio Basiliensis», nach dem Fall der Berliner Mauer als die letzte Sektorenstadt Europas verstehen. Die Zahlen von 1975 haben sich inzwischen natürlich nach oben verschoben. Die trinationale «Euregio Oberrhein» umfasst zur Zeit in ihrer maximalen Umschreibung 19 000 km^2 mit 4,6 Millionen Einwohnern. In einer engeren Umschreibung werden 2,1 Millionen Einwohner genannt mit einem Bruttowertschöpfungsvolumen von 77 Milliarden Schweizer Franken.

Der schweizerische bzw. baselstädtische Teil hat am stärksten unter der einengenden Zergliederung gelitten und darum in der Zeit des schnellen Wachstums 1963 als erster den Regionalgedanken aufgenommen und eine «Regio» – nicht als Siedlungsrealität, sondern als Koordinations- und Planungsinstitution – geschaffen. Der private und heute etwa 30 Prozent in Anspruch nehmende Teil der Aufgaben der «Regio Basiliensis» ist die Koordination der verschiedenen Aktivitäten, die Aufarbeitung von Grunddaten als Planungs- und Entscheidungsgrundlagen sowie die Vermittlung von Informationen. Stärker in Anspruch genommen wird sie als offizielle Aussenstelle der beiden Halbkantone des schweizerischen Grenzraumes.[2] – Schon 1965 folgte die Gründung der elsässischen «Regio du Haut-Rhin», wesentlich später – 1985 – die Gründung der südbadischen «Freiburger Regio Gesellschaft».

Dem speziellen Bedarf der schweizerischen Seite sowie der Tatsache entsprechend, dass die Stadt Basel doch den Kern des engeren Agglomerationsraumes bildet, ging man zunächst davon aus, dass die ethnozentrische Bezeichnung «Regio Basiliensis» auch die elsässischen und südbadischen Teile der Region abdecke. Seit 1975 wird aber ein polyzentrischer Regionenbegriff gepflegt, der nicht nur die Städte Mulhouse und Freiburg, sondern auch Strasbourg und Karlsruhe einbezieht und mit der neutraleren Bezeichnung «Euregio Oberrhein» versehen ist. Etwas Ethnozentrik ist übrigens noch heute andernorts in der oberrheinischen Region am Werk: So ärgern sich die Städte Lörrach, Weil und Rheinfelden, dass die vor allem von der Stadt Freiburg getragene südbadische Regio-Vereinigung «Freiburger Regio Gesellschaft» heisst.

2 Zur weiteren Entwicklung der «Regio Basiliensis» stehen an Druckschriften, abgesehen von den Jahresberichten, insbesondere zur Verfügung der *regio report* von 1973 zum 10jährigen Bestehen, die *regio gazette*, insbes. Nr. 6/1983 zum 20jährigen und Nr. 9/1990 zum 25jährigen Bestehen.

Mit dem wachsenden Bedürfnis nach Verbindungen mit dem Hinterland gewann die Vorstellung an Gewicht, dass Basel ursprünglich, das heisst zur Zeit der Kelten, ein nach allen Seiten und insbesondere auch gegen den ausländischen Osten und Norden offenes Zentrum gewesen sei. Etwas quer und in gewissem Sinn auch komplementär zur Rationalität unserer Tage hat das regionale Zusammengehörigkeitsgefühl den sogenannten Belchen-Mythos wiederbelebt.[3] Dazu gehört die Vorstellung, dass der Stadtstaat Basel diese ehemalige Offenheit in zwei historischen Schritten eingebüsst habe: 1. 1501 mit dem Eintritt der freien Reichsstadt in den Bund der Eidgenossen und einer entsprechenden Umorientierung in Richtung schweizerischer Raum, das heisst gegen Süden; und 2. mit der späteren Hermetisierung der Grenzen im Zusammenhang mit dem Ersten Weltkrieg. Einige Jahrzehnte zuvor hatte die Stadt durch die revolutionäre Selbstbefreiung des Landvolkes von 1832/33 und die Schaffung eines eigenen Staates (bzw. Halbkantons) auch ihr südliches Hinterland verloren. Zur Zeit der Gründung der «Regio Basiliensis», mithin in den sechziger Jahren, hoffte man, diese einengende Grenze durch die sogenannte Wiedervereinigung rückgängig machen zu können. Das Projekt wurde aber 1969 von der Mehrheit der Landbevölkerung abgelehnt. Der baslerische Regionalismus orientiert sich gewiss an den Notwendigkeiten des 21. Jahrhunderts, zugleich ist er aber ein wenig «à la recherche du temps perdu».

Basel war, wie gesagt, speziell stark eingeengt; es entwickelte deshalb bezogen auf die ausländische Nachbarschaft als erster Partner den Regionalgedanken. Basel stand aber auch in der Reihe der in der Schweiz allmählich entstehenden Grenzregionalismen an der Spitze der Entwicklung. Nach der «Regio Basiliensis» entstand in Genf in ähnlicher Lage der «Conseil du Léman», dann folgten die «Communauté de travail du Jura», im Südtessin die «Regio Insubrica», am Bodensee der «Bodenseerat» und dazwischen an der österreichischen Grenze die «Raetia Nova» (vgl. Grafik 1).[4]

Von der kleinen Schweiz bleibt, wie man sieht, nicht viel übrig, wenn man von den Grenzräumen absieht. So gross der Anteil der Grenzregionen, so wichtig ist das Problem der sogenannten Grenzgänger/innen.[5] In der Schweiz arbeiteten vor der letzten Rezession rund 180 000 Grenzgänger/innen. Inzwischen sind es rund 25 000 weniger, was jetzt etwa 25 000 Arbeitslosen in den benachbarten Grenzgebieten gleichkommt. In der Nordwestschweiz arbeiten zur Zeit noch immer rund 43 000 Grenzgänger/innen, 16 000 aus Deutschland, 27 000 aus Frankreich. Diese beziehen in der Schweiz wesentlich höhere Löhne als in ihrem Herkunftsland (speziell im Falle der

3 Der sogenannte Belchen-Mythos versteht Basel als einen Siedlungspunkt, der sich aus einer astronomisch-geometrischen Kombination zwischen den badischen, französischen und schweizerischen Belchen-Gebirgen ergeben hat. Schweizerischerseits ist der Hauptpromotor dieser Vorstellung der baselstädtische Kantonsarchäologe Rolf d'Aujourd'hui.

4 Vgl. etwa: Charles Ricq, Les cantons suisses, les relations transfrontalières et l'Acte unique européenne. In: La Suisse et son avenir européen. Une analyse des positions suisses face à l'intégration de l'Europe. Hrsg. v. Roland Ruffieux. Lausanne 1989. S. 49–65.

5 Vgl. auch: Grenzgänger in der Nordwestschweiz. Ein Bericht. Basel 1987 (Schriften der Regio 9.3). 100 S.

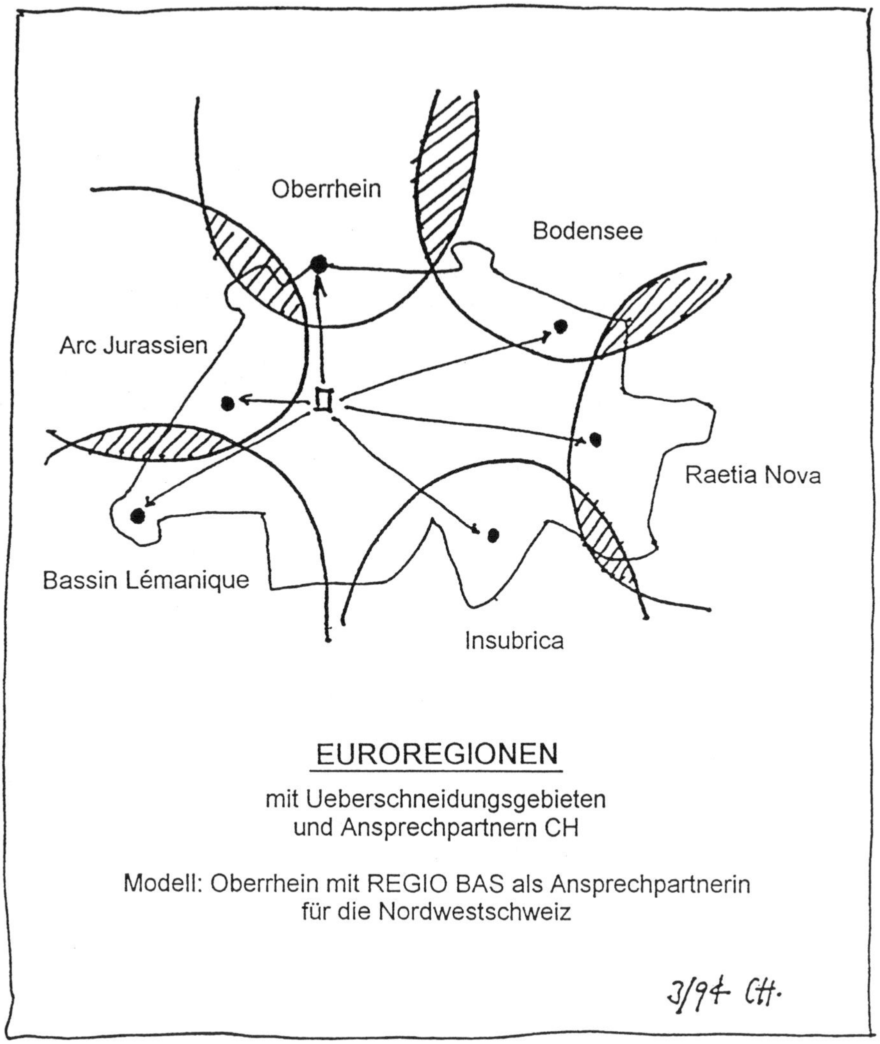

Grafik 1

Pendler/innen aus dem Elsass). Dies bedeutet eine Belastung für die nicht mehr konkurrenzfähigen Arbeitgeber im Wohngebiet und bringt allerhand Friktionen zwischen den ungleichen Arbeitnehmern/-innen im schweizerischen Raum sowie innerhalb der Wohnbevölkerungen in der deutschen und speziell in der französischen Nachbarschaft. Man sagt gerne, dass Pendler/innen den Zusammenhalt einer Region fördern.

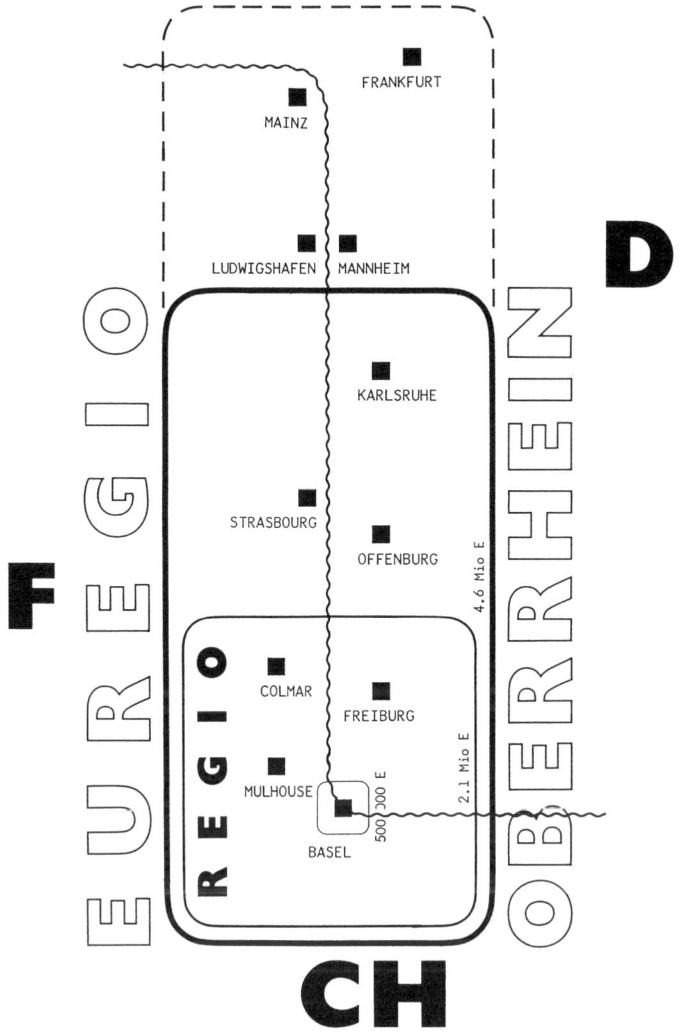

Grafik 2

Dies könnte in gewisser Hinsicht zutreffen, es entstehen dadurch aber auch zusätzliche Spannungen.

Inzwischen hat sich Basel in Abstimmung mit den Nachbarregionen auf das folgende Regio-Bild festgelegt (vgl. Grafik 2). Es ist zum Teil noch immer ein Bild aus ethnozentrischer Perspektive, von Basel im Süden ausgehend und sich in den beinahe hohen Norden erstreckend.

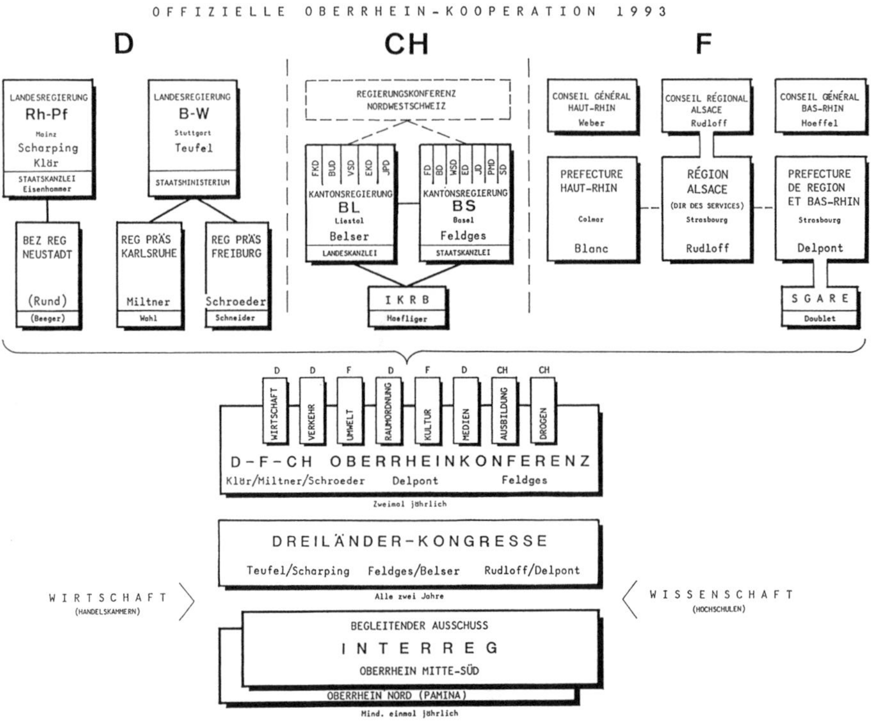

Grafik 3

Die «Euregio Oberrhein» ist, wie Christian J. Haefliger betont, einer Babuschka (oder besser: einer Matrjoschka), einer russischen Puppe vergleichbar. Insgesamt sind 4 Puppen zu unterscheiden, von denen die beiden mittleren aus je 3 Teilen zusammengesetzt sind. Die Zusammensetzung der mittleren ist insofern eine weitere Komplizierung der Verhältnisse, als jeder Teil anders heisst und zum Teil auch anders gebildet wird. Dazu zwei Beispiele: Was auf der oberen Regionalebene in Deutschland die Landesregierungen sind, sind in der Schweiz die Kantonsregierungen und die Nordwestschweizerische Regierungskonferenz und in Frankreich die Conseils Généraux und die Préfectures (vgl. Grafik 3). Auf der unteren Regionalebene sind es in Deutschland die Regionalverbände und eine Planungsgemeinschaft und auf französischer Seite die Generalräte und die Bürgermeister (auf schweizerischer Seite ist die Delegationsart noch nicht bestimmt). Sollte man den Eindruck haben, dass die Dinge etwas kompliziert seien, könnte es sich um einen zutreffenden Eindruck handeln.

Die 1. Gestalt dieser vierfachen Puppe ist durch den geographischen Raum des sogenannten Oberrheinischen Grabens definiert. (Von Basel rheinaufwärts folgt der sogenannte Hochrhein.)

Die 2. Gestalt ist die (aus dem Notenaustausch von 1975 entstandene) «Euregio Oberrhein»; auf nationaler Ebene mit dem staatlichen, also intergouvernementalen Gefäss der *Regierungskommission* oder Commission Intergouvernementale und auf regionaler (Länder-)Ebene mit der *Oberrhein-Konferenz*, die im Plenum zweimal jährlich an rotierenden Standorten tagt und zudem ausgestattet ist einerseits mit einer Feinstruktur, den etwa 20 beinahe permanent arbeitenden *Expertenausschüssen*, und andererseits seit 1988 mit einem alle 2 Jahre realisierten Grossformat des sogenannten *Dreiländer-Kongresses* (wie die Expertenausschüsse zu Sachthemen Verkehr, Umwelt, Kultur etc.). Der 5. Dreiländer-Kongress fand im November 1995 in Strassburg zum Thema «Jugend, Bildung, Beruf» statt.[6] Die parlamentarische Dimension ist am Entstehen in der Gestalt eines *Oberrheinrates* mit 26 französischen und deutschen Delegierten und allenfalls 10 schweizerischen Vertretungen.

Die 3. Puppe ist die Regio der Regionen; auf der «exekutiven» Seite der *Koordinationsausschuss der drei Regio-Vereine* (Regio du Haut-Rhin, Freiburger Regio Gesellschaft, Regio Basiliensis), auf der «legislativen» bzw. repräsentativen Seite der 1994/95 von den Regio-Gesellschaften ins Leben gerufene *Regiorat,* mit je 20 deutschen, französischen und schweizerischen Mitgliedern, welche in den mindestens zweimal stattfindenden Plenarsitzungen die kommunale Ebene, Wirtschaftsverbände, Universitäten und die drei Regio-Gesellschaften repräsentieren. Der Regiorat verfügt über ein gemeinsames Sekretariat (installiert in einem ehemaligen Zollbüro auf der deutsch-französischen Palmrain-Rheinbrücke) und in bescheidenem Ausmass auch über eigene Mittel beziehungsweise ein 6-Jahres-Budget von rund 500 000 ECU (Mitgliederbeiträge und insbesondere eine – beantragte – Subvention durch Interreg II).[7] Am 27. Januar 1995 hat das Gründungsplenum, am 22. September 1995 die 2. Plenarsitzung (mit den klassischen Regio-Traktanden Information, Verkehr, Bildung) stattgefunden.

Keine Extrapuppe ist beziehungsweise war die sogenannte Bürgermeisterkonferenz, die von 1990 bis 1995 bestanden hat und vom Regiorat abgelöst worden ist.

Die 4. Puppe ist oder sind die nationalen Regio-Gesellschaften, wobei auch diese sich nochmals territorial zusammensetzen, zum Beispiel in der Schweiz aus Vertretungen der Kantone Basel-Stadt und Basel-Landschaft.

6 Unter anderem wurde an diesem Kongress die Schaffung eines grenzüberschreitenden Jugendparlamentes beschlossen.

7 Für die Vergabe der Interreg-Mittel ist in diesem Fall der Begleitende Ausschuss für die Region Oberrhein-Mitte Süd zuständig. Bisher sind von den für diese Region vorgesehenen 24,5 Millionen ECU knapp 5 Millionen ECU für insgesamt 19 Projekte gesprochen worden, u.a. 330 000 ECU für die Erweiterung des Euro-Instituts in Kehl, 440 000 ECU für die deutsch-französische Verbraucherzentrale in Kehl, 66 000 ECU für eine Machbarkeitsstudie zur Reaktivierung der Eisenbahnlinie Freiburg–Breisach–Colmar, 146 600 ECU für den Schüleraustausch und 47 000 ECU für den Lehrlingsaustausch, wobei die Partnerländer zusammen in der Regel nochmals mindestens die gleichen Beträge zur Verfügung stellen müssen. Damit schweizerische Projekte von Interreg II profitieren können, hat der Bundesrat rund 24 Millionen Franken zur Verfügung gestellt. Für das trinationale Infobest am Palmrain wurden rund 330 000 ECU bewilligt.

Die Zusammenarbeit intensiviert sich, die nationalen Grenzen aber bleiben. Dies ist unter Umständen gar nicht zu bedauern. Gerade weil man einen gesicherten Rückhalt im nationalen Raum hat, kann man sich auf Kooperation einlassen. Wäre die Kooperation mit der Absicht verbunden, sich vom nationalen Hinterland abzulösen, würde alles sogleich viel schwieriger. Deswegen das Bekenntnis der «Regio Basiliensis» zum Sowohl-Als-auch statt zum Entweder-Oder. Das Bekenntnis zur nationalen und kulturellen Vielfalt in der regionalen Einheit wird bei vielen Zusammenkünften mit Heraldik und Folklore demonstriert. Mit diesen identitätsversichernden Strategien, dem Insistieren auf der Buntheit der Vielfalt schafft man im übrigen auch ein Gegengewicht zur homogenisierenden Dynamik der Moderne.

Was hat der Regionalismus am Oberrhein bisher zustande gebracht?

Er hat in der sogenannten Pionierphase natürlich zunächst einmal sich selber konstituiert. Die heutige Generation geht davon aus, dass die Pionierphase 1989 abgeschlossen gewesen sei und jetzt die Umsetzungsphase zu laufen begonnen habe. Warum 1989? Dazu vier Elemente: 1. die offizielle Anerkennung der Region durch das Basler Gipfeltreffen vom 15. Dezember 1989 mit dem französischen Staatspräsidenten François Mitterrand, dem deutschen Bundeskanzler Helmut Kohl und dem schweizerischen Bundespräsidenten Jean-Pascal Delamuraz; 2. der Start des grossen Regio-Klima-Projekts (Reclip) für 30 Millionen Franken auf 10 Jahre in Zusammenarbeit zwischen Staat, Universität und Wirtschaft; 3. die Lancierung von Eucor (vgl. unten) und 4. die Schaffung einer gemeinsamen Struktur (Willenserklärung von Schloss Bürgeln zur Erarbeitung eines grenzüberschreitenden Konzeptes für die Entwicklungskooperation), wie sie später für Interreg I (1991) erforderlich werden sollte (Finanzierungsschlüssel je 3mal 20 Prozent für den schweizerischen, deutschen und französischen Teil plus 40 Prozent EU).

Regiobilanzen werden in der Regel nach dem Muster der Erfolgsstorys zusammengestellt: Man legt dar, was erreicht worden ist und inwiefern die regionalen Beziehungen verbessert worden sind. *Misserfolge und negative Seiten* des regionalen Zusammenlebens werden in den Hintergrund gerückt. Auch in der folgenden Zusammenstellung soll vor allem dargelegt werden, inwiefern die grenzüberschreitende Zusammenarbeit verbessert werden konnte. Andererseits sei betont, dass das regionale Leben nicht rundum harmonisch ist, dass es aus bestehenden Unterschieden selbstverständlich Konflikte gibt, zum Beispiel wenn Schweizer/innen ihre Abfallsäcke, um die Besteuerung zu umgehen, im benachbarten Elsass wild deponieren oder wenn Elsässer/innen wegen ihrer (angeblich) niedrigeren Löhne in der Schweiz als Lohndrücker angesehen werden oder wenn man in Südbaden den Eindruck hat, dass deutsche Firmen mit unzulässigen Versprechungen ins Elsass gelockt werden etc. Diese Konflikte werden aber vor allem als Sachkonflikte und nicht als Nationalkonflikte wahrgenommen und ausgetragen. Die nationalen Gegensätze sind nicht völlig eliminiert. Sie bleiben als schlummerndes Potential vorhanden, aber sie sind auf ein Minimum reduziert. Das Kriegsende vom Mai 1945 wurde mit teils koordinierten, teils sogar gemeinsamen Veranstaltungen begangen; insbesondere wurden auch in Lörrach (D), Mulhouse (F) und Liestal (CH) untereinander abgesprochene Ausstellungen zum Thema «Après la guerre – Nach dem Krieg» durchgeführt.

In bezug auf das Erreichte kann man alles in allem sagen: In allen politikrelevanten Bereichen ist der Informationsaustausch ausgebaut worden. Sodann sind in verschiedenen Bereichen die Koordination und Harmonisierung gefördert worden, so dass die Mobilität der Regiobevölkerung erleichtert wird und auf der Seite der Institutionen auch ein Rationalisierungsgewinn erzielt werden kann. Dazu sechs Beispiele:

1. Beispiel: Der Ausbildungsbereich

Vorbildlich ist die Zusammenarbeit unter den sieben oberrheinischen *Universitäten* im Rahmen der Europäischen Konföderation der Oberrheinischen Universitäten (Eucor). Sie begünstigt die Mobilität der Studierenden durch gegenseitige Anerkennung des Lehrangebotes und den freien Zugang innerhalb des Verbundes. Ferner bietet sie einen gemeinsamen Lehrgang in Biotechnologie und gemeinsame Nachdiplomstudiengänge in Medizin an und subventioniert gemeinsame Kongresse. In der *Erwachsenenbildung* sind aus einer deutsch-französischen Kooperation 20 zweisprachige Volkshochschulkurse hervorgegangen. Im Bereich der *Mittelschulen* werden gemeinsame Studienwochen und Jugendtreffen durchgeführt. Im *Lehrlingswesen* werden zwischen dem deutschen und dem schweizerischen Teil der Region Austauschaufenthalte in Partnerschaftsbetrieben angeboten und wird ein sogenanntes Regio-Zertifikat ausgestellt, damit die Nachwuchskräfte schon früh den internationalen Kontakt mit Kunden erfahren, neue Arbeitstechniken und andere Unternehmenskulturen kennenlernen, sich in einer anderen Sprache üben und zugleich ihr Regiobewusstsein stärken. Der französische Regioteil hält sich da etwas zurück. Hier werden auch die Schwierigkeiten sichtbar: Man fürchtet das Lohngefälle und die bleibende Abwanderung.

2. Beispiel: Die Spitalversorgung

Hier geht es um die patientenfreundliche und betriebsgünstige Zusammenarbeit vor dem Hintergrund unterschiedlicher Sanitätsvorschriften, Sozialsysteme und Krankenkassen. Krebskranke etwa können neuerdings, wiederum im schweizerisch-deutschen Grenzverkehr, an ihren Wohnorten in den südbadischen Landkreisen ambulant behandelt werden und trotzdem die Bestrahlungstherapie der sogenannten Spitzenmedizin in der schweizerischen Zentrumsklinik beanspruchen. Damit gewinnt man drei Vorteile: eine möglichst patientennahe unkomplizierte Therapie, eingesparte Investitionskosten in den deutschen Landkreisen von über 10 Millionen Mark, bessere Auslastung und Betriebsrechnung im schweizerischen Stadtzentrum.

3. Beispiel: Die Drogenpolitik

Die Oberrheinkonferenz lancierte das Projekt einer trinationalen Drogenpolitik, in dem jeder Teil einen speziellen Bereich abdecken soll. Ein Teil übernimmt die Führung im Bereich der Prävention, dazu gehört die Aus- und Weiterbildung von Sozialbeauftragten und der kulturellen Animation. Ein anderer Teil ist hauptverantwortlich für den Bereich «Suchthilfe/Therapie», dabei geht es um regionale Plazierungsprobleme und um Akuthilfe im Basler Spitalzentrum. Unter französischer Leitung steht der dritte Bereich «Kommunikation», hier geht es vor allem um Zollkontrolle und Polizeifahndung. Die Zusammenarbeit im ganzen Bereich soll durch Interreg II gefördert werden.

4. Beispiel: Der öffentliche Verkehr

Die S-Bahn ist das ehrgeizigste Projekt, eine Kooperation zwischen drei Staaten, drei Bahngesellschaften, mit ursprünglich 3 Währungen und zwei Stromsystemen. 1997 ist die erste Linie von Frick/Laufenburg über Basel nach Mulhouse betriebsbereit. Im Sinne einer «intégration à plusieures vitesses» ist in diesem Fall die schweizerisch-französische Integration weiter gediehen als diejenige mit dem deutschen Teil, während, wie bereits dargelegt, im Spital- oder im Ausbildungsbereich der Integrationsprozess zwischen dem schweizerischen und dem deutschen Grenzraum weiter vorangekommen ist. Das S-Bahn-Projekt wird bis zu seiner Realisation insgesamt drei Jahrzehnte beansprucht haben. Zum Vergleich sei aber darauf hingewiesen, dass die Realisation etwa des binnenstaatlichen Projekts der S-Bahn für die Agglomeration Zürich auch 20 Jahre gedauert hat. Im übrigen gibt es schon seit Jahren öffentliche Busse, die anstelle der früheren Strassenbahnen insbesondere für die Berufstätigen die grenzüberschreitende Verbindung zwischen dem schweizerischen Zentrum und der elsässischen und badischen Nachbarschaft herstellen. Seit Juni 1995 gibt es mit der «Regio-Card Plus» zudem ein Verbundsystem für den öffentlichen Verkehr zwischen dem deutschen Landkreis Lörrach und dem schweizerischen Tarifverbund Nordwestschweiz. Selbstverständlich gibt es eine Regio-Wanderkarte, einen Regio-Führer und einen Regio-Fahrplan.

5. Beispiel: Der Flughafen

Die Region führt den einzigen binationalen Flughafen Europas, 1945 auf schweizerisches Betreiben auf französischem Boden gebaut, verbunden mit einem exterritorialen Zugang. Deutschland ist nicht dabei. Offiziell heisst der Flughafen Basel-Mulhouse, im Marketing wird er verkauft als EuroAirport Basel-Mulhouse-Freiburg. Die Stadt Freiburg (Oberbürgermeister Böhme) wäre gerne dabei, wird aber von Baden-Württemberg nicht unterstützt beziehungsweise nicht mit den nötigen Partizipationsgeldern ausgestattet. Stuttgart fördert lieber seinen eigenen Landesflughafen und an zweiter Stelle den NATO-Flughafen Söllingen. Die Schweiz ist jedoch an einer deutschen Beteiligung interessiert. Sie hat deshalb zwei Verwaltungsratssitze freiwillig den Freiburgern zur Verfügung gestellt.

6. Beispiel: Die Medien

Die Lokalradios haben längst die Regio entdeckt und leben ganz gut von ihr. Die lokalen Printmedien dagegen haben eher etwas Mühe, die Grenzen zu überwinden. Die «Basler Zeitung» hat längere Zeit die Wochenbeilage «Dreiland» herausgegeben. Ihr verdankt der Verfasser dieses Aufsatzes, wenn man von den Schriften der «Regio Basiliensis» absieht, einen wichtigen Teil seiner Kenntnisse über die Vorgänge in der Region. Besonders wichtig sind im «Dreiland» – sowohl im Redaktions- wie im bescheidenen Inserateteil – die Hinweise auf Freizeitangebote und insbesondere auf die Gastronomie aller drei Teile. Eine Kooperation zwischen der «Basler Zeitung», der «Alsace» und der «Badischen Zeitung» kommt nur punktuell zustande. Aus einem Inseratepool, an dem sieben Zeitungen der Region beteiligt sind, ist in Zusammenarbeit mit der Bürgermeisterkonferenz und bezahlt vom Basler Chemiegiganten Ciba immerhin ein Ideenwettbewerb für eine Regiofahne hervorgegangen. Seit 1994 haben wir diese allseits akzeptierte und auch verwendete Flagge. Es gibt auch einen lokalpatriotischen Nationalfeiertag, den sogenannten Oberrheintag jeweils am 2. Samstag im September. Jetzt fehlt nur noch die Hymne.

Teil 2
Nationales und Internationales

Ausdruck auch des Unabhängigkeitswillens des noch jungen Staates: Helvetia befördert deutsche Agenten, welche die sozialdemokratischen Emigranten in der Schweiz bespitzeln (Wohlgemuth-Affäre 1889), aus ihrem Souveränitätsgebiet. Im Hintergrund die agitierenden Sozialisten (Karikatur des «Carillon». Dokumentation Georg Kreis).

Die schweizerische Aussenpolitik von der Gründung des Bundesstaates bis zum Ersten Weltkrieg (1848–1914)

«Wir sind ein kleines Land und ein sparsames Volk. Für unsere Verhältnisse sind acht Gesandtschaften zu viel, die reine Grosstuerei.»[1] Das vom Bundesrat Ludwig Forrer stammende Diktum aus dem Jahr 1905 charakterisiert aufs beste die Anfänge der bundesstaatlichen Aussenpolitik. Sie waren bescheiden sowohl in ihren Mitteln als auch in ihren Ambitionen. Eigentlich hätte man am liebsten keine Aussenpolitik betrieben. Denn Aussenpolitik, das war eine Angelegenheit der Grossmächte, der Monarchen, ihrer Kabinette und Höfe. Die Schweiz aber war ein demokratisch eingerichteter Kleinstaat, der nicht in der grossen Politik mittun und, wie es sich nach damaligem Verständnis für Republiken gehörte, dem Gebot der Schlichtheit nachleben sollte.

Aus verschiedenen Gründen kam man doch nicht umhin, in bescheidenem Masse Aussenpolitik zu betreiben: erstens allein schon darum, weil man diese Domäne nicht den Kantonen überlassen wollte. Zweitens, weil die Verteidigung der Souveränität dies erforderte. Und drittens, weil die Handelsbeziehungen und die zunehmende Interdependenz internationale Regelungen verschiedenster Fragen nötig machten. Im folgenden soll zuerst das aussenpolitische Instrumentarium vorgestellt, in einem weiteren Schritt sollen die wichtigsten Momente der Behauptung der nationalen Souveränität in Erinnerung gerufen, und schliesslich soll die kontinuierliche Pflege aussenpolitischer Sachgeschäfte erörtert werden. Zunächst aber sind einige wenige Feststellungen zum Wissensstand anzubringen.

Die Forschung hat, was die schweizerische Aussenpolitik der Jahre 1848–1914 betrifft, seit dem Erscheinen der Gesamtdarstellung im vorausgegangenen Handbuch von 1975 wenig neue Untersuchungen hervorgebracht. Hingegen stehen aus der Serie der «Diplomatischen Dokumente der Schweiz» (DDS) die ersten fünf Bände zu diesem Zeitraum zur Verfügung.[2] Die rund 2500 Dokumente, die auf über 5000 Seiten neuerdings leicht zugänglich sind, können in diesem knappen Überblick nur punktuell berücksichtigt werden. Es ist anzunehmen, dass diese reichhaltige Dokumentation eine Reihe von Spezialuntersuchungen anregen wird. Die von Claude Altermatt 1990 vorgelegte Studie über die Anfänge der schweizerischen Berufsdiplomatie ist bereits ein erstes wertvolles «Nebenprodukt» dieser Editionstätigkeit.[3] Andere, kleinere Publi-

1 DDS. Bd. 5. Annex 2 zu Dokument Nr. 88.
2 Die Editionsleistung der frühen Bände besteht auch darin, dass die zum Teil schwer entzifferbaren Schriften transkribiert worden sind.
3 Der Autor war Mitarbeiter des 2. Bandes der DDS.

kationen sind ebenfalls im Zusammenhang mit der Aktenedition entstanden, etwa die Aufsätze von 1976 und 1983 in der Reihe *«Etudes et Sources»* des Schweizerischen Bundesarchivs und insbesondere die 1987 erschienenen Beiträge in den *Itinera* der Allgemeinen Geschichtsforschenden Gesellschaft der Schweiz.[4] Die neueren Publikationen befassen sich weniger mit der traditionellen Diplomatie, sondern vielmehr mit den praktischen Fragen der internationalen Beziehungen, zum Beispiel mit den Verkehrsverbindungen oder dem Ein- und Auswanderungswesen. In der vorangegangenen Phase prägte das von Edgar Bonjour verfasste Standardwerk über die schweizerische Neutralität das Verständnis dieser Epoche.[5] Ihm ist als umfassende Gesamtdarstellung das Werk von Paul Schweizer vorausgegangen.[6] Beide Publikationen sind Produkte aussenpolitischer Krisen. Schweizer hat den entscheidenden Impuls für seine Darstellung aus der Wohlgemuth-Affäre von 1889 (vgl. unten) erhalten, und Bonjour hat sich unter dem Eindruck der nationalsozialistischen Bedrohung dem Neutralitätsthema zugewandt.

Das aussenpolitische Instrumentarium

Die mit der Bundesverfassung von 1848 eingetretene Kompetenzverschiebung zugunsten der Zentralgewalt und auf Kosten der Kantone betraf auch die Aussenpolitik. Artikel 90 der BV von 1848 (Artikel 102 von 1874) wies die Wahrung der Interessen der Eidgenossenschaft nach aussen – «wie namentlich ihre völkerrechtlichen Beziehungen» – dem Zuständigkeitsbereich des Bundesrates zu und fügte bei: «er besorgt die auswärtigen Angelegenheiten überhaupt». Artikel 10 bestimmte: «Der amtliche Verkehr zwischen Kantonen und auswärtigen Staatsregierungen, sowie ihren Stellvertretern, findet durch die Vermittlung des Bundesrates statt.» Artikel 9 sah allerdings als Ausnahme vor, dass Verträge über Gegenstände der Staatswirtschaft, des nachbarlichen Verkehrs und der Polizei von den Kantonen abgeschlossen und, wie Artikel 10 ebenfalls einräumte, mit untergeordneten Behörden und Beamten eines auswärtigen Staates unmittelbare Kontakte gepflegt werden durften. Der Bundesrat musste in den ersten Jahren sowohl den Kantonen und eigenen Beamten als auch ausländischen Stellen immer wieder in Erinnerung rufen, dass die Eidgenossenschaft dem Ausland gegenüber eine Einheit darstellt und «die irrige Meinung, die Schweiz sei aus voneinander unabhängigen Souveränitäten zusammengesetzt, mit denen man nach Gutdünken verhandeln kann, ohne Rücksicht auf das Bündnis, das die verschiedenen Teile verbindet, verschwinden muss».[7] Zu internen Meinungsverschiedenheiten kam es vor allem, wenn

4 Referate des Schweizerischen Historikertages von 1986.

5 Die für unsere Zeit wichtigen Bände 1 und 2 sind 1965 als Vorspann zum Bericht über die Jahre 1933–1945, der 1962 vom Bundesrat in Auftrag gegeben worden ist, in 2., vollkommen überarbeiteter und erweiterter Auflage erschienen.

6 Paul Schweizer, Geschichte der Schweizerischen Neutralität. Frauenfeld 1895.

7 Zit. nach DDS. Bd. 1. S. XVIII.

die Landesregierung, gestützt auf BV Artikel 57, von ihrem Recht Gebrauch machte, die Ausweisung von Ausländern zu veranlassen.

Gestützt auf BV Artikel 90 Absatz 6, ernannte der Bundesrat die Vertreter der Schweiz im Ausland. Ende der sechziger Jahre stellte sich die nationalrätliche Geschäftsprüfungskommission auf den Standpunkt, dass gemäss BV Artikel 74 Absatz 4 diese Kompetenz der Bundesversammlung zukomme. Diese Auffassung setzte sich aber nicht durch, die Verfassung von 1874 wies dieses Geschäft wie die Anerkennung von Staaten und Regierungen in den Zuständigkeitsbereich des Bundesrates.[8] Bei der Bundesversammlung blieb indessen die Kompetenz, Verträge mit dem Ausland abzuschliessen, Bündnisse einzugehen, Krieg zu erklären und Frieden zu schliessen.

Während die Schaffung des Bundesstaates in manchen Bereichen zum Auf- und Ausbau bundesbehördlicher Strukturen führte, blieben die Verhältnisse im aussenpolitischen Bereich mehrere Jahre über 1848 hinaus die gleichen: Am 28. November 1848 wurde – provisorisch – das «Departement für äussere und innere politische Verhältnisse» mit der dann doch bis 1978 geführten Bezeichnung «Eidgenössisches Politisches Departement» (EPD) geschaffen und dessen Leitung dem jährlich wechselnden Bundespräsidenten übertragen.[9] Von 1850 bis 1868 stand dem Departementschef nicht einmal ein Sekretär zur Verfügung, und es gab keine zentrale Registratur, so dass die Akten des EPD wegen des Rotationsprinzips zum Teil auf die verschiedenen Departemente der ehemaligen Bundespräsidenten verteilt waren. Der 1869 eingestellte Sekretär hatte für eine minimale Kontinuität in der Verwaltung der aussenpolitischen Angelegenheiten zu sorgen. Die politische Kontinuität war einigermassen durch das Kollegialitätsprinzip und im Falle des EPD zusätzlich wegen des Rotationsprinzips besonders gut gewährleistet.[10] Die republikanische Zurückhaltung, das lange Zeit geltende Prinzip, dass der Bundespräsident das Land nicht verlassen dürfe, und das in aussenpolitischen Fragen besonders rigorose Prinzip der Kollegialität sorgten dafür, dass der schweizerische Aussenminister lange Zeit nicht die heute übliche Reisediplomatie praktizieren durfte.[11]

Das Departement, das erst 1883 einen zweiten festen Mitarbeiter erhalten hatte, wurde 1888 unter Bundesrat Numa Droz reorganisiert und ausgebaut: Jetzt wurde zwischen einer politischen und einer wirtschaftlichen Direktion unterschieden, und es standen immerhin 20 Mitarbeiter zur Verfügung. Während der Ära Droz sah man auch von der Rotation in der Departementsleitung ab. 1896 kehrte man aber wieder zum alten System zurück, und auch die Handelsabteilung ging wieder an das Handels- und

8 In der Verfassung von 1848 war die Anerkennung von Staaten mit Artikel 74 Absatz 4 dem Kompetenzbereich der eidgenössischen Räte zugewiesen worden. Vgl. Heinz Klarer, Schweizerische Praxis der völkerrechtlichen Anerkennung. Zürich 1981.

9 Die definitive Ordnung wurde im Gesetz vom 16. Mai 1849 geregelt.

10 Bundesrat Forrer betonte 1911: «Der Gesamt-Bundesrat ist eigentlich das Politische Departement.» Vgl. DDS. Bd. 5. Nr. 270.

11 Georg Kreis, Umstrittene Reisediplomatie. In: Schweizer Monatshefte 59. März 1979. S. 209–219. Aufgenommen auch in diesem Band. S. 205–215.

Zolldepartement. Vor 1914 wurde im Rahmen der geplanten Verwaltungsreform immer wieder die feste Departementsführung erwogen – realisiert wurde sie aber erst wieder während des Ersten Weltkrieges unter Bundesrat Arthur Hoffmann und nach einem kurzen Unterbruch, diesmal als definitive Lösung, unter Giuseppe Motta.

Bescheidenheit und Kontinuität bestimmten die Verhältnisse auch im Bereich der Gesandtschaften: Während 16 Jahren begnügte sich der junge Bundesstaat mit den zwei Aussenvertretungen von *Paris* und *Wien*, die ihm der alte Bund und die Tagsatzung hinterlassen hatten. Im Juni 1849 war im Nationalrat sogar deren Abschaffung, das heisst Umwandlung in Konsulate, beantragt worden. 1854 lehnte Bundespräsident Frey-Hérosé den Ausbau des diplomatischen Apparates unter anderem mit folgender Begründung ab: «Die Kraft der Republik liegt in ihrem Innern und nicht in äusserem Schein, und sie sucht ihre Würde nicht in Ostentation bei Fremden, sondern darin, dass sie ihre Würde gegen das Ausland zu behaupten versteht und ihre Verwaltung redlich und gut zum Wohl des Landes einzurichten strebt.»[12] Erst nach den italienischen Kriegen wurden 1864 in *Turin/Florenz* eine dritte und nach den deutschen Kriegen 1867 in *Berlin* eine vierte diplomatische Vertretung geschaffen. In besonderen Krisenmomenten (1856 in der Neuenburger Frage und 1860 in der Savoyer Frage) glaubte man, mit Sondergesandtschaften dem gesteigerten Bedürfnis der Interessenvertretung Rechnung tragen zu können. Jede Nomination oder Beförderung stiess in den eidgenössischen Räten auf heftigen Widerstand. Die Sachverständigen hatten allerdings erkannt, dass sich die Schweiz den Bedingungen der internationalen Politik nicht länger entziehen konnte. 1866 hielt ein Expertenbericht fest: «Es scheint, dass die Zeit einer gewissen politischen Passivität der Schweiz in äusseren Angelegenheiten vorüber und sie berufen ist, ein regeres Leben in dieser Beziehung zu entwickeln.»[13] Und im folgenden Jahr gab Bundesrat Jakob Dubs den Volksvertretern, die glaubten, dank des Telegraphen auf Diplomaten verzichten zu können, zu bedenken, «allein verhandelt und diskutiert müssen die Fragen doch werden. Die Behauptung, dass der Draht das ersetzt habe, [ist] ungefähr dem gleich, dass die Feder den Mund ersetzt habe.» In seinen Ausführungen spiegelt sich auch ein Wandel des Diplomatieverständnisses. Der «Neuen Zürcher Zeitung» zufolge muss er erklärt haben: «Früher seien die Gesandtschaften mehr Kabinettsgesandtschaften gewesen und wohl bewandert in den für jene Zeit grossen Fragen der Etiquette, der Heraldik, der Diplomatie, jetzt verlange man von einem Gesandten ganz anderes: Kenntnis des Staatsrechts und insbesondere gründliche Kenntnis der Fragen der Volkswirtschaft.»[14]

Das System der Gesandtschaftsvertretungen in den vier Nachbarstaaten wurde erst 1882 um die diplomatische Vertretung in Washington erweitert. Pressionen der USA und die wachsende Zahl von Auswanderern hatten schliesslich zu dieser Auf-

12 DDS. Bd. 1. Nr. 199.
13 Claude Altermatt, Les débuts de la diplomatie professionnelle en Suisse (1848–1914). Fribourg 1990. S. 59.
14 Ebenda. S. 68.

wertung geführt, der ebenfalls jahrzehntelange Diskussionen vorausgegangen waren. 1891 wurden die Generalkonsulate von Buenos Aires und London zu Gesandtschaften aufgewertet; im ersten Fall, weil auch der südamerikanische Kontinent wegen der Auswanderung wichtiger geworden war und man die schweizerische Vertretung nicht länger in den Händen eines Spirituosenhändlers sehen wollte; im letzteren Fall, weil es nicht länger anging, Grossbritannien von der Aufwertungsbewegung auszuschliessen, obwohl die bilateralen Geschäfte zur beidseitigen Zufriedenheit bisher mit der englischen Vertretung in Bern geregelt worden waren. 1906 folgte auf die Verstärkung im aussereuropäischen Westen der Ausbau im Osten mit der Schaffung von Gesandtschaften in St. Petersburg und Tokio.[15] Aber auch noch in diesem Zusammenhang kamen die alten Bedenken zum Vorschein. Dem eingangs bereits zitierten Bundesrat Forrer hätten die vier Gesandtschaften in den Nachbarstaaten völlig genügt:

> «Alles Andere ist Überfluss und nützt uns gar Nichts. Für die Entwicklung unseres Handels im Ausland haben sie keinen Wert; man errichte zu diesem Behuf Handels- oder Berufskonsulate sowie Handelsagenturen, und statte junge Leute, die über See gehen, gehörig mit Mitteln aus. Für all' das werde ich mit Vergnügen stimmen. Gehen auch 80 Prozent von so ausgegebenen Finanzen verloren, so bringen die restierenden 20 Prozent reichen Nutzen. Für die Anbahnung und den Abschluss von Handelsverträgen sind Gesandtschaften allerdings von Nutzen; es genügen aber hierfür Spezialmissionen.»[16]

Der junge Max Huber hatte anfänglich auch die Auffassung vertreten, dass die Schaffung einer Gesandtschaft in Japan überflüssig sei; doch schon 1903 wechselte er ins Lager der Befürworter, nachdem er gemerkt hatte, dass die in Japan niedergelassenen schweizerischen Industriellen ihm nur darum eine diplomatische Vertretung als überflüssig darstellten, weil sie den Nachzug von unliebsamer Konkurrenz anderer Schweizer fürchteten.[17]

Die ersten Konsulate waren 1798 eröffnet worden. Bis 1848 wuchs ihre Zahl auf 45. Davon befanden sich 30 in Europa, 14 in Amerika und 1 in Algerien. In den folgenden 15 Jahren wurden 31 weitere konsularische Posten geschaffen, 17 in Amerika, 5 in Europa, 5 in Asien und je 2 in Afrika und Australien. Bis zur Jahrhundertwende stieg die Zahl auf über 100 an. Der Anstoss dazu kam meistens von Auslandschweizern oder von kantonalen Handelskammern. Aufgabe der Konsulate war es, Pässe und

15 Bis 1914 wurden im weiteren auch Geschäftsträger in Den Haag, in Rio de Janeiro und in Madrid ernannt.

16 DDS. Bd. 5. Nr. 88. Annex 2.

17 Yves Collart, Marco Durrer und Verdiana Grossi, Les relations extérieures de la Suisse à la fin du XIXe siècle. Reflets d'une recherche documentaire. In: Etudes et Sources. Bd. 9. Berne 1983. S. 35–126. Hier S. 117. – Siehe auch Max Huber, Bericht über die Möglichkeit der Erweiterungen der Handelsbeziehungen der Schweiz mit Ostasien, insbesondere Japan, Hongkong, Cochinchina, Straits Settlements und Niederländisch Indien. Zürich 1901.

Transportzeugnisse auszustellen, sich mit der Handelsgesetzgebung und den Zollregelungen des Residenzlandes zu befassen, Wirtschaftsberichte zu verfassen etc. Von wenigen Ausnahmen abgesehen, erhielten die Konsuln als Entschädigung für ihre Arbeit, die sie als Nebenbeschäftigung erledigten, einzig ein Nebeneinkommen aus den von ihnen erhobenen Konsulargebühren.[18]

Die Behauptung der kleinstaatlichen Souveränität

Die Schweiz musste sich wegen ihrer Kleinstaatlichkeit und wegen der inneren, aus «parteipolitischen» Konflikten entstandenen und durch die föderalistischen Strukturen verstärkten Divergenzen in der napoleonischen Zeit wie in der frühen Phase der Ära Metternich manchem Diktat und zahlreichen Pressionen fügen. Die Hauptaufgabe der Aussenpolitik des 1848 gegründeten liberalen Bundesstaates bestand darin, mit der *Verteidigung der Souveränität* diesen Interventionen und Interventionsversuchen ein Ende zu bereiten und zugleich die Ergebnisse der liberalen Revolution von 1847 vor dem monarchistischen Umfeld zu schützen.

Infragestellungen der kleinstaatlichen Souveränität drohten vor allem in der *Flüchtlings- und Emigrantenfrage.* Wenn die Behörden Ausweisungsbegehren des Auslandes nicht entsprachen, ging es weniger darum, Solidarität mit Gesinnungsgenossen einzulösen, als vor allem darum, Souveränitätswillen zu manifestieren. 1849 formulierte Bundespräsident Jonas Furrer die noch heute gültige Doktrin: «Ein Asylrecht der Fremden, das bereits förmlich postuliert wird, anerkennen wir in keiner Weise, wohl aber das Asylrecht jedes selbständigen Staates gegenüber anderen Staaten.» In einem Nachsatz räumte er dann noch ein, dass es auch eine «moralische Pflicht» gebe – ihr eindeutig übergeordnet war aber die Idee der Staatsräson, fügte er doch im weiteren den Nachsatz bei, «soweit das höchste Interesse des Staates es zulässt».[19] Der Bundesrat glaubte jedoch gerade aus Gründen der «Staatsräson» militärische Zuspitzungen der Konflikte vermeiden und den beiden hauptsächlich betroffenen Mächten Österreich und Preussen mit Ausweisungen und Einschränkungen entgegenkommen zu müssen.

Die stufenweise Aufhebung der *Solddienste* bis 1859 hatte mehrere Gründe; einer der wichtigsten war auch in diesem Fall der Wille, die politische Abhängigkeit vom Ausland abzubauen. Die Statuierung der Souveränität begnügte sich nicht damit, fremde Rekrutierungen auf eigenem Boden zu untersagen, sie monopolisierte sogar das bisher bestehende Recht der Bürger, ihre Kampfkraft anderen Staaten zur Verfügung zu stellen.

18 Naum Reichesberg, Handwörterbuch der Schweizerischen Volkswirtschaft, Sozialpolitik und Verwaltung. Bd. 2. Bern (o.J.). S. 773–789.

19 DDS. Bd. 1. Nr. 44.

Kompromisslos wurde die territoriale Integrität verteidigt. Im sogenannten *Büsinger Handel* von 1848 demonstrierte der junge Staat mit einem Aufgebot von 25 000 Mann in unmissverständlicher Weise seine Entschlossenheit, selbst minimale Grenzverletzungen nicht zuzulassen. Und mit der Verhaftung und Ausweisung des auf sozialistische Emigranten angesetzten deutschen Polizeiinspektors *Wohlgemuth* im Jahre 1889 gab die bereits konsolidierte Schweiz zu verstehen, dass sie auf ihrem Boden keine Agententätigkeit dulde; trotz Drohungen Bismarcks, Zollrestriktionen und Kündigung des Niederlassungsvertrages wies die Schweiz jede Einmischung in ihre Asylpolitik zurück.[20]

Das völkerrechtliche Zwitterverhältnis, in dem sich der noch immer formell zu Preussen gehörende *Kanton Neuenburg* seit seinem Beitritt zum Bund von 1815 befand, war für das erstarkende Souveränitätsverständnis des Bundesstaates auf die Dauer unerträglich. Ein gescheiterter Putschversuch neuenburgischer Royalisten und Preussens Drohung, zum Schutze seiner schweizerischen Anhänger eine Armee in Bewegung zu setzen, führten 1856/57 in der Schweiz zu einer eindrücklichen Demonstration der Wehrbereitschaft und schliesslich zur vollständigen Einverleibung des vormals preussischen Besitzes.

Die 1863 erfolgte Einladung an eine von Napoleon III. angekündigte «Europäische Konferenz» (die schliesslich nicht stattfand) warf in Bern vor allem zwei Fragen auf: die interne Frage, ob der Bundesrat für eine Teilnahme die Zustimmung des Parlamentes benötige (was verneint wurde); und gegen aussen die Frage, ob diese Konferenz die der Schweiz wichtigen Neutralitätsanerkennungen von 1814/15 gefährde. Der Bundesrat sprach sich für eine Teilnahme aus, weil man – auch dies eine Variante der Souveränitätspflege – darin einen willkommenen Präzedenzfall erblickte, dass die Schweiz zum ersten Mal auf gleicher Stufe wie die grössten Staaten eingeladen wurde. Die Annahme der Einladung böte den Vorteil «d'être présents si les grands interêts de l'ordre social européen sont mis en délibération»; eine Absage dagegen könnte die Schweiz isolieren.[21]

In Momenten, da eine gewaltsame Austragung von Konflikten drohte (1859 und 1866 im Konflikt zwischen Italien und Österreich, 1867 in der Luxemburg-Affäre, 1870 vor Ausbruch des Deutsch-Französischen Krieges), wurde jeweils der offenbar noch nicht ganz gesicherte Souveränitätsanspruch bekräftigt: In erster Linie ging es um die *Unversehrtheit der territorialen Integrität* und nur sekundär um die Respektierung der Neutralität. So wurde 1859, bevor man von der Neutralität sprach, umständlich hervorgehoben, was die Schweiz sich selber schulde, «à sa dignité, à son caractère d'Etat indépendant et libre, comme à sa constituion politique et à son organisation».[22]

20 Hansjörg Renk, Bismarcks Konflikt mit der Schweiz. Der Wohlgemuth-Handel von 1889, Vorgeschichte, Hintergründe, Folgen. Basel 1972. – 15 Dokumente in DDS. Bd. 3.

21 DDS. Bd. 2. Nr. 490f.

22 Ebenda. Nr. 324.

Die als klassische Ergänzung zur Neutralität verstandene *Vermittlungsfunktion* bildete sich erst später heraus. 1859 wurde in Zürich zwar die Friedenskonferenz zwischen Österreich, Frankreich und Sardinien durchgeführt. Es waren die Mächte, welche die Schweiz in Anerkennung ihrer neutralen Haltung als Tagungsort ausgesucht hatten.[23] An der *Gründung des Roten Kreuzes von 1863* war die Schweiz offiziell auch nicht beteiligt.[24] Der Bundesrat wurde erst eingeschaltet, als für den internationalen Kongress von 1864 Einladungen zu verschicken waren. Die Durchführung der Konferenz in Genf sei eine Ehre und ein Ruhmesblatt für die Schweiz, frohlockte Henry Dunant; er hoffe, dass sich der (offensichtlich nicht sehr engagierte) Bundesrat ebenfalls darüber freue.[25] Die *Internierung der Bourbaki-Armee im Januar 1871* gab dann der Idee der *humanitären Schweiz* und der Vorstellung, dass die Schweiz eine Friedensinsel und ein rettender Hafen für Asylsuchende sei, starken Auftrieb.[26]

Im spektakulären Alabama-Handel von 1872 konnte sich die Schweiz als Förderin des *Schiedsgerichtsgedankens* profilieren.[27] Als Kleinstaat begrüsste sie die Idee der Konfliktregelung durch Rechtsprechung, zumal sie auf eine alte Schiedsspruchpraxis zur Regelung interkantonaler Konflikte zurückblicken konnte. Allein in den Jahren 1890–1903 beteiligte sich die Schweiz an 14 internationalen Schiedsgerichtsverfahren. Sosehr sie dieses Prozedere anderen empfahl, selbst wollte sie sich ihm wenn möglich nicht unterziehen. Jedenfalls machte sie in den über zwei Jahrzehnten von 1886 bis 1909 nie davon Gebrauch und behielt sich wie alle anderen Staaten in vitalen Fragen ihr uneingeschränktes Souveränitätsrecht vor.[28]

1906 liess sich die Schweiz von der Konferenz von Algeciras das Mandat geben, die marokkanische Polizei zu organisieren und gewisse Streitfälle durch das Bundesgericht entscheiden zu lassen. Bundespräsident Eduard Müller rechtfertigte dieses Engagement vor kritischen Volksvertretern mit dem Argument, es ginge darum, «zur Erhaltung des Weltfriedens sein Scherflein beizutragen».[29] Die Idee der internationalen Nützlichkeit des neutralen Kleinstaates erhielt erst mit der Domizilierung des Völkerbunds in Genf (1920) die heutige Bedeutung, obwohl die Schweiz schon früh Sitz mehrerer internationaler Organisationen geworden war: 1869 der Telegraphenunion, 1874 der Weltpostunion, 1883 des Patentamtes, 1886 der Union zum Schutze der literarischen und künstlerischen Werke und 1890 des Eisenbahntransportamtes. 1891/92 kamen als private Zentralen das Internationale Friedensbüro und das Sekre-

23 Ebenda. Nr. 348.

24 Das erste internationale Rotkreuzkomitee wurde auf Anregung von Henry Dunant und Gustave Moynier durch die Genfer Gemeinnützige Gesellschaft geschaffen.

25 DDS. Bd. 1. Nr. 502 und sechs weitere Dokumente.

26 19 Dokumente in den DDS. Bd. 2.

27 L'affaire de l'Alabama, Genève 1872–1971. Genève 1972.

28 Yves Collart u.a., Les relations extérieures de la Suisse à la fin du XIXe siècle. S. 78–89, mit einer Liste der 14 Verfahren.

29 Edgar Bonjour, Geschichte der schweizerischen Neutralität. Vier Jahrhunderte eidgenössischer Aussenpolitik. Bd. 1 und 2. Basel 1965. Hier Bd. 2. S. 519. – DDS. Bd. 5. Nr. 114, 116, 117, 161, 167.

tariat der Interparlamentarischen Union hinzu. Der schweizerischen Diplomatie gelang es, einen ansehnlichen Teil (etwa 10 Prozent) der gegen Ende des 19. Jahrhunderts immer häufiger durchgeführten internationalen Konferenzen und Kongresse in die Schweiz zu bringen. In einigen Fällen spielte auch das Interesse an den Kongressinhalten eine starke Rolle, zum Beispiel im Falle der auf schweizerisches Betreiben zustande gekommenen internationalen Konferenz zum Schutze der Arbeiter (1889–1890).[30] An den *Haager Friedenskonferenzen von 1899 und 1907* nahm die Schweiz in Wahrung ihrer eigenen Interessen eine eher bremsende Haltung ein: Rüstungsbeschränkungen lehnte sie ab, und einer Kodifikation der Rechte und Pflichten der Neutralen widersetzte sie sich anfänglich, hingegen sprach sie sich wegen ihrer Interessen am Überseehandel für Bestimmungen zum Schutze der neutralen Schiffahrt aus.[31]

Sosehr die Schweiz davon ausging, dass ihr Territorium als Bestand unverletzbar sei und auch nicht für temporäre Nutzungen zur Verfügung stünde, gab es im eigenen Lager durchaus Kräfte, welche gelegentliche *Erweiterungen des eigenen Territoriums* anstrebten. Bekannt ist, dass Bundespräsident Jakob Stämpfli 1859 gerne Nordsavoyen annektiert hätte.[32] Weniger bekannt ist, dass der spätere Bundesrat Bernhard Hammer 1870 in seiner Eigenschaft als schweizerischer Minister in Berlin seinen Landsleuten dringend riet, jetzt Frankreichs schwierige Lage zu einer Besetzung Nordsavoyens zu nutzen.[33] Etwa zur gleichen Zeit liess der Bundesrat in Paris abklären, ob der Schweiz nicht auch Teile des Elsasses überlassen werden könnten.[34] Umgekehrt konnte die Schweiz nicht sicher sein, ob ihr territorialer Bestand tatsächlich von allen Nachbarn als definitiv akzeptiert wurde. 1866 zum Beispiel gab es die Befürchtung, dass Frankreich im deutsch-österreichischen Konflikt Preussen freie Hand lassen könnte, sofern es als Abfindung Belgien oder die französische Schweiz erhielte.[35] Schon um 1860 tauchten Meldungen auf, die davon sprachen, dass sich Italien eines Teils des Tessins bemächtigen könnte.[36] Und 1884 forderte der Bundesrat die Abberufung eines italienischen Konsuls wegen seiner irredentistischen Äusserungen.[37] Als die Schweiz 1902 die Abberufung des italienischen Gesandten *Silvestrelli* verlangte, ging es nicht um ter-

30 Yves Collart u.a., Les relations extérieures de la Suisse à la fin du XIXe siècle. S. 69–78, mit einer Liste der 13 in den Jahren 1890–1892 in der Schweiz durchgeführten Konferenzen und Kongresse. 1890–1903 wurden in Europa 888 internationale Zusammenkünfte durchgeführt, davon fielen 81 auf die Schweiz.

31 Edgar Bonjour, Geschichte der schweizerischen Neutralität. Bd. 2. S. 512–516. – DDS. Bd. 5. 63 Dokumente zur Konferenz von 1907 und zu den weiteren Vorbereitungen von 1913/14.

32 Edgar Bonjour, Geschichte der schweizerischen Neutralität. Bd. 1. S. 377–393.

33 DDS. Bd. 2. Nr. 319.

34 Edgar Bonjour, Geschichte der schweizerischen Neutralität. Bd. 2. S. 454. – In den DDS, Bd. 2, werden über 20 Dokumente zum Thema «Projets de remaniements territoriaux et de corrections de frontières» vorgestellt.

35 DDS. Bd. 2. Nr. 73–75, 77, 78, 86, 117.

36 DDS. Bd. 1. Nr. 416.

37 DDS. Bd. 3. Nr. 106, 266, 270, 272.

ritoriale Fragen, sondern um die arrogante Art, mit welcher der Diplomat die schweizerische Regierung für die Publikation eines Anarchistenblattes verantwortlich machte. In Edgar Bonjours Kommentar finden wir das Leitmotiv der schweizerischen Aussenpolitik jener Zeit wieder: «Die Schweiz hatte dargetan, dass auch einem neutralen Kleinstaat im diplomatischen Verkehr die Achtung gebührt, die jeder souveräne Staat verlangt.»[38]

Mit dem Einsetzen des Wettlaufs um die letzten *Kolonien* wurde 1885 von seiten des Parlamentes die Frage aufgeworfen, ob sich nicht auch die Schweiz an solchen Erwerbungen beteiligen sollte. Der Bundesrat lehnte ab mit dem Hinweis, dass die Schweiz weder Meeresanstoss noch eine Flotte habe. Eine protektionistisch motivierte Kolonialexpansion wäre ohnehin nicht in Frage gekommen, weil dies im Widerspruch zur freihändlerischen Grundtendenz gestanden hätte. Man war sich offenbar bewusst, dass staatliche Verfügungsgewalt und wirtschaftliche Stärke nicht identisch sind. Die bundesrätliche Antwort hob hervor: «Der Handel ist kosmopolitisch und kauft und verkauft, wo ihm das Absatz- resp. das Bezugsgebiet am günstigsten zu sein scheint und keineswegs aus patriotischen Motiven.»[39]

Mit der Verschärfung des deutsch-französischen Gegensatzes, aber spätestens seit 1870, akzentuierte sich auch die Frage der schweizerischen Position in diesem Konflikt. Was immer im Bereich der schweizerischen Aussenbeziehungen geschah, es wurde unter dem Aspekt betrachtet, welchem der beiden rivalisierenden Nachbarn es nütze. Dies galt vor allem für die Linienführungen der Alpenbahnen, für deren Finanzierung und Bauvergabe. Nicht nur die Gotthard-Linie, wider Erwarten auch die Simplon-Lötschberg-Linie wirkte sich zum Vorteil für den nördlichen Nachbarn aus. Nur der erst 1915 fertiggestellte Moutier-Grenchen-Tunnel begünstigte den Nachbarn im Westen. Die Nutzung des Rheins als Verbindung zum Meer war schon vor 1914 ein Thema, sie wurde allerdings erst nach 1918 richtig aktuell und war auch dann noch geprägt vom deutsch-französischen Gegensatz.[40]

Soweit sich dies überhaupt verallgemeinern lässt, verschoben sich in den Jahrzehnten bis zum Ausbruch des Ersten Weltkrieges die Einflussstärken zugunsten des Deutschen Reichs und – nach jahrhundertelanger französischer Präponderanz – zum Nachteil von Frankreich. Ausdruck des deutschen Übergewichts waren die Kaisermanöver von 1912 und die schon vor 1914 sich verschärfenden Gegensätze zwischen der deutschen und der französischen Schweiz.[41] Die in der deutschen Schweiz erblü-

38 Edgar Bonjour, Geschichte der schweizerischen Neutralität. Bd. 2. S. 509.

39 DDS. Bd. 3. Nr. 290.

40 Georg Kreis, L'accès à la mer: le cas de la Suisse. In: Relations internationales Nr. 60. 1989. S. 443–455.

41 Der sogenannte «Graben» hat sich, entgegen gängiger Meinung, nicht erst mit Kriegsausbruch aufgetan. Vgl. Georg Kreis, Die Schweizerreise des französischen Präsidenten Fallières und die deutsch-französischen Rivalitäten in den Jahren vor dem Ersten Weltkrieg. In: Cinq siècles de relations franco-suisses, Hommage à Louis-Edouard Roulet. Neuchâtel 1984. S. 233–244. Erneut veröffentlicht in diesem Band. S. 217–228.

hende Germanophilie sollte sich erst im Verlaufe des Krieges wieder etwas legen. Wohl bestand, wie wir wissen, die Funktion der Neutralität darin, die kleinstaatliche Schweiz davor zu bewahren, dass sie in äussere Konflikte einbezogen und damit in ihrer Existenz gefährdet würde. Die durch entgegengesetzte Partei- und Anteilnahmen belasteten Verhältnisse am Vorabend des Ersten Weltkrieges erinnern daran, dass die weniger bekannte, aber nicht weniger wichtige *innenpolitische Funktion der Neutralität* darin bestand, mit aussenpolitischer Enthaltsamkeit die internen Gegensätze zu neutralisieren.

Die Pflege der aussenpolitischen Sachgeschäfte

«Wir sind kein Grossstaat. Unsere Beziehungen zum Auslande haben daher nicht den vorwiegend politischen Charakter, wie dies bei den Grossstaaten der Fall ist. Sie sind kultureller, polizeilicher, hauptsächlich aber verkehrs- und handelspolitischer Art. Die wirtschaftlichen Interessen stehen durchaus im Vordergrunde.»[42] Diesem einer bundesrätlichen Botschaft von 1913 entnommenen Bekenntnis entsprechend, nahm die kontinuierliche Pflege der aussenpolitischen Sachgeschäfte weit mehr Aufmerksamkeit und Kapazität in Anspruch als die «politischen» Geschäfte im engeren Sinn. Herbert Lüthy bemerkt zu den schweizerischen Aussenbeziehungen vor 1914 treffend: «Wenn das Wort Aussenpolitik die Vorstellung aktiv verfolgter Ziele erweckt, so wäre es hier im Ganzen angemessener, schlicht von Verwaltung der äusseren Beziehungen zu sprechen – oder doch von Betreuung jenes bescheidenen Bruchteils weltweiter schweizerischer Aktivitäten, die überhaupt behördlichen Beistand beanspruchte.»[43]

Die Sachgeschäfte betrafen vor allem Handelsbeziehungen und Verkehrsfragen, dann aber auch kleinere Grenzberichtigungen, Münzangelegenheiten, Niederlassungsfragen, das Auswanderungswesen, Massnahmen gegen den Mädchenhandel, die Drogenbekämpfung, das Veterinär- und Seuchenwesen u. a. m.

Ein langwieriges Geschäft war die *Rheinkorrektur*, die schon vor 1848 Sorgen bereitete und nach jahrzehntelangen Verhandlungen 1892 in einem Staatsvertrag mit Österreich geregelt werden konnte. Die «Überschienung» der Alpen, das heisst der *Gotthardbahnbau*, beschäftigte die Behörden seit den fünfziger Jahren. Dabei handelte es sich nur zum Teil um ein technisches Geschäft, ging es doch auch in diesem Fall wegen der Beteiligung Italiens und Deutschlands um die Erhaltung der Souveränität und um Fragen der militärischen Sicherheit. Den beiden Nachbarstaaten mussten 1909 für ihr Einverständnis mit der Verstaatlichung der Gotthardbahn beträchtliche Tarif-

42 Bundesrat, Botschaft betreffend die Organisation der Bundesverwaltung (vom 13. März 1913). In: DDS. Bd. 5. Annex zu Nr. 352. – Ähnliche Stellungnahme zwanzig Jahre zuvor: «La Suisse ne participe pas à la grande politique internationale.» In: Conseil fédéral, Message concernant la représentation de la Suisse à l'étranger (du 19 mai 1893). In: FF 1893. Bd. III. S. 167–179.

43 Einleitung zu den DDS. Bd. 5.

konzessionen gewährt werden,[44] was 1913, im Moment der Ratifikation durch die eidgenössischen Räte, die bestehende Opposition im Land zu einer Welle nationalistischer Empörung emporschnellen liess und zur schliesslich 1921 gutgeheissenen Initiative zur Einführung des Staatsvertragsreferendums führte.

Die *Auswanderung* wurde von den Bundesbehörden zunächst als kantonale Angelegenheit verstanden. Ihre Vertreter im Ausland kamen aber nicht darum herum, sich mit diesen Fragen zu befassen, indem sie Angaben über die Verhältnisse in den Einwanderungsländern lieferten und sich um die mittellosen Auswanderer kümmerten. Immer wichtiger wurden mit der wachsenden Mobilität sodann die *Niederlassungsverträge.* Für die Schweiz brachte der Handelsvertrag mit Frankreich von 1864 mit der Teilrevision der Bundesverfassung von 1866 auch der jüdischen Bevölkerung die Niederlassungsfreiheit.[45]

Im Bereich der Handelsbeziehungen ging es zunächst darum, den Zoll einzuführen, den man geschaffen hatte, um die kantonalen Einkommenseinbussen infolge der Aufhebung der Binnenzölle abzugelten und die junge Bundesverwaltung zu finanzieren. Im Prinzip aber blieb die Schweiz freihändlerisch eingestellt. Ausgangspunkt der Zollverhandlungen war der Generaltarif (oder Verhandlungszoll). Dieses Instrument sollte dazu dienen, günstigere Tarife auszuhandeln. Zur Abwendung protektionistischer Massnahmen war schweizerischerseits auch die temporäre Einführung von Kampfzöllen vorgesehen.[46] Nach einer ausgesprochen prosperierenden Phase musste die Schweiz in den Jahren 1875–1890 gegen protektionistische Tendenzen ihre *Handelsverträge* erneuern. Da die Beamten wegen ihrer geringen Zahl und ihrem nicht weniger geringen Fachwissen den fachlichen Anforderungen der neuen Aussenhandelspolitik nicht gewachsen waren, gewannen die Verbände, insbesondere der Schweizerische Handels- und Industrieverein, einen starken Einfluss auf diese Geschäfte.[47]

Ein erster Handelsvertrag war schon 1850 mit den USA abgeschlossen worden.[48] 1864 kam es nach dreijährigen Verhandlungen zu einem Handelsvertrag auch mit Frankreich.[49] Die grossen Handelstarifverhandlungen fanden aus genanntem Grund

44 Die Schweiz nahm eine wesentliche Einschränkung ihrer Tarifhoheit in Kauf, indem sie den deutschen und italienischen Bahnen auf dem gesamten Netz der Schweizerischen Bundesbahnen das Meistbegünstigungsrecht einräumte. Eduard Fueter dazu: «Die Schweiz erkaufte mit anderen Worten die Verstaatlichung der Gotthardbahn mit dem Verzicht auf eine ihrer wichtigsten Waffen im Konkurrenzkampf mit ausländischen Bahnen, die ihre Beförderungstarife vielfach zugunsten bestimmter einheimischer Produkte abstuften.» In: Die Schweiz seit 1848. Zürich 1928. S. 254.

45 Vgl. dazu den hochinteressanten Bericht von 1865 in den DDS. Bd. 1. Nr. 529. – Vgl. auch Nr. 498.

46 Artikel 34 des Zollgesetzes von 1851.

47 Vgl. etwa DDS. Bd. 3. Nr. 20.

48 DDS. Bd. 1. Nr. 103.

49 Der Einbezug privater Sachverständiger wurde schon damals praktiziert. Minister Kern fragte 1861 Alfred Escher, ob er wegen des Handelsvertrags nicht für ein paar Wochen nach Paris kommen könne. DDS. Bd. 1. Nr. 428.

aber in den achtziger Jahren statt.[50] Eine eigentliche Kampfrunde wurde dadurch ausgelöst, dass Frankreich 1892 alle Handelsverträge kündigte. Eine weitere grosse Verhandlungsserie wurde nötig, nachdem in der Volksabstimmung vom 13. März 1903 ein Kampfzolltarif angenommen worden war. Im weiteren kam es zu besonders heftigen Auseinandersetzungen, als Deutschland nach schweizerischer Auffassung unzulässige Exportprämien für deutsches Backmehl einführte. Dieser Konflikt reihte sich in die zahlreichen anderen Geschäfte sachpolitischer Natur ein. Die Gewichtung der verschiedenen Bereiche der schweizerischen Aussenbeziehungen wird auch durch die produzierte Aktenmenge veranschaulicht. In den «Diplomatischen Dokumenten der Schweiz», die mit ihrer Auswahl eine Vorstellung von den Proportionen geben, werden die schweizerisch-deutschen Beziehungen der Jahre 1904–1914 mit 54 Dokumenten belegt: Je 13 betreffen die allgemeinen Handelsvertragsverhandlungen von 1904, die Mehlzollfrage und die Rheinschiffahrt, 10 betreffen die Kaisermanöver, 1 das Schiedsgerichtswesen und nur 4 die allgemeinen «politischen» Beziehungen.

Nachtrag 2005: Die Mitsprache des Souveräns bei Abschlüssen von unkündbaren Staatsverträgen ist im obigen Text nicht angesprochen worden, kam aber aus der Ablehnung des Gotthardvertrags von 1909 als kräftiges Postulat auf. Vgl. dazu den Beitrag «Die Anfänge der Direkten Demokratie im Bereich der Aussenpolitik», der ebenfalls in diesen Band aufgenommen worden ist (S. 231–247). Die Hoffnung, dass diese reichhaltige Dokumentation der DDS weitere Spezialuntersuchungen anregen wird, hat sich nicht bestätigt. Forschung und Publizistik der letzten Jahre haben sich ohnehin nur wenig mit der Frühphase der Aussenpolitik des Bundesstaates beschäftigt. Einige davon sind in der nachfolgenden Bibliographie aufgenommen: die im folgenden Beitrag nochmals genannte Arbeit von *Daniela Rosmus* über die Staatsbesuche seit 1848; dann die Basler Dissertation von *Urs Hammer* zum amerikanischen Bild der Schweiz im 19. Jahrhundert; das an herausragenden Persönlichkeiten der schweizerischen Aussenpolitik orientierte Buch des selbst als Botschafter tätigen *Paul Widmer*; die breit angelegte Schilderung der Jahre vor 1914 von *Max Mittler*, und schliesslich die mit einem halben Blick von aussen von *Agathon Aerni und Rudolf Agstner* verfasste Festschrift zum 150jährigen Bestehen der Österreichischen Botschaft in Bern eine bunte und keine Tendenz markierende Kollektion von Ergänzungsarbeiten zur bereits etwas alten Geschichte der schweizerischen Aussenbeziehungen vor 1914. Inzwischen ist, vom Schreibenden verfasst, auch der Beitrag «Aussenpolitik» im Historischen Lexikon der Schweiz (Bd. 1. Basel 2002. S. 592–595) erschienen.

50 Die weiteren Abschlüsse: 1868 mit Österreich-Ungarn, 1881 mit Deutschland, 1882 mit Frankreich, 1883 mit Italien, 1883 mit Spanien, 1886 mit Rumänien. Die Geschäftsberichte führen jedes Jahr die in Kraft stehenden Handelsverträge auf.

Weitere Quellen und Literatur

Aerni, Agathon, Rudolf Agstner, Von der K.K.Gesandtschaft zur Österreichischen Botschaft. Festschrift 150 Jahre Österreichische Botschaft Bern. Wien 2000.

Benz, Gérard, Le percement du Simplon. 50 ans de négociations en faveur de l'Europe. Genève 1983.

Boesch, Joseph, Epochen der schweizerischen Aussenpolitik. In: Handbuch für schweizerische Aussenpolitik. Bern 1975 (HbSAP). S. 81–120.

Bonjour, Edgar, Geschichte der schweizerischen Aussenpolitik in ihren Grundzügen. In: HbSAP. S. 57–80.

Bonjour, Edgar, Schweizerische Neutralität. Kurzfassung. Basel 1978 (franz. Fassung Neuchâtel 1979; ital. Fassung Bellinzona 1981).

Bosshart, Felix, Der Gotthardvertrag von 1909. Ein Beitrag zur schweizerischen Innen- und Aussenpolitik vor Ausbruch des Ersten Weltkrieges. Zürich 1973.

Ein Jahrhundert schweizerische Aussenpolitik im Lichte der «Diplomatischen Dokumente der Schweiz». In: Itinera 7. Basel 1987.

Freymond, Jacques (Hrsg.), Diplomatische Dokumente der Schweiz: Biaudet, Jean Charles (Hrsg.) Bd. 1. 1848–1865. Bern 1990. – Ruffieux, Roland (Hrsg.), Bd. 2. 1866–1872. Bern 1985. – Bucher, Erwin/Stadler, Peter (Hrsg.), Bd. 3. 1873–1889. Bern 1986. – Collart, Yves (Hrsg.), Bd. 4. 1890–1903. Bern 1992. – Lüthy, Herbert/ Kreis, Georg (Hrsg.), Bd. 5. 1904–1914. Bern 1983.

Hammer, Urs, Vom Alpenidyll zum modernen Musterstaat. Der Mythos der Schweiz als «Alpine Sister Republic» in den USA des 19. Jahrhunderts. Basel 1995.

Kreis, Georg, De la concurrence à la coopération: la France et le chemin-de-fer du Simplon avant 1914. In: Aspects des rapports entre la France et la Suisse de 1843 à 1939. Neuchâtel/Metz 1982. S. 37–49 (auch in: Ders., Vorgeschichten zur Gegenwart. Ausgewählte Aufsätze. Bd. 1. Basel 2003. S. 469–481).

Kreis, Georg, Von den Voraussetzungen der schweizerischen Aussenpolitik vor 1914. In: Itinera 7. 1987. S. 41–53.

Mittler, Max, Der Weg zum Ersten Weltkrieg. Wie neutral war die Schweiz? Kleinstaat und europäischer Imperialismus. Zürich 2003.

Rapold, Hans, Der Schweizerische Generalstab. Bd. V: Zeit der Bewährung? Die Epoche um den Ersten Weltkrieg 1907–1924. Basel 1988.

Rosmus, Daniela, Die Schweiz als Bühne. Staatsbesuche und politische Kultur 1848–1990. Zürich 1994.

Schoop, Albert, Johann Konrad Kern. Bd. 2: Die Gesandtschaft in Paris. Frauenfeld 1976.

Wegelin-Zbinden, Sibylle, Der Kampf um den Gotthardvertrag. Schweizerische Selbstbesinnung am Vorabend des Ersten Weltkrieges. Horgen 1974 (Schriften der Neuen Helvetischen Gesellschaft. Nr. 16).

Widmer, Paul, Schweizer Aussenpolitik. Von Charles Pictet de Rochemont bis Edouard Brunner. Zürich 2003.

Begegnung zwischen republikanischer und monarchischer Welt: Der Zürcher Bürgermeister Johann Heinrich Waser beschwört als Delegationsleiter im November 1663 in der Pariser Notre-Dame zusammen mit dem französischen Sonnenkönig Ludwig XIV. die Erneuerung des Bündnisvertrags. Der eine barhäuptig, der andere mit bedecktem Kopf. Der Unterschied wird auch dadurch erklärt, dass sich die Schweiz – trotz der Exemtion vom Reich von 1648 – im höfischen Protokoll noch nicht als souveräner Staat durchgesetzt habe. Der Allianzteppich nach Entwürfen von Charles Le Brun. Hier das Exemplar, das sich im Besitze des Schweizerischen Landesmuseums Zürich befindet (Schweizerisches Landesmuseum, Zürich Inv.-Nr. DEP-65. Foto: Schweizerisches Landesmuseum, Zürich Foto-Nr. 40 632).

Umstrittene Reisediplomatie

Die Aussenpolitik macht wieder von sich reden. Während innenpolitische Fragen dauernd Aufmerksamkeit beanspruchen können, wendet sich unser Interesse bloss sporadisch der kontinuierlich geführten Aussenpolitik zu. Ausgelöst wird diese plötzliche Aufmerksamkeit vor allem durch die Auslandsreisen, die den Chef des Politischen Departements jeweils aus der Stille seiner diskreten Tätigkeit in die laute Öffentlichkeit treten lassen. Dass solche Reisen auch kritische und unwillige Aufmerksamkeit erzeugen können, hat Bundesrat Pierre Aubert 1978 vor allem in der zweiten Hälfte seines ersten Amtsjahres erfahren müssen. Nachdem die Reisen nach Wien, Strassburg, Rom und Budapest kaum Kritik ausgelöst haben, ist nun Auberts jüngste Reise, die ihn in vierzehn Tagen nach Nigeria, Kamerun, Obervolta, Elfenbeinküste und Senegal geführt hat, zum Gegenstand von Kontroversen geworden, allerdings, wie man beifügen muss, nicht so sehr wegen der Reise als solcher, sondern wegen der im Zusammenhang damit abgegebenen Erklärungen. Die Reisetätigkeit der Bundesräte und speziell Auberts Äusserungen während des Besuches in Wien haben Nationalrat Walter Allgöwer (LdU/BS) im vergangenen Sommer veranlasst, eine Interpellation einzureichen, die wahrscheinlich in der März-Session zur Sprache kommen und eine allgemeine Debatte um Auberts Aussenpolitik und seine Reisediplomatie auslösen wird. Allgöwers Interpellation möchte eine bessere Reglementierung der bundesrätlichen Auslandsreisen und die Sicherung der parlamentarischen Suprematie auch in aussenpolitischen Fragen. Sie wünscht die Bewahrung «des schlichten schweizerischen Stils» und missbilligt die publizistische Ausschlachtung solcher Reisen. Allgöwer stiess sich insbesondere daran, dass Aubert von österreichischem Ausland aus der Schweiz eine Dynamisierung ihrer Aussenpolitik angekündigt hat.

Obgleich in den letzten Jahren das Verständnis für Auslandsreisen schweizerischer Magistraten erheblich gewachsen ist, melden sich auch heute noch Vorbehalte: Es sind Bedenken, die zumeist wie im Falle der Interpellation Allgöwer kombiniert auftreten: Zum einen handelt es sich um Bedenken, die in der Dynamisierung der Aussenpolitik eine Beeinträchtigung der Neutralitätspolitik und eine Verkennung der kleinstaatlichen Möglichkeiten sehen. Zum andern wurzeln die Vorbehalte in einer republikanischen Mentalität, die im innenpolitischen Bereich ohne weiteres starke Führerpersönlichkeiten anzuerkennen bereit ist, im aussenpolitischen Bereich aber schnell auch nur Ansätze personalistischer Politik als Verstösse gegen die demokratischen Spielregeln taxiert. Die folgenden Ausführungen versuchen, die Vorläufer dieses republikanischen Reflexes zu erfassen.

Republikanische Repräsentation

Staatsvisiten waren ursprünglich eine Angelegenheit *dynastischer Souveräne.* Thronfolger pflegten nach Regierungsantritt bei den übrigen Höfen ihre Antrittsbesuche zu machen. Mit dem Übergang der Souveränität auf das Volk und der Organisation des Staates als Republik mit allgemeinem Wahlrecht stellte sich die Frage, wer als *Repräsentant* – nicht als Gesandter – dieses neuen Souveräns Staatsvisiten unternehmen dürfe. Ein Vierteljahrhundert nach der Gründung der Dritten Republik stellte sich in Frankreich 1897 erstmals die Frage, ob der französische Staatschef in offizieller Mission das französische Territorium verlassen und nach St. Petersburg reisen dürfe. Jenem Projekt kam zugute, dass der Französischen Republik, die von den Monarchien lange in Quarantäne gehalten worden war, die Einladung des Zaren der längst ersehnte Beweis ihrer Salonfähigkeit war und dass Félix Faure, der damalige Präsident der Republik, ein Argument auf seiner Seite hatte, das auch heute noch als innenpolitische Rechtfertigung gerne verwendet wird: die Entschuldigung nämlich, dass es sich nur um einen Gegenbesuch, sozusagen um eine Höflichkeitspflicht handle. Anfänglich wurde in der Dritten Republik sogar die Auffassung bestritten, dass ihr Präsident allein die Souveränität verkörpern könne. Als nämlich 1896 in Cherbourg der Zar begrüsst werden musste, standen drei Männer in der ersten Linie am Quai: neben dem Präsidenten der Republik die Präsidenten des Senats und der Kammer. Ein Triumvirat. Nach Russland begleiteten die beiden anderen Herren den Staatschef nicht. Sie fürchteten, durch das Protokoll ins zweite Glied versetzt zu werden, und hofften, die Fiktion der dreifaltigen Volksvertretung aufrechterhalten zu können, indem sie zu Hause blieben. Von da an unternahmen die französischen Staatschefs anstandslos und – was wichtig, ursprünglich aber nicht selbstverständlich war – den dynastischen Souveränen gleichgestellt in Frankreichs Namen Staatsvisiten.

Die Schweizerische Eidgenossenschaft sah sich schon einiges früher als republikanischer Bund mit Repräsentationsproblemen konfrontiert. Ihre vielfältige Souveränität drückte sie 1663 am Hofe Ludwigs XIV. mit einer Equipe aus, die über zweihundert Mann umfasst haben soll. Jeder Stand war vertreten, Basel durch Oberzunftmeister Benedict Socin, Zürich durch den Bürgermeister Johann Heinrich Waser usw. Die protokollarische Gleichstellung von Gast und Gastgeber, die 1897 der republikanischen Grossmacht Frankreich eine Sorge war, konnten die alten Eidgenossen nicht beanspruchen. Noch 1910 wurde in der Diskussion um die Frage, ob ein schweizerischer Magistrat nach Paris reisen sollte, an den im Landesmuseum aufbewahrten Allianzteppich erinnert, der mit seiner Darstellung noch heute belege, wie untertänig die Repräsentanten der Schweiz damals vor dem Sonnenkönig ihr Haupt entblösst, während sogar die höchsten Höflinge ihren Hut auf dem Kopf behalten hätten.

Es besteht die Meinung, die Schweiz habe mit der Tradition, keine Bundesräte ins Ausland reisen zu lassen, erst 1919 gebrochen, als Bundespräsident Ador zur Friedenskonferenz nach Paris reiste. Richtig an dieser Auffassung ist ein nicht unwesentlicher Punkt: Damals hat tatsächlich (wenn man von einem noch zu nennenden Fall absieht) erstmals ein Bundespräsident die Landesgrenze überschritten. Bundesräte hingegen sind schon vor Ador und durchaus in offizieller Mission ins Ausland gereist: 1856 Jonas Furrer nach Karlsruhe, Stuttgart und München, um die süddeutschen Höfe von einer allfälligen Unterstützung Preussens im Neuenburger Handel abzubringen; 1867 Karl Schenk anlässlich der Pariser Weltausstellung als Gast Napoleons III. in den Tuilerien. Im Dezember 1881 fuhr Louis Ruchonnet als Chef des Handels- und Landwirtschaftsdepartements nach Paris, um den stockenden Handelsvertragsverhandlungen neuen Auftrieb zu geben, und wenige Wochen später reiste Numa Droz in gleicher Funktion und Eigenschaft ebenfalls in die französische Hauptstadt, nachdem sich Ruchonnet wegen der negativen Reaktionen im Parlament geweigert hatte, eine zweite Reise nach Paris zu unternehmen. Der ausgehandelte Vertrag wurde schliesslich vom schweizerischen Gesandten Johann Konrad Kern unterzeichnet. Droz erklärte den drei Kabinettsmitgliedern, die französischerseits den Vertrag unterschrieben hatten, die persönliche Rücksichtnahme auf Kern als staatspolitische Rücksicht auf die Gepflogenheit, dass die Mitglieder der schweizerischen Landesregierung keine Verträge im Ausland unterzeichnen würden. 1884 reisten wiederum Karl Schenk und der Thurgauer Adolf Deucher ins Ausland zur Teilnahme an den Eröffnungsfeierlichkeiten der Arlbergbahn.

Regel und Ausnahme

Die Regel, welche den Bundespräsidenten im Lande behielt, brachte bis zum Ersten Weltkrieg im Effekt ein Reiseverbot auch für den Aussenminister. Denn bis zu jenem Zeitpunkt war (abgesehen von der Ära Droz/Lachenal der Jahre 1888–1895) die Führung der Aussenpolitik eine Ex-officio-Charge des jährlich wechselnden Bundespräsidenten. Noch heute achtet man darauf, dass schweizerische Bundespräsidenten das Land so wenig wie möglich verlassen.[1] Darum konnte Max Petitpierre in seinem Präsidialjahr eine Einladung zur Wiedereröffnung der Wiener Oper nicht annehmen, und aus dem gleichen Grund liess er sich 1950 bei der Einweihung des neuen schweizerischen Botschaftsgebäudes in Wien durch Professor Edgar Bonjour vertreten. Hingegen reiste Bundespräsident Petitpierre in der Eigenschaft eines Fachministers 1960 an OECD-Konferenzen in Lissabon und Paris. Auch sein Nachfolger, Friedrich Traugott Wahlen, ging in seinem Präsidialjahr 1961 zweimal ins Ausland (Wien und Paris), um an Sitzungen der OECD und der EFTA teilzunehmen. Bundespräsident Willy Spühler nahm 1968 in seinem zweiten Präsidialjahr ebenfalls an solchen Fachministerkonferenzen teil, stattete aber in diesem Jahr als Aussenminister keine eigentlichen Besuche ab. Pierre Graber begab sich während seines Präsidialjahres als Fachminister 1975 nach Salzburg. Im gleichen Präsidialjahr unterzeichnete Graber die KSZE-

1 Diese Aussage ist durch die weitere Entwicklung überholt. Vgl. Nachtrag.

Schlussakte in Helsinki, wohin er zwar als Aussenminister gereist war, wo er aber – was ein Novum war und einstweilen auch ein Unikum bleiben wird – auch in der Eigenschaft als Bundespräsident seine Unterschrift gab, weil die anderen Staaten jenes Papier ebenfalls durch ihre Staatschefs unterzeichnen liessen.[2] Noch immer gilt indessen die Doktrin: Wenn schweizerische Bundesräte reisen, tun sie es nie in der Eigenschaft als Staatspräsident. Die Schweiz lässt aus diesem Grund auch Visiten wie diejenigen des deutschen Bundespräsidenten Scheel von 1977 unbeantwortet. Das Kollegialprinzip, das den Bundespräsidenten nur als stets wechselnden *Primus inter pares* versteht, ist schlecht vereinbar mit der Idee der Repräsentation durch eine Person. War dies der Grund, warum sich 1906 anlässlich der Eröffnungsfeierlichkeiten des Simplontunnels der gesamte Bundesrat ins Ausland, das heisst nach Domodossola, begab? Mit jenem Besuch wollte die schweizerische Regierung den Besuch des italienischen Königs Viktor Emanuel III. in Brig beantworten, ohne freilich mit diesem ausserordentlichen Vorgehen, wie betont wurde, einen Präzedenzfall für künftige Gegenbesuche zu schaffen.[3]

Als der französische Botschafter im Januar 1910 den bevorstehenden Besuch des französischen Staatschefs Fallières bekanntgab, wurde insbesondere in germanophilen Kreisen die Vermutung geäussert, der Neuenburger Bundespräsident Comtesse habe Fallières in die Schweiz eingeladen, um nachher nach Paris fahren zu können.[4] Die in der Presse um diese Eventualität geführte Diskussion enthält eine ziemlich vollständige Sammlung der gegen bundesrätliche Reiseabsichten jeweils ins Feld geführten Argumente.

Die «Neue Zürcher Zeitung» erklärte damals dezidiert, an einen solchen Gegenbesuch sei gar nicht zu denken:

> «Der Bundesrat müsste ja das primitivste Verständnis für unsere Auslandpolitik verloren haben, wenn er eine derartige diplomatische, aller Tradition widersprechende Leistung begehen wollte ... Unsere demokratischen Einrichtungen und eine bisher möglichst streng befolgte Tradition entheben uns der Pflicht, höfische Gepflogenheiten ebenfalls beobachten zu müssen.»

Noch immer wogen die republikanischen Bedenken schwer. Sie wurden auch von den «Basler Nachrichten» geteilt, denn sie warnten vor der Gefahr, schweizerische Magistraten könnten auf fremdländischen Parketten zwischen «ängstlicher Etikettsklaverei und outrierter Hemdsärmligkeit» hilflos hin und her pendeln. Die eifrigen Republikaner beriefen sich in ihren Mahnungen gerne auf das amerikanische Vorbild, und eine

2 Der republikanische Reflex meldete sich in diesem Fall mit dem Unmut darüber, dass der Bundespräsident am Nationalfeiertag nicht im Lande, sondern im Auslande weilt.

3 Zum 50-Jahr-Jubiläum des Simplontunnels begab sich Bundesrat Markus Feldmann in seiner Eigenschaft als Bundespräsident wiederum ins nahe Ausland.

4 Vgl. zu diesem Besuch den entsprechenden Aufsatz in diesem Band. S. 217–228.

Stimme verstieg sich sogar in die Behauptung, die Verfassung der Vereinigten Staaten verböte dem Präsidenten Auslandsreisen. Bis zu jenem Zeitpunkt haben in der Tat die amerikanischen Präsidenten nie den Boden der Vereinigten Staaten verlassen. Doch im gleichen Jahr noch brach Theodore Roosevelt mit dieser Gepflogenheit, als er 1910 dem deutschen Kaiser einen Besuch abstattete. Ihm folgte Ende 1918 Woodrow Wilson mit seiner Europareise und der persönlichen Mitwirkung an der Friedenskonferenz in Paris. In der Debatte um den allfälligen Gegenbesuch des Bundespräsidenten Comtesse warnten die «Basler Nachrichten»: «Eine solche Auslandreise des sichtbaren Repräsentanten unseres Souveräns würde einer Jahrhunderte alten Tradition widersprechen. Wir stehen am Scheideweg und müssen uns überlegen, ob dies geschehen darf.» Es geschah vorläufig nicht.

Öffnung nach dem Ersten Weltkrieg

Im Januar 1919 aber fuhr Gustave Ador im Auftrag des Bundesrates nach Paris, um die schweizerische Haltung in der Völkerbunds- und der Zonenfrage darzulegen. Er tat dies nicht als Aussenminister, hatte er doch das Politische Departement im Vorjahr abgeben müssen. Er war nun Vorsteher des Departements des Innern, war 1919 Bundespräsident und, wie die offiziellen Stimmen des Bundeshauses betonten, nur inoffiziell zu Gast in Paris. Dort wurde der «Privatmann» Ador freilich mit allen einem Staatsmann zu erweisenden Ehren empfangen: Sein Kollege, der französische Staatschef Poincaré, empfing ihn an der Gare de Lyon, wo der rote Teppich ausgelegt und die Gardemusik aufgestellt worden war. Die «Gazette de Lausanne» übersah den inoffiziellen Charakter von Adors Mission gerne. Sie schrieb: «Paris a trois présidents de république dans ses murs: M. Ador, M. Wilson et M. Poincaré.» In den gleichen Tagen hielt der «Bund» aber noch immer fest: «Dass der Bundespräsident in amtlicher Eigenschaft sich über die Landesgrenzen begäbe, ist nach schweizerischer Auffassung und Überlieferung ausgeschlossen.» Als sich Bundespräsident Ador im April 1919 ein weiteres Mal nach Paris begab, diesmal höchst offiziell, hielt das Blatt seine Einschränkung allerdings nicht mehr aufrecht. Gegen Adors Reisediplomatie sprachen sich grosso modo die gleichen Kreise aus, die gegen den schweizerischen Beitritt in den Völkerbund waren: einerseits die Sozialdemokraten und anderseits das konservative Bürgertum der deutschen Schweiz.

Während der Jahre, da die Schweiz den Völkerbund beherbergte und Gespräche auf Ministerebene in Genf geführt werden konnten, bestand offenbar keine Notwendigkeit, Bundesräte ins Ausland zu schicken. Auch während der Jahre der nationalsozialistischen Bedrohung stellte sich die Frage nicht. Die helvetische Abneigung gegen amtliche Auslandsreisen bekam überdies eine zusätzliche Dimension, die nach Schuschniggs und Hachas Besuchen bei Hitler ihren Ausdruck in der bekannten Erklärung Bundesrat Hermann Obrechts 1939 in Basel fand: «Wir Schweizer werden nicht zuerst ins Ausland wallfahrten gehen.» Diese Parole überdauerte den Zweiten Weltkrieg und bestimmte noch 1946 die offizielle Haltung, als Bundesrat Max Petitpierre mit privaten Besuchen, beispielsweise in Paris beim künftigen UNO-Präsidenten Paul Henri Spaak, die Schweiz aus der Isolation herauszuführen begann. Von 1948 an konnte Petitpierre wenigstens an Fachministerkonferenzen teilnehmen und in diesem Rahmen Kontakte pflegen, die auch für die allgemeine Aussenpolitik der Schweiz wichtig waren. Erst 1957 unternahm Bundesrat Petitpierre seinen ersten offiziellen Auslandsbesuch: Er galt bezeichnenderweise dem neutralen Schweden und war der Form nach bloss ein Gegenbesuch. Friedrich Traugott Wahlen war als FAO-Direktor in 60 Ländern gewesen und hatte als Vorsteher des Volkswirtschaftsdepartements 1960 sechs Auslandsreisen unternommen, bevor er 1961 die Führung des Politischen Departements übernahm. In den vier Jahren seiner Amtszeit als Aussenminister unternahm er hingegen bloss 17 Reisen; alle führten ihn an Fachministerkonferenzen.[5] Hinzu kamen die Aufträge, die Landesregierung an den Trauerfeierlichkeiten beim Tode Kennedys und Churchills zu vertreten. Besuche im eigentlichen Sinne unternahm er keine, denn er fühlte sich als Mitglied einer Kollegialbehörde verpflichtet, so wenig als möglich von Bern abwesend zu sein.

Bundesrat Willy Spühler unternahm – wenn man von den zahlreichen Fachministerkonferenzen absieht, an denen auch er teilgenommen hat – 1967 mit den Besuchen der neutralen Staaten Schweden und Österreich zunächst zwei «traditionelle» Auslandsreisen. 1968 hingegen erschloss er Neuland, indem er sich Osteuropa zuwandte und Rumänien und Jugoslawien besuchte. Diese Premieren wurden allerdings durch eine andere Reise leicht vorweggenommen. Anlässlich der Eröffnung der Fluglinie Zürich–Moskau 1967 reiste nämlich Rudolf Gnägi als Chef des Verkehrs- und Energiewirtschaftsdepartements in die Hauptstadt der Sowjetunion, nicht zu diplomatischen Gesprächen, sondern lediglich als Ehrengast mit Repräsentationsverpflichtungen.[6] Den Auslandsreisen anlässlich der Einweihung neuer Bahnlinien um die Jahrhundertwende folgten Auslandsreisen anlässlich der Eröffnung neuer Fluglinien in den sechziger Jahren des 20. Jahrhunderts. Wie Bundesrat Gnägis Flug eine Avantpremiere für Spühlers Osteuropareisen war, war der Flug, den Bundesrat Spühler, ebenfalls als Chef des Verkehrs- und Energiewirtschaftsdepartements, 1962 bei der Eröffnung der Fluglinie nach Lagos mitmachte, eine Avantpremiere für Auberts Westafrikatour vom Januar 1979. Weitere Premieren brachte die Amtszeit von Spühlers Nachfolger. Pierre Graber erschloss 1973 den Nahen Osten mit dem Besuch in Kairo und 1974 den Fernen Osten mit der Reise nach Peking. Auch nach Pierre Auberts Vorstoss in den Schwarzen Kontinent gibt es noch manche politische Grossräume, in die die bundesrätliche Reisediplomatie noch nicht vorgestossen ist. Einer davon ist Amerika. Privat

5 Eine spezielle, hier nicht weiter dokumentierte Reise, die von einigen ebenfalls als «Wallfahrt» interpretiert worden sein dürfte, unternahmen die Bundesräte Friedrich Traugott Wahlen (EPD) und Hans Schaffner (EVD) im September 1962 nach Brüssel, um die schweizerische Verhandlungsbereitschaft darzulegen.

6 Urban Kaufmann (vgl. Anm. 11) betont den Neutralitätsaspekt und verweist auf den Umstand, dass Spühlers Washington-Reise nur wenige Tage auf Gnägis Moskau-Reise folgte.

hat zwar Bundesrat Furgler den Vereinigten Staaten bereits einen Besuch abgestattet. Und 1967 war Bundesrat Spühler – allerdings mit weniger Eklat – schon «drüben» gewesen. Er verband den Besuch der Weltausstellung in Montreal mit einer Reise nach Washington, wo er in informellen Gesprächen die Frage prüfte, ob die Schweiz im Vietnamkrieg als Vermittlerin ihre guten Dienste zur Verfügung stellen könne.

Direkte und indirekte Ergebnisse

Im Schatten der grossen Premieren und der eher spektakulären Begegnungen finden auf allen Ebenen direkte Kontakte in grosser Zahl statt. Pierre Graber unternahm (die privaten und halbprivaten Besuche nicht mitgerechnet) während seiner Amtszeit in den Jahren 1970–1977 21 bilaterale und 17 multilaterale Auslandsmissionen. Im gleichen Zeitraum wurden in Bern 35 offizielle Besuche begrüsst. Die Besuchsbilanz war also trotz Grabers zahlreichen Reisen für die Schweiz negativ. Während die Notwendigkeit wirtschaftlicher Reisediplomatie (des Staates notabene, denn diejenige privater Unternehmen ist eine undiskutierte Selbstverständlichkeit) nie bestritten war – man erinnere sich nur an Bundesrat Bruggers Reisen nach Persien und Saudi-Arabien –, begegnete man der politischen Reisediplomatie lange mit Argwohn, weil Zielsetzungen und Resultate schwerer erkennbar und nicht immer direkt materieller Natur sind. Der Wert von Auberts Goodwillmission lässt sich nicht in Handelsverträgen ausdrücken. Das Politische Departement bemühte sich indessen, auch dem auf konkrete und direkte Ergebnisse bedachten Nützlichkeitsdenken Rechnung zu tragen, und betonte darum gerne, dass auf Auberts Afrikareise in Nigeria auch über den Import schweizerischer Uhren verhandelt worden sei.

Indem Nationalrat Walther Hofer (SVP/BE), der ehemalige Präsident der aussenpolitischen Kommission, Auberts Afrikareise als «Safari» bezeichnete, kritisierte er vor allem den von Nachholbedürfnissen gedrängten Versuch, in kurzer Zeit möglichst viele Punkte einzusammeln und als Trophäen nach Hause zu bringen. Der Jäger nahm es ihm übel und betonte, wie anstrengend die Reise gewesen sei. Er verteidigte sich gegen einen Vorwurf, der nicht erhoben worden ist, den man aber aus der Bezeichnung «Safari» herauslesen kann, wenn man sie als Ferien- und Vergnügungsreise versteht. Als 1910 Comtesse' vermeintliche Ambitionen diskutiert wurden, war es zu ähnlichen Missverständnissen gekommen. Die «Basler Nachrichten» mahnten damals in freier Abwandlung einer Bibelweisheit, «dass die schweizerischen Staatshäupter zu Hause bleiben und sich daselbst redlich nähren sollen. Für diesen Zweck reicht die Besoldung hin, die ihnen das Schweizervolk gewährt, für Staatsreisen ins Ausland reicht sie nicht.» Dieser Äusserung liegt, vielleicht unbewusst, die Auffassung zugrunde, dass Sesshaftigkeit redlich, Reisen aber unredlich, unseriös oder zum mindesten ein Vergnügen und als solches mit Amtshandlungen unvereinbar sei. Wenn aber bei den Auslandsreisen, die den Beteiligten immer besonders strapazenreiche Tage bringen, auch noch ein bisschen Reiselust mit im Spiel wäre und ist? Wäre es nicht widersinnig und alles andere als wünschenswert, wenn diejenigen, die von Berufes wegen mit dem Ausland in Kontakt stehen, nicht auch gerne selbst den Fuss in dieses Ausland setzen würden?

Die Missbilligung des amtlichen Auslandstourismus macht sich leicht und gerne den *point d'argent* zunutze. Deshalb waren und sind die Magistraten bestrebt, die begleitende Delegation möglichst klein zu halten. Bundesrat Aubert ist von vier Mitarbeitern begleitet worden. Seine Gemahlin musste ihre Reisekosten selbst berappen, was das Westschweizer Radio als Schande für die reiche Schweiz wertete und es veranlasste, eine öffentliche Kollekte für die Frau Bundesrat durchzuführen. Die Hinweise auf die Belastung der Staatskasse verdecken aber ein gewichtiges Motiv: das Bestreben, das republikanische Egalitätsprinzip auch auf die Diplomatie anzuwenden. Solange ein Magistrat von seinem Pult in Bern aus Aussenpolitik betreibt, scheinen die Geschäfte ganz im Bereich des Sachlichen und Abstrakten zu bleiben, selbst wenn sie möglicherweise stark von der Persönlichkeit des Departementsvorstehers geprägt sind. Begibt sich ein Magistrat jedoch ins Ausland, tritt immer auch seine Person in Erscheinung, und dies so sehr, dass das «Volk von Brüdern» soviel Aufmerksamkeit schnell als unangebracht empfindet. Die Reaktionen auf Bundesrat Furglers «private» Amerikareise (mit Pressebildern von Gesprächen mit hohen Regierungsmitgliedern) und gewisse Reaktionen auf Auberts Afrikareise sind die jüngsten Belege dieses republikanischen Reflexes. Indem die Magistraten nicht nur mit ihren Reisen Publizität erzeugen, sondern Publizität sogar fordern und fördern, sind sie zum Teil selbst die Urheber dieses Reflexes, der auf sie zurückfällt. Wohl kann man der Meinung sein, dass es den schweizerischen Aussenministern und der schweizerischen Bevölkerung an Übung fehle im Umgang mit solchen Reisen. Noch sind sie für beide nicht zur Gewohnheit geworden. Da die Reisen von den Veranstaltern aber gerne als aussergewöhnliche Ereignisse präsentiert werden, lautet für den Souverän die Aufgabe, sich an «Aussergewöhnliches» zu gewöhnen.

Zur Selbstverständlichkeit sind gewiss die Fachministerreisen sämtlicher Bundesräte geworden. Auch der Chef des Departements des Innern nimmt im Ausland an Konferenzen teil; 1978 reiste Bundesrat Hürlimann auf Einladung des finnischen Ministeriums für Sozialwesen nach Helsinki, ohne damit Kritik auszulösen. Wenn unser Wirtschaftsminister Honegger in den nächsten Tagen nach China aufbricht, um in Peking den schweizerischen Markt vor dem amerikanischen Zugriff zu verteidigen, wird diese Reise ebensowenig beanstandet werden wie die eben unternommene USA-Reise unseres Verteidigungsministers. Nur Zustimmung hat allerdings Bundesrat Gnägi nicht gefunden: Nationalrat Edgar Oehler (CVP/SG) stört es aber nicht, wenn sich der Chef des Militärdepartements zur Eintreibung von «Tiger»-Kompensationsgeschäften höchstpersönlich auf den Weg macht; er bemängelte bloss, dass diese Reise nicht schon vor zwei Jahren stattgefunden hat!

Paradoxerweise besteht weiterhin die Tendenz, ausgerechnet die Auslandsreisen des Aussenministers für überflüssig zu halten. Ausser den genannten Gründen der Abneigung vor Spektakulärem und der mangelnden Einsicht, dass auch immaterielle Aussenpolitik nützlich sein kann, ist ein weiterer Grund zu nennen: die Meinung, der

Aussenminister verfüge bereits über eine Auslandsvertretung und müsse sich deshalb gar nicht selbst ins Ausland begeben. Zu Recht wird aber darauf hingewiesen, wie wichtig die persönliche Bekanntschaft der Partner (insbesondere in Afrika) und wie wertvoll die Erlebnisse aus eigener Anschauung seien. Die diplomatischen Aussenstationen werden durch solche Reisen nicht überflüssig. Im Gegenteil: Die Botschaften und Gesandtschaften werden durch die Besuche ihres Aussenministers im Gastland aufgewertet und können während dessen Aufenthalt nutzbringende Kontakte mit Leuten anknüpfen, an die heranzukommen im diplomatischen Alltag unter Umständen äusserst schwierig ist. Der Chef der schweizerischen Diplomatie würde allerdings an Autorität verlieren, wenn er sich zu häufig und zu schnell in Verhandlungen direkt einschalten würde, sind doch die diplomatischen Unterhändler darauf angewiesen, sich auf diese im Hintergrund verharrende Autorität berufen zu können. Auf grosse Teile des diplomatischen Apparates und insbesondere auf die im Besuchsrayon liegenden Aussenposten gehen ferner allein schon durch die Reisevorbereitungen stimulierende Impulse aus, deren konkrete und von vornherein gesicherte Resultate nachgetragene und aufbereitete Dossiers sind.

Dynamisierte Aussenpolitik

Zwei Arten von Vorbehalten gegenüber der Reisediplomatie sind anfänglich auseinandergehalten worden: die republikanischen Bedenken gegenüber einer personalistischen Aussenpolitik und die Vorbehalte gegenüber einer Dynamisierung der Aussenpolitik. Von ersterem ist nun ausführlich die Rede gewesen. Allein, hat nicht vor allem Auberts Dynamisierung der Aussenpolitik Anstoss erregt? Überwiegt heute in der Schweiz tatsächlich die Mentalitat, die sich um die Frage nicht kümmern möchte, ob es im nächsten Tal jenseits der kurzgesteckten Horizonte auch Menschen gebe? Es wäre verfehlt, die an Bundesrat Auberts Unternehmen geäusserte Kritik einfach als Widerstand gegen eine Öffnung der schweizerischen Aussenpolitik zu erklären. Denn man kann sehr wohl diese Öffnung befürworten, zugleich aber (und gerade im Interesse dieser Öffnung) die Publizitätswirbel und die Hektik missbilligen, mit welcher die jüngste Reise vonstatten gegangen ist. Der Gesamtbundesrat hat zwar Auberts Afrikareise erneut in aller Form gutgeheissen, er hat aber auch zu verstehen gegeben, dass er sich als Kollegialbehörde noch eingehender mit der schweizerischen Aussenpolitik befassen werde. Dasselbe wird auch das Parlament tun müssen, und Nationalrat Allgöwers Interpellation wird ihm dazu Gelegenheit geben. Zu wünschen wäre freilich, dass diese Auseinandersetzung nicht nur *après coup* und nicht bloss in Momenten des Unmutes erfolgte. Aus der Erfahrung, dass aussenpolitische Diskussionen aus Zeitmangel von Session zu Session verschoben werden, ist das am 15. Dezember 1978 eingereichte Postulat von Nationalrat Erwin Waldvogel (FDP/SH) entstanden, das in jeder, eventuell in jeder zweiten Session mindestens eine Vormittagssitzung für aussenpolitische Traktanden reserviert haben möchte. Etwas häufiger geführte Debatten zur schweizerischen Aussenpolitik würden dem durchaus vorhandenen, aber nur selten artikulierten Interesse an aussenpolitischen Fragen entgegenkommen. Die Dynamisierung der aussenpolitischen Debatte im Parlament und in den Medien wäre (und ist es zum Teil bereits) das natürliche und notwendige Gegenstück zu Bundesrat Auberts dynamisierter Aussenpolitik.

Nachtrag 2005: Das Thema birgt in doppelter Weise eine Endlosgeschichte: Einerseits kann die Aufzählung der im übrigen stets häufiger werdenden Reisen Jahr um Jahr weitergeführt werden. Stark vermehrt haben sich die Besuche von Trauerfeierlichkeiten[7] sowie neuerdings von historischen Gedenkfeiern.[8] Die Fernsehübertragungen der Zeremonien und die begleitenden Einzelinterviews machen die Teilnahme für die Politiker ausgesprochen attraktiv.

Anderseits hat die parallel zu diesen Reisen geführte republikanische Diskussion um deren Zweckmässigkeit kein Ende. Hinzu kommen allerdings auch Stationen allgemeiner Entwicklung, die man registrieren muss: 1990 kam es erstmals aus dem Bedürfnis einheitlichen Verhaltens mit einem ausgefeilten Protokollreglement zu einer Verschriftlichung des Zeremoniells für den Empfang auswärtiger Besuche. Daniela Rosmus hat die Geschichte des Besuchszeremoniells in ihrer Dissertation aufgearbeitet.[9]

Kritisiert wurde aus republikanischer Warte zuweilen auch der Empfang von königlichen Majestäten. Im Vorfeld des auf Frühjahr 1985 angesagten Besuchs des schwedischen Königs Carl XVI. Gustaf fragte Nationalrat Silvio Bircher (SP/AG), ob es nicht angezeigt wäre, mit Einladungen an nicht vom Volk gewählte Staatsoberhäupter Zurückhaltung zu üben.[10]

7 Max Frenkel bemerkte kritisch, dass «Bundes-Vizepräsident» Ogi 1999 König Hussein von Jordanien die letzte Ehre erwiesen habe und im gleichen Jahr Bundespräsidentin Dreifuss König Hassan von Marokko. Im Sommer 2000 reiste «Aussenminister» Deiss nach Damaskus zu den Abdankungsveranstaltungen für den syrischen Staatschef Hafis al-Assad. Frenkel erinnerte daran, dass man früher Altbundesräte als Sonderbotschafter an Trauerfeiern geschickt habe. Die Anwesenheit von Bundesrat Aubert 1981 an der Feier für den ermordeten ägyptischen Staatschef und Friedensnobelpreisträger Anwar Sadat sei eine Ausnahme gewesen. Frenkel schloss: «Es bleibt nur zu hoffen, dass der Nordkoreaner Kim Jong Il nicht im Amte sterben werde» (NZZ vom 14. Juni 2000). Bundesrat F. T. Wahlen unternahm als Altbotschafter mehrere Auslandsmissionen, die heute selbstverständlich von amtierenden Bundesräten wahrgenommen würden: 1963 beim Tod Kennedys, 1965 beim Tod Churchills und 1971 die umstrittene Teilnahme an den Feierlichkeiten zum 2500jährigen Bestehen des persischen Reiches.

8 Zu erinnern ist beispielsweise an die von den Medien stets stark beachteten Feiern: im Juni 1994 zum 50. Jahrestag der Invasion der Normandie 1994, im Oktober 2000 zum 500. Geburtstag Kaiser Karls V. in Spanien, im Januar 2005 zum 60. Jahrestag der Befreiung von Auschwitz und im Mai 2005 zum 60. Jahrestag des Kriegsendes in Moskau. Dass der schweizerische Bundespräsident Samuel Schmid an den letzten beiden «Terminen» dabei war, war für die schweizerische Bevölkerung wichtiger als für die Veranstalter und die Staatengemeinschaft.

9 Daniela Rosmus, Die Schweiz als Bühne. Staatsbesuche und politische Kultur, 1848–1990. Zürich 1994.

10 Brückenbauer vom 11. Juli 1984.

Im April 2000 beschloss der Bundesrat sodann, das, wie es heisst, «ungeschriebene Gesetz, gemäss dem die Schweiz getreu ihrer republikanischen Tradition etc.», zu lockern und fortan mehr Staatsbesuche zuzulassen. Bereits im Vorjahr, während des Präsidialjahrs von Bundesrätin Ruth Dreifuss, hatte es zwei Empfänge gegeben: einen für den chinesischen Präsidenten Zemin und einen für den portugiesischen Staatschef Sampaio. Im Gegenzug wurden die Besuche von drei auf zwei Tage reduziert. Nicht in Frage gestellt wird das republikanische Prinzip, dass die Schweiz selber keine Staatsbesuche unternimmt. Das Gefühl für die republikanischen Eigenheiten hatte sich dennoch stark verflüchtigt. NZZ-Redaktor Max Frenkel, ein nimmermüder Kritiker der bundesrätlichen Reisefreudigkeit, beanstandete im Frühjahr 2000 die ihm zugestellte Mitteilung, dass Bundespräsident Adolf Ogi nach Grossbritannien reise und dort auch eine «Audienz» bei Prinz Charles habe. Das sei doch ein simpler Besuch, Audienzen gebe man Untertanen und protokollarisch tiefer Gestellten. Frenkel fügte bei: «Für einmal wäre bei Ogi bzw. seinen Beratern ein wenig mehr Selbstwertgefühl durchaus angezeigt.»[11]

Urban Kaufmann vertiefte das Thema in seiner Freiburger Lizentiatsarbeit.[12] Dieser Arbeit ist zu entnehmen, dass Kurt Furgler noch 1981 wegen protokollarischer Bedenken darauf verzichtet hat, als Bundespräsident liechtensteinischen Boden zu betreten. Solche Bedenken seien inzwischen längst aufgegeben worden, das heisst spätestens im ersten Präsidialjahr Adolf Ogis von 1993. Der reisefreudige Magistrat begab sich in jenem Jahr achtmal ins Ausland, unter anderem zum Nachfolger des «roi soleil» von 1663, dem sozialistischen Staatspräsidenten François Mitterrand. Die Entwicklung gedieh weiter: Im Dezember 2001 führte die NZZ einen ganzseitigen Bericht über die Ungarn-Reise von Bundespräsident Moritz Leuenberger mit der bemerkenswert selbstverständlichen redaktionellen Feststellung ein: «Jeder Bundespräsident gestaltet das aussenpolitische Programm für sein Präsidialjahr grundsätzlich selber.»[13]

Die vorläufig letzte Station dieser Endlosgeschichte markierte die aussenpolitische Klausursitzung des Bundesrats vom 18. Mai 2005, an der direkt oder indirekt diskutiert wurde, wer nun im Herbst die anstehenden Verhandlungen mit den USA führen soll, die ihren persönlichen Einsatz markierende sozialdemokratische «Aussenministerin» oder der als allgemeiner Landesvater daherkommende gutbürgerliche Bundespräsident.[14]

11 NZZ vom 1. April 2000. Der Text dürfte kaum ein 1.-April-Scherz gewesen sein. Wenn doch, dann ein sehr illustrativer.

12 Urban Kaufmann, Auslandreisen der Schweizer Bundesräte 1919–1993. Die Gewöhnung an das Aussergewöhnliche. Freiburg o.J. Vom gleichen Autor ein Artikel in der NZZ vom 29. Januar 1999.

13 NZZ vom 28. Dezember 2001.

14 Gemäss Medienbericht hat sich Ständerat Peter Briner (FDP/SH), Präsident der aussenpolitischen Kommission, für die letztere, alle bisherigen Gepflogenheiten missachtende Lösung ausgesprochen. Vgl. Tages-Anzeiger vom 17. Mai 2005.

Der Besuch des Staatspräsidenten Armand Fallières im August 1910 ist der erste grosse Staatsbesuch, den der Bundesstaat erlebt. Er wird als Begegnung zwischen den beiden, in puncto politischen Gewichts allerdings sehr ungleichen «Républiques sœurs» inszeniert und hat die Funktion, dem wachsenden Einfluss des deutschen Nachbarn auf die kleine Schweiz entgegenzuwirken. Doch anders als der Besuch des deutschen Kaisers von 1912 ist er im kollektiven Gedächtnis kaum haftengeblieben (Schweizerisches Bundesarchiv, Bern. Dokumentation Georg Kreis).

Die Schweizer Reise des französischen Präsidenten Fallières und die deutsch-französischen Rivalitäten in den Jahren vor dem Ersten Weltkrieg

Als die Leitung der französischen Botschaft in Bern 1907 auf den Grafen d'Aunay überging, stellte der Pariser Korrespondent der Londoner *Times* fest, der abtretende Botschafter Revoir habe teilweise den Boden zurückgewonnen, den Frankreich durch die Anstrengungen Deutschlands in der Schweiz verloren habe; es bleibe aber noch viel zu tun nach dieser Richtung hin, der neue Vertreter Frankreichs werde mit seiner langen Erfahrung das Werk seines Vorgängers fortsetzen.[1] Die kurze Zeitungsnotiz ist in mehrfacher Hinsicht bemerkenswert. Sie gibt erstens eine treffende Umschreibung der wesentlichen Aufgabe, die der Diplomatie der Dritten Republik in der Schweiz wie in manchen anderen Staaten gestellt war. Zweitens drückt sie die gängige und richtige Annahme aus, dass es bereits in den letzten Jahrzehnten des 19. Jahrhunderts zu einer Gewichtsverschiebung zum Nachteil Frankreichs gekommen sei. Und drittens geht diese Kurzanalyse von der nicht untypischen Vorstellung aus, dass diese Veränderung weniger eine Folge der französischen Politik als das Ergebnis des deutschen Expansionswillens sei.

Die bereits in der Zeit bekannten Zahlen der Handelsstatistik sprachen eine deutliche Sprache: Deutschland konnte in den Jahren 1892–1913 seinen Anteil am schweizerischen Import von 26,1 auf 32,6 Prozent ausweiten, während der französische Anteil in der gleichen Zeit von 20,6 auf 18,7 Prozent zurückging. Die Bevölkerungsstatistik, der aus sozialdarwinistischer Sicht höchste aussenpolitische Relevanz zukam, gab ein ähnliches Bild. Waren die Ausländeranteile 1860 mit 41,6 Prozent Deutschen und 40,8 Prozent Franzosen noch etwa gleich gross, sank der französische Anteil, obwohl die absoluten Zahlen von 46 534 auf 63 695 anstiegen, auf 11,5 Prozent im Jahre 1910. Der deutsche Anteil dagegen konnte sich trotz der starken Vergrösserung der italienischen Kolonie mit 39,8 Prozent, das heisst 219 530 in der Schweiz lebenden Reichsdeutschen, einigermassen halten.

Die Beziehungen, welche die beiden Nachbarn je zur Schweiz unterhielten, wurden, abgesehen vom rein bilateralen Gesichtspunkt, immer auch unter dem Aspekt beurteilt, wie sich diese Beziehungen auf die Konkurrenzbeziehungen auswirkten, welche die Schweiz zum anderen Nachbarn unterhielt. Mit dieser Optik verband sich die Auffassung, dass die Verbesserung der eigenen Position automatisch zu einer Ver-

1 «M. Revoil had partially recovered the ground lost by France through Germany's absorbing efforts in Switzerland, but there is still much to be done, and Count d'Aunay with his long experience should succeed in doing it» (Times vom 22. Januar 1907).

schlechterung der Position des Dritten führe. Zu Verbesserungen und Verschlechterungen konnte es in den verschiedensten Sektoren kommen: wie bereits erwähnt in den Handelsbeziehungen und in der Bevölkerungsentwicklung, aber auch im Bereich des Presse- und des Verkehrswesens und in der Militärpolitik. In der Besuchsdiplomatie, die uns im folgenden näher beschäftigen wird, war – und ist – das Denken in Plus- und Minuspunkten besonders ausgeprägt. Staatsbesuche haben Signalwirkung. Sie machen die Grösse des inneren Abstandes zwischen Gast und Gastgeber sichtbar. Sie führen zu öffentlichen Bilanzierungen und zu Prognosen über die künftige Entwicklung der Gesamtheit der Beziehungen.

Dem Staatsbesuch, den der französische Staatspräsident Armand Fallières am 15./16. August 1910 der Schweiz abstattete, waren andere Besuche vorausgegangen.[2] Als eigentlicher Staatsbesuch kann allerdings bloss die Teilnahme des italienischen Königs Viktor Emanuel III. an den Eröffnungsfeierlichkeiten des Simplontunnels von 1906 gelten. Etwas anderes waren die Durchreisen fremder Monarchen und deren Begrüssung durch bundesrätliche Delegationen. Offiziell wurden auf diese Weise begrüsst: der deutsche Kaiser Wilhelm II. 1893 in Luzern, der italienische König 1902 in Göschenen und der österreichische Kaiser Franz Joseph 1909 in Rorschach.

Der französische Staatspräsident hatte trotz republikanischer Bedenken Ende der neunziger Jahre begonnen, wie die monarchischen Staatschefs ebenfalls Auslandsreisen zu unternehmen. In der Liste der schweizerischen Staatsbesuche konnte er bisher jedoch nicht aufgeführt werden. Vielleicht wurde dies beiderseits als Manko empfunden. Bei der Ankündigung des Besuchs von 1910 wurde die Begegnung mit dem französischen Staatsoberhaupt jedenfalls als fällige, ja sogar als überfällige Ergänzung dargestellt, zumal der französische Staatschef einen Staat repräsentiere, der wie der eigene republikanisch regiert wird. Das *Journal de Genève* bemerkte:

> «Il est, en effet, assez curieux qu'aucun président de la République française ne soit encore jamais venu officiellement dans notre pays, alors que les souverains des Etats monarchiques qui nous entournent, les empereurs d'Allemagne, d'Autriche, le roi d'Italie, ont tous été reçus par le Conseil fédéral.»[3]

2 Diese Darlegungen stammen aus einer grösseren, nicht publizierten Untersuchung, die sich insbesondere mit den partei- und pressepolitischen Aspekten des Themas befasst. Bei den Editionsvorbereitungen zum Band 5 der Diplomatischen Dokumente der Schweiz (DDS) sind ausser den offiziellen Reden (Nr. 274) bloss zwei weitere Dokumente zu unserem Thema zum Vorschein gekommen (Nr. 268 und 275). Die beiden Privatnachlässe Comtesse und Lardy, beide im Bundesarchiv Bern, geben keine Auskünfte über die Hintergründe. Hingegen liegt im Nachlass Comtesse eine grössere Fotosammlung zu diesem Staatsbesuch. – Wie der zweitägige Staatsakt im einzelnen gestaltet wurde, hat der Verfasser anlässlich des Besuchs des französischen Staatspräsidenten Mitterrand in der Neuen Zürcher Zeitung Nr. 82 und 83 vom 9./10. und 11. April 1983 dargelegt.

3 Das Journal de Genève führte weiter aus, Fallières wolle «réparer cette omission» (7./8. Januar 1910). Auch die Liberté vertrat die Auffassung: «La France est en retard sur l'Allemagne [...]» (Nr. 186 vom 16. August 1910).

Den französischen Nachbarn nun ebenfalls auf der Besucherliste zu haben erschien auch vom neutralitätspolitischen Standpunkt aus als erwünscht. Der Besuch des französischen Staatschefs hätte jedoch statt als Herstellen der Ausgewogenheit auch als Abweichen von der neutralitätspolitischen Maxime verstanden werden können. Darum sah sich die Schweizer Presse veranlasst zu betonen, dass dieser Besuch keine Bevorzugung Frankreichs bedeute. Die *National-Zeitung* erklärte: «Unsere vier Nachbarstaaten und ihre Oberhäupter sind uns alle gleich lieb. Wir stehen mit ihnen allen gleich gut, aber mit keinem besser als mit den anderen.»[4] Ein paar Tage zuvor hatte das gleiche Blatt verkündet, das Schweizervolk würde es seinen Behörden sehr übel vermerken, wenn sie von der geraden Linie der Neutralität auch nur um Haaresbreite abweichen wollten.[5] Dies war mehr als eine Feststellung, es war zugleich eine Mahnung zuhanden des Bundesrates – und es war nicht ohne Zufall eine deutschschweizerische Mahnung zuhanden eines französischschweizerischen Bundespräsidenten.

In der Romandie finden wir nicht weniger kategorische Bekenntnisse zur Neutralität. Die welschen Blätter hoben jedoch hervor, gerade die Selbstverständlichkeit und die Unverrückbarkeit der schweizerischen Neutralität würde es den Schweizern erlauben, die Sympathien, die sie zu den Nachbarn haben, offen zu zeigen.

> «La neutralité absolue de la Suisse», verkündete das Journal de Genève, «ne gêne pas; elle facilite notre amitié pour nos voisins. Elle n'exclut pas les sympathies; elle les rend au contraire plus naturelles et leur enlève toute contrainte et toute arrière-pensée.»[6]

Solchermassen frei im Zeigen seiner Gefühle, hob der *National Suisse* einen für die Betrachtungsweise der Romands nicht untypischen Unterschied grundsätzlicher Art hervor: Frankreich liebe man, Deutschland dagegen, das heisst seine Kraft, und offensichtlich nur diese, bewundere man. In neutralistischer Manier wurden zwar beide Beziehungen positiv beurteilt, diejenige zum kulturverwandten Frankreich wurde aber als die tiefere und wertvollere Beziehung verstanden.[7]

4 National-Zeitung Nr. 13 vom 16. Januar 1910.

5 National-Zeitung Nr. 7 vom 9. Januar 1910.

6 Journal de Genève Nr. 224 vom 17. August 1910. Auch der National Suisse sagte von der Neutralität: «[...] elle doit s'interdire également de favoriser l'un ou l'autre antagoniste ... Et cependant ... il n'est pas interdit de laisser parler les sentiments» (Nr. 190 vom 16. August 1910). Und die Gazette de Lausanne: «Pour être neutre, ce n'est nullement une nécessité d'être bourru et nous sommes parfaitement autorisé à nous réjouir pleinement du spectacle de notre amitié renforcée par les cordiales poignées de main des présidents Fallières et Comtesse sans que l'on ait besoin de nous mettre en garde contre le danger pour la Suisse que les plateaux de sa balance viennent à n'être plus équilibrés» (Nr. 227 vom 18. August 1910).

7 «Nous admirons l'essor de l'Allemagne, sa puissance de travail, d'ordre et d'organisation. Mais nous aimons la France qui porte toujours, malgré ce qu'on a dit, le flambeau du progrès» (National Suisse Nr. 190 vom 16. August 1910).

Der französische Besuch von 1910 war, vor allem in den Augen der welschen Kommentatoren, nicht nur ein nachträglicher Ausgleich für den deutschen Besuch von 1893, er schuf vielmehr vorweg ein Gegengewicht zu dem bereits damals erwarteten zweiten Besuch des deutschen Kaisers. Die Eventualität dieses weiteren und schliesslich erst 1912 verwirklichten Kaiserbesuches war intern bereits seit 1903 und in der Öffentlichkeit sicher bereits 1909 erörtert worden.[8] Der angesagte Besuch Fallières' und der ebenfalls erwartete Besuch Wilhelms II. waren so eng miteinander verbunden, dass die Frage aufgeworfen wurde, warum eigentlich nicht beide Staatsmänner gleichzeitig die Schweiz besuchen würden. Könnte die neutrale Schweiz nicht die längst erwogene und oft diskutierte Begegnung zwischen den beiden Staatschefs ermöglichen und so die Versöhnung der Feinde von gestern einleiten? Ernsthaft wurde dieser Mediationsvorschlag allerdings nicht diskutiert.[9]

Präsident Fallières' Besuch war aber mehr als bloss ein Anfügen einer weiteren gleichartigen Begegnung. Der französische Staatsbesuch konnte insofern als reisediplomatische Premiere verstanden werden, als in diesem Fall erstmals ein fremdes Staatsoberhaupt die schweizerische Landesregierung am Ort ihres Sitzes begrüsste. Die Behauptung, der französische Staatschef habe nicht wie die anderen Staatschefs bloss die Schweiz durchquert, sondern sich extra nach der Schweiz begeben, ging aber etwas weit, stattete doch der Präsident während der gleichen Reise zuvor dem Departement Doubs einen Besuch ab. Zunächst war die Kombination mit einer Reise nach Savoyen ins Auge gefasst, jedoch aus verschiedenen Gründen wieder fallengelassen worden.

Die französische Staatsvisite erfolgte in einem günstigen Moment, darin waren sich die schweizerischen Zeitungen einig. Die Beziehungen zu Deutschland waren wegen des Mehlzollkonflikts und der Verhandlungen über den Rückkauf der Gotthardbahn[10] ziemlich belastet, während die Beziehungen zu Frankreich vor allem wegen der kurz zuvor zustande gekommenen Einigung in der Frage der Simplonzufahrten[11]

8 1903 anlässlich des Staatsbesuchs Wilhelms II. beim italienischen König. Weitere Sondierungen 1908, 1909, 1911. Der Besuch von 1911 fiel schliesslich ausser Betracht, weil die Manöver in der Nähe der französischen Grenze durchgeführt wurden und die Anwesenheit des deutschen Kaisers hätte missverstanden werden können. Vgl. DDS. Bd. 5. Bern 1983. Nr. 232, 281, 291, 301, 309.

9 Titelblatt des Nebelspalters Nr. 2 vom 8. Januar 1910. Die Gazette de Lausanne bringt zur Illustration für das Gerede, das die Ankündigung des Fallières-Besuches ausgelöst hat, das folgende Beispiel: «Pour un peu, on prêterait au Conseil fédéral, dont nous savons pourtant les allures modestes, l'intention de faire concurrence au prince de Monaco et de préparer à Bumplitz ou au Bendenfeld une entrevue sensationnelle entre Guillaume II et le président de la République française» (Nr. 11 vom 12. Januar 1910).

10 Zum Mehlzollkonflikt und zum Gotthardbahn-Vertrag siehe neuerdings die Dokumente in den DDS. Bd. 5.

11 Georg Kreis, «De la concurrence à la coopération: La France et le Chemin de fer du Simplon avant 1914». In: Aspects des rapports entre la France et la Suisse de 1843 à 1939. Actes du Colloque de Neuchâtel 10–12 septembre 1981. Metz/Neuenburg 1982. S. 37–49. Ferner die Dokumente in den DDS, Bd. 5. Auch Bundespräsident Comtesse hob in seinem Begrüssungstoast hervor: «[...] c'est l'harmonie parfaite de nos relations actuelles sur le terrain commercial et économique. Autrefois

einigermassen ungetrübt waren. In der deutschschweizerischen Presse fiel, obwohl sie den Besuch grundsätzlich ebenfalls guthiess, die Beurteilung der französisch-schweizerischen Beziehungen kühler und skeptischer aus als in der Presse der Romandie. Die *Basler Nachrichten* gaben zu, man habe zur Zeit sauberen Tisch, sie schränkten aber sogleich ein: «Auf sehr lange möchten wir für diesen Gottesfrieden nicht garantieren. Kein Mensch weiss, wie lange uns die französischen Schutzzöllner in Ruhe lassen.» Die *National-Zeitung* zeichnete sogar ein alles andere als ungetrübtes Bild von den schweizerisch-französischen Beziehungen, indem sie darauf hinwies, dass die Importe aus Frankreich wesentlich schneller wüchsen als die Exporte nach Frankreich. Und beiden Blättern zufolge liessen auch die Bahnverhältnisse zu wünschen übrig, denn Frankreich schädige die Simplonlinie durch Verkehrsumleitungen auf die Mt. Cenis-Route und sei wohl auch nicht so schnell bereit, die für Genf wichtige Faucille-Bahn zu bauen.[12] Mit der Anerkennung der zur Zeit doch ganz guten Beziehungen zwischen den beiden Staaten verband sich bezeichnenderweise in der deutschen Schweiz recht oft die Befürchtung, Frankreich könnte versuchen, aus der herrschenden Missstimmung gegenüber Deutschland Profit schlagen zu wollen, «um sich in Hinblick auf eventuelle Ereignisse bei dem Schweizervolke eine besondere Sympathie und Gunst zu erwerben». Die Schweiz werde aber «unwandelbar» und «in jedem Falle» ihre neutrale Haltung bewahren. «Jede andere Annahme wäre eine Missrechnung.»[13] Die *Neue Zürcher Zeitung*, die den Zeitpunkt der Reise vom Standpunkt der französischen Diplomatie «kaum als ungeschickt» beurteilte, betonte ebenfalls, dass die schweizerische Aussenpolitik trotz der westschweizerischen Freude über den Simplonvertrag und der ostschweizerischen Missstimmung wegen des Mehlzollkonfliktes keine Kursänderung vollziehen werde. Um nicht feststellen zu müssen, wie gut die Beziehungen zu Frankreich im Moment sind, verlegte sie sich auf die Feststellung, «nach mancher bitterer Erfahrung» habe Frankreich sich veranlasst gesehen, «unsere Nachbarschaft anders zu werten».[14] Noch kühler reagierte das *Berner Tagblatt*, das sich entschieden gegen die schönen Reden von den «Schwesterrepubliken» verwahrte und davon ausging, dass jede Nation auf ihre eigenen Bedürfnisse bedacht sei; Frankreich suche in seinem Verhältnis zur Schweiz nicht weniger als Deutschland und jede andere Nation seinen Vorteil. Es protestierte dagegen, «dass einige welsche Blätter den Besuch Fallières' so auslegten, als würden wir uns nun mit Pauken und Trompeten ins französische Fahrwasser begeben». Solche Manifestationen würden die Schwierigkeiten mit

nous avons pu avoir des dissentiments passagers; aujourd'hui rien ne nous divise. Nous n'avons aucun nuage à l'horizon» (DDS. Bd. 5. Nr. 274). Zur Gesamtheit der schweizerisch-französischen Beziehungen: Adolf Lacher, Die Schweiz und Frankreich vor dem Ersten Weltkrieg. Diplomatische und politische Beziehungen im Zeichen des deutsch-französischen Gegensatzes 1883–1914. Basel 1967.

12 Basler Nachrichten Nr. 221 vom 15. August 1910 und National-Zeitung Nr. 193 vom 19. August 1910.

13 National-Zeitung Nr. 7 vom 9. Januar 1910.

14 Neue Zürcher Zeitung Nr. 224 vom 15. August 1910.

Deutschland nur verschärfen und eine freundschaftliche Lösung des Mehlzollkonfliktes und der Gotthardbahnfrage erschweren. «Da konnte es uns doch gewiss nicht passen, dass man uns als spezielle Freunde Frankreichs hinstellte [...].»[15] Während in der deutschen Schweiz die Befürchtung ausgesprochen wurde, die helvetische Balance könnte sich zu stark zugunsten Frankreichs verschieben, wurde in der französischen Schweiz eine solche Verschiebung nur als Wiederherstellung eines leicht gestörten, weil leicht auf die Seite des mächtigen Deutschland neigenden Gleichgewichts verstanden. Zum Beispiel im *Journal de Genève:*

> «[...] il est bien possible que, au cours de la précédente période, la balance ait parfois un peu penché du côté de nos puissants voisins du Nord. Maintenant que le conflit des farines et la convention du Gothard ont montré que nous n'avons pas seulement des témoignages d'amitié à attendre de l'Allemagne, il n'est pas mauvais que nos relations deviennent un peu plus cordiales avec nos voisins français, et il n'est pas fâcheux non plus que cette cordialité se soit affirmée publiquement dans la visite de Berne.»[16]

Die allgemein günstige Konstellation im Jahre 1910 bildete gewiss die notwendige Voraussetzung für den Besuch des französischen Gastes, sie war aber nicht die eigentliche Ursache. Planung und Durchführung des Besuches hatten ihren Ursprung im persönlichen Realisationswillen der direkt Beteiligten. Unter ihnen dürfte Robert Comtesse die wichtigste und entscheidenste Rolle gespielt haben. Die vorliegenden Dokumente legen den Schluss nahe, dass die Initiative für diesen Staatsakt von schweizerischer Seite ausgegangen war – eben von Bundesrat Comtesse, der 1909 während der Vorbereitungsphase noch dem Finanzdepartement vorstand, sich aber darauf einstellen konnte, im folgenden Jahr als Bundespräsident gleichzeitig der erste Mann der schweizerischen Aussenpolitik zu werden. Im August 1909 hatte er in seiner Eigenschaft als Vizepräsident der Landesregierung den österreichischen Kaiser begrüssen dürfen. Bloss vier Tage nach dieser Begrüssung schickte die französische Botschaft in Bern die Anregung nach Paris, der französische Staatschef möge sich in nächster Zeit ebenfalls nach der Schweiz begeben:

> «On souhaiterait évidemment à Berne de pouvoir ajouter à cette liste des visites rendues par des chefs d'Etat à la Confédération, celle du premier magistrat de la ‹République sœur›».[17]

15 Berner Tagblatt Nr. 19 vom 21. Januar 1910.

16 Journal de Genève Nr. 227 vom 20. August 1910.

17 Geschäftsträger Valdrôme an Aussenminister Pichon am 3. und 25. September 1909. In: Nouvelle Série. Vol. 7. Randnotiz Pichon: «Cette suggestion est à retenir. J'en parlerai à l'occasion au Président de la République.» Zitiert nach Adolf Lacher, Die Schweiz und Frankreich vor dem Ersten Weltkrieg. S. 51.

Dieser *on* könnte Comtesse, der damals das Politische Departement stellvertretend leitete, gewesen sein. Im Herbst 1909 weilte Comtesse in Paris, wohl im Zusammenhang mit der 80-Millionen-Anleihe, die zur Finanzierung von Ausgaben der Schweizerischen Bundesbahnen bei einer französischen Bankengruppe aufgenommen worden war.[18]

Die Art, wie der Staatsbesuch zu Beginn des Jahres 1910 bekannt wurde, wies ebenfalls auf die Autorschaft des neuenburgischen Bundesrates hin. Als erste konnte nämlich nicht etwa die grosse Presse des Landes, als erster konnte vielmehr der neuenburgische *National Suisse* am 4. Januar 1910 der interessierten Öffentlichkeit die Nachricht vermitteln, dass der Präsident der Dritten Republik im Laufe des Jahres der Schweiz einen offiziellen Besuch abstatten werde. Robert Comtesse, der in früheren Jahren der Redaktion dieses Blattes angehört hatte, sah sich in der Folge dem Verdacht ausgesetzt, dass er mit dieser Information wie mit dem Besuchsprojekt, das nicht von ungefähr in sein Präsidialjahr fiel, eine persönliche Politik betreibe. Das *Berner Tagblatt* wies am 8. Januar 1910 auf das in Bern zirkulierende Gerücht, «Herr Comtesse, der mit Herrn Fallières persönlich bekannt ist, sei der Sache nicht ferngestanden», hin. Am 14. Januar 1910 kam das Blatt auf die Angelegenheit zurück und erklärte, die inzwischen erhaltenen Informationen liessen vermuten, «es seien private Besprechungen zwischen unsern welschen Staatsmännern vorangegangen, von denen die deutschen (sic!) Bundesräte keine Kenntnisse gehabt». Im weiteren wurde sogar, zum Beispiel in der *National-Zeitung*, die Vermutung ausgesprochen, «man» habe mit dieser vorschnellen Bekanntgabe durch das Blättchen von La Chaux-de-Fonds ein noch in der Schwebe befindliches Reiseprojekt präjudizieren wollen.[19] Der Frage, ob Fallières eingeladen worden sei, kam grundsätzliche Bedeutung zu, denn eine Doktrin der schweizerischen Aussenpolitik schrieb vor, dass keine solchen Einladungen ergehen und lediglich Absichtsbekundungen fremder Staatschefs entgegengenommen werden sollten. In diesem Sinne waren denn auch 1908 entsprechende Sondierungen der deutschen

18 Zu diesem Besuch in Paris konnten weder offizielle noch private Dokumente beigebracht werden. Hingegen lassen sich Hinweise in der Tagespresse finden, zum Beispiel im Berner Tagblatt vom 6. und 8. Januar 1910. Auch die Neue Zürcher Zeitung schrieb, Fallières könne Comtesse «als altem Bekannten» die Hand drücken (Nr. 224 vom 15. August 1910). Der finanzpolitische Hintergrund erscheint auch in der Bemerkung des National Suisse: «En M. Fallières, nous saluons d'abord avec respect le banquier de la Suisse» (Nr. 190 vom 16. August 1910). – Die Anleihe vom 27. November 1909 wurde der Schweiz zu äusserst günstigen Bedingungen gewährt. Kritiker beanstandeten jedoch, dass der ganze Betrag aus Frankreich stamme und die Schweiz in dieser Sache «tributaire d'un seul pays» sei. Zur finanzpolitischen Einordnung siehe: François Walter, «Finance et politique à la Belle Epoque. La France et les emprunts de la Confédération helvétique (1890–1914)». In: Revue Suisse d'Histoire. Nr. 32. 1982. S. 421–450.

19 Die National-Zeitung sprach die Vermutung aus, «die Publikation der nouvelle prématurée in der schweizerischen Presse könne erfolgt sein, um dem Schifflein einen entscheidenden Ruck zu geben und es aus dem stillen und unsichern offiziösen Gewässer in die sichere offizielle Strömung hinüberzustossen» (Nr. 7 vom 9. Januar 1910).

Gesandtschaften beantwortet worden.[20] Der Vorwurf der Privatdiplomatie wurde von welscher Seite zurückgewiesen. Nachdem der Besuch erfolgreich über die Bühne gegangen war, hatte der *National Suisse* freilich keine Hemmungen mehr, das Gegenteil zu verkünden und das Unternehmen als Werk des Neuenburger Magistraten zu feiern: Comtesse sei die Haupttriebfeder – «la cheville ouvrière de toute cette affaire» – gewesen.[21]

Erstaunlicherweise haben die Vorverhandlungen zum Besuch des französischen Präsidenten keinerlei Spuren in den Bundesratsprotokollen hinterlassen, während der Kaiserbesuch von 1912 nachweislich im Bundesrat mehrfach verhandelt worden ist. Eine offizielle Verlautbarung wurde am 16. Januar 1910 im Berner *Bund*, der offiziösen Gazette der Bundeshauptstadt, veröffentlicht. Diesem Blatt zufolge soll – was in den offiziellen Sitzungsprotokollen ebenfalls nicht auffindbar ist – Bundespräsident Comtesse in der ersten Sitzung des laufenden Jahres dem Bundesrat mitgeteilt haben, dass Botschafter d'Aunay ihm den Besuch des Präsidenten angekündigt habe. Es könne aber keine Rede davon sein, dass der Bundespräsident diesen Besuch durch einen Gegenbesuch in Paris erwidern werde – «denn der Bundespräsident ist nicht das Staatsoberhaupt, sondern lediglich der Präsident des Bundesrates, der nur im Namen des Bundesrates und im Einverständnis mit demselben reden und handeln kann».[22]

Diese Klarstellung wurde nötig, weil im *Petit Parisien* die Annahme geäussert worden war, dass Fallières nach seinem Besuch in Bern den ersten Magistraten der Schweiz bitten werde, diesen Besuch zu erwidern.[23] Es war wiederum das *Berner Tagblatt,* das als erstes am 8. Januar 1910 gegen eine solche Eventualität energischen Protest einlegte: Als kleine und einfache Republik sei man bisher den höfischen Gepflogenheiten aus dem Weg gegangen, auch der Besuch Wilhelms II. vom Jahr 1893 sei nicht erwidert worden.

> «Es geht nun absolut nicht an, dass Herr Comtesse so weit geht in persönlicher Politik, dass er ostentativ den Besuch des französischen Präsidenten erwidert, während der Besuch Kaiser Wilhelms unerwidert bleibt. Das hiesse unsere Politik so sehr ins französische Fahrwasser treiben, dass der grosse Teil unseres Volkes unmöglich damit einverstanden sein könnte. Wir wollen Frieden und gute

20 Bundesratsbeschluss vom 1. Oktober 1908 (DDS. Bd. 5. Nr. 232). Schweizerischerseits waren die Möglichkeiten, einen Besuch anzuregen oder eher abzuweisen, natürlich grösser, als es die offizielle Doktrin wahrhaben wollte.

21 National Suisse Nr. 193 vom 19. August 1910. – Wieweit Charles Lardy, der schweizerische Gesandte in Paris, bei der Inszenierung der Reise aktiv beteiligt war und wie Lardy und Comtesse – beides Neuenburger – zueinander standen, konnte nicht festgestellt werden.

22 Der Bund Nr. 25 vom 16. Januar 1910. – Zur republikanischen Reisetradition siehe Georg Kreis, «Umstrittene Reisediplomatie». In: Schweizerische Monatshefte Nr. 59. 1979. S. 209–219. Und in diesem Band. S. 205–215.

23 Die Äusserung des Petit Parisien wurde abgedruckt zum Beispiel in den Basler Nachrichten Nr. 5 vom 6. Januar 1910 oder im Journal de Genève Nr. 5 vom 6. Januar 1910.

> Nachbarschaft mit Frankreich; aber wir wollen keine Schleppträger der französischen Republik werden. Gott behüte uns in Gnaden davor, dass unsere Präsidenten in Paris unter Kürassierbedeckung durch die Strassen geführt werden! Es ist jetzt bald genug und aber genug des höfischen Wesens und des Byzantinismus.»

Die grossen Tageszeitungen der deutschen Schweiz schlossen sich dieser Auffassung an. Der Gegensatz zwischen den Reaktionen der beiden Landesteile erschöpfte sich nicht in der unterschiedlichen Beurteilung des französischen Nachbarn und des eigenen Bundespräsidenten. Die voneinander abweichende Beurteilung wurde auch – und dies bedeutete einen höheren Grad der Gegensätzlichkeit – gegenseitig wahrgenommen und als typische Reaktion interpretiert. Dass schon vor Ausbruch des Disputs um bestimmte Aspekte des Staatsbesuchs die Meinung bestand, die beiden Landesteile würden nicht die gleiche Grundhaltung gegenüber dem französischen Nachbarn einnehmen, belegt ein Kommentar des *Journal de Genève* vom 8. Januar 1910, in dem festgestellt wird, die Ratifikation des Vertrages über die Simplonzufahrten durch das französische Parlament habe in der deutschen Schweiz einen ausgezeichneten Eindruck gemacht:

> «Nos Confédérés n'avaient pas oublié le refus brutal opposé par la Chambre française en 1892 au traité de commerce franco-suisse, et, jusqu'au dernier moment, ils craignirent que la convention de Berne ne fût victime d'une surprise semblable. Le vote du Parlement les a agréablement détrompés [...].»

Die Deutschschweizer erscheinen hier als gegenüber Frankreich nachtragender und skeptischer eingestellte Miteidgenossen. Diese Feststellung könnte tatsächlich vorhandene Reserven der deutschen Schweiz belegen – sicher belegt sie, dass in der französischen Schweiz die Meinung herrschte, speziell in der deutschen Schweiz seien solche Reserven vorhanden.

Die Vorbehalte des *Berner Tagblattes* bezüglich der Art und Weise, wie die Einladung des Präsidenten zustande gekommen war, taxierte der *National Suisse* als Ausdruck grundsätzlicher Frankreichfeindlichkeit: «L'organe conservateur bernois y manifeste violemment son antipathie pour tout ce qui est français.»[24] Das *Berner Tagblatt* blieb die Antwort nicht schuldig: Der *National Suisse* habe sich bemüssigt gesehen, «die Frage wieder einmal auf den Boden des Rassenkampfes hinüberzuspielen und uns als Gallophoben zu denunzieren. Es ist immer die gleiche Geschichte. Eine offene Erörterung gewisser Fragen können einige unserer lieben Miteidgenossen aus dem Westen nicht mehr ertragen. Wir hüten uns deshalb soviel als möglich, sie zu reizen; aber es gibt Dinge, die einfach nicht mit Stillschweigen übergangen werden dürfen [...].» Bemerkenswert an dieser Replik ist, dass der Gegensatz nicht als neu empfun-

24 Le préjugé antifrançais. In: National Suisse Nr. 7 vom 9. Januar 1910.

den wurde. Das Blatt schränkte seine Verallgemeinerung jedoch etwas ein, indem es von «einigen unserer lieben Miteidgenossen aus dem Westen» sprach.[25]

Auch wenn die Haltungen einiger Blätter der Romandie nur beschränkt verallgemeinert wurden, so wurden sie doch als Ausdruck einer bestimmten Kulturzugehörigkeit und nicht als Ausdruck einer individuellen Haltung kritisiert. In seinem abschliessenden Kommentar verzichtete das *Berner Tagblatt*, nachdem es sich auch noch den *Démocrate* vorgeknöpft hatte, schliesslich auf jede Einschränkung und stellte pauschal fest: «Wenn es aber nach unsern lieben Welschen gegangen wäre, so hätten wir eine Verbrüderung erlebt, die uns teuer zu stehen gekommen wäre.»[26] Dass es liebe Miteidgenossen mit spezifischen Neigungen gab, stand auch für die *Neue Zürcher Zeitung* fest; sie sprach von «gallophilen Neigungen und Tendenzen» und reservierte ihre Konditionalis lediglich für die Möglichkeit, dass auch die Landesregierung davon erfasst sei.[27]

In der Romandie reagierten einige Blätter auf die Vorbehalte deutschschweizerischer Zeitungen mit ähnlichen Verallgemeinerungen. Unter dem Titel «Le sérieux des Suisses allemands» hielt der *National Suisse* den «Confrères de Berne et de Zurich» vor, sie hätten die Gelegenheit nicht genutzt, die Ernsthaftigkeit, die man den Deutschschweizern nachsage, an den Tag zu legen, und seien in ihren Kommentaren dem «französischen Leichtsinn» verfallen, den man so oft (!) den Romands vorwerfe.[28] Wiederum etwas gedämpfter äusserte sich der *Neuchâtelois*: Auch er warf verschiedenen Blättern der deutschen Schweiz vor, sie hätten leichtsinnig Gerüchte verbreitet. Wichtiger aber als dieser Vorwurf ist die Erklärung, mit der das Blatt aufwartete: Gewisse Kreise der deutschen Schweiz würden eine Umorientierung der schweizerischen Aussenpolitik (natürlich zugunsten Frankreichs) befürchten.[29]

Armand Fallières' Besuch wurde zum Katalysator, an dem bestehende und durch die Diskussion um den Gotthardvertrag vom Frühjahr 1909 verstärkte Spannungen zwischen den beiden Landesteilen sichtbar wurden. Bereits bestehende Vorurteile erschwerten, ja verunmöglichten die korrekte Wahrnehmung der Haltung, welche die «Gegenseite» in der Angelegenheit tatsächlich eingenommen hatte. So konnte die *Liberté* am 20. August 1910 schreiben, die gesamte Schweizer Presse – «sauf une

25 Berner Tagblatt Nr. 12 vom 14. Januar 1910.

26 Berner Tagblatt Nr. 19 vom 21. Januar 1910.

27 Neue Zürcher Zeitung Nr. 224 vom 15. August 1910.

28 National Suisse Nr. 14 vom 18. Januar 1910: «On parle toujours du sérieux avec lequel nos compatriotes de la Suisse allemande font toute chose. Nos confrères de Berne et de Zurich avaient là une bonne occasion de manifester cette qualité au lieu d'emboîter le pas derrière le Berner Tagblatt, toujours si hargneux. Il faut croire qu'en cette circonstance, ils ont été atteints par ce Leichtsinn français qu'on nous reproche si souvent.»

29 Neuchâtelois zitiert nach Liberté Nr. 16 vom 21. Januar 1910: «Ce qui est déconcertant, c'est de voir avec quelle facilité diverses feuilles de la Suisse allemande ont répandu ces bruits. [...] Il faut croire que dans certains milieux de la Suisse allemande on a craint que l'adoption de la convention franco-suisse ne fût l'occasion d'une nouvelle orientation de notre politique extérieure.»

feuille bernoise» – habe sich ein Vergnügen daraus gemacht, Präsident Fallières willkommen zu heissen. In Wirklichkeit hatte das anvisierte Blatt von Anfang an und trotz den Vorbehalten gegenüber den allfälligen Eigenmächtigkeiten den Bundespräsidenten Fallières ausdrücklich und mehrfach «in jedem Fall» willkommen geheissen.[30] Umgekehrt liess sich aber auch das *Berner Tagblatt* durch spezifisch deutschschweizerische Vorbehalte dazu verleiten, aus unklaren und missverständlichen Mitteilungen über das Zustandekommen und die geplante Durchführung des Besuches den schlimmstmöglichen Sinn herauszulesen. Es erstaunt nicht, dass sich in dieser internen Debatte die Kontrahenten als unter dem Einfluss des Auslandes stehend bezeichneten. Die *National-Zeitung* wies in ihrer Replik auf einen ironischen Artikel der *Gazette de Lausanne* darauf hin, dass man von dessen Verfasser ja sage, er gehe bei der französischen Botschaft in Bern ein und aus.[31] Umgekehrt erklärte Bundespräsident Comtesse gegenüber dem französischen Botschafter, das *Berner Tagblatt* stünde unter dem «beherrschenden Einfluss» des Militärattachés der deutschen Gesandtschaft.[32]

Die in der deutschschweizerischen Presse angemeldeten Reserven gegenüber der Tätigkeit des Bundespräsidenten wurden geprägt vom deutsch-französischen Gegensatz, der auch auf die Schweiz ausstrahlte. Allein, die Vorbehalte galten zum Teil auch sehr direkt den persönlichen Eigenschaften und vermuteten Ambitionen des Bundespräsidenten. Zum Beispiel der offensichtlichen Eigenwillig- und Eigenmächtigkeit und dem ausgeprägten Geltungsbedürfnis des Magistraten und den oft sehr persönlichen Beziehungen, die er zur Finanzwelt unterhielt.[33]

Der Besuch des französischen Staatspräsidenten, der einen triumphalen Höhepunkt in der Karriere des neuenburgischen Bundesrates gebildet hat, ist in erster Linie als Werk des initiativen Magistraten zu sehen. Wenn man es als willentliche Gegenmanifestation zum Kaiserbesuch von 1912 und zur intensiver gewordenen deutschen Präsenz in der Schweiz versteht, wird ihm mehr politische Absicht zugeschrieben, als sein Autor intendiert hat. Mit dieser Begegnung verbanden sich, abgesehen von der Erfüllung eines persönlichen Wunsches und der allgemeinen Pflege der freundnachbarlichen Beziehungen, keine weiteren und keine besonderen politischen Absichten. Der Staatsakt erlangte keine historische Bedeutung. Er hatte weder auf die Handels- noch auf die Bevölkerungsstatistik irgendwelche Auswirkungen, er führte auch nicht zum Bau der Faucille-Bahn und stand in keinem Zusammenhang mit den militärischen Kontakten, die 1914 der Schweiz im Bereich der Getreideversorgung zusätzliche Sicherheit ver-

30 Berner Tagblatt Nr. 6 vom 8. Januar 1910.

31 National-Zeitung Nr. 13 vom 16. Januar 1910 als Reaktion auf die Gazette de Lausanne Nr. 11 vom 12. Januar 1910. Mit dem Hinweis auf die guten Beziehungen zur französischen Botschaft wollte die National-Zeitung zwar nur sagen, die Gazette de Lausanne hätte in der Lage sein müssen, «eine bündige Aufklärung» zu geben.

32 Geschäftsträger Valdrôme an Aussenminister Pichon, 9. Oktober 1910. Zitiert nach Adolf Lacher, Die Schweiz und Frankreich vor dem Ersten Weltkrieg. S. 54.

33 Vgl. zum Beispiel François Walter, Finance et politique à la Belle Epoque. S. 430.

schafften.[34] Das Intermezzo, sosehr es in der Zeit selbst Aufsehen erregte, wurde denn auch sehr schnell vergessen. Interessanter als das Ereignis waren und sind die Kommentare zum Ereignis. Sie zeigten vor allem, wie stark die Gegensätze zwischen der deutschen und der französischen Schweiz bereits in den Jahren vor dem Ausbruch des Ersten Weltkrieges waren.

34 Vgl. dazu Adolf Lacher, Die Schweiz und Frankreich vor dem Ersten Weltkrieg. S. 191ff. – Pierre Luciri, «Août Quatorze. Le pain des Suisses». In: Relations Internationales Nr. 4. 1975. S. 39–52. – Neutralität. Bd. II. Basel 1965. S. 555ff.

Haben die schweizerischen Behörden, ganz im Banne des deutschen Kaisers, 1909 den Gotthardvertrag blind unterschrieben und damit die Interessen der Schweiz verraten? Eine breite Volksbewegung besonders der französischen Schweiz und der Autor dieser Postkartendarstellung verstehen sich als die Sehenden und wollen über eine demokratisch organisierte Basisopposition das Unglück im letzten Moment verhindern. Die Figur unten links repräsentiert Italien, das ebenfalls Vertragspartner war. (Georg Kreis, Der Weg zur Gegenwart. Basel/Boston/Stuttgart 1986. S. 232).

Die Anfänge der Direkten Demokratie im Bereich der Aussenpolitik

Das Staatsvertragsreferendum ist heutzutage ein zentrales Element der Direkten Demokratie. Seinetwegen musste oder konnte man über den Beitritt beziehungsweise Nichtbeitritt zur UNO und zum EWR abstimmen und hätte man beinahe über die WTO-Mitgliedschaft abstimmen müssen oder dürfen. Gemessen an der Entwicklung der innenpolitischen Instrumente ist das aussenpolitische Instrument der direkten Mitsprache freilich spät geschaffen worden. Die «Ursprünge» liegen nicht in den Jahren um 1848 oder 1874, sondern in den Jahren um 1921 und 1977.

Abgesehen von der schlichten Frage, wie es denn zur Herausbildung des Staatsvertragsreferendums gekommen ist, sollten uns vor allem zwei Dinge interessieren: erstens die Erklärung zur Frage, warum es zu dieser retardierten Ausformung des aussenpolitischen Mitspracherechts gekommen ist, und zweitens die normative Bewertung zur Frage, ob dieser Ausbau der Volksrechte eine gute Sache gewesen ist.

Von demokratischer Warte aus könnte man der Auffassung sein, dass es nie genug Demokratie geben kann und das politische System gemäss dem Fortschrittsparadigma permanent im Sinne eines Ausbaus der Mitsprachemöglichkeiten verbessert werden muss und in diesem Sinne auch verbessert worden ist: mit der Einführung des allgemeinen Wahl- und Stimmrechts, der direkten statt der indirekten Wahlen, des Referendums, des Initiativrechts, des Proporzes, des doppelten Ja, des Jugendstimmrechts ab 18 etc.[1]

Wir sollten uns allerdings davor hüten, einer naiven Fortschrittsgläubigkeit zu verfallen, denn wir haben davon auszugehen, dass die Geschichte keine Einbahnstrasse ist und mitunter auch Erschwerungen auftauchen, die es mit erleichternden Gegenstrategien zu konterkarieren gilt. Ich denke da nicht in erster Linie an die erhöhten Unterschriftenzahlen, sondern an die wachsende Unübersichtlichkeit der Welt, an die fortschreitende Individualisierung und an die Rückzüge in die Privatheit etc.

Warum ist das aussenpolitische Mitspracherecht vergleichsweise spät eingeführt worden? Der Berner Staatsrechtler Hans Huber sah in der Beschränkung des Mitspracherechts auf den innenpolitischen Bereich keine Systemlücke, sondern den bewussten und weisen Willen der «liberalen Verfassungsväter» von 1848 und 1874. Diese hätten der Tatsache Rechnung getragen, dass der Verfassungsstaat zur Introversion neige. Der Verfassungsstaat könne die internationalen Beziehungen nicht regeln, sondern nur

1 Georg Kreis, «Werden und Wandel des politischen Systems der Schweiz». In: Schweizer Monatshefte 4. 1988. S. 303–312.

die Kompetenz der auswärtigen Beziehungen festlegen. Der Verfassungsstaat sei deshalb einer Burg vergleichbar, aus deren Fenstern man wohl auf die internationalen Beziehungen blicken könne, von der aus aber keine Brücke und kein gedeckter Gang zu anderen Verfassungsburgen hinüberführe. Es sei ein «irriger Gedanke», zwischen inner- und ausserstaatlicher Rechtssetzung eine Symmetrie, eine Kongruenz oder Parallelität herstellen zu wollen.[2]

Aus rechtstheoretischer Sicht kann man das so sehen. Aus historischer Sicht ist allerdings darauf hinzuweisen, dass man für die schweizerische Exekutive eine Symmetrie, Kongruenz oder Parallelität vielmehr zu anderen Regierungen wahren und diese im Bereich der Aussenpolitik gegen innen ebenfalls weniger rechenschaftspflichtig haben wollte als in innenpolitischen Fragen. Der Bundesrat beanspruchte in der Aussenpolitik nicht nur gegenüber dem Volk, sondern auch gegenüber der Volksvertretung eine grössere Bewegungsfreiheit. In anderen Bereichen waren in den Eidgenössischen Räten längst permanente Kommissionen geschaffen worden (etwa für die Finanzen und die Alkoholregie),[3] als sich der Bundesrat und die Ratsmehrheiten unter Berufung auf die Notwendigkeit einer klaren Kompetenzenabgrenzung noch lange gegen die Schaffung analoger Kommissionen im Bereich der Aussenpolitik wehrten. Der Nationalrat beschloss die Schaffung einer derartigen Kommission erst 1936 und der Ständerat sogar erst 1945.[4]

Die Beschränkung der direkten Mitsprache auf den innenpolitischen Bereich wurde aber von einzelnen von Anfang an als Mangel empfunden. Die frühesten Vorstösse zur Herstellung der Parallelität von innen- und aussenpolitischer Mitsprache stammen aus der Zeit, da der Ausbau der innenpolitischen Mitsprachemöglichkeiten allgemein diskutiert wurde.[5] Im Vorfeld der Totalrevisionsvorlage von 1872 sprach sich insbesondere der Luzerner Aristokrat Philipp Anton von Segesser für das Staatsvertragsreferendum aus, damit das Volk bei Abkommen wie dem Handels- und Niederlassungsvertrag von 1864, der die französischen Juden besserstellte als die schweizerischen, einschreiten könne. Für die schliesslich obsiegende Mehrheit sprachen sich Bundesrat Emil Welti und dessen Schwiegervater Alfred Escher aus; der eine mit dem Argument, die Schweiz könnte andernfalls vertragsunfähig werden, der andere mit der

2 Hans Huber, «Plebiszitäre Demokratie und Staatsverträge». In: Festgabe für Ernst Fraenkel. Berlin 1963. S. 368–384. – Ders., «Umbruch und Ausdehnung des Staatsvertragsreferendums?». In: Neue Zürcher Zeitung Nr. 3328 und 3338 vom 13. und 14. August 1965. – Ders., «Volksabstimmung über den Freihandelsvertrag mit der EG?». In: Neue Zürcher Zeitung Nr. 428 vom 13. September 1972.

3 Claus Burkhard, Die parlamentarische Kommission der schweizerischen Bundesversammlung. Zürich 1952. Die Arbeit geht allerdings auf die historische Genese nicht ein.

4 Willy Bretscher, «Das Verhältnis zwischen Bundesversammlung und Bundesrat in der Führung der auswärtigen Politik». In: Schweizerisches Jahrbuch für Politische Wissenschaft 6. Bern 1966. S. 7–27.

5 Der Grütli-Verein sprach sich offenbar allgemein für ein Volksveto aus, das für alle wichtigen Bundesbeschlüsse und explizit auch für Verträge mit dem Ausland möglich sein sollte. 1871 wurde sodann von einer Churer Volksversammlung eine Petition dem Nationalrat eingereicht. Vgl. Edouard Georg, Le contrôle du peuple sur la politique étrangère. Genf 1916. S. 270.

Bemerkung, die Schweiz könnte gegenüber anderen Staaten «geradezu in eine lächerliche Position geraten».[6]

Beim nächsten Vorstoss kam die Kernproblematik klar zum Ausdruck, die sich für die Aussenpolitik eines Staates mit Direkter Demokratie stellte: 1886 verwies nämlich die parlamentarische Kommission bei der Vorberatung der Konvention betreffend Gründung einer internationalen Union zum Schutze der literarischen und künstlerischen Werke auf die Unzulänglichkeit der bestehenden Ordnung. Sie bestehe darin, dass «auf diese Weise der schweizerischen Aktivbürgerschaft die Teilnahme an der Gesetzgebung versagt wird, sobald es beliebt, die betreffende Materie international zu regeln». Für das Verhalten der Räte habe deshalb die Regel zu gelten:

> «Es soll nicht auf dem zur Stunde noch aussergewöhnlichen Wege des internationalen Vertrages wichtiges neues internes Recht geschaffen und nicht das auf dem Wege der ordentlichen Gesetzgebung zustande gekommene eidgenössische Recht durch einen völkerrechtlichen Vertrag erheblich geändert werden.»[7]

1897 unterbreiteten die beiden Nationalräte Charles-Eugène Fonjallaz und Caspar Decurtins mit einer Motion einen konkreten Reformvorschlag. Der freisinnige Waadtländer Weinbauer – mit dem nicht gerade egalitären Übernamen «le Napoléon du vignoble» – und der katholisch-konservative Bündner Grossbauer – mit dem doch sehr königlichen Übernamen «Löwe von Truns» –, sie beide wollten mehr Volksrechte, das heisst das fakultative Referendum auch für Handelsverträge. Sie intervenierten aus einer spezifischen Interessenlage, argumentierten aber grundsätzlich, indem sie sich auf «Sinn und Geist unserer demokratischen Einrichtung» beriefen und es als widersinnig beurteilten, dass man zwar über Zolltarifgesetze, nicht aber über die ungleich wichtigeren Handelsverträge abstimmen dürfe. Ihr hauptsächlicher Antrieb aber kam aus einer konkreten Unzufriedenheit mit abgeschlossenen Handelsverträgen (z.B. wegen der Weinimporte aus Spanien oder wegen der Getreideimporte aus Osteuropa). Ihre spezifische Interessenlage offenbarte sich in der Beanstandung, «dass [...] die landwirtschaftliche Bevölkerung, welche ja als die eigentliche staatserhaltende betrachtet werden müsse, der industriellen Bevölkerung gegenüber in offensichtlicher Weise benachteiligt sei».[8] Erstaunlicherweise verfing diese Argumentation aber nicht, der Vorstoss wurde mit 82:6 Stimmen massiv abgelehnt. Damals tauchte aber zum ersten Mal das Argument auf, das wir bis in unsere Tage von Anhängern der direkten Mitsprache in aussenpolitischen Angelegenheiten immer wieder zu hören bekommen:

6 Bericht des Bundesrates vom 29. Mai 1914. Bundesblatt 1914 III. S. 448. Ablehnung im Nationalrat mit 67:31 Stimmen. Vgl. auch Walther Hofer, «Zur Geschichte und Problematik des Staatsvertragsreferendums in der Schweiz». In: Beiträge zur Zeitgeschichte. Festschrift für Ludwig Jedlicka. Hrsg. v. Rudolf Neck, Adam Wandruszka. St. Pölten 1976. S. 377–395.

7 Bundesblatt 1914 III. S. 454.

8 Zit. nach Walther Hofer, «Zur Geschichte und Problematik des Staatsvertragsreferendums in der Schweiz». S. 382.

«Créer le référendum sur les traités aurait pour effet de donner aux négociateurs chargés de traiter avec l'étranger une arme nouvelle.»[9] Doch auch die Gegenargumente waren sozusagen bereits vollzählig versammelt. Neben der bereits erwähnten Gefahr der Vertragsunfähigkeit (Stichwort «Bleigewicht») kamen die Argumente der notwendigen Geheimhaltung, der fehlenden Sachkenntnisse bei einem «siebenhunderttausendköpfigen Souverän» sowie der Notwendigkeit, Partikularinteressen hinter diejenigen der öffentlichen Wohlfahrt zu stellen.[10]

Mehr Erfolg war dem nächsten Vorstoss beschieden. Er unterschied sich von den vorangegangenen in der Hauptsache darin, dass er a) nicht auf parlamentarischer Ebene lanciert wurde, sondern aus der ausserparlamentarischen Opposition hervorging und b) nicht mit einem spezifischen Interessenstandpunkt in engerer Verbindung stand. Die Gemeinsamkeit mit den vorangegangenen Vorstössen bestand darin, dass ebenfalls aus einer Unzufriedenheit wegen eines konkreten Vertrags eine allgemeine Systemreform angestrebt wurde.

Worum ging es? 1909 war mit Italien und Deutschland ein Vertrag über den Rückkauf der von diesen Mächten mitfinanzierten Gotthardbahn abgeschlossen und darin den ehemaligen Partnerstaaten die Meistbegünstigung auf dem gesamten Eisenbahnnetz des Bundes unkündbar zugestanden worden. Die Opposition sah in diesem Vertrag eine schändliche Preisgabe der Souveränität und ein unverhältnismässiges Entgegenkommen insbesondere gegenüber dem wirtschaftlich dominanten Deutschen Reich.[11] Zwei Zitate, die aus unserer Zeit stammen könnten, mögen dies illustrieren. Im Dezember 1910 mahnte der Literaturprofessor Ernest Bovet:

> «[...] pour tout petit Etat, la moindre parcelle de souveraineté est un trésor inestimable; nous n'acquérons rien, et nous ne pouvons compenser aucune perte; il nous faut donc conserver, avec un soin d'autant plus jaloux. Entre ces masses qui pèsent sur nous, sans le vouloir, par une action mécanique, il nous faut être d'acier [...] ou périr.»[12]

Und im Januar 1911 doppelte der freisinnige Nationalrat und Rechtsprofessor Virgil Rossel nach: «Un Etat souverain se doit à lui-même de ne rien abdiquer de son indépendance. Sinon, c'est le commencement de la fin.»[13]

Die Versuchung ist gross, sowohl die Opposition gegen den Gotthard-Vertrag als auch die aus ihr hervorgangene Staatsvertragsinitiative als Produkte einer spontanen Volksbewegung zu deuten. Betrachtet man die Vorgänge nur in ihrer Kulminations-

9 Abstimmung vom 8. Juni 1897. Bericht von 1914. S. 455. Vgl. auch Edouard Georg, Le contrôle du peuple sur la politique étrangère. S. 281–283.

10 Bericht von 1914. S. 456.

11 Zum gesamten Vorgang vgl. Sibylle Wegelin-Zbinden, Der Kampf um den Gotthardvertrag. Schweizerische Selbstbesinnung am Vorabend des Ersten Weltkrieges. Horgen 1974.

12 Ernest Bovet, «Le respect de l'autorité». In: Wissen und Leben vom 15. Dezember 1910. S. 434.

13 Virgile Rossel, «Une mauvaise affaire». In: Wissen und Leben vom 15. Januar 1911. S. 529.

phase, gewinnt man in der Tat leicht den Eindruck, dass in diesem Fall das Volk der Eidgenossen gegen den Berner Apparat, die Bürokraten und Parlamentarier aufgestanden sei. Am Ostermontag, dem 24. März 1913, einen Tag vor dem Beginn der Beratungen des Gotthard-Vertrages durch die Bundesversammlung, versammelten sich rund 10000 Menschen in Bern zu einer Landsgemeinde – «formée de toutes les catégories de la population». Hier ein kurzer Ausschnitt aus einem längeren Bericht von der Frontseite der *Gazette de Lausanne*:

> «C'était comme une mer frémissante au-dessus de laquelle on voyait onduler les bannières, une véritable assemblée de la nation, de laquelle montait du fond de tous les cœurs un appel grave et éloquent: Nous voulons la Suisse libre et indépendante. Et lorsque de milliers de poitrines, se sont élevés les religieux accords de l'hymne national, on avait comme jamais l'impression émouvante d'entendre la voix même de la patrie.»[14]

Dieser Bericht bedarf keiner längeren Auslegung. Das Ereignis und die Art, wie die Kunde davon weitergegeben wurde, signalisierten, dass es hier um die höchsten und entsprechend unbestrittenen beziehungsweise nicht bestreitbaren Werte der Nation ging und dass das Volk es sei, das als unbestechlicher Hüter dieser Werte walte.

Ein Genfer Redner (Hudry) erntete lebhaften Applaus mit der Bemerkung: «Nos magistrats ne sont que nos mandataires, car la véritable souveraineté réside dans la nation.» Der Lausanner Advokat Sidney Schopfer[15] wurde mit Bravos bedacht, als er ausrief: «Le peuple a frémi d'indignation quand il a su comment ses intérêts supérieurs étaient sabotés par des bureaucrates.» Schliesslich provozierte der gleiche Redner applaudissements prolongés mit der trotzigen Ankündigung: «Il n'y a qu'un seul traité perpétuel que nous voulons respecter: c'est celui que nos aieux ont scellé le 1er août 1291.»[16]

Die Idee, sogenannte Landsgemeinden abzuhalten, hatte ihren Ursprung in der französischen Schweiz. Sie wurde in Genf geboren,[17] von Lausanne übernommen (und dort zuerst durchgeführt), erst dann gelangte sie nach Bern. Es mag verwundern, dass ausgerechnet die sogenannte «junge Schweiz» an die alteidgenössische Tradition der Versammlungsdemokratie anknüpft. Das Phänomen erstaunt aber nicht, wenn man weiss, dass in der französischen Schweiz der ideologische Rekurs auf die Frühzeit der sogenannten Schweizergeschichte (die bekanntlich lange Zeit nicht die ihrige war) bis heute, wie das Jubiläum von 1991 gezeigt hat, tendenziell sogar stärker ist als in der

14 Gazette de Lausanne Nr. 81 vom 25. März 1913.

15 Mit Hilfe der Kontroverse um den Gotthard-Vertrag angetretener, aber erfolgloser freisinniger Gegenkandidat von Félix Bonjour bei den Nationalratswahlen von 1914, vgl. Félix Bonjour, Souvenirs d'un journaliste. Bd. 2. Lausanne 1931. S. 100–118, 179ff.

16 Vgl. Anm. 15.

17 Gazette de Lausanne Nr. 81 vom 25. März 1913: «[...] les Genevois, d'où l'idée de la Landsgemeinde est partie».

deutschen Schweiz.[18] Der Kampf gegen aktuelle «Missstände» liess gute alte Zeiten auferstehen, obwohl diese gar nicht die eigenen und vielleicht nur alt, aber nicht gut waren. Es wurde sogar an eine Berner Volksbefragung von 1590 zu dem schliesslich abgelehnten Friedensschluss von Nyon mit Savoyen erinnert.[19] Der Genfer Liberale Horace Micheli stellte dazu die rhetorische Frage: «Les citoyens de la Suisse nouvelle auraient-ils moins de droits au début du XXe siècle?»[20] Schon 1881 hatte eine Protestschrift gegen einen mit Frankreich abgeschlossenen Handelsvertrag auf bessere alte Zeiten zurückzugreifen versucht: «Das Volk will seine Autonomie zurück. Das Volk will, dass ihm ferner nicht mehr durch die Winkelzüge der höheren Diplomatie sein Einfluss auf dieses ungeheuer wichtige, die Volkswohlfahrt so nahe berührende Gebiet entzogen werden könne.»[21]

Landsgemeinden in Genf, Lausanne und Bern – daraus und aus dem in diesen Versammlungen Gesagten könnte man schliessen, dass es tatsächlich das Volk gewesen ist, das sich zunächst gegen den Gotthard-Vertrag und dann für die Einführung des Staatsvertragsreferendums in Marsch gesetzt hat. Verfolgt man die Vorgänge aber bis zu ihren «Ursprüngen», stellt man fest, dass sozial wie politisch identifizierbare Kräfte die Bewegung inszeniert, systematisch aufgebaut und dabei die folgenden Mittel eingesetzt haben: zuerst die Presse, dann die Veranstaltung von lokalen Versammlungen und die Bildung von Aktionskomitees, die Sammlung von Unterschriften für die Eingabe einer Massenpetition, die Organisation von überregionalen Versammlungen, ebendie Landsgemeinden – und schliesslich die Lancierung der Initiative.

Zwischen Oktober 1910 und August 1911 sollen insgesamt 227 Kundgebungen mit Teilnehmerschaften von je 25–700 Leuten stattgefunden haben.[22] Dass die Bewegung einen ausserordentlichen Mobilisationsgrad zu erzeugen verstanden hatte, veranlasste die kritisch eingestellte *Neue Zürcher Zeitung*, von einem Patriotismus zu reden, der «in Wildbächen» fliesse.[23]

Mit der *Massenpetition* von über 130 000 Unterschriften (es soll die grösste bisher eingereichte Petition gewesen sein)[24] wollte die Bewegung Einfluss auf den anste-

18 Georg Kreis, «Die besseren Patrioten. Nationale Idee und regionale Identität in der französischen Schweiz vor 1914». In: Auf dem Weg zu einer schweizerischen Identität 1848–1914. Freiburg 1987. S. 55–83.

19 Ludwig Samuel von Tscharner, Volk und Regierung beim Abschluss von Staatsverträgen und sonstige Fragen äusserer Politik in der alten Eidgenossenschaft. Bern 1914. S. 62–65.

20 Horace Micheli, La Convention du Gothard. Lausanne 1910, S. 64 (zit. nach Sibylle Wegelin-Zbinden, Der Kampf um den Gotthardvertrag. S. 113). Vgl. auch Edouard Georg, Le contrôle du peuple sur la politique étrangère. S. 137.

21 Arnold Steinmann-Bucher, Zolltarif und Handelsverträge. Beiträge zur schweizerischen Handelspolitik. Selbstverlag 1881. S. 60. Der Verfasser gehörte offenbar zum damals protektionistisch eingestellten Zürcher Handelsmilieu und war Redaktor des Schweiz. Centralblattes für Industrie, Handel und Verkehr.

22 Sibylle Wegelin-Zbinden, Der Kampf um den Gotthardvertrag. S. 83. Karte und Liste auf S. 230f.

23 Neue Zürcher Zeitung Nr. 83 vom 25. März 1913.

24 Sibylle Wegelin-Zbinden, Der Kampf um den Gotthardvertrag. S. 115–117, Tabelle mit kantonalen Unterschriftenzahlen S. 232.

henden Entscheid der Bundesversammlung nehmen. Die Vertragsgegner betonten mehrfach, dass sie damit bloss von ihrem guten Recht, ebendem Petitionsrecht gemäss BV Artikel 57, Gebrauch machten. Gegner der Vertragsgegner stellten sich allerdings auf den Standpunkt, dass das Petitionsrecht eigentlich nur für Angelegenheiten sei, die von der Legislative nicht ohnehin beraten würden.[25]

Zudem wurde betont, dass Druckversuche auf die Mitglieder der eidgenössischen Räte gegen die Bestimmung von BV Artikel 91 verstiessen, wonach die Mitglieder der Bundesversammlung ohne Instruktionen abstimmen sollten.[26]

Die Absicht, mit dem Volksrecht der Initiative ein weiteres Volksrecht, nämlich das *fakultative Referendum* für Staatsverträge, zu erkämpfen, kam erst in einem zweiten Schritt wirklich ins Spiel. Die erst 1913 lancierte Initiative schwang allerdings von Anfang an als Möglichkeit mit. Einer der Protagonisten des Komitees gegen den Gotthard-Vertrag, der bereits erwähnte Liberale Micheli, regte schon an der ersten Sitzung vom September 1910 eine Initiative zur Einführung des Staatsvertragsreferendums an.[27] Edouard Secrétan, sein Lausanner Kollege, war damals noch der Meinung, dass die Verfassung bei Staatsverträgen zu Recht ein Mitspracherecht verweigere.[28]

Während der parlamentarischen Beratung des Gotthard-Vertrages gab es einige Volksvertreter, die mit einer weitherzigen Auslegung bestehender Bestimmungen gewissermassen eine freiwillige Unterstellung unter das Referendum wünschten. Der unabhängige Radikale J. Louis Willemin aus Genf stellte den formellen Antrag, die Vertragsgenehmigung wie einen referendumspflichtigen Bundesbeschluss einzustufen.

> «Les droits du peuple doivent prévaloir et prédominer dans une démocratie. Par conséquent, même en cas de doute constitutionnel, nous devons laisser la parole au peuple et admettre l'introduction, dans l'arrêté proposé par le Conseil fédéral, de la clause référendaire.»[29]

Der Antrag wurde in den weiteren Verhandlungen nicht mehr diskutiert, er wurde aber immerhin mit 24 Stimmen (gegen 123) unterstützt.

Darüber hinaus wurde von Waadtländer Vertragsgegnern vor der Schlussabstimmung des Nationalrates bekanntgegeben, dass im Falle einer Annahme des Vertrages eine Initiative zur Einführung des Staatsvertragsreferendums lanciert würde. Bundesrat Edmund Schulthess tadelte diese Intervention: Die demokratischen Volksrechte würden durch eine «demagogische Bewegung» und durch «Aufpeitschung der Leiden-

25 «Patriotismus-Petitionsrecht». In: Neue Zürcher Zeitung Nr. 344 vom 13. Dezember 1910.

26 Vgl. auch Sibylle Wegelin-Zbinden, Der Kampf um den Gotthardvertrag. S. 168.

27 Gazette de Lausanne Nr. 270 vom 30. September 1910.

28 «Notre droit constitutionnel a soustrait avec raison au référendum la ratification des traités internationaux» (Gazette de Lausanne Nr. 346 vom 15. Dezember 1910).

29 Nationalrat vom 3. April 1913. Sten. Bull. S. 269. Vor ihm hatten schon Weber (linker Flügel FDP/SG) und Ador (LDP/GE) diese Auffassung geäussert und sich sowohl das Journal de Genève wie die Gazette de Lausanne (Nr. 89 vom 3. April 1913) in diesem Sinne ausgesprochen.

schaft» entwertet.[30] Der freisinnige Landesvater zog sich damit aber seinerseits einen Tadel des Liberalen Edouard Secrétan zu: Es gehe nicht an, das völlig legale Vorgehen des Volkes als demagogisch zu bezeichnen.[31]

Hier ist der Moment, etwas genauer nach den Kräften zu fragen, die sich in diesem Konflikt gegenüberstanden. Nach einer verbreiteten Auffassung soll es sich in der Hauptsache um einen Konflikt zwischen der französischen und der deutschen Schweiz gehandelt haben. In der Zeit selber gab es Leute, die von der «Waadtländer-Initiative» sprachen.[32] Diese Vorstellung ist insofern nicht unzutreffend, als mit der Zeit das Engagement in der französischen Schweiz stärker wuchs als in der deutschen Schweiz. Den Auftakt zum Kampf gegen den Gotthard-Vertrag gab 1910 aber das konservative Bürgertum der deutschen Schweiz. Im März 1910 gingen die liberal-konservativen *Basler Nachrichten* voran, im April 1910 folgte dann die liberal-konservative *Gazette de Lausanne*. Der Lausanner Liberale Edouard Secrétan erklärte: «[...] dans sa forme actuelle, la convention est inacceptable».[33] Im Vorjahr hatte der gleiche Mann noch geglaubt, das Verhandlungsergebnis immerhin mit folgenden Worten würdigen zu können: «Le Conseil fédéral a fait des concessions, mais seulement dans les limites de l'intérêt du réseau national et du pays.»[34]

Der Konflikt blieb aber bis zuletzt auch ein Konflikt zwischen den Liberalen und dem Freisinn. Die *Neue Zürcher Zeitung*, Parteiblatt des deutschschweizerischen Freisinns, spürte etwas Richtiges, wenn sie den Liberalen der französischen Schweiz vorwarf, sie würden versuchen, aus der Kontroverse um den Gotthard-Vertrag parteipolitischen Profit zu ziehen.[35]

Die Agitation des liberal-konservativen Teils des Bürgertums kann man aber nicht auf die Verteidigung parteipolitischer Interessen reduzieren. In dieser speziellen Kontroverse prallten die zwei Richtungen aus einem allgemeineren Gegensatz als nur der gegensätzlichen Einschätzung des Gotthard-Vertrages aufeinander. Es war ein Zusammenprall zwischen dem unternehmungsfreudigen und fortschrittsgläubigen Bürgertum auf der einen Seite und dem konservativen und den Besitzstand verwaltenden Bürgertum auf der anderen Seite. Mit anderen Worten handelte es sich um einen Konflikt zwischen der Position, welche die Modernisierung vorantrieb und von ihr profitierte, und der Position, welche sich als Opfer sah und die Modernisierung deshalb bremsen oder gar aufhalten wollte. Es ist anzunehmen, dass sich in dieser wie in anderen Fragen der liberal-protestantische und der katholische Flügel der Konservativen verbanden. Anfänglich wirkten in dem, was sich wie ein Aufstand der Kleinen, Schwachen und Übergangenen darbot, auch führende Sozialdemokraten mit; als aber die

30 Nationalrat vom 4. März 1913. Sten. Bull. S. 275f.

31 Nationalrat vom 4. März 1913. Sten. Bull. S. 285.

32 Der Bund vom 20. April 1913. Vgl. auch Oswald Sigg, Die Eidgenössischen Volksinitiativen 1892–1939. Bern 1978. S. 114–118.

33 Gazette de Lausanne Nr. 89–92 vom 1.–4. April 1910.

34 Gazette de Lausanne Nr. 92 vom 21. April 1909.

35 Neue Zürcher Zeitung vom 3. März 1913.

Bewegung stark nationalistische Züge annahm, gingen diese auf Distanz; die Ablehnung des Gotthard-Vertrages gaben sie aber nicht auf.[36]

Dem über den gesamten sozialen Wandel irritierten konservativen Milieu war es, etwas überspitzt formuliert, offenbar gelungen, in der Frage des Gotthard-Vertrages seine Ängste und Anliegen zu denjenigen breiterer Kreise zu machen.[37] Der populistische Konservativismus setzte sich aber, wie Hans Ulrich Jost andernorts bereits festgestellt hat, einem inneren Widerspruch aus, wenn er einerseits elitäre und autoritäre Positionen einnahm und andererseits die Unterstützung breiterer Massen suchte.[38] Liberale Zeitgenossen haben diesen Widerspruch offenbar ebenfalls gespürt. Die *Gazette de Lausanne* gab im Frühjahr 1913 zu bedenken: «[Un mouvement populaire] s'alimente de sa propre indignation. Celui-ci peut aller loin. Il peut faire du mal, détériorer l'équilibre des institutions fondamentales de notre république.»[39] Es entsprach der Psychodynamik solcher echauffierter Situationen, dass den «Oberen» vorgeworfen wurde, sie hätten sich bestechen lassen, und dass diese Vorwürfe dann zu gerichtlichen Klagen und schliesslich zu Verurteilungen führte, welche die Ressentiments gegen die «Oberen» nochmals nährten.[40]

1912/13 sollte der Vertrag dann aber insbesondere für die Romands zu einem erstrangigen Aktivierungsereignis (im Sinne von Hanspeter Kriesi) werden. Die von der liberaldemokratischen Presse militant und systematisch aufgebaute Gegnerschaft richtete sich nur zum Teil gegen die Fremdbestimmung durch das übermächtige Deutsche Reich. Zu einem anderen Teil wandte sie sich gegen das unternehmungsfreudige Bürgertum, parteipolitisch gesprochen gegen den Freisinn beziehungsweise die *radicaux*, denen man vorwarf, gemeinsam mit dem «äusseren Feind» in unheiliger Allianz das eigene Land auszubeuten und zu verkaufen. Im Grunde aber war es eine Auflehnung gegen damalige Modernisierungsvorgänge, von denen man primär aus altbürgerlicher und sekundär dann wohl auch aus mittelstandischer, kleinbürgerlicher Position und als Romand mehr Nachteile als Vorteile erwartete.[41]

Die französische Schweiz wurde durch das Mobilisationsereignis «Gotthard-Vertrag» – vorübergehend und nur in diesem Punkt – zu einer Einheit. Ihr Kampf gegen

36 Sibylle Wegelin-Zbinden, Der Kampf um den Gotthardvertrag. S. 85, 164, 197.

37 Von dieser Problematik sind weniger die Grundschichten des Agrar- und Industriesektors sowie deren Vertreter, die Bauern- und Arbeiterpolitiker, betroffen als das bürgerliche Milieu.

38 «Die Mobilisierung der Massen und die Förderung der modernen Vergesellschaftung, die letztlich eine soziale Emanzipation und Partizipation des Volkes in öffentlichen Angelegenheiten erfordern, widersprechen grundsätzlich dem autoritären Geist und den hierarchischen Ordnungsprinzipien der konservativen Eliten. Der Appell an die Moderne, verbunden mit der beständigen Evokation der alten, sogenannten vorrevolutionären Werte, führt zu einem ideologisch widersprüchlichen Amalgam» (Hans Ulrich Jost, Die reaktionäre Avantgarde. Die Geburt der Neuen Rechten in der Schweiz um 1900. Zürich 1992. S. 45).

39 Gazette de Lausanne Nr. 86 vom 31. März 1913.

40 Sibylle Wegelin-Zbinden, Der Kampf um den Gotthardvertrag. S. 97.

41 Georg Kreis, Krisenreaktionen in der französischen Schweiz vor 1914. Vgl. ders., Vorgeschichten zur Gegenwart. Ausgewählte Aufsätze. Bd. 1. Basel 2003. S. 413–427.

diesen Vertrag fiel zeitlich mit dem Kampf gegen die sie bedrängende Modernisierung zusammen. Romands empfanden die Entwicklung der wirtschaftlichen Beziehungen zwischen dem Deutschen Reich und der Schweiz darum als besonders bedrohlich, weil sie die wirtschaftliche Entwicklung der Zeit als Bedrohung, insbesondere der französischen Schweiz, empfanden.

Die Gegner des Gotthard-Vertrages verloren im Frühjahr 1913 eine Schlacht, sie wollten aber nicht den grundsätzlichen Kampf um mehr Mitspracherechte aufgeben und die momentane Niederlage in einen künftigen Sieg umwandeln. Dies um so mehr, als sie sich noch immer einem Parlament gegenübersahen, das sie mit guten Gründen für nur beschränkt repräsentativ hielten. Die Volksvertretung wurde nämlich noch immer nach dem Majorz- und nicht nach dem gerechteren Proporzverfahren zusammengesetzt, die zweite Proporzinitiative war kurz vorher (d.h. am 23. Oktober 1910) abgelehnt worden, eine dritte Initiative wurde zwar im Mai 1913 lanciert, deren allfällige Annahme lag aber noch in weiter Ferne.

Die von einem Waadtländer Aktionskomitee im Frühjahr lancierte Initiative brachte bis im Herbst etwas über 62000 Unterschriften zusammen und profitierte sicher von der Entrüstungswelle oder, wie Horace Micheli sagte, «du réveil de la perspicacité nationale», die das Land unmittelbar nach dem Parlamentsentscheid erfasste.[42] Die Initiative wollte durch die Erweiterung des Referendumsartikels BV Artikel 89 um einen 3. Absatz das fakultative Referendum für unbefristete und mehr als 15 Jahre dauernde Verträge einführen. Die Ausklammerung der Verträge mit kürzerer Laufzeit war eine bewusste Rücksicht auf Handelsverträge, die in der Regel eben auf 15 Jahre abgeschlossen wurden.[43] Während sich also die ersten parlamentarischen Vorstösse vorwiegend gegen einen Ausschluss des Volkes bei Handelsverträgen gerichtet hatten, ging es den Initianten von 1913 in erster Linie um weiterreichende politische Staatsverträge.

Von den rund 62000 Unterschriften stammte beinahe die Hälfte, nämlich 29000, aus der Waadt, 700 aus Genf, 6200 aus Neuenburg, 3500 aus dem Wallis. Der Rest der Schweiz steuerte wesentlich weniger bei. Von Zürich kamen 3200, von St. Gallen 1900, je rund 1000 aus dem Thurgau, dem Tessin, aus Glarus, Solothurn, Basel etc.[44] Noch deutlicher wird der Unterschied, wenn man die Unterschriften mit der stimmberechtigten Bevölkerung in Beziehung setzt: In der Waadt hatten 41 Prozent unterschrieben, in Genf noch 22,5 Prozent, in Zürich dagegen nur 3,4 Prozent und in St. Gallen 2,7 Prozent.[45] In der Abstimmung von 1921 zeigten sich dann wieder ähnliche Tendenzen: Während in Genf 98,7 Prozent und in der Waadt 89,1 Prozent Ja-Stimmen zustande kamen, stimmte Zürich nur mit 55,8 Prozent Stimmen zu.

Der Bundesrat lehnte in seiner ersten Stellungnahme vom Mai 1914 die Initiative ab. Die Ausdehnung der Volksrechte auf das Gebiet der auswärtigen Beziehungen

42 Sibylle Wegelin-Zbinden, Der Kampf um den Gotthardvertrag. S. 178ff.
43 Edouard Georg, Le contrôle du peuple sur la politique étrangère. S. 311.
44 Bundesarchiv Bestand E 22/509.
45 Edouard Georg, Le contrôle du peuple sur la politique étrangère. S. 284.

bezeichnete er «geradezu als eine Gefahr für die internationale Stellung unseres Landes».[46] Darum habe ebender «demokratische Gedanke» gegebenenfalls vor den «Notwendigkeiten des Lebens» haltzumachen.[47] Der Bundesrat stützte sich mit seiner ablehnenden Haltung zudem auf die Verhandlungen von 1872 und betonte, man sei damals sorgfältig darauf bedacht gewesen, «die unbeschränkte Vertragsfähigkeit des Bundes gegen aussen gegenüber den mit Einführung von Referendum und Initiative befürchteten Hemmnissen zu gewährleisten».[48]

Weder in den eidgenössischen Räten noch in einer Volksabstimmung hätte die Initiative 1914 eine Chance gehabt. Dass sie dann am 30. Januar 1921 mit 71,4 Prozent Ja-Stimmen und 20 Standesstimmen,[49] also mit einem komfortablen Mehr, doch angenommen wurde, erklärt sich aus einer radikalen Änderung der gesellschaftlichen Verhältnisse: Der amerikanische Präsident Wilson hatte sich, dem Zeitgeist entsprechend, im Februar 1918 für eine Demokratisierung der internationalen Politik ausgesprochen, im Oktober 1918 war im dritten Anlauf das Proporzwahlrecht eingeführt, im Herbst 1919 war auf dieser neuen Basis eine kleinere Erdrutschwahl abgehalten und im Mai 1920 der Beitritt zum Völkerbund beschlossen worden. In diesem Kontext sprachen sich der Bundesrat im Mai 1919 und das Parlament im Herbst 1920 für die Initiative aus. Der Bundesrat sah im Staatsvertragsreferendum jetzt eine Forderung, «die unbestreitbar in dem folgerichtigen Ausbau des demokratischen Staatsrechtes liegt».[50] Die Volkskammer sprach sich einstimmig (122:0) für die Initiative aus, der Ständerat hatte mehr Mühe mit der Neuerung und kam (bei 13:13 Stimmen) nur mit dem Stichentscheid des Präsidenten zu einem befürwortenden Votum. Bundesrat Giuseppe Motta vertrat den neuen Standpunkt der Regierung mit Voten, die der Natur und den Erwartungen der jeweiligen Kammer angepasst waren. In der Volkskammer gipfelte seine Stellungnahme in einem warmen Bekenntnis zur Demokratie:

> «J'ai une confiance inébranlable dans le bon sens, dans la sagesse, dans la clairvoyance de notre peuple. Il n'y a pas de moyen plus efficace de faire l'éducation politique d'un peuple que de lui accorder des droits politiques étendus. Ces droits cachent parfois des possibilités d'erreur, mais ce danger peut être évité. Le sens de ses droits avive dans le peuple en même temps le sens de ses devoirs et de ses responsabilités.»[51]

46 Bericht vom 29. Mai 1914. Bundesblatt 1914 III. S. 470.
47 Bundesblatt 1914 III. S. 446.
48 Bundesblatt 1914 III. S. 451.
49 Dagegen stimmten Uri (beinahe gefolgt von Schwyz) und der Thurgau.
50 Bericht des Bundesrates vom 9. Mai 1919, Bundesblatt 1919 II, S. 223. Vgl. auch Georg Kreis, «Volkssouveränität und Aussenpolitik in der Schweiz nach 1918. Zur politischen Kultur eines demokratischen Kleinstaates». In: Studia Polono Helvetica. Basel 1989. S. 149–173.
51 Nationalrat vom 28. April 1920. Es sprachen lediglich der deutsch- und der französischsprachige Kommissionsreferent und der Departementsvorsteher. Sten. Bull. S. 338–346.

In der eher traditionell eingestellten Kleinen Kammer präsentierte Motta die Zustimmung zum Staatsvertragsreferendum als Akt weiser Resignation:

> «Le Conseil fédéral aurait été bien mal inspiré, à mon avis, s'il avait voulu résister inutilement, alors qu'il pouvait être certain que l'échec le plus éclatant l'attendait devant le peuple. Sans doute, il faut avoir le courage de ne pas être d'accord avec le peuple, lorsqu'il y a des raisons qui empêchent cet accord. Mais, Messieurs, aller au verdict populaire pour combattre les instincts profonds du peuple, lorsqu'il n'y a point de raisons suffisantes pour une semblable attitude, c'est de la mauvaise politique.»[52]

Vergleicht man die Vorgeschichte dieser Verfassungsreform mit den Kämpfen von 1830 und 1860, zögert man etwas, auch von dieser Innovation zu sagen, dass sie habe erstritten werden müssen. Die Initiative von 1913 war gewiss aus einer Kampfsituation[53] hervorgegangen, 1921 dagegen konnten die Früchte dieses Engagements ohne weitere Mühen geerntet werden. Fragen wir nochmals nach den «Ursprüngen» dieser Verfassungsreform, sind vor allem zwei Antriebselemente zu unterscheiden:

1. die allgemeine politische Kultur mit ihren in anderen, innenpolitischen Domänen geltenden Regeln der Direkten Demokratie und – analog zur demokratischen Bewegung der 1860er Jahre – mit ihrem kollektiven Gedächtnis, das einen Rückgriff auf archaische Formen der Versammlungsdemokratie und der Volksbewegung gestattete;
2. die spezielle politische Situation in den ersten Jahren nach 1918, wie sie eben umschrieben worden ist.

Als drittes und wesentlich schwerer fassbares Antriebselement müsste die beschleunigte Modernisierung der Jahre vor 1914 genannt werden. Dieser Vorgang ist für uns erneut greifbarer in der jüngeren Variante der 1960er Jahre. Sie sollte, wie wir gleich sehen werden, zu einem weiteren Schub im Ringen um mehr Mitspracherechte in der Aussenpolitik führen. Zuvor sei aber noch ein kurzer Blick auf die Praxis der 1921 eingeführten Ordnung geworfen.

Solange die Regelung von 1921 in Kraft war, das heisst bis 1977, hätte das fakultative Staatsvertragsreferendum 57mal ergriffen werden können.[54] Bei 54 Verträgen blieb diese Möglichkeit ungenutzt. Viele davon betrafen Fragen von geringer gesellschaftspolitischer Relevanz, Grenzkorrekturen, Gewässerregulierungen, Bahnverbindungen, Flughafenausbauten, die Schiffahrt, allgemeine Freundschaftsverträge etc.[55]

52 Ständerat vom 7. Oktober 1920. Sten. Bull. S. 378–392.

53 1913 stellten die Vertragsgegner gerne eine Analogie zu den Schlachten von Morgarten, Sempach und St. Jakob her.

54 Das seien weniger als 5% aller internationalen Verträge. Vgl. Luzius Wildhaber, Treaty-Making Power and Constitution. Basel 1971. S. 99.

55 Eine vollständige Auflistung und detailliertere Analyse findet sich in meiner Schrift «Der lange Weg

Dreimal wurde vom Referendumsrecht Gebrauch gemacht: 1921/23 im Falle des Konflikts mit Frankreich um die Genfer Freihandelszonen,[56] 1957/58 von Naturschutzfreunden gegen einen Vertrag mit Italien zur Nutzung des Engadiner Grenzflusses Spöl[57] und 1976 beim zinslosen IDA-Kredit von 200 Millionen Franken für die Internationale Entwicklungshilfeorganisation.[58] Das Wassernutzungsgeschäft von 1958 wurde im Sinne der Parlamentsmehrheit, die beiden anderen dagegen im Sinne der Opposition entschieden, das heisst verworfen. Misst man die Wichtigkeit des Staatsvertragsreferendums an seiner Verhinderungswirkung und vernachlässigt man allfällige Präventivwirkungen, dann sind in den Jahren 1921–1977 die beiden ablehnenden Mehrheiten von 81,5 Prozent und 56,4 Prozent die reale *raison d'être* dieses Volksrechts. In beiden Fällen erfuhren die Geschäfte jedoch in anderer Form eine Weiterbehandlung.

Der Berner Staatsrechtler Hans Huber, ein entschiedener Gegner des Staatsvertragsreferendums, kam schon 1963 angesichts der bescheidenen Realbedeutung dieses Instruments zum Schluss, man könne nicht behaupten, dass das Volk nun «als neue und als beherrschende Kraft» in das Kräftespiel eingezogen sei; in Wirklichkeit sei das Staatsvertragsreferendum beinahe «versandet und ausgetrocknet».[59] Zwei Jahre später kam der Zürcher Kollege Dietrich Schindler zu einem ähnlichen Befund: «Das Staatsvertragsreferendum ist seit seiner Annahme fast bedeutungslos geblieben.»[60] Für die in der Tat bemerkenswert seltene Inanspruchnahme des Referendumsrechts gibt es verschiedene Erklärungsmöglichkeiten: 1. die gute Qualität der vom Bundesrat abgeschlossenen Verträge, 2. die staatspolitische Einsicht des Schweizervolkes, 3. das geringe Interesse an aussenpolitischen Angelegenheiten und 4. die oft geringe gesellschaftspolitische Relevanz der Verträge.

1921 brachte, wenn man so sagen darf, lediglich eine Teilgeburt der demokratischen Mitsprache in aussenpolitischen Regelungen. Die Auseinandersetzung mit den «Ursprüngen» muss sich darum auch noch kurz mit den Vorgängen befassen, welche 1977 zu einem substantiellen Ausbau des Staatsvertragsreferendums geführt haben. Zwischen den Verfassungsreformen von 1921 und 1977 bestehen offensichtliche Parallelen:

1. Zuvor war ohne grossen Erfolg auf parlamentarischer Ebene mehrfach Unzufriedenheit mit der bestehenden Ordnung geäussert worden, insbesondere bei den Beratungen des EFTA-Beitritts 1960 und der Beitritte zur Europäischen Menschenrechtskonvention und zum Nonproliferationsabkommen von 1974.
2. Bewegung kam erst in die Sache, nachdem ein konkreter Anlass eine breite Volksbewegung ausgelöst hatte und aus dieser eine Initiative hervorgegangen war. Was

des Staatsvertragsreferendums», die sich vor allem mit der Revision von 1977 befasst und 1995 als Basler Schrift zur europäischen Integration Nr. 12 erschienen ist.

56 Peter Stettler, Das aussenpolitische Bewusstsein in der Schweiz (1920–1930). Zürich 1969. S. 179–196.

57 Hanspeter Schmid, Die Schweiz nach dem Krieg. Glattbrugg 1987 (Separatum des Schweiz. Beobachters). S. 23–27.

58 Année Politique Suisse 1975, S. 50, und 1976, S. 43.

59 Hans Huber, «Plebiszitäre Demokratie und Staatsverträge». S. 375ff.

60 Dietrich Schindler, in: Neue Zürcher Zeitung Nr. 3260 vom 7. August 1965.

im ersten Anlauf der Gotthard-Vertrag von 1909, war im zweiten Anlauf das Einwanderungsabkommen mit Italien von 1964. Gegen dieses Abkommen hatte die «Nationale Aktion» 1973 eine Volksinitiative eingereicht. Das 1977 gutgeheissene erweiterte Staatsvertragsreferendum war also ein Gegenvorschlag von Regierung und Parlamentsmehrheit.

3. Der Ausbau der Volksrechte von 1977 ist wie die Initiative von 1913 auch eine Reaktion auf die stark zunehmende internationale Interdependenz parallel zur wirtschaftlichen Hochkonjunktur und – damit verbunden – zum beschleunigten gesellschaftlichen Wandel. Der gesellschaftliche Aufbruch der sechziger Jahre führte zu einigen wichtigen Reformen. Er ermöglichte beispielsweise 1970 den Durchbruch in der Jurafrage, 1971 die Einführung des Frauenstimmrechts, 1973 die Aufhebung der konfessionellen Ausnahmeartikel, aber – trotz oder wegen eingehender Vorbereitung – keine Totalrevision der Bundesverfassung und schliesslich ebenden Ausbau des Staatsvertragsreferendums.

Nun galt das fakultative Referendum nicht nur für unbefristete und unkündbare Verträge, sondern auch für Beitritte zu internationalen Organisationen und für Akte multilateraler Rechtsvereinheitlichung. Hinzu kam neu das Behördenreferendum, das den beiden Kammern die Möglichkeit gibt, nach eigenem Gutdünken das fakultative Referendum anzuordnen. Besonders wichtig war aber die Einführung des obligatorischen Referendums für Beitritte zu Organisationen für kollektive Sicherheit (z.B. die Uno) und für Beitritte zu supranationalen Gemeinschaften (z.B. die EU). Bemerkenswerterweise wurde diese Reform, die später stark kritisiert und zum Beispiel vom Lausanner Politologen Raimund Germann als «aussenpolitische Selbstverstümmelung»[61] taxiert werden sollte, 1977 mit grösster Selbstverständlichkeit hingenommen, zumal die Initiative der «Nationalen Aktion» mit einer retroaktiven Infragestellung aller bisher abgeschlossenen Staatsverträge die schlimmere Variante gewesen wäre. Die Erweiterung des Staatsvertragsreferendums ist aber nur bedingt ein Ausbau des Mitspracherechts und eher ein Ausgleich zum schleichenden Abbau des Mitspracherechts durch den Abschluss von internationalen Verträgen, welche direkt anwendbares Recht schaffen.

Der Berner Staatsrechtler Hans Huber reagierte kritisch auf den Zeitgeist der sechziger Jahre, als er 1965 «vom schleichenden Mythus von der Allmacht und Allzuständigkeit des Volkes» sprach. Huber hatte schon 1963 (möglicherweise als Reaktion auf gewisse beim EFTA-Beitritt von 1960 geäusserte Meinungen) den Ausbau des aussenpolitischen Mitspracherechts entschieden abgelehnt. Ein wichtiges Argument gegen den Ausbau der Volksrechte war für ihn die leichte Emotionalisierbarkeit des Volkes, wie sie 1913 in der Kampagne gegen den Gotthard-Vertrag sichtbar geworden sei.[62] Das Volk verharre gänzlich im Mittelpunkt der den Verfassungsstaat kennzeich-

61 Raimund E. Germann, Staatsreform. Der Übergang zur Konkurrenzdemokratie. Bern 1994. S. 168ff.

62 Hans Huber, «Umbruch und Ausdehnung des Staatsvertragsreferendums?». In: Neue Zürcher Zeitung vom 13. August 1965.

nenden Introversion und sei deshalb gar nicht in der Lage, einen mit dem Ausland abgeschlossenen Vertrag zu würdigen, der zumeist einen Kompromiss mit externen Positionen beinhalte. Die sogenannte Volkssouveränität würde nämlich ihr Haupt erheben, als ob sie allein zu bestimmen hätte.[63]

Auch im Falle des neuen Staatsvertragsreferendums sei ein kurzer Blick auf dessen Anwendung geworfen: Die beiden obligatorischen Referenden, 1986 zum UNO-Beitritt und 1992 zum EWR-Beitritt, führten, wie man weiss, zu ablehnenden Mehrheiten. Von den 62 dem fakultativen Referendum unterstellten Vorlagen ist nur eine vor das Volk gezogen worden. Sie betraf das Abkommen über die Institutionen von Bretton Woods und war 1992 von der vorberatenden Instanz entschieden worden.

Vergleicht man die potentiellen Referenden der ersten Phase zwischen 1921 und 1977 und der zweiten Phase zwischen 1977 und 1994, fällt – und dies überrascht nicht – die ungleiche Dichte oder Häufigkeit auf: In der ersten Phase fallen während 56 Jahren nur 57 Vorlagen an, in der zweiten Phase sind es während nur 17 Jahren 62 Vorlagen. Dies erklärt sich einerseits gewiss aus der Ausweitung der Referendumsregelung von 1977, andererseits dürfte aber auch die infolge der Verdichtung der internationalen Beziehungen intensivierte Regelung dieser Beziehungen eine Ursache sein.

Heute stellt sich mit erhöhter Dringlichkeit die Frage, wie wir die antagonistischen Postulate der Direkten Demokratie und der Abtretung von Rechten im Zuge einer fortschreitenden Integration einigermassen in Einklang bringen. Es ist undenkbar, dass wir hinter die Revision von 1977 zurückkehren. Die Konfliktsituation wird sich mithin nicht durch den Abbau von Mitspracherechten entschärfen lassen. Wesentliche Änderungen, zum Beispiel die Abschaffung des Ständemehrs, müssten ihrerseits die Hürden nehmen, die man paradoxerweise für unüberwindlich hält und darum abschaffen will beziehungsweise glaubt für immer überwinden zu können.

Andererseits wäre es ein Irrtum anzunehmen, dass sich die Mehrheit des Souveräns gewissermassen gleitend den Notwendigkeiten der supranationalen Integration und der entsprechenden Souveränitätsbeschränkung anpassen würde. Der Ausbau der internationalen Beziehungen provoziert ganz im Gegenteil sogar Gegenreaktionen, welche das Mitspracherecht noch weiter fassen möchten. Das Projekt des beinahe realisierten EWR-Beitritts und die Perspektive des EU-Beitritts haben darum nicht nur unterstützende Demarchen ausgelöst, sondern auch einen Vorstoss mit dem doppelten Ziel, a) konkrete Integrationsvorhaben zu verhindern und b) eine allgemeinere Restriktion einzuführen: Eine von den Rechtsaussen-Formationen «Schweizer Demokraten» und «Lega dei Ticinesi» mit der nötigen Unterschriftenzahl lancierte Volksinitiative will bekanntlich die Aufnahme von Verhandlungen von der Genehmigung durch den Souverän abhängig machen.

Dies ist nun in einer dritten Etappe ein weiterer Rückkoppelungsversuch, wie er zweimal ähnlich in den beiden vorangegangenen Etappen unternommen worden ist: Auf die Zunahme der grenzüberschreitenden Bindungen in den Jahren vor 1914

63 Hans Huber, «Plebiszitäre Demokratie und Staatsverträge». S. 371ff.

reagierte «das Volk» mit der Einführung des ersten Staatsvertragsreferendums und auf die Zunahme des Integrationsdrucks der sechziger und siebziger Jahre mit dem zweiten Staatsvertragsreferendum.[64] Es gäbe noch weitere Restriktionsmöglichkeiten für eine dritte Vorlage: Integrationsgegner könnten versuchen, ausser der Einschränkung der Verhandlungsfreiheit der Exekutive auch, wie im Zusammenhang mit der Blauhelm-Abstimmung angedroht, die Verpflichtung zur Neutralität als einschränkende Bestimmung in der Verfassung festzuschreiben.

Was tun in dieser Situation? Es bleibt kaum etwas anderes übrig, als unter Aufgebot sämtlicher zur Verfügung stehender Klugheit mit einem gekonnten *pilotage* die Steuerungsmittel zu nutzen, die der Exekutive und Legislative für das innenpolitische Management der Aussenpolitik zur Verfügung stehen. Gemeint sind damit insbesondere die von Germann aufgezeigten Möglichkeiten des «Agenda-Setting» (des Kombinierens und Terminierens von Volksabstimmungen), der vorgängigen Informationsarbeit und der nachträglichen Deutungsarbeit.[65] Zum Arrangement, für das insbesondere auch die vorberatenden Kommissionen und die Ratsbüros der eidgenössischen Räte verantwortlich sind, darf auch gehören, gewisse Vorlagen unter Respektierung des Legalitätsprinzip, aber auch unter maximaler Ausnützung von Interpretationsspielräumen auf der jeweils tiefsten Regelungsstufe anzusiedeln und damit den geringsten Zustimmungsgrad anzupeilen. Das setzt freilich voraus, dass wir uns vorher überlegen, welche Probleme auf uns zukommen und welche Lösungsmöglichkeiten uns zu deren Bewältigung zur Verfügung stehen.

64 Zu den Rückkoppelungsversuchen der zweiten Etappe gehört der bisher nicht erwähnte Vorschlag von Nationalrat Albin Breitenmoser (Motion vom 8. Juni 1970), beim Volk eine informative, das heisst unverbindliche Befragung über die verschiedenen Integrationsvarianten durchzuführen.

65 Vgl. dazu Raimund E. Germann, Die bilateralen Verhandlungen mit der EU und die Steuerung der direkten Demokratie. Bern 1995.

Chronologie zur Einführung des Staatsvertragsreferendums

Erster Teil

1871/1872	Antrag von Segesser in der Totalrevisionsdebatte
1886	Beratung der Konvention betr. Gründung einer internationalen Union zum Schutze der literarischen und künstlerischen Werke
1897	Motion Fonjallaz und Decurtins
13. Okt. 1909	Unterzeichnung des Gotthard-Vertrages
19. Sept. 1910	Gründung des gesamtschweizerischen Aktionskomitees
9. Nov. 1910	Erste Botschaft des Bundesrates
1910/1911	Lokale und regionale Versammlungen, Petition
1911/1912	Ratifikationen in Deutschland und Italien
18. Febr. 1913	Zweite Botschaft des Bundesrates
20. März 1913	Landsgemeinde in Lausanne
23. März 1913	Landsgemeinde in Genf
24. März 1913	Landsgemeinde in Bern
25. März 1913	Beginn der Beratung in der Bundesversammlung
4. April 1913	Schlussabstimmung im Nationalrat 108:77
9. April 1913	Schlussabstimmung im Ständerat 33:9
Nov. 1913	Einreichung der Initiative
29. Mai 1914	Erster Bericht des Bundesrates
9. Mai 1919	Zweiter Bericht des Bundesrates
April/Okt. 1920	Verhandlungen in der Bundesversammlung
30. Jan. 1921	Volksabstimmung

Zweiter Teil

1960	EFTA-Beitritt ohne fakultatives Referendum provoziert Postulat Jaeckle
1964	Italiener-Abkommen provoziert NA-Initiative (1973)
1969	Nonproliferationsvertrag provoziert Motionen Hummler und Luder
1972	Freihandelsabkommen provoziert Initiative Alder und Postulat Leu
1973	Einreichung der NA-Initiative
1974	EMRK-Beitritt ohne Referendum
1975/1976	Gegenvorschlag zur NA-Initiative
13. März 1977	Volksabstimmung zum erweiterten Staatsvertragsreferendum

Kein Buch über die Schweiz ohne Bilder über die direkte Demokratie, zum Beispiel mit dem Titel «So organisieren wir uns». Bilder, mal archaischer (etwa mit einer Appenzeller Landsgemeinde), mal näher bei der Gegenwart (wie hier in einer Gemeindeturnhalle). Mal auch statt mit der Versammlungsdemokratie nur mit der Urnendemokratie (in Schulzimmern) bei der Stimmabgabe und beim Auszählen der Zettel. Letzteres kann man mittlerweile fast überall auf der Welt sehen (Die Schweiz aus eigener Sicht. Hrsg. v. d. Koordinationskommission für die Präsenz der Schweiz im Ausland. Zürich 1992. S. 66. Foto: Koni Nordmann, Zürich, Kontrast).

Lernen mit demokratischen Rechten

Schlussbetrachtung zu einer Genfer Tagung

Wie *Jean-Daniel Delley* dargelegt hat, ist die Tagung von einer doppelten Frage ausgegangen: 1. ob und in welchem Masse aussenpolitische Entscheide der direkten Demokratie ausgesetzt werden können und 2. inwiefern die Rahmenbedingungen, die durch die direkte Demokratie gegeben sind, die Möglichkeiten der schweizerischen Aussenpolitik bestimmen. Es ist klar, warum diese Frage diskutiert wird: Die direkte Demokratie erschwert, blockiert vielleicht sogar den supranationalen Integrationsprozess und die souveräne Partizipation in internationalen Organisationen.

Die Wahrung der Volksrechte ist für Gegner weitergehender internationaler Verpflichtungen in der Tat zum wichtigsten *cheval de bataille* avanciert. Sie hat die Funktion zu übernehmen, die früher die Wahrung der Neutralität hatte. Der Ablehnungsdiskurs früherer Jahrzehnte pflegte vor allem das Argument der Unvereinbarkeit mit der Neutralität und stützte sich, obwohl dies damals nicht minder möglich gewesen wäre, kaum auf die behauptete Unvereinbarkeit mit der direkten Demokratie. Jetzt, da das Neutralitätsargument offenbar nicht mehr so recht zieht, muss die grundsätzliche Ablehnung mit der Verteidigung eines anderen «Wertes» begründet werden.[1]

Die in den Referaten und in der Debatte zum Vorschein gekommenen Positionen könnten gemäss der 1991 von *Andreas Auer* vorgeschlagenen Typisierung unterschieden werden als Standpunkte von Pragmatikern oder Optimisten – die Kategorien der «irréductibles» und «opportunistes» habe ich nicht wahrgenommen.[2] Es war ein transdisziplinäres Gespräch vor allem zwischen Juristen, Politologen und Historikern. Während *Raimund Germann* die Meinung vertrat, dass die Handhabung der Volksrechte zu wichtig sei, als dass man sie den «juristes du palais» überlassen dürfte, wies *Bernhard Ehrenzeller* darauf hin, dass die Kronjuristen – zum Glück – doch recht oft unter sich nicht einig seien. Der Ökonom *Hans Rentsch* bemerkte mit leiser Indignation, dass ökonomischer Sachverstand in Verfassungskommissionen in der Regel nicht gefragt sei, obwohl doch auch von dieser Seite einiges beigetragen werden könnte. *Uli Windisch* machte schliesslich darauf aufmerksam, dass die Frage doch auch eine emi-

1 Carl Doka zum Beispiel spricht in seinem 1961 veröffentlichten Aufsatz «Zur schweizerischen Europapolitik» von beiden Hindernissen, dem neutralitätspolitischen und dem direktdemokratischen, schenkt aber dem ersteren deutlich mehr Beachtung. Vgl. Schweizer Rundschau Jg. 60. H. 20. November 1961. S. 1142–1150.

2 Andreas Auer, La démocratie directe face à l'intégration européenne. In: Schweizerische Juristen-Zeitung 1991. S. 374ff.

nent gesellschaftliche Seite habe und Soziologen und Kommunikationswissenschafter darum ebenfalls etwas zu sagen hätten. Die Fragen nach der Wirksamkeit von Massenveranstaltungen, Fernsehdebatten und Plakatwänden zeigten, dass eine Art politische Anthropologie für das Verständnis des Phänomens hilfreich sein könnte.

Konsens bestand in zwei Punkten: erstens in der Feststellung, dass die Aussendimension und damit auch die internationale Dimension des Rechts immer wichtiger wird, und zweitens in der Feststellung, dass Aussenpolitik und Innenpolitik immer weniger voneinander getrennt werden können. Kein Konsens bestand in der Einschätzung der Konsequenzen: Die eine Schlussfolgerung geht dahin, dass die Aussenpolitik, weil sie immer mehr einen sich wechselseitig durchdringenden Komplex mit der Innenpolitik bildet, bezüglich der Volksrechte keine Sonderstellung haben soll, die eingangs aufgeworfenen Fragen also einem *faux problème* nachgingen. Die andere Einschätzung bleibt bei der Auffassung, dass die Aussenpolitik einen *cas particulier* bilde als eine Materie, die in besonderem Masse der Ignoranz, dem Emotionalen und Irrationalen ausgesetzt sei. *Pascal Sciarini* will dieses Klischee nicht bestätigen, er zeigt mit seiner Studie zugleich aber, dass aussenpolitische Abstimmungen jeweils mit einer auffallend hohen Gegnerschaft durch *non-partisans* im Inseratebereich doch eine Sonderstellung einnahmen. *Yannis Papadopoulos* gab doch zu bedenken, dass in aussenpolitischen Fragen der Kenntnisstand der schwach ausgebildeten Bevölkerungsklasse – nicht nur in der Schweiz, sondern auch in anderen Ländern – doch auffallend schlechter sei und dies die vergleichsweise starke Wirksamkeit von Mythen erklären könnte.[3]

Eine Besonderheit aussenpolitischer Geschäfte, sofern es sich um Resultate von Vertragsverhandlungen handelt, ist meines Erachtens zuwenig angesprochen worden: die Tatsache nämlich, dass an diesen Geschäften immerhin externe Akteure beteiligt sind (zum Beispiel 15 andere Staaten) und man nicht alleine darüber entscheidet, was wann zu einem Geschäft werden kann. Diese banale Gegebenheit muss im Falle der Schweiz betont werden, weil manche hier in ausgeprägter Egozentrik der Meinung sind, dass alles nur vom sogenannten Schweizervolk abhänge.[4] Immerhin ist von *Raimund Germann* in der Diskussion deutlich am Beispiel des 6. Dezember 1992 gezeigt worden, dass die Schweiz nicht einfach Herrin der Agenda ist.

Neben den beiden Einschätzungen der Aussenpolitik als politischer Normal- oder als Sonderbereich ist noch an die von *Hans-Ulrich Jost* skizzierte Auffassung der Aussenpolitik als Nichtbereich zu erinnern: Die abstimmungsfähige Aussenpolitik sei irrelevant im Vergleich mit den grossen aussenwirtschaftlichen Geschäften, die nie zur Abstimmung gebracht würden. Davon soll weiter unten nochmals die Rede sein.

Sagt man Volksrechte und direkte Demokratie, denkt man zuerst an Individual- oder Gruppenrechte. Das war auch in dieser Debatte so. Erst im Laufe der Diskussion sind nach und nach auch die Rechte der Kantone angesprochen worden. *Jean-François*

3 Yannis Papadopoulos, Démocratie directe. Paris 1998.

4 Hans Huber hat bereits 1963/65 vor einer vorschnellen Gleichsetzung von inner- und ausserstaatlicher Rechtsetzung gewarnt. Vgl. Georg Kreis, Der lange Weg des Staatsvertragsreferendums. Basel 1995. S. 37.

Aubert hat für die Abstimmung über eine EU-Mitgliedschaft das Ständemehr unter anderem darum für berechtigt erklärt, weil die Kantone wegen der Konvergenzbestimmungen in ihrer Budgethoheit eingeschränkt würden und zudem mit Steuereinbussen zu rechnen hätten. *Bernhard Ehrenzeller* zitierte Fritz Fleiner, der schon 1917 aufgezeigt habe, dass sich die Kantone mit einem Ausbau ihrer kantonalen Volksrechte gegen die Bundeshoheit gewehrt hätten. Dieser Aspekt könnte noch etwas vertieft werden: *Dietrich Schindler* hat bereits in der Festschrift Aubert dargelegt, dass die Kantone trotz stets an Bedeutung gewinnendem Bundesrecht einen wichtigen Spielraum für direkte Demokratie bewahren konnten.[5] In Analogie könnte man nun die qualifizierte Vermutung anstellen, dass heutzutage dem Bund gegenüber der Union ebenfalls gelingen dürfte, was den Kantonen gegenüber dem Bund möglich gewesen war.[6]

Sagt man aussenpolitische Individualrechte, denkt man zuerst an die Mitsprache bei Staatsverträgen. *Dietrich Schindler* hat gezeigt – und dies scheint mir einer der wichtigeren Befunde dieser Tagung –, dass nicht so sehr die Staatsverträge, sondern die Volksinitiativen mit aussenpolitischem Charakter ein Problem sein könnten. *Bernhard Ehrenzeller* äusserte sich in der gleichen Richtung, wenn er sagte, nicht der Abschluss von Verträgen, sondern deren Einhaltung könnte schwierig sein. Die Volksinitiative, von *Jean-François Aubert* wegen mehrerer Vorzüge weit über dem Referendumsrecht rangiert, kann mit völkerrechtlichen Verpflichtungen kollidieren. Somit dürften – dies hat die Debatte ebenfalls sichtbar gemacht – die für die Validierung von Initiativen massgeblichen Regeln und Prozedere zu einem zentralen Moment des Komplexes «direkte Demokratie und Aussenpolitik» werden. Sowohl *Ehrenzeller* wie *Aubert* neigen dazu, allenfalls «unzulässigen» Initiativen gegenüber eine möglichst liberale Haltung einzunehmen, zumal sie wichtige «Signale» der Volksmeinung seien. Falls sie trotz aller Erläuterungen doch angenommen würden, könnte ihnen nachträglich doch noch die Gültigkeit abgesprochen werden. Während *Ehrenzeller* im Parlament eine nachträgliche Beurteilungsinstanz sieht, denkt *Aubert* eher an das Bundesgericht. *Astrid Epiney* verwies auf die Möglichkeit der völkerrechtskonformen Uminterpretation. Die andere Variante wäre freilich, den Volksentscheid stehenzulassen und von der völkerrechtlichen Verpflichtung zurückzutreten.

Worauf die Erläuterungen vor den Abstimmungen Gewicht legen sollten: Das Volk müsste bei seinem Entscheid nicht nur willkürlich neues Recht schaffen, sondern sorgfältig bestehendes Recht beachten (was nicht heisst, dass es dieses nicht verändern

5 Dietrich Schindler, Zwischenstaatliche Interdependenz und Demokratie. In: De la Constitution. Hrsg. v. Andreas Auer und Piermarco Zen-Ruffinen. Basel 1996. S. 283ff. Siehe auch: Pascal Mahon und Christoph Müller, Adhésion de la Suisse à l'Union européenne et démocratie directe. In: Der Beitritt der Schweiz zur Europäischen Union. Brennpunkte und Auswirkungen. Hrsg. v. Thomas Cottier und Alwin Kopse. Zürich 1998. S. 473ff.

6 Ich gestatte mir den Hinweis auf meinen Aufsatz, in dem ich der Frage nachgegangen bin, ob am überprüfbaren Schicksal der Kantone im Bundesstaat das künftige Schicksal der Schweiz in der EU abgeladen werden könne: Nach der schweizerischen jetzt die europäische Integration. Zur Idee der schweizerischen Modellhaftigkeit. In: Der Beitritt der Schweiz zur Europäischen Union. Brennpunkte und Auswirkungen. Hrsg. v. Thomas Cottier und Alwin Kopse. Zürich 1998. S. 189–212.

könnte). Hier scheint mir ein Wort zum Begriff des Souveräns nötig: Wenn man sagt, dass das Volk der Souverän sei, dann will man damit die Meinung ausdrücken, dass es über dieser Entscheidungsinstanz keine weitere Autorität gebe. So zutreffend dies zur Hauptsache ist, muss dem doch entgegengehalten werden, dass der Souverän nicht wie ein launischer Monarch oder manischer Despot in sich widersprüchliches Verhalten an den Tag legen, sondern in hohem Mass die selbst – souverän – geschaffene Ordnung berücksichtigen sollte. Da es den Souverän als konsistente und homogene Grösse nicht gibt, muss daran erinnert werden, dass der ursprüngliche, von Jean Bodin gefasste Souveränitätsbegriff die Abschirmung nicht nur von äusseren, sondern nicht weniger auch von inneren Kräften (damals von den Ambitionen des Adels) meinte, dass also der sogenannte Wille des Schweizervolkes nicht über das Einfallstor einer Ad-hoc-Abstimmung gleichsam okkupiert und damit allenfalls in Gegensatz zu sich selber gebracht werden darf.

Die Fragestellung galt dem aussenpolitischen Bereich der demokratischen Mitsprache. Obwohl eine Eingrenzung des Gegenstandes zum Zwecke seiner Analyse gerechtfertigt, ja unvermeidlich ist, muss man im Verlaufe der Auseinandersetzung doch auch zum Punkt kommen, dass man den untersuchten Gegenstand als Teil eines grösseren Ganzen begreift. Die Partizipation an der Aussenpolitik ist aus der Sicht der Partizipanten im Grunde nur ein Anwendungsfall (nicht einmal eine Variante) der direkten Demokratie, und diese ist ein Basiselement der politischen Kultur oder, wie der Soziologe *Windisch* sagte, *une mode de vie*. Diese grundlegend und umfassend sein wollende Kultur unterliegt allerdings einer auffallenden und irgendwie auch erstaunlichen Beschränkung. Die von *Hans-Ulrich Jost* für den Bereich der Aussenbeziehungen bereits angesprochene Separierung von abstimmungsfähiger *res publica* und ausgeklammerter *res privata* kennen wir doch auch im innenpolitischen Bereich: Direkte Demokratie am Arbeitsplatz (auch in moderatester Form) ist für den wenigsten «politischen» Demokraten ein Desiderat, die unterschiedlichen Handhabungen der beiden Bereiche ist eklatant, vielleicht aber nicht einfach absurd. Die objektive Funktion (nicht die Absicht) der gerade auch in aussenpolitischer Hinsicht markierten Wichtigkeit der direkten Demokratie könnte darin bestehen, mit einem Kompensationsritual die Wahrnehmung der tatsächlichen Demokratiedefizite zu trüben. Die hohe Wertschätzung der direkten Demokratie bei denjenigen, die sie haben, steht in krassem Gegensatz zur geringen Bereitschaft, das für wichtig erachtete Recht mit anderen Teilen des Demos zu teilen (früher mit den Frauen, jetzt mit den etwa 10 Prozent einheimischen Ausländern mit über 15 Residenzjahren).

Aufgabe der Wissenschaft ist es, nicht nur einen adäquaten Problemaufriss zu zeichnen, sondern auch Lösungen vorzuschlagen. Lösungen bedeuten Veränderungen. Dies ist aber bereits Teil des Problems, ist doch die Grundhaltung des Souveräns nicht sehr veränderungsfreundlich und schon gar nicht veränderungsfreudig. Dessen ist sich die Verantwortungselite des Landes bewusst, sie trägt ihm Rechnung, indem sie sogar Veränderungen, die dann und wann doch unvermeidlich sind, als Fortschreibung des Bisherigen verkauft und damit die Innovationsfeindlichkeit indirekt weiterhin bekräftigt. *Dietrich Schindlers* rechtshistorischer Exkurs hat die Veränderungen und damit auch die Veränderbarkeit des Rechts eindrücklich aufgezeigt. Die Entwicklung muss aber keine Einbahnstrasse sein: Wie Rechte, einem bestimmten Zeitbedarf entsprechend, gekommen sind, können sie, einem anderen Zeitbedarf entsprechend, auch wieder gehen. Hier oder andernorts könnte die Frage anschliessen, ob es bei den an der Gestaltung der Gesellschaft über die Abstimmungsteilnahme partizipierenden Bürgern und Bürgerinnen eine verschiedene Politikbereiche in ähnlicher Weise prägende Grundhaltung gibt, konkret: ob ein Befürworter einer «Öffnung» der Beziehungen zum Ausland auch für die Gleichstellung der Geschlechter, den Abbau der Drogenrepression und andere Reformprojekte ist.

Was nun die Lösungen betrifft, lassen sich – unseren Vorlieben für Dichotomien entsprechend – zwei Grundhaltungen unterschieden: Die eine, von *Germann* und *Rentsch* vertretene Haltung neigt zu proaktivem Gestalten im Hinblick auf ohnehin eintretende Erfordernisse; die andere, von *Aubert* und *Ehrenzeller* vertretene Haltung wünscht keine Reformen gleichsam auf Vorrat, will nur das Nötigste ändern und diese Änderungen nur im Verbund mit gemachten Erfahrungen. Man hat weder von *Germann* noch von *Rentsch* zu hören bekommen, dass der *acquis* an demokratischen Rechten abgebaut werden soll. Aber man hat die Warnung vernommen, dass es des Guten auch zuviel geben kann, dass wir uns (in der Glockenkurve) bereits jenseits des Optimums befinden und dass zum Beispiel bei der geplanten Reform der Volksrechte im Bereich der Aussenpolitik nicht noch mehr direkte Demokratie eingeführt werden soll. Wo das angesprochene Optimum liege, blieb allerdings offen. An konkreten Vorschlägen wurde insbesondere von *Hans Rentsch* vorgeschlagen: vermehrt Paketabstimmungen statt Einzelabstimmungen und ein nachgestelltes Referendum, mit dem man auf allenfalls unbefriedigende Erfahrungen reagieren kann. Wichtigster und ohne grosse Reform realisierbarer Vorschlag war eine sorgfältigere Handhabung der Volksrechte und Inszenierung der Volksabstimmungen durch *pilotage* durch Exekutive und Legislative. In diesem Punkt bestand freilich Übereinstimmung zwischen beiden Tendenzen. Was für *Germann* die *«pilotage»*, ist für *Ehrenzeller* die Führung durch die Behörden, die Hinführung von offenbar vertrauterem innenpolitischem Gelände in die bisher weniger vertrauten Zonen der Aussenpolitik; die Schweiz solle doch nicht in einem Moment, da das Ausland seine Aussenpolitik zu demokratisieren beginne, eine Gegenbewegung einleiten. *Ehrenzeller* und *Aubert* wollen auf den allmählichen Lernprozess setzen. *Aubert* negiert keineswegs, dass in den letzten zwei Jahrzehnten bedauerliche aussenpolitische Blockaden aufgetreten sind. Er hält dies aber für ein *problème transitoire;* wenn die Behörden 15 Jahre für ihr *apprentissage* gebraucht hätten, dann dürfte das Volk auch 20 Jahre in Anspruch nehmen.

Der Hinweis auf den Lernbedarf könnte einen guten Schlusspunkt für ein Kolloquium bilden. Er bleibt aber eine Leerformel, wenn nicht zugleich gesagt wird, wer denn was wie lernen soll. Bloss normative Betrachtungen zum Ist- und Soll-Zustand, gepaart mit liberaler Geduld, schöpfen die wissenschaftlichen Möglichkeiten nicht aus, gibt es doch bereits allerhand sozialwissenschaftliche Studien über Prozesse gesellschaftlichen Lernens, die einbezogen werden müssten.[7] Zentral ist dabei die Frage, unter welchen Bedingungen Neugierde auf Neues einsetzt, Kraft bekommt und Reformen auslöst. Die Lernbereitschaft ist allerdings sehr gering, wenn versäumte Hausaufgaben nicht unmittelbar Sanktionen nach sich ziehen und scheinbar andere den Preis für verweigerte Einsichten bezahlen. Dazu nur ein Beispiel aus dem Bereich der Volksrechte: Mehrere Kantone haben in den letzten Jahren beinahe durchgehend mit 75-Prozent-Mehrheiten das Ausländerstimmrecht abgelehnt, obwohl man von den Erfahrungen zweier anderer Kantone, die diese Regelung bereits kennen und mit ihr gut leben, hätte lernend profitieren können. Analoges wiederholt sich in Deutschland mit der Debatte um die doppelte Staatsbürgerschaft: Niemand will wissen, wie die Schweiz, die zuvor ähnlich fundamentalistische Vorbehalte hatte, seit 1991 mit dieser sinnvollen Innovation lebt.

Lernprozesse brauchen ihre Zeit. *Jean-François Aubert* hat bereits darauf hingewiesen. Haben wir die offenbar nötige Zeit? Wird uns, um es so zu formulieren, die Geschichte die Zeit einräumen, die wir benötigen wollen? Demokratische Prozesse sind bekanntlich an sich schon zeitaufwendige und entsprechend langsame Prozesse. Zählt man die für Umorientierungen benötigte Zeit hinzu, könnte alles etwas lange dauern. Gewiss ist es Aufgabe der Politik, den Auswirkungen des gesellschaftlichen Wandels Sorge zu tragen – *de ménager la transition*, wie *Aubert* sagte. Die Frage ist, ob etwas zwingend eine bestimmte Dauer benötigt oder ob das «realistische» Akzeptieren des grossen Zeitaufwandes nicht dazu führt, dass die Dinge noch länger dauern, als sie es ohnehin bereits tun. Im Lande der demokratischen Langsamkeit wird man schnell als «Turbo» verschrieen, wenn man etwas Beschleunigung in den politischen Prozess bringen will. Ein politisches System darf und muss ebenfalls der Effizienzbewertung ausgesetzt werden, auch wenn die Effizienzkriterien zum Teil andere als in der Wirtschaft sind. Turbomentalität ist (wenn man von den Transportleistungen absieht) nur in der Privatwirtschaft erwünscht und dort sogar gefordert. Es wird allgemein akzeptiert, dass private Unternehmen nur gedeihen können, wenn sie ohne Zeitverzug auf Entwicklungen ihres Umfeldes reagieren können und diese Möglichkeit auch nutzen. Eine Gleichsetzung kann nicht in jeder Hinsicht vorgenommen werden, es erscheint mir aber ein Hinweis in der richtigen Richtung, wenn für das «Unternehmen Schweiz» Entscheidungsprozesse gewünscht werden, welche ohne schädliche Verzögerungen die nötigen Anpassungen gestatten.

7 Hansjörg Siegenthaler, Soziale Bewegungen und gesellschaftliches Lernen im Industriezeitalter. In: Neue soziale Bewegungen – und ihre gesellschaftliche Wirkungen. Hrsg. v. Martin Dahinden. Zürich 1987. S. 251–264.

Was sagt ein Gebäude über seine Institution? Der Baustil ist eines, etwas anderes die Baugeschichte. Während das UNO-Gebäude bereits sieben Jahre nach ihrer Gründung 1952 bezugsbereit war, wurde mit dem Bau des Völkerbundspalastes überhaupt erst neun Jahre nach der Gründung des Völkerbundes, das heisst im Jahr 1929, begonnen. Und man brauchte nicht wie im Fall der UNO vier, sondern acht Jahre, um einen schwerfälligen Palast zu errichten, der dann erst 1937 fertiggestellt war – in einem Moment, da die beherbergte Institution bereits weitgehend den Geist aufgegeben hatte (Foto: Keystone).

Volkssouveränität und Aussenpolitik in der Schweiz nach 1918

Zur politischen Kultur eines demokratischen Kleinstaates

Das schweizerische Staatswesen ist nach dem Prinzip der Volkssouveränität organisiert. Dieses Organisationsprinzip ist nicht «von Anfang an» in seiner ganzen Konsequenz verwirklicht gewesen: Selbst die vergleichsweise moderne Staatsordnung von 1848, die neben der Vertretung der im Bund vereinigten Kantone (dem Ständerat) eine die Bevölkerung direkt repräsentierende Volkskammer (den Nationalrat) schuf, war im Sinne einer weiteren *Demokratisierung* ausbaubar und wurde auch schrittweise ausgebaut: 1874 mit der Einführung des *fakultativen Referendums* (30 000 Unterschriften konnten eine Volksabstimmung über ein vom Parlament beschlossenes Bundesgesetz veranlassen), 1891 mit der Einführung der *Volksinitiative* (50 000 Unterschriften konnten eine Volksabstimmung über eine Verfassungsänderung veranlassen), 1918 mit der Einführung des *Proporzwahlrechts* für die Nationalratswahlen (anstelle des die Minderheiten benachteiligenden Majorzprinzips), 1971 mit der Einführung des *Stimm- und Wahlrechts der Frauen.* Alle diese Neuerungen sind erst auf Bundesebene verwirklicht worden, nachdem sie sich bereits in verschiedenen Kantonen etabliert und bewährt hatten. Nicht eingeführt wurde dagegen – und meines Erachtens zu Recht – die *Volkswahl der Landesregierung* (des Bundesrates), obwohl in den Kantonen bereits im letzten Jahrhundert zur allgemeinen Zufriedenheit die indirekte, durch die Kantonsparlamente vorgenommene Wahl der Regierungsräte (wie später auch der Ständeräte) in direkte Volkswahlen umgewandelt worden waren.

Dieser Ausbau erscheint im Rückblick als organischer und darum harmonischer Prozess – er musste aber von Bürgerrechtsbewegungen erkämpft werden. Zunächst beschränkte er sich auf den *innenpolitischen Bereich.* Die Aussenpolitik blieb weitgehend ausgeklammert. Doch auch sie konnte sich der allgemeinen Demokratisierungstendenz nicht entziehen, das heisst der Entwicklung, welche in zunehmendem Mass *formal* gesicherte Mitbestimmung institutionalisierte. Der Ausbau der individuellen Aussenbeziehungen (infolge stärkerer Mobilität, besserer Information etc.) bildet faktisch ebenfalls einen, wenn auch *informellen* Teil der Demokratisierung; er kann uns hier aber nicht beschäftigen.

Die Sicherung der Volkssouveränität in aussenpolitischen Fragen wurde vor allem durch die Volksvertretung gewährleistet, die in BV Artikel 85, Ziffern 5 und 6 für zuständig erklärt wurde für Kriegserklärungen, Friedensschlüsse, Bündnisse und Verträge sowie weitere Massregeln für die äussere Sicherheit. Auf Grund dieser Zuständigkeit hat das Parlament denn auch dem Bundesrat in der sogenannten Neuenburger Affäre von 1856 freie Hand, nötigenfalls sogar für eine kriegerische Auseinandersetzung, gegeben, 1860 in der sogenannten Savoyerfrage dagegen dem kriegsbereiten Bundesrat militärische Offensivaktionen untersagt. Sodann sind immer wieder Niederlassungs-, Handels- und Schiedsgerichtsverträge zu ratifizieren gewesen und parlamentarische Vorstösse auch zu aussenpolitischen Fragen unternommen worden. Umgekehrt hatte der Bundesrat in seinem jährlichen Geschäftsbericht selbstverständlich auch über die Tätigkeit des *Politischen Departementes* (Aussenministerium) Rechenschaft abzulegen. Und einmal – 1884 – fand sogar eine Referendumsabstimmung statt, mit der gewisse Ausgaben für die Gesandtschaft in Washington erfolgreich bekämpft wurden.

Trotzdem bestand auch in der schweizerischen Republik die Auffassung, dass die Aussenpolitik eine reservierte Domäne der Exekutive sei und darum – ganz im Stil der Kabinettspolitik der nicht demokratisch organisierten Mächte – der Volksvertretung und ganz besonders dem Volk entzogen bleiben müsse, weil die Natur der Geschäfte, das heisst die diplomatische Diskretion, dies erfordere. Gegen diese Auffassung wurden bereits im 19. Jahrhundert mehrfach Vorstösse unternommen: So kam 1872 von konservativer Seite (!) der Antrag, das *Referendum auch für die Staatsverträge* einzuführen; diesem wie weiteren Vorstössen gleichen Inhalts war zunächst kein Erfolg beschieden. Und was den ersten Vorschlag auf Einführung einer *ständigen parlamentarischen Kommission für auswärtige Angelegenheiten* betrifft, er ist ein erstes Mal bereits 1895 vorgebracht worden.

Noch vor dem Ersten Weltkrieg wurde mit einer Volksinitiative ein weiterer Versuch lanciert, dem Volk doch auch bei Staatsverträgen das Recht auf das letzte Wort zu verschaffen. Der Vorstoss war nicht das Ergebnis abstrakten Prinzipiendenkens. Der Wille, die Volkssouveränität in aussenpolitischen Belangen auszubauen, entzündete sich an der in breiten Kreisen herrschenden Unzufriedenheit über die 1913 von den eidgenössischen Räten ratifizierte Konvention, mit der 1909 zwischen der Schweiz, Deutschland und Italien die Modalitäten für die Verstaatlichung der von diesen Mächten mitfinanzierten Gotthardbahn geregelt worden waren. Die 1913 mit 64391 gültigen Unterschriften eingereichte Initiative wurde vom Bundesrat in seiner Stellungnahme vom Mai 1914 entschieden abgelehnt. Die Landesregierung befürchtete eine schädliche Mitwirkung des Volkes auf Vertragsgebieten; die Ausdehnung der Volksrechte auf die Aussenpolitik würde geradezu eine Gefahr für die internationale Stellung des Landes bilden. «Der demokratische Gedanken [hat] gegebenenfalls vor den Notwendigkeiten des Lebens haltzumachen.»

Wegen des Krieges wurde das Geschäft nicht weiterbehandelt. Die Kriegsjahre sollten indessen der Idee der weiteren Demokratisierung der Aussenpolitik zusätzlichen Auftrieb geben und auch die Haltung des Bundesrates entschieden ändern. 1919 gab die Landesregierung in ihrer zweiten Stellungnahme zur Initiative von 1913 zu: «Dass die Verträge, durch welche sich der Staat auf lange Zeit gegenüber dem Ausland bindet, dem Volk als oberstem Träger der Staatsgewalt zur Genehmigung vorgelegt werden sollen, ist eine Forderung, die unbestreitbar in dem folgerichtigen Ausbau des demokratischen Staatsrechtes liegt.» Jetzt erschien es auch «als das kleinere Übel, wenn ausnahmsweise einmal die Regierung durch eine Volksabstimmung desavouiert wird, als wenn die innere und äussere Politik des Landes mit der Existenz eines langfristigen oder gar unkündbaren Vertrages belastet ist, gegen den eine Opposition besteht, die glaubt, die Mehrheit des Volkes zu vertreten, und die mangels eines Referendums nicht unmittelbar zum Wort kommen kann». Im Vorgriff auf das Folgende ist die Stellungnahme der Landesregierung jetzt schon zitiert worden, weil sie den in der Zwischenzeit eingetretenen Wandel deutlich fassbar macht. Wie ist diese Öffnung gegenüber der Forderung eines Ausbaus der Volkssouveränität im Bereich der Aussenpolitik zu erklären? *Erstens* hat der Weltkrieg allgemein der Idee der Demokratisierung der Aussenpolitik Auftrieb gegeben. Der Krieg wurde als Folge der unheilvollen Kabinettsdiplomatie verstanden. Die Siegerpartei, die sich gerne als Partei der Demokratien aufspielte (und im Vergleich mit den weniger demokratischen Zentralmächten es auch tatsächlich war), propagierte selbst die Abschaffung der Geheimdiplomatie und sprach sich für Volkssouveränität und Parlamentarisierung der internationalen Politik aus. Hinzu kam, gewissermassen ebenfalls als Ergebnis des Krieges, die Demokratisierung des deutschen und des österreichischen Nachbarstaates. *Zweitens* waren in der Schweiz während der Kriegsjahre weitere Gegenkräfte gegen eine Landesregierung mobilisiert worden, die – mit kriegsbedingten Sondervollmachten ausgestattet – eine vom Souverän zu unabhängige Politik geführt und sich gerade im aussenpolitischen Bereich, wie die Affäre Hoffmann/Grimm zeigte, eine gefährliche Selbständigkeit herausgenommen hatte. *Drittens* dürfte die 1920 durchgeführte Volksabstimmung über den Völkerbundsbeitritt die Auffassung von der Zuständigkeit des Volkes auch für solche Fragen bekräftigt haben – wobei die Tatsache, dass man das Volk über die Völkerbundfrage überhaupt abstimmen liess, sich teilweise aus den unter Punkt 1 aufgeführten Gegebenheiten und teilweise aus der Natur des Geschäfts selbst erklärt.

In der vorangegangenen Einleitung ist weitgehend Bekanntes zusammengefasst worden. Im folgenden soll nun dargelegt werden, wie die Idee der Volkssouveränität in aussenpolitischen Fragen vom politischen Kader der Zeit selbst gesehen worden ist: Als Dokumentationsbasis dienen die insgesamt rund 450 Folioseiten der Ratsverhandlungen zum Völkerbundsbeitritt, zur Einführung des Staatsvertragsreferendums und zur Schaffung einer nationalrätlichen Kommission für auswärtige Angelegenheiten.

Die Debatte um den Völkerbundsbeitritt

Die Debatte um den Völkerbundsbeitritt der Schweiz ist bereits in verschiedenen Publikationen referiert worden. Stets standen aber – und dies zu Recht – die eigentlich aussenpolitischen Fragen im Vordergrund der Aufmerksamkeit: insbesondere die Frage, ob sich die Solidaritätsverpflichtungen, die sich aus der Teilhabe am System kollektiver Sicherheit ergaben, mit der schweizerischen Maxime der immerwährenden Neutralität vereinbaren liessen; oder die Frage, ob bei einer Nichtbeteiligung der Verliererstaaten und einem Abseitsstehen der USA es nicht besser wäre, ebenfalls abseits zu bleiben; oder die Frage, wie sich eine Nichtmitgliedschaft auf die schweizerische

Wirtschaft auswirken werde, und anderes mehr. Wie aber wurde die Frage des Mitbestimmungsrechts des Bürgers diskutiert? Zunächst stellte sich die Frage, *wer* über den Beitritt zum Völkerbund entscheiden sollte: die Regierung, das Parlament, das Volk? Für die Landesregierung stand von Anfang an fest, dass das Volk als Souverän über die Beitrittsfrage entscheiden müsse. So wurde im Februar 1919 ein erster Bericht über die schweizerischen Vorstellungen zum Völkerbund in allen Landessprachen den eidgenössischen Räten zugestellt und, wie ausdrücklich festgehalten wurde, auf diesem Weg auch dem Schweizervolk zur Kenntnis gebracht. Und im April 1919 legte sich der Bundesrat explizit fest, indem er bekanntgab, dass er die Beitrittsfrage «en raison de son importance particulière» dem Volk unterbreiten werde. Später – am 4. März 1920 – erklärte Bundespräsident Giuseppe Motta vor dem Ständerat:

> «Nous savions les dangers qu'il y a à discuter les affaires diplomatiques en public et cependant nous avons dit que les intérêts en jeu étaient si considérables et que la confiance du peuple nous était si nécessaire qu'il fallait avoir le courage de cette discussion publique en plein jour, en plein soleil.»

Die Regierung hielt an diesem Verfahren fest, obwohl sich schon damals zeigte, dass es unmöglich war, innerhalb der für eine Gründungsmitgliedschaft nötigen Zweimonatsfrist eine Volksabstimmung durchzuführen. Sie ging aber davon aus, dass sie unter Vorbehalt der Ratifikation durch Volk und Stände den Beitritt werde vornehmen können; es wäre unverständlich, erklärte sie, «wenn im Zeitalter, in dem die Demokratie sich auch die internationale Politik erobern soll, dem einzigen Land der Welt, das für die Entscheidung über den Völkerbund an das Volk selbst appelliert, aus der Befolgung dieses Grundsatzes ein Rechtsnachteil erwachsen sollte». Eine solche Rücksichtnahme auf die besonderen verfassungsrechtlichen Verhältnisse der Schweiz wurde von den Mächten zunächst abgelehnt, in der Erklärung vom 13. Februar 1920 schliesslich aber zugestanden.

Der Bundesrat sah zunächst vor, den Völkerbundsbeitritt mit einer Erweiterung der Bundesverfassung von 1874 um einen Artikel 124 vorzunehmen, was mit einem obligatorischen Referendum verbunden gewesen wäre. Er war aber mit der vorberatenden Kommission des Nationalrates sogleich einverstanden, dies durch einen einfachen Bundesbeschluss zu tun, diesen jedoch, obwohl er bloss dem fakultativen Referendum unterstellt gewesen wäre, Volk und Ständen zum Entscheid zu unterbreiten. Die beiden Kammern schlossen sich ohne lange Diskussionen dieser Meinung an. Im weiteren sprachen sie sich wie der Bundesrat dafür aus, dass selbstverständlich ein allfälliger Austrittsbeschluss ebenfalls dem Volk unterbreitet werden müsste, allfällige Änderungen des Völkerbundsvertrages hingegen nur dem fakultativen Referendum unterworfen wären. Die Legislative ging aber in einem anderen Punkt weiter als die Exekutive: Sie räumte dem Volk ausdrücklich das Recht ein, mit einer Volksinitiative selbst eine Abstimmung über einen allfälligen Austritt zu veranlassen. Der Bundesrat wehrte sich nicht gegen diese Bestimmung, die der allgemeinen Logik der Kompetenzregelung entsprach.

Damit das Volk, dessen Stimmen dann im Gesamtverhältnis und in den einzelnen Kantonsverhältnissen gezählt werden sollten, sich aussprechen konnte, mussten die eidgenössischen Räte vorgängig ihrerseits Stellung genommen und sich positiv ausgesprochen haben. In einem ersten Durchgang geschah dies im Nationalrat am 19. November 1919 mit 128:43 und im Ständerat am 21. November 1919 mit 33:6 Stimmen. Die weitere Entwicklung der internationalen Verhältnisse machte eine zweite Beratung nötig; sie ergab erneute Zustimmungen am 3. März 1920 im Nationalrat mit 115:55 und am 5. März 1920 im Ständerat mit 30:6 Stimmen.

Dass das Parlament die Frage des Völkerbundsbeitrittes beriet, war an sich eine Selbstverständlichkeit, war es doch, wie oben dargelegt, für die Ratifikation von Staatsverträgen zuständig. Die Beitrittsgegner unter den Parlamentariern versuchten zunächst aber die Kompetenz nicht der eidgenössischen Räte an sich, sondern des *Nationalrates in seiner gegenwärtigen Zusammensetzung* in Frage zu stellen. Als die Beratungen am 11. November 1919 aufgenommen wurden, beantragten sie eine Verschiebung, weil am 26. Oktober 1919 der Rat bereits neu und zudem nach dem neuen Proporz-Wahlgesetz gewählt worden und somit der alte, noch bis zum 30. November 1919 amtierende Rat nicht mehr repräsentativ sei – «nicht mehr ein Spiegelbild des Volkes bilde». Einem Gegner war sogar das Argument recht, der neue Rat sei vom Schweizervolk «in grosser Kraftanstrengung mit der höchsten Stimmenzahl, die je für das Parlament abgegeben worden ist», gewählt worden und darum für die wichtige Frage in besonderem Masse zuständig; ein vorzeitiger Entscheid würde beim Volk «keinen guten Eindruck» machen. Wie sich diejenigen, die einen Aufschub wollten, aufs Volk beriefen, indem sie erklärten, man müsse ihm Zeit für die Meinungsbildung lassen, setzten auch die Befürworter einer schnellen Behandlung (und eines schnellen Beitritts zum Völkerbund) die Rücksicht aufs Volk als Argument ein. Bundesrat Felix Calonder:

> «Das Volk erwartet namentlich vom Nationalrat eine Wegweisung in dieser wichtigen Angelegenheit. Sie sind die berufenen Vertreter, die Vertrauensmänner des Volkes. Wenn man darüber klagt, dass in vielen Volkskreisen die öffentliche Meinung noch nicht abgeklärt sei, so muss man doch anerkennen, dass Sie in erster Linie berufen sind, die öffentliche Meinung zu lenken. [...] Je schneller das Parlament dieses Geschäft erledigt, desto mehr Zeit bleibt übrig für die Vorbereitung der Volksabstimmung. Wollen Sie nicht übersehen, dass das Schwergewicht des Verfahrens in der Volksabstimmung liegt. Das Volk hat das letzte Wort, das Volk muss entscheiden. Damit aber die Volksabstimmung den wahren Ausdruck des Willens des Schweizervolkes bedeute, müssen wir ihm eine gewisse Zeit zur Aufklärung und ruhigen Überlegung gewähren. [...] Ich meine, gerade vom Standpunkt der Souveränität des Volkes aus, gerade vom Standpunkt der Demokratie aus ist es notwendig, die Frage jetzt zu erledigen, damit noch hinreichend Zeit sei für die Vorbereitung der Volksabstimmung.»

Bundespräsident Gustave Ador doppelte nach, indem er sich ebenfalls auf das Volk berief; es entspreche der «volonté populaire», dass der alte Nationalrat bis am 30. November 1919 im Amt bleibe, und es sei die Pflicht der bis dahin gewählten Volksvertreter, bevor sie auseinandergingen, dem Volk ihre Positionen darzulegen.

Die Ratsmehrheit folgte mit 105:49 Stimmen dieser Auffassung und nahm die Beratung auf, so dass sich für den Ständerat die Frage der Zuständigkeit des alten oder neuen Rates nicht mehr stellte. Dort wurde bei Verhandlungsbeginn jedoch eine andere grundsätzliche Frage aufgeworfen, die im Nationalrat nur kurz gestreift worden war: Aus Kreisen der Beitrittsbefürworter wurde beanstandet, dass der Bundesrat nur den Mitgliedern der vorberatenden Kommission, nicht aber allen Parlamentariern Einsicht in ein *Geheimgutachten der Landesverteidigungskommission* gegeben habe. Man empfand dies als Misstrauen gegen die übrigen Parlamentarier und befürchtete, diese Zurückhaltung würde im Volk ebenfalls mit Misstrauen beantwortet, was sich gegen die Vorlage auswirken werde; man glaubte sogar, ein grundsätzliches Anrecht auf Einsichtnahme beanspruchen zu können, und wertete die Geheimniskrämerei bei diesem Geschäft als besonders stossend, da der Völkerbund gerade mit dieser Art von Politik aufräumen wolle. Bundesrat Calonder beharrte auf dem Anspruch der Exekutive, konfidentielle Berichte einholen zu dürfen, ohne sie zwingend der Legislative vorlegen zu müssen, und parierte im weiteren den Vorwurf mit dem Argument, die Geheimhaltung sei die nötige Voraussetzung, um von den Experten eine offene Stellungnahme zu erhalten. Die Opponenten begnügten sich mit ihrer Beanstandung, sie stellten keinen Antrag, so dass eine Abstimmung zu dieser grundsätzlichen Frage nicht durchgeführt werden musste.

Zu einer anderen grundsätzlichen Kontroverse kam es im Nationalrat um die Frage, wer die *Völkerbundsdelegation bestimmen und die Instruktionen erteilen* dürfe. Für den Bundesrat war es eine Selbstverständlichkeit, dass beides in seine Kompetenz falle, und die vorberatende Kommission des Nationalrates schloss sich dieser Auffassung an. Auch der französischsprachige Kommissionsberichterstatter, Nationalrat de Meuron (LDP), hielt überhaupt nichts davon, wenn die Delegierten vom Volk oder von den Volksvertretern gewählt würden:

> «Si on avait chargé les peuples ou les parlements, ou même des délégations des peuples et des parlements, de se mettre d'accord sur les bases d'une Société des nations, mais, Messieurs, cela serait devenu une parlotte perpétuelle, un parlement éternel, dans lequel on ferait encore des discours sans avoir abouti à aucun résultat positif.»

Nationalrat Schär (SP) dagegen wollte den Einfluss des Parlamentes gesichert wissen und beantragte darum, die Wahl, Abberufung und Instruktion der Völkerbundsvertreter in den Kompetenzbereich der eidgenössischen Räte zu legen. Dass damit eine öffentliche Beratung der Instruktionen verbunden sei, störte ihn nicht, er sah darin vielmehr eine Anpassung an die im Sinne von Wilsons Programm von der Geheimdiplomatie befreite Ära. Bundesrat Calonder bekämpfte diesen Antrag energisch. Er berief sich auf die Gewaltentrennung: Die Führung aller auswärtigen Angelegenheiten sei Sache des Bundesrates; die Sache der Bundesversammlung sei es, diese zu kontrollieren. Instruktionen könnten zudem nicht im voraus in unabänderlicher Form festgelegt und müssten der jeweiligen Situation angepasst werden. Was Schär wolle, müsste mit einer eigentlichen Verfassungsrevision (Abänderung von BV Artikel 102, Ziffern 8 und 9) durchgeführt werden; dies aber könne nicht ohne Kommissionsberatung geschehen, Verfassungsrevisionen pflege man nicht aus dem Ärmel zu schütteln. In der Folge aber erhielt Schärs Vorschlag – wenigstens teilweise – starke Unterstützung. Die Instruktionskompetenz des Bundesrates wurde zwar nicht weiter angefochten, hingegen die Kompetenz, die Völkerbundsdelegation zu bestimmen. Nationalrat Robert Forrer (FDP) erklärte:

> «Man spricht immer von einer Demokratisierung der Auslandspolitik. Da müssen wir doch endlich einmal Ernst machen mit dieser Demokratisierung. Hier ist ein praktischer Anlass gegeben. [...] Ich glaube, dass es im Volke einen beruhigenden Eindruck machen wird, wenn die gewählten Vertreter des Volkes in der Lage sind, die Delegierten zum Völkerbund zu wählen.»

Bundesrat Calonder wollte dies nicht gelten lassen und stellte sich auf den Standpunkt, dass man die Wahl der Delegation von deren Instruktion nicht trennen könne. Dem widersprach Nationalrat Micheli (LDP) mit dem Hinweis, dass die gleiche Regelung bereits für die Wahl des Generals (als des Oberkommandierenden der mobilisierten Armee) gelte. In der Abstimmung siegte mit 78:73 Stimmen die Auffassung, welche die Wahlkompetenz bei der Legislative und nicht bei der Exekutive sehen wollte. Was nach Calonders Worten «einen wichtigen Einbruch in die ganze Stellung des Bundesrates» bedeutete, wurde allerdings weitgehend wieder rückgängig gemacht. Ständerat Wettstein (FDP) empfahl zwar in der kleinen Kammer eine Bestätigung des Nationalratsentscheides:

> «So weit gehe ich nun nicht, dass ich Ihnen die Volkswahl vorschlagen möchte, aber zum mindesten möchte ich den Schein beseitigen, als betrachteten wir solche Abgeordnete lediglich als Vertreter der Regierung. Wir wollen ihnen den Charakter der Vertreter der Nation geben. Es ist nicht dasselbe, wenn eine Wahlbehörde Vertreter für Verhandlungen über Handelsverträge oder wenn sie Experten bestimmt. Unsere Vertreter in der Völkerbundsgesellschaft sind Vertreter des schweizerischen Volkes. Ich meine, da soll es auch die schweizerische Volksvertretung sein, welche diese Vertreter bestimmt.»

Der allgemein konservativer und autoritärer eingestellte Ständerat begnügte sich dann aber mit dem Versprechen, dass der Bundesrat über diese Frage einen Bericht vorlegen werde; nachdem dieses Versprechen durch ein Postulat festgehalten worden war, gab sich auch der Nationalrat in der Schlussabstimmung vom 21. November 1919 mit dieser Lösung einstweilen zufrieden.

Die Bedeutung, die der Idee der Volkssouveränität in der weiteren Völkerbundsdebatte gegeben wurde, ist schwer abzuschätzen. Es gab die rhetorische Formel, mit der das Volk als letzte Instanz generell gewürdigt wurde. So schloss Nationalrat Spahn (FDP) als Mehrheitssprecher der vorberatenden Kommission sein Einführungsreferat mit dem Bekenntnis:

> «In einem solchen Augenblicke müssen wir Vertrauen haben, Vertrauen zunächst zu unserem Volk und zu seinem guten Stern, der ihm schon in mancher dunklen Stunde geleuchtet hat, Vertrauen aber auch in das ewige Gesetz der Höherentwicklung der Menschheit und der trotz allen Rückfällen fort- und aufwärtsschreitenden Zivilisation.»

Solche Verbeugungen vor der Vox populi waren aber meistens mit der Absicht verknüpft, den sogenannten Volkswillen zur Untermauerung der eigenen Auffassung in Anspruch zu nehmen. So verkündete Nationalrat de Dardel (LDP), das Volk werde, wie er es wünsche, sich nicht vom Geist der Negation verleiten lassen – «un sûr instinct mène nos concitoyens du côté de la lumière et de la vie». Im gleichen Sinne erklärte Ständerat Usteri (FDP), das Schweizervolk werde den Entscheid nicht hinausschieben und aufrechten Hauptes in den Völkerbund eintreten. Auch die Gegenseite nahm solche Rückgriffe auf den Souverän vor. Nationalrat Hunziker (FDP) behauptete, das Schweizervolk wäre der Völkerbundsidee zugetan, würde aber die Teilnahme an einem allfälligen Wirtschaftsboykott mit Entschiedenheit zurückweisen. Und Nationalrat Waldvogel (SVP) wollte den Beitritt der Schweiz von demjenigen der USA abhängig machen, weil auch «unser Volk in seiner Masse» dies tue und der Nationalrat darauf achten müsse, dass zwischen Parlamentsentscheid und Volksentscheid keine Unstimmigkeit eintrete.

Solche Hinweise konnten auch mehr sein als nur Versuche, mit Prognosen das gewünschte Resultat herbeizureden. Sie konnten wirkliche Hinweise auf die «im Volk draussen» herrschende Meinung sein. Nationalrat Bersier (FDP) wies darauf hin, dass er in den soeben abgehaltenen Nationalratswahlen mit den Bürgern seines Kantons die Völkerbundsfrage eingehend diskutiert habe und darum wirklich in der Lage sei, im Namen des Volkes zu reden. «Nous ne croyons dès lors pas inutile venir exprimer ici l'opinion de notre canton et de dire que la presque unanimité des citoyens vaudois est acquise à l'idée que l'entrée de la Suisse dans la Société des nations est une nécessité absolue.»

War und ist es gewiss eine Funktion des Parlamentes, über die einzelnen Volksvertreter die Stimmung der Bevölkerung aufzunehmen und bei der Entscheidungsfindung zu berücksichtigen, so bestand und besteht, wie gerade diese Debatte bezeugt, eine wichtige Aufgabe des Parlamentes auch darin, in der anderen Richtung meinungsbildend zu wirken und doch auch zu tun, was in gewissen Situationen verpönt ist, weil es als reine Propaganda verstanden wird: nämlich mit den Voten auch zum Fenster des Ratssaales hinauszureden. Das Parlament hat zuhanden des Volkes die verschiedenen Argumente zu entwickeln, gleichsam als Vordenker zu fungieren. Nationalrat Wirz (fraktionslos) sprach dies offen aus:

> «Diese Konstellation der Bejaher und Verneiner des Völkerbundsgedankens wird wenigstens das Gute haben, dass das Volk beidseitig über das Für und Wider in einer Weise aufgeklärt wird, welche ihm das entscheidende Urteil erleichtert. Das haben wir im Auge zu behalten, dass wir dem Volk nach bestem Wissen und Gewissen sagen und erläutern müssen, was wir in dieser Sache für recht, gut und wahr halten, denn auf dem ganzen Volke lasten die Folgen des schweren Entscheides, der zuletzt in seine Hand gelegt wird.»

Darüber war man sich einig. An die Aufklärungspflicht erinnerte vor allem die Opposition, die dem Bundesrat und der sich abzeichnenden Ratsmehrheit vorwarf, dem Volk nicht reinen Wein einzuschenken und sich hinter den breiten Rücken des Volkes mit der Ausrede zu flüchten: «Entscheide nun du, Schweizervolk, in dieser unklaren Situation!» (Nationalrat Hunziker, FDP).

Umgekehrt verstand die Regierung den Bürger nicht als gedankenlosen Parolenvollstrecker; sie ging aber davon aus, dass das Volk, wenn es sich die Sache gut überlege, zum gleichen Schluss komme wie sie. Bundespräsident Motta nahm eine rührende Gleichsetzung zwischen der Vielzahl der gewöhnlichen Bürger und ihm als gleichsam dem ersten Bürger vor:

> «Je voudrais que chaque citoyen au jour du vote s'imagine être le président de la Confédération; en somme les devoirs du président de la Confédération ne sont pas autres que ceux du citoyen. Le jour où celui-ci va à l'urne y déposer son bulletin, il exerce un attribut de la souveraineté au même titre qu'un membre du Conseil fédéral.»

Die Volkssouveränität erfordere aber, wie Bundesrat Schulthess betonte, dass der einzelne Bürger die Interessen des Staatsgedankens bedenke. Es sei für einen Volksvertreter leicht, eine Meinung zu vertreten, die in seiner Wählerschaft bereits vorherrsche. In dieser wichtigen Frage mussten er und der Bürger aber eine staatsmännische Haltung einnehmen. «Wenn das Schweizervolk mit Recht von uns verlangt, dass es das letzte und endgültige Wort in dieser Frage sprechen wolle, dann muss es auch die Verantwortlichkeit übernehmen, und jeder einzelne, der mit seinem Ja und Nein zur Urne geht, muss sich bewusst sein, dass seine Stimme entscheiden kann über die Zukunft des Landes.» Die Funktion des Parlamentes erschöpfte sich nicht im Führen der Ratsdebatten, sondern umfasste auch die Aufklärung des Volkes vor der Abstimmung. Nationalrat Baumberger (CVP) forderte seine Kollegen dazu auf, auch «nachher», das heisst in der Abstimmungskampagne, für die im Rat gefassten Beschlüsse einzustehen.

Und Nationalrat Ming (CVP) ging sogar von der Erwartung aus, dass die Ratsmitglieder engagierte Überzeugungsarbeit leisten würden – «dass wir in aller Herzen ein heiliges Feuer entzünden, ein Feuer, das den Weg beleuchtet, auf dem wir wieder zu einer Versöhnung der Völker gelangen können, ein Feuer, das die Herzen erwärmt, damit sie Zustimmung zu einer Massregel geben, welche der Wiedergesundung der Menschheit dienen kann».

Wer seiner Meinung Gewicht geben wollte, berief sich, wie gesagt, gerne auf die Meinung entweder pauschal des Volkes oder wenigstens auf die grosse Mehrheit des Volkes. Daneben gab es aber eine ganze Reihe von Rednern, die ehrlich zugaben, dass die Frage im Volk kontrovers beurteilt werde. Sie forderten eine Rücksichtnahme auf die *innenpolitischen Spannungen,* die je nach Ausgang des Entscheids erhöht oder abgebaut würden. Die Beitrittsgegner erinnerten daran, dass die Neutralität nicht nur darum den Bestand der Schweiz schütze, weil sie einer äusseren Aggression vorbeuge, sondern innere Kontroversen über die Orientierung der Aussenpolitik vermeide. Jedesmal, wenn die Schweizer sich über die von Niklaus von Flüe ausgesprochene Warnung, sich nicht in fremde Händel zu mischen (1481), hinweggesetzt hätten, sei die Existenz der Schweiz dadurch in Frage gestellt worden. Der Aargauer Nationalrat Keller (FDP):

> «Mehr als einmal hat die Betätigung in auswärtigen Angelegenheiten die im Inland vorhandenen latenten und stets glimmenden und zum Ausbruch bereiten politischen, sprachlichen, religiösen und wirtschaftlichen Gegensätze in unheilvoller Weise ausgelöst oder auszulösen gedroht und unser Land an den Abgrund des Ruins geführt.»

Keller sah nicht nur in der Beitrittsdiskussion, sondern in den weiteren Stellungnahmen, die durch eine Völkerbundsmitgliedschaft nötig würden, eine unheilvolle Zusatzbelastung des ohnehin leicht störbaren inneren Gleichgewichts der Schweiz:

> «Die Befürchtung ist nicht von der Hand zu weisen, dass die Gegensätze, die sich in der Weltpolitik und im Völkerbund beim Vollzug des Friedensvertrages und bei der Lösung einer Reihe von schwierigen Fragen auftun werden, sich in unser Landesinnere verpflanzen und hier noch heftiger auftreten und zersetzend auf unser Land und Volk wirken werden.»

Die entgegengesetzten Sympathiekundgebungen der französischen und der deutschen Schweiz beim Ausbruch des Ersten Weltkrieges, verdichtet zum Bild des «Grabens», der sich zwischen den beiden Landesteilen aufgetan habe, bildete den Argumentationshintergrund für Beitrittsgegner wie Beitrittsbefürworter. Die Gegner bestritten entweder wie der Zürcher Nationalrat Sulzer (FDP), «dass in dieser Frage überhaupt Landesteile einander gegenübergestellt werden», oder sie bestätigten insofern den Gegensatz, als sie wie der Zürcher Ständerat Wettstein (FDP) von den unzutreffenden Vorurteilen sprachen, «die gegen die Auffassung in der deutschen Schweiz namentlich bei unseren welschen Eidgenossen noch bestehen». Die Befürworter bestritten den Gegensatz nicht, führten aber verschiedene Gründe auf, warum sich die in der deutschen Schweiz stärker vertretene Gruppe der Neinsager den mit deutlicher Mehrheit zustimmenden Romands anschliessen sollte. Der Berner Nationalrat Michel (FDP) attestierte diesen ein besseres Sensorium:

> «Der Verlauf und der Ausgang des Krieges und die während und nach dem Kriege erfolgten Enthüllungen haben den Beweis geleistet, dass die welsche Schweiz besser orientiert war und heller gesehen hat als die Mehrheit der Politiker und Intellektuellen der deutschen Schweiz. Auch im Volke draussen hat man vielfach den Ausspruch gehört: Wir sind der welschen Schweiz Dank schuldig. Es ist ein wahres Glück, so habe ich mehr als einmal im deutschsprachigen Teile unseres Volkes sagen gehört, dass wir eine welsche Schweiz haben […].»

Für den Bündner Bundesrat Calonder war sodann die Tatsache von Gewicht, dass die Romands eine entschiedenere Haltung einnahmen und die Mehrheit Rücksicht auf feste Überzeugungen einer Minderheit nehmen müsse: «Wenn die sprachliche Minorität geschlossen der einen Ansicht ist, so sollte es uns um so leichter fallen, ihr die Hand zu reichen.» Der Obwaldner Ständerat Wirz (CVP) meinte wohl dasselbe, als er darin einen üblen Tausch sah, «wenn wir für das Fernbleiben von diesem Pakte innere Zwietracht und innere Zerwürfnisse eintauschen würden». Hätte man sich aber nicht auf den Standpunkt stellen können, dass ein Beitritt im Lager der Gegner Unzufriedene zurückgelassen und eine Perpetuierung der Zerwürfnisse programmiert hätte? Über einer Ablehnung hätte keine Annäherung der beiden Lager mehr zustande kommen können (auch wenn die Beitrittsgegner immer von einer später vielleicht einzugehenden Mitgliedschaft redeten), der Beitritt dagegen enthielt, wie Bundesrat Calonder in Aussicht stellte, immerhin die Chance, im Völkerbund eine die ehemaligen Beitrittsgegner versöhnende Politik zu betreiben, das heisst «laut und deutlich die Stimme der Vernunft, der wahren Gerechtigkeit und des wahren Rechts» ertönen zu lassen. Bundesrat Motta löste dies dann auch ein, indem er in seiner Eröffnungsrede auf die störende Nichtzulassung der besiegten Mächte hinwies.

Auch die Sozialdemokraten, die bekanntlich den Völkerbund ablehnten, warnten vor der zusätzlichen Belastung der inneren Verhältnisse durch den Völkerbundsbeitritt. Er würde in der Tat einen Graben vertiefen, aber einen Graben nicht zwischen Landesteilen, sondern zwischen Klassen. Nationalrat Müller (SP) räumte ein: «Innenpolitisch wäre die Spaltung im Volksentscheid nach Landesteilen, Sprache und Rasse, die von den Anhängern des Beitritts ins Feld geführt wird, sicher nicht leichtzunehmen.» Er bestand aber darauf:

> «In Wirklichkeit besteht diese gewissermassen vertikale Abgrenzung gar nicht, sondern die Meinungen scheiden sich horizontal nach Klassen. Jedenfalls kann das mit aller Entschiedenheit mit unserer Partei belegt werden.»

Sein Parteikollege Schmid doppelte nach:

> «Man hat viel gesprochen von dem Graben zwischen Welsch und Deutsch, und man glaubt, mit dem Beschlusse, dem Völkerbunde beizutreten, diesen Graben zuzuschaufeln. In dem Momente aber werfen Sie den andern Graben um so tiefer auf, den Graben zwischen der Arbeiterschaft und der Bourgeoisie. Wenn Sie sich nach Paris wenden, so wendet sich die Arbeiterschaft nach Moskau, und wir können es nicht mehr wehren, obschon wir nach wie vor fest der Überzeugung sind, dass jede Weiterentwicklung nur durch die Demokratie gehen kann und gehen muss.»

Berufung auf den Volkswillen, Beschwörung des inneren Friedens – in diesem Sinne konnte die Idee der Volkssouveränität in jeder Parlamentsdebatte präsent sein. Bemerkenswert ist immerhin, dass diese innenpolitische Dimension in der Beratung eines aussenpolitischen Geschäfts überhaupt so stark vorhanden war. Die Idee der Volkssouveränität bestimmte neben der Sorge um die Erhaltung der Neutralität, beziehungsweise der aussenpolitischen Unabhängigkeit, recht eigentlich die Haltungen der Parlamentarier. Der Völkerbund wurde begrüsst oder abgelehnt, weil man in ihm eine Übereinstimmung mit der *demokratischen Organisationsstruktur* der Schweiz oder umgekehrt eine zu geringe Berücksichtigung ebendes in der Schweiz bereits verwirklichten demokratischen Prinzips sah.

Als *Beitrittsgegner* beanstandete Nationalrat Knellwolf (fraktionslos), der Völkerbund sei kein Bund der Völker, sondern nur ein Bund der Regierungen; Ständerat Ochsner (CVP) tadelte die Geringschätzung des Selbstbestimmungsrechts, über Völker würde wie über Waren verhandelt «und verfügt, gerade so, wie man sich in der zweiten Hälfte des vorigen Jahrhunderts an die Aufteilung Afrikas gemacht hatte». Nationalrat Waldvogel (SVP) erklärte: «Was den demokratischen Grundzug anbelangt, so steht es nach Volksbegriffen etwas schief. [...] Dieser Umstand ist für ein Volk, das wirklich demokratisch zu denken gewohnt ist, etwas schwierig.» Für Nationalrat Schmid (SP) war dies sogar ein entlarvender Widerspruch:

> «Der Aufbau des Völkerbundes ist so undemokratisch, dass man sich wundern muss, wie diejenigen Herren hier im Saale, die die Demokratie immer und immer wieder im Munde führen, den Beitritt zu diesem Gebilde empfehlen können. [...] Ist das ein Völkerbund, dem ein Schweizer, der bis jetzt etwas darauf hielt, Bürger der ältesten Demokratie zu sein, beitreten kann? Ein diktatorisches Machtgebilde erster Güte ist das, aber kein Völkerbund!»

Nationalrat Graber (SP) attackierte vor allem das Einstimmigkeitsprinzip als undemokratische Regelung:

> «Il faut avoir une conception assez étrange de l'esprit démocratique pour oser venir soutenir que dans une assemblée, il faut l'unanimité pour prendre une

décision et que si un seul s'élève contre les autres, les autres doivent s'incliner devant un seul.»

Graber lehnte dieses Prinzip darum ab, weil er annahm, dass das Veto nur von konservativer Seite kommen und dieses den Fortschritt blockieren könne; es gebe doch immer Länder, die sich noch in den Händen konservativer, retardierter, regressiver Mächte befänden: «C'est celui-là qui fera la loi aux 40 autres, c'est lui qui sera le maître de la Société des nations, c'est le plus mauvais qui commandera, le plus conservateur.» Das ablehnende Lager begründete seine Haltung gerne mit dem Demokratiedefizit der neuen Organisation. Darin steckte die Meinung, dass der Völkerbund für die Schweiz zuwenig gut sei, dass ein Beitritt erst in Frage komme, wenn er die hohe Demokratiequalität des helvetischen Kleinstaates erlangt hätte. Ständerat Scherer (FDP) verkündete:

> «Während in allen andern Staaten der Welt die Kabinette und die Parlamente auch in dieser Sache das letzte Wort besitzen, ist es bei uns das Volk selbst, das sein Geschick in der Hand hält und seine Zukunft schmiedet. Darauf wollen wir stolz sein. Und das wollen wir doch sagen, dass diese unsere Demokratie, die die letzten und höchsten Entscheidungen in die Hand des Volkes selbst legt, wert wäre, Gemeingut aller Völker zu werden. Wären es die Völker selbst, die über ihr Geschick, die über Krieg oder Frieden zu entscheiden hätten, so besässen wir darin eine stärkere Garantie für den Weltfrieden als in einem noch so kunstvoll gezimmerten Völkerbund.»

Mit der letzten Behauptung übernahm dieser Redner völlig unkritisch die auch heute noch populäre These, die von republikanischer Seite gewiss zutreffend gegen Kabinettskriege der Monarchen entwickelt, aber schon von den Revolutionskriegen und später von anderen Volkskriegen widerlegt worden war. Die Auffassung, dass die Volksmeinung ein sicherer Friedensfaktor sei, wurde auch auf der Gegenseite vertreten, zum Beispiel von Bundespräsident Motta, der in Aussicht stellte: «C'est par l'intervention de l'opinion publique que les peuples peuvent empêcher la guerre.»

War den einen der Völkerbund zuwenig gut, weil zuwenig demokratisch, war anderen das Urteil der schweizerischen Demokratie sogar so wichtig, dass es für das Ausland eine Lektion sein sollte. Nationalrat Siegrist (FDP) sprach die Hoffnung aus: «Wenn das Schweizervolk den Eintritt in den Völkerbund verweigert, so wird das bei allen wirklich demokratisch fühlenden Leuten – und deren gibt es gottlob in den Siegerstaaten genug – Eindruck machen [...].» Nationalrat Grimm (SP) erklärte es ebenfalls zur Aufgabe des Schweizervolks, feierlich zu verkünden, «dass wir mit dem Werk, das die Demokratie negiert und ein Werk rücksichtsloser Gewalthaber ist, nichts zu tun haben».

Auch die *Beitrittsbefürworter* beriefen sich auf die schweizerische Demokratie, sie leiteten daraus jedoch die moralische Verpflichtung ab, den Völkerbund zu unterstützen – mit dem Beitritt wie mit dem späteren Engagement als Mitglied. Nationalrat Forrer (FDP) ging davon aus, dass die Schweiz nicht nur als kleines Land am Beitritt interessiert sein müsse: «Auch als Demokratie liegt es durchaus in der Richtung unseres Werdens und in der Richtung der Tradition unserer Politik, hier mitzumachen, wo der erste Versuch einer Lösung der Gesetzgebung der Völker auf dem Boden der Solidarität gemacht werden soll.» Nationalrat de Dardel (LDP) sah im Beitritt eine logische und zwangsläufige Fortsetzung der schweizerischen Entwicklung:

> «Nous avons progressé très lentement, au milieu de difficultés innombrables, du côté de la démocratie. Notre tâche maintenant est de participer, avec toutes les nations démocratiques du monde, à l'œuvre de rapprochement qui prélude à la constitution de ces Etats-Unis d'Europe dont nous étions l'embryon et la cellule organique. Nous nous mettrions en faillite devant le monde si nous refusions d'entrer dans la voie où tout notre passé, toute notre histoire, toutes nos aspirations, et toutes nos traditions nous commandent de marcher.»

Zahlreiche Redner betonten die Übereinstimmung nicht nur im Demokratieprinzip, sondern vor allem auch im Konkordanzprinzip, das ein Zusammenleben verschiedenartigster Bundesmitglieder möglich machen sollte. Nationalrat Bersier (FDP) formulierte das so:

> «La Suisse a réalisé elle-même une Société des nations en petit et a réussi à montrer au monde que des peuples très différents dans leur race, leur langue, leur religion et leur mentalité pouvaient vivre en paix dans un même idéal de démocratie et de patriotisme.»

In der anderen Kammer war es wiederum und nicht zufällig ein Vertreter der französischen Minderheit, nämlich der Waadtländer Ständerat Dind (FDP), der das Bild der vielfältigen Schweiz zeichnete:

> «La Suisse est constituée précisément comme une Société des nations minuscule dans laquelle nous pouvons avoir des sentiments si différents les uns des autres. Jamais on ne fera d'un Suisse allemand un Suisse romand, ni d'un Suisse italien un Suisse allemand ou un Welche. Nous maintiendrons nos caractères propres et je souhaite que nous n'arrivions jamais à une uniformité sans caractère: demeurons, les uns et les autres, avec nos qualités et nos défauts. Cet exemple que nous pratiquons chez nous, aidons-nous à le pratiquer dans les pays qui se sont mis à l'œuvre.»

Bundesrat Calonder meinte das gleiche, als er erklärte: «Unsere Geschichte ist ja nichts anderes als eine fortschreitende Entwicklung der Völkerbundsidee.»

Die Befürworter liessen den Vorwurf, der Völkerbund sei zuwenig demokratisch, nicht unwidersprochen. Sie erinnerten ihre Ratskollegen, die sich als Angehörige eines demokratischen Musterstaates gebärdeten, dass einerseits der Völkerbund in manchem ähnliche Strukturen wie die Schweiz aufwies und andererseits die Schweiz (zum mindesten in ihrer Geschichte) nicht immer ein demokratisches Vorbild gewesen sei. Was die Repräsentationsmodalitäten betreffe, gab Nationalrat Micheli (LDP) zu bedenken, gelte für den Völkerbund das gleiche Prinzip wie für den Ständerat: Jeder Staat wähle seine Vertreter auf seine Art, durch die Regierung, das Parlament oder das Volk. Und Ständerat Usteri (FDP) wies darauf hin, dass die ungleiche Vertretung im Völkerbundsrat schlecht beanstandet werden könne, gebe es doch eine Anzahl von Kantonen, die noch nie im Bundesrat vertreten gewesen seien, während andere auch so etwas wie eine Dauervertretung hätten. Ständerat Dind (FDP) rief in Erinnerung, dass die alteidgenössischen Streiter nicht immer nur für Freiheit und Recht gekämpft hätten, und Nationalrat Rochaix (FDP) erinnerte an die Zeiten, da eidgenössische Sieger (die Berner) späteren Miteidgenossen (den Waadtländern) ebenfalls ein Diktat auferlegt und sie während 300 Jahren unterdrückt hätten, inzwischen dennoch seit 100 Jahren «en parfaite harmonie» mit ihnen lebten und in diesem Rat an ihrer Seite sässen.

Die alteidgenössische Geschichte war den Beitrittsbefürwortern nicht nur negativ in Erinnerung. Der Gründungsmythos diente als Präfiguration des Gründungsaktes, zu dem die Völker 1919 aufgerufen seien. Einige Redner bezogen sich auf das grosse, die Stirnseite des Nationalratssaales ausfüllende Gemälde der Rütliwiese – «ce tableau superbe que nous avons sous les yeux». Nationalrat de Dardel (LDP) zitierte *in extenso* den Bundesbrief von 1291 und das Stanser Verkommnis von 1481, um zu zeigen, dass bereits die alten Eidgenossen ein auf dem Solidaritätsprinzip beruhendes System kollektiver Sicherheit geschaffen hätten: «Pour accomplir notre tâche dans la Société des Nations, il ne faut pas nous ankyloser dans la contemplation de notre neutralité de quatre siècles. C'est plus haut qu'il faut remonter. Il nous faut renouer la glorieuse tradition helvétique, la tradition de l'alliance du 1er août 1291.» Und Nationalrat Moeckli (FDP) rief dazu auf, den alten Rütlibund vom Vierwaldstätter See nun am Genfer See, wo der Sitz des Völkerbundes vorgesehen war, zu erneuern. Der Bezug zum Rütli wurde in auffallender Weise ausschliesslich von den Romands hergestellt, ihr Idealismus verband sich problemlos mit einer Geschichte, die im strengsten Sinn gar nicht die ihrige war. Auch der Tessiner Bundespräsident des Jahres 1920, Giuseppe Motta, nahm das Rütli in sein Plädoyer auf und rechtfertigte dies damit, dass in seinen Adern auch ein wenig Blut von Urner Vorfahren fliesse: Zudem sei das Rütli nicht nur eine Angelegenheit der vier Gründungskantone oder der Schweiz:

> «Le Grütli n'est point seulement, à mes yeux, une prairie solitaire où nos pères se sont réunis pour sceller leur première alliance devant Dieu. Le Grütli est un idéal humain de solidarité et de droit, d'autant plus grand qu'il est sorti de cœurs et d'âmes simples.»

Für manchen Befürworter war es klar, dass die Schweiz wegen ihrer demokratischen Tradition im Völkerbund eine Sonderrolle zu spielen habe. Ständerat Wettstein (FDP) räumte ein, der Völkerbund sei vorläufig noch nicht gerade eine demokratische Einrichtung; dies war für ihn aber kein Grund gegen, sondern vielmehr ein Grund für einen Beitritt: «Es ist doch vielleicht gut, wenn gerade wir von der Schweiz aus uns bemühen, in seine Räder etwas demokratisches Öl zu bringen.» Auch Nationalrat Micheli (LDP) war vom besonderen Status der Schweiz überzeugt:

> «La Suisse n'aura pas seulement une simple voix, égale à celle d'un Etat sans histoire et sans tradition, mais la voix de la plus vieille démocratie du monde, d'un pays qui a un sens et des traditions politiques que nous saurions faire prévaloir dans la Société des Nations.»

In diesem Chor der Demokraten gab es aber auch Stimmen, welche für die Schweiz keine absolute Demokratie beanspruchen wollten und die helvetische Ausprägung dieser Staatsform eher glaubten vor zu hochgeschraubten Forderungen in Schutz nehmen zu müssen. «Nous apporterons dans ce débat notre esprit démocratique», versicherte Nationalrat Perrier (CVP), um dann aber fortzufahren, «cette démocratie est différente de la démocratie philosophique et doctrinaire [...], plus concrète, plus vécue et par conséquent aussi plus utilisable.» Dazu gehörte als andere Variante der schweizerischen Missionsidee die Vorstellung der *Helvetia mediatrix.* Die Schweiz habe, wie Nationalrat de Meuron (LDP) mit Inbrunst verkündete, kraft ihrer Geschichte Vermittlerin zu sein:

> «Cette mission sera celle de servir d'intermédiaire entre les peuples, de rapprocher les races et les langues, de réconcilier les belligérants, de jouer en un mot dans le monde et sur un théâtre plus vaste que jusqu'à maintenant, le rôle que la Suisse a joué dans la constitution et le développement de notre Confédération.»

Wie die Beitrittsgegner erklärten, es sei besonders wünschenswert, dass das einzige direkt befragte Volk den Völkerbund ablehne, wünschten natürlich die Beitrittsbefürworter, dass sich das einzige Plebiszit demonstrativ für dieses neue Unternehmen ausspreche. In einer Ablehnung sah beispielsweise Nationalrat Baumberger (CVP) weniger ein den Völkerbund schwächendes Urteil als ein peinliches Verdikt über die geistige Verfassung des Schweizervolkes wie der Volkssouveränität im allgemeinen: «Wenn unser Volk den Völkerbund verwirft, so wird es zugleich die schweizerische Demokratie in ihrem Ansehen in ganz Europa und darüber hinaus erheblich geschwächt haben.»

Wenn dem so gewesen wäre – die «Schande» blieb der schweizerischen Demokratie erspart: In der Volksabstimmung vom 16. Mai 1920 sprachen sich bei einer relativ hohen Stimmbeteiligung von 77,5 Prozent 416 870 für und nur 323 719 Bürger gegen den Beitritt aus. Hatte man mit dem sogenannten «Volksmehr» rechnen können, so war das Verhältnis der nach Ständen ausgezählten Stimmen bis zuletzt ungewiss. Beim Stand von 10½ annehmenden und 10½ ablehnenden Kantonen wurde der grosse Bergkanton Graubünden, dessen Resultate wegen seiner Weitläufigkeit zuletzt eintrafen, zum «Schicksalskanton»: Mit 53 Prozent Ja-Stimmen entschied er den Urnengang. Ähnlich knapp lagen die Verhältnisse im bevölkerungsreichen Kanton Bern mit ebenfalls nur 53 Prozent Ja-Stimmen. Am knappsten war das Resultat aber in den beiden Halbkantonen Appenzell: Hätten in Ausserrhoden 94 der 10941 zur Urne geeilten Appenzeller Bürger statt eines Ja ein Nein in die Urne gelegt, hätte die Schweiz nicht dem Völkerbund beitreten können. In Appenzell Innerrhoden, wo das Verhältnis 1266 Ja zu 1270 Nein lautete, war die Differenz noch kleiner, hier hätte die Standesstimme anders gelautet, wenn nur zwei Bürger anders gestimmt hätten. Allerdings wäre dies für das Gesamtergebnis nicht von Bedeutung gewesen.

Die knappe Zustimmung bleibt eine eindrückliche Veranschaulichung des Prinzips, dass der Wille des Bürgers – soweit die Geschicke steuerbar sind – für den Gang der Politik ausschlaggebend ist. Die Zustimmung war indessen nicht von Anfang an gegeben gewesen, sie musste von den meinungsbildenden Kräften, den Volksvertretern, aber auch den Zeitungskommentatoren (die einen weiteren Faktor ausmachten und neben den drei Staatsgewalten so etwas wie eine vierte Gewalt bildeten) in einer offenen Auseinandersetzung herbeigeführt werden. Natürlich hatte auch die Regierung einen wichtigen Anteil am Ausgang der Volksabstimmung, indem sie, bei allem Respekt vor der Entscheidungsfreiheit des Souveräns, deutlich aufzeigte, wohin ihres Erachtens der Weg gehen sollte. Bundesrat Schulthess tat dies unter anderem dadurch, dass er die Volksvertreter wie das Volk selbst auf den wichtigen Unterschied hinwies, der doch zwischen einem innenpolitischen und einem aussenpolitischen Geschäft bestand:

> «Wenn das Volk gelegentlich schlechter Laune war, sei es, weil es Hagel hatte oder es weniger Kartoffeln gab, oder aus einem anderen Grunde in dieser Stimmung kantonale oder eidgenössische Vorlagen verwarf, so konnte auf solche Entscheidungen immer zurückgekommen werden. Öfters hat eine zweite Abstimmung gutgemacht, was die erste verfehlt hatte. Hier stehen wir vor einer Frage, deren Lösung nicht allein von uns abhängt. Ein Nein des Schweizervolkes dürfte die Bewegung für den Eintritt der Schweiz in den Völkerbund für einmal abschliessen. Denn es wird nicht so leicht sein, auf einen solchen Entscheid zurückzukommen.»

Die Debatte um die Einführung des Staatsvertragsreferendums

Die parlamentarische Beratung der *Initiative zur Einführung des Staatsvertragsreferendums* fand im Nationalrat wenige Tage vor der Volksabstimmung zum Völkerbundsbeitritt statt. Bemerkenswerterweise war das Geschäft in der Volkskammer überhaupt nicht umstritten. Nach den Referaten der beiden Kommissionssprecher, einem zusätzlichen Votum eines Deputierten aus der französischen Schweiz und dem Schlussvotum von Bundespräsident Motta sprach sich der Nationalrat einstimmig (122:0) für eine Revision von BV Artikel 89 im Sinne der Initiative aus: Inskünftig sollten unbefristete oder für die Dauer von mehr als 15 Jahren abgeschlossene Staatsverträge dem fakultativen Referendum unterstellt sein. Die Genfer Nationalräte Rochaix (FDP) und de Rabours (LDP) sprachen beide davon, dass sich das Demokratieverständnis in den vergangenen Jahren im Sinne einer Erweiterung der Rechte und Pflichten des Volkes ausgedehnt habe. Zunächst sei es die Erfahrung mit der Gotthardkonvention von 1909 gewesen, die den Bürger auf die Lücke in der Verfassung aufmerksam gemacht habe. Sodann hätten die Rechenschaftsberichte, die während des Krieges aufgrund einer an die Sondervollmachten geknüpften Verpflichtung regelmässig zu erstatten waren (die sogenannten Neutralitätsberichte), den Bürgersinn geweckt. Und schliesslich sei das Völkerbundsprojekt hinzugekommen, das in Artikel 18 eine Offenlegung aller internationalen Verträge vorsehe. Mottas Stellungnahme gipfelte in einem warmen Bekenntnis zur Demokratie:

> «J'ai une confiance inébranlable dans le bon sens, dans la sagesse, dans la clairvoyance de notre peuple. Il n'y a pas de moyen plus efficace de faire l'éducation politique d'un peuple que de lui accorder des droits politiques étendus. Ces droits cachent parfois des possibilités d'erreur, mais ce danger peut être évité. Le sens de ses droits avive dans le peuple en même temps le sens de ses devoirs et de ses responsabilités.»

Im Ständerat, wo die Vorlage erst ein halbes Jahr später behandelt wurde, meldete sich unerwartet starker Widerstand, doch war dieser weniger staatspolitischer als rechtspuristischer Natur: Beanstandet wurde das problematische Verhältnis zu den Referendumsbestimmungen des Völkerbundsvertrages und der Widersinn, dass das Volk über schwerwiegende Verträge nicht sollte abstimmen dürfen, weil diese nicht länger als 15 Jahre dauerten oder kündbar waren, während politisch harmlose, aber für längere Dauer abgeschlossene Verträge wie technische Grenzbereinigungen dem Volk zum Referendum freigegeben waren. Es kam aber doch noch ein substantieller Einwand hinzu, der durch die Knappheit der Völkerbundsabstimmung scheinbar eine Bestätigung erhalten hatte. Ständerat Usteri (FDP) gab als Kommissionsberichterstatter zu bedenken, dass das Volk unter Umständen in aussenpolitischen Belangen doch kein sicheres Urteil habe:

> «Das Volk hat Einsicht und Überblick für sein Recht. Es ist ein Recht, das es seit Jahrhunderten aus seinem Eigenen herausgeboren hat. Das Gesetz wird aus der schweizerischen öffentlichen Meinung heraus gestaltet. Ein Vertrag aber enthält immer auch Fremdes; er atmet auch fremden Geist; er enthält fremde Dinge, die das Volk mit Misstrauen betrachtet, zumal wenn es gegen mächtige Nachbarn geht, und dieses Misstrauen vermag leicht die Erkenntnis dessen zu trüben, was dem Lande frommt. [...] Wenn ein Volk reif ist, sein eigenes nationales Recht zu

> schaffen, so ist damit nicht gesagt, dass es zu seinem Wohle auch die geeignete Instanz ist, Verträge zu beurteilen, die in weitgehender Weise von Verhältnissen, Begriffen und einer Geistesverfassung beherrscht werden, die ihm nicht vertraut, sondern fremd sind. Die Bundesversammlung soll diese Verantwortung selbst tragen, sie nicht von sich abschütteln und dem Volke zuschieben.»

Dem wurde vom Genfer Ständerat Rutty (LDP) entgegengehalten, die Initiative bleibe «dans le cadre du développement normal de notre démocratie et des droits populaires». Und Ständerat Brügger (CVP) erinnerte daran, auch in der Kommission habe sich niemand auf den Standpunkt gestellt, «dass man diesem Zuge der Zeit Widerstand leisten könne und Widerstand leisten solle. Man muss jetzt etwas hinaus mit der Politik, hinaus vor das Volk, und die sogenannte Geheimpolitik, die soll ja auch nach dem Völkerbundsvertrag verpönt sein.» Bundespräsident Motta gab sich in der hohen Kammer weniger populistisch als in der Volkskammer. Diesmal kehrte er die Vernunft des Staatsmannes heraus, der dem Volk nachgeben könne, wenn keine schwerwiegenden Gründe dagegensprechen:

> «Le Conseil fédéral aurait été bien mal inspiré, à mon avis, s'il avait voulu résister inutilement, alors qu'il pouvait être certain que l'échec le plus éclatant l'attendait devant le peuple. Sans doute, il faut avoir le courage de ne pas être d'accord avec le peuple, lorsqu'il y a des raisons qui empêchent cet accord. Mais, Messieurs, aller au verdict populaire pour combattre les instincts profonds du peuple, lorsqu'il n'y a point de raisons suffisantes pour une semblable attitude, c'est de la mauvaise politique. Cette mauvaise politique, le Conseil fédéral n'a pas voulu la faire.»

Die Abstimmung ergab ein Unentschieden (13:13), so dass es des positiven Stichentscheids des Ratspräsidenten bedurfte, damit die Initiative mit zustimmender Empfehlung dem Volk vorgelegt werden konnte. Im Januar 1921 wurde sie bei einer Stimmbeteiligung von 63,1 Prozent mit einer eindrücklichen Mehrheit angenommen: 398 538 Bürger stimmten dafür, 160 004 dagegen, und das Verhältnis der Standesstimmen lautete 20:2. Schon bald machte ein Teil des Souveräns von dem damit eingeführten Recht Gebrauch. Pikanterweise waren es die wärmsten Befürworter des Staatsvertragsreferendums, die nun mit dem von ihnen eingeführten Mittel von Leuten erfolgreich bekämpft wurden, die eher gegen dieses neue Volksrecht waren. Nachdem das mit Frankreich ausgehandelte Abkommen zur Aufhebung der Genfer zollfreien Zonen im März 1922 durch den Nationalrat mit nur 75:62 Stimmen angenommen worden war, gelang es einer Referendumsbewegung, das Geschäft vor das Volk zu bringen, und dieses lehnte die Vorlage am 18. Februar 1923 mit 414 305:93 892 Stimmen wuchtig ab. Inzwischen ist es auf Grund von BV Artikel 89, Absatz 4, nur noch 1958 zu einer Referendumsabstimmung gekommen; diese betraf die Nutzbarmachung des Grenzflusses Spöl (d.h. eine Naturschutzfrage) und bestätigte die «Vorarbeit» der Exekutive und den Entscheid der eidgenössischen Räte. Der Beitritt zum Europäischen Freihandelsabkommen (EFTA) von 1960 wurde dem Referendum entzogen. Das Freihandelsabkommen mit der Europäischen Gemeinschaft (EG) von 1972 dagegen wurde dem obligatorischen Referendum unterstellt. Der Beitritt zur Europäischen Menschenrechtskonvention von 1974 wurde wiederum nicht dem Referendum unterworfen. Die Mehrheit der schweizerischen Staatsrechtslehrer kritisiert die uneinheitliche und zum Teil opportunistische Praxis in diesem Bereich. 1977 wurde das Staatsvertragsreferendum auf Beitritte zu übernationalen Organisationen ausgedehnt, wobei dies ebenfalls durch eine Volksabstimmung geschah. Die Abstimmung vom 13. März 1977 war nötig geworden, weil eine fremdenfeindliche Gruppierung (wegen der Niederlassungsverträge) eine restriktive Staatsvertragsinitiative lanciert hatte. Die vom Volk schliesslich gutgeheissene Lösung war aus einem gemässigten Gegenvorschlag der eidgenössischen Räte hervorgegangen. Die Abstimmung über den UNO-Beitritt vom 16. März 1986 beruhte auf dem revidierten Artikel 89, Absatz 3 bis 5. Sie verlief (leider) negativ: Bei einer Stimmbeteiligung von 50,7 Prozent stimmten 1 591 428 (75,7 Prozent) dagegen und 511 548 (24,3 Prozent) dafür.

Die Debatte um die Schaffung einer aussenpolitischen Kommission

Die Geschäfte, welche Volkssouveränität und Aussenpolitik miteinander in Verbindung brachten, folgten einander im Jahr 1920 beinahe ohne Unterbruch, ja überschnitten sich sogar. Das Völkerbundsgeschäft war noch nicht beim Volk, da begann bereits die Behandlung des Staatsvertragsreferendums, das Monate später ebenfalls dem Volk vorgelegt werden sollte, und das gleiche Geschäft war noch nicht beim Ständerat, als im Nationalrat ein weiterer Anlauf gestartet wurde, um mit einer *ständigen parlamentarischen Kommission* das Mitspracherecht der Volksvertreter in aussenpolitischen Angelegenheiten auszubauen: Am 5. Oktober 1920 wurde in der Volkskammer die Motion de Rabours (LDP) überwiesen, die eine solche Kommission auf dem Gesetzesweg ins Leben rufen wollte. Bereits bei der Beratung des Völkerbundsbeitritts und der Frage, wer die Völkerbundsdelegierten instruieren solle, hatte Nationalrat Micheli (LDP) an seinen mit dem gleichen Ziel 1916 unternommenen Vorstoss erinnert und von einer solchen Kommission gesagt, es handle sich um eine Institution «que nous devrions avoir depuis longtemps et qui est réclamée depuis longtemps, précisément dans le sens d'une intervention plus active de l'Assemblée fédérale, des représentants du peuple dans les affaires étrangères». Wie eingangs ausgeführt, war die Schaffung solcher Kommissionen schon vor 1914 angeregt worden. Die als Gegengewicht zu den ausserordentlichen Vollmachten des Bundesrates bei Kriegsbeginn geschaffene «Neutralitätskommission» (die übrigens erst 1923 aufgehoben wurde) könnte das Vorhaben gefördert haben.

1922 erinnerte Nationalrat de Rabours (LDP) mit einer weiteren Motion, die im Juni im Rahmen der Debatte über den Geschäftsbericht für 1921 diskutiert wurde, an das alte Desiderat. Der Vorstoss hatte im Prinzip die Unterstützung des Kommissionssprechers.

Nationalrat Blumer (FDP) räumte nämlich ein:

> «Es lässt sich nicht leugnen, dass dieser Gedanke in neuerer Zeit im Schweizervolke viele Anhänger gewonnen hat. Die Klage, dass das Parlament in aller auswärtigen Politik entweder gar nicht oder zu spät handelt, ist allgemein, und es muss offenbar etwas getan werden, den Einfluss des Parlamentes zu stärken, namentlich jetzt, da alle Staatsverträge mit Gültigkeitsdauer über 15 Jahre vor das Volk gebracht werden können.»

Es sei sicher wünschenswert, wenn «auf irgendeine Weise» dafür gesorgt werde, dass das Parlament wesentlich stärker mit der Aussenpolitik in Kontakt komme, und zwar schon in der Vorbereitungsphase und nicht erst, wenn es zu spät sei. Und Nationalrat de Rabours fügte bei, die zusätzlichen Schwierigkeiten, die aus der Schaffung einer solchen Kommission entstehen könnten, würden sich selbst dann lohnen, wenn dadurch in 50 Jahren auch nur ein schwerer Fehler vermieden werden könnte. Im übrigen könne von einer solchen Kommission nur gesagt werden, «qu'elle est conforme aux sentiments et principes démocratiques qui existent chez nous».

Im Sommer 1924 erinnerten die Sozialdemokraten wiederum bei der Behandlung des Geschäftsberichtes an die seit vier Jahren hängige Motion des Liberalen de Rabours. Nationalrat Reinhard versicherte in ihrem Namen, es gehe überhaupt nicht um die Teilung der Verantwortung, sondern nur um das parlamentarische Kontrollrecht. Dieses sei, was die aussenpolitischen Angelegenheiten betreffe, in keinem anderen Parlament so stark eingeschränkt wie gerade im schweizerischen. De Rabours selbst betonte in noch stärkerem Masse, dass kein Übergriff in den Bereich der Exekutive beabsichtigt sei: «Je n'ai jamais songé à demander la création d'une commission des affaires extérieures de préavis.» Er beanspruchte in seinem Votum nicht einmal ein Kontrollrecht, sondern nur ein Informationsrecht, und dieses verstand er vor allem als Ausbildungsmittel – «un moyen propre à mettre le Parlement mieux à même de connaître des questions délicates». Das Parlament sollte durch die Schaffung einer aussenpolitischen Kommission für aussenpolitische Fragen erst einmal interessiert werden. Dies aber war nicht Selbstzweck, es hatte einer allgemeinen Aktivierung der schweizerischen Aussenpolitik zu dienen und sollte ein falsches Verständnis der Neutralitätspolitik abbauen:

> «Nous avons cru notamment que nous pouvions pratiquer sans inconvénient une politique d'absence, une politique des bras croisés. Or, en politique étrangère, actuellement, il n'y a qu'une seule politique qui se justifie, c'est celle de la présence […]. Une commission des affaires extérieures fera mieux connaître au Parlement les affaires extérieures d'un pays qui est au centre de l'Europe et qui ne peut pas se désintéresser de la vie internationale.»

Als der Bericht nach vierjähriger Wartezeit im November 1924 schliesslich vorlag, liess sich das Parlament selbst weitere zwei Jahre Zeit, bis es ihn behandelte. Der Bundesrat hatte sich in seinem Bericht auf den Standpunkt gestellt, eine genauere Überwachung der Aussenpolitik sei nicht nötig, weil die Politik der Schweiz «durchaus einfach, gerade und klar» sei und es keine Geheimdiplomatie gebe. Andererseits sei in den Frühphasen der Geschäfte eine gewisse Diskretion nötig. Entweder würde eine solche Kommission erst informiert, wenn die Geschäfte weitgehend gediehen und ohnehin die Orientierung des ganzen Parlamentes nötig sei, dann wäre sie «ein unnützes Räderwerk»; oder sie würde schon früh eingeschaltet, dann müsste eine Diskretionspflicht beansprucht werden, die zweierlei Kategorien von Parlamentariern bildete, zudem würde die Tätigkeit der Regierung gehemmt. Der gewichtigste Einwand war verfassungsrechtlicher Natur: Die Exekutive hätte eine solche Kommission, zumal wenn sie durch ein Gesetz geschaffen worden wäre, als Eingriff der Legislative in den Zuständigkeitsbereich der Vollzugsgewalt gewertet. Eine «Mitverwaltung» der Aussenpolitik lehnte der Bundesrat ab. Gegen einzig auf die parlamentarischen Geschäftsreglemente abgestützte Kommissionen erhob er keinen grundsätzlichen Einwand, er wollte diesen gegenüber aber auch keine Verpflichtung anerkennen.

In der Beratung vom Oktober 1926 schien die Schaffung einer solchen Kommission trotz der Ablehnung des Bundesrates eine ausgemachte Sache zu sein. Es stellte sich lediglich die Frage, ob die sogenannten Völkerbundskommissionen, die mit der Vorberatung der jeweiligen Völkerbundsberichte betraut waren, zu ständigen Kommissionen gemacht und diesen von Fall zu Fall auch andere aussenpolitische Geschäfte zugewiesen werden sollten, wie dies eine bürgerliche Mehrheit wünschte, oder ob auf Antrag der sozialdemokratischen Minderheit eine neue ständige Kommission geschaffen werden sollte, mit dem Recht, mitzureden und Richtlinien zu erlassen, wie die Finanzkommission dies in der Finanzpolitik tue. Der Nationalrat und spätere Bundesrat Meyer (FDP) unterstützte den Mehrheitsvorschlag als «behutsamen Anfang» und stellte sich vor, dass der Minderheitsvorschlag in der «zweiten Etappe» verwirklicht werden könnte. Der Bundesrat sei in seinem Bericht von 1924 zu negativ gewesen; eine solche Kommission könne ein «nützliches Zwischenglied» bilden. «Wenn ein Land Anlass hat zur Schaffung einer solchen Kommission, so ist es die Schweiz, die das Mitspracherecht und Entscheidungsrecht des Volkes durch das Referendum für Staatsverträge weiter getrieben hat als irgendein Staat.» Nationalrat Brügger (FDP) befürwortete ebenfalls den Minderheitsantrag, sei es doch wünschbar, einen Stab von Parlamentariern zu haben, die mit aussenpolitischen Fragen vertraut seien. Die Linke (Graber, Schmid, Welti) argumentierte grundsätzlich mit dem Mitspracherecht der Volksvertreter, sie kritisierte aber konkret die gegenüber Russland, Italien etc. praktizierte Politik und versprach sich diesbezüglich durch die vorgeschlagene Neuerung eine Besserung. Kommissionspräsident Evéquoz (CVP) propagierte den Mehrheitsantrag als Mittelweg zwischen den Positionen des Bundesrates und den Maximalisten. Schliesslich drang aber völlig unerwartet der pauschale Verwerfungsantrag von Nationalrat Calame (FDP) mit 69:67 Stimmen durch. Das Zufallsmehr löste im Rat grosse Heiterkeit aus und hatte zur Folge, dass das Projekt für ein paar Jahre liegenblieb.

Das Mitbestimmungsrecht in der Praxis

Grundsatzentscheide in der einen oder anderen Richtung waren und sind nur Teilentscheide, sie bildeten die Voraussetzung für eine Praxis, die erst noch eingelöst werden, das heisst sich bewähren musste. Wie wurde der Idee der Volkssouveränität nach den Grundsatzentscheiden konkret nachgelebt? Der Bundesrat legte die *Revisionen des Völkerbundsvertrages,* wie der Beitrittsbeschluss dies vorschrieb, den eidgenössischen Räten vor und publizierte sie für das fakultative Referendum. So wurden fünf Abänderungen, die zum Beispiel die Wahl der ständigen Mitglieder, die Kostenverteilung etc. betrafen und von der zweiten Völkerbundsversammlung beschlossen worden waren, am 8. Dezember 1922 zum Bundesbeschluss erhoben und am 13. März 1923 nach Ablauf der dreimonatigen Referendumsfrist rechtskräftig. Die Debatte aber über die schweizerische Mitgliedschaft wurde auch nach dem Volksentscheid von 1920 fortgesetzt. Spätestens im Sommer 1923 wurde von den einzelnen Volksvertretern die Frage aufgeworfen, ob die Schweiz nicht besser daran täte, wieder auszutreten. Mit einer Volksinitiative hätte dieses Prozedere konkret angestrebt werden können. Nationalrat Müller (CVP) referierte (nicht ganz ohne innere Zustimmung) die angeblich im Volk verbreitete Meinung, es sei von den Herren von Bern im Abstimmungskampf «angelogen» worden. Nationalrat Abt (FDP) verkündete, man könne es «unserem ideal denkenden Volke» nicht übelnehmen, wenn es vom Völkerbund enttäuscht sei. Solche Signale lösten natürlich sogleich Reaktionen aus. Bundesrat Motta forderte die Volksvertreter auf, «de ne pas jouer avec le feu, de ne plus faire des allusions à cette idée funeste de faire sortir la Suisse de la Société des Nations». Obwohl der *Grundsatzentscheid* gefällt war und ernsthaft nicht mehr in Frage gestellt wurde, wurde die Grundsatz*diskussion* weitergeführt. Sie bewegte sich zwischen den beiden Polen der Anklage und der Rechtfertigung. So beanstandeten die einen weiterhin die bestehenden Ungleichheiten und die Reden des Völkerbunds, denen keine Taten folgten, während andere wie Nationalrat Gnägi (SVP) Geduld und Hoffnung für nötig erklärten:

> «Der Völkerbund braucht Zeit zur Entwicklung. Sehen wir doch in der schweizerischen Geschichte nach: Wie viele Jahrhunderte ist es gegangen, bis jeder Kanton das gleiche Recht hatte! Wie soll dieser Völkerbund nach der kurzen Zeit seines Bestehens schon alles so ordnen können, wie wir es wünschen?»

Die Frage der *Wahl der Delegierten zur Völkerbundsversammlung* gab schon bald nach der Abstimmung über den Völkerbundsbeitritt zu neuen Diskussionen Anlass. Am 4. Oktober 1920 bestimmte der Bundesrat die Zusammensetzung der ersten Dreierdelegation. Ihr gehörten an: Bundespräsident Motta, Altbundesrat Ador und Ständerat Usteri; später wurde der Staatsrechtler Max Huber zum Ersatzdelegierten gewählt. Tags darauf interpellierte Nationalrat Grimm (SP) die Regierung und fragte nach dem Verbleiben des im Vorjahr eingereichten Postulates über die Wahl der Delegierten durch das Parlament (vgl. oben). Bundespräsident Motta übernahm die seinerzeit von Calonder vertretene Regierungsposition: Weil die Delegierten von der Regierung instruiert würden und eine von ihr übertragene Regierungsfunktion ausübten, müssten sie auch von der Regierung ernannt werden. Motta stellte eine Beantwortung des Postulates in Aussicht, sobald genügend Erfahrungen gesammelt seien, er gab aber jetzt schon zu verstehen, dass er die Wahl durch das Parlament ablehnen werde, und stellte sich auf den Standpunkt: «Es ist nicht einzusehen, wieso die Wahl durch die Bundesversammlung demokratischer wäre als die durch den Bundesrat. Auch der Bundesrat hat Kontakt mit dem Volk.» Nachdem auch die Regierung bei der Volksabstimmung über den Völkerbundsbeitritt gerne die Einzigartigkeit der schweizerischen Entscheidungsmechanismen hervorgehoben hatte, lehnte sie jetzt die Wahl der Delegation durch die Volksvertreter mit dem Argument ab, die Schweiz wäre das einzige Land mit einem solchen Prozedere. In seinem Geschäftsbericht für das Jahr 1920 bekräftigte der Bundesrat diese Auffassung. Die Wahl der Völkerbundsdelegation widerspreche der verfassungsmässigen Kompetenzteilung, die Völkerbundspolitik sei ein gewöhnlicher Sektor der Aussenpolitik und müsse auf die übrige Aussenpolitik abgestimmt werden, die Völkerbundsversammlung sei kein Parlament, sondern eine Staatenkonferenz; es gehe nicht darum, Vielfalt zu repräsentieren, sondern arbeitsfähig zu sein, zudem gebe es andere Mittel, um eine der Auffassung des Parlamentes entsprechende Politik im Völkerbund sicherzustellen. Die Modalität der Generalswahl, die als Präzedenz angeführt werden könnte, tat der Bundesrat als «unzukömmliche» Ausnahme ab. In der parlamentarischen Beratung des Geschäftsberichtes versuchten die sozialdemokratischen Nationalräte eine Motion einzubringen, die den Bundesrat verpflichtet hätte, die Völkerbundsdelegation durch das Parlament wählen zu lassen, sie wurden aber von den bürgerlichen Ratskollegen nicht unterstützt. Diese hatten sich von der Regierung überzeugen lassen, dass nichts präjudiziert werden solle. Das weitere Zuwarten sollte sich indessen automatisch zugunsten der vom Bundesrat gewünschten Lösung auswirken. Fortan sollte diese nicht mehr ernsthaft in Frage gestellt werden.

Dass der Bundesrat für die *Instruktion* der Völkerbundsdelegation zuständig sei, war bereits 1919 entschieden worden, und später wurde dieser Entscheid von seiten des Parlaments nicht mehr angefochten. Hingegen zielten mehrere Vorstösse auf eine *Verbesserung der Information.* Im Herbst 1921 forderte die bürgerliche Mehrheit der Geschäftsprüfungskommission, der Bundesrat solle jeweils nachträglich die Instruktionen der schweizerischen Delegation publizieren. Nationalrat Seiler (FDP), ihr Sprecher, nahm einen alten Gedanken wieder auf und widersprach damit (wohl unbewusst) der bundesrätlichen These vom gewöhnlichen Charakter dieses Bereichs der Aussenpolitik: «Beim Völkerbund handelt es sich um etwas Neues, wo wir aus dem Willen des Volkes heraus handeln sollten.» Er beanstandete wichtige Passagen der Berichterstattung für das Jahr 1920 als zuwenig aussagekräftig. Widersprüchlich war seine Argumentation insofern, als dieser Vorstoss nur eine nachträgliche Bekanntgabe der Instruktionen vorsah, diese aber vor allem darum forderte, weil die schweizerische Öffentlichkeit sich nicht mit «verspäteten und summarischen Berichten» begnügen, sondern «rechtzeitig und direkt» informiert sein wolle. Die Regierung liess sich diese Motion überweisen, ebenso das von Nationalrat Grimm (SP) eingereichte Postulat, das statt der Berichterstattung über die Völkerbundstätigkeit im Rahmen der jährlichen Geschäftsberichte sogleich am Schluss jeder Session der Völkerbundsversammlung einen speziellen Bericht anregte. Bereits im Dezember 1921 entsprach der Bundesrat diesen Forderungen. Die nachträgliche Veröffentlichung der Instruktionen bezeichnete er einleitend in seinem Bericht als «Schritt von nicht unbeträchtlicher Tragweite», der von anderen Staaten bisher nicht unternommen worden sei. Wie zur Rechtfertigung fügte er bei: «Dieser Schritt ist jedoch angesichts der aktiven und unmittelbaren Mitwirkung des Schweizervolkes bei der Entscheidung über den Beitritt zum Völkerbund und angesichts der Aufmerksamkeit, welche auch heute die öffentliche Meinung unseres Landes den Völkerbundsproblemen widmet, gerechtfertigt.»

Im folgenden Jahr, im Oktober 1922, ging von der nationalrätlichen Völkerbundskommission ein weiterer Vorstoss aus, der den Bundesrat verpflichten wollte, in den Völkerbundsberichten nicht nur das Zustandegekommene zu behandeln, sondern insbesondere auch die zahlreichen Anträge aufzunehmen, die in den Abstimmungen unterlagen. Der Vorschlag wurde auch vom Ständerat unterstützt, allerdings statt als Motion in der weniger verbindlichen Form des Postulates. Ständerat Bolli (FDP) sah im Völkerbund eine Einrichtung, die der Entwicklung der Menschheit zu höheren Zielen diene. Wichtig sei eine eingehende Orientierung über die geistigen Bewegungen im Völkerbund, und dazu gehöre auch das Negative: Im Abgelehnten liege die Anregung zur weiteren gedanklichen Entfaltung des Völkerbundes. Der Bundesrat zeigte Verständnis für die Anregung, lehnte deren Durchführung aber aus praktischen Gründen ab. Die Berichte würden viel zu umfangreich, man müsste dann die ausführlichen Verhandlungsprotokolle, die ohnehin der Völkerbundskommission zugestellt wurden, verteilen, weil im Verlauf der Beratungen stets neue und zum Teil auch nur mündlich vorgetragene Anträge eingebracht würden.

Die Bewegung, welche die Rechte des Volkes und seiner Vertreter im Bereich der Aussenpolitik *institutionell* weiter ausbauen wollte, kam hiermit zu einem vorläufigen Stillstand. Die weitere Inanspruchnahme des Mitsprache- und Mitbestimmungsrechts fand nun – je nach Lage unterschiedlich intensiv – innerhalb des gegebenen Rahmens statt. Der Rahmen wurde erst 1936 etwas erweitert, als auf Grund eines Postulates von Nationalrat Grimm (SP) die Schaffung einer nationalrätlichen Kommission für auswärtige Angelegenheiten beschlossen wurde, wie sie die Minderheit von 1926 beantragt hatte. 1945 konnte sich schliesslich auch der Ständerat durchringen, eine entsprechende Kommission zu schaffen. Und heute wird als gut eingespielte Selbstverständlichkeit empfunden, was Bundesrat Motta 1926 als «aus verfassungsrechtlichen Gründen unannehmbar» bezeichnet hatte.

Abschliessend kann man sich fragen, ob sich der Aufwand, mit dem über den Ausbau der direkten und indirekten Mitgestaltung des Volkes im Bereich der Aussenpolitik diskutiert wurde, nicht in einem Missverhältnis zu den überhaupt gegebenen und den schliesslich tatsächlich auch genutzten Möglichkeiten befand.

Mit Daniel Frei ist diesem Bedenken aber entgegenzuhalten, dass es auch hier wie in der Innenpolitik nicht nur auf die unmittelbare «Hebelwirkung» ankommt. Die indirekte Präventivwirkung dürfte nämlich die wichtigere sein. Sie findet ihren Niederschlag in der Tatsache, dass die Vox populi als Interventionspotential bereits in der allgemeinen Alltagsarbeit des Regierungsapparates und bei der Ausarbeitung der einzelnen Vorlagen berücksichtigt wird. Debatten wie die hier referierten müssen in mehrfacher Hinsicht gewürdigt werden: Sie geben den professionellen Akteuren der Aussenpolitik konkrete Angaben, welcher politische Kurs mit der Zustimmung derjenigen rechnen kann, in deren Namen politisiert wird. Umgekehrt legitimieren solche Debatten die auf den Mehrheitswillen abgestimmte Politik gegen aussen. Drittens fördern sie beim Bürger die nötige Auseinandersetzung mit den anstehenden Fragen. Und viertens halten sie mit ihren wiederholten Bezügen auf das Prinzip der Volkssouveränität allen Beteiligten in Erinnerung, auf welchen Grundlagen der Staat, in dem sie leben, beruht oder beruhen sollte.

Anmerkung

Die Voten in den eidgenössischen Räten werden zum grössten Teil nach den gedruckten Stenographischen Bulletins der jeweiligen Verhandlungen zitiert. Die Parteiangaben zu den Votanten erfolgen in der heute üblichen Bezeichnung: FDP für die Freisinnig-Demokratische Partei, LDP für die Liberaldemokratische Partei, CVP für die Christlichdemokratische Volkspartei (damals Katholisch-Konservative Partei genannt), SP für die Sozialdemokratische Partei, SVP für die Schweizerische Volkspartei (damals Bauern-, Gewerbe- und Bürgerpartei BGB genannt).

Hat die Geschichte der europäischen Integration einen zentralen und leicht visualisierbaren Moment, der das gesamte Unternehmen legitimiert? Eigentlich wären es die Negativbilder des zerstörten Europa 1945. An Positivbildern stehen am ehesten die Vertragsunterzeichnungen von 1951 und 1957 in Paris zur Verfügung. Rechtliche Legitimation erlangten diese Vertragswerke jedoch erst mit den gleichsam dahinter von den sechs Parlamenten vorgenommenen Ratifizierungen. Diese lassen sich aber nicht zu einem abbildbaren Moment verdichten. Die Integrationsgeschichte leidet an einem Bilder- wie an einem Mythendefizit, wie Wolfgang Schmale schon 1997 festgestellt hat. Dafür steht ihr ein uraltes Bild und ein uralter Mythos zur Verfügung: die Geschichte vom Raub der Europa durch Zeus aus dem 5. Jh. v.Chr. Dieses ist für das heutige Verständnis nutzbar: Es veranschaulicht eine Situation, von der man nicht so recht weiss, wer steuert und wer gesteuert wird, und eine Situation, in der man keine Ufer hinter sich noch vor sich sieht, sondern nur den hohen Himmel über sich und das tiefe Meer unter sich hat – und auf den inneren Kompass angewiesen ist (Ausschnitt aus: Jean Auguste Dominique Ingres, «Der Raub der Europa». 1865).

Die Europäische Union – legitimiert aus dem Gang der Geschichte?

Von den drei Elementen, die der Titel zur Verfügung stellt, sei hier vorausgesetzt, dass die EU ein bekanntes Gebilde ist. Dennoch müssen wir uns fragen, was in diesem Fall legitimiert werden soll. Wir können davon ausgehen, dass weniger ein bestimmtes Handeln und Vorgehen als schlicht die Existenz der EU und deren Ambition, deren Sein und Wollen und damit das Weiterbestehen allenfalls durch Geschichte legitimiert werden soll. Dies könnte allerdings ein bereits zu bescheidener und defensiver Ansatz sein, denn ein stärkerer und verbindlicherer Ansatz könnte sich nicht mit einer Ermächtigung (einem Dürfen) begnügen wollen und vielmehr gestützt auf die Geschichte oder von dieser abgeleitet eine Pflicht (ein Sollen) gegenüber einem von Vorvätern überbundenen Erbe postulieren. Die Verpflichtung beschränkte sich gemäss diesem Verständnis nicht auf die Konservierung, sie würde auch Weiterführung fordern. Demnach wäre es an der je nachfolgenden Generation, das Ihre zur Vervollkommnung beizutragen. Die beiden folgenden Abschnitte befassen sich zunächst mit dem, was unter «Legitimation» und «Gang der Geschichte» verstanden werden kann.

1. Legitimation als Gegendiskurs

Was nun mit Legitimation in unserem Fall gemeint ist, sei zunächst beschreibend, dann analytisch erörtert. Die Legitimation aus dem «Gang der Geschichte» stützt sich im Fall der EU in der Regel auf die Zeit nach 1945. Es gibt allerdings auch Legitimationsversuche, welche sich auf die Zeit davor abstützen, auf die Kriegserfahrung unmittelbar davor, aber auch auf wesentlich weiter zurückliegende Zeiten, welche das Wesen des Europäischen angeblich zum Ausdruck bringen, ob dies nun die Zeit ist, da die Griechen bei Salamis die Perser besiegt, oder die Epoche, da sich die Vielfalt der Herrschaftsräume (Voraussetzung und Folge besonderer kultureller Dichte) entwickelt haben. Diese legitimierenden Rückgriffe in Kombination zumal mit Vorgriffen auf die Zukunft lassen sich beispielsweise an Churchills Zürcher Rede vom 19. September 1946 illustrieren, denn beide Typen von Bezugspunkten bilden den Ausgangspunkt für das weitgehend vom Realisationswillen der Zeitgenossen abhängig verstandene Zukunftsprojekt: «We must build a kind of United States of Europe. [...] Let Europe arise!» Der ältere positive Legitimationspunkt ist, dass es sich um einen «edlen Kontinent handle, der letzten Endes die schönsten und kultiviertesten Gebiete der Erde umschliesst» und der «in alter und neuer Zeit der Ursprung fast jeglicher Kultur, Kunst,

Philosophie und Naturwissenschaft» gewesen ist.[1] Der jüngere negative Legitimationspunkt, der den Zweiten Weltkrieg meint, wird als «tragedy» und als «series of frightful nationalistic quarrels»[2] bezeichnet.

Legitimation setzt einen Begründungszwang voraus. Legitimation ist Gegendiskurs gegen vermeintliche oder tatsächliche Infragestellung. Worin besteht der Delegitimationsdiskurs, gegen den der Legitimationsdiskurs antritt? Der Delegitimationsdiskurs orientiert sich an der Nationalidee und beruft sich dabei auf zwei Dinge: einmal auf die Natürlichkeitsvorstellung, die im Nationalstaat sozusagen zwangsläufig die richtige Grundgrösse der gesellschaftlichen Organisation sieht; und zum anderen auf die wiederholte, durch Geschichte und Gegenwart nur zu penetrant servierte Erfahrung, dass Nationalstaaten von massgebenden Eigeninteressen geleitete Aktionseinheiten und durch die Macht der innenpolitischen Tatsachen gezwungen sind, ihre eng definierten Eigeninteressen zu maximieren. Da kann kein supranationales Gebilde irgendwelche Legitimation haben; da wäre es eine Illusion zu meinen, dass es je einen Weg, einen historischen Prozess hin zur supranationalen Utopie gebe, denn da gibt es auch keinen Raum für die Vorstellung, dass der Supranationalismus eine unter Umständen notwendige Art der Wahrnehmung von nationalen Interessen sein könnte und das Zusammenleben von Nationen kein Nullsummenspiel ist.

Das etwas naive Gegenstück zu dieser am Nationalstaat als letzter Instanz der Geschichte orientierten Idee ist die Vorstellung der fortschreitenden Domestizierung der Anarchie, dass es nämlich dem Plan der Evolution entspreche, dass nach der Durchsetzung des Rechts gegen die Gewalt und der Durchsetzung des Gewaltmonopols im innerstaatlichen Bereich in einem nächsten «logischen» Schritt das gleiche auch im zwischenstaatlichen Bereich durchgesetzt werde, eine Sozialisierung, Vergesellschaftung der Staatenwelt also. Gerade unter dem Aspekt von «Durchsetzungen» von irgendwelchen Regimen wissen wir, dass die Geschichte keine Einbahnstrasse ist. Schön wär's, wir hätten die Geschichte gemäss einer alten Illusion als *magistra vitae*, aber nicht nur für individuelle Einsichten, sondern für kollektives Lernen hin zu verträglichen und solidarischen Verhaltensmustern. Da menschliches Verhalten (etwa im Gegensatz zu demjenigen der Zugvögel) grundsätzlich ungebundenes Verhalten ist, kann individuell oder kollektiv zu jeder Zeit auch ein schlagartiges Verlernen stattfinden, oft in der Form, dass allgemeine Grundsätze zwar schon richtig, im konkreten Fall aber nicht anzuwenden seien.

Die historisierende Legitimierung der EU kann mit verschiedenen Gegendiskursen gegen die Delegitimierung des supranationalen Projekts antreten:

Ein *erster Typus* besteht in der Demontage der Vorstellung, dass der Nationalstaat eine natürliche Grösse sei, das heisst in der Historisierung dieses Phänomens, die nachweist, dass der Nationalstaat unter bestimmten Umständen entstanden ist und

1 «This noble continent, comprising on the whole the fairest and the most cultivated regions of the world […] it is the origin of most of the culture, arts, philosophy and science both of ancient and modern time.» Max Sauter, Churchills Schweizer Besuch 1946 und die Zürcher Rede. Herisau 1976.

2 Max Sauter, Churchills Schweizer Besuch 1946 und die Zürcher Rede. Herisau 1976.

bestimmte Funktionen erfüllte und dass es eine Zeit davor gab und darum auch eine Zeit danach geben kann. Diese Argumentationsfigur halte ich für sehr wichtig, sie kann hier aber nicht weiter vertieft werden.

Ein *zweiter Typus* eines Gegendiskurses ist meines Erachtens eher problematisch, er erreicht zwar das Publikum, er betont eine an sich unbestrittene Grundtatsache, die dem heutigen Europaprojekt leicht, meines Erachtens zu leicht, Legitimation verleiht. Vor einer kritischen Analyse kann er aber nicht bestehen. Er gilt der Grundtatsache, dass «wir in Europa seit einem halben Jahrhundert keinen Krieg mehr haben». Eine bessere Legitimation, wenigstens was ihre ethische Höhenlage betrifft, kann sich die EU zwar nicht wünschen. Diese Legitimation ist aber so wenig überzeugend, wie sie hochstehend ist. Die EU ist ohne Zweifel ein Friedensprojekt. Das wird auch mit verschiedenen Präambeln bezeugt.[3] In dieser Argumentation werden aber Ursache und Wirkung verwechselt. Wenn man es so einfach sagen darf, nur die Grundtatsachen vor Augen: Es herrscht in Europa nicht Friede, weil es die EU gibt, nein, es gibt die EU, weil Friede herrscht. Warum dem so ist, wäre eine andere, hier ebenfalls nicht zu vertiefende Problematik, hier muss, hier darf die Metapher genügen: Der bellizistische Krater ist ausgebrannt, es darf jetzt über dem ruhig gewordenen Grund das gemeinsame Gras wachsen.

Das kam im übrigen nicht von alleine: Die Konstellation des Kalten Krieges und die Amerikaner haben viel dazu beigetragen. Wie bescheiden die Fähigkeit zur Lösung von gewalttätigen Auseinandersetzungen in Europa nach wie vor ist, zeigen uns, wie Israel in der Abwehr friedenspolitischer Ermahnungen aus Europa gerne betont, die Konflikte in Nordirland und im Baskenland – man könnte auch noch Korsika und Gibraltar nennen. Die EU ist vielmehr eine kluge und produktive Nutzung pazifizierter Verhältnisse, und sie trägt ohne Zweifel viel zu deren Andauern bei. Ob die Errungenschaft dessen, was wir Frieden in Europa nennen, irreversibel ist, muss offenbleiben. Als Historiker gehe ich, wie gesagt, davon aus, dass nichts auf immer gesichert ist. Es ist aber eine wichtige Realität, dass wir uns zur Zeit einen «Rückfall» in die Verhältnisse vor 1945 (wie schon bald einmal auch eine Rückkehr in die Verhältnisse vor 1989) schlicht nicht vorstellen können. Dies ist darum wichtig, weil diese Vorstellung die realen Beziehungen mitprägt und auf diese Weise eine selbsterfüllende Wirkung hat.

Andere Argumente des Gegendiskurses bringen zu Recht die dem Historiker wichtige Kategorie der Zeit ins Spiel. Die Historiker können die realistischen Utopisten unterstützen, indem sie zeigen, dass es, zwischen dem «now or never», mit beharrlichem, stetem und nachhaltigem Wollen einen – zugegebenermassen wenig dankbaren – Weg des mittel- und langfristigen Erfolges gibt, dass Rom eben, wie ein toskanisches Sprichwort sagt, nicht an einem Tag gebaut worden ist («Roma non fu fatta in un

3 EGKS-Vertrag vom 18. April 1951: «[...] zum Fortschritt der Werke des Friedens beizutragen [...]»; EWG-Vertrag vom 25. März 1957: «[...] entschlossen, durch diesen Zusammenschluss ihrer Wirtschaftskräfte Frieden und Freiheit zu wahren und zu festigen»; «[...] festen Willen, die Grundlagen für einen immer engeren Zusammenschluss der europäischen Völker zu schaffen».

giorno»). Darum ist es nicht nur billiger Trost, wenn man zum Beispiel angesichts der offenen Missachtung des Stabilitätspaktes insbesondere durch Frankreich und Deutschland sagt, dass es solche Abmachungen anfänglich immer schwer hatten, mit der Zeit aber doch beachtet worden sind. Andererseits spielt die Strukturierung der Zeit durch Termine, die man in den Kalender setzt, eine wichtige Rolle. Jean Monnet hat sich als alter Mann geduldiger gegeben, als er vielleicht in seiner *vita activa* war. Seines Erachtens waren die Termine unwichtig, die Hauptsache, die Richtung stimmte. Es war die historische Leistung eines sehr würdigen Nachfolgers, nämlich Jacques Delors', dass unter dessen Führung 1985 von einer «Cellule de Prospective» ohne theatralische Gesten, aber mit missionarischem Impetus ein Weissbuch mit rund 300 konkreten Etappierungsvorschlägen zur Verwirklichung des Binnenmarktes als «objectif 1992» erarbeitet und damit solide Visionen zur Weiterentwicklung der EG skizziert wurden.

In ähnlicher und ebenso anerkennenswerter Weise wurde die Osterweiterung sozusagen «generalstabsmässig» durchgezogen. Das ist mehr als die wahrscheinlich ebenfalls wertvollen Sonntagspredigten etwa wiederum eines Churchill 1946, in denen er versicherte, es gebe und er kenne ein «sovereign remedy», ein Allheilmittel: «The process is simple. All that is needed is the resolve of hundreds of millions of men and women to do the right instead of wrong and gain as their reward blessing instead of cursing» (Segen statt Fluch) – das erinnert an die Heilslehre, die glaubt, dass das Reich Gottes käme, wenn einmal an einem Tag kein Mensch eine Sünde begehe.

2. Geschichte als Rekursfeld

Wenden wir uns dem «Gang der Geschichte» zu, dem Hauptelement unserer Erörterungen. Vielleicht wirkt es kleinlich, dennoch müssen drei grundsätzliche Bemerkungen vorausgeschickt werden:

- Legitimation aus dem Gang der Geschichte gibt es nicht. Was es dagegen gibt, das ist Legitimation – oder das sind Legitimationsversuche – mit *Rekursen* auf den Gang der Geschichte. Denn auch Geschichte als solche, das heisst als eigene Autorität, gibt es nicht. Dagegen gibt es sogar recht oft ein Rekurrieren auf Vergangenheit in der Absicht, mit dem *Argument der Geschichte* ein Unternehmen der Gegenwart beziehungsweise ein Zukunftsprojekt zu legitimieren.[4]
- Weiter ist in unserem Metier zwischen Geschichte als Vergangenheit und Geschichte als Bild von dieser Vergangenheit zu unterscheiden. In der Regel beziehen sich die Rekurse nicht auf den Gang der Geschichte, sondern auf Bilder vom Gang der Geschichte. Intensiv präsente Geschichtsbilder machen ein derartiges Rekurrieren nicht nur möglich, sie programmieren es geradezu, wie umgekehrt

4 Zur Definition Europas über die Geschichte vgl. auch Georg Kreis, Europa und seine Grenzen. Bern 2003. S. 48ff.

die Bezüge auf ein bestimmtes Geschichtsbild dieses wiederum nähren. Man hat's gemerkt: Ein Versuch, die gestellte Frage zu beantworten, wird – zwangsläufig – zu einer allgemeinen Erklärung dessen, was Geschichte überhaupt ist. Gemeint ist dabei die Geschichte, die hinter und nicht vor uns liegt, obwohl sich historisierende Legitimation vielleicht sogar mehr noch auf den vor uns liegenden Gang der Geschichte mit all seinen noch intakten Erwartungen stützt.

– Im Vorwort der um 1992 gestarteten Buchreihe «Europa bauen» stellt der französische Historiker Jacques Le Goff lapidar fest: «[...] das Heute entstammt dem Gestern, und das Morgen entsteht aus dem Vergangenen.»[5] Dieser sehr allgemeinen Feststellung kann man unverbindlich zustimmen. Es kommt jedoch darauf an, wie wir das Gestern und Heute miteinander verknüpfen. Verknüpfungen stiften Sinn, gehen von Deutungen aus und/oder schaffen Deutungen. Der Wiener Mediävist Michael Mitterauer warf Le Goff vor: «Wer den Baumeistern Europas Bausteine zutragen will, sollte sich wohl darüber Gedanken machen, um welchen Bau es hier eigentlich geht. Die Allgemeinheit der Formulierung lässt zunächst nur erkennen, dass Historiker sich wieder einmal politisch in Dienst nehmen lassen. Sie bauen mit, mit welchem Ziel auch immer.»[6] Herausgeber Le Goff und angesehenen Autoren wie Peter Burke, Umberto Eco und Hagen Schulze täte man unrecht, würde man ihnen vorwerfen, sie würden unkritisch das Werk anderer legitimieren. Sie stellen, ganz ihrem Fachwissen verpflichtet, lediglich Orientierungshilfen zur Verfügung und schreiben, was sie ohnehin geschrieben hätten, jetzt aber mit der Etikette «Europageschichte» besser verkaufen können.

3. Elemente gängiger Vergangenheitsverständnisse

Daneben gibt es freilich eine einfache Geschichte der EU mit einem mehr oder weniger *standardisierten Geschichtsbild*, ein beinahe kanonisiertes und mit einer klaren Richtung ausgestattetes historisches Rezital. Es umfasst mehrere Etappen zwischen sogenannten Meilensteinen, Verträgen und Beschlüssen zur Vertiefung und Erweiterung der inzwischen rund fünfzigjährigen Entwicklung. Die Entwicklung der Gemeinschaft wird, das hat sie mit der Nationalgeschichte gemeinsam, nicht nur als strahlender Siegeslauf erzählt, sondern, weil es der Realität entspricht und zudem von volkspädagogischem Nutzen ist, als Geschichte der Bedrohung und Bewahrung, der Erfolge und der Misserfolge, aber auch als Geschichte letztlich stets belohnter Unermüdlichkeit. Es mag dem noch jungen Alter und dem wenig fortgeschrittenen Stadium der Historiographie der EU-Geschichte entsprechen, dass um sie bisher keine grösseren Kontroversen geführt worden sind. Die Frage, ob die EWG von 1957 im Vergleich zur

5 Vorwort der seit 1993 im Beck Verlag erschienenen Reihe «Europa bauen».

6 Michael Mitterauer, Die Entwicklung Europas – ein Sonderweg? Legitimationsideologien und die Diskussion der Wissenschaft. Wien 1999. S. 23.

EGKS von 1951 nicht eher ein Rückschritt war, ein Integrationsrückbau, interessiert heute kaum jemanden. Auch die Frage, wer für die temporäre Spaltung Westeuropas in das Lager der EWG und das Lager der EFTA verantwortlich war, die eine oder die andere Seite, ist für das heutige Selbstverständnis bedeutungslos. Es kommt auf den *grand design* an und nicht auf die Nebensächlichkeiten. Die spannendste Frage ist die von Alan Milward abgehandelte, ob sich die grossen Nationalstaaten darum auf die Vergemeinschaftung einliessen, weil sie damit ihre nationale Grösse in die Zukunft retten konnten.[7] Damit verknüpft ist die Frage, ob es, wie Joscha Schmierer annimmt, die Entkolonialisierung Europas war, welche die Rekontinentalisierung Europas ermöglichte, ja erheischte.[8]

EU-Geschichten kommen oft als Chronologien daher, und sie führen in einer Häufigkeit, wie dies bei Nationalgeschichten nicht der Fall ist, die *Metapher des Wegs* im Titel. Ich verweise hier nur auf drei Titel von mir wichtigen Autoren: auf Hartmut Kaelble, Auf dem *Weg* zu einer europäischen Gesellschaft: eine Sozialgeschichte Westeuropas 1880–1980, auf Wilfried Loth, Der *Weg* nach Europa, und auf Wolfgang Mommsen (als Hrsg.), Der lange *Weg* nach Europa: Historische Betrachtungen aus gegenwärtiger Sicht. Das Bild vom Weg gibt's natürlich auch in der heutigen *lingua franca*: David W. P. Lewis, The *Road* to Europe. Unklar bleibt bei all diesen plakativen Titeln, ob der «Gang der Geschichte» einem vorgegebenen Weg folgt oder ob das, was man retrospektiv als Weg bezeichnet, im Moment des Gehens in der Geschichte entsteht wie Fussspuren auf einem offenen und noch nicht begangenen Feld. Es dominiert jedoch die Vorstellung, dass die Geschichte so verlaufen musste, wie sie es tat, und dass der Weg bereits bestand, ein Weg ohne Abzweigungen und mit starken Leitplanken. Ohne dem Determinismus das Wort zu reden, ist davon auszugehen, dass die Geschichte in der Regel nicht von ungefähr den Weg nimmt, den sie nimmt, und dass es herauszufinden gilt, warum sich die eine Variante eher durchgesetzt hat als eine der anderen blossen Möglichkeiten.

Jede Geschichte und auch ein Weg hat einen *Anfang* oder mindestens einen *Ausgangspunkt*. Im Falle der EU-Geschichte ist dieser Anfang uneindeutig, es gibt keinen klar konturierten und legitimierenden Ursprungs- und Gründungsmythos. Die Chronologien beginnen recht oft mit Churchills Zürcher Rede von 1946. Eine andere Lesart sieht in der Verkündung des Schuman-Plans 1950 den Anfang. Ihr Datum, der 9. Mai, ist im Sinne einer supranationalen Analogie zu den *Nationalfeiertagen* am Gipfeltreffen in Mailand vom Juni 1985 zum Europatag erklärt worden – dies allerdings in Konkurrenz zum intergouvernementalen Europa, das am 5. Mai, dem Gründungstag des 1949 geschaffenen Europarats, seinen Europatag hat. 1985 wurde am gleichen Gipfel ein noch wichtigeres Geschäft beschlossen: zum ersten Mal die Einberufung einer in ihrer Art völlig neuen und nicht vorgesehenen Regierungskonferenz zur Revision der Römer Verträge von 1957. Die EU-Geschichte hat in ihrem Reper-

7 Alan S. Milward, The European Rescue of the Nation-State. Berkeley, CA 1992.
8 Joscha Schmierer, Mein Name sei Europa: Einigung ohne Mythos und Utopie. Frankfurt a.M. 1996.

toire – wie manche Nationalgeschichten – ein paar *founding fathers*: neben den bereits erwähnten Churchill[9] und Schuman[10] vor allem Jean Monnet[11]; im weiteren kann man de Gasperi[12], Spaak[13] und ein wenig auch Adenauer[14] dazuzählen.[15] Die Anfänge werden aber doch nicht so präsentiert, dass in ihnen der ganze Rest der Geschichte bereits angelegt wäre.

4. Geschlossenes oder offenes Geschichtsverständnis

Man kann den sogenannten «Gang der Geschichte» auf prinzipiell zwei unterschiedliche Arten verstehen und das Produkt dieser Entwicklung entsprechend unterschiedlich legitimieren: Man kann die EU-Geschichte wie viele andere Geschichten als geschlossen, determiniert und von unpersönlichen Faktoren bestimmt verstehen. Oder man kann sie als grundsätzlich offen und von beteiligten Akteuren geschaffen verstehen. Im ersteren Fall geht man von einer strukturellen und der Sache immanenten Dynamik aus, im letzteren Fall von so oder anders handelnden Personen auf unterschiedlichen Ebenen.

Im einen Fall liegt der Vorstellung deklariert oder undeklariert ein teleologisches, von den utopischen Fernzielbenennungen und dem Reden von der Finalität genährtes Geschichtsverständnis zugrunde, eine Vorstellung der im vermeintlichen Heilscharakter dieses Vorgangs angelegten Endzweckbestimmtheit. In diesem Fall sind die Akteure nur Förderer oder Bremser eines vorgegebenen Programms. Diesem Verständnis folgend, kann man, ohne krude Eschatologie zu betreiben, zum Beispiel dem Gedanken nachhängen, dass das halbe Jahrhundert Ostblockzeit ein Umweg war, für die direkt Betroffenen eine Zeit der «verlorenen Jahre» (die Griechen zum Beispiel sind heute im nachbarschaftlichen Vergleich besonders dankbar, dass sie nicht Bulgaren gewesen

9 Winston Churchill (1874–1965), 1945–1951 Oppositionsführer der britischen Konservativen, 1948 Ehrenpräsident des Haager Kongresses, war für eine kontinentale EG ohne Grossbritannien und in der unionistischen Variante als lockerer Staatenbund, 1951–1955 erneut britischer Premierminister.

10 Robert Schuman (1886–1963), 1948–1953 französischer Aussenminister, 1955 Präsident der Europäischen Bewegung, 1958 1. Präsident des Europäischen Parlaments.

11 Jean Monnet (1988–1979), 1946 Leiter des französischen Planungsamtes, 1950 Präsident der Schuman-Plan-Konferenz, 1952–1954 Präsident der Hohen Behörde der EGKS, 1955–1975 Präsident des Aktionskomitees.

12 Alcide de Gasperi (1881–1954), 1945–1954 italienischer Ministerpräsident, 1954 Präsident der Parlamentarischen Versammlung der EGKS (des ersten «Parlaments»).

13 Paul Henri Spaak (1899–1972), belgischer Premierminister 1946–1949, 1949–1951 Präsident der Beratenden Versammlung des Europarates, 1952–1954 als Vorgänger de Gasperis Präsident der Parlamentarischen Versammlung der EGKS, 1955/56 Präsident des Expertenkomitees für den EWG-Vertrag, 1957–1961 Generalsekretär der NATO.

14 Konrad Adenauer (1876–1967), 1949–1963 westdeutscher Bundeskanzler, um 1950 zugleich Aussenminister.

15 Martyn Bond, Julie Smith, William Wallace (Hrsg.), Eminent Europeans: Personalities who shaped contemporary Europe. London 1996.

sind). Es gibt die Vorstellung, dass der «Osten» an der Attraktivität des «Westens» zerbrochen ist, ja zerbrechen musste.[16] Demnach wäre, mindestens in Europa, der in verschiedenen Schattierungen verwirklichte und mit Sozialismus angereicherte Liberalismus die dominierende Kraft, welche den grösseren «Gang der Geschichte» bestimmt hat. Da kommt uns die Metapher des Wegs wieder in der Sinn, wobei es gemäss Matthäus 7,13 verschiedene Wege gibt, binär mindestens deren zwei, den breiten und den schmalen. Beide aber münden ins Himmelreich.

Theoretisch hätte 1946/47 der Königsweg, auf einer breiten, aber kurzen Heerstrasse, zur Verfügung gestanden: die Verwirklichung «Europas» in einem einzigen Schritt, mit einem Verfassungsrat der europäischen Völker etc. Die sich realisierende Geschichte nahm den schmalen, steilen und langen, aber auch, sofern man sich trösten muss, den soliden Weg des nachhaltigen Wachstums, das, wenn nochmals ein Metapherwechsel gestattet ist, einen Stamm mit engen Jahresringen hervorgebracht hat. Hier bietet sich übrigens eine bescheidene Analogie zum schweizerischen Geschichtsverständnis an, das, gestützt auf die Baummetapher, von einem organischen Gedeihen von 1291 bis in die neueste Zeit ausgeht und nicht frei von der Vorstellung ist, dass die Schweiz am Ende ihrer Geschichte angekommen ist. In der Schweiz gibt es Leute, die der EU vorwerfen, eben nicht organisch gewachsen, sondern ein Konstrukt zu sein oder, falls doch gewachsen, nicht bereits 700 Jahre gelebt zu haben.[17] Es erstaunt übrigens nicht, dass wir auch beim Gemeinschaftsgründer Jean Monnet die Baummetapher finden: «Les racines de la Communauté sont fortes, maintenant, et elles vont loin dans le sol d'Europe.»[18] Dieses halbdeterministische Geschichtsbild geht davon aus, dass, einmal gepflanzt, die Pflanze nur noch gepflegt werden müsste. Das innere Programm dieses Wachstums geht aber nach Gesetzen, die der Gärtner, auch wenn er zu stutzen und zu pfropfen versteht, nur bedingt bestimmen kann. Europa entstand aber nicht aus sich selbst spriessenden Zweigen und Blättern und folgt auch nicht einer selbstprogrammierten Zellvermehrung.

Deterministische Geschichtsverständnisse können Legitimationsfunktion haben, das heisst: Wer Legitimation durch den Gang der Geschichte sucht, ist geneigt, deterministische Geschichtsverständnisse zu entwickeln oder zu übernehmen. Dazu weniger geeignet ist ein offenes Entwicklungsverständnis, das die Geschichte als eine Reihe von kontingenten Momenten versteht, die zu diesem oder jenem führen können und Voraussetzungen für nachfolgende Momente werden, deren weitere Entwicklung wiederum offen ist. Gemäss diesem Verständnis *musste* die EG nicht entstehen, aber sie *konnte* unter bestimmten historischen und politischen Voraussetzungen entstehen – nach den Erfahrungen des Zweiten Weltkrieges, angesichts der Bedrohung aus dem Osten und nachhaltig gefördert aus dem Westen. Das Entstandene wurde dann seinerseits zu einer Voraussetzung, insbesondere für die Schaffung einer dauerhaften Frie-

16 Joscha Schmierer, Mein Name sei Europa. S. 23ff. Anm. 8.

17 Für viele hat der Konstruktionscharakter nichts Negatives. Vgl. etwa die beste historische Gesamtdarstellung von Pierre Gerbet, La construction de l'Europe. Paris 1983/1994.

18 Jean Monnet, Mémoires. Paris 1976. S. 615.

dens- und Freiheitsordnung in ganz Europa nach 1989. Es dürfte schwierig oder gar unmöglich sein, aus der Einsicht, dass die Entwicklung Wandel ist, der aus Wandel hervorgeht und weiteren Wandel ermöglicht, eine historische Legitimation für die Gegenwart abzuleiten.

Wie hat man sich die kontingenten Momente vorzustellen? Vielleicht, wie Herbert Lüthy 1960 die Römer Einigung von 1957 gedeutet hat:

> «Der Vertrag von Rom wurde wie eine Wette abgeschlossen, indem man die Hindernisse geflissentlich übersah, und er wurde von den Parlamenten mit verbundenen Augen ratifiziert. Er wurde von den französischen Kammern in jenem Sommer nach Suez genehmigt, [da] Finanznot und Devisenknappheit kaum zu glauben erlaubten, dass Frankreich auch nur die einfachsten Verpflichtungen des Vertrags werde erfüllen können. Doch er wurde ratifiziert, und von diesem Augenblick an kam Bewegung in die Wirtschaft; die Geschäftsleute fingen an, sich mit der Emsigkeit eines aufgestörten Ameisenvolkes an die neue Situation anzupassen [...].»[19]

Wie eine Wette abgeschlossen – ist das nicht eine einprägsame Umschreibung von Kontingenz, die mit Unsicherheit beziehungsweise Undeterminiertheit eine historische Stunde oder Minute mit der nächsten verknüpft? Lüthy legt mit seiner Deutung 1960 zugleich ein Bekenntnis gegen das damals anhebende *Revival* des Historischen Materialismus ab, indem er sagt, dass der politische Überbau nicht vom wirtschaftlichen Unterbau bestimmt wird, allerdings nur unter bestimmten Bedingungen. Nochmals Herbert Lüthy: «Die Wirtschaft folgt, sie führt nicht – oder: sie führt nur dann, wenn keine Politik da ist.»[20]

Ein zeitlich nur beschränkt gegebener Umstand war die Hochkonjunktur der späten 1950er und der 1960er Jahre. Der britisch-amerikanische Historiker Tony Judt betont gerne die Einmaligkeit dieser goldenen Phase und tut dies, um vor der Illusion zu warnen, dass sich das «Integrationswunder» jener Zeit bei der Osterweiterung wiederholen werde.[21] Leicht abgeschwächt durch ein «in certain vital respects» versteht er das Entstehen der Europäischen Gemeinschaft als Ergebnis eines Zufalls («it was an accident»)[22]. Jedenfalls nicht wiederholbar: «Whatever made possible the Western Europe we now have was almost certainly unique – and unrepeatable.»[23] Es war gemäss diesem und dem auf den bereits erwähnten Alan Milward gestützten Verständnis eine Folge der gemeinsamen Agrarpolitik. Wir müssen hier nicht prüfen, was an dieser Sicht einleuchtet. Wichtig ist das Grundmuster des Verständnisses: die EG als zufälliges

19 Herbert Lüthy, «Ein Zollverein namens Europa». 1960. In: Ders., Nach dem Untergang des Abendlandes. Köln 1964. S. 387–403. Zit. S. 391.

20 Ebenda.

21 Tony Judt, A Grande Illusion: An Essay on Europe. New York 1996. – Deutsche Version: Ders., Grosse Illusion Europa: Herausforderungen und Gefahren einer Idee. München/Wien 1996.

22 Ebenda, S. 17.

23 Ebenda, S. 24.

Ergebnis einer Summe wirtschaftlicher, nationaler und wahltaktischer Einzelinteressen, bedingt durch die Umstände und ermöglicht durch den Wohlstand. Erst nachdem man die Agrarpolitik als Paket hatte, sei dieses in den weitgesteckten argumentativen Rahmen eines Zusammenschlusses der europäischen Nationen gestellt worden («Only after the fact has been incorporated into a broader account of the coming together of European nations»)[24]. Mit seiner Dekonstruktion von idealistisch verbrämten Deutungsmustern wird Judt der Historikerrolle gerecht, er zeigt, was Kontingenz sein kann. Die Frage ist nur, ob denn die Osterweiterung, wie er mit grosser Selbstverständlichkeit annimmt, tatsächlich auf die Wiederholung des Wunders setzt und zwingend darauf angewiesen oder ob sie einfach eine andere «one-time transformation» ist.

5. Jean Monnets Verständnis vom «Gang der Geschichte»

Man kann, auf Lüthy zurückkommend, sagen, dass in den Anfängen der Entwicklung der EG die Politik durchaus da war. Die Politik, das waren die Politiker oder die Politik betreibenden Chefbeamten, und das war allen voran Jean Monnet. Hören wir, was er 1976 als 88jähriger an Vorstellungen über den «Gang der Geschichte» gehabt hat: Einerseits war er überzeugt, dass eine objektive Notwendigkeit der Vergemeinschaftung Europas bestand und dass man in diesem Prozess 1950 mit der Verkündung des Plans zur Schaffung der Montanunion den *point of no return* erreicht habe (auf gut französisch: «En 1950, nous nous sommes engagés dans un processus volontaire d'unification que personne depuis n'a pu ni voulu remettre en question»).[25] Andererseits, wir haben's bereits gehört, verstand er die Umsetzung der Einsicht in die Notwendigkeit des Prozesses als «processus volontaire». Die Freiwilligkeit, damit war nicht die freie Imagination von irgendwelchen Luftschlössern gemeint, sondern – auch schon gesagt – erstens die Einsicht in das als notwendig Erscheinende, zweitens der freie Wille, diese Einsicht umzusetzen, und drittens der feste Glaube, der dem Willen Dauer verleiht. Das alles finden wir in seinen verschiedenen Äusserungen. Man kann Einsicht auch Idee nennen und diese, wie Monnet sagt, zu einer lebendigen Wirklichkeit («une réalité vivante»)[26] werden lassen, und wir finden dies zusammengefasst in einem Satz: «Je n'ai jamais douté que ce processus nous mène un jour à des Etats-Unis d'Europe [...].»[27] Offen, kontingent war für ihn der Weg dorthin wie auch die Form des «Endergebnisses». Niemand könne heute sagen, welche Form Europa morgen habe (insbesondere ob es eine Föderation oder Konföderation werde), denn der aus dem Wandel hervorgehende Wandel sei unvorhersehbar – «car le changement qui naîtra du changement est imprévisible»[28].

24 Ebenda, S. 23.
25 Jean Monnet, Mémoires. Paris 1976. S. 613.
26 Ebenda, S. 610.
27 Ebenda, S. 616.
28 Ebenda.

Was aber sollen und können die in einen Megaprozess wie die EU-Geschichte eingebetteten Akteure und Animatoren, die politischen Architekten und aktiven Zeitgenossen? Gemäss Monnet müsse man jeden Tag den Weg neu finden, man müsse aber auch das Ziel nicht aus den Augen verlieren. Wir sollten uns vergegenwärtigen, dass da ein Mann spricht, der nicht nur aus dem französischen Regierungsapparat heraus den Plan zur Schaffung der EGKS lanciert und dann für vier Jahre (1952–1955) als Direktor an der Spitze dieses neu geschaffenen Apparates gewirkt hat. Es spricht da jemand, der den Mut hatte, sich 1955 aus dieser Funktion abzusetzen, um als Privatmensch das *Comité d'action* zu schaffen, das mit informeller Agitation den entscheidenden Beitrag zum Zustandekommen der Römer Verträge von 1957 geleistet hat. Ein Mann zudem, der 1975 dieses Komitee wieder auflöste, weil er sich sagte, dass es seine Aufgabe erfüllt habe. Nicht dass man am Ende der EU-Geschichte angelangt wäre, nein, bloss in der Meinung, dass man ja wieder etwas Neues gründen könne, wenn die Umstände dies erforderten.[29] Monnets Verständnis stützte sich auf einen alten Topos – und wohl auch auf eine entsprechende Erfahrung: Europa würde aus den Krisen entstehen, aber es sind nicht die Krisen selber, die Europa schaffen, sondern die in den Krisen engagierten Zeitgenossen: «[…] elle serait la somme des solutions qu'on apporterait à ces crises.»[30]

Monnet, Direktor der Haute Autorité der EGKS, hatte in Luxemburg ein Foto auf seinem Schreibtisch, das auch die Aufmerksamkeit seiner Besucher anzog: ein Bild von der Kon-Tiki, einem primitiven Boot, mit dem der 33jährige Norweger Thor Heyerdahl 1947 über den grossen Pazifik segelte, um zu beweisen, dass die polynesische Kultur ihre Wurzeln in Peru habe. Dieses Boot war noch Jahre danach für eine ganze Generation der Inbegriff des Pioniergeistes. Auch ich habe es in den frühen 1950er Jahren im Modell *en miniature* gebaut. Monnet, der zum Basteln wohl keine Zeit hatte, erläuterte seinen Besuchern die Bedeutung seiner weltlichen Schreibtischikone:

> «Ces jeunes hommes ont choisi leur direction, puis ils sont partis en sachant qu'il ne pourraient plus faire demi-tour. Quelles que soient les difficultés, ils n'avaient plus qu'une ressource: continuer d'avancer. Nous aussi, nous allons vers notre but, les Etats-Unis d'Europe, dans une course sans retour.»[31]

6. Schlussbetrachtungen

Wie ist das Ausgeführte zusammenzufassen? Ist es ein fauler Kompromiss, wenn wir uns darauf einigen, dass der «Gang der Geschichte» im Falle der EU eine Mischung zwischen einem nach dem Gesetz der objektiven Notwendigkeit sich selber verwirklichenden Europa und anderseits einem Europa des Wollens ist?

29 Ebenda, S. 606ff.

30 Ebenda, S. 488.

31 Ebenda, S. 616.

Die objektive Notwendigkeit ergibt sich aus zwei Umständen: zum einen aus dem Fusionszwang zur Entwicklung kompetitiver Grösse und zum anderen aus der Tatsache, dass die sozioökonomische Dynamik weniger denn je vor nationalen Grenzen haltmacht und darum von einer ebenfalls grenzübergreifenden Politik begleitet werden soll.

Und was das Wollen betrifft: Es wird appellativ gerne als Beherzigen eines Müssens dargestellt, das den genannten Notwendigkeiten gehorcht. Die Geschichte wird als zusätzliches Argument in diesem Diskurs eingesetzt. Es gibt allerdings keine Autorität, die dem Wollen als Instanz vorgelagert werden kann. Es gibt keine Legitimation aus der Geschichte, es gibt immer nur Legitimation aus dem täglichen Wollen. Damit landen wir bei Ernest Renans Konzept der Willensnation[32] auf europäischer Ebene, freilich ohne nationalistische Wir-Exaltiertheit.[33] Wir kommen nicht tagtäglich als Willensbürger/innen daher. Wir leben auch «Europa» vielmehr aus der Selbstverständlichkeit heraus. Das andere, die Frage nach der Legitimation bedrängt uns selten, es wird von Zeit zu Zeit aber aktuell, etwa in Momenten, da man, weil man sich in einer konfliktuellen Situation befindet, vorübergehend aus den Selbstverständlichkeiten herausfällt und man dann gerne auf das zurückgreift, was insbesondere Philosophen, die professionell im Nichtselbstverständlichen leben, für die Gemeinschaft an aufbereiteten Überlegungen bereitstellen.

32 Ernest Renan (1882), Qu'est-ce qu'une nation? Textes choisis et présentés par Joel Roman. Presses Pocket 1992. – Deutsche Übersetzung in: Grenzfälle. Über neuen und alten Nationalismus. Hrsg. v. Michael Jeismann und Henning Ritter. Leipzig 1993. S. 290–311.

33 Es gibt die gängige Auffassung, dass die nationalistische Wir-Exaltiertheit auf Europa nicht übertragbar und das «Europäertum keine Gefühlsangelegenheit, sondern eine Sache der Vernunft» sei, vgl. zum Beispiel Joseph Rovan, «Nation und Europa». In: Die Identität Europas. Hrsg. v. Werner Weidenfeld. München 1985. S. 233ff.

Die 1923 gegründete Paneuropa-Bewegung kam im Oktober 1932 zu ihrem dritten grossen Kongress in Basel zusammen. Eröffnungssitzung im roten Saal der Schweizer Mustermesse mit der Begrüssungsansprache des Regierungspräsidenten von Basel-Stadt, Dr. Carl Ludwig. An den Wänden das von ihrem Gründer Richard Nikolaus Graf Coudenhove-Kalergi entworfene Emblem, das sogenannte «Sonnenkreuz», ein rotes Kreuz auf goldener Kugel, gemäss Selbstauslegung «das Symbol der Humanität und der Vernunft» (Offizielles Bulletin der Schweizer Mustermesse Basel Nr. 11. Oktober 1932. S. 3).

Der «vierte Tag» der Paneuropa-Bewegung*

Zum Basler Kongress von 1932

In der Schlusssitzung des Basler Europa-Kongresses von 1932 rief der Präsident der Paneuropa-Union, Richard Nikolaus Graf Coudenhove-Kalergi, die wichtigsten Etappen der Bewegung in Erinnerung: Der erste Tag sei der Moment der Gründung im Jahr 1923 durch ihn und seine Frau gewesen. Als zweiter Tag sei der erste Paneuropa-Kongress in Wien im Oktober 1926 in die Geschichte eingegangen; die Bewegung sei damals zu einer geistigen Macht geworden. Der dritte Tag sei die gleichzeitige Verkündigung von Briands Europaplan und die Abhaltung des zweiten Paneuropa-Kongresses in Berlin im Mai 1930 gewesen; damals sei die Bewegung zu einer politischen Macht geworden. Der vierte Tag habe nun in Basel stattgefunden und die Gründung einer Europäischen Partei angekündigt. Der fünfte Tag werde zum grossen Ziel führen: zur Ausrufung der Vereinigten Staaten von Europa. «An diesem Tage werden alle Glocken läuten, alle Zollschranken fallen und alle Europäer und Europäerinnen einander als Brüder und Schwestern erkennen.»[1]

Im folgenden Beitrag hätte es ursprünglich weniger um eine Auseinandersetzung mit der Paneuropa-Bewegung gehen sollen und deshalb auch nicht so sehr darum, weshalb der Schöpfungsplan des österreichischen Grafen auf der Strecke blieb und der «fünfte Tag», das heisst die europäische Integration, auf andere Weise verwirklicht werden wird.[2] Anfänglich war lediglich die Abklärung der zwei einfachen, eher lokalgeschichtlichen Fragen beabsichtigt: der Fragen nämlich, warum Basel zum Tagungsort des dritten Paneuropa-Kongresses gewählt worden ist und wie Basel auf den Kongress reagiert hat. Im Laufe der Recherchen kamen aber derart aussagekräftige Akten zum Vorschein, dass auch Befunde gewonnen werden konnten, die über

* Werner Rihm danke ich für die Durchsicht des Manuskriptes und die vorgeschlagenen Verbesserungen, ohne ihn für die schliesslich publizierte Fassung mitverantwortlich zu machen. Thomas Staffelbach (vgl. Anm. 14) danke ich für die Vermittlung des «Bestandes Stettler» (Anm. 7). Markus Fischer danke ich für die ergänzenden Zeitungsrecherchen. Serge Ganzmann danke ich für das Aufspüren der einschlägigen Bestände im Wirtschaftsarchiv (vgl. Anm. 6), und Daniel Bourgeois danke ich für die Abklärungen im Bundesarchiv.

1 Heft 8/9 Okt./Nov. 1932 von Paneuropa ist ganz dem Basler Kongress gewidmet. Es enthält das Programm und die wichtigsten Reden. In diesem Heft wurde auch auf eine in Wien herausgegebene illustrierte Kongressschrift von 44 S. hingewiesen. Aus Anlass des Basler Kongresses veröffentlichte die Schweizer Illustrierte Zeitung in Nr. 41 vom 5. Oktober 1932 eine Ausgabe, die weitgehend Paneuropa gewidmet war.

2 Die beste Darstellung der nicht sehr reichhaltigen Literatur über die allgemeine Entwicklung der europäischen Integration gibt Pierre Gerbet, La Construction de l'Europe. Paris 1983.

das Lokalgeschichtliche hinaus von Interesse sind, weil sie einen wichtigen Wesenszug der Paneuropa-Bewegung sichtbar machen und eine entscheidende Phase ihrer Geschichte beleuchten: den Moment, da die Bewegung vor der Frage stand, ob und wie sie sich zu einer Massenbewegung ausdehnen sollte. Das unverbindliche Spiel mit dem Gedanken, die Zahl der Anhänger stark auszudehnen, sollte schliesslich das Gegenteil bewirken: Die mit dem «vierten Tag» mobilisierten Kräfte wandten sich von der Paneuropa-Bewegung ab und bildeten eine eigene Konkurrenzorganisation.

Die zur Verfügung stehende Dokumentation ist sehr reichhaltig, obwohl sich die Archive der Paneuropa-Union für die Zeit bis zum März 1938 in Moskau befinden und nicht einbezogen werden konnten.[3] In Basel waren vier Bestände zu konsultieren: die des Staatsarchivs vor allem wegen der Regierungsratsprotokolle,[4] das Archiv der Mustermesse, wo der Kongress durchgeführt wurde;[5] im weiteren das mit seiner Reichhaltigkeit stets neu überraschende Schweizerische Wirtschaftsarchiv[6] und das private Präsidialarchiv von «Paneuropa Basel», das bisher noch unausgewertet geblieben ist.[7] Schliesslich musste auch abgeklärt werden, ob Albert Oeri Dokumente hinterlassen hat, die in unserem Zusammenhang wichtig sind.[8] Im Laufe der Arbeit erwies es sich als unumgänglich, die Abklärungen auch auf die Akten des Bundesarchivs Bern auszudehnen.[9]

3 Coudenhove-Kalergi musste 1938 sein Archiv in Wien zurücklassen, wo es 1945 von der Sowjetunion beschlagnahmt wurde. Die Papiere der Paneuropa-Union seit 1938 befinden sich in der Fondation Archives Européennes (FAE), Genf. Am gleichen Ort ist auch der Nachlass Fernand-Lucien Mueller mit Briefen des Baslers Hermann Aeppli aufbewahrt, der einer der wichtigsten schweizerischen Europa-Aktivisten der dreissiger Jahre war.

4 Ausser den Regierungsratsprotokollen konnte noch ein Rundschreiben der Ortsgruppe Basel der Paneuropa-Union vom 28. Juli 1933 aus der Drucksachensammlung «Soziale Berichte 1933» beigezogen werden. Unter «Mustermesse» (PDReg. 2, 41.01) fanden sich keine Dokumente zu unserem Thema.

5 Grosse Teile des älteren Archivs sind durch einen Wasserschaden zerstört worden. Von seiten der Mustermesse konnte lediglich eine kurze Würdigung des Kongresses aus dem Bulletin der Schweizer Mustermesse Nr. 11 vom Oktober 1932 zur Verfügung gestellt werden. Der Bericht hält u.a. fest: «Basel hat sich wieder als Konferenzstadt par excellence ausgewiesen» (Dr. N. P.).

6 Im Schweizerischen Wirtschaftsarchiv befinden sich unter der Signatur Berufsverbände M 1006 (Europa-Union) zahlreiche Zeitungsausschnitte sowie Originalakten, die zu einem grossen Teil von Prof. Fritz Mangold, Mitglied des Organisationskomitees, stammen (Zit. Wirtschaftsarchiv).

7 Bestand Hans Stettler des Präsidenten der Basler Ortsgruppe der Paneuropäischen Union der Jahre 1933/34. Der Bestand umfasst neben Druckschriften eine Serie von Korrespondenzen zu den Jahren 1933–1937 und 1941–1943 sowie eine Serie von Sachdossiers zu den Jahren 1933/34. Der Bestand wurde beim gegenwärtigen Präsidenten der Europa-Union, Jacques Dreyer, aufbewahrt und wird inskünftig im Bundesarchiv konsultierbar sein, wo es bereits einen Bestand zur Europa-Union gibt (Zit. Bestand Stettler).

8 Albert Oeri hat, von wenigen Ausnahmen abgesehen, aus Diskretionsgründen seine Papiere laufend vernichtet. Bei den erhalten gebliebenen Dokumenten handelt es sich zum grössten Teil um Manuskripte von Veröffentlichungen.

9 Im Bundesarchiv befindet sich ein kleines Dossier «Congrès paneuropéen, Bâle 1er octobre 1932» im Bestand E 2001 (C) 5/130.

An publizierten Quellen stehen die verschiedenen Veröffentlichungen des Präsidenten der Paneuropa-Union[10] und des langjährigen Präsidenten der Europa-Union[11] zur Verfügung. Aus dem Bereich der Sekundärliteratur sind keine substantiellen Studien zu nennen, die sich mit der noch weitgehend unerforschten Paneuropa-Bewegung befasst hätten.[12] Hingegen hat die schweizerische Europabewegung kürzlich eine äusserst nützliche und aufschlussreiche Darstellung in der Publikation von Lubor Jilek erhalten.[13] Und jüngst ist eine Basler Lizentiatsarbeit von Thomas Staffelbach hinzugekommen.[14]

Die unmittelbaren Reaktionen auf den Kongress lassen sich mit Hilfe der Presse weitgehend feststellen. Zum längerfristigen Nachhall ist festzustellen, dass das Ereignis in Basel offenbar keinen bleibenden Eindruck hinterlassen hat. In den historischen Gesamtdarstellungen der Basler Geschichte ist der Kongress unerwähnt geblieben,[15] und in der mündlichen Tradition ist er ebenfalls inexistent. Der Basler Europa-Kongress von 1932 ist nicht in die im allgemeinen sehr präsente Vorstellung einbezogen worden, dass Basel ein Ort der internationalen Begegnung und ein besonders europäischer Ort sei. Diese Vorstellungen werden durch entsprechendes Rekapitulieren in öffentlichen Reden gepflegt. Zuerst und immer wieder wird das Konzil von 1431/33 genannt, dann der erste Zionistische Weltkongress von 1897, der Sozialistische Friedenskongress der Zweiten Internationale von 1912 und etwas seltener die Tagung der Ersten Internationale von 1869. Diese verschiedenen historischen Belege für die Vor-

10 Richard Coudenhove-Kalergi, Pan-Europa. Wien 1924. – Ders., Eine Idee erobert Europa. Meine Lebenserinnerungen. Wien 1958. – Ders., Geschichte der Paneuropabewegung. Basel/Wien 1962. – Rolf Italiaander, Richard N. Coudenhove-Kalergi. Begründer der Paneuropa-Bewegung. Freudenstadt 1969.

11 Hans Bauer, Basel und die Europa-Bewegung. In: Basler Stadtbuch 1971. S. 7–18. – Ders., 50 Jahre Europa-Union Schweiz 1934–1984. Bern 1984. 16 S. In beiden Darstellungen widmet Bauer dem Kongress nur wenige Zeilen; wie unwichtig die Vorgeschichte erscheint, zeigt die Tatsache, dass der Kongress in beiden Schriften fälschlicherweise ins Jahr 1930 gelegt wird. In der FAE (vgl. Anm. 3) ist auch eine unpublizierte Chronik von Hans Bauer zur Entstehung der Europa-Union aufbewahrt. Im weiteren war es möglich, von Hans Bauer (Jg. 1901) in einem persönlichen Gespräch zusätzliche Auskünfte zu erhalten.

12 Reinhard F. Frommelt, Paneuropa oder Mitteleuropa: Einigungsbestrebungen im Kalkül deutscher Wirtschaft und Politik 1925–1933. Stuttgart 1977. – Karl Holl, Europapolitik im Vorfeld der deutschen Regierungspolitik: zur Tätigkeit paneuropäischer Organisationen in der Weimarer Republik. In: Historische Zeitschrift Bd. 219. 1974. S. 33–94.

13 Lubor Jilek, L'esprit européen en Suisse de 1860 à 1940. Genf 1990. 104 S.

14 Thomas Staffelbach, Die Europa-Union 1945 bis 1949. Manuskript Basel Juni 1991. 188 S.

15 Paul Burckhardt (1942) kommt in den wenigen Seiten, die ihm am Schluss für die Zwischenkriegszeit verbleiben, auf anderes und gewiss Wichtigeres zu reden. René Teuteberg (1986) erwähnt den Friedenskongress von 1912 und schildert die Gründung der Europa-Union von 1933/34 (S. 370). Alfred Berchtold (1990) bewegt sich in seinem zweibändigen Werk «Bâle et l'Europe» vor allem im 15. und 16. Jahrhundert, er hätte sich die Gelegenheit einer «allusion» aber nicht entgehen lassen, wenn ihm das Faktum bekannt gewesen wäre. Im Vorwort charakterisiert er Basels bevorzugte Lage als «nœud, port et pont au centre de l'Europe», als «carrefour des Etats, des régions naturelles, des langues et des confessions», als «lieu à équidistance des métropoles» und als «plate-forme ouvert à tous vents» (S. 7–11).

stellung Basels als eines Ortes der Begegnung sind im kollektiven Gedächtnis durchaus präsent – nicht aber die Europa-Tagung von 1932.

Bevor wir uns der Frage zuwenden, warum der dritte Kongress der Paneuropa-Bewegung in Basel abgehalten wurde, sei, da sich auch die nichtbaslerische Literatur bisher mit dieser Tagung nicht näher befasst hat, der Kongress selbst kurz vorgestellt und sein historischer Kontext in knappen Zügen umrissen. Graf Coudenhove-Kalergi verstand seinen Basler Kongress, an dem rund 600 Leute aus 26 verschiedenen Staaten teilgenommen haben,[16] als kontinentaleuropäisches Pendant zur etwa gleichzeitig in Ottawa durchgeführten Konferenz, mit der das British Commonwealth seine Position in der bevorstehenden Welthandelskonferenz vorbereitete. Mit Briands Tod im Frühjahr 1932 hatte die Paneuropa-Bewegung in Frankreich und im Völkerbund eine wichtige Stütze verloren. Coudenhove wollte den leichten Auftrieb, der durch die Lancierung von Briands Europa-Memorandum eingetreten war, nicht ungenutzt sich wieder verflüchtigen lassen. Da die Paneuropa-Union weder durch die Regierungen noch durch den Völkerbund die erhoffte Unterstützung erhielt, wandte sich Coudenhove in Basel mit dem Plan an die Öffentlichkeit, eine Europa-Partei zu gründen und eine Massenbewegung zu lancieren. Die Gründung wurde zwar proklamiert, unter dem Titel «Europa zuerst» wurde sogar ein erstes Parteiblatt herausgegeben,[17] später hiess es mit Hinweis auf die nationalsozialistische Machtergreifung in Deutschland dann plötzlich, man möchte mit der Gründung noch zuwarten.[18]

Die im Oktober 1932 veröffentlichten Parteiziele bildeten ein klar faschistisches Programm. Sie forderten unter anderem die Schaffung von Ständekammern, die Berufung der Fähigsten zur Führerschaft, Führerhierarchie, Klassendisziplin, Staatsautorität, Regierungsstabilität, Pflege der Stammeskulturen, Förderung des «idealistischen Auftriebs» des 20. Jahrhunderts, aber auch Gleichberechtigung der Frau, Mutter- und Kinderschutz, 40-Stunden-Woche, Existenzminimum. Man berief sich auf den Atem der Zeit, «der die Technik bejaht, wie den neuen heroischen Opferwillen fördert, der die völkische Eigenart für heilig erklärt» etc.[19]

Zum Kongressverlauf sei nur folgendes festgehalten: Regierungspräsident Carl Ludwig entbot in der Eröffnungssitzung vom Samstag, 1. Oktober 1932, den Willkommensgruss. Er tat dies auch im Namen der Landesregierung und legte dabei ein auffallend warmes Bekenntnis zum Völkerbund ab. Dass Bundespräsident Giuseppe Motta

16 Bei Kongressbeginn war von über 1000 Delegierten und über 70 Senderberichterstattern der internationalen Presse die Rede.

17 Die Redaktoren waren M. E. Liehburg und Gerhard Meyer; Redaktionsadresse war Rheinsprung 7, das Parteisekretariat war an der Aeschenvorstadt 50.

18 Coudenhove-Kalergi antwortete Hans Stettler am 31. März 1933 auf dessen Wunsch, Mitglied der Europäischen Partei zu werden: «Die Organisierung dieser Partei musste auf Grund der inzwischen eingetretenen politischen Ereignisse zurückgestellt werden» (Archiv Europa-Union). Bereits am Kongress war bekannt geworden, dass sich führende Delegierte aus Deutschland und Spanien dem Plan widersetzt hätten (vgl. Neue Zürcher Zeitung Nr. 1809 vom 2. Oktober 1932).

19 Europa zuerst. Organ der Europäischen Partei. Kreis Basel. Oktober 1932 (Wirtschaftsarchiv).

nicht persönlich anwesend war, wurde mit Coudenhove-Kalergis kurz vorher geäusserter Kritik am Völkerbund erklärt.[20] In Wirklichkeit war aber Mottas Teilnahme nie zugesagt worden. Selbst die Übernahme des Patronats hatte Motta bereits Ende Juli abgelehnt, also noch vor Erscheinen des gegen den Völkerbund gerichteten Artikels. Damals wurde nur die grundsätzliche Überlegung genannt, dass man keinen Präzedenzfall schaffen wollte, der zur Übernahme anderer Ehrenpatronate verpflichte.[21] Als Coudenhove-Kalergi nochmals anfragte, gab Motta Anfang September im Bundesrat zu Protokoll, dass er auch darum abgelehnt habe, weil zu grosse Auffassungsunterschiede zwischen der schweizerischen Aussenpolitik und Coudenhove-Kalergis Vorstellungen herrschten.[22]

In der Eröffnungssitzung standen im weiteren 15 Redner aus verschiedenen europäischen Staaten und die Begrüssungsansprache des Unionspräsidenten auf dem Programm. Coudenhove-Kalergi sprach sich erneut negativ über den Völkerbund aus und erliess, da die Regierungen und Parteien versagt hätten, einen Appell an die Massen. Im Zentrum der Sitzung vom Samstag nachmittag stand der Bericht des ehemaligen englischen Kolonialministers L.S. Amery über die Konferenz von Ottawa. Die Plenarversammlung vom Sonntag nachmittag war dem Thema «Europäische Jugend» gewidmet. Am Montag vormittag fanden die Beratungen der 13 Spezialkommissionen statt. In diesem Rahmen wurde unter anderem unter dem Vorsitz des deutschen Staatsrechtlers Karl Strupp die Reform des Völkerbundes diskutiert. Am Nachmittag befasste sich eine weitere Vollversammlung mit Fragen der europäischen Wirtschaft. Und am Dienstag, 4. Oktober 1932, ging der Kongress nach weiteren Kommissionssitzungen und einer Schlusssitzung, zu der vorübergehend auch ein Bei-

20 Coudenhove hatte im September-Heft von Paneuropa von einer Agonie des Völkerbundes gesprochen. Felix Moeschlin zufolge soll sich Motta solche Bemerkungen von seiten eines Mannes, der die Gastfreundschaft der Schweiz für seinen Kongress geniesse, verbeten haben. Vgl. National-Zeitung Nr. 470 vom 9. Oktober 1932.

21 Anfrage Coudenhove-Kalergi vom 29. Juli 1932 mit Bitte um sofortige Antwort, da das Programm in den Druck gehe. Antwort von Minister Stucki vom 4. August 1932: «Entscheidend für seinen Entschluss ist die Überlegung, dass er es durchaus vermeiden müsse, durch seine Zusage einen Vorgang zu schaffen, der geeignet wäre, seinen Amtsnachfolgern irgendwelche Verpflichtungen gegenüber künftigen gleichartigen Veranstaltungen aufzuerlegen.» Das Schreiben stellte im weiteren die Grüsse des Bundesrates durch die Vermittlung des kantonalen Regierungspräsidenten in Aussicht (Bundesarchiv, vgl. Anm. 9).

22 Coudenhove-Kalergi nahm die (vorübergehende) Zusage des französischen Premierministers Herriot zur Übernahme einer Ehrenpräsidentschaft zum Anlass, um mit der ursprünglichen Frage nochmals an Motta zu gelangen. Motta lehnte für sich selbst ab und vertrat die Meinung, dass auch kein anderer Bundesrat nach Basel gehen sollte. «Il a refusé, […] le programme de politique internationale de (Coudenhove-Kalergi) s'écartant par trop de la ligne suivie par la Suisse.» Das Schreiben vom 16. September 1932, mit dem er den Basler Regierungspräsidenten Carl Ludwig formell darum bat, die bundesrätlichen Grüsse zu überbringen, ergänzte Motta mit folgendem Postskriptum: «Vertraulich füge ich bei, dass die Tendenzen der Tagung nicht in allen Teilen mit der durch den Bundesrat befolgten Politik übereinstimmen. Vide, z.B., den sonderbaren Artikel des Herrn Coudenhove-Kalergi im letzten Heft seiner Zeitschrift Paneuropa mit dem Titel Die Agonie des Völkerbundes» (Bundesarchiv).

trag von Ortega y Gasset auf dem Programm stand, zu Ende. Der musikalische Teil der Tagung bot zur Eröffnung die von der Basler Liedertafel vorgetragene Komposition «Die Ehre Gottes in der Natur» von Beethoven und am Sonntag morgen unter der Leitung von Felix Weingartner ein Festkonzert mit Werken von Händel, Bach und Beethoven.

Ausschlaggebend für die Wahl Basels als Tagungsort konnte nicht etwa die Tatsache sein, dass sich hier bereits eine starke und gut organisierte Anhängerschaft der Paneuropa-Bewegung befunden hätte. Eine Basler Paneuropa-Sektion sollte erst 1933 als Folge des Kongresses gegründet werden. Hingegen gab es eine von Coudenhove-Kalergi selbst präsidierte Sektion Schweiz mit rund 900 Mitgliedern. Im gesamtschweizerischen Vorstand, der vom Zürcher Wirtschaftsanwalt Conrad oder Cony Staehelin-Stehli in der Eigenschaft als Vizepräsident und vom Geschäftsführer Robert H. Stehli geleitet wurde, wirkte auch der Basler Anwalt Alfred Stückelberg als Beisitzer mit.[23] Es gab in Basel aber unabhängig von der Paneuropa-Bewegung bereits zwei andere Gruppierungen, die sich für die Schaffung eines europäischen Bundes einsetzten: der 1926 in Basel gegründete «Europäerbund» und die Basler Sektion der 1930 gegründeten «Union jeune Europe».[24] Zwischen diesen und der Wiener Zentrale und der Zürcher Filiale der Paneuropa-Union dürften aber kaum Verbindungen bestanden haben. Das Engagement der Basler Gruppen wurde im Kongress vom Oktober 1932 denn auch mit keinem Wort gewürdigt.

Mustermessedirektor Wilhelm Meile stellte in den ersten Septembertagen ein Ad-hoc-Organisationskomitee zusammen. Ihm gehörten mehrere offizielle und offiziöse Repräsentanten an, Ex-officio-Vertreter des Regierungsrates (C. Ludwig), des Engeren und Weiteren Bürgerrates (E. Miescher und W. Bertsch), des Verkehrsvereins (G. Fürstenberger), des Theatervereins (R. Schwabe), der Universität (F. Mangold) und des Konsularischen Korps (J. Péron). Daneben figurierten auffallend zahlreiche und hochrangige Vertreter der Wirtschaft: J. Dreyfus-Brodski (Bankier), Jakob Hecht (Direktor der Reederei Neptun AG), Fritz Hodel (Rotary Club, Kaufmann), Felix Iselin (Advokat, Geschäftsmann), R. La Roche (Präsident der Bankiervereinigung), E. Nüscheler (Generaldirektor des Schweizerischen Bankvereins), Pierre Quesnay (Generaldirektor der BIZ), Th. Speiser-Riggenbach (Bankier, Delegierter der Basler Handelskammer). Im weiteren gehörten dem Komitee auch Regierungsrat Adolf

23 Einem Zirkular vom 8. Oktober 1931 ist zu entnehmen, dass es ausser in Zürich auch in Bern, Basel und St. Gallen Ortsausschüsse gab. Dem Basler Ausschuss gehörten an: S. Arber, Adolf Gasser, Felix Holzach-Im Hof, Adolf Keuerleber, Hans Ritschl, Ernst Rüegg und Adolf Stückelberg. Seit Herbst 1930 war Prof. F. Mangold Mitglied der Sektion Schweiz. Man verzichtete in seinem Fall auf den Mitgliederbeitrag, weil es vor allem darum ging, mit seinem Namen eine «moralische Unterstützung» zu haben (Wirtschaftsarchiv).

24 Der «Europäerbund» gab die Zeitschrift «Europäerblätter» heraus und veröffentlichte 1930 das Buch «Das Bekenntnis der Europäer». Die «Union jeune Europe» gab zunächst «Agir» heraus, dann das Blatt «Jeune Europe», das in Basel zu einer eigenständigen Zeitung ergänzt wurde. Vgl. Hans Bauer, Basel und die Europa-Bewegung. S. 7. – Lubor Jilek, L'esprit européen en Suisse de 1860 à 1940. S. 97. – Thomas Staffelbach, Die Europa-Union 1945 bis 1949. S. 11ff.

Im Hof und fünf weitere Personen an[25] sowie die drei bereits vorgestellten Herren des Zürcher Vorstandes: C. Staehelin, R. H. Stehli und A. Stückelberg.

Wenn also die Trägerschaft erst noch geschaffen werden musste, welches waren die Beweggründe für die Durchführung in Basel? Coudenhove-Kalergi verwies in seiner Begrüssungsansprache auf die grosse europäische Vergangenheit dieser Stadt. Basel sei bereits im 15. Jahrhundert – «im ersten modernen Vorschlag eines europäischen Staatenbundes» – als Bundeshauptstadt Europas ausersehen worden, und zwar im Vorschlag, den der böhmische König Georg von Podjebrad um 1460 dem französischen König Ludwig XI. unterbreitet habe. Ausser der historischen Perspektive sprach in den Augen des Präsidenten der Union auch die geographisch-politische Lage in der deutsch-französischen Nachbarschaft für Basel: die Lage «zwischen jenen beiden europäischen Kernvölkern, deren tausendjähriger Kampf die europäische Tragödie bildet und deren Versöhnung die grösste europäische Hoffnung» ist.[26] In der Schlussrede hob der Graf mit einer weiteren Deutung nochmals die Sonderstellung des Tagungsortes hervor:

> «Die Stadt Basel, auf dem Schnittpunkt der Rhein- und Donauachse gelegen, ist deshalb von der Vorsehung zum geistigen Zentrum Paneuropas auserkoren. Möge von dieser ehrwürdigen Stadt aus der Geist Paneuropas sich über den ganzen Kontinent verbreiten.»[27]

Der Basler Regierungspräsident Carl Ludwig äusserte sich in seiner vorangegangenen Begrüssungsansprache ebenfalls zum Standort: Basel verdanke die Wahl nicht nur seiner zentralen geographischen Lage an der Grenze dreier Länder, «sondern vor allem seiner Eigenschaft als Glied eines Staatswesens, dem es gelungen ist, germanische und romanische Stämme zu einer Nation zu vereinigen, und in dessen Gebiet der Sitz des alle Erdteile umspannenden Völkerbundes liegt».[28] Eine weitere Deutung lieferte der als Jungeuropäer im Blauhemd der Bewegung referierende M. E. Liebburg: In Basel sei vor 500 Jahren am ergebnislosen letzten ökumenischen Konzil das gemeinsame Band

25 Im Hof kam wohl über Felix Holzach-Im Hof in diese Gruppe. Dem Organisationskomitee gehörten ferner an: Ch. Bourcart (ehem. Gesandter), E. Graeter (National-Zeitung), R. Sichler (Kommerzienrat, Schloss Bürgeln) und der aus Österreich stammende Felix Weingartner (Generalmusikdirektor) sowie ein nicht weiter identifizierbarer G. Lambelet. In den Werbeschreiben der Sektion Schweiz wurden ebenfalls vor allem Persönlichkeiten aus der Wirtschaft aufgeführt: zum Beispiel Iwan Bally (Firmeninhaber), Rudolph Heberlein (Firmeninhaber), Erich Homberger (Generaldirektor), Erwin J. Hürlimann (Generaldirektor), Adolf Jöhr (Generaldirektor der Schweiz. Kreditanstalt), Henry Naville (Direktor Brown-Boveri), Hypolite Saurer (Firmeninhaber), Alfred Schwarzenbach (Firmeninhaber), Hans Sulzer (ehem. Minister und Firmeninhaber), John Syz (Firmeninhaber). 1930 figurierte auch der sozialdemokratische Stadtpräsident Emil Klöti auf der Liste; 1932 ist er dagegen nicht mehr aufgeführt.

26 Paneuropa Okt./Nov. 1932. S. 246f.

27 Nicht in Paneuropa wiedergegeben, aber wörtlich abgedruckt in der National-Zeitung Nr. 464 vom 5. Oktober 1932.

28 Paneuropa Okt./Nov. 1932. S. 235.

der Christenheit Europas zerschnitten worden, darum müsse heute das neue Band «Paneuropa» in Basel geknüpft werden.[29]

In der Basler Rezeption des Ereignisses finden wir den Topos von Basel als Stadt der Begegnung und Stadt Europas wieder. Zum Teil ist er von Coudenhove übernommen, zum Teil ist er auch im Rückgriff auf den eigenen Vorstellungsfundus reproduziert worden. In der Pressekonferenz vom 5. September 1932 muss der Graf zwei der uns bereits bekannten Begründungen gegeben haben: die zentrale Lage und die historische Tradition. Als weiteren Grund für die Wahl Basels nannte er die Räumlichkeiten der Mustermesse.[30] In dem zur Kongresseröffnung publizierten Willkommensgruss der «Basler Nachrichten» wurde selbstverständlich auch nochmals auf Basels Mission hingewiesen:

> «[Basel] weiss, dass es diese Ehre vor allem seiner zentralen, für europäische Zusammenkünfte besonders geeigneten Lage verdankt. Basel ist aber auch durch seine Lage hart an der Grenze dreier Staaten und zweier Sprachen und die Erfahrungen seiner Geschichte bis zur Gegenwart zum Verständnis für die paneuropäische Bewegung und ihre Ziele eigentlich prädestiniert und erzogen worden.»[31]

Es wäre aber verfehlt anzunehmen, dass Basel aus einer beliebigen Anzahl von Möglichkeiten ausgesucht worden sei. Überblicken wir den Kongressturnus, so erkennen wir darin eine Logik, welche die Beliebigkeit einschränkte oder beinahe ausschloss: Der erste Kongress wurde naheliegenderweise in der Hauptstadt des Landes durchgeführt, aus dem der Gründer der Bewegung stammte.[32] Der zweite Kongress der deutschsprachigen Bewegung wurde, ebenso naheliegend, in der Hauptstadt Deutschlands durchgeführt. Als weitere Etappe hätten die Veranstalter eigentlich den Antagonisten Frankreich ansteuern müssen. Das kam aus Gründen, die sich unserer Einsicht entziehen, offenbar nicht in Frage. So dürfte die Schweiz, wo der Begründer der Paneuropa-Bewegung schon damals einen zweiten Wohnsitz hatte (nämlich in Gstaad), ins Auge gefasst worden sein. Und in der Schweiz wählte man, wenn die Völkerbundsstadt Genf nicht in Frage kam, eben Basel, wegen der genannten Vorzüge. Zwei Jahre später – der «fünfte Tag» war noch nicht angebrochen – fand ein weiterer und vorläufig letzter Kongress wiederum in Wien statt. Nun wurde Wien zur Hauptstadt Europas erklärt.

29 Presseberichterstattung vom 3. Oktober 1932. Zu Liehburg siehe auch die von Markus Wüest unter der Leitung von Guy P. Marchal verfasste Basler Lizentiatsarbeit. Sie ist erschienen unter dem Titel: «Die Stiftung Luzerner Spiele». Ein vergessenes Kapitel aus der geistigen Landesverteidigung. In: Jahrbuch der Historischen Gesellschaft Luzern 8. 1990. S. 2–34.

30 Vgl. Berichterstattung vom 6. September 1932.

31 Ungez. Basler Nachrichten Nr. 270 vom 1./2. Oktober 1932.

32 Als Sohn einer Japanerin und eines Österreichers holländisch-griechischer Herkunft wurde er 1920 aufgrund der Pariser Vorortsverträge Tschechoslowake; 1939 nahm er die französische Staatsbürgerschaft an, nicht diejenige der Schweiz, wo er einen zweiten Wohnsitz hatte und wohin er 1946 für den Rest seines Lebens gezogen war.

Hatte Basel 1932 spezielle Anstrengungen unternommen, um als Tagungsort ausgewählt zu werden? In der Vorbereitungsphase war kurz von der Möglichkeit die Rede, dass die Tagung auch in Zürich durchgeführt werden könnte, wo die Zentrale der schweizerischen Sektion der Paneuropäischen Union domiziliert war. Jedenfalls begründete Coudenhove-Kalergi sein Gesuch um kostenlose Benützung der Räume der Mustermesse mit dem Argument, entsprechende Lokalitäten seien ihm in Zürich unentgeltlich angeboten worden.[33] Regierungsrat Gustav Wenk wurde als Chef des Departements des Innern und Präsident der Schweizerischen Mustermesse von der Regierung beauftragt, die Unterstützungswürdigkeit der Veranstaltung abzuklären. Er wandte sich an Albert Oeri, den Chefredaktor der «Basler Nachrichten» und liberalen Nationalrat, der sich in Völkerbundsfragen speziell engagiert hatte, und erhielt von ihm die Auskunft, diese Angelegenheit sei «absolut seriös»; es stehe zu erwarten, dass führende Männer der europäischen Staaten an diesem Kongress teilnehmen würden und dass dieser deshalb zu einem grossen Ereignis zu werden verspreche. Oeri kam zu dieser alles in allem richtigen Einschätzung, obwohl er, wie wir noch sehen werden, keineswegs ein Anhänger des Paneuropa-Gedankens war.

Das regierungsrätliche Protokoll hielt, entweder noch immer als Oeris Meinung, vielleicht aber auch bereits als Wenks Schlussfolgerung, im weiteren fest: «Dies bedeute für die Stadt Basel eine grosszügige Propaganda. Der Kongress verdiene daher auch die Unterstützung des Kantons.»[34] Von seiten des Kantons wurde denn auch die Veranstaltung unterstützt, jedoch weniger wegen ihrer ideellen Zielsetzung, sondern wegen der Publizität, dank der Basels Ruf als Kongressstadt gefördert werden konnte. Die Regierung bewilligte in eigener Kompetenz 3000 Franken[35] und beantragte beim Grossen Rat zusätzliche 10 000 Franken mit dem Argument, dieser Betrag würde sich im Interesse der Stadtpropaganda rechtfertigen. Diesem Antrag wurde auf Empfehlung des sozialdemokratischen Präsidenten der Rechnungskommission und gegen die Opposition der Kommunisten entsprochen.[36] Die «National-Zeitung» hob in ihrer Berichterstattung bei dieser Gelegenheit Basels Bedeutung als Tagungszentrum hervor:

33 Regierungsratsprotokoll vom 18. Mai 1932. Coudenhove-Kalergi hatte am Vortag Regierungspräsident Carl Ludwig (LDP) mündlich (d.h. wahrscheinlich telefonisch) über sein Vorhaben informiert. Ludwig setzte darauf seine Kollegen ebenfalls mündlich ins Bild. Der Graf hatte sich offenbar auch mit Regierungsrat Adolf Im Hof (LDP) in Verbindung gesetzt.

34 Regierungsratsprotokoll vom 27. Mai 1932.

35 Von den 4500 Franken für die Mietkosten wurden 1500 Franken vom Basler Hotelierverein, vom Basler Verkehrsbüro und von der Mustermesse übernommen; die restlichen 3000 Franken übernahm der Kanton zu Lasten des Kredites für Stadtpropaganda.

36 (Bündelitags-)Sitzung des Grossen Rates vom 7. Juli 1932. Die Basler AZ berichtete: «Nachdem am Vormittag Genosse Ebi als Präsident der Rechnungskommission Zustimmung zu einer Subventionierung des Paneuropakongresses im Betrage von 10 000 Franken beantragte, sprach der kommunistische Dauerredner Krebs dreiviertel Stunden und beantragte, den Betrag abzulehnen» (Nr. 157 vom 8. Juli 1932). Die Subventionierung war im Juni schon einmal beraten, der Entscheid aber ausgestellt worden, weil man von den Veranstaltern eine Verschiebung der Tagungsdaten erwartete, damit es zu keiner Terminkollision mit dem auf den 25. September angesetzten Gordon-Bennet-Fliegen komme (Basler Nachrichten Nr. 171 vom 24. Juni 1932).

«Basel wird nach und nach dank seiner hervorragend günstigen Lage neben Genf, Lausanne und Zürich zu einer weiteren Kongressstadt der Schweiz und der Spätsommer zu einer besonderen Kongresszeit. Es beginnt anfangs September mit dem schweizerischen Pressetag, der die Berufsjournalisten der Tagespresse aus der ganzen Schweiz in Basel zusammenführt, und wird in der zweiten Septemberhälfte mit dem Gordon-Bennett-Fliegen und den grossen Automobilkonkurrenzen weitergeführt, um schliesslich im Paneuropa-Kongress zu gipfeln, der eigens um acht Tage verschoben werden musste, weil Basel ausserstande war, die vielen tausend Gäste der verschiedenen Veranstaltungen gleichzeitig zu beherbergen.»[37]

Bevor der Graf an die Regierung gelangte, hatte er, wahrscheinlich einer eingespielten Praxis folgend, bereits bei der Basler Handelskammer wegen einer Subvention angefragt und, wohl aus prinzipiellen Gründen, eine Absage erhalten. Ob die chemische Industrie einen Teil der auf 70000 Franken budgetierten Kosten übernahm, konnte nicht abgeklärt werden. Im Moment, als sich die Regierung ein erstes Mal mit der Frage der Kongresssubventionierung befasste, wurde eine Unterstützung von jener Seite als fraglich bezeichnet. Die Zusammensetzung des Organisationskomitees erlaubt jedoch die Vermutung, dass von privater Seite einige Mittel erschlossen werden konnten. Für die kleineren Ausgaben des lokalen Organisationskomitees liegt sogar eine detaillierte Rechnung vor, in der 43 Spender aufgeführt werden.[38]

Bevor von Pressereaktionen im einzelnen die Rede ist, sei auf den allgemeinen Umstand hingewiesen, dass die bürgerlichen Medien, vor allem die beiden grossen Blätter «Basler Nachrichten» und «National-Zeitung», der Tagung besondere Aufmerksamkeit und einiges Wohlwollen entgegenbrachten. Einer der Berichte über die Pressekonferenz, die der Graf zur Propagierung seines Unternehmens und zur ausgiebigen Darstellung seiner eigenen Person durchführte, begann mit der beinahe devoten Bemerkung, der Graf habe die Liebenswürdigkeit gehabt, einige Vertreter der Presse zu empfangen und ihnen in klarer und präziser Weise die Bestrebungen und Ziele der von ihm geleiteten Bewegung darzulegen. Der Berichterstatter – er schrieb für die «Basler Nachrichten» – identifizierte sich völlig mit der geplanten Tagung, wenn er unkritisch die erhoffte Wirkung als gegebene Tatsache präsentierte: «Eine Bewegung, welche derart hohen und idealen Zielen zustrebt, dabei aber auch die realen Schwie-

37 National-Zeitung Nr. 313 vom 8. Juli 1932.

38 Der grösste Betrag von Fr. 1000 stammt vom Schweizerischen Bankverein; die Bâloise, die BIZ und Hoffmann-La Roche stifteten je Fr. 500; von der Brauerei Feldschlösschen trafen Fr. 300, von der Chemiefirma Greutert Fr. 250, von Reedereidirektor Hecht, der Eidgenössischen Bank, der Schweizerischen Bankgesellschaft, von A. Morel-Vischer je Fr. 200 ein. Mit Fr. 100 beteiligten sich: die Rheinsalinen, Dreyfus Söhne & Co., E. Nüscheler, die Handwerkerbank und die Schweizerische Treuhandgesellschaft. Die übrigen Beiträge bewegten sich zwischen Fr. 5 und Fr. 50. Insgesamt brachte der Aufruf vom 22. September 1932 Spenden in der Höhe von Fr. 5585. Bezahlt wurden damit vor allem die Kosten für das Bankett, die Stadtrundfahrt und die Drucksachen. Die in dieser kleinen Rechnung schliesslich verbliebenen Fr. 1000 dürften für die Gründung der Basler Sektion der Paneuropa-Union verwendet worden sein (Bestand Stettler).

rigkeiten nicht übersieht (sic!), wird sicher auch in Basel einem lebhaften Interesse und darüber hinaus grossen Sympathien begegnen.»[39] Die erste Präsentation in der «National-Zeitung» war etwas zurückhaltender, doch auch sie bot dem Grafen ein breites Forum mit Bild und ausführlichem Lebenslauf. Dass der Bewegung gegenüber auch Reserven hätten angebracht werden oder bestehen können, ist einzig der Bemerkung zu entnehmen: «Vier Tage lang wird also die Fahne Paneuropas in der kritischen Basler Luft wehen.»[40]

In den folgenden Tagen und Wochen stellten die beiden Blätter ihre Spalten auch für Zwischenberichte über den Stand der Anmeldungen und Programmeinzelheiten zur Verfügung. Besonders entgegenkommend waren wiederum die «Basler Nachrichten»: Alfred Stückelberg, Vizepräsident des Basler Organisationskomitees, konnte in diesem Blatt einen langen Artikel plazieren, in dem er an «den denkenden Teil der Leser» appellierte und diesen darauf aufmerksam machte, dass es doch um Leben und Zukunft «unserer Kinder und unserer weissen Rasse» gehe. Zuvor hatte er die Hoffnung ausgesprochen, dass die politischen Machthaber und ihre Handlanger «unter dem Zwang der europäischen Volksseele» nachgeben und die Hand zu einem festen Staatenbunde bieten würden.

Zur Basler Situation bemerkte er: «Der internationale Klang eines Städtenamens hängt weder von der Einwohnerzahl noch allein von der geographischen Lage ab, sondern von der Bedeutung der betreffenden Stadt in geistiger, politischer und wirtschaftlicher Hinsicht.» Nach Hinweisen auf das Konzil und den bereits erwähnten Vorschlag des Böhmenkönigs kam er zum Punkt:

> «An Basels Bürgerschaft liegt es, in diesen Tagen dem alten Ruf ihrer Stadt treu zu bleiben und durch regen Anteil am Kongress Europa zu beweisen, dass wir die alte Überlieferung wieder aufgenommen und unsere Ansprüche, die Bundeshauptstadt (sic!) einer künftigen europäischen Staatenvereinigung zu werden, damit in aller Form neu angemeldet haben.»[41]

Wenig später meldete sich im gleichen Blatt auch noch Professor Eduard His zu Wort. Der Staatsrechtler betonte vor allem die Übereinstimmung von schweizergeschichtlicher Entwicklung und paneuropäischer Vorstellung eines künftigen europäischen Staatenbundes. Von Basel sagt er, dass es für eine solche Tagung geradezu prädestiniert sei. Man solle sich daran erinnern, «dass unsere Stadt von jeher Männer mit gesamteuropäischem Gemeinschaftsgefühl beherbergt oder hervorgebracht hat, wie Erasmus und die Humanisten, wie die internationalen Gelehrten Euler und Bernoulli, wie die im besten Sinne paneuropäisch fühlenden Historiker und Philosophen Jacob Burckhardt und Friedrich Nietzsche und manche andere».[42]

39 Chi., Basler Nachrichten Nr. 245 vom 6. September 1932.
40 E. G., National-Zeitung Nr. 414 vom 6. September 1932.
41 Basler Nachrichten Nr. 258 vom 19. September 1932.
42 Basler Nachrichten Nr. 69 vom 30. September 1932.

In der «National-Zeitung» erschien am zweiten Kongresstag, als ob etwas hätte nachgeholt werden müssen, ein ungezeichneter Propagandaartikel, der vom Kongress sagte, er sei vielleicht der letzte Ruf zur europäischen Besinnung und keineswegs ein Konkurrenzunternehmen zum Völkerbund. Der längere Artikel schloss mit dem Aufruf: «Der europäische Idealismus versammelt sich in Basel, der alten Stadt des humanistischen Idealismus und bürgerlicher Freiheit. Möge es ein gutes Omen sein! Möge der SOS-Ruf dieses Kongresses in den Herzen und Gehirnen der für Europa Massgeblichen gehört und beachtet werden!»[43]

Das «Basler Volksblatt», die Lokalzeitung der Katholisch-Konservativen, bewegte sich im grossen und ganzen auf der Linie der bürgerlichen Blätter. Zur Kongresseröffnung veröffentlichte es allerdings einen Artikel, in dem nebulöse Begriffe wie «Blutsgemeinschaft», «europäische Rasse» und «unbewusste Nation» besonders stark hervortraten.[44]

Auch die sozialdemokratische «Basler Arbeiter-Zeitung» nahm anfänglich eine freundliche oder mindestens neutrale Haltung ein.[45] Der erste kritische Artikel erschien erst am ersten Kongresstag. SPS-Parteipräsident und Nationalrat Ernst Reinhard erklärte, die Vereinigten Staaten von Europa würden sozialistisch oder sie würden gar nicht sein. Das sozialistische Europa würde aber nicht durch Kongresse errichtet, auf denen die erbittertsten Feinde des Sozialismus und Europas das grosse Wort führten. «Weder der Sozialismus noch die Vereinigten Staaten Europas haben vom Kongress in Basel etwas zu erwarten; sie können beide ruhig fernbleiben; in Basel haben sie nicht das mindeste zu suchen.» Reinhard kritisierte im weiteren Coudenhoves Antibolschewismus und Pseudosozialismus. Es mute wie ein schlechter Fasnachtsscherz an, wenn kapitalistische Exminister, Vertreter der Grossfinanz und des Schwerindustriekapitals soziale Fragen diskutierten. «Faschistische Drahtzieher» hätten sich der Paneuropa-Idee bemächtigt und würden sie als Augenblicksbehelf gegen Russland einsetzen.[46]

Nachzutragen ist hier, dass Coudenhoves Paneuropa-Bewegung in der Tat ausgesprochen antisowjetischen Charakter hatte. Die Vorstellung, Europa vor dem Bolschewismus retten zu müssen, dürfte neben dem Zollunionsgedanken sogar konstitutiv für die Bewegung gewesen sein. Schon in der ersten Pressekonferenz vom 5. September 1932 hob der Graf hervor, dass seine Organisation dem Kampf gegen die kommunistische Gefahr diene. Und am Kongress verkündete M. E. Liehburg: «Wie die Recken der Deutschen Sage [der Nibelungen] muss die Jugend sich auf Tod und Leben verbinden, um den Kampf aufzunehmen, der uns von Osten bedroht, damals war's Etzels Schwert, heute ist es der Bolschewismus.»[47]

43 Ungez. National-Zeitung Nr. 458 vom 2. Oktober 1932 mit zwei Porträtbildern des Grafen und der Gräfin. Letztere wurde als beste Mitarbeiterin am Lebenswerk ihres Mannes und als Schauspielerin vorgestellt, die unter dem Künstlernamen Ida Roland bekannt sei.

44 Basler Volksblatt Nr. 229 vom 1. Oktober 1932.

45 Basler Arbeiter-Zeitung Nr. 208, 212, 219, 220, 228 vom 6.–29. September 1932. Im letzten Artikel wird sogar auf die Radioübertragungen hingewiesen.

46 «Paneuropa oder Sozialismus». In: Basler Arbeiter-Zeitung Nr. 230 vom 1. Oktober 1932.

47 National-Zeitung Nr. 460 vom 3. Oktober 1932.

Der kommunistische «Vorwärts» lehnte den Kongress von Anfang an ab. Bereits auf die Kreditvorlage des Grossen Rates reagierte er mit der Schlagzeile «Russlandhetzer wird von Basel-Stadt finanziert». Die Angriffe richten sich aber nicht so sehr gegen die ebenfalls deutlich abgelehnte Paneuropa-Bewegung, sondern vor allem gegen die Sozialdemokraten, weil diese die Kongresssubvention unterstützen.[48] Zu Beginn des Kongresses veröffentlichte das Blatt zwei Artikel zur antisowjetischen Einstellung der Paneuropa-Bewegung, und während des Kongresses war der «Vorwärts» jeden Tag mit einem Artikel präsent, der in schärfsten Tönen die Europa-Veranstaltung verurteilte. Die Angriffe wandten sich aber wiederum vor allem gegen Lokalpolitiker: Dem SP-Regierungsrat Gustav Wenk warf das Blatt vor, dem «Kapitalistengesindel» Tausende von Franken (von Arbeitern abgepresste Steuergelder) in den Rachen zu werfen und andererseits für Arbeitslose kein Geld zu haben. Der LDP-Regierungsrat Carl Ludwig wurde bei dieser Gelegenheit wieder einmal als Oberpolizist, Gebieter über die Bürgerwehr-Polizei-Armee, Scharfrichter gegen Arbeiter und Freund des faschistischen Italiens apostrophiert. Und Coudenhove-Kalergi sah sich als Bluffer und Rattenfänger qualifiziert.[49]

Das Blatt der Sozialdemokraten blieb den Kommunisten die Antwort nicht schuldig. Die Basler Bolschewisten würden sich keine Gelegenheit entgehen lassen, die Sozialdemokraten zu verleumden. Regierungsrat Wenk sei nicht verantwortlich für den Kredit von 10000 Franken. Wenk sei auch gar nicht an den Kongress gegangen, sondern habe das Grimsel-Stauwerk besucht. «Der Paneuropa-Kongress dürfte ihm so schnurz sein, wie uns, weil er weiss, dass eine Vereinigung der Völker auf kapitalistischer Grundlage eine Utopie oder ein Betrug ist.»[50] Unter dem Druck der kommunistischen Linken, aber auch auf Grund der direkten Anschauung in der Mustermesse nahm nun auch die «AZ» dem Kongress gegenüber eine scharf ablehnende Haltung ein. In der gleichen Nummer, in der gegen das KP-Blatt repliziert wurde, stellte der Kongressbericht fest:

> «Ehemalige Minister und andere Exzellenzen, Schwärmer und Neugierige, aber auch hartgesottene kapitalistische Sünder füllen die Räume der Mustermesse. Wie

48 Ungez. Basler Vorwärts Nr. 158 und 159 vom 8. und 9. Juli 1932.

49 Ungez. Basler Vorwärts Nr. 230 und 231 vom 30. September und 1. Oktober 1932, «Europatagung gegen die Sowjetunion I und II»; Nr. 232 und 233 vom 3. und 4. Oktober 1932, «Kriegshetzer in Basel» und «Der neue Rattenfänger». Im «Kriegshetzer»-Artikel wurde im weiteren der Vorwurf erhoben: «Der nach Genf einberufene internationale Kongress der Arbeiter zur Bekämpfung des Krieges wurde von der Genfer Regierung und dem schweizerischen Bundesrat verboten. Der nach Basel, dem Sitz der Reparationsbank, eingeladene Kongress der reaktionären Dunkelmänner, die hinter einer ‹alleuropäischen› Fahne die Gegenrevolutionäre und Kriegsmacher gegen die UdSSR, die diplomatischen Taschenspieler von Albanien bis Finnland vereinigen wollen, werden hier offiziell begrüsst.» Am 5. Oktober 1932 hielt Grossrat E. Arnold im Restaurant Popolo, St. Johanns-Vorstadt, einen Vortrag zum Thema «Paneuropa und die UdSSR».

50 «Die Lügner übertreffen sich». In: Ungez. Basler Arbeiter-Zeitung Nr. 232 vom 4. Oktober 1932 und Nr. 234 vom 6. Oktober 1932.

> in den Völkerbundsversammlungen werden lange, gründlich vorbereitete Reden gehalten, die am flutenden Leben der Menschen achtlos vorbeigehen oder wirkliche Absichten verbergen helfen.»

Auch die Schlussbeurteilung der bürgerlichen Blätter war deutlich nüchterner und kritischer. Selbst die «Basler Nachrichten» markierten Zurückhaltung. Man könnte sogar eine leise Kritik aus dem Bericht über Coudenhove-Kalergis Schlussrede heraushören: «Seine frischen, apodiktischen Worte schlugen beim Publikum mächtig ein, immer wieder wurde er unterbrochen von herzlichem, dankbarem Händeklatschen.» Jedenfalls verzichtete das Blatt auf die wörtliche Wiedergabe und ausführliche Paraphrasierungen der 12 Schlussresolutionen und verwies die Leser an das Kongressbüro.[51] Die «National-Zeitung» nahm wie in der ersten Präsentation auch im Schlusskommentar eine deutlich kritischere Haltung ein. Redaktor E. Graeter, der dem Basler Organisationskomitee angehörte, stellte eingangs fest, man habe sich um eine wohlwollende Berichterstattung bemüht und gestatte sich jetzt, da das Gastspiel vorüber sei, eine nicht minder wohlwollende Kritik. Die Beanstandungen betrafen drei Punkte: erstens Coudenhoves Umgang mit Politikern, zweitens Coudenhoves Einschätzung der Entwicklung und drittens Coudenhoves Aktionsverständnis und Führungsstil.

Zum ersten Punkt wurde bemerkt, Coudenhove-Kalergi habe kurz vor dem Basler Kongress in völlig unnötiger Weise den Völkerbund angegriffen und damit Bundesrat Mottas Teilnahme am Kongress unmöglich gemacht. Eine weitere Attacke auf Ministerpräsident Herriot, die zu dessen sofortiger Demission als Ehrenpräsident des Basler Kongresses führte, habe alle Franzosen ferngehalten, auf deren Kommen man sich doch gefreut habe. Zum zweiten Punkt führte der Kommentator aus:

> «Aber unverständlich bleibt uns, wie der Meister, der sein Werk lobte, sagen konnte, der bisher zurückgelegte Weg der Paneuropaunion sei schwerer gewesen als der bis zur Ausrufung der Vereinigten Staaten von Europa noch vor uns liegende. Wir glauben im Gegenteil, dass es noch sehr harter Kämpfe bedarf, die nicht in Salons, geschlossenen Versammlungen und akademischen Zeitschriften ausgetragen werden und die noch einen ganz andern Einsatz von Persönlichkeit erfordern, als es bisher geschehen ist.»

Die letzten Bemerkungen betrafen bereits den dritten und wichtigsten Punkt: Graeter beanstandete die zu geringe Abstützung auf eine Volksbewegung, er vermisste Erscheinungen wie den Schwur im Ballsaal, Gandhis Salzkrieg oder den Basler Käppisturm, der dem Freisinn zum Durchbruch verholfen habe. «Wenn Paneuropa populär werden soll, so gehört es auf die Strasse und ins Volkshaus, nicht exklusiv in private Galaempfänge und geschlossene Versammlungen einer intellektuellen und sozialen Elite.» Wenn sich der Führer von Paneuropa jetzt an die Volksmassen wenden möchte,

51 H., Basler Nachrichten Nr. 274 vom 5. Oktober 1932.

mache er doch nur aus der Not eine Tugend. Es sei nicht so, dass er nichts mehr von den Regierungen wissen wolle, sondern diese nichts mehr von Paneuropa wissen möchten. Zudem müssten die Mitglieder und Sektionen stärker einbezogen werden. Diese sollten die Möglichkeit erhalten, Verantwortung mitzutragen und nötigenfalls an der obersten Leitung Kritik zu üben. Die im ersten Punkt erwähnten Fauxpas wären so vielleicht vermieden worden.[52]

Wenige Tage darauf veröffentlichte die «National-Zeitung» eine kritische Stellungnahme Felix Moeschlins, welche die vorangegangene Beurteilung bestätigte. Der bekannte Schriftsteller und spätere LdU-Nationalrat vermisste ebenfalls die Verbindung mit dem Volk. Es sei nie zu einer Aussprache gekommen, es sei wie in der Schule gewesen: Oben habe man gesprochen, unten habe man zuhören dürfen. Fragen habe man höchstens schriftlich stellen dürfen. Coudenhove habe den Kongress zum Vorhaben der Parteigründung gar nicht befragt. Er habe sie einfach gegründet und sich dann von einem Jünger zurufen lassen: «Unser Führer hat uns den neuen Boden bereitet. Er hat uns die Partei gegeben, die so ganz befreit vom ewig Gestrigen ist.» Moeschlin spürte etwas Richtiges, wenn er vom Parteiprogramm, das korporativistische Gesellschaftsstrukturen und eine Stärkung der Staatsautorität forderte, sagte, es decke sich teilweise mit dem Parteiprogramm der «Neuen Front» und habe eine «leicht-faschistische Färbung».[53]

Welche Haltung hat Albert Oeri gegenüber der Bewegung im allgemeinen und dem Kongress im besonderen eingenommen? Regierungsrat Wenk gegenüber soll er, wie wir gehört haben, im Mai 1932 ein positives Urteil über die Paneuropa-Bewegung abgegeben haben. Der Chefredaktor der «Basler Nachrichten» liess sich sogar aufs Kongressprogramm setzen und referierte über die Frage, was die Presse zur Förderung des Friedens tun könne und was sie unterlassen müsse, um die Völkerversöhnung nicht zu stören. Oeri war neben Ludwig der einzige Schweizer mit einer aktiven Rolle im Kongressprogramm. Oeris Publizistik nahm indessen wiederholt gegen jedes, also nicht nur gegen Coudenhoves Programm eines Vereinten Europa Stellung. Einmal weil er von einer Zollunion unerwünschte Wirtschaftskonzentrationen (unter anderem auch auf Kosten der Schweiz) befürchtete; und zum anderen, weil er annahm, dass die Verwirklichung dieser Pläne zu einer Schwächung des Völkerbunds führe. Ein drittes Motiv für Oeris distanzierte Haltung wird dessen Abneigung gegen illusionistische

52 National-Zeitung Nr. 464 vom 5. Oktober 1932.

53 National-Zeitung Nr. 470 vom 9. Oktober 1932. Moeschlin hielt die Gründung einer Europa-Partei für überflüssig: «Warum eine neue Partei gründen, statt die Europafreunde in allen Parteien zu sammeln? Diese Frage habe ich Coudenhove-Kalergi gestellt, und er hat geantwortet: ‹Ich bin es müde, mit den Parteiführern zu sprechen. Ich habe genug Zeit damit verloren.› Wenn wir Europa schaffen wollen, dürfen wir nicht müde werden, mit den Parteiführern zu sprechen. Und nicht nur mit den Parteiführern. Mit den Parteimitgliedern selber.» In der Neuen Zürcher Zeitung wurde ebenfalls die Frage aufgeworfen, «ob es überhaupt möglich ist, dass eine Bewegung, die nun einmal als aristokratisch abgestempelt ist, plötzlich ihre soziale Struktur erfolgreich wandeln kann». Das Blatt kam zum Schluss: «Auf jeden Fall würde gerade in der Schweiz eine europäische Partei schwerlich Fuss fassen können» (Nr. 851 vom 7. Oktober 1932).

Politik gewesen sein. Zu Briands Europa-Memorandum bemerkte er im April 1930: «Vielleicht wird er doch einmal bereuen, sein Ackerfeld, den Völkerbund, preisgegeben zu haben, um die paneuropäische Utopie zu kultivieren.»[54] Die von Coudenhove kurz vor dem Basler Kongress gegen den Völkerbund gerittene Attacke wies Oeri entschieden zurück. Den in «Paneuropa» veröffentlichten Artikel «Agonie des Völkerbunds» bezeichnete er als «Grabglöcklein», dessen Klänge sich vielen Ohren leicht einschmeicheln werden. Man könne ruhig zugeben, dass der Völkerbund die in ihn gesetzten Hoffnungen nicht voll erfülle, man müsse aber auch bedenken, dass er erst zwölf Jahre alt sei.

«Darüber, ob man in zwölf Jahren die böse Welt umkrempeln kann, möchten wir mit dem Grafen Coudenhove gerne reden, wenn einmal sein Paneuropa dem Backfischalter entgegengeht.» Oeri erhob im weiteren einige sehr grundsätzliche Vorbehalte gegenüber der Vorstellung, dass die Weltwirtschaftskrise durch die Schaffung autarker Grossräume behoben werden könne. Andererseits gebe es gewisse gemeinsame europäische Kontinentalinteressen, und es sei sinnvoll, diese am kommenden Basler Kongress hervorzuheben. «Aber soll man deshalb den Völkerbund schlechtmachen, der einen bescheidenen Anfang für die gemeinsame und friedliche Geltendmachung von Universalinteressen darstellt? Uns scheint, wer ein positives Programm hat, tue gut daran, positiv dafür zu arbeiten, und könne füglich auf den sterilen Versuch verzichten, historisch Gewordenes und Lebendiges durch negative Kritik zu vergiften.»[55]

Wie sehr sich auch breitere Bevölkerungskreise von der Tagung angesprochen fühlten und an dieser sogar teilnahmen, ist schwer zu sagen. Wer ohne offizielle Einladung an den Veranstaltungen teilnehmen wollte, musste eine Dauerkarte zum Preis von 2, 6 oder 8 Franken erstehen. Zur Eröffnungssitzung vom Samstag, 1. Oktober 1932, sollen sich rund ein «halbes Tausend auserlesene Teilnehmer» eingefunden haben, neben den Spitzen der Basler Wirtschaft, Wissenschaft und Politik die ausländischen Gäste, die als «Persönlichkeiten von internationalem Ansehen» bezeichnet wurden.[56] Die Sonntagsveranstaltung zum Thema «Europäische Jugend» soll «erstaunlich viele Basler» herbeigelockt haben.[57] Neben diesen halböffentlichen Veranstaltungen gab es allerdings auch ausgesprochen exklusive Anlässe. Am Samstag abend wurden gleichzeitig zwei private Empfänge mit je rund 150 Gästen gegeben: der eine im Ramsteinerhof (Rittergasse) durch Herrn und Frau Felix und Henriette Iselin-Merian, der andere im Lilienhof (Gellertstrasse) durch Herrn und Frau Emanuel und Maja Hoffmann-Stehlin. Am einen Ort sang Hanns Indergand zur Laute, am anderen Ort spielte Wanda Landowska auf dem Spinett.[58]

54 Albert Oeri, Sorge um Europa. Aussenpolitische Kommentare ausgewählt und eingeleitet von Julia Gauss. Basel 1977. S. 39.

55 Basler Nachrichten Nr. 256 vom 17./18. September 1932.

56 Basler Nachrichten Nr. 271 vom 3. Oktober 1932.

57 Basler Nachrichten Nr. 272 vom 3. Oktober 1932.

58 Basler Nachrichten Nr. 271 vom 3. Oktober 1932. Auch die National-Zeitung berichtete, allerdings etwas kürzer, über die Empfänge und bemerkte dazu: «Diese zwei Empfänge nach alter Basler Tra-

Das Organisationskomitee befasste sich in seiner Schlusssitzung vom 2. November 1932 unter anderem mit der Frage, ob nun, wie dies offenbar von Coudenhove angeregt worden war, auch eine Basler Sektion der Paneuropa-Union ins Leben gerufen werden sollte.[59] Und im März des folgenden Jahres trat die inzwischen gebildete Gruppe mit der Mitteilung an die Öffentlichkeit, dass eine paneuropäische Sektion Basel gegründet worden und dass hier in der Drei-Länder-Ecke der Boden «in glücklicher Fortsetzung des im letzten Herbst in Basel stattgefundenen Kongresses» geradezu prädestiniert sei, das Wirkungsfeld von «Paneuropa» auszubauen. Ausdrücklich wurde jedoch auch festgehalten, dass Paneuropa Basel, was Europa anbelange, die gleichen Ziele anstrebe wie der Völkerbund.[60] In ihrer ersten Grossveranstaltung konnte sie denn auch ein Sympathieschreiben Bundesrat Mottas verlesen.[61] Sechs der sieben Mitglieder des unter dem Präsidium von Alfred Stückelberg stehenden Ehrenkomitees waren Mitglieder des ehemaligen Organisationskomitees. Der eigentliche Vorstand wurde von Ingenieur Hans Stettler, Inhaber eines Radiogeschäfts, geleitet.

Dass die Gründung der Basler Sektion nicht einfach eine Verlängerung des Kongresses bedeutete, zeigt ein in der «Neuen Basler Zeitung» publizierter und wohl aus der Umgebung der Ortssektion eingesandter Artikel, der sich von der Tagung vom Oktober 1932 ausdrücklich distanzierte: «Viele wurden damals durch das allzu Förmliche und Theatralische abgestossen, so dass es einige Zeit brauchte, um sich von dieser Enttäuschung zu erholen.» Jetzt wolle man alle aktiven und willigen Kräfte sammeln.

> «Der Paneuropa-Gedanke soll nicht mehr schöngeistiges Gut einer kleinen Schicht bleiben, Arbeiter, Angestellte, Gewerbetreibende und geistig Schaffende, Mann und Frau, sollen die Möglichkeit bekommen, ihren gesunden Menschenverstand, ihre Herzensbildung und ihre europäische Überzeugung in der überparteilichen Paneuropäischen Bewegung voll zur Geltung und Auswirkung zu bringen.»[62]

Die Sektion führte 1933 mit grossem Erfolg zwei vielbesuchte Veranstaltungen durch: die erste am 17. Mai in Erinnerung an das drei Jahre zuvor von Aristide Briand veröffentlichte Europa-Memorandum, die zweite am 10. November in Erinnerung an den 15. Jahrestag des Waffenstillstandes von 1918. Beide Male hielt Hans Bauer, Redaktor

dition haben viel dazu beigetragen, um persönliche Fühlung zwischen den Kongressisten und der hiesigen Gesellschaft anzubahnen und einen neuen gemeinsamen Europageist zu erwecken» (Nr. 459 vom 3. Oktober 1932).

59 Einladung und Traktandenliste zur Sitzung vom 2. November 1932 auf Schloss Bürgeln. Am 18. November 1932 informierte W. Meile das Komitee über die von Coudenhove formulierten statutarischen Bestimmungen und bat die Komiteemitglieder, sich für das weitere an A. Stückelberg zu wenden, da das Organisationskomitee nun aufgelöst sei (Dokumentation Wirtschaftsarchiv).

60 National-Zeitung Nr. 106 und 108 vom 3. und 5. März 1933. Basler Nachrichten Nr. 65 vom 6. März 1933.

61 National-Zeitung vom 18. Mai 1933.

62 Neue Basler Zeitung vom 21. März 1933.

der «National-Zeitung», den Hauptvortrag.[63] Ein Rundschreiben vom 28. Juni 1933 gab bekannt, dass die Zahl der Mitglieder bereits weit über tausend gestiegen sei.[64] Coudenhove-Kalergi war erfreut über diese Erfolge, zugleich verschärfte sich aber auch die Frage, wie die junge Volksbewegung in die exklusive Organisation der von der Wiener Hofburg aus geleiteten Paneuropa-Union einbezogen werden könne. Nach der Darstellung von Hans Bauer scheiterte ein weiteres Zusammengehen vor allem am Widerstand der Gräfin, die sich für die vielen kleinen Mitgliederbeiträge nicht interessiert und in einem am 20. Juni 1933 im Hotel «Drei Könige» geführten Gespräch erklärt habe: «Das machen wir doch viel einfacher und wirksamer, indem wir uns an grosse Finanzleute wenden.»[65] Es ging natürlich nicht darum, was mehr Geld einbrachte, sondern um die Frage, ob die beispielsweise von Felix Moeschlin geforderte demokratische Mitsprache der Basis erwünscht war. Hans Bauer bemerkte denn auch im Kommentar zu jener Begegnung:

> «Mit dieser knappen Einrede war praktisch der Basler Kongressaufruf an das Volk, an die Völker widerlegt. Kleine, für jedermann erschwingliche Mitgliederbeiträge, verbunden mit dem Kontrollrecht der Mitglieder über die Verwendung? Zu dieser Haushaltrechnung der Frau hatte der Graf nicht mehr viel zu sagen.»

Die Divergenzen waren allerdings schon vorher beträchtlich gewesen. Coudenhove erklärte in einem Brief, den er am 1. April 1933 an den Präsidenten der Basler Sektion richtete, diejenigen, die eine organisatorische Eingliederung in die Schweizer Paneuropa-Union ablehnten, sollten doch wie die Gruppe «Jung Europa» eine eigene Organisation gründen. «Sosehr ich diese Spaltung innerhalb der Basler Paneuropäer bedauern würde, so scheint mir eine solche klare Scheidung immer noch besser als eine unklare Zusammenarbeit, die den Keim künftiger Konflikte in sich trägt.»[66] Zu weiteren Differenzen kam es vor allem zwischen der Basler Sektion und der Zürcher Landeszentrale. Die Basler warfen den Zürchern vor, einerseits nicht mit dem nötigen Engagement für die Paneuropa-Idee zu werben (das heisst keine Volksbewegung aufzubauen) und andererseits den Basler Eifer unnötig zu bremsen. Im Herbst 1933 äusserte sich Hans Stettler gegenüber Coudenhove-Kalergi in diesem Sinne:

> «Ich möchte in Zürich nicht unangenehm drängen und hoffte immer, dass sich eine Lösung finden werde. Da nun aber in Zürich die Fronten solche Fortschritte

63 Das Thema von Hans Bauers erstem Vortrag lautete «Vaterland und Völkergemeinschaft», das des zweiten Vortrages «Wahneuropa oder Paneuropa?».

64 Staatsarchiv, vgl. Anm. 4.

65 Bauer führt in den unpublizierten Memoiren weiter aus: «Während ich mich mit Graf Coudenhove-Kalergi unterhielt, erschien plötzlich die Gräfin im Salon und trat mit einer pathetischen Gebärde an uns heran. Sie hörte eine Weile stillschweigend zu und wandte sich dann plötzlich an den Grafen, dem sie mit einer Handbewegung das Wort abschnitt, im nächsten Moment hatte ich sie als Gesprächspartnerin» (FAE, vgl. Anm. 3, vermittelt durch Lubor Jilek).

66 Coudenhove an Stettler, 1. April 1933 (Bestand Stettler).

machen, kann ich nicht mehr länger geduldig zuschauen. Wenig tun in dieser Zeit ist Boykott der Bewegung.»[67]

Es ging aber nicht um das Problem, wer wieviel Aktivismus betrieb, sondern um die grundsätzliche Frage, wie die Paneuropa-Bewegung geführt werden solle: als exklusiver Notabelnverein oder als demokratische Volksbewegung. Der Graf neigte zur ersteren Lösung, wollte aber auf die andere Variante nicht ganz verzichten. Während die von Basel angeführten schweizerischen Sektionen eine echte Bewegung mit klaren Mitbestimmungsrechten schaffen und darum nur eine einzige und für breite Bevölkerungskreise erschwingliche Mitgliederkategorie haben wollten, hielten der Präsident der Wiener Zentrale und der Zürcher Ausschuss an dem Konzept fest, das einen engen Kreis halbwegs Mitbestimmungsberechtigter und einen sehr breiten Kreis von steuerbaren Mitläufern vorsah. Coudenhove schrieb von Gstaad aus im August 1933 nach Basel:

> «Was die Mitgliederbeiträge betrifft, möchte ich Sie auf das Buch ‹Mein Kampf› von Hitler hinweisen, und zwar S. 651. Bei aller Absurdität seiner politischen Ideen sind seine propagandistischen und organisatorischen Grundsätze richtig, vor allem seine Einteilung in ‹Mitglieder› und ‹Anhänger›. An dieser Einteilung, die wir ja praktisch bereits haben, möchte ich festhalten.»[68]

Und im Januar 1934, als die Strukturfrage, die letztlich eine hochpolitische Frage war, in Briefwechseln zwischen Wien und Basel noch immer diskutiert wurde, erklärte der Graf dezidiert, am Führerprinzip festhalten zu wollen, weil dies wegen des übernationalen Charakters der Bewegung absolut notwendig sei:

> «Daher bitte ich Sie, unsere Bewegung als politischen Feldzug aufzufassen und unsere Union als politische Armee, die in dem Augenblick zusammenbrechen muss, wenn die Soldatenräte durch Mehrheitsbeschlüsse auf den Feldzugsplan und auf die Heeresorganisation Einfluss nehmen wollen.»[69]

Der Graf war aber unabhängig von der spezifischen Frage der Führbarkeit einer internationalen Bewegung ein dezidierter Anhänger des Führerprinzips. Im Februar 1934

67 Stettler an Coudenhove-Kalergi, 22. September 1933. Das Schreiben führt weiter aus: «Sie wollen mir verzeihen, dass ich eigenmächtig vorgehe, aber Zürich ist der wirtschaftliche Nerv der Schweiz, wo die Paneuropa-Idee nicht im Frontenrummel untergehen darf, selbst wenn hiezu Änderungen in der Leitung nötig sind» (Bestand Stettler).

68 Coudenhove an Stettler, August 1933 (Bestand Stettler).

69 Coudenhove an Stettler, 8. Januar 1934. Das Schreiben führt weiter aus: «Es haben sich im Laufe der letzten Jahre sehr viele Bewegungen mit ähnlichem Programm in den verschiedensten Staaten gebildet, die aber alle zusammengebrochen sind, weil sie im Gegensatz zu Paneuropa versucht haben, den verschiedenen nationalen Belangen entsprechend die Bewegung von unten aufzubauen» (Bestand Stettler).

rief er in «Paneuropa» in Erinnerung, dass er sich schon 1929, als noch kaum jemand auf solche Ideen gekommen sei, für das Führerprinzip ausgesprochen habe.[70] Dieses Bekenntnis muss zu einer weiteren Verschärfung der Spannungen zwischen dem «Führer» in Wien und der unwilligen «Gefolgschaft» in der Schweiz geführt haben.[71]

Die Kontroversen über unterschiedliche Vorstellungen, wie die Bewegung zu gestalten sei, zogen sich über das ganze Jahr hin und entzündeten sich an den konkreten Fragen, ob die Basler Sektion einen zusätzlichen Mitgliederbeitrag erheben, ob sie selbständig Spendenaktionen lancieren, ein eigenes Organ (die «Europäische Zeitung») führen und ausserhalb Basels Veranstaltungen durchführen, mit Sektionen anderer Staaten direkten Kontakt aufnehmen und ein leicht abgeändertes Symbol führen dürfe.[72]

Anfang November 1933 entwickelte die Zürcher Zentrale die Rohfassung eines «Regulativs für die Ortsgruppen» und schickte sie dem Basler Ortsgruppenpräsidenten.[73] Hans Stettler hielt eine Regelung der Ortsgruppenarbeit nur für sinnvoll, wenn gleichzeitig ein neues Zentralstatut ausgearbeitet würde, und berief deshalb die anderen Gruppen von Bern, St. Gallen, Winterthur, Zürich, Biel und der Jugendsektion auf den 18. November 1933 zu einer gemeinsamen Besprechung nach Olten. Die dort gutgeheissene Ordnung sah nur eine einzige Mitgliederkategorie und ein Mitspracherecht über ein Delegiertensystem (1 Delegierter auf 500 Mitglieder) vor. Die Delegiertenversammlung sollte als gesetzgebende Instanz wirken.[74] Die derart überrundete Zürcher Zentrale ging auf diesen Vorschlag jedoch nicht ein. Sie stellte sich auf den Standpunkt, dass die Ortssektionen keine Vorschläge zu unterbreiten, sondern den Anweisungen zu gehorchen hätten.[75]

70 Der im Februar 1934 in Paneuropa publizierte Auszug aus «Los vom Materialismus!» führte unter anderem aus: «Denn der Führer muss nach seinem Gewissen handeln. Dazu muss er frei sein. Die Kontrolle der Gefahren soll ihn vor Unbesonnenheiten zurückhalten; aber sie darf nicht zu einer Fessel werden, die ihm das Vorwärtsschreiten erschwert und unmöglich macht» (S. 51).

71 So äusserte sich Theodor Tobler (vgl. Text bei Anm. 78) am 20. März 1934 in einem Brief an Stettler über die Februar-Nummer von Paneuropa: «Ich war entsetzt und angewidert über die Darlegung der Handlungsweise von Dollfuss. Ebenso über die Ausführungen unter dem Titel ‹Zum Führerprinzip›, beziehungsweise über den hier gesuchten Zusammenhang mit den jetzt unter dem Druck der Verhältnisse herausgebildeten politischen Zuständen. Das ist *Demagogie* in der schlimmsten Form, und ich habe sehr Mühe, mich von der Rücksendung der Nummer zurückzuhalten» (Bestand Stettler).

72 Coudenhove wies in seinem Brief vom 8. Januar 1934 darauf hin, «dass auch die Symbole der Bewegung klar und unvermischt bleiben müssen. Als Sie bei dem Vortrag über Paneuropa und die Schweiz das Paneuropa-Kreuz dem Schweizer Kreuz vermählten, liess sich dies als symbolischer Ausdruck des Vortragsprogramms rechtfertigen. Es ist aber nicht möglich, dass die Basler oder auch die Schweizer Union sich daraus ein neues Symbol konstruiert» (Bestand Stettler).

73 Entwurf und Begleitschreiben vom 13. November 1933 (Bestand Stettler).

74 Rundschreiben Stettler vom 13. November 1933. Der Entwurf der Oltener Zusammenkunft wurde am 21. November 1933 der Zürcher Zentrale zugestellt (Bestand Stettler).

75 Ausführliche Notizen Stettlers zu einem telefonischen Gespräch mit C. Staehelin vom 13. Januar 1934. Stettler notierte sich u.a. «Was ich mache, sei ein Strohfeuer, das wieder zusammenbreche, sie wollen eine ruhige, sichere Entwicklung.» Staehelin hatte ihm bereits am 29. November 1933 auf

Stettler, der Präsident der Basler Sektion, versuchte darauf den Grafen in einem langen Brief zu überzeugen, dass die Bewegung bei der Propagierung der paneuropäischen Ziele auf die Regierungsform der Länder Rücksicht nehmen sollte:

> «Paneuropa kann nicht warten, bis alle Länder fasziniert sind, nur um sich den Weg einer Volksbewegung zu ersparen und dann mit den autoritären Regierungen zum Ziel zu kommen. Dieses Zuwarten birgt allzu grosse Gefahren für Europa in sich abgesehen davon, dass Diktator und guter Europäer nicht identisch ist. Aus dieser Überlegung folgere ich, dass in einem Lande wie der Schweiz der Weg der Volksbewegung beschritten werden muss. Einerseits weil in diesen Ländern die Regierungen zum grossen Teil den grossen öffentlichen Meinungsströmungen gehorchen und anderseits um durch diese öffentliche Europäische Meinung grosser Volksteile einen Einfluss auszuüben auf diktatorisch regierte Länder, deren Machtinhaber sich dem Paneuropa-Gedanken widersetzen könnten. Ausserdem ist die Volksbewegung dazu geeignet, die Volksmassen mit einem hochstehenden Idealismus zu befruchten und so das Volksganze zu heben.»[76]

In einer nächsten Verlautbarung erklärte sich Coudenhove-Kalergi dann plötzlich doch bereit, vom Prinzip der zwei Mitgliedschaftskategorien abzugehen, er hob aber nicht die teurere von 12 Franken, sondern die billigere von 3 Franken auf, die erschwinglicher und darum eine günstige Voraussetzung für den Ausbau der Bewegung gewesen wäre. Coudenhoves Begründung:

> «Sowohl die Nationalsozialisten als auch die Fronten stehen auf dem Standpunkt, dass Mitgliedschaften nur dann für die Bewegung wertvoll sind, wenn sie auch mit einem Opfer verbunden sind. Nachdem die Fronten, wie ich höre, einen Mitgliederbeitrag von zwölf Franken jährlich fordern, wollen wir von unsern Mitgliedern keine geringern Opfer verlangen.»[77]

Diese Auffassung wurde denn auch im «Regulativ» festgeschrieben, das am 22. Januar 1934 den Ortsgruppenpräsidenten zugestellt, von diesen aber zum grössten Teil abgelehnt wurde. Der Berner Industrielle Theodor Tobler beispielsweise (er war Präsident der Berner Sektion und von Stettler als Präsident der gesamtschweizerischen Sektion vorgesehen) reichte sogleich seine Demission ein, weil er nicht bereit sei, sich die

den Oltener Entwurf geantwortet: «Allgemein möchte ich heute schon bemerken, dass der Aufbau der Paneuropa-Union auf rein demokratischer Basis nach meiner Überzeugung nicht angängig ist, da ein solcher Aufbau sofort zu einer Zersplitterung führen müsste.» Und am 5. Dezember 1933 schrieb Staehelin: «Es kann unmöglich so weitergehen, dass Sie über den Kopf der Union hinweg von Basel aus disponieren. Entweder besteht eine Zentrale und dann müssen die Fäden über diese Zentrale gehen, oder aber diese Zentrale wird aufgehoben [...]» (Bestand Stettler).

76 Stettler an Coudenhove, 14. Januar 1934; sechsseitiger Brief, in dem sämtliche Reformvorhaben nochmals ausführlich dargelegt sind (Bestand Stettler).

77 Coudenhove an Stettler, 17. Januar 1934 (Bestand Stettler).

Arbeitsbedingungen diktieren zu lassen. «Das ist um so mehr der Fall, als Sie Ihre Verfügung getroffen haben, sogar ohne mich vorher zu hören.»[78]

Nachdem zahlreiche weitere Schreiben ausgetauscht worden waren, war die Situation im März 1934 noch immer offen. Auf Hans Stettlers Wunsch schaltete sich Alfred Stückelberg vom Basler Ehrenkomitee als Vermittler ein, er schrieb aber auch an die Adresse des Basler Vorstandspräsidenten: «Wünschenswert ist, dass unter Paneuropäern stets die nötige Harmonie und Disziplin herrscht. Daher muss dem Führer gegenüber unter allen Umständen der gebührende Ton eingehalten werden, auch wenn im einzelnen etwa verschiedene Ansichten herrschen.»[79] Am 13. März 1934 hielt der Vorstand der Basler Sektion in einer Resolution fest: «Paneuropa Basel ist eine souveräne Vereinigung, die zum Zweck der Schaffung einer Volksbewegung am 2. März 1933 von Paneuropäern gegründet worden ist.» Das Regulativ würde gegen den Vereinszweck verstossen und würde deshalb abgelehnt. Gegenüber Wien wurde die Resolution nur als «vorläufiger Entwurf» bezeichnet. Am 23. März 1934 musste Alfred Stückelberg der Basler Sektion jedoch mitteilen, dass Coudenhove-Kalergi eine weitere Besprechung zur Zeit nicht für angängig halte. Am 27. März 1934 verfassten die Basler eine zweite Resolution und schickten sie sogleich nach Wien. Am gleichen Tag drohte die Zürcher Zentrale dem Basler Sektionspräsidenten mit dem Ausschluss und gab ihm bis zum 31. März 1934 Zeit, um zum Vorwurf Stellung zu nehmen, er würde gegen den Präsidenten der Paneuropa-Union intrigieren. Ebenfalls am 27. März 1934 bediente Hermann Aeppli vom schweizerischen Aktionsbüro der Bewegung «Jung Europa» die Presse mit einem Artikel, der über die internen Differenzen in der Paneuropa-Bewegung Aufschluss gab und die Möglichkeit andeutete, dass die schweizerischen Paneuropäer sich «Jung Europa» anschliessen könnten. «Ihre Stellungnahme ist diesen Schweizern nicht zu verargen, denn schliesslich ist die Schweiz immerhin noch eine Demokratie, und die Sympathien für das Führerprinzip sind bei uns eher geteilt.» Diese Indiskretion geschah jedoch nicht im Einverständnis mit Stettler; der Präsident von Paneuropa Basel war im Gegenteil empört und schickte Aeppli einen scharfen Protestbrief.[80]

Die Trennung zwischen der demokratischen Basis und der Führergruppe erfolgte erst im Laufe des Monats April. Über diese Phase sind wir allerdings schlecht informiert. Fest steht, dass Hans Stettler und Gleichgesinnte hofften, an einer gesamtschweizerischen Delegiertenversammlung der paneuropäischen Bewegung der Schweiz neue Strukturen geben zu können. Als sich dies als unmöglich erwies, taten sie sich mit «Jung Europa» zusammen und schritten am 24. Juni 1934 zur Gründung der «Europa-Union». Das Flugblatt, das zur Teilnahme an der Gründungsversammlung aufrief,

78 Tobler an Staehelin, 29. Januar 1934, Kopie an Stettler (Bestand Stettler).

79 Stückelberg an Stettler, 5. März 1934 (Bestand Stettler).

80 Stettler an Aeppli, 29. März 1934. Stettler führte unter anderem aus: «Sie bringen durch diese unqualifizierbare Taktik die edlen Bestrebungen unserer Bewegungen auf einem Terrain zur Diskussion, das wir Europäer lieber dem Parteihass und dem unwürdigen Wahlkampf überlassen» (Bestand Stettler).

machte Coudenhove Vorwürfe und versuchte gleichzeitig den Gegensatz herunterzuspielen:

> «Graf Coudenhove hat festgestellt, dass es nicht seine Sache sein könne, eine Volksbewegung zu schaffen. Er will sich seinen schriftstellerischen Arbeiten und den paneuropäischen Wirtschaftskongressen widmen. Gegensätze zwischen der vereinigten Bewegung und Coudenhove bestehen mithin nicht.»[81]

Die im Anschluss an den Basler Kongress vom Oktober 1932 unter dem Namen «Paneuropa» entstandene Volksbewegung mündete wohl zum grössten Teil in die «Europa-Union».[82] Wie die schweizerischen Paneuropa-Gruppen die Sezession überlebten, konnte nur teilweise geklärt werden.[83] Als im Mai 1935 in Wien der vierte Paneuropa-Kongress durchgeführt wurde, war in der Eröffnungsansprache des Grafen zwar vom ersten Kongress in Wien und vom zweiten Kongress in Berlin die Rede – Basel, der «vierte Tag» der paneuropäischen Bewegung, war dagegen keiner Erwähnung wert.[84]

81 Die Zentralsektion sah sich zu einer Gegendarstellung gezwungen. Ihr Zirkular an die Mitglieder betonte, mit dieser Neugründung nichts zu tun zu haben. Die zitierte Passage wurde als irreführende Behauptung bezeichnet und mit einer Gegendarstellung bekämpft: «Der Schöpfer der paneuropäischen Volksbewegung, Coudenhove-Kalergi, widmet auch in Zukunft seine ganze Kraft dem Ausbau der Paneuropa-Union und der Propaganda der Paneuropa-Bewegung» (Wirtschaftsarchiv).

82 Gesamtschweizerischer Präsident wurde, unter anderem auf Betreiben von Adolf Gasser, Hans Bauer, der 1933 als erfolgreicher Referent in Veranstaltungen von Paneuropa Basel aufgetreten war, 1932 aber nicht am Kongress teilgenommen hatte. Hans Stettler, die treibende Kraft im Jahre 1933, wirkte in der Europa-Union nur noch als gewöhnliches Vorstandsmitglied mit (Gespräch mit Hans Bauer vom 22. Juli 1991). Zur Geschichte der Europa-Union vgl. die Darstellungen von Hans Bauer, Basel und die Europa-Bewegung. – Lubor Jilek, L'esprit européen en Suisse de 1860 à 1940. – Thomas Staffelbach, Die Europa-Union 1945 bis 1949.

83 Im Bestand des Wirtschaftsarchivs gibt es einige Papiere, die ein Weiterbestehen zum mindesten des schweizerischen Zentralvorstandes belegen und zeigen, dass C. Staehelin und A. Stückelberg in der Paneuropa-Bewegung blieben.

84 IVe Congrès paneuropéen Vienne 16–19 mai 1935. Zürich/Wien 1935. S. 97f. Bereits an der im Dezember 1933 in Wien durchgeführten ersten Wirtschaftskonferenz der Paneuropa-Union hatte keine schweizerische Vertretung teilgenommen (Lubor Jilek, L'esprit européen en Suisse de 1860 à 1940. S. 8).

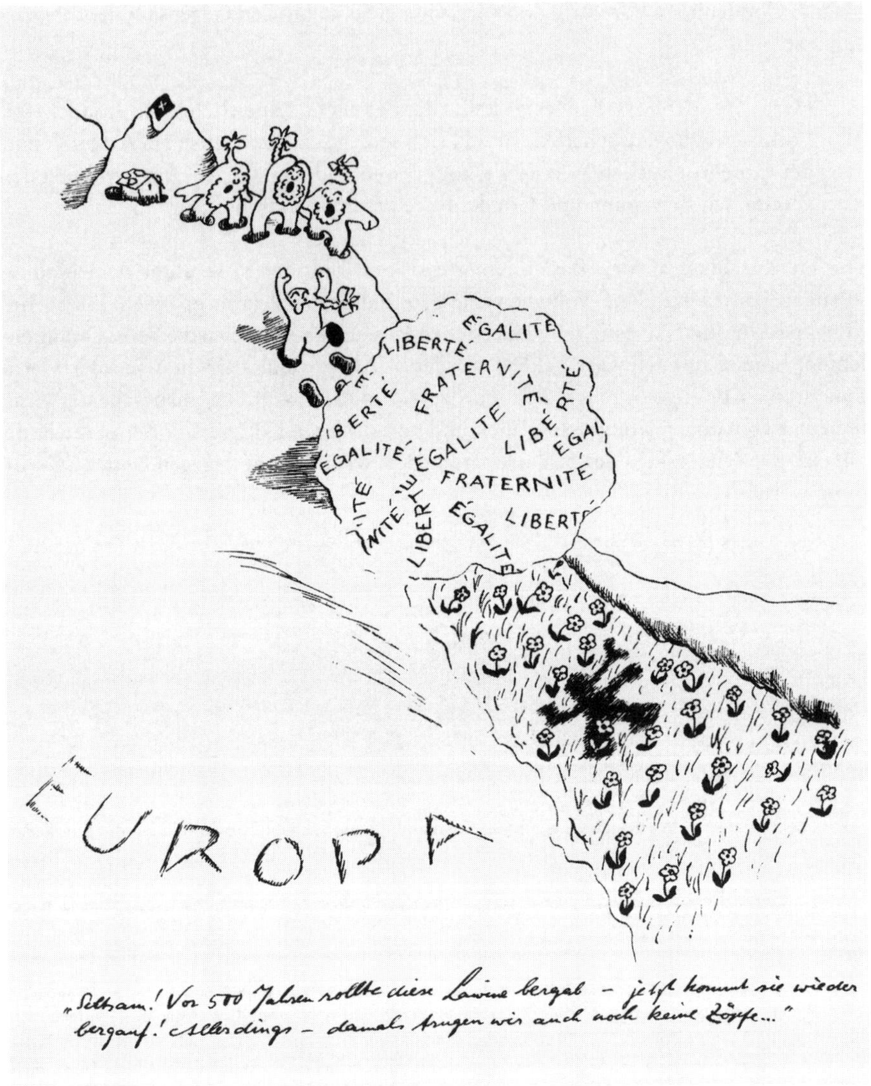

Herbert Lüthy war auch ein begnadeter Zeichner. In der illustrierten Schweizergeschichte, die er als Schüler gezeichnet hatte und die 30 Jahre später, 1962, von seinem Schwiegervater herausgegeben wurde, findet sich auch eine Anspielung auf die Einstellung der Schweiz zu Europa: Vor 500 Jahren sei diese Lawine bergab gerollt, jetzt komme sie wieder bergauf. «Allerdings – damals trugen wir auch noch keine Zöpfe ...» (Die Bilderhandschrift von Ennenda. Bern 1962).

Der Blick auf Europa – ein Blick in die Geschichte

Wie Herbert Lüthy den europäischen Vergemeinschaftungsprozess beurteilte

Man kann immer wieder die Klage hören, dass sich die Intellektuellen zu Europa nicht vernehmen lassen. Europa hat tatsächlich in den 1950er und 1960er Jahre die Geister des öffentlichen Wortes mehr bewegt, als dies in unseren Tagen der Fall ist. Dies obwohl der gegenwärtige Wachstumsschub und die damit verbundene Reifungskrise, die im übrigen nicht seine erste ist, diese Auseinandersetzung dringend benötigte. Um so bedenkenswerter sind die Beobachtungen und Einschätzungen, die uns der Historiker Herbert Lüthy (1918–2002) zur Verfügung gestellt hat. Man muss nicht zu den gleichen Schlussfolgerungen kommen, die Qualität seines Nachdenkens setzt jedoch Massstäbe.

Herbert Lüthys Äusserungen zu «Europa» umspannen ein halbes Jahrhundert. Es war noch Krieg, da erwartete der junge, erst 25jährige Kommentator des Weltgeschehens wie viele andere Zeitgenossen, dass es nach dem Krieg einen *Neuanfang* und damit etwas gebe, was es in der Geschichte doch selten gibt. «Wie auch der Krieg ausgehen wird, so wird auf jeden Fall das Problem der künftigen Gestaltung Europas auf der Tagesordnung stehen. Über dieses Europa ist eine Dampfwalze hinweggegangen, die alle Grenzen und Souveränitäten zermalmt hat. Ein *Neubau* ist unvermeidlich.»[1] Das Bild von der Dampfwalze wirkt negativer, als es in diesem Fall gemeint war. Das Positive an diesem Vorgang sah Lüthy nämlich in der Relativierung der Nationalismen. Doch was *«Neues»* daraus machen?

Im 1954 herausgekommenen Erfolgsbuch *«Frankreichs Uhren gehen anders»* finden sich weitere und sehr substantielle wie auch kritische Passagen zu den inzwischen unternommenen Neubauversuchen.[2] Das Europathema erhielt im Frankreichbuch mit gutem Grund einen wichtigen Platz: Der einzig ernsthafte Versuch eines Neubaus ging gemäss Lüthy von Frankreich aus, das heisst vom Lothringer Robert Schuman, und er war nötig, weil nur mit einer Vereinigung Europas das wiedererstehende Deutschland eingebunden werden konnte. Es sei darum gegangen, den Souveränitätsverzicht Deutschlands durch Souveränitätsverzichte der westeuropäischen Partner zu erkaufen. Lüthy demonstrierte diesen inneren Zusammenhang sogar an einer äusseren Reihe der Tageschronik: Am 5. Mai 1949 sei der Europarat geschaffen, am 8. Mai des gleichen Jahres die Verfassung der BRD durch den Parlamentarischen Rat in Bonn

1 Herbert Lüthy, Churchill über die britische Nachkriegspolitik. In: St. Galler Tagblatt vom 27. März 1943. – Fünf Minuten nach zwölf. Werke. Bd. I. Zürich 2002. S. 87.

2 Herbert Lüthy, Frankreichs Uhren gehen anders (1954). Neu in den Gesammelten Werken. Bd. II. Zürich 2002. – Speziell das Kapitel «L'Europe cordiale», S. 269ff., und «Kleineuropa», S. 281ff.

angenommen worden, am 10. August sei der Europarat erstmals zusammengetreten, am 14. August habe die Bevölkerung der BRD ihr erstes Parlament gewählt. «Europa und Deutschland waren mit symbolischer Gleichzeitigkeit angelangt.» Der wesentliche Unterschied habe aber darin bestanden, dass in Bonn eine Staatsgründung stattgefunden habe, in Strassburg aber nur ein Festakt.

Der Europarat und die zuvor geschaffene Organisation für wirtschaftliche Zusammenarbeit in Europa (OEEC) waren weit hinter dem zurückgeblieben, was Lüthy für nötig hielt. Substanz sah er nur in der im April 1949 gegründeten NATO, die er als amerikanisches Notdach über dem europäischen Haus verstand. Nicht die europäische, sondern die atlantische Integration sei eine Realität gewesen, eine zwar nicht sehr würdevolle, aber unendlich viel bequemere Alternative zu Europa. Die Idee der OEEC und des ihr zugrundeliegenden Marshallplans sei von den anhaltenden nationalprotektionistischen Einzelinteressen unterlaufen worden. Lüthy verurteilte dies als «Veruntreuung von weltgeschichtlichem Ausmass». Und den Europarat bezeichnete Lüthy leicht abschätzig, aber zutreffend als «Strassburger Konsultative», sie stehe unter dem gleichen «Gesetz der Unverbindlichkeit und des Leerlaufs» wie die OEEC. Die britische Mitwirkung im Europarat sei unter der Bedingung der Ohnmacht erkauft worden.

Echtheit und Ernsthaftigkeit

Wie ganz anders das Urteil über den am 8. Mai 1950 verkündeten Schumanplan zur Schaffung einer Montanunion! Ihm gegenüber kommt beinahe Euphorie auf: «Aus dem europäischen Nebel von Strassburg hatte sich die europäische Kernlandschaft herauskristallisiert, von der allein ein wirklicher Zusammenschluss Europas seinen Ausgang nehmen kann.» Den Schumanplan würdigte er als einen «völligen Neubeginn» ausserhalb aller bisherigen Gremien, «neu in der räumlichen Begrenzung und neu in der Methode des Aufbaus rechtsverbindlicher Institutionen». Von den führenden Politikern – den Gründungsvätern – sagte er, sie seien gewiss keine Visionäre gewesen. Das Neue bestand offenbar in der neuerlichen Bereitschaft, sich auf Altes zu beschränken. Schuman, Adenauer, de Gasperi seien «echte Konservative», die den revolutionären Mut aufbrächten, der dazu gehöre, «vieles preiszugeben, um das Wesentliche zu retten». Lüthy imponierte die Echtheit des Wollens, die Authentizität des Konzeptes, im Gegensatz zu dem Gerede und Getue oder dem, was Lüthy gerne als «Ideologie» und als «leere Schlagworte» anprangerte. Lüthy wünsche intellektuelle Redlichkeit und politische Verbindlichkeit. Er hoffte auf die Entstehung einer «echten Arbeitsgemeinschaft», welche eine Ahnung von den Möglichkeiten habe, «die dieser Kontinent des Gehabthabens und des Gewesenseins» noch besässe.

Lüthy erwartete Vorwärtsgewandtheit und kritisierte ausdrücklich die real praktizierte Rückwärtsgewandtheit. Damit meinte er aber nur den Blick zurück ins nationale Zeitalter. Er setzte sich nämlich sehr dafür ein, dass man das weiter zurückliegende Europa insbesondere der karolingischen Zeit in seiner ganzen Bedeutung wahrnehme. In einer Sprache, wie wir sie heute von Jacques Le Goff kennen, wies er darauf hin: «Das karolingische Reich war die erste staatliche geordnete Form Europas, die aus den Lavaströmen der Völkerwanderung auftauchte ...» Und die römische Kirche habe da eine wichtige Rolle gespielt, so dass es gar nicht so falsch sei, wenn – allerdings mit diffamatorischer Absicht – vom «Vatikan-Europa» gesprochen werde. Lüthy begrüsste es sehr (hier sind wir wieder bei den Ideologien), dass keiner der Gründer der Montanunion den schlechten Geschmack hatte, Karl den Grossen zum Schutzheiligen des Schumanplans anzurufen. «Die Montanunion ist kein konfessionelles Gebilde, im Luxemburger Eisenbahnpalast haben sich fürwahr keine Kleriker versammelt [...].»

Was 1950 Formen annahm, bezeichnete Lüthy mit einer Parallelisierung der ein Jahrhundert zuvor unternommenen deutschen Einigungsversuche als «Kleineuropa». Das war mehr als das unter den Bedingungen des Eisernen Vorhangs ohnehin nicht realisierbare «Grosseuropa», aber auch mehr als das OEEC-Europa der *Siebzehn*, das er als unzusammenhängendes Gebilde und als Sammlung von disparaten Überresten charakterisierte, die am Rande des Sowjetblocks lagen, von Lappland über Irland und Portugal bis Kurdistan. Und als durchaus positiven Umstand wertete er, dass sich Grossbritannien von dem karolingischen Projekt immerhin auf eine nichtfeindliche Art distanzierte.

Herbert Lüthy verteidigte «Kleineuropa» gegen Abqualifizierungen, die auf französischer und deutscher Seite vorgenommen wurden. Es sei unsäglich grotesker und bösartiger Unsinn, was mit Etiketten wie «kleineuropäischer Sonderbund», «Europa-AG der Trusts» u.a.m. über dieses Projekt gesagt werde. Den Schumanplan nahm er in Schutz vor einer Redeweise, die er im Falle der anderen westeuropäischen Integrationsprojekte selber ebenfalls praktizierte. Es war Lüthy klar, dass es sich zunächst «bloss» um ein Wirtschaftsprojekt handelte: Die List des Schumanplans habe darin bestanden, die Bruchstelle gefunden und die «entscheidende Bresche in die nationalen Wirtschaftssouveränitäten» geschlagen zu haben. Für ihn war aber auch klar, dass es damit nicht sein Bewenden haben dürfe, dass es eine «wie auch immer begrenzte politische Autorität» und ein europäisches Parlament brauche.

Europa als Tausendfüssler

Lüthy, der es für richtig erachtet hätte, wenn man das ganze Werk mit einer Verfassungsgebung begonnen hätte, hielt nichts von der funktionellen Integration, die über Einzelschritte die Vergemeinschaftung herbeiführte. Der von den Briten propagierte *functional approach* bringe bloss infinitesimale Annäherungen und millimeterweise Anpassungen. Diese englische Methode sei ein schöner Name für gar keine Methode. Lüthy hätte als Konstitutionalist einer klaren, kohärenten Ordnung auf politischer Basis den Vorzug gegeben. Das Europa, das gleichzeitig auf verschiedenen Ebenen und in verschiedenen Formaten und Zuständigkeiten in einer *«géométrie variable»* (wie man später sagte) Gestalt anzunehmen begann, missfiel Lüthy.

Da gab es doch die *Siebzehn* der OEEC, die damals gerade *Fünfzehn* des Europarats, die *Zwölf* der NATO, die *Fünf* des Pakts von Brüssel (der späteren WEU) etc. «[...] jedes dieser Gremien schuf seine eigene ständige Organisation, zwischen denen wiederum Delegationen ausgetauscht, Gesandtschaften akkreditiert und Verbindungs- und Koordinationsausschüsse gegründet wurden, deren Zahl mit jedem neuen Organismus in geometrischer Progression wuchs und deren Arbeitsgebiete sich derart überschnitten, dass eine eigene Bürokratie nur noch mit dem Austausch und der Kompilation ihrer Statistiken, Projekte und Resolutionen beschäftigt war: eine Scheinwelt überstaatlicher Beziehungen, die sich rund um die einzige Realität des Atlantikpakts gruppierte und unermüdlich den eigenen Leerlauf organisierte. Alle paar Monate wurde ein neuer ‹erster Schritt zur Vereinigung Europas› gefeiert, doch auf hundert erste folgte nie ein zweiter Schritt: ein Tausendfüssler, der mit zahllosen Gliedern an Ort trat. Dass das Wort ‹Europa› in all diesen Gremien und den begleitenden Tischreden nicht endgültig zu Tode geredet wurde, ist ein reines Wunder – oder ein Beweis, dass eine Wirklichkeit in ihm steckt, die schlechthin nicht zerredet werden kann.»

Dies dürfte die wichtigste Äusserung Lüthys zu «Europa» sein. Sie hat das geistige Format eines Jacob Burckhardt und entspricht im übrigen auch auffallend der Burckhardtschen moralischen Vorwurfshaltung. Indessen hätte Lüthy gerade als Historiker auch bemerken können, dass sich die Welt und insbesondere die europäische eben so entwickle, wie sie es meistens tut, nämlich weniger nach dem Spalier eines Gartenmeisters, sondern weitgehend im Wildwuchs der Triebe. Ihm war es aber schon 1953 wichtiger, die scharfsinnig beobachtete und genial beschriebene Realität mit der moralischen Mängelrüge zu verbinden, dass Europa nicht besser war, als es seines Erachtens hätte sein können und sein müssen.

Zu diesem vielfältigen Aufbruch meinte Lüthy: «Europa ging fortan auf vielen Wegen und blieb auf allen Wegen stecken.» Der 1950 zusätzlich eröffnete und von Lüthy begrüsste Weg der *Sechs* blieb nicht stecken. Da er aber mit der Zeit die gleichen Eigenschaften wie die übrigen Integrationsunternehmen zeigte, blieb auch «Kleineuropa» Kritik nicht erspart. Bereits um 1960 neigte Lüthy dazu, die beanstandeten Eigenschaften bei seinem Hoffnungsprojekt wahrzunehmen. Noch beinahe neutral schrieb er vom *«Geschiebe von Gremien, Sekretariaten, Verträgen, Kompetenzen, Beamtenstäben, Direktiven und Nomenklaturen»*, und zu Recht räumte er ein, dass der damals etwa 2000 Mitarbeiter umfassende Beamtenstab im Vergleich zu den *«unzähligen Heerhaufen nationaler Wirtschaftsbürokratien»* sehr klein sei. 1990 geriet ihm dann aber bei der Charakterisierung des inzwischen grösser gewordenen «Kleineuropa» gleich dreimal das Wort *«Termitenstaat»* in die Feder, von dem eine *«ameisenhafte Geschäftigkeit»* ausgehe.

«Europa als Zollverein?» – die im Titel des Aufsatzes von 1960 aufgeworfene Frage verweist bereits auf Lüthys fundamentalen Vorbehalt, das heisst auf die Überzeugung, dass eine Beschränkung auf ein ökonomisches Konzept nicht genüge.[3] Für ihn mussten die Römer Verträge von 1957 an sich eine Enttäuschung gewesen sein. Der Etappenplan zum Gemeinsamen Markt habe ausgereicht, um für die kommenden zehn oder fünfzehn Jahre *«die Gedanken und die Träume der Europäer zu beschäftigen»*. Man habe einen administrativen Prozess in Gang gesetzt, sei aber dem Streit um Verfassungsziele aus dem Weg gegangen.

Ausgerechnet der Westen – *«das Abendland des permanenten Wirtschaftswunders»* – habe sich dem historischen Materialismus und der *«wunderlich vulgärmarxistischen Illusion»* verschrieben, während es der Osten sei, der noch an die bewegende Macht der Ideen oder Ideologien glaube. Staaten würden nicht wie Wirtschaftsgebiete allmählich zusammenwachsen; ein gemeinsamer Markt und eine politische Einheit bildeten keinen graduellen, sondern einen kategorialen Unterschied.

Lüthy hätte wohl den so anspruchsvollen wie unrealisierbaren Königsweg des Konstitutionalismus bevorzugt, der in einem grossen Wurf zu einer klaren Verfassungsordnung, aber auch – zu mehr als das – zu einer Legitimität und einer politischen Basis geführt hätte. 1960 räumte Lüthy ein, dass es zu früh sein könnte, einen Verfassungsrat oder Generalstände Europas einzuberufen, es sei aber nicht mehr zu früh, aus *«den geheimnisvollen Andeutungen und den geheimnislosen Gemeinplätzen»* herauszukommen.

«Eurasiatische Vergletscherung»

Dem auf maximale Klarheit bedachten und leere Worte verabscheuenden Historiker missfiel vor allem die *«unablässige Anrufung eines nie definierten politischen Ideals»*. Für Lüthy war es selbstverständlich, dass sich der Entwurf eines europäischen politischen Systems nicht auf den westlichen Zollverein der – damals – Sechs beschränken dürfe, sondern den ganzen Kontinent umfassen müsse. Nach einer längeren Aufzählung von potentiellen Teilhabern, unter denen auch die Schweiz aufgeführt ist, nennt Lüthy 1960 auch die «Satellitenstaaten», die diesen Status vielleicht nicht in aller Zukunft behalten würden und für welche die EG ein Magnet und nicht eine Hürde sein sollte.

Nach dem bisher Gesagten erstaunt es nicht, dass sich Lüthy in seiner 1990 unter dem Titel «Wo liegt Europa?» formulierten Stellungnahme indirekt und direkt gegen die Tendenz verwahrt, die westeuropäische Gemeinschaft leichthin mit Europa gleichzusetzen.[4] Das sogenannte «Osteuropa», das zu einem wichtigen Teil in Wirklichkeit zu Mitteleuropa gehört, wird als eine Zone präsentiert, die vorübergehend der *«eura-*

3 Herbert Lüthy, Europa als Zollverein? (1960). Gesammelte Werke. Bd. III. Essays I 1940–1963. Zürich 2003. S. 369–392.

4 Herbert Lüthy, Wo liegt Europa? (1990/91). Werkausgabe. Bd. IV. Essays II 1963–1990. Zürich 2004. S. 412–428.

siatischen Vergletscherung» ausgesetzt gewesen ist. Seine historische Vielfalt sei durch die *«Raupenschlepper der Geschichte»* zwar planiert worden; dieser Teil Europas befinde sich jetzt aber *«auf der Suche nach seinem Weg zurück zur eigenen Geschichte und zu einem eigenen Ort in Europa»*.

Auf der anderen Seite, am atlantischen *«Westkap Eurasiens»*, seien westeuropäische *«Weite und Buntheit»* ebenfalls einem Einebnungsprozess ausgesetzt gewesen. Verantwortlich für diese Planierung ist das *«administrative Generalunternehmen»* mit Sitz in Brüssel. Dazu passt die Auffassung, dass die Einheitliche Europäische Akte (EEA) von 1985 einen *«unförmigen Wust»* gebildet habe. Die Römer Verträge von 1957 seien aus einer Allianz zwischen *«liberalisierenden Freihändlern»* und *«zentralisierenden Administratoren»* hervorgegangen; letztere hätten aber, zumal sie im Lande Colberts besonders eifrige Verfechter gefunden hätten, mit 1985 die Oberhand gewonnen.

Die Kritik am Zollverein-Charakter ist verständlich und für die EWG der frühen sechziger Jahre auch treffend. Der EU der neunziger Jahre dagegen und insbesondere dem Wirken der Kommission würde man nicht gerecht, wenn man heute noch von ihr oder ihm sagen würde, sie oder es begnüge sich damit, *«die Austauschbedingungen französischer Rindshinterteile gegen deutsche Rindsvorderteile zu regeln»*. Die EU beschränkt sich längst nicht mehr auf die ökonomische Dimension und erbringt gesellschaftliche Leistungen, die man als Erfüllung der Normen- und Zielkataloge der meisten Verfassungen bezeichnen kann; zum Beispiel mit der transnationalen Durchsetzung des Prinzips der Rechtsgleichheit (inklusive der Chancengleichheit der Geschlechter), mit der Gewährleistung des Verbraucherschutzes, neuerdings der Förderung auch des Umweltschutzes, der Erleichterung der Mobilität der Studierenden u.a.m. *«Brüssel»* kommt in Lüthys späteren Einschätzungen nicht gut – und zu schlecht – weg.

Keine klare Verfassungsordnung

Als wichtigstes Manko wird der EG noch immer das Fehlen einer klaren Verfassungsordnung angekreidet. Das Projekt der politischen Union würde als *«prozeduraler Wurmfortsatz des Binnenmarkts»* gesehen. Lüthy bemängelt den ausgebliebenen Fortschritt in den Bemühungen zur Schaffung einer gemeinsamen politischen Basis. Die Gemeinschaft sei unter dem *«Generalkontrolleur»* Delors ein *«unvollendeter Bundesstaat»* geblieben.

Der wohl wichtigste Kritikpunkt lautet: «Europa als Schlagwort und Firmenschild inflationär vermarktet, hat in diesen drei Jahrzehnten ganz unmerklich aufgehört, ein Gegenstand der Literatur, der Geschichtsschreibung, vielleicht schon des nichtkommerziellen Denkens überhaupt zu sein. […] Das Europa der Sechs, der Neun und der Zwölf ist kein Ort gemeinsamer Geschichte und auch kaum gemeinsamen Gegenwartsbewusstseins geworden.» Fragt sich nur, wer dafür die Verantwortung trägt – einzig die Brüsseler Kommissare oder auch Europas Intellektuelle, Lüthys Kollegen, deren Interesse an Europa sich nach 1950 drastisch verflüchtigte.[5]

In Lüthys Essay von 1990 findet sich der Zwischentitel *«Die Einbahnstrasse»*. Diese Metapher gibt eine kritische Charakterisierung des offenbar zuwenig kritischen, weil zu finalistisch ausgerichteten Selbstverständnisses der Eurokraten, die sich an der Vorstellung des – wie in den Römer Verträgen formuliert – *«immer engeren Zusammenschlusses der europäischen Völker»* orientierten. Lüthy meint zwar nicht, dass diese Vorstellung nur falsch sei: Der in der Beobachtung der *longue durée* geschulte Historiker bestätigt im Gegenteil, der westeuropäische Zusammenschluss komme zwar nicht geradlinig, sondern mäanderartig beharrlich voran, im Wechsel von *«sumpfigen Stauungen, kurzen Euphorien und langen Krisen»*.

Erinnerung an Europa

Herbert Lüthy verstand das Jahr *1989* insofern als Wendejahr, als sich die Möglichkeit abzeichnete, die *«Spur des Jahrhunderts»* wiederzuentdecken und die gemeinsame Zivilisation, die 1914 auseinandergebrochen war, wieder zusammenzutragen und – mehr noch – am Ende dieses Jahrhunderts eine europäische Friedensordnung zu errichten, die diesen Namen verdient. Zugleich bemerkt er, dass die EG beziehungsweise EU eher als *«Floss der Medusa»* erschien, dessen Passagiere sich des Ansturms von Schiffbrüchigen erwehren wollen. Die westeuropäische Politik dürfe sich aber nicht darauf beschränken, deren «Europafähigkeit» zu evaluieren. Jetzt habe Europa eine *«Sternstunde der Politik»* nötig.

Worin diese bestünde, führt Lüthy nicht weiter aus. Die Antwort findet sich *ex negativo* in der zuvor eingebrachten Mängelrüge, dass die westeuropäische Gemeinschaft bisher keine Verfassungsdiskussion in die Öffentlichkeit getragen habe. Lüthy benennt einzig – und immerhin – zwei wichtige Voraussetzungen: die Fähigkeit zu trauern, ohne zu hassen, und, gewissermassen als weitere Voraussetzung, eine *«Erinnerung an Europa»*, die über das letzte Kriegsende und über die Anfänge der westeuropäischen Union zurückreicht. Mit anderen Worten: Europa benötige ein historisches Bewusstsein, das der Geschichte, und das heisst ihren tieferen Gegebenheiten und längeren Entwicklungslinien, entspricht.

Wer in Erfahrung bringen will, ob Herbert Lüthy für oder gegen die europäische Integration sei, bleibt auf seiner zu einfachen Neugierde sitzen – und wird an die Geschichte verwiesen. Eine simple Antwort erhält er nicht, indessen begegnet er einer gehörigen Portion Skepsis gegenüber der Vorstellung, dass sich das Integrationsprojekt im Eilzugtempo verwirklichen liesse, und zugleich doch der Erwartung, dass mit mehr Ernsthaftigkeit und Nachhaltigkeit daran gearbeitet würde.

5 Vgl. Claus Hässig, Intellektuelles Vakuum oder Aufbruchstimmung? Die Rencontres internationales de Genève. In: Die Schweiz im internationalen System der Nachkriegszeit 1943–1950. Hrsg. v. Georg Kreis. Basel 1996. S. 18ff. (Itinera 18).

Kunstvolles In-die-Luft-Werfen und Wiederauffangen als verehrender Umgang mit einem geliebten Symbol – Fahnenschwingen in der Kombination eines eidgenössischen Schwingers mit einer europäischen Fahne ist seit 1992 ein beliebtes Bildsujet, wenn man das schwierige Verhältnis der Schweiz zur EU veranschaulichen will. Das Bild könnte ein fatales, aber nicht untypisches Missverständnis nähren: Die Schweiz kann mit der EU im Gegensatz zum Schwinger mit der Fahne nicht machen, was sie will. Zudem sind die Gegensätze zwischen Subjekt und Objekt geringer als oft angenommen: Die Schweiz kann sich, wie dieser Aufsatz zeigt, leicht als Vorläufermodell des europäischen Zusammenschlusses verstehen (Werbung in der Neuen Zürcher Zeitung. Fotograf unbekannt).

Nach der schweizerischen jetzt die europäische Integration

Zur Idee der schweizerischen Modellhaftigkeit

1. Einleitung

Die Idee der schweizerischen Modellhaftigkeit für den europäischen Integrationsprozess kann man auf zwei unterschiedliche Arten pflegen: In der einen Variante kann man die Schweiz als normatives Modell, in der anderen als Anschauungsmodell verstehen. Für beide Verständnisse findet sich in den 1960er Jahren, stimuliert durch den integrationspolitischen Hintergrund, eine Häufung von Belegen.[1]

Das normative Modellverständnis ist das häufigere und populärere, es entspricht dem mehr oder weniger selbstgefälligen Verständnis von der Mustergültigkeit des eigenen Staatswesens. Es ist, was die eigene Ordnung betrifft, weitgehend statisch, auf unverrückbare Prinzipien und Errungenschaften (sozusagen auf den *acquis helvétique*) fixiert. Es betont die Differenz zum Ausland und geht davon aus, dass dieses sich im gleichen Sinne – eben nach dem Vorbild Schweiz – noch entwickeln sollte. Beim Historiker *Jean Rodolphe von Salis* kommt in einer gewichtigen Stellungnahme aus dem Jahr 1964 diese Grundhaltung deutlich zum Vorschein: Der Föderalismus sei den meisten Staaten Europas fremd, bei den Bemühungen um die Herbeiführung einer übernationalen Organisation sei das «Modell Schweiz» nicht gefragt gewesen, man habe auf einen zentralistischen Verwaltungsapparat gesetzt.[2] Der Publizist *Denis de Rougemont* war selbstverständlich überzeugt, dass die Schweiz ein vorbildliches Modell zur Verfügung stelle, obwohl er zu seinem Verdruss feststellen musste, dass gerade jetzt – 1965 – schweizerischerseits Zweifel an seinem Wert aufkämen.[3] Verhalten normativ sind auch die Ausführungen, die Bundesrat *Friedrich Traugott Wahlen*

1 Vor allem ältere Belege zur Idee der schweizerischen Modellhaftigkeit finden sich in der ideengeschichtlich ausgerichteten Arbeit von Helmut Goetz, Der Schweizerische Bundesstaat als Vorbild für Europa und die Welt? Eine historisch-politische Betrachtung zum Friedensproblem. Frankfurt a.M. 1996. – Schon früher Daniel Frei, Neutralität – Ideal oder Kalkül? Frauenfeld 1976. Insbesondere S. 77ff. – Noch etwas älter Richard Müller, Der Gedanke der europäischen Einigung und die Frage seiner Verwirklichung nach schweizerischem Vorbild. Diss. SG. Winterthur 1953.

2 Jean Rodolphe von Salis, Die Schweiz und Europa. Referat auf Einladung des Vereins schweizerischer Geschichtslehrer, Baden, September 1964. In: Schwierige Schweiz. Zürich 1968. Insbesondere S. 216.

3 Denis de Rougement, La Suisse ou l'histoire d'un peuple heureux. Paris 1965. Bezeichnend ist der Titel der deutschen Ausgabe: Die Schweiz. Modell Europas. Der schweizerische Bund als Vorbild für eine europäische Föderation. Wien/München 1965. In einer Anmerkung relativierte de Rougemont den Vorbildcharakter: «J'entends bien au sens scientifique de ce terme, nullement au sens d'exemple à suivre pour sa valeur achevée ou sa vertu très haute» (S. 10).

als erster Mann der schweizerischen Aussenpolitik 1965 zum erstmals begangenen Europatag entwickelte. Er sprach die Erwartung aus, dass das aufzubauende Europa «wesensverwandte Züge mit der Schweiz» haben müsse, zumal es der Schweiz gelungen sei, das Ideal der Einheit in der Vielfalt zu verwirklichen, das das Zukunftsbild Europas vorwegnehme. Eher dem Anschauungsdenken entsprach der Hinweis, dass sich die Eidgenossen «seinerzeit» zusammengeschlossen hätten und Schweizer geworden seien, um Urner, Berner, Genfer und Tessiner bleiben zu können; in der stets kleiner werdenden Welt müsse die Losung einer neuen Generation lauten: «Europäer sein, um Schweizer bleiben zu können.»[4]

Ob und inwiefern die Schweiz ein vorbildliches Modell sei, wurde mehrheitlich in bezug auf den schweizerischen Föderalismus erörtert. Etwas seltener, aber immerhin doch auch präsent waren und sind die Vorstellungen von der schweizerischen Modellhaftigkeit bezüglich der demokratischen Mitwirkungsrechte und der neutralen beziehungsweise zurückhaltenden und saturierten Aussenpolitik. So gibt es Meinungen, dass die Europäische Gemeinschaft mit der Zeit durch die Übernahme oder die Entwicklung direktdemokratischer Instrumente «verschweizern» müsse[5] und dass sie in der schweizerischen Neutralität eine nachahmenswerte Aussenpolitik hätte.[6]

Selbst bei der Vorberatung des Nationalen Forschungsprogramms 42 über die «Grundlagen und Möglichkeiten schweizerischer Aussenpolitik» im Jahre 1994 nahm die Vorstellung einen wichtigen Platz ein, dass es die «schweizerischen Stärken» im Hinblick auf den europäischen Export zu studieren gelte.[7] Sie beruhte auf der keineswegs erhärteten Annahme, dass nach einer Übernahme von möglichst vielen «Helvetismen» durch das europäische Ausland die Bereitschaft zur Mitwirkung im derart helvetisierten Europa grösser werde. Dem steht die widersprüchliche Tendenz entgegen, dass manche das nachdrücklich Empfohlene letztlich gar nicht nachgeahmt haben und als exklusive Eigenheit für sich behalten möchten. Als Entkrampfungsbeitrag ist der Hinweis von *Hugo Bütler* zu verstehen, der als Chefredaktor der NZZ Ende 1997 seine Leserschaft darauf aufmerksam macht, dass die schweizerisch-europäische Annähe-

4 Friedrich Traugott Wahlen, Modell Schweiz. Radio- und Fernsehansprache zum Europatag, 5. Mai 1965. In: Ders., Dem Gewissen verpflichtet. Zürich 1966. S. 213–216.

5 Vgl. etwa den Politologen und SP-Nationalrat Andreas Gross, Verschweizert Europa? In: Weltwoche vom 1. Januar 1998.

6 Vgl. etwa Bundesrat Max Petitpierre in seinem Beitrag zum Jubiläumsband von 1948: «Es ist eine interessante Feststellung, dass sich gegenwärtig in Europa die gleichen Strömungen zeigen, die seinerzeit die Eidgenossenschaft zu dem gemacht haben, was sie heute ist: Föderalismus und Neutralität. Man kann sich nur wünschen, das durch zwei furchtbare Kriege erschöpfte Europa werde sein Heil in der Neutralität finden, die es ihm erlaubt, ausserhalb allfälliger Konflikte von Mächten zu bleiben, deren hauptsächliche Interessen anderswo liegen.» In: Schweizerische Demokratie 1848–1948. Hrsg. v. Arnold H. Schwengeler. Murten 1948. S. 170. – Oder von anderer Seite Arnold Künzli: «Europa [...] befindet sich heute der Welt gegenüber auf verblüffende Weise in der Situation der alten Schweiz Europa gegenüber.» Arnold Künzli, Neutralität als Ideologie. In: Discordia Concors. Festschrift Edgar Bonjour. Bd. II. Basel 1968. S. 634.

7 Im Ausführungsplan des NFP 42 von 1995 heisst es dann bescheidener: «Worin besteht im Vergleich mit anderen Ländern der schweizerische Beitrag zur Lösung internationaler Probleme?» (S. 8).

rung in einem wechselseitigen Prozess vor sich gehe, einerseits gewiss in der Europäisierung der Schweiz, aber auch in der Verschweizerung Europas.[8]

Die andere Auffassung, die in der Schweiz vor allem ein Anschauungsmodell sieht, ist weniger auf zeitlose Prinzipien als auf historische Prozesse ausgerichtet und will weniger die Differenz als die Gemeinsamkeit betonen, die in gewisser Hinsicht zeitlich verschobene Parallelität von Entwicklungen. Belege für diese Art des Denkens sind – verständlicherweise? – seltener. Am ehesten sind die Beiträge des Staatsrechtlers *Dietrich Schindler* dazuzuzählen, insbesondere der Aufsatz von 1957, der den bisher systematischsten Vergleich angestellt hat. Allerdings vertrat auch er die Auffassung, dass die Schweiz bezüglich Föderalismus Modellcharakter habe. «Die schweizerische Bundesverfassung kann ohne Zweifel als ein massgebendes Vorbild für europäische Föderationsprojekte betrachtet werden.» Im gegenwärtigen Integrationsprozess würde indessen wenig Rücksicht auf föderalistische Erfahrungen genommen.[9] In einem zweiten Beitrag von 1961 betonte Schindler in zeittypischer Relativierung, «dass die Schweiz nicht der einzige Staat mit föderalistischer Erfahrung ist, ja dass darüber hinaus nicht einmal der schweizerische Föderalismus selbst ein ausschliesslich schweizerisches Erzeugnis ist.» Er verwies nicht nur auf andere europäische Föderalismen, sondern auf Beispiele aus dem ehemaligen Kolonialgebiet (Indien, Zentralafrikanische Föderation, Malaya etc.) und fügte bei: «Ist man sich dieser Tatsache bewusst, so wird man nur mit Zurückhaltung von der Schweiz als einem Vorbild Europas sprechen können.»[10] Ebenfalls zu den Anschauungsvergleichen ist die Bemerkung des Germanisten *Karl Schmid* zu zählen, dass analog zur wachsenden Verbundenheit der Kantone und der Eidgenossenschaft mit der Zeit ein europäisches Zusammengehörigkeitsgefühl entstehen könnte.[11] Die Idee der zeitverschobenen Parallelität der schweizerischen und der europäischen Entwicklung hatte auch 1992 in der Debatte um den allfälligen Beitritt der Schweiz zum EWR eine gewisse Präsenz.[12] Diese Idee steht im Dienst der These, dass der schweizerischen Gesamtheit im europäischen Integrationsprozess eine Zukunft warte, die der Vergangenheit der Kantone nicht unähnlich sei. Das heisst: Am überprüfbaren Schicksal der Kantone innerhalb des schweizerischen Bundesstaates wäre das künftige Schicksal der Schweiz innerhalb der Europäischen Union abzulesen.

Historische Parallelisierungen und Analogisierungen sind grundsätzlich problematisch. Jede Entwicklung muss aus sich selber und kann nicht aus einer schnellen Gleichsetzung mit einer anderen verstanden werden. Vergleiche sind vor allem dann

8 Hugo Bütler, Der Bundesstaat Schweiz in Europa. In: NZZ vom 31. Dezember 1997.

9 Dietrich Schindler, Der Zusammenschluss der Schweiz zum Bundesstaat und die Einigung Europas. In: Europa-Besinnung und Hoffnung. Zürich 1957. S. 203–219. Zit. S. 216. – Ders., Parallelen Schweiz–Europa. In: Schweizer Monatshefte 41. April 1961. S. 30–37.

10 Ebd. S. 31f.

11 Karl Schmid, Europa zwischen Ideologie und Verwirklichung. Psychologische Aspekte der europäischen Integration. Zürich 1966. S. 143ff.

12 Der Verfasser entwickelte im damaligen Kontext erste Überlegungen in dieser Richtung, vgl. Georg Kreis, Die alte und die neue Integration. Ein Rückblick auf die Zukunft der Schweiz. In: Schweizer Monatshefte 11. 1992. S. 899–910.

sinnvoll, wenn sie zunächst Unverständliches aus bereits Vertrautem und Verstandenem erklären. So könnten Kenntnisse der Geschichte des Bundesstaates tatsächlich das Verständnis der europäischen Integrationsvorgänge erleichtern. Da diese Kenntnisse aber eigentlich nicht vorausgesetzt werden können, sind solche Bezüge eher Vergleiche zwischen zwei Unbekannten. Die Zusammenführung der beiden Entwicklungen kann immerhin die Meinung etwas abbauen, dass die Schweiz eine Sonderwelt und «Europa» eine völlig andere Realität sei.

Die Vergleichbarkeit könnte aber auch in der umgekehrten Richtung genutzt, das Verständnis der europäischen Gegenwart nicht von der schweizerischen Vergangenheit abgeleitet und die hier und heute beobachtbare europäische Gegenwart dazu verwendet werden, die eigene, schweizerische Vergangenheit besser zu verstehen. Daraus ergäbe sich der doppelte Vorteil, dass man erstens «Europa» als eigene Realität mit der nötigen Aufmerksamkeit zur Kenntnis nähme (und nicht immer nur unter der einengenden Beziehungsfrage betrachtete) und dass man zweitens aus dieser Anschauung die europäischen Voraussetzungen der eigenen Existenz zur Kenntnis nähme. Dennoch sei im folgenden nun der Vergleich von innen her angegangen und geprüft, inwiefern die schweizerische Entwicklung eine Art von Vorwegnahme der europäischen Entwicklung gewesen ist.

2. Die Analogie-These

Gehen wir also von der These aus: Die Schweiz mit ihren 26 Kantonen ist, sosehr sie sich von Europa gerne ausklammert, gleichsam ein Europa im kleinen, wie umgekehrt sich Europa (Westeuropa oder Europa insgesamt) in manchem zu einer Schweiz im grossen entwickelt. Demnach hätte sie vor 150 Jahren bei der Schaffung des Bundesstaates eine ähnliche Entwicklung durchgemacht, wie die Europäische Union sie jetzt erlebt und betreibt. Inwiefern entspricht der damalige Integrationsvorgang dem heutigen?

2.1 Der wirtschaftliche Druck

Eine gewisse Übereinstimmung findet sich in der wirtschaftlichen Problematik. Auch heute geht es zunächst um die Schaffung eines grösseren Wirtschaftsraumes mit den entsprechenden Vor- und Nachteilen. Der Bundesstaat ist, was gerne übersehen wird, in erster Linie aus wirtschaftlichen und nicht aus irgendwelchen ideellen Motiven, nicht aus der abstrakten Absicht geschaffen worden, einen besseren Staat herstellen zu wollen.

Schon *Kasimir Pfyffers* bekannter «Zuruf» von 1831 bemängelte, «dass die Industrie in den engsten Spielraum eingeschlossen, der Handel überall gehemmt» sei.[13] Und 1832 sprach sich die liberale Tagsatzungskommission dafür aus, dass der nationale

13 Kasimir Pfyffers Zuruf an den Vorort Luzern bei der Übernahme der Leitung der Bundesangelegenheit auf Neujahr 1831 (Oechsli Quellenbuch. 1909. Nr. 181).

Reichtum «in einer grossen Werkstätte» ausgebeutet werden solle statt in «zwey und zwanzig kleinen Werkstätten».[14] Bis 1848 verstärkte sich die wirtschaftliche Notwendigkeit der Vereinheitlichung weiter infolge der Zunahme der Produktivität, der Vergrösserung der Märkte und der Intensivierung des Handels, aber auch infolge der 1845 ausgebrochenen schweren Wirtschaftskrise.

Mit der Aufhebung von über 400 Binnenzöllen, mit der Vereinheitlichung der kantonalen Währungen, den über 800 verschiedenen Münzen und den insgesamt 79 Münzhoheiten, mit der Vereinheitlichung der kantonal differierenden Masseinheiten, der Schaffung eines gesamtschweizerischen Postwesens und der Einführung der Niederlassungsfreiheit ist 1848 der schweizerische Wirtschaftsraum vereinheitlicht, ist ein Binnenmarkt, ein *«common market»* oder gewissermassen ein kleiner EWR in Form eines SWR geschaffen worden. Die Vereinheitlichung des Binnenraumes bedeutete eine starke Verbesserung der Konkurrenzfähigkeit im internationalen Rahmen und war eine wichtige Voraussetzung für die Entwicklung eines noch immer fehlenden Eisenbahnnetzes.[15]

1848 dürfte der Integrationsschritt in ökonomischer Hinsicht wegen des Nebeneinanders stark selbständiger Wirtschaften sogar grösser gewesen sein als der jetzige in einer von gewachsenen Interdependenzen geprägten Gesellschaft. Wegen des noch geringen Organisationsgrades dürfte hingegen die heute gegebene Notwendigkeit, gegen aussen «mit einer Stimme» zu reden (damals als Schweiz im Namen der Kantone, heute als Europa im Namen der Nationen), in Fragen der Zolltarife, des Niederlassungsrechts, der Wechselkurse, der Verkehrskoordination etc. damals noch schwächer gewesen sein.

Staatliche Strukturen und kollektive Mentalitäten neigen dazu, hinter der tatsächlichen Entwicklung zurückzubleiben. Und es ist völlig normal, dass Anpassungen jeweils gegen einigen Widerstand vorgenommen werden müssen. Die Zähigkeit, mit der die alte Welt verteidigt wurde, könnte vor 1848 sogar grösser gewesen sein als die konservative EU-Gegnerschaft unserer Tage. Wir wissen allerdings nicht, wie repräsentativ die folgende Klage aus dem Jahre 1833 ist: «Beinahe alle Stände hängen wie Kletten an ihrer Kantonal-Souveränität und sträuben sich gewaltig, irgendeine Partikel derselben dem Allgemeinen zu opfern. Der eine Stand will die Posten nicht hergeben; der andere will nichts vom Zentralismus der Zölle wissen, ein Dritter erklärt sich gegen die Unität in Münz, Mass und Gewicht. Kurz! der engherzigste Kantonal-Egoismus guckt zu allen Löchern hinaus.»[16]

14 William E. Rappard, Die Bundesverfassung der Schweizerischen Eidgenossenschaft 1848–1948. Zürich 1948. S. 80.

15 Cédric Humair, Etat fédéral, centralisation douanière et développement industriel de la Suisse, 1798–1848. In: Revolution und Innovation. Die konfliktreiche Entstehung des schweizerischen Bundesstaates von 1848. Hrsg. v. Andreas Ernst u.a. Zürich 1998. S. 103–116.

16 Brief von Karl Schnell vom 2. April 1833. In: Edgar Bonjour, Die Gründung des Schweizerischen Bundesstaates. Basel 1948. S. 194.

2.2 Der politische Wille

Eine weitere Übereinstimmung besteht darin, dass sich solche Reformen nicht aufs Wirtschaftliche beschränken können, sondern immer auch politische Konsequenzen haben. Während heute eine ausgeprägte Tendenz besteht, die wirtschaftliche und die politische Sphäre als getrennte Gebiete zu behandeln, herrschte 1848 eher ein ganzheitliches Gesellschafts- und Staatsverständnis mit der entsprechenden Pflege des Politischen. Heute ist man geneigt, die Bedeutung der politischen Dimension im Gründungsvorgang von 1848 stärker zu gewichten. In den 1960er und 1970er Jahren hatte man dagegen unter dem Einfluss der materialistischen Geschichtsauffassung die strukturellen Notwendigkeiten und ökonomischen Zwänge herausgestrichen. Eine differenziertere wirtschaftsgeschichtliche Betrachtungsweise lässt uns nun erkennen, dass von der wirtschaftlichen Problematik keine klar programmierende Kraft ausging.[17]

Es bestand kein gesamtschweizerisches Interesse an einem freien Binnenmarkt, und es fehlte auch der weitgehende Konsens im Bereich der Aussenhandelsbeziehungen. Die unterschiedlichen Wirtschaftsinteressen könnten als zusätzliches Konfliktpotential das Projekt der Verfassungsrevision eher behindert als gefördert haben. Es brauchte offenbar – und dies ist ein zentraler Gedanke des Liberalismus – den auf keinen weiteren Faktor zurückführbaren, im verantwortungswilligen Bürger produzierten politischen Willen zur Tat. Ähnliches könnte man doch auch von den verschiedenen Vertiefungsprojekten, zum Beispiel von der Schaffung der Europäischen Währungsunion, sagen – und von der schweizerischen Haltung in der Beitrittsfrage erwarten. Die Beitrittsfrage wurde, weil man hoffte, auf diese Weise den eidgenössischen Souverän eher gewinnen zu können, bisher viel zu stark von der wirtschaftlichen Seite beleuchtet. Dabei trat zu sehr in den Hintergrund, dass Integration primär – oder letztlich – ein politischer Vorgang ist.

1848 bestanden die Konsequenzen dieses politischen Vorgangs einerseits in der Preisgabe von reeller, zum Teil aber auch nur scheinbarer Autonomie auf unterer Ebene und andererseits aus dem Gewinn von – freilich begrenzten – Einflussmöglichkeiten auf oberer Ebene. Die innerschweizerischen oder welschen Teile gingen nicht einfach im neuen Bundesstaat unter, sie erlangten neue Mitwirkungsrechte mit nachweislichem Einfluss auf die grossen Kräfte im Lande. Die Schaffung einer übergeordneten Stufe bedeutete gewiss auch eine Schwächung der unteren Stufe infolge der Kompetenzabtretung nach oben (1848 im Bereich der Zölle, der Post, der Münzen, der Eisenbahnkonzessionen und der Pulverherstellung) oder durch die Schaffung neuer Kompetenzen (1848 etwa durch das Recht, «öffentliche Werke» zu errichten oder eine Aufsicht

17 Margrit Müller, Nationale Einigung aus wirtschaftlicher Notwendigkeit? In: Im Zeichen der Revolution. Der Weg zum schweizerischen Bundesstaat 1798–1848. Hrsg. v. Thomas Hildebrand und Albert Tanner. Zürich 1997. S. 91–112. Vgl. auch Patrick Halbeisen, Margrit Müller, Ökonomische Motive und Erwartungen – ihr Einfluss auf die Bundesstaatsgründung. In: Revolution und Innovation. Die konfliktreiche Entstehung des schweizerischen Bundesstaates von 1848. Hrsg. v. Andreas Ernst u.a. Zürich 1998. S. 117–136.

über die Kantone auszuüben)[18] – die Schaffung einer übergeordneten Stufe stärkte zugleich aber über die Einführung einer föderalistisch organisierten Mitwirkung auch die untere Stufe. Wie die Kantone 1848 durch die Schaffung des Bundes in mancher Hinsicht bestätigt wurden, erfahren die Mitglieder der EGKS, der EWG und der EAG, dann der EG und schliesslich der EU durch die inter- und supranationale Dimension eine Bekräftigung ihrer nationalstaatlichen Wichtigkeit.

Von grosser Bedeutung war dennoch die allgemeine Verschiebung, die 1848 im Grundsätzlichen stattfand: Die gesamtschweizerische Dimension, die 1815 bloss den Charakter einer bündischen Hilfskonstruktion hatte, wurde zu einer den Kantonen mindestens gleichgestellten oder tendenziell sogar übergeordneten, suprakantonalen Grösse eigenen Wertes. Analoges ist zur Zeit im europäischen Integrationsprozess im Gang: Aus einem vielschichtigen Werk von Einzelverträgen entsteht ein verfassungsähnliches Gebilde eigener Art.

2.3 Die Entwicklung in Etappen

Unsere Aufmerksamkeit ist zumeist auf entscheidende Augenblicke ausgerichtet, auf Gründungs- und Beitrittsvorgänge, auf *turning points* mit irreversiblem Charakter. Im schweizerischen Selbstverständnis sind 1291 und 1848 solche Momente. In der Geschichte der westeuropäischen Integration ist es dagegen schwierig, derartige «Geburtsmomente» auszumachen (die Zürcher Churchill-Rede von 1946 ist es sicher nicht).[19] Die Vorstellung vom diffusen Charakter der Entwicklung über Schlüsseldaten (1947 OEEC, 1948 Vorläufer der WEU, 1949 Europarat bis zu 1992 Maastricht und 1998 Amsterdam) erschwert die Pflege eines Gründungsmythos, sie hat aber den Vorzug, eher der Realität zu entsprechen.

Eine gewisse Analogie ist in der je etappenweisen Erweiterung der Gemeinschaft zu sehen und in der Selbstverständlichkeit, dass neue «Bundesgenossen» die Prinzipien des bestehenden Bundes übernehmen mussten. 1848 ging es nicht um Beitritte, sondern um die Frage, ob eine bestehende Gemeinschaft unter sich, wie man im EU-Vokabular sagt, eine weitere Vertiefung der Integration vornehmen wollte. «1848» hat seine moderne Entsprechung vielmehr im Mailänder EG-Beschluss von 1985, mit der «Einheitlichen Akte» eine neue Integrationsetappe anzuvisieren.

Auch wenn man von 1848 und von 1992 sagen kann, dass es sich um epochale Entscheidungen handelte, ist es wichtig, diese in der Perspektive längerfristiger Entwicklungen zu sehen. Auch die Schweiz hat auf staatsrechtlicher Ebene einen gleitenden Vereinheitlichungsprozess erlebt, der lange vor 1848 einsetzte und lange nach 1848 noch am Werk war. So kam es 1848 im Bereich der Aussen- und der Sicherheitspolitik lediglich zu einer geringen Kompetenzverschiebung zugunsten des Bundes, da Tag-

18 Alfred Kölz, Neue Schweizerische Verfassungsgeschichte. Ihre Grundlinien vom Ende der Alten Eidgenossenschaft bis 1848. Bern 1992.

19 Georg Kreis, Churchills Europa-Rede – zwei Seiten eines Grossereignisses. In: Basler Zeitung vom 12. September 1996.

satzung und Vorort diesbezüglich schon 1815 eine gewisse Zuständigkeit erhalten hatten. In den Jahren nach 1815 wurde ferner der in wachsendem Mass als störend empfundene Kantonalismus durch interkantonale Konkordate (insbesondere im Strassenwesen) abgebaut.[20] Im weiteren wurden wesentliche Vorarbeiten für «1848» schon mit dem Revisionsversuch von 1832/33 geleistet. Das Projekt scheiterte, weil für die Abgeltung der kantonalen Zolleinnahmen keine Regelung gefunden wurde, die den verständlichen und berechtigten Interessen der Kantone besser entsprach.

In diesem in Etappen sich vollziehenden Integrationsprozess bildete auch die unmittelbar nach 1848 vorzunehmende Umsetzung der neuen Ordnung einen wichtigen Abschnitt. Über die Neuregelung der Kompetenzen zwischen Bund und Kantonen ist man in Einzelfällen recht gut informiert,[21] hingegen gibt es keine systematische Untersuchung zur Frage, wie die Kantone in den beiden folgenden Jahren vorschriftsgemäss ihre Verfassungen dem neuen übergeordneten Recht anpassten. Immerhin mussten sie inskünftig – was nicht unterschätzt werden darf – die aus anderen Kantonen stammenden Schweizer an der Ausübung der eigenen kantonalen Souveränität partizipieren lassen.[22] Die heutige Entsprechung bestünde darin, dass beispielsweise ein Franzose mit Wohnsitz in Deutschland ganz automatisch das deutsche Stimm- und Wahlrecht hätte.

«1848» war (wenn man von 1798 absieht) ein zweiter Anlauf. Dies entsprach dem typisch schweizerischen Erdauerungsmuster, das in Etappen zum Ziel gelangt und in der Regel über den Wiederholungseffekt zusätzlich Anhänger gewinnt. Im Falle von aussenpolitischen Geschäften sind solche Wiederholungen schwieriger, weil sie auch einen externen und im Fall der EU überdies multilateral strukturierten Partner betreffen. Schweizerischerseits sollte man sich bewusst sein, dass man damit den Partnern einiges an Verständnis abverlangt und dass es nicht sehr konsequent ist, für sich selber eine langsame Gangart in Anspruch zu nehmen und zugleich der EU bei Gelegenheit vorzuwerfen, dass sie für die Entwicklung einer Struktur, die ihren Ambitionen entspricht, ebenfalls Zeit benötigt.

Etappen sind auch für die Zeit nach 1848 zu verzeichnen, zum Beispiel in der Entwicklung des politischen Systems. Falls man aus schweizerischer Warte das sogenannte Demokratiedefizit der EU beklagen möchte, sollte man sich daran erinnern, dass die Schweiz von 1848 weit weniger demokratisch als die heutige war. Das schweizerische Parlament von 1998 hat mehr zu sagen als das vor 150 Jahren. Und die heute sakrosankten Instrumente der direkten Demokratie gab es noch nicht; Referendum und

20 Die Geschichte der Konkordate ist noch weniger erforscht. Insbesondere hat man sich noch nicht für die Frage interessiert, inwiefern von diesen teilintegrationistischen Konkordaten ein *spill over*-Effekt zugunsten einer Gesamtintegration ausgegangen ist.

21 Vgl. etwa die Basler Lizentiatsarbeit von Thomas Walliser, Zwei Vereinheitlichungsprozesse im neuen schweizerischen Bundesstaat: Das Zollwesen und das Postwesen 1848–1850. Die Kräfteverhältnisse zwischen Bund und Gliedstaaten am Beispiel der Kantone Bern und Waadt. Basel 1998. Die Arbeit zeigt, dass sich der Bund auf ein gewisses grundsätzliches Wohlwollen stützen, im Konfliktfall sich aber nur mit grosser Mühe durchsetzen konnte.

22 Vgl. etwa Olivier Meuwly, Histoire des droits politiques dans le Canton de Vaud de 1803 à 1885. Tolochenaz 1991. S. 174ff.

Initiative wurden bekanntlich erst 1874 und 1891 eingeführt. Wie im Falle der Schweiz könnte sich auch die Europäische Union diesbezüglich als ausbaubar erweisen. Manche Zeichen deuten darauf hin, dass diese Eventualität mehr und mehr Realität wird.

2.4 Die gleichen Grössenordnungen

Sind gleichsetzende Vergleiche der beiden Integrationsprozesse nicht problematisch angesichts der doch stark unterschiedlichen Grössenordnungen der beiden Gebilde? Wichtig ist der Umstand, dass es damals wie heute um die Integration in einen Verband von ziemlich ungleichen Teilen ging und geht. 1848 gab es kantonale Grössen, die, bezogen auf die gesamte Eidgenossenschaft, durchaus das Format einer Schweiz im europäischen Rahmen hatten. Der Bevölkerungsanteil der Schweiz mit rund 7 Millionen Einwohnern in einer EU der Fünfzehn mit rund 370 Millionen Einwohnern würde 1,9 Prozent ausmachen. Die Anteile der kleinen Kantone, die in der Schweiz ganz gut gedeihen konnten, waren und sind nicht grösser. 1836/37 betrugen sie beispielsweise 0,6 Prozent im Fall von Uri oder 0,7 Prozent und 1,4 Prozent in den Fällen von Glarus und Schaffhausen.

Auch die Distanzen sind letztlich nicht grösser, sie sind, ganz im Gegenteil, dank der modernen Kommunikationsmittel sogar kürzer geworden. Der Weg zwischen Bern und Brüssel ist heute weniger aufwendig, als es früher die Wege etwa zwischen Chur oder Luzern und Bern waren. Kommt hinzu, dass durch die gewaltig erleichterte Mobilität die geographischen Räume allgemein kleiner geworden sind und viele ausserschweizerische Gebiete uns heute jedenfalls nicht ferner stehen als 1848 manche ausserkantonale.

2.5 Die internationale Dimension

Die EU-Mitgliedschaft erfordert einen Verzicht auf exzessiven Nationalismus beziehungsweise den Abbau des in der zweiten Hälfte des 19. Jahrhunderts aufgebauten Nationalismus. Dagegen erfordert eine EU-Mitgliedschaft angesichts der, wie erwähnt, grundsätzlich ungeschmälerten Wichtigkeit der nationalen Dimension keine gleichsam hinter 1848 zurückgehende Preisgabe des Nationalgefühls. 1848 wurden nationaler Patriotismus und patriotischer Internationalismus nicht als sich gegenseitig ausschliessend empfunden. 1848 befasste sich die öffentliche Debatte mit der Idee, die Vereinigten Staaten von Europa zu schaffen und so, dem allgemeinen Fortschrittsstreben gemäss, eine höhere Stufe der Staatenorganisation zu erlangen. Das Engagement für die Verwirklichung dieser Idee hielt sich aber in engen Grenzen. Ein *Alfred Escher* etwa erklärte im April 1850 einschränkend, damit zugleich aber einen frühen Beleg für die Vorstellung von der Modellhaftigkeit der Schweiz liefernd: «Es ist die Aufgabe der Schweiz, ein Beispiel zu erhalten und so zu wirken.»[23]

23 Zitiert nach Hans-Ulrich Schiedt, Revolution und Innovation. In: Die konfliktreiche Entstehung des schweizerischen Bundesstaates von 1848. Hrsg. v. Andreas Ernst u.a. Zürich 1998. S. 137–146.

Die nationale Verfassung galt in gewisser Hinsicht als Provisorium. Ganz im Geiste der 48er verkündete beispielsweise ein Gottfried Keller, dass die Schweiz einmal ins Deutsche Reich zurückkehren könnte, wenn dieses die für die Schweiz unerlässliche Staatsform eingeführt habe.[24] Heute ist man wieder eher bereit, die Identitäten der verschiedenen Ebenen nicht als sich gegenseitig ausschliessende, sondern als sich gegenseitig stützende Grössen zu verstehen. Im innerstaatlichen Bereich (zwischen Gemeinde, Kanton und Bund) leuchtet dies schnell ein, hingegen bereitet es doch noch etwas Mühe, den gleichen Effekt auch zwischen kantonalem Bund (CH) und nationalem Bund (EU) für möglich zu halten.[25]

2.6 Das wachsende Zusammengehörigkeitsgefühl

Es herrscht die Meinung, dass die Kantone durch staatsrechtliche Bande, durch eine langjährige gemeinsame Geschichte und durch die Idee der umfassenden Eidgenossenschaft 1848 stärker miteinander verbunden gewesen seien, als dies heute bei den Staaten der Europäischen Gemeinschaft der Fall ist. Wenn dem so wäre, dann bestünde aber nur ein gradueller Unterschied und sind auch in dieser Hinsicht analoge Vorgänge am Werk. Genaues dazu wissen wir allerdings nicht.

Wenn sich auf privater Ebene schon früh eine bemerkenswerte Solidarität manifestierte (1852 mit der Sammlung zur Tilgung der Kriegsschulden der Sonderbundskantone, später vor allem im Falle von Unwetterkatastrophen), heisst das nicht, dass man in den jungen Jahren des Bundesstaates mit der gleichen Selbstverständlichkeit den Finanzausgleich zwischen wirtschaftlich starken und schwachen Kantonen akzeptiert hätte. Das vertiefte Wir-Gefühl, die sozialpsychologische Integration, ist nicht nur eine Voraussetzung, sondern auch eine Folge der institutionellen Integration von 1848.[26] Es braucht ein Minimum an Zusammengehörigkeitsgefühl, damit Strukturen hingenommen werden, die für ein weiteres Wachsen des Zusammengehörigkeitsgefühls sorgen. Im europäischen Raum ist analog zum schweizerischen Raum so ein Zusammengehörigkeitsgefühl entstanden, das über spontane Sammelaktionen hinausgehende, staatsrechtlich fixierte Ausgleichsmechanismen akzeptiert. Es ist nun Aufgabe der politischen Elite der Schweiz, darauf hinzuwirken, dass im Lande eine Soli-

24 Gottfried Keller konnte Deutschland als sein «zweites Heimatland» preisen, den «herrlichen deutschen Brüdern» emphatisch Grüsse schicken und in einem bekannten Gedicht bekennen: «[...] Du stiller Ort am alten Rhein, // Wo, ungestört und ungekannt, // Ich Schweizer darf *und* Deutscher sein.»

25 Zum Verständnis der sich stützenden Identitäten vgl. auch Georg Kreis, Die Schweiz unterwegs. Schlussbericht des NFP 21 «Kulturelle Vielfalt und nationale Identität». Basel 1993. S. 23ff.

26 Zu den drei Dimensionen der Integration 1. der real-gesellschaftlichen Dimension der Interaktionen, 2. der sozialpsychologischen Dimension der Vorstellungen und 3. der institutionellen Dimension der gemeinsamen Entscheidungsfindung vgl. Daniel Frei, Integrationsprozesse. Theoretische Erkenntnisse und praktische Folgerungen. In: Die Identität Europas. Fragen, Positionen, Perspektiven. Hrsg. v. Werner Weidenfeld. München 1985. S. 113–131.

darität heranwächst, für die das «einzig Volk von Brüdern und Schwestern» nicht nur eidgenössische, sondern europäische Dimension hat.[27]

2.7 Die gemeinsamen Aussengrenzen

Der Zusammenschluss von 1848 diente dem Aufbau eines in sich geschlossenen Nationalstaates. Die Europäische Union bildet ebenfalls eine supranationale Interessen- und Schutzgemeinschaft. Dies trägt ihr, speziell im Migrationsbereich, die negative Charakterisierung als «Festung Europa» ein; in schweizerischer Terminologie könnte man auch von «europäischem Reduit-Geist» reden. Diese notwendigen Abgrenzungen bilden eine weitere Analogie. Von schweizerischen Integrationsgegnern werden sie für den eigenen Nationalstaat mit grösster Selbstverständlichkeit in Anspruch genommen, im Falle der Europäischen Union aber als unerwünscht und anmassend taxiert. Wie es in einer früheren Phase zu rechtfertigen war, dass man innerhalb der politischen Union der Schweizer die Grenzen niedriger hielt zwischen St. Gallern und Thurgauern als zwischen jenen und den Vorarlbergern, ist es vertretbar, dass auf der nächsthöheren Ebene die Waren- und Personenfreizügigkeit in erster Linie unter den Mitgliedern der EU funktionieren und nicht auch den Raum ausserhalb der EU einbeziehen soll.

Eine offene Frage ist, wie die Stärken der staatlichen und nichtstaatlichen Kräfte von damals und heute einzuschätzen sind und verglichen werden können. Die Frage ist darum wichtig, weil man mit ihrer Beantwortung Aussagen darüber machen könnte, ob die staatliche Normierungspotenz und – aus der Sicht des autonomen Individuums – die entsprechende Fremdbestimmung heute grösser ist als damals. Mit dem Zuwachs an Komplexität aller Prozesse ist die Steuerungskraft heutiger Staatsgewalten eher schwächer einzustufen als die vor 150 Jahren. Wenn dem so ist, hätten die kantonalen Staaten 1848 mit der Kompetenz mehr Potenz an die übergeordnete Staatsebene abgetreten, als es in unseren Tagen die nationalen Staaten an die supranationale Ebene tun. Jedenfalls bildet der Staat heutzutage in der Schweiz wegen des seit Ende des 19. Jahrhunderts gut organisierten Lobbyismus und des 1947 institutionalisierten Vernehmlassungsverfahrens kaum eine Gegenmacht zu nichtstaatlichen Kräften, während in früheren Zeiten – doch ist auch dies nur eine Vermutung – die staatliche Potenz unabhängiger agierte. Wie auch immer: Normierung und andere Formen von Zwängen gehen heutzutage eher von einem Zusammenwirken staatlicher und nichtstaatlicher Kräfte aus und nähren, ohne grossen Spielraum, die gesamtgesellschaftliche Tendenz zur Homogenisierung und Universalisierung.

27 Georg Kreis, Eidgenössische Solidarität in Geschichte und Gegenwart. In: Schweizer Eigenart – eigenartige Schweiz. Der Kleinstaat im Kräftefeld der europäischen Integration. Hrsg. v. Wolf Linder u.a. Bern 1996. S. 109–127. – Ders., Alte und neue Solidarität. In: Basler Magazin vom 2. August 1997.

3. Der Prozess der Vereinheitlichung

Es wäre in der Tat ein Irrtum zu meinen, dass Standardisierung oder eben Homogenisierung beziehungsweise Universalisierung nur oder hauptsächlich – und überdies im Zusammenhang mit Gründungsakten oder Beitritten – von staatlicher Seite ausgehe oder vom Staat durch Nichtbeitritt abgewehrt werden könnte. Nochmals: Auch wenn man sowohl von 1848 wie von der Weichenstellung unserer Tage sagen kann, dass es sich um epochale Entscheidungen handelte, ist es wichtig, diese in der grossen Perspektive nicht nur der staatlichen Entwicklung, sondern auch des unabhängig von staatsrechtlichen Flurbereinigungen stattfindenden sozialen Wandels zu sehen.

Ein Teil des gesellschaftlichen Wandels entwickelte sich freilich in Kombination mit staatlichen Strukturen, er wurde aber nicht primär von diesen inhaltlich bestimmt. Ein wichtiger Homogenisierungsfaktor war die kantonsübergreifende Organisation der Landesverteidigung von der 1819 eröffneten Militärzentralschule in Thun und den ersten eidgenössischen Truppenlagern bis zur Einführung der Pädagogischen Rekrutenprüfungen um 1875.[28] Auch das Bildungswesen trug trotz der Wahrung der kantonalen Schulhoheit Wesentliches zur Annäherung und Verknüpfung der schweizerischen Teilgebiete bei, mit den ersten Lehrerseminarien der 1830er Jahre, den kommunalen und kantonalen Grundschulen,[29] der 1854 gegründeten Eidgenössischen Technischen Hochschule (ETH)[30] in Verbindung mit der seit 1969 in Lausanne geführten Schwesteranstalt der EPFL, den vielen Landwirtschaftsschulen, dem nach 1880 eingeführten gesamtschweizerischen System von Lehrlingsprüfungen[31] und der seit 1891 das kantonale Schulwesen mitbestimmenden eidgenössischen Maturitätsverordnung.

Standardisierend wirkte ferner permanent die gesamtschweizerische Gesetzgebung, einerseits mit der Legiferierung neuer Materien, zum Beispiel im Bereich des

28 Vor der ersten gesamtschweizerischen Rekrutenprüfung von 1875 fanden auf kantonaler Ebene seit 1854 vereinzelte Prüfungen statt. Vgl. Werner Lustenberger, Pädagogische Rekrutenprüfungen. Ein Beitrag zur Schweizer Schulgeschichte. Chur 1996. Vgl. auch Rudolf Jaun, Armee und Nation. Schweizerische Militärdiskurse des 19. Jahrhunderts im Widerstreit. In: Die Konstruktion einer Nation. Nation und Nationalisierung in der Schweiz, 18.–20. Jahrhundert. Hrsg. v. Urs Altermatt u.a. Zürich 1998. S. 149–166.

29 Lucien Criblez, Rita Hofstetter, Erziehung zur Nation. Nationale Gesinnungsbildung in der Schule des 19. Jahrhunderts. In: Die Konstruktion einer Nation. Nation und Nationalisierung in der Schweiz, 18.–20. Jahrhundert. Hrsg. v. Urs Altermatt u.a. Zürich 1998. S. 169–187. – Georg Kreis, Nationalpädagogik in Wort und Bild. In: Mythen der Nationen. Ein europäisches Panorama. Hrsg. v. Monika Flacke. Berlin: Deutsches Historisches Museum 1998. S. 446–475.

30 Tobias Straumann, Die Gunst der Stunde. Die Gründung des Eidgenössischen Polytechnikums 1854. In: Revolution und Innovation. Die konfliktreiche Entstehung des schweizerischen Bundesstaates von 1848. Hrsg. v. Andreas Ernst u.a. Zürich 1998. S. 147–157.

31 Muriel Surdez, Création de diplômes et construction nationale. La mise en place des épreuves de fin d'apprentissage à la fin du 19e siècle. In: Die Konstruktion einer Nation. Nation und Nationalisierung in der Schweiz, 18.–20. Jahrhundert. Hrsg. v. Urs Altermatt u.a. Zürich 1998. S. 189–201. Die Verfasserin befasst sich in ihrer Dissertation auch mit der Schaffung des Eidgenössischen Anwaltspatentes.

Fabrikwesens, des Strassenverkehrs oder der Energiegewinnung; andererseits aber auch mit der Vereinheitlichung alter Bestimmungen, 1866 des Handelsrechts, 1886/87 des Obligationenrechts, 1907/12 des Zivilgesetzes und 1938/42 des Strafgesetzes. Diese Entwicklung ist noch nicht abgeschlossen, besteht doch die Absicht, im Zusammenhang mit der Verfassungsreform auch die Strafprozessordnung zu vereinheitlichen. Der Vereinheitlichungsvorgang wirkt auch in der Sozialpolitik mit gesamtschweizerischen Regelungen etwa im Fabrikgesetz von 1877, im Bundesgesetz über die Kranken- und Unfallversicherung von 1912, in der Realisierung der gesamtschweizerischen AHV von 1947 bis hin zum Pensionskassengesetz von 1982.

Zu diesen immerhin staatlichen Regulierungen kam die Herausbildung gesamtschweizerischer Privatorganisationen von der Helvetischen Gesellschaft von 1761 über die 1810 gegründete Schweizerische Gemeinnützige Gesellschaft und die alle vor 1848 entstandenen gesamtschweizerischen Schützen-, Turn- und Gesangsvereine. Gegen Ende des 19. Jahrhunderts sorgte die gesamtschweizerisch angelegte Organisierung der wirtschaftlichen Interessen für einen weiteren Ausbau der überkantonalen Einheit: 1870 entstand der Schweizerische Handels- und Industrieverein (Vorort), 1879 der Schweizerische Gewerbeverband, 1880 der Schweizerische Gewerkschaftsbund, 1897 der Schweizerische Bauernverband. Weitere nationale Berufsorganisationen folgten.

Vereinheitlichungen erfuhr die Schweiz und erfährt mit ihr Europa auch im Alltagsleben, ohne Urnenentscheid in den Wohn-, Ess- und Kleidungsgewohnheiten, am Arbeitsplatz und in der Freizeit. Während des letzten Weltkrieges hatte die Lebensmittelrationierung national stark standardisierend gewirkt. Heute geht eine nationale und internationale Standardisierung von den Supermärkten und den elektronischen Medien aus. Was Hartmut Kaelble für den westeuropäischen Integrationsraum festgestellt hat, dürfte weitgehend auch für die Schweiz gelten: Früher stärker national divergierende Sozialstrukturen (Bildungsniveau, Familiengrösse, Arbeitshaltung etc.) erfahren in der *longue durée* eine gewisse Annäherung oder, wie Kaelble sagt, einen Abhobelungseffekt.[32]

Einige Domänen haben sich allerdings dem Vereinheitlichungsprozess gegenüber als resistent gezeigt: grosse Teile des Schulbereichs, dann etwa das Wirrwarr der kantonalen Gewerbe- und Prozessordnungen, der Ladenöffnungszeiten[33] und insbesondere die kantonalen Steuerordnungen.[34] Einen grösseren Schritt in Richtung der «Vollendung» des 1848 eingeleiteten Prozesses ist das 1996 in Kraft getretene Binnenmarktgesetz. Diese Novelle will in Nachahmung des europäischen Modells (!) den

32 Hartmut Kaelble, Auf dem Weg zu einer europäischen Gesellschaft: eine Sozialgeschichte Westeuropas 1880–1980. München 1987. – Ders., Europabewusstsein, Gesellschaft und Geschichte. In: Historische Zeitschrift. Beiheft 21. München 1995. S. 1–29.

33 Thomas Baranzelli, Zu viele kantonale Bäume im Einkaufswald. Gesamtschweizerischer Ladenöffnungswirrwarr. In: NZZ vom 13. Februar 1998.

34 Carl August Zehnder, Steuertourismus eindämmen – kantonale Fiskalhoheit achten. In: NZZ vom 3. Februar 1998.

freien Zugang zum Markt sichern, zum Beispiel mit der gegenseitigen Anerkennung von Fähigkeitsausweisen oder dem Abbau von lokalen Schutzmauern im öffentlichen Beschaffungswesen.[35]

Auch die Bruttosozialprodukte und die Staatseinnahmen und -ausgaben weisen im interkantonalen Vergleich noch immer grosse Unterschiede auf. Die Indexliste zur Finanzstärke der Kantone klafft bei einem schweizerischen Mittel von 100 Punkten zwischen dem Maximum von Zug und Zürich mit 206 und 157 Punkten und dem Minimum von Wallis und Jura mit 31 und 30 Punkten stark auseinander. Was die wirtschaftliche Stärke der verschiedenen Teileinheiten betrifft, ist keineswegs sicher, dass es immer mehr zu einem Ausgleich der Unterschiede kommt. Da könnte auch eher das Gegenteil von Nivellierung gedeihen, nämlich wachsende Disparität zwischen wirtschaftlich starken Agglomerationen und wirtschaftlich schwachen Peripherien. Entsprechend gefragt wären die weiter oben bereits angesprochenen staatspolitischen Ausgleichsmechanismen.

4. Der Prozess der Differenzierung

Dem Epos von der zunehmenden Vereinheitlichung und Vermassung liegt die Vorstellung zugrunde, dass das Leben ursprünglich bunter, variantenreicher gewesen sei und die weitere Entwicklung zumeist eine starke Verödung bedeute. Die vorangegangenen Ausführungen über die Standardisierung könnten uns in dieser Meinung bestärken. Neben diesem Prozess gibt es aber einen gegenläufigen Vorgang, ebenden der Differenzierung und individuellen Ausgestaltung.[36] Nicht erst durch die postmoderne Steigerung des seit etwa den sechziger Jahren nach und nach Einzug haltenden Pluralismus, schon lange vorher war die Palette der Varianten an Lebenshaltungen wesentlich grösser als – vereinfacht gesagt – in den Zeiten des 19. Jahrhunderts.

Das Zeitungsangebot ist – auch wenn gerne das Gegenteil behauptet wird – vielfältiger geworden, auch das Angebot der Radioprogramme, sodann das der Lebensmittel, nicht nur im Rayon der Konserven aus Asien oder Argentinien, sondern auch im täglichen Brotkorb. Die absolute Zahl der Brotsorten hat vielleicht nicht gross zugenommen, sicher gestiegen ist jedoch wegen der Verbreiterung des Sortiments die Zahl der dem Konsumenten jeweils zur Verfügung stehenden Auswahl. Vielfältiger wurden sodann die Möglichkeiten der individuellen Lebensgestaltung, der Einzelpersonen wie der Gruppen.

Uns muss hier vor allem die Frage interessieren, ob der Prozess der Differenzierung auch im Bereich der staatlichen Teileinheiten, der Kantone und der Gemeinden, gewaltet hat. Sowohl auf der kantonalen als auch der kommunalen Ebene kann man Hinweise dafür finden, dass dem durchaus so ist.

35 Botschaft zu einem Bundesgesetz über den Binnenmarkt vom 23. November 1994; Binnenmarktgesetz vom 6. Oktober 1995.

36 Georg Kreis, Churchills Europa-Rede – zwei Seiten eines Grossereignisses. S. 300ff.

Was die *Gemeinden* betrifft, wäre es falsch, nur die Zusammenlegungen oder die Anschlüsse an städtische Zentren durch Eingemeindungen zu sehen. Nicht nur dass das Leben sehr vieler Gemeinden heute kräftiger ist als früher, ja die Existenz der meisten Gemeinden als politische Einheit ist nur jüngeren Datums. So hat der Kanton Graubünden erst 1851 den 213 autonom erklärten politischen Gemeinden die Zuständigkeiten übertragen, die vorher den 63 Gerichtsgemeinden vorbehalten waren. Man stellt sich die Gemeinde gerne als Urzelle unseres Staatswesens mit grosser historischer Tiefe vor. Die politische Lokalgemeinde ist indessen ein Differenzierungsprodukt des 19. Jahrhunderts.

In diesem Zusammenhang muss auch kurz von den *Städten* die Rede sein, nicht von den Grossstädten, sondern beispielsweise von Nyon, Bulle, Rheinfelden, Olten, Eglisau, von kleineren Städten also, die zum Teil schon früher als Munizipalstädte wichtige Gegengewichte zu den kantonalen Zentren der Macht bildeten. Die Persönlichkeit dieser Städte hat sich verstärkt und nicht abgeschwächt, zumal die bürgerliche Substanz der Grossstädte durch die Citybildung ausgedünnt worden ist.

Und was die *Kantone* betrifft, unter ihnen gibt es manche, die erst im Laufe des 19. Jahrhunderts ihre Individualität und Identität gewonnen haben. Die Kantone Tessin und Graubünden waren zu Beginn des vorangehenden Jahrhunderts eher ein Konglomerat von Vogteien oder Gerichtsbezirken als Kantone mit einer ausgebildeten Identität. Bei manchen anderen Kantonen kann man feststellen, dass die Konstruktion der Kantonspersönlichkeit insbesondere durch Brauchtum und durch die symbolische Aufladung von Baudenkmälern und Landschaften zu sogenannten Wahrzeichen erst in unserem Jahrhundert so richtig stattfand.[37] Dass die allgemeine Entwicklung auch zur Verstärkung von partikularen Identitäten führt, zeigt das Schicksal des Baselbiets: In der Zwischenkriegszeit und in den ersten Nachkriegsjahren ein «Hinterland», das stark der Sogwirkung von Basel Stadt ausgesetzt war, wurde es in den sechziger und siebziger Jahren zu einem Gemeinwesen mit einem auch den Bedürfnissen der Moderne genügenden eigenen Fundament. Das bedeutendste Produkt der staatlichen Ausdifferenzierung ist in unserem Jahrhundert die Schaffung des Kantons Jura.

Die modernitätsbedingte Aufwertung regionaler Kräfte bringt in der Schweiz, anders als im Ausland, nur wenig in Bewegung, sind doch hier die Strukturen wegen des Föderalismus und des geltenden Prinzips der Subsidiarität bereits so eingerichtet, dass die gesellschaftliche und staatliche Ausdifferenzierung innerhalb des Gegebenen stattfinden kann.

5. Die beiden Seiten des gesellschaftlichen Wandels

Der Integrationsschub von 1848 brachte zwar gesamtwirtschaftliche Vorteile, er brachte aber für gewisse Regionen und Wirtschaftszweige, und das heisst für einen Teil

37 Vgl. beispielsweise Raffaello Ceschi, Buoni ticinesi e buoni svizzeri. Aspetti storici di duplice identità. In: Identità in cammino. Locarno 1986. S. 17–31.

der schweizerischen Bevölkerung, auch Nachteile in Form von Umstellungszwängen und vorübergehenden Einkommenseinbussen. Welches die konkreten Probleme waren, wissen wir kaum; selbst die jüngst erschienenen Geschichten der schweizerischen Wirtschaft gehen auf diese Frage nicht ein. Und die älteren Nationalgeschichten referieren lediglich den ideologischen Konflikt zwischen der katholisch-konservativen und der reformiert- oder laizistisch-fortschrittlichen Schweiz. Für die sozialen Modernisierungsspesen des mit 1848 begünstigten Wirtschaftsbooms hatte die affirmative Geschichtsschreibung der bürgerlichen Schweiz kein Auge, und die am Marxismus orientierte kontestative Geschichtsschreibung der Sozialisten konzentrierte sich so sehr auf einzelne Arbeitsverhältnisse und auf die allgemeine Ausbeutungsproblematik, dass sie den modernisierungsbedingten Anpassungszwängen keine Bedeutung beimass.

1848 wird es vor allem im lokalen Transportgewerbe grössere Umstellungsprobleme gegeben haben. Möglicherweise waren wegen der Schaffung des schweizerischen Binnenmarktes wirtschaftlich rückständige Kantone vermehrt der Konkurrenz der wirtschaftlich starken Kantone ausgesetzt. Die konservativen Landkantone befürchteten eine starke Einwanderung und eine entsprechende «Überfremdung» ihrer Gebiete durch andere Miteidgenossen – in Wirklichkeit sollte aber das Gegenteil eintreten: Es kam zu Abwanderungen aus den einkommensschwachen Regionen in die prosperierenden Wirtschaftszentren. Eine ernsthafte Krise erlebten die kleineren Bauern- und Gewerbebetriebe in den sechziger Jahren wegen der modernitätsbedingten Ausdehnung der Wirtschaftskreise: Die Rationalisierung (Industrialisierung und Spezialisierung) sowie die Verbesserung der Transportmöglichkeiten (Eisenbahn!) verschärften die Konkurrenz, der Distanzschutz fiel weg, die Zinsen stiegen, weil moderne Unternehmen höhere Renditen erzielten – doch all dies hatte mit 1848 herzlich wenig zu tun.

Zu grösseren, weil letztlich alle tangierenden Umstellungen kam es wegen der Münz- und Massvereinheitlichung. Die Einführung des Schweizer Frankens mit seinem sich an Frankreich anlehnenden dezimalen Münzsystem hatte heftige Widerstände zu überwinden. Nicht dass man die Vereinheitlichung an sich für überflüssig gehalten hätte, bestanden doch völlig unhaltbare Verhältnisse mit über 800 alten Sorten inländischer Münzen unter 79 verschiedenen Münzherren. Der Streit galt, wie so oft, den vorgeschlagenen Methoden und Modalitäten. Ein Teil der deutschen Schweiz wollte den süddeutschen Gulden als gesamtschweizerische Währung und konnte die Forderung damit begründen, dass dieses Münzsystem in der Schweiz stärker verbreitet und für den intensiven Handel mit dem süddeutschen Raum eine Notwendigkeit war. Der Franken war aber im Ausland stärker verbreitet, er galt als Weltmünze und wurde darum auch zur Schweizer Münze. Die Guldenanhänger verschrieen ihn als «Allerweltsmünze» und kämpften mit der Parole «Wir wollen Schweizer bleiben». Im Nationalrat wurde der Schweizer Franken 1850 nach dreitägiger Münzschlacht nur im Verhältnis von 64:36 Stimmen angenommen.

Widerstand gab es auch bei der Massvereinheitlichung, doch ging er in diesem Fall nicht von der deutschen, sondern von der französischen Schweiz aus. Dennoch war er – längerfristig – erfolgreich. Das Bundesgesetz über die Mass- und Gewichtsordnung vom 23. Dezember 1851 bestimmte den Fuss (30 cm), eingeteilt in 10 Zoll zu 10 Linien zu 10 Strichen, als gesamtschweizerisches Längen- und Flächenmass. Beim Hohlmass galt bei festen Gegenständen der Kubikfuss, bei flüssigen Gegenständen das Mass (= 1½ Liter) mit Vierteln und Sestern. Für die Einführung wurde eine Frist bis Ende 1856 eingeräumt. Bei Ablauf der Frist hatten erst 16½ Kantone die neue Massordnung eingeführt. Da insbesondere die Suisse romande am dezimalen beziehungsweise metrischen System festhielt, wurde 1868, was man nicht verbieten konnte, vorübergehend auch von Gesetzes wegen eben wieder gestattet. Wirklich vereinheitlicht wurden die Masse erst im Zusammenhang mit der Bundesrevision von 1874 – und zwar im Sinne der 1851 noch abgelehnten metrischen Ordnung.

Der Strukturwandel von 1848 war für einige gewiss eine Zumutung. Hätte er deswegen unterbleiben müssen? Hätte man, um die Frage zuzuspitzen, auf die Gründung der modernen Schweiz verzichten müssen, weil beispielsweise einige St. Galler in der Einführung des Frankensystems Landesverrat und den sicheren Ruin ihrer Wirtschaft erblickten? Wie im Fall der etwa zur gleichen Zeit aufkommenden Eisenbahn und, wenige Jahrzehnte zuvor, der Fabrikmechanisierung mussten die nötigen Strukturanpassungen trotz ihres sozialen Preises eingeleitet werden. Damit seien die allenfalls tatsächlich zugemuteten Opfer keineswegs bagatellisiert. Diese können – heutzutage wenigstens –, anders als mit der Zementierung veralteter Strukturen, nämlich mit der Gewährung von Überganghilfen durchaus ernst genommen werden.

Gesellschaftlicher Wandel ist in der Regel mit Gewinnen und Verlusten verbunden. Die positiven und die negativen Auswirkungen der nötigen und wünschbaren Modernisierung verteilten sich indessen nicht gleichmässig. Wir können annehmen – genaue Studien dazu gibt es nicht –, dass einige in der neuen Situation nur Gewinner und andere wiederum nur Verlierer waren. Es wäre durchaus denkbar, dass die allgemeine gesellschaftliche Entwicklung auch ohne grundlegende Staatsreform die gleichen positiven und negativen Auswirkungen gezeitigt hätte. Sie wären aber nicht in einen direkten Zusammenhang mit der Politik gebracht worden.

Die Geschichte des durch «1848» bedingten sozialen Wandels ist noch nicht geschrieben, weshalb wir wenig über seine Auswirkungen wissen. Die Historiographie hat sich vor allem mit den Veränderungen beschäftigt, die sich für die Staatshaushalte der Kantone durch die Aufhebung der Binnenzölle ergaben. Während sich die Reformer von 1832/33 wenig um die voraussichtlichen Einkommensausfälle kümmerten, wurde 1848 dieses Problem sehr ernst genommen und die Zustimmung zur neuen Verfassung mit grosszügigen Abfindungen aus der künftigen Bundeskasse sozusagen erkauft. Trotz ihren Bemühungen, den von der Umstellung stark betroffenen Kantonen entgegenzukommen, gelang es den Reformern nicht, allen Erwartungen zu genügen. Dies wirkte sich denn auch prompt negativ auf die Abstimmung über die Bundesverfassung aus. Im Kanton Tessin ist die Verfassung nur darum abgelehnt worden, weil viele damit ihre Unzufriedenheit mit der Strassenzollentschädigung manifestieren wollten.

Das Total der den Kantonen zu entrichtenden Ablösungssumme übertraf immerhin deren bisherige Zolleinnahmen. Die wirtschaftliche Belebung, die unter anderem gerade wegen der Revision des Zollwesens, aber auch wegen der längerfristig günstigen internationalen Wirtschaftsentwicklung eintrat, sollte dann allerdings zu einem starken Anstieg der Zolleinnahmen führen. Diese Beobachtung würde uns zur Frage führen, inwiefern Integrationsfortschritte jeweils von der Gunst der wirtschaftlichen Konjunktur abhängen.

6. Schluss

Von einer in der heutigen Debatte zuweilen erörterten Gemeinsamkeit ist bisher noch nicht die Rede gewesen: von der Feststellung nämlich, dass 1848 wie in unserer Zeit keine Grundwelle der Begeisterung bestanden habe. Diese Parallelisierung soll uns trösten und in Aussicht stellen, dass auch in unseren Tagen wichtige Entscheidungen in die nötige und darum richtige Richtung herbeigeführt werden können, obwohl sie nicht von einer Grundwelle der Begeisterung getragen sind.

1992 bekannte Bundesrat *Kaspar Villiger*, sein «Entscheid für Europa» sei «weniger ein Entscheid des Herzens. Es ist vor allem ein Entscheid der Vernunft [...].»[38] 144 Jahre zuvor hatte sich beispielsweise der Basler Altratsherr *Andreas Heusler* in gleicher Weise geäussert, sagte er doch vom Bund von 1848, er sei «un mariage de raison ohne Freude und Illusion»; er fügte die Bemerkung bei, die wir auch heute aus dem Munde mancher Konservativer hören: Ungewiss und dunkel sei der Gang, den die eidgenössischen Behörden einschlügen ...[39]

Wenn man sieht, wie der Bundesvertrag von 1815, die Bundesverfassung von 1848 und zum Teil die Totalrevision von 1874 zustande kamen, dann muss man die immer wieder vertretene Meinung, dass die schweizerische Union von 1848 «dal basso» entstanden sei, die Europäische Union der Gegenwart dagegen «dall'alto» zusammengefügt werde, ins Reich der Mythen verweisen.[40] Und sollte man damit meinen, dass die schweizerische Vorgeschichte, die zu 1848 hinführte, langsamer gewachsen und darum solider aufgebaut sei als diejenige einer zu schnell entstandenen westeuropäischen Union, dann müsste man auch diesbezüglich widersprechen: Zwischen 1815 und 1848 jedenfalls ist in unseren Landen der Integrationsweg nicht weniger schnell (übereilt?) abgeschritten worden als in Westeuropa zwischen 1952/1957 und 1991.

«1848» erscheint als harmonisches Gemeinschaftswerk, weil wir erstens im Rückblick gerne verklären und weil zweitens schon in der Zeit selbst ein irreführendes Bild in Umlauf gesetzt worden ist. Das 1848 von der zeitgenössischen Propaganda der liberalen Staatsideologen vermittelte Bild einer enthusiastischen Schweiz ist in der Tat

38 NZZ vom 16. September 1992.

39 Edgar Bonjour, Basel und die Eidgenossen. Basel 1951. S. 293.

40 Zur Frage, inwiefern die Bundesverfassung ein Werk «von oben» gewesen sei, vgl. Georg Kreis, Geschichte der Verfassungsgebung in der Schweiz. In: Tagungsband der SAGSW 1998.

unzutreffend. Selbst ein Kanton wie der Aargau, der zu den jungen Kantonen zählte, eine entsprechend moderne Staatsstruktur hatte und später mit *Friedrich Frey-Herosé* in der ersten Landesregierung vertreten sein sollte, hiess die Bundesverfassung nur mit 70,3 Prozent Ja-Stimmen gut. In Solothurn, das mit *Josef Munzinger* ebenfalls einen der ersten Bundesräte stellen sollte, betrug der Ja-Anteil sogar bloss 61,9 Prozent. In Basel-Stadt schimpfte man gegen die heute jedermann einleuchtende Vereinheitlichung des Zoll- und Postwesens mit dem Schlagwort, man unterstütze damit die «Bundesbürokratie». Man hatte auch grösste Mühe, das heute selbstverständliche Prinzip der freien Niederlassung anzuerkennen: Die Nichtbasler waren von der Abstimmung über die Bundesverfassung vom August 1848 noch ausgeschlossen und konnten ihre Meinung nur in einer inoffiziellen Separatabstimmung kundtun.[41] In Appenzell Ausserrhoden, wo man sich schliesslich zu einer deutlichen Zustimmung durchrang, war die Sorge gross, und dies vor allem wegen der Kultusfreiheit, das heisst der Befürchtung, dass einmal in Trogen und Herisau Kruzifixe stehen könnten. Dass umgekehrt in Appenzell den Katholiken ein reformiertes Kirchlein ein Ärgernis sein könnte, war dagegen nicht ihre Sorge. Im weiteren wurde bekanntlich die gesamte konservative Schweiz gegen ihren Willen in den neuen Bundesstaat genommen, und viele Radikale waren enttäuscht und sahen in der Bewahrung föderalistischer Elemente einen Verrat der «Revolution» von 1847. Es gab aber – und etwas Analoges in unserer Zeit ist eigentlich nicht in Sicht – eine begeisterte politische Elite, die von der Richtigkeit ihrer Vision überzeugt und entsprechend handlungs- und durchsetzungswillig war.

Es gibt keine Wiederholung der Geschichte. Ein allfälliger Beitritt der Schweiz zur EU (im EWR-Jahr von 1992 noch vor Ende des 20. Jahrhunderts für möglich gehalten) wäre keine zweite Auflage von «1848», das heisst nicht bloss ein auf nationaler Ebene nachvollzogener Prozess eines 150 Jahre zuvor auf kantonaler Ebene abgelaufenen Vorgangs. Der Vergleich mit «1848» erschliesst aber eine Fülle von Anschauungsmöglichkeiten. Wir entfernen uns nicht von der Gegenwart, wenn wir uns damit auseinandersetzen. Die Geschichte bringt uns näher an die Auseinandersetzung mit Fragen der Zukunft.[42]

41 Paul Burckhardt, Geschichte der Stadt Basel von der Reformation bis zur Gegenwart. Basel 1942. S. 253.

42 Die Problematik ist noch nicht ganz ausgeleuchtet. An weiteren Beiträgen sind die vom Schreibenden angeregten Lizentiatsarbeiten zu nennen: Sebastian Rauber, Die Vereinheitlichung des schweizerischen Münzwesens nach 1848. Basel Manuskript Juli 2004. – Jun Sarbach, Helvetiens Uhren laufen anders. Die Einführung der Sommerzeit in der Schweiz 1977–1981. Basel Manuskript Dezember 2004.

Das Bild vom «Rückzug von Marignano» als Verabschiedung von der Grossmachtspolitik entspricht dem Bedarf des offiziellen schweizerischen Selbstverständnisses am Ende des 19. Jahrhunderts und hat mit dem tatsächlichen Vorgang von 1515 nur wenig zu tun. Der Maler Ferdinand Hodler wollte in seinem ersten Entwurf von 1896 eine helvetische Variante der zeitlosen «desastres de la guerra» zeigen. Dies wurde ihm von der Jury aber ausgetrieben. Aus den verwundeten und blutenden Kämpfern wurde eine saubere und ordentliche Truppe mit hochgehaltenen Waffen und Fahnen. Zusätzliche Verklärung einer bereits bestehenden Verklärung. Zusätzliche Entrückung von der Realität. Damit machen Befürworter des Alleingangs heute noch Politik (Fresko-Mittelfeld der Waffenhalle. Schweizerisches Landesmuseum, Zürich Inv.-Nr. LM-41994. Foto: Schweizerisches Landesmuseum, Zürich Foto-Nr. 135 937).

Die schweizerische Europapolitik aus der Sicht des Historikers

Dazu eingeladen oder gar aufgerufen, als Historiker etwas zur schweizerischen Europapolitik zu sagen, kann es nicht darum gehen, einfach den Gang der Dinge zu rekapitulieren, obwohl dabei das Konjunkturelle in der Einstellung zum Vorschein käme (z.B. die beinahe überstürzte Hinwendung zur EWG in den Jahren 1961/62). Der Historiker sollte sich auch weniger zur aktuellen Situation direkt äussern, eine seiner Stärken ist der Blick für die «longue durée». Von ihm darf man darum vor allem Antworten auf die Frage erwarten, ob es historische Gründe dafür gibt, dass die Integrationspolitik ein derart mühseliges Geschäft ist, und wenn möglich noch ein paar Hinweise darauf, was Historiker/innen beisteuern können, damit diese Mühsal etwas verringert wird.

Die erste Frage ist leichter zu beantworten und auch schon oft erörtert worden, wichtiger ist oder wäre aber die zweite Frage, doch gerade da ist es erheblich schwerer, handliche Antworten zu geben. Die weiteren Ausführungen werden zeigen, dass wir es nicht mit rein historischen Fragen, sondern eher mit dem zu tun haben, was wir Mentalitätsfragen nennen. Diese sind allerdings wiederum nicht frei von historischen Determinanten.

So genügt es nicht zu sagen, dass die Schweiz nach dem Zweiten Weltkrieg (1947/48) möglicherweise eine Weichenstellung verpasst hat, oder zu bedenken zu geben, dass die Verantwortungselite nicht während Jahrzehnten den Alleingang als die Alleinlösung propagieren und dann erwarten kann, dass die breiteren Bevölkerungskreise ihr sogleich folgen, wenn sie von 1991 an so ziemlich das Gegenteil davon als erstrebenswert erklärt.

Welches sind nun die historischen Gründe für die Abneigung gegen Integrationsperspektiven? Die Schweiz hat sich entlang ihrer Geschichte immer wieder gegen das Ausland definiert, indem sie vom auswärtigen Umfeld ein ausgesprochen negatives, von sich selbst ein entsprechend positives Bild prägte, sich als vorbildlichen und doch nicht nachahmbaren Sonderfall verstand und auf der politischen Ebene mittels der Neutralitätsideologie die reale Zugehörigkeit zur Welt leugnete.

Dazu gehört, dass sich die Schweiz gegenüber Europa verschlossener sieht, als sie es war und ist, dass sie die positiven Impulse und die vitalen Austauschbeziehungen (nicht nur im Materiellen, auch im Ideellen) nicht bei ihrem Wert einstuft und dass sie das Ausland – besonders das nahe, weniger das ferne – eher als bedrohende denn als bereichernde Einbettung versteht. Dazu gehören die Geschichten von den alteidgenössischen Befreiungskriegen, von den bösen Vögten und fremden Richtern. Dazu gehören die Mahnworte des Bruders Klaus, sich nicht in fremde Händel zu mischen und den Zaun nicht zu weit zu stecken. Dazu gehört die Deutung der Schlacht von Marignano von 1515 als siegreiche Niederlage und wegweisendes Schlüsselerlebnis. Dazu gehört die Vorstellung, dass die Schweiz den letzten Weltkrieg im Alleingang und dank des Alleingangs unbeschadet überstanden hat.

Gegen dieses Geschichtsbild kann man und muss man antreten. Indem man das tut, setzt man sich einerseits für das ein, was man Annäherung an «historische Wahrheit» nennt, und erleichtert andererseits zugleich eine vernünftige Europapolitik, ohne sich direkt und unzulässig in den Dienst der Politik zu begeben. Wie aber tritt man gegen ein schiefes Geschichtsbild an?

Man sollte systematisch die nährenden und stärkenden Wirkungen der europäischen Nachbarschaften aufzeigen, diese Geschichte ist noch nicht geschrieben worden. Man sollte feststellen, dass schon 1848 im Moment der Bundesstaatsgründung von einigen diese liebe Schweiz nicht als abgeschlossener Selbstzweck, sondern als ein kleines Provisorium verstanden wurde, das einmal Bestandteil der Vereinigten Staaten von Europa werden könnte. Bundesrätin Ruth Dreifuss ist in die Schusslinie nationalkonservativer Patrioten geraten, weil sie erklärt hat: «Ob die Schweiz innerhalb einer grösseren Einheit als Staat überlebt, ist mir selber nicht so wichtig.»[1] Skandal? Landesverrat? Wir könnten uns eigentlich beruhigen: erstens, weil ein Nachsatz folgt, der bezeichnenderweise gerne unterschlagen wird: «Wesentlich ist vielmehr, ob diese grössere Einheit föderalistisch sein wird.» Und zweitens, weil man ziemlich gleichlautende Erklärungen vor etwa 150 Jahren von nationalliberalen Patrioten wie dem Nationalschriftsteller Gottfried Keller vernommen hat. Keller löste mit seiner unveränderten Grundeinstellung allerdings Verärgerung aus, als er noch 1872 einem deutschen Medizinprofessor in Zürich zuprostete:

> «Sagen Sie den Deutschen, dass, wenn sie einmal unter einer Verfassung leben, die auch ungleichartige Bestandteile zu ertragen vermag, die Zeit kommen dürfte, in der auch wir Schweizer wieder zu Kaiser und Reich zurückkehren könnten.»[2]

Inzwischen ist das kaiserliche Reich europäisch geworden, so dass gemäss Keller auch die Schweiz es werden könnte.

Man sollte im zentralen und homogenen Nationalstaat nicht den Massstab aller Dinge sehen. Man sollte, sofern man nicht zu ganz neuen Ufern aufbrechen will, an die Möglichkeit denken, dass wir auch bloss in ältere Zeiten zurückkehren und unsere

1 Eine Äusserung als Sekretärin des Schweizerischen Gewerkschaftsbundes aus der Zeit vor ihrer Wahl in den Bundesrat im Buch «Abenteuer Schweiz» des Migros Genossenschaftsbundes. Zürich 1991. S. 330–333. Wird von Nationalkonservativen gerne kolportiert, damit sie sich darüber aufregen können. Zu dieser «berühmten Aussage» gehören auch die zwei vorangegangenen Sätze: «Es ist eigentlich unwesentlich zu wissen, ob es die Schweiz noch geben wird oder nicht. Ich persönlich hoffe, dass über die Staaten hinweg ein neuer, europäischer Überbau entsteht.»

2 Klaus Urner, Die Deutschen in der Schweiz. Von den Anfängen der Kolonienbildung bis zum Ausbruch des Ersten Weltkrieges. Frauenfeld 1976. S. 64ff., auch mit einer anderen Version der umstrittenen Äusserung.

Staatenwelt wieder nach den offeneren Grundsätzen organisieren könnten, nach denen Europa in der pränationalen Phase funktionierte, natürlich mit einer «géométrie variable», mit viel Subsidiarität und Regionalismus, aber auch mit kräftigen transnationalen Strukturen der Kirchen, Universitäten, Berufsorganisationen und Kaufmannshäuser etc. und einer übergeordneten gemeinsamen Ordnung.

Man sollte aber auch zeigen, dass die Schweiz während grosser und scheinbar glorioser Abschnitte ihrer Geschichte wenig Mühe hatte, in Abhängigkeitsverhältnissen zu stehen, die gemäss heutigen Souveränitätsstandards als servil und unwürdig zu bezeichnen wären: zunächst zu Frankreich (15.–18. Jh.), dann zu Österreich und Deutschland (1814–1914).

Zur alteidgenössischen Sagen- und Mythenwelt will ich mich nicht äussern, Marcel Beck[3] und sein Luzerner Schüler Otto Marchi[4] haben dazu schon vor einem Vierteljahrhundert Wesentliches gesagt. Was aber die Worte von Bruder Klaus betrifft, rufe ich gerne in Erinnerung, dass das nicht seine Worte waren, sondern die Parolen des Luzerner Propagandisten Hans Salat, der über ein halbes Jahrhundert später als katholischer Innerschweizer gegen die für ihn ärgerliche Expansion des reformierten Bern nach Westen und gegen die Beitrittsgelüste des calvinistischen Genf Stimmung machte. Das ist nicht eine Enthüllung der revisionistischen Nach-68er-Geschichtsschreibung, sondern seit über 80 Jahren in den Forschungsarbeiten des Innerschweizer Historikers Robert Durrer nachzulesen.[5] Der zu weite Zaun betraf die damals eroberte Waadt. Wäre es um die Erweiterung des Zaunes jenseits des Gotthards gegangen, hätte der Luzerner kaum die Selbstgenügsamkeit gepredigt. Dies trotz Marignano. Die zugegebenermassen eher dem verteufelten Bild der «Junghistoriker» entsprechenden Kollegen François Walter (Genf)[6] und Andreas Suter (Zürich)[7] weisen nach, dass das sogenannte Erlebnis von Marignano ein Konstrukt des 19. Jahrhunderts ist und während Jahrhunderten keine Leitbildfunktion hatte.[8]

3 Vgl. insbesondere Marcel Beck, Der Mythos Schweiz im Schatten zweier Kriege. In: Gymnasium Helveticum. Zeitschrift für die schweizerische Mittelschule. Bd. 5. Aarau 1951. S. 166–176.

4 Otto Marchi, Schweizer Geschichte für Ketzer. Zürich 1971. Inzwischen vertieft und differenziert durch Werner Meyer (Basel) und Guy P. Marchal (Luzern).

5 Robert Durrer, Bruder Klaus. Die ältesten Quellen über den seligen Nikolaus von Flüe, sein Leben und seinen Einfluss. 2 Bde. Sarnen 1917–1921. Siehe auch Ernst Walder, Das Stanser Verkommnis. Ein Kapitel eidgenössischer Geschichte. Stans 1994. S. 54.

6 François Walter, Marignan, 1515. Traces de la mémoire d'une bataille de géants. In: Festschrift für Louis Binz. Genf 1995. S. 479–503. Zum Vorstoss, das Schlachtfeld analog zu Rütli, Hohler Gasse und Morgarten zurückzukaufen, vgl. Georg Kreis, Soll die Schweiz «Marignano» mit Geld zurückerobern? In: Basler Zeitung vom 28. April 1989. Auch in: Georg Kreis, Vorgeschichten zur Gegenwart. Ausgewählte Aufsätze. Bd. 1. Basel 2003. S. 245–249.

7 Andreas Suter, Neutralität. Prinzip, Praxis und Geschichtsbewusstsein. In: Eine kleine Geschichte der Schweiz. Frankfurt a.M. 1998. S. 133–188. Vom gleichen Autor mit dem sprechenden Titel: Die Entdeckung von Marignano. Die Tradition der neutralen Schweiz als Erfindung des 19. Jahrhunderts. In: NZZ Nr. 36 vom 13./14. Februar 1999.

8 Neuerdings auch als Negativbild für fatales Versäumen notwendiger Modernisierungsschritte, vgl. etwa Stefan Flückiger, Die Marignano-Gesellschaft. Ein Plädoyer für die Überwindung helvetischer Mythen. In: NZZ vom 5. September 2003.

Was schliesslich den Aktivdienst betrifft, da sind wir gerade daran zu lernen, dass die Schweiz nicht einfach wegen des heroischen Alleingangs überlebte, sondern wegen einer erfolgreichen Kombination von Autonomiewahrung und Kooperationsbeflissenheit. In der Nachkriegszeit wurde die Kooperationsdimension nachhaltig ausgeblendet und die Unabhängigkeitsdimension herausgestrichen. Mit dieser einseitigen Auswertung der historischen Erfahrung wurde der politische Alleingang der Gegenwart legitimiert.

Nach 1945 kam es zu einer – gelinde gesagt – unangemessenen Auswertung und Anwendung historischer Erfahrung und zu einer unzutreffenden, arroganten und dummen Gleichsetzung von Drittem Reich und Europäischer Wirtschaftsgemeinschaft, von «Berlin» und «Brüssel», von hegemonialer Grossraumpolitik und polyzentrischem Gemeinschaftsraum. Das waren nicht nur einfache Gemüter der äussersten Rechten, sondern honorige Wirtschaftsführer, die 1950 zum Beispiel den Schumanplan als «totalitären Dirigismus» und als «neue Diktatur» bezeichneten, wobei die alte Diktatur natürlich die des Dritten Reiches war und es gar nicht um solche Fragen ging, sondern um die Frage, ob die europäische Gemeinschaftspolitik die Diktatur der nationalen Kartelle gefährde.[9]

Auch in der Suisse romande, die heute mehrheitlich anders denkt, tönte es ähnlich: Der Genfer Liberale Albert Picot, alt Regierungsrat und alt Nationalratspräsident (LDP), glaubte angesichts der Herausforderung durch die Römer Verträge von 1957 die Schweiz vor dem europäischen Monstrum schützen zu müssen:

> «Elle ne doit pas accepter de perdre sa personnalité dans un grand *condominium* bureaucratique dirigé par de hautes autorités anonymes et tracassières. [...] La Suisse de toujours doit garder sa vie propre en face du monde et ne pas devenir un petit état absorbé par le Léviathan germano-franco-italien.»[10]

1965 erklärte selbst Bundesrat F.T. Wahlen, ein an sich weltgewandter und offener Mann, er bedauere zwar die schwere Krise, in der sich die EWG damals befand.

9 Rudolf Hausherr, Die schweizerische öffentliche Meinung zur Frage EWG oder EFTA in den Jahren 1957–1963. Bern 1980 (Diss. BE, Selbstverlag). – Pierre Du Bois, La Suisse et le défi européen, 1945–1992. Lausanne 1989. – Deutsche Übersetzung, Die Schweiz und die europäische Herausforderung, 1945–1992. Zürich 1990. – Thomas Guerber, Nationale Oppositionsstrategien gegen eine Annäherung der Schweiz an Europa. Eine vergleichende Untersuchung zur Strategie und Wirkung europäischer Opposition in der Schweiz am Beispiel der Abstimmungskämpfe über das Freihandelsabkommen mit der EWG (1972) und den EWR-Vertrag (1992). Nachdiplomarbeit Europainstitut Basel. Herbst 1995. – Thomas Moser, Die Interessen der Schweiz am Schuman-Plan, 1950–1953. Vorüberlegungen zu den Anfängen des schweizerischen Bilateralismus im europäischen Integrationsprozess. In: Die Schweiz im internationalen System der Nachkriegszeit 1943–1950. Hrsg. v. Georg Kreis. Basel 1996 (Itinera 18). S. 146–170.

10 Albert Picot, La neutralité suisse et l'intégration européenne. Genf 1957. 23 S. (Referat anlässlich der schweizerischen Delegiertenversammlung der LDP in Genf vom 18. Oktober 1957). Ebenda, S. 19. Bezeichnenderweise wird in der Metapher des despotischen Staatsgebildes Deutschland zuerst genannt.

Die Schwierigkeiten wurden aber – typisch schweizerisch – als nicht unwillkommene Bestätigung für die Berechtigung der abwartenden Beobachterhaltung genommen. «[Die Krise] hat die Erkenntnis gefördert, dass ein einiges Europa nicht *konstruiert* werden kann; es muss in organischem Wachstum entstehen, und man würde die Macht geschichtlicher Tatsachen unterschätzen, wollte man erwarten, dass in diesem Prozess Wachstumskrisen ausbleiben könnten.»[11] Die Alte Eidgenossenschaft wurde als organisch gewachsenes Gebilde verstanden, andere Schöpfungen dagegen (selbst 1848) entsprechend abwertend als Kunstprodukte, Artefakte, interpretiert. Schöpfungen, die *per definitionem* Neuschöpfungen sind, werden in einer als fertig verstandenen Welt schnell als unangenehme Herausforderungen und Störungen eingestuft.

Das Problem beschränkt sich aber nicht darauf, dass man gewissermassen ein falsches Geschichtsbild kultiviert hat. Wohl wirkt dieses Bild und wird von Generation zu Generation übernommen. Nicht weniger wichtig als die Auswirkungen sind aber die Voraussetzungen dieses Geschichtsbildes, und diese liegen, wie gesagt, zu einem wichtigen Teil in dem, was man die vorherrschende Mentalität nennt, eine spezifische Mentalität, die – gewiss stark vereinfachend und etwas spekulativ – in diesem Fall als konservativ, zurückhaltend, traditionell und doktrinär umschrieben werden kann – jedenfalls ziemlich quer zu dem, was man den typisch schweizerischen Realitätssinn und Pragmatismus nennt.

Wenn wir Zeit hätten, müssten wir uns hier über die Bauernstaatsideologie dieses Industriestaates unterhalten und – unter Beizug aufschlussreicher Einsichten von Karl Schmid – über den Stadt-Land-Gegensatz in dieser ziemlich verstädterten Schweiz. Ich muss mich hier aber auf die Feststellung beschränken, dass in der Schweiz wenigstens in staatspolitischer Hinsicht Veränderung grundsätzlich keinen Wert darstellt, Kontinuität hingegen (man denke nur an unsere bescheidene Verfassungsreform) als sehr wichtig erachtet wird. Während die Gesellschaft tiefgreifende Transformationsprozesse erlebt, soll sich insbesondere in den Aussenbeziehungen nichts ändern. Und wenn sich trotzdem etwas ändert, wird es nicht zugegeben und schon gar nicht als begrüssenswert präsentiert.

Der Beitritt 1963 zum Europarat wurde aus schweizerischer Sicht auch primär nur darum möglich, weil sich der Europarat und nicht weil sich die Schweiz verändert hatte. 1960 beim Einstieg in die EFTA und 1972 beim Abschluss des Freihandelsabkommens mit der EG betonte die Landesregierung ebenfalls, dass sich nichts ändern werde, und 1992 angesichts des EWR versicherte sie nochmals, dass sozusagen alles beim alten bleiben werde. Die skeptische Nachhut wurde dadurch in ihrem Misstrauen – zu Recht – bestärkt, ein Teil der Vorhut wurde demotiviert, und dem Mittelfeld wurde indirekt immer wieder zu verstehen gegeben, dass Veränderungen an sich eher ungut seien.[12]

11 Ebenda, S. 64.

12 Nachtrag: Sehr ähnlich im Abstimmungskampf um den Beitritt zum Schengen-Abkommen die Aussagen: An den Grenzen würde sich wenig bis nichts verändern (5. Juni 2005).

Auf der Ebene der Regierungsverlautbarungen bahnt sich nun doch eine Änderung der Haltung an: Im *Bericht über die Aussenpolitik der Schweiz in den 90er Jahren* vom 29. November 1993 finden wir entsprechende Hinweise. Die Veränderung wird zwar primär als etwas Externes präsentiert, es ist das «internationale Umfeld», das sich verändert. Es werden aber auch Veränderungen im eigenen Politikverständnis signalisiert. Die bisherige Aussenpolitik sei meist prinzipienorientiert gewesen, Ausfluss der Maximen wie Neutralität, Solidarität etc. Jetzt möchte man problemorientiert vorgehen, allerdings ohne die traditionellen Maximen aufzugeben. Die beruhigende Versicherung lautet, dass diese sogar «erhöhte Aktualität» erlangen könnten.

Wohltuend markant ist im 93er Bericht die Distanzierung des Gestern vom Morgen in der Einschätzung des Aussenraumes. In der Vergangenheit habe «aussen» über weite Strecken zunächst lückenhafter Rechtsraum, Unsicherheit und Bedrohung bedeutet. Darum sei die in Artikel 2 der Bundesverfassung festgeschriebene «Wahrung der Unabhängigkeit gegen aussen» das primäre aussenpolitische Ziel gewesen. Dieses Ziel bleibe nach wie vor gültig, habe sich aber in seiner Bedeutung gewandelt, weil inzwischen, entsprechend der gewachsenen Interdependenz, auch die kooperative Dimension der Aussenpolitik wichtiger geworden sei. In der Einschätzung dieses Wandels findet insofern eine kleine helvetische Sensation statt, als zweimal des Wort «neu» fällt: «Sicherheit, Wohlstand und Freiheit können nur mehr durch internationale Zusammenarbeit gesichert werden, und die Wahrung der Unabhängigkeit erfordert in diesem *neuen* Umfeld *neues* Handeln.»[13] Darum wissend, dass Veränderungen unabhängig von ihrer Art, mithin Veränderungen an sich, das Volk der Eidgenossen ängstigen, betont der Bundesrat in diesem Bericht zu Recht, «dass die schweizerische Identität in der offenen Auseinandersetzung und Zusammenarbeit mit ausländischen Partnern keine Schwächung, sondern eine Stärkung erfährt.»[14]

Vielleicht hätten wir eher die Analyse eines Psychologen als eines Historikers nötig. Was kann aus historischer Warte noch gesagt werden? Sicher dies: Man begreife und pflege die Geschichte als Anschauungsfeld für Veränderungen und für Gestaltungsmöglichkeiten. Man wird dann von deterministischen Vorstellungen abrücken müssen, wird günstige und weniger günstige Konjunkturen entdecken, spezifische Handlungsspielräume, Opportunitätsfenster, Realisationsmöglichkeiten. Dies alles setzt aber ein erklärtes Ziel und einen handelnden Willen voraus.

Wenn Karl Schmid recht hat, dann schätzen viele Schweizer eine wichtige Eigenschaft der Zeit nicht: «Der Schweizer liebt die Geschichte, die hinter ihm liegt; in ihr kann man sich bergen. Die Zeit aber und die Zukunft reissen uns heraus. Ihr muss man sich aussetzen, ohne sich bergen zu können.» Schmid erklärt dies damit, dass unsere

13 Bericht über die Aussenpolitik der Schweiz in den 90er Jahren vom 29. November 1993. S. 8.

14 Beantwortung der Interpellation von Nationalrat Kurt Furgler vom Oktober 1965. Vgl. auch Manfred Linke, Schweizerische Aussenpolitik der Nachkriegszeit. Chur 1995. Sowie von Pierre du Bois, Die Schweiz und die europäische Herausforderung 1945–1992. Zürich 1990.

Mentalität noch weitgehend bäurischer Art sei. Gewiss sehe sich auch der Bauer der Zeit ausgesetzt, dies sei aber eine zyklische Zeit mit ihren nur leicht variierenden Wiederholungen saisonaler Art. Schmid: «Solch zyklische Zeit hat mit der geschichtlichen Zeit, mit einer leeren Zeit, die vor uns liegt und die wir durch Handlungen zu erfüllen hätten, nichts zu tun.»[15]

Wie sehr man die aussenpolitische Zukunft in grundsätzlicher Weise als hochriskante Angelegenheit empfindet, zeigt der kürzlich gemachte Vorschlag, den Beitritt zum EWR, der bekanntlich jederzeit kündbar ist, mit einer zusätzlichen Austrittsmöglichkeit auszustatten, indem man sich einen provisorischen Beitritt mit Probezeit wünscht und dabei selbstverständlich davon ausgeht, dass das Ausland und nicht die Schweiz die Seite ist, die auf die Probe gestellt wird. Dieser sicher gutgemeinte Vorschlag will den Schritt in die Zukunft erleichtern, er erschwert aber mit dem überrissenen Rückversicherungswunsch den Umgang mit vermeintlicher oder tatsächlicher Ungewissheit.

Horror vacui – der Schrecken vor der Leere – kann kurzfristig durch Rückwärtsgewandtheit bis zu einem gewissen Grad überspielt werden. Durch den Hang oder gar Zwang zum permanenten Überspielen des Schreckens wird aber die Schreckbarkeit geradezu genährt. Man vermeidet den Blick in die Zukunft, weil man angesichts der Ungewissheit zur Salzsäule zu erstarren fürchtet. Würde man etwas häufiger hinsehen, man würde im Gegenteil das angeblich Tödliche sogar als belebend erfahren.

Mit der Kritik an dieser Rückwärtsgewandtheit soll nicht der konservativen Position schlechthin der Prozess gemacht werden. Dazu wäre gerade dieser Band nicht der Ort. Es geht nicht um die zwangsläufig immer seltener werdenden echten Konservativen, die mit einer sicheren Verankerung innerlich unangefochten durchs Leben schreiten können. Es geht hier um die stets grösser werdende Zahl von irritierten und sich gerade deswegen *un*irritierbar gebenden Zeitgenossen, die auf den gesellschaftlichen Wandel mit einer komplexbeladenen Art der Rückwärtsgewandtheit reagieren.

Was Karl Schmid über die «bäurische Art» gesagt hat, bedarf noch der Ausführung. Zunächst erscheint es uns doch verwunderlich, dass in einer vollständig durchagglomerierten Schweiz, in der mit hoher Mobilität zu jeder Tages- und Nachtzeit der Raum überwunden wird und von der aus mit der ganzen Welt in vielfältigster Art Beziehungen unterhalten werden, dass in dieser modernen Schweiz eine archaische Mentalität das Verhalten zu einem wichtigen Teil mitbestimmt.

Erklären lässt sich dieser Widerspruch mit einem historischen und einem psychologischen Verständnis. Die historische Erklärung liegt in dem schon vom Basler Historiker Emil Dürr identifizierten Phänomen der schwachentwickelten Urbanität: Im Zuge der Landflucht kamen die Landmenschen wohl in die Städte, sie blieben aber der ländlichen Mentalität verhaftet.[16] Wenn dem so war, dann kann jetzt in der Gegenbe-

15 Karl Schmid, Schweizerisches Selbstverständnis heute. In: Standortmeldungen. Zürich 1973.
16 Emil Dürr, Urbanität und Bauerntum in der Schweiz. In: NHG-Jahrbuch 1934.

wegung der heutigen Stadtflucht wenig Urbanität in die Agglomerationen exportiert werden. Deshalb auch das Anhalten oder sogar die Intensivierung des «Stadt-Land-Gegensatzes» in einer in zunehmendem Mass äusserlich verstädterten Schweiz.[17]

Mit Urbanität ist in diesem Fall eine durch entsprechendes Sozialtraining entstandene Mentalität gemeint, die befähigt, Partnerschaften mit Ungleichartigen einzugehen, sich einzuordnen, ohne sich deswegen preiszugeben, Normen als selbstgemachte Artefakte zu verstehen, sie kooperativ und *negoziativ* zu entwickeln und situativ umzusetzen, ausgehend vom eigenen Standort agil den grösseren Raum als Bezugsgrösse frei zu wählen. Dies im Gegensatz zur Mentalität, die statisch den eigenen Hof ins Zentrum des Kosmos stellt, Kooperation nur unter gleichartigen Interessen für möglich und die Regeln für naturgegeben und darum gleichbleibend hält.

Die psychologische Erklärung muss darauf aufmerksam machen, dass «bäurisches Denken» offenbar die Funktion eines Freizeitausgleichs zum «städtischen Tun» im Tagesgeschäft hat und man sich mit einem folkloristischen Gegengewicht innere Stabilität in der wenig heimeligen Moderne verschafft. Solche Gegenstrategien mögen unumgänglich und vielleicht sogar heilsam sein, sie sollen aber nicht dazu führen, dass die stets wichtiger werdenden Aussenbeziehungen dem folkloristischen Teil unserer Lebenswelt zugeschlagen werden; die politisch-staatliche Dimension der Aussenbeziehungen, wohlverstanden, denn im Privaten hat man ja kein Problem, sich mit weltweiten Geschäften, mit Ferntourismus und universellen Konsumgewohnheiten «modern» zu verhalten.

Die beiden skizzierten und in vereinfachender Typologie als urban oder agrarisch bezeichneten Grundhaltungen haben ihre Verlängerung in entsprechend unterschiedlichen Vorstellungen, wie die schweizerischen Aussenbeziehungen im einen Fall zu sein haben und im anderen Fall sein könnten. Im derzeit dominierenden Muster der agrarischen Mentalität soll Aussenpolitik, wenn überhaupt, nach den traditionellen Vorstellungen und mit dem Ziel der Fernhaltung von Fremdem betrieben werden. Mit der Beschwörung dogmatisierter Prinzipien, insbesondere demjenigen der Neutralität, soll die Zeit und damit der Wandel neutralisiert, die Gefahr der Veränderung ausgeschaltet werden.

17 Georg Kreis, Der säkulare Stadt-Land-Gegensatz. In: NHG-Jahrbuch 1994/95. Auch in: Georg Kreis, Vorgeschichten zur Gegenwart. Ausgewählte Aufsätze. Bd. 1. Basel 2003. S. 503–508.

Die Gegner einer weitergehenden Integration – und sei es auch nur auf dem bescheidenen, von ihnen ursprünglich als Alternative zum EWR selbst propagierten Weg – warfen den Befürwortern der «Bilateralen II» vor, sie würden eine Angstkampagne führen, weil sie vor den wirtschaftlichen Folgen einer Selbstisolation warnen. Sie selber schürten aber, wie dieses Beispiel zur Abstimmung über das Schengen/Dublin-Abkommen vom 5. Juni 2005 zeigt, munter selbst die Ängste beim Stimmvolk. Angst gegen Angst! Gibt es auch andere ansprechbare Lebenshaltungen? (Foto: Georg Kreis).

Unser Weg nach Europa

Befürworter einer schweizerischen EU-Mitgliedschaft verkünden immer wieder, die Schweiz müsse ihren Weg nach Europa finden. Gegner einer derartigen Mitgliedschaft pflegen darauf zu antworten, dass die Schweiz bereits in Europa, dass die EU gar nicht Europa und – überhaupt – dass die Schweiz in sich sogar das ideale Europa *en miniature* sei. Derartige Antworten sind an sich nicht unzutreffend, und doch widerlegen sie die vorangegangene Position nicht.

Wer nach «Europa» aufbrechen will, meint mit dieser Destination keinen geographischen Ort und nur bedingt ein institutionelles Gebilde, sondern vielmehr eine mentale Haltung, die sich ausdrückt in der erhöhten Bereitschaft zur Kooperation zwischen Staaten und in der entsprechend ebenfalls erhöhten Bereitschaft zur Beschränkung des illusionären Souveränitätsanspruchs oder, wie Staatspräsident Jacques Chirac kürzlich vor dem Deutschen Bundestag gesagt hat, im Willen, eine gemeinsame gesamteuropäische Souveränität zu entwickeln.

Man kann diese Bereitschaft einerseits und die Zurückhaltung andererseits historisch erklären, insbesondere mit der Erfahrung des Zweiten Weltkrieges: im Falle des eher kooperationsbereiten Europa mit der Erfahrung, dass man sich zusammentun musste, um das NS-Regime niederzukämpfen; und im Falle der eher einzelgängerischen Schweiz mit der Erfahrung, dass der Alleingang sie vor dem Einbezug in den letzten Krieg bewahrt hat. Historische Erfahrungen garantieren aber nicht, dass man aus ihnen die richtigen Schlüsse zieht. Hingegen stehen sie wenigstens als Erklärung dafür zur Verfügung, dass man, obwohl Gegenwart und Zukunft etwas anderes gebieten, aus der Vergangenheit unter Umständen falsche Schlüsse zieht.

Wir haben also einen etwas längeren Weg zurückzulegen und sollten uns jetzt fragen: War der 21. Mai 2000, das heisst das Abstimmungswochenende zu den «Bilateralen», ein Schritt nach Europa? Und wie sollen die weiteren Schritte auf dem Weg nach Europa aussehen? Und vor allem: Wann sollen sie unternommen – gewagt – werden? Wahrscheinlich wäre es gut, die folgenden fünf Punkte zu bedenken:

1. Wirtschaftsverständnis erweitern

Vor dem 21. Mai ist uns nicht nur gesagt worden, dass die «Bilateralen» bezüglich eines EU-Beitritts überhaupt nichts präjudizierten, es ist uns auch gesagt worden, dass die «Bilateralen» rein wirtschaftliche Abmachungen, also unpolitisch seien. Da ist zu präzisieren: Nicht jedes der sieben Dossiers war in gleicher Weise nur wirtschaftlich beziehungsweise unpolitisch. Das Dossier zur Personenfreizügigkeit wird zu Recht als wesentlich politischer angesehen als das Dossier zu den technischen Handelshemmnissen.

Man kann sich sogar auf den Standpunkt stellen, dass alles politisch ist – auch eine Haltung, die sich unpolitisch aufs Wirtschaftliche beschränken will. Und man kann sich fragen, ob diese Haltung, die kurzfristig gewiss erfolgreich ist (und es offensichtlich auch war), mittel- und längerfristig weiterhilft. Die Wirtschaft hat mit den «Bilateralen» ihre wichtigsten Anliegen berücksichtigt, sie wird nun längere Zeit damit leben können, ohne zusätzliche «Annäherungen» oder Kooperationsregeln zu benötigen. Allerdings wäre sie – und dies wäre ein Schritt nach Europa – gut beraten, sie würde mit der Zeit ein breiteres Wirtschaftsverständnis entwickeln; eines, das davon ausgeht, dass grundsätzlich alles politisch ist: von der Patentharmonisierung in Westeuropa bis zu den Stabilitätsproblemen in Osteuropa. Folglich müsste sich die Wirtschaft alles in allem auch für EU-Probleme in ihrer Gesamtheit mehr interessieren, als es Teile von ihr derzeit tun.

2. Interne Reformen vorantreiben

Die Schweiz hat unabhängig von der Beitrittsfrage im engeren Sinn, aber nicht unabhängig von der Frage der wirtschaftlichen und politischen Effizienz einen grösseren Reformbedarf. Darum muss sie Reformprojekte wie den Ausbau der Mehrwertsteuer und des Regierungssystems an die Hand nehmen. Bürger und Bürgerinnen, denen das Wohl der Schweiz ein Anliegen ist, sollten solchen Reformen nicht die Unterstützung verweigern, weil sie zugegebenermassen auch die Gestaltung der Beziehungen zum integrierten Europa erleichtern.

Es wird nicht das erste und letzte Mal sein, dass «wegen» der Aussenbeziehungen interne Verbesserungen vorgenommen werden. Die längst fällige interkantonale Anerkennung etwa von Ausbildungsdiplomen ist auch erst vorangekommen, als die Schweiz solche Anerkennungen gegen aussen benötigte. Und die träge Verwirklichung des schweizerischen Binnenmarktes (eigentlich seit 1848 ein Programmpunkt) hat durch die Schaffung des europäischen Binnenmarktes die nötige Beschleunigung erfahren. Von gewissen Massnahmen des Konsumentenschutzes können Frau und Herr Schweizer nur profitieren, weil das gerne dämonisierte «Brüssel» diese unausweichlich gemacht hat.

3. Kritische Rückblicke anstellen

Mit den «Bilateralen» hat das Freihandelsabkommen von 1972 je nach Interpretation entweder eine wichtige Revision oder eine wichtige Erweiterung erfahren. Die Interpretation der Vergangenheit ist darum wichtig, weil sie auch die Einstellung zur Zukunft mitbestimmt. Der EWR ist uns 1992 als konsequente und gleitende Weiterentwicklung der Mitwirkung in der OEEC von 1948 und der EWG-Assoziation von 1972 vermittelt worden. Zweck dieser Sichtweise war es, Bedenken auszuräumen, indem man sagte, dass eigentlich nichts Neues komme und die Politik der Gegenwart nicht falsch sein könne, weil die Politik der Vergangenheit stets richtig gewesen sei. Auch in diesem Fall kann man kurzfristig punkten, auf die Länge dürfte diese wenig kritische Betrachtungsweise aber eher abträglich sein.

Die Gegenhaltung bestünde darin, einmal einzugestehen, dass in der Politik auch grundsätzlich Neues eintreten kann (der EWR 1992 wäre so ein Fall gewesen) und dass das Neue deswegen nicht schlecht sein muss. Im weiteren gehörte es zu dieser Gegenposition, sich zu fragen, ob denn in der Vergangenheit alles derart gut gewesen sei. Ob die lange Skepsis gegenüber dem Europarat berechtigt, ob die Einschätzung des Schumanplans richtig, die Bevorzugung des EFTA-Gegenmodells zur EWG tatsächlich die bessere Wahl gewesen sei. Wie immer die Antworten ausfallen, sie müssten die wichtige Einsicht fördern, dass nichts durch Dogmatik vorgegeben ist und alles durch den jeweiligen Gestaltungswillen bestimmt ist.

Es wäre wahrscheinlich einfacher, ohne explizite Revisionen in eine neue Zukunft aufzubrechen. Und trotzdem würde es uns auch diesbezüglich auf die Länge mehr bringen, wenn wir bisherige Dogmen ausdrücklich relativierten oder gar verabschiedeten, statt uns still und heimlich in eine neue Ära zu schleichen und Fragwürdigkeiten der Vergangenheit unthematisiert zu lassen.

Auch wenn es wie nachträgliche Rechthaberei aussieht: Höchst wünschenswert wäre es, wir würden uns daran erinnern, mit welchen unzutreffenden, das heisst durch den weiteren Verlauf der Geschichte nicht bestätigten Schreckensvisionen Integrationsprojekte mitunter bekämpft wurden: 1972 zum Beispiel in der Abstimmung über das harmlose Freihandelsabkommen oder 1974 in der Debatte um den Beitritt zur Europäischen Menschenrechtskonvention. Thomas Guerber (ein Absolvent des Europainstituts Basel, jetzt im diplomatischen Dienst) hat nachgewiesen, dass gegen die «Bilateralen» im Mai 2000 in frappanter Übereinstimmung die gleichen Argumente eingesetzt wurden wie 1972, obwohl diese in der Zwischenzeit nicht «wahrer» geworden sind (Berner Zeitung vom 13. Mai 2000).

4. Ängste ernst nehmen

Die angesichts der Europaperspektive aufkommenden Bedenken oder gar Ängste sind gewiss ernst zu nehmen. Die vor den «Bilateralen» zugestandenen flankierenden Massnahmen gehen in diese Richtung. Die Ausarbeitung von Übergangsordnungen ebenfalls. Auch wenn man eine weitere Vertiefung der Beziehungen bis hin zur Vollmitgliedschaft für den besten Weg hält, darf man Andersdenkende nicht als «Deppen» einstufen.

In einer fairen Auseinandersetzung müsste klarer heraustreten, was von den Übeln der Moderne tatsächlich «Europa» angelastet und wofür «Brüssel» nicht verantwortlich gemacht werden kann. Dabei wird sich zeigen, dass die Europäische Gemeinschaft nicht einseitig bloss Erzeuger, Förderer und Beschleuniger der unerfreulichen Seite der Moderne, sondern in manchem auch Entschärfer, Bändiger und Bekämpfer von Auswüchsen gegenwärtiger Strömungen ist. Man denke nur an die wichtige Aufgabe der Lebensmittelkontrollen.

5. Europa lernen

Im weiteren sollten wir uns über «Europa» besser informieren (z.B. unvoreingenommen auch das lesen, was die Printmedien beinahe täglich über die Gemeinschaftspolitik berichten). Denn es ist unerlässlich, über den Partner einigermassen im Bild zu sein, wenn man die Beziehungsfrage stellt und man angehalten ist, einmal über «Europa» abzustimmen. Der Weg nach «Europa» ist auch ein Weg des Lernens. In gesellschaftlichen Fragen können wir allerdings nicht die Lektionen vorschreiben, die gelernt werden müssten. Wir können jedoch, obwohl auch dies über einen Verständigungsprozess geklärt werden muss, die Felder benennen beziehungsweise in Erinnerung rufen, die einer aktiven Auseinandersetzung bedürfen.

In einer Auslegeordnung sollten – ein weiteres Mal – die Bereiche benannt werden, die im Hinblick auf einen EU-Beitritt tatsächliche oder vermeintliche Problemzonen sind: Die direkte Demokratie? Der Föderalismus? Die Neutralität? Die Regierungsorganisation? Das Bankgeheimnis? Die Steuerverhältnisse? Die allgemeine Ungewissheit der Zukunft? Nach einer erneuten Identifikation dieser Zonen muss eine erneute Auseinandersetzung mit den verschiedenen Aspekten der identifizierten Probleme erfolgen. Der Bestand an geklärtem Wissen in diesen Bereichen ist allerdings grösser, als man gemeinhin annimmt. Das Hauptproblem besteht wie in den Bevölkerungs-, Gesundheits-, Umwelt- oder den Friedensfragen vielmehr darin, wie Wissen in die Tat beziehungsweise in Beherzigung umgesetzt werden kann. Es ist also ein Lernen nicht nur mit dem Kopf, sondern auch mit dem Herzen nötig.

6. Eine Katze im Sack?

In der Summe heisst dies, dass die Zeit sofort genutzt werden muss, auch wenn weitere Weichenstellungen erst in ein paar Jahren eingeleitet werden können. Die Nutzung der Zeit kann durchaus offener sein und ist nicht nur als eindimensionale Zielstrebigkeit in Richtung Beitritt zu verstehen. Andererseits kann man, wie im eigenen Leben, nicht die ganze Zeit damit verbringen, sich immer alle Optionen freizuhalten. Es kommen Momente, da man sich entscheiden und den Sprung wagen muss. Der Souverän, heisst es, will keine Katze im Sack kaufen. Es ist wichtig, soviel wie möglich über die verschiedenen Katzen in den verschiedenen Säcken zu erfahren. Doch bei allem Schauen, Prüfen, Gewichten und Messen muss man sich eingestehen, dass die Zukunft bis zu einem gewissen Grad immer eine Katze im Sack ist. Die Unkalkulierbarkeit wird aber in dem Masse eingeschränkt, als wir mit unserem Gestaltungswillen zusammen mit anderen die Zukunft gestalten. Die Partisanen des Gemeinsamen Europa wollen genau das: Sie wollen nicht bloss Objekte der Geschichte sein. Eine derartige Haltung müsste doch in der Schweiz eine grosse Anhängerschaft finden.

Schweizer lieben Mythen, besonders wenn es gute, produktive Mythen sind. So kann zum Schluss neben den guten Tell-Mythos der gute Europa-Mythos gestellt werden: die Geschichte von der phönizischen Prinzessin namens Europa, die an asiatischem Ufer von einem unbekannten Kontinent träumte und, mit entsprechender Sehnsucht aufgewacht, sich auf den wunderschönen Stier setzte und sich wegtragen liess. Die vom Hause ihres Vaters Weggetragene akzeptierte, keine Küsten mehr hinter sich und noch keine vor sich, nur Luft und Wolken über und das Meer unter sich, den göttlichen Stier als ihren Wegbereiter – und, einmal in Kreta angekommen, auch als Vater ihrer Kinder. Sie war aber nicht nur Entführte, sie war zugleich Führende und in gewisser Hinsicht sogar Herrin des schliesslich domestizierten Stiers.

Die bereits vor zweieinhalb Jahrtausenden entstandene Geschichte kann eine wichtige Doppelbotschaft vermitteln: Erstens, Europa ist ein Unternehmen des Aufbruchs, das man als halb gewünschtes, halb auferlegtes Schicksal akzeptieren muss. Zweitens, man ist deswegen nicht völlig fremdbestimmt, sondern kann das Schicksal zum Teil auch selbst lenken.

Am Anfang der Integrationsgeschichte fanden zwei wichtige «Termine» gleichzeitig in Europa statt: Churchills Auftritt in Zürich und das internationale Treffen der europäischen Föderalisten in Hertenstein, beide im September 1946. Die Hertensteiner Gruppe fuhr über den See aufs Rütli und feierte dort bei Älplermusik die Gründung der «europäischen Eidgenossenschaft». Auch der Karikaturist stellte fest, dass das Rütli europakompatibel ist, selbst wenn dies einige Eidgenossen noch anders sehen (Der Staatsbürger Nr. 4. 1990. S. 8. Aus: Georg Kreis, Mythos Rütli. Zürich 2004).

Ein langer Atem für Europa

70 Jahre europäische Basisbewegung in der Schweiz

Die Gründung der Europa-Union, vollzogen am 24. Juni 1934 im Basler Kino «Capitol», erhielt aus Basel wichtige Impulse. Darum ist es nicht nur aus lokalpatriotischem Stolz richtig, ihrer in Basel zu gedenken. 70 Jahre ist freilich eine sonderbare Geburtstagsgrösse. Den «Fünfzigsten» hat man im Berner Rathaus mit einigem Aufwand und rund 300 Teilnehmenden gefeiert. Anwesend war auch Jean-Pascal Delamuraz, der eben in den Bundesrat gewählt worden war und darum das Zentralpräsidium der schweizerischen Europa-Union abgab.[1] Diese auch von internationalen Gästen mitgetragene Feier war ein kleines Lebenszeichen in einem lethargischen Umfeld, einem schweizerischen Umfeld, das – wie man tröstend feststellen kann – noch viel weiter von «Europa» entfernt war, als die Schweiz es heute ist. 1984 steckte die Schweiz tief in ihrem etwa 15 Jahre dauernden Dornröschenschlaf zwischen ihrem Freihandelsabkommen mit der EG von 1972 und der aufschreckenden Ingangsetzung des nach Maastricht führenden Prozesses und der Lancierung des EWR-Modells im Jahr 1989.

An Geburtstagen ist es schlicht üblich, dass man Rückschau und Ausschau hält. Für die Rückschau vor allem aufgeboten, muss man sich fragen, was zu vermitteln ist, abgesehen vom In-Erinnerung-Rufen, was soeben geschehen ist. Meine Botschaft ist einfach: Auch diese Geschichte zeigt, dass man ganz allgemein – und in der Schweiz ganz speziell – einen langen Atem benötigt, wenn man grundlegende und wirklich bedeutsame Reformen vorantragen will.

Die Europa-Union als Vorgängerin der Neuen Europäischen Bewegung Schweiz (NEBS) ist aus einer Dissidenz und einer Fusion hervorgegangen. Die Fusion ist weniger spektakulär: Die schweizerische Gruppe der internationalen Organisation «Jung Europa»[2] und die von Baslern angeführte Mehrheit der Schweizer Paneuropaunion (allerdings ohne die Zürcher) schlossen sich 1934 zur neuen Europa-Union zusammen. Diesem Zusammenschluss war ein heftiger Krach zwischen den Basler Paneuropäern und dem Vater der Paneuropäischen Bewegung, dem Grafen Richard Coudenhove-Kalergi, vorausgegangen. Der Graf hatte 1932 in Basel seinen dritten grossen Paneuropäischen Kongress durchgeführt und damit einerseits die Basler für die Idee

1 Bericht zur Feier in: europa 11/12. 1984. Zu diesem Jubiläum veröffentlichte der Gründungspräsident Hans Bauer auch ein kleines Schriftchen von 16 Seiten: 50 Jahre Europa-Union Schweiz 1934–1984. Bern 1984. Zuvor vom gleichen Autor: Basel und die Europa-Bewegung. In: Basler Stadtbuch. Basel 1971. S. 7–18.

2 1930 in Genf gegründet, vgl. Thomas Staffelbach, Die Europa-Union 1945 bis 1949. Manuskript. Basel 1991 (von G.K. betreute Lizentiatsarbeit). Kurzfassung in: Studien und Quellen. Bd. 18. Bern 1992. S. 161.

gewonnen, anderseits sie zugleich aber mit seinem Organisationsstil abgestossen. Coudenhove-Kalergi, der sich teilweise am Vorbild der faschistischen Massenbewegung orientierte, gebärdete sich als Führer, der kritiklose Gefolgschaft erwartete. Der Aristokrat und seine einflussreiche Gattin (Schauspielerin) wollten, nachdem sie bei den nationalen Regierungen und traditionellen Parteien keine Unterstützung gefunden hatten, sich einerseits auf exklusives Notabelnmilieu und anderseits auf eine Massenbewegung stützen. Bezeichnend war, dass sie es vorzogen, sich von ein paar Grossunternehmern finanzieren zu lassen, und dass sie nicht von Mitgliederbeiträgen abhängig sein wollten, was zu einer störenden Mitsprache der Basis geführt hätte. 1933 versuchten die Basler Coudenhove-Kalergi vergeblich davon zu überzeugen, dass wenigstens die schweizerische Sektion der Paneuropa-Bewegung, der Landeskultur entsprechend, demokratisch organisiert sein sollte. Der in der Wiener Hofburg residierende Graf vermochte im basisdemokratischen Anspruch der braven Eidgenossen nur die Gefahr von Soldatenräten zu erkennen, wie man sie 1917/18 erlebt hatte. Im Sommer 1934 kam es zum Bruch und zur Gründung der «Europa-Union. Schweizerische Bewegung für die Einigung Europas».[3]

In den Jahren 1943–1950, als ein weiterer und schliesslich auch erfolgreicher Anlauf zur Schaffung einer supranationalen europäischen Wirklichkeit unternommen wurde, war die Europabewegung anfänglich selbstverständlich ein Basisprojekt. Die Basisbewegung wollte aber gleich ein umfassendes, ein ganzes Europa, sie ging mehrheitlich davon aus, dass man die Vereinigung über den klassischen Weg einer Verfassungsgebung schaffen könne. Wie bei einer nationalen Staatsgründung: zuerst ein verfassunggebender Rat, dann eine Volksabstimmung, dann allgemeine Wahlen, dann die Bildung von Parlament und Regierung. Die Geschichte nahm bekanntlich einen anderen Weg: den Weg der sektoriellen Teilintegration, ausgehend von der Regierungsebene über die Inszenierung von beschränkten Gemeinschaftsprojekten: Kohle und Stahl, Atomenergie und Handel, später, 1990, Schengen/Dublin und nochmals später die Währungsunion und die Verfassung nicht am Anfang, sondern eher am Schluss.

Zugegeben, kein Königsweg, sondern ein mühsamer, die Gemüter nicht sonderlich faszinierender, eher technokratischer Weg in mehrheitlich glanzlosen Etappen. Es entstand dabei keine gotische Kathedrale, kein Chartres, sondern ein Containerkonglomerat, ein Heathrow. Eine besser geordnete Struktur wird erst die Verfassung bringen. Basisveteranen klagten später, 1963, als andere mit der Zeit das schufen, was zu realisieren in einem Schwung ihnen nicht gelungen war: «Nous avons perdu quinze ans!»[4] In diesem Fall kann man aber sagen: Wie lange man brauchte, spielt hier für einmal keine Rolle; Hauptsache, es kam zustande. Und es kann aus der Not sogar eine Tugend gemacht werden: Die Etappenarbeit liess den Aufbauprozess zu einer Dauer-

3 Georg Kreis, Der «vierte Tag» der Paneuropa-Bewegung. In: Basler Zeitschrift für Geschichte und Altertumskunde 1991. S. 335–361. In diesem Band nochmals veröffentlichter Aufsatz. S. 299–321.

4 Von Raymond M. Jung bezogen auf einen Entscheid zugunsten der «Institutionalistes» oder «Fonctionalistes» und zum Nachteil der «Constitutionalistes» im Mai 1958 als späte Einsicht von 1963 Henry Brugmans in den Mund gelegt (NZZ vom 5. Februar 1999).

aufgabe werden und vermied eine Konstellation, in der nach einem kurzen einmaligen Schöpfungsakt Kreativität in Konservativismus kippte. Die seit über einem halben Jahrhundert laufenden Hauptdynamiken der «Vertiefung» und «Erweiterung» sind nicht abgeschlossen, haben das Ende der Geschichte noch nicht erreicht. Das Finalitätsziel, das man in nur wenig kürzer werdenden Abständen vor sich her trägt, hält die Europäer weiterhin auf Trab.

Auf die Frage, wann denn die Vollendung vollendet sei, gab der deutsche Aussenminister Joschka Fischer, der im Fragenden des Akzentes wegen sogleich den Schweizer erkannte, einmal schlagfertig und listig zur Antwort: Wenn die Schweiz beigetreten sei! Die schweizerischen Beiträge zur Geschichte des europäischen Integrationsprozesses sind bescheiden. Am Anfang vieler Chronologien steht zwar Churchills Zürcher Rede von 1946, ein absolutes Zufallsprodukt, das für vieles steht, nur nicht für eine europäische Integration, die diesen Namen verdient. Der Brite sprach sich britisch für ein lockeres Bündnis in ziemlich traditionellem Stil aus, selbstverständlich ohne Mitwirkung Grossbritanniens.

Weniger bekannt ist ein anderer schweizerischer Beitrag: die mehrfache, für die Fremdenverkehrsnation nicht untypische Gastgeberschaft für Zusammenkünfte der schliesslich versandeten europäischen Basisbewegung, zum Beispiel 1946 in Hertenstein am Vierwaldstättersee,[5] dann 1947 in Montreux am Genfersee.[6] Im Rahmen der Hertensteiner Tagung war man immerhin aufs Rütli gefahren und hatte dort bei Älplermusik die Gründung der europäischen Eidgenossenschaft gefeiert.[7] Man könnte zu jener Zeit noch auf die berühmten «Rencontres Internationales de Genève» verweisen.[8] In den ersten Nachkriegsjahren waren die beiden Geschichten, die schweizerische und die europäische, noch für einen Moment verknüpft. Dann aber gingen beide separate Wege. Am Europa-Kongress in Den Haag von 1948, wo unter dem Ehrenpräsidium Churchills die Weichen zugunsten eines bloss locker verbundenen Europa gestellt wurden, war die Schweiz nicht gerade mit einem Basisdemokraten vertreten, nämlich mit dem elitären Altbundesrat Marcel Pilet-Golaz.[9] Die Schweiz mied im Internationalen das Politische soweit wie möglich. Engagiert im Humanitären und Mediatorischen auf globaler Ebene, auf europäischer Ebene im besten Fall präsent im Kulturellen mit Denis de Rougemonts 1950 geschaffenem Genfer Centre Européen de la Culture, das sich auf eine Resolution des Haager Kongresses von 1948 stützen konnte. Der europäisierende Schöngeist war aber nationalistischer, als die meisten

5 80 Teilnehmer aus 13 Ländern, bemerkenswerterweise Deutschland eingeschlossen. Walter Lipgens, Die Anfänge der europäischen Einigungspolitik 1945–1950. Stuttgart 1977. S. 301ff.

6 Erster ordentlicher Kongress der Union européenne des Fédéralistes mit 130 Delegierten aus 10 westeuropäischen Ländern.

7 Thomas Staffelbach, Die Europa-Union 1945 bis 1949 (Kurzfassung). S. 192.

8 Claus Hässig, Intellektuelles Vakuum oder Aufbruchstimmung? In: Die Schweiz im internationalen System der Nachkriegszeit 1943–1950. Itinera 18. 1996. S. 18–31.

9 Pilet-Golaz wurde 1949 für die provisorische Exekutive des Schweizerischen Europa-Rates vorgeschlagen, was einen heftigen Protest des Aktionskomitees der Jung-Europa-Union auslöste. Vgl. Thomas Staffelbach, Die Europa-Union 1945 bis 1949 (Kurzfassung). S. 186.

meinen: Nicht nur predigte de Rougemont ohne Unterbruch die Übernahme des helvetischen Föderalismus, in den 1960er Jahren wollte er helvetozentrisch via Europa den schweizerischen Sonderfall verewigen, indem er den Vorschlag lancierte, die Schweiz solle doch Bundesdistrikt der künftigen Vereinigten Staaten von Europa werden.[10] Die offiziellen Stimmen der Schweiz sprachen, wenn die Europäische Gemeinschaft wieder ein Etappenziel erreichte beziehungsweise einen neuen Aufbruch lancierte, jeweils ihre besten Wünsche für gutes Gelingen aus – insgeheim hoffte man aber auf ein Scheitern dieses Projekts, weil man mindestens ahnte, dass dessen Gelingen dem schweizerischen Alleingang über kurz oder lang ein Ende bereiten würde.

In den letzten Jahren wurde vermehrt die Frage diskutiert, ob die Schweiz in den Jahren 1944/45 nicht eine historische Gelegenheit verpasst habe, ein gewöhnliches Mitglied der internationalen Gemeinschaft zu werden, in der UNO und im europäischen Vergemeinschaftungsprozess. Bundesrat Max Petitpierre, Statthalter der sehr bürgerlichen Schweiz, bat wohl um Audienz bei Churchill, als dieser 1946 in der Schweiz weilte; er hatte aber Mühe mit den Hertensteinern und lehnte es ab, am Kongress von Montreux eine öffentliche Rolle zu spielen. Die Europa-Union war ihm suspekt. In den Akten war sie als sozialistisch und linksradikal registriert. Es machte die Europa-Union in den Augen Petitpierres auch nicht sympathischer, dass Hans Bauer, ihr Zentralpräsident, Churchills Zürcher Rede heftig kritisierte.[11] Erst 1952 gab die Bundesanwaltschaft (!) Entwarnung, indem sie Bundesrat Eduard von Steiger mitteilte, «qu'il n'y a absolument rien de défavorable à ce mouvement».[12] Die Europa-Union setzte sich damals für eine Annäherung an den Europarat ein, zu dem sich die offizielle Schweiz sehr auf Distanz hielt. Ihr erfolgloser Vorschlag, wenigstens einen Beobachter in den Europarat zu entsenden, brachte ihr 1952/53 zumindest die Genugtuung, erstmals im Parlament namentlich erwähnt worden zu sein.[13]

Was hat, so will man von einem Historiker wissen, die schweizerische Europabewegung in den 70 Jahren erreicht? Wenig und vielleicht trotzdem viel zugleich: Sie hat Wesentliches dazu beigetragen, dass die Diskussion um die EG- und EU-Mitgliedschaft überhaupt stattfand und immer wieder auch ins Parlament hineingetragen wurde.

Vor den 1990er Jahren bildeten die 1950er Jahre die Ära des intensivsten Engagements der schweizerischen Europabewegung. Der später als Schriftsteller bekannt gewordene *Hugo Loetscher* (Jg. 1929), damals schon als Dr. phil. in Politologie mit

10 Denis de Rougemont, La Suisse ou l'histoire d'un peuple heureux. Paris 1965.

11 Hans Bauer, Präsident der Europa-Union, schrieb eigenmächtig im Namen seiner Bewegung am 19. Dezember 1946 einen Brief an die Bundesversammlung, in dem er Churchills antirussisches Europakonzept kritisierte. Vgl. Thomas Staffelbach, Die Europa-Union 1945 bis 1949 (Kurzfassung). S. 183.

12 Eric Flury-Dasen, Die Union européenne des fédéralistes und die Europa-Union. Grenzen und Möglichkeiten des Einflusses von europaföderalistischen Verbänden in der Schweiz. In: Die Schweiz im internationalen System der Nachkriegszeit 1943–1950. Itinera 18. 1996. S. 32–54. Zit. S. 45.

13 Ebenda. Weiteres dazu auch bei Georg Kreis, Kleine Neutralitätsgeschichte der Gegenwart. Ein Inventar zum neutralitätspolitischen Diskurs in der Schweiz seit 1943. Bern 2004. S. 54.

Auslandsstudium (Paris) eine eher ungewöhnliche Erscheinung, engagierte sich als Präsident einer Petitionsaktion für den Europaratsbeitritt. *Hans Christoph Binswanger* (ebenfalls Jg. 1929), später St. Galler Professor und aktives FDP-Mitglied, 1956 in Nationalökonomie promoviert und Sprecher der mehrheitlich jugendlichen Unterzeichner, beanstandete, dass die Schweiz ihre Europapolitik nur auf Wirtschaftsinteressen ausrichte und dabei die ideellen Werte vernachlässige. Der Generation der Europapromotoren der 1950er Jahre gehörten zum Beispiel des weiteren an: *Henri Rieben,* der spätere Gardien des Jean Monnet-Archivs in Lausanne, er doktorierte 952 mit einer wirtschaftswissenschaftlichen Dissertation zum Thema «Des ententes de maîtres de forge au Plan Schuman». 1959 folgte der als Pressemann bekannt gewordene *Henri Stranner* mit einer politologischen Dissertation «L'attitude de la Suisse en face de l'intégration politique et économique de l'Europe». Die Gruppe der damaligen Jungeuropäer kann mit weiteren prominenten Namen abgesteckt werden, *Kurt Furgler, Rudolf Friedrich* und *Alois Riklin* gehörten dazu.[14] Geschichte kann, wie man gleich sehen wird, die Vergangenheit recht konkret an die Gegenwart heranholen: 1959 (also vor 45 Jahren) debütierte ein gewisser *Benedikt von Tscharner*, der schon bald Zentralsekretär der Europa-Union und später als Botschafter die Schweiz in Brüssel vertreten sollte, als 22jähriger Basler Jurastudent mit einem grossen, im Blatt der Europa-Bewegung publizierten Artikel (er schloss 1961 mit einer Dissertation über das GATT ab). Beim Plädoyer, das wiederum ein Basler Student, *Dieter Chenaux-Repond,* im Herbst 1960 in der NZZ zugunsten einer offeneren Haltung gegenüber der EWG veröffentlichen konnte, dürfte es sich ebenfalls um den ersten grossen Auftritt gehandelt haben. Der immerhin zweiteilige Beitrag des damals 26jährigen, der schon bald ebenfalls in den diplomatischen Dienst gehen und seine Karriere dann als Botschafter in Bonn abschliessen sollte, wurde im Untertitel als «Von einem jungen Akademiker» vorgestellt.[15]

In den Assoziationsverhandlungen von 1962/63 entwickelte die Schweiz mit der «Wallfahrt» nach Brüssel der nicht sonderlich progressiven Bundesräte Friedrich Traugott Wahlen und Hans Schaffner (September 1962)[16] eine Offenheit und zugleich Nähe zum gemeinsamen Europa, wie sie seither nicht mehr erreicht wurden. Das 1972 schliesslich zustande gekommene Abkommen blieb um einiges dahinter zurück, es schrieb den der schweizerischen Wirtschaft so lieben unpolitischen, puren Freihandel fest und entliess die Schweiz in den bereits erwähnten Dornröschenschlaf, wobei ich mir weniger eine schlafende Schönheit, eine «belle dormante», denn eine Versammlung grauer Zwerglein am gläsernen Sarg der Neutralität im «sommeil du juste» vorstelle.

Die Generation der 1950er Jahre ist abgetreten und am Weggehen. Hat sie Nachfolger gefunden? Natürlich gibt es zu jeder Zeit alle Sorten von Engagements, also auch

14 Unter Alois Riklins Leitung entstand 1975 ein «Hertensteiner Programm» zur schweizerischen Europapolitik, es wurde 1984 zum 50-Jahr-Jubiläum überarbeitet und neu aufgelegt.

15 NZZ Nr. 3326 und 3339 vom 30. September und 1. Oktober 1960.

16 Pierre Du Bois, Die Schweiz und die europäische Herausforderung 1945–1992. Zürich 1990. S. 56.

das für Europa, für die Integration Europas, für die vollwertige Teilnahme der Schweiz an dieser Entwicklung. Aber als verdichtetes und sich gegenseitig stützendes Milieu trat so etwas wie eine Nachfolge erst 1992 in Erscheinung, um dann gleich auf Jahresende am 6. Dezember unsanft zur Welt zu kommen. Bereits (im September) 1993 reichte das Komitee «Geboren am 7. Dezember 1992» seine Initiative für die Aufnahme von Verhandlungen mit 114 000 zum grösseren Teil aus der Suisse romande stammenden Unterschriften ein. 1994 legte die Europa-Union ihren alten Namen ab und sich in Anpassung an die internationale Organisation die neue Bezeichnung «Europäische Bewegung Schweiz» zu.[17] «Union» wurde als zu statisch empfunden, «Bewegung» entsprach mehr der damals eingetretenen Dynamisierung. 1998 entstand erfreulicherweise ohne Dissidenz und nur über eine breite Fusion von mehreren Gruppen die heutige NEBS.[18] 2001 erlitt die bereits erwähnte Initiative «Ja zu Europa» (mit 76,8 Prozent Nein-Stimmen) eine bittere Abfuhr. Das Ziel, die Beitrittsdiskussion am Leben zu erhalten, war zwar erreicht, aber um den Preis eines doppelten Neins, einerseits von den grundsätzlichen und ewigen Beitrittsgegnern und andererseits von Stimmen, die gegen den Zeitpunkt und die Vorgehensweise waren.

Die Europabewegung war und ist in der Schweiz keine ausgesprochene Jugendbewegung, sondern wies stets eine ausgeglichene Generationenverteilung auf. Sie ist auch nicht bloss eine Bewegung von jung gebliebenen Veteranen. Dennoch braucht sie Nachwuchs. Es ist immer schön, wenn man seine Hoffnung auf die Jugend setzen kann. Jugend ist für Unfertiges, noch zu Leistendes leichter zu begeistern.[19] Anderseits könnte es auch zu bequem sein, eine derart wichtige Angelegenheit wie die Vollmitgliedschaft der Schweiz in der Europäischen Union an die Nachgeborenen zu delegieren oder einfach dem Lauf der Welt zu überlassen. Kommt hinzu, dass ein grosser, sicher zu grosser Teil der heutigen Jugend mehrheitlich eher konservativ gestimmt und stärker an der wirklich nicht einfachen privaten Lebensbewältigung und an materiellen Werten interessiert ist. Der traditionelle Europaidealismus ist da wie eine Botschaft aus einem fernen Land. Die möglicherweise wichtigste Aufgabe besteht darin aufzuzeigen, dass der Einsatz für das Europaprojekt die beste Art ist, mit einem langen Atem realistischen Idealismus oder idealistischen Realismus zu praktizieren. Was 1984 beim 50-Jahr-Jubiläum als unerlässlich bezeichnet wurde, ist auch heute noch gefragt: patience et persévérance.

17 Claudio Fischer, in: europa 3, 1994.

18 Lukas Brunner, in: europa März 1998 (einzige Nummer des Jahrgangs). Eine Fusion zunächst aus «Europäischer Bewegung Schweiz», «Geboren am 7. Dezember 1992», «Aktion Europa Dialog» und «Junge Europäische Föderalistinnen und Föderalisten». Kurz darauf auch mit: «Geboren 1848» und «Renaissance Suisse–Europe».

19 Georg Kreis, Die Jugend im Angesicht einer unfertigen Welt. In: Ders., Europa und seine Grenzen. Mit sechs weiteren Essays zu Europa. Bern 2004. S. 193–199.

In bestimmten Momenten wirkt es so, als ob alle von Europa redeten. Das ist mithin richtig, und es ist besser als die Vorstellung: Europa wird gebaut, und niemand sieht hin. Doch es macht den Eindruck, dass, überspitzt gesagt, alle von einem anderen Europa reden oder, was schlimmer ist, vom gleichen Europa reden, aber ein anderes meinen. Der Turmbau zu Babylon? Die EU-15 hatte 11 Amtssprachen mit 110 Kombinationsmöglichkeiten. In der EU-25 sind 9 weitere Amtssprachen und entsprechend weitere Dutzend von Kombinationsmöglichkeiten hinzugekommen. Die in der EU lebenden Menschen reden zudem durch die unterschiedliche Arbeitsproblematik und Alterslage und den unterschiedlichen Bildungsstand unterschiedliche soziale Sprachen, denen zudem unterschiedliche Wahrnehmungen zugrunde liegen. Wo sind da die politischen Dolmetscher? Abstimmungsdebatten zeigen den Sprachenwirrwarr, und Abstimmungen sind die einzigen Chancen, eine minimale Verständigung unter Gruppierungen unterschiedlicher Sprachen herbeizuführen (Tages-Anzeiger vom 20. Juni 2005. Zeichnung: Ruben L. Oppenheimer).

Wieviel Demokratie für Europa?

Auch hier zunächst die Frage: Was kann der Historiker an Spezifischem zum Thema beitragen? Historiker sind, wie man weiss, an der systematischen Begrifflichkeit nicht sehr interessiert und diesbezüglich entsprechend schwach. Historiker können die Veränderungen in der Zeit aufzeigen. Dann pflegen sie bekanntlich die diachrone Perspektive. Noch mehr interessieren sich Historiker entgegen der Laienerwartung für die synchrone Analyse bestimmter Konstellationen, für Gelegenheitsfenster, welche gewisse Realisationen zulassen, diese aber nicht als zwingend eintretend verstehen. Das Spannende in der Geschichte ist gerade das, was auf Grund der Kontingenz aus irgendwelchen Gründen eintritt, obwohl es nicht eintreten müsste.

Die Entwicklung der demokratischen Instrumente im Integrationsprozess der EU ist ein Thema, das eine diachrone Analyse nahelegt, auch wenn das nun nicht sehr spannend ist, sondern einem evolutiven Muster folgt. Aus wenig Demokratie wird allmählich mehr Demokratie. Wir sollten uns allerdings bewusst sein, dass die Einschätzung des Mehr oder Weniger einem bestimmten, nämlich nationalstaatlichen Modell und Massstab folgt. Die Zunahme ist aber nicht absolut, sondern relativ. Mit der Zunahme auf supranationaler Ebene ist teilweise eine Abnahme auf nationaler Ebene verbunden wegen der laufenden Verschiebungen der Zuständigkeiten; Verschiebung weg von der nationalen Ebene mit ausgebauter Demokratie hin zur supranationalen Ebene mit unterentwickelter Demokratie.

1. Die Defizite der indirekten Demokratie

Die Frage nach der Demokratie in der EU ist stark geprägt von der Annahme, dass es ein demokratisches Defizit gibt. Nicht gemeint ist damit, was aus schweizerischer Sicht besonders wichtig ist, die fehlende direkte Mitsprache, sondern das, was man als schwache Parlamentarisierung des Europäischen Parlaments bezeichnen kann. Wie man weiss, hatte das Parlament auf der supranationalen Ebene, gemessen an den Positionen der nationalen Parlamente, längere Zeit eine ausgesprochen schwache Stellung. Darum hat sich das Wort vom «Demokratiedefizit der EU» festgesetzt. In den Anfängen der EG herrschte, da ist man sich einig, tatsächlich ein beträchtliches Demokratiedefizit. Dieses Defizit misst sich an der Differenz zum Idealtypus eines Staatswesens, in dem es eine Gewaltenteilung, ein auf der Basis des allgemeinen Wahlrechts gewähltes Parlament als erste Gewalt, gibt und dieses uneingeschränkt über die klassischen

Kompetenzen der Gesetzgebung, der Kontrolle der Exekutive und der Genehmigung des Budgets verfügt.[1]

Der europäische Parlamentarismus hat bekanntlich über mehrere Stufen einen Ausbau erfahren: 1979 zunächst durch die Einführung der direkten Wahlen. Diese Innovation hatte mindestens eine zehnjährige Vorgeschichte, sie entsprach einem immer wieder vorgebrachten Desiderat, sie wurde speziell von Charles de Gaulle mit zweifelhaften Argumenten bekämpft, und sie konnte am Gipfel von Den Haag 1969 grundsätzlich durchgesetzt werden. Die Befürworter nutzten das vorhandene Gelegenheitsfenster: Die Stärkung der Exekutivseite durch Schaffung einer «Conférence des chefs d'Etat et de gouvernements» machte – im Sinne eines Gegengewichts – die Stärkung der Vertretung der Völker nötig und darum möglich.

Wir wissen, dass der *Mouvement Européen des Fédéralistes* nach 1945 einen voll demokratischen supranationalen Staat schaffen und zu diesem Zweck 1947 eine Art von «Etats Généraux» einberufen wollte, ein Gremium, das eine Europäische Verfassung hätte ausarbeiten sollen. Dass dies nicht zustande kam, könnte jedoch eine wichtige Voraussetzung für den Erfolg der Gemeinschaft gewesen sein. Das Projekt der EU wäre heute möglicherweise nicht so weit fortgeschritten, wie es ist, wenn es von Anfang an mit mehr Demokratie ausgestattet gewesen wäre. Die Vermutung, dass mehr demokratische Mitsprache gleich von Anfang an den Ausbau behindert hätte, stützt sich auf die Beobachtung, dass im internen und auf eine kleine Zahl von Unterhändlern beschränkten diplomatischen Prozess der nötige Konsens leichter gefunden werden kann als in öffentlichen und auf Profilierung bedachten Kontroversen der parteipolitischen Arena.

In der Folge erlebte das Parlament schrittweise weitere Aufwertungen: 1975 mit der Einführung substantieller Haushaltskompetenzen, 1985/87 mit der Einheitlichen Europäischen Akte, 1991/93 mit dem Vertrag von Maastricht, 1997 mit dem Vertrag von Amsterdam und jetzt mit dem anstehenden Verfassungsvertrag, so dass man heute feststellen kann, dass abgesehen vom wichtigen Recht auf Bestätigung des Kommissionspräsidenten und der Kommission sowie der nötigen Zustimmung zu jeder Erweiterung und zu Verträgen mit Drittstaaten mehr als die Hälfte der Gesetzgebung und der Haushaltsmittel von einem Gremium beschlossen werden, das anfänglich vom Gründungsvater Jean Monnet gar nicht vorgesehen war.

2. Der Stand der direkten Demokratie

Wie aber steht es mit der direkten Mitsprache der Bürgerinnen und Bürger? Hält man nach Volksabstimmungen Ausschau, die im Zusammenhang mit Fragen der europäischen Integration durchgeführt worden sind, findet man eine grössere Zahl, als man gemeinhin annimmt. Gemeint sind wirkliche Abstimmungen, nicht Wahlen, wie sie für

1 Vgl. etwa Roland Bieber, Das Europäische Parlament. In: Hans von der Groeben, Ernst-Otto Thiesing, Claus-Dieter Ehlermann (Hrsg.), Kommentar zum EWG-Vertrag. Baden-Baden 1991. S. 4106–4238. – Christine Neuhold, Das Europäische Parlament im Rechtsetzungsprozess der Europäischen Union. Frankfurt a.M. 2001.

das Europäische Parlament seit 1979 durchgeführt werden; Wahlen, bei denen übrigens die Stimmbeteiligung paradoxerweise permanent zurückgeht, obwohl die Kompetenzen des Parlaments laufend zugenommen haben. Ob es Abstimmungen in Sachfragen gab, hing ganz von den nationalen Gegebenheiten ab: von zwingenden Verfassungsvorschriften, von der jeweiligen Mehrheitsmeinung der Parlamente oder von Entscheiden von Staats- und Regierungschefs.

Eine spezielle Kategorie bilden die beim Volk als dem modernen Souverän eingeholten *Beitrittsabstimmungen*, mit denen man die Zustimmung zur partiellen Abtretung von Souveränität einholte. Sie fanden und finden in einem Moment statt, da die Staaten noch nicht Mitglieder der EG oder EU sind. Trotzdem gehören sie zum Gesamtbild und sind darum einzubeziehen. Verteilt auf die Jahre 1972–2003 gab es immerhin 17 Beitrittsabstimmungen. Nicht abgestimmt wurde in den sechs Gründungsstaaten und in den drei Staaten der Süderweiterung (Griechenland, Spanien und Portugal) sowie in Grossbritannien, wo aber im Juni 1975 aus innenpolitischem Kalkül eine Verbleibeabstimmung angesetzt wurde.

Daneben gab es, verteilt ebenfalls auf drei Jahrzehnte, eine bemerkenswert hohe Zahl von 14 weiteren *Sachabstimmungen*. Das sind doch mehr, als man gemeinhin in Erinnerung hat. Zwei davon betrafen die Einheitliche Europäische Akte (1986), acht die Verträge von Maastricht (1992), von Amsterdam (1998) und von Nizza (2001/02), zwei weitere den Beitritt zum Euro (2000/03) und je eine in Frankreich 1972 zur ersten Erweiterung und in Italien 1989 zu einer Initiative für die EU-Verfassung.[2] (Vgl. die Liste am Ende des Textes.)

Wie sieht die Verteilung nach Ländern aus? Irland und Dänemark stehen bei diesen Plebisziten mit je 5 Abstimmungen an der Spitze; in diesen beiden Ländern sind die Volksabstimmungen für jede Vertragsänderung verfassungsrechtlich vorgeschrieben. Frankreich folgt mit 2 Abstimmungen auf der Liste, und Italien und Schweden hatten je eine Abstimmung. Frankreich nimmt insofern eine besondere Position ein, als hier 1972 unter Pompidou die allererste EG-Abstimmung überhaupt durchgeführt wurde.[3] Wenn es nach General de Gaulles Willen gegangen wäre, hätte man bereits zu Beginn der 1960er Jahre in allen damaligen Mitgliedsländern eine Volksabstimmung zu der von ihm vorgeschlagenen Politischen Union durchführen sollen. Das von ihm gewählte Wort der «feierlichen Plebiszite» verrät jedoch, dass er da nicht an umkämpfte Entscheide dachte.[4]

2 Dieses Referendum ging auf eine Initiative der Spinelli-Föderalisten zurück und forderte, dass sich Italien für eine föderalistische EU-Verfassung einsetzen soll. Es stiess auf extrem grosses Wohlwollen sowohl des Parlamentes, das den Weg fürs fakultative Referendum ebnete, wie auch bei der Stimmbevölkerung. Die konkreten Folgen waren jedoch bescheiden. Vgl. Roland Erne, Andreas Gross, Bruno Kaufmann u.a. (Hrsg.), Transnationale Demokratie. Impulse für eine demokratische Verfassung. Zürich 1995. – Faybrice Filliez und Bruno Kaufmann (Hrsg.), The European Constitution bringing in the People. Amsterdam/Bern 2004.

3 Allerdings mit einer Nichtbeteiligung von gegen 40 Prozent und 7 Prozent leeren Stimmzetteln. Vgl. Pierre Gerbet, La construction de l'Europe. Paris 1983. S. 324ff.

4 Pressekonferenz vom 5. September 1960. Text in Ernst Weidenfeld, De Gaulle sieht Europa. Reden und Erklärungen 1958–1966. Frankfurt a.M. 1966. S. 54f.

Direkte Demokratie ist aber mehr als nur die Approbation der Massen eines solitären Entscheids, gefällt von einem cäsaristisch eingestellten Staatschef.[5] Sie hat nur dann die Qualität, die man von ihr erwarten kann, wenn sie unter bestimmten Bedingungen Konsultationen der Bürger und Bürgerinnen zwingend vorschreibt. In der Schweiz, dem Lande der direkten Demokratie, gibt es die strikte Meinung, dass man nicht nach Belieben Volksabstimmungen durchführen darf. Fehlt die entsprechende Vorschrift, muss auf eine Volksabstimmung verzichtet werden, selbst wenn man sie gerne hätte. In anderen Ländern gibt es diesbezüglich offenbar einen breiteren Spielraum.

Dass am 29. Mai 2005 in Frankreich abgestimmt wird,[6] hing im Ausgangspunkt allein vom Staatspräsidenten ab.[7] Wie man weiss, beurteilte Jacques Chirac das Referendum anfänglich zwar als «connerie» und als «tir d'une balle dans le pied», und trotzdem kam er nicht darum herum, eine Abstimmung mit einer entsprechenden Verkündung am Nationalfeiertag, dem 14 Juillet 2004, einzuleiten.[8] Indirekt diesen Entscheid kritisierend, bemerkte dazu Henri Froment-Meurice, französischer Botschafter: «On ne devrait se lancer dans un référendum, quand il n'est pas obligatoire, que si l'on est sûr de le gagner!»[9] In der Diskussion um die Frage, ob ein derartiges Referendum nötig war, werden frühere Referenden rekapituliert: natürlich dasjenige von 1992 zu Maastricht, aber auch dasjenige von 1988 zum Vertrag mit Neukaledonien und dasjenige vom September 2000 über die Dauer der Präsidentschaften (quinquennat). Ist mit dieser «Häufung» in jüngster Zeit die Referendumspraxis inzwischen so stark geworden, dass sich das Instrument verselbständigt und der Meister zum Knecht seiner Praxis wurde?

3. Die Zustimmung zu Verfassungen

Verfassungsabstimmungen sind besondere Sachabstimmungen, da geht es nicht einfach um Gesetze, sondern um *das* Grundgesetz. Dass zu Verfassungen Volksabstimmungen durchgeführt werden, ist beinahe die Regel. Auch in Staaten, die keine direkte Demokratie kennen, werden Verfassungen zur Abstimmung dem Volk vorgelegt. Das rechtliche Fundament des Staates erfordert eine breite Legitimationsbasis. Und da

5 Das mit der Fünften Republik eingeführte Referendum wurde bisher vor allem eingesetzt «comme une arme dans la main du chef de l'Etat pour consolider sa position face aux partis» (Partick Jarreau, Jacques Chirac et son référendum. In: Le Monde vom 12. März 2005). Ob bei Wahlen oder bei Abstimmungen, massgebend ist, dass sie kontrovers («contested») sein können. Vgl. etwa Seymour Martin Lipset und Jason M. Lakin, The Democratic Century. Oklahoma City 2004.

6 Hier wie im Folgenden werden die Aussagen so belassen, wie sie vor der Abstimmung vom 29. Mai 2005 formuliert worden sind.

7 In einer zweiten Phase brauchte es wohl noch die Zustimmung des Kongresses von Versailles (Nationalversammlung und Senat) mit einer Dreifünftelmehrheit. Am 28. Februar 2004 stimmten 730 Mitglieder für die Verfassungsänderung, 66 dagegen, 96 enthielten sich der Stimme.

8 Patrick Jarreau, Jacques Chirac et son référendum. In: Le Monde vom 12. März 2005.

9 Le Figaro vom 7. März 2005.

gewisse Neuerungen durch die Einheitliche Europäische Akte (EEA) und die Verträge von Maastricht, Amsterdam und Nizza in den nationalen Verfassungen Änderungen nötig machten, die ihrerseits nicht ohne Volksabstimmungen vorgenommen werden durften, gab es in den Jahren 1986–1992 die bereits erwähnten Plebiszite.

In der parlamentarischen Beratung des ausgereiften Verfassungsprojekts von 1984 (Spinelli) waren mit bemerkenswerter Selbstverständlichkeit bloss Zustimmungen der nationalen Parlamente vorgesehen, niemand dachte damals an Volksabstimmungen.[10] Das könnte ein Hinweis darauf sein, dass die Idee der Plebiszite erst in den 1990er Jahren an Terrain gewonnen hat. Noch im Jahr 2000 konnte ein Spezialist des Europarechts die heute etwas naiv anmutende Frage aufwerfen, ob die «europäischen Völker» einer Verfassung zustimmen müssten, und dann die halbwegs zustimmende Antwort geben, ja, ein entsprechender Text müsse den Parlamenten (!) unterbreitet werden. Volksabstimmungen, erklärte er weiter, seien nicht zwingend, sie könnten aber zusammen mit den nächsten Direktwahlen von 2004 zur Steigerung der Legitimation durchgeführt werden.[11] Im Moment dieser Wahlen lag dann aber noch kein abstimmungsreifer Verfassungstext vor.

Während der Konventberatungen wurde im März 2003 ein von 97 Konventsmitgliedern (von insgesamt 2 × 105) unterstützter Vorschlag eingebracht, europaweit ein obligatorisches Verfassungsreferendum vorzusehen.[12] Das Projekt war allein schon aus zeitlichen Gründen nicht realisierbar. Das einheitliche Verfahren hätte den Vorzug gehabt, dass man es überall etwa gleichzeitig hätte durchführen können. Die Idealform von Plebisziten würde dies erfordern, damit nicht die Abstimmung eines Landes die Abstimmung eines anderen Landes beeinflussen kann. Bei den jetzigen Verhältnissen gibt es Spekulationen darüber, welche Wirkung vom Abstimmungskalender ausgeht. Das spanische Ja dürfte kaum einen Franzosen dazu bewegen, ebenfalls Ja zu stimmen. Hingegen dürfte die extra zu diesem Zweck vorgezogene Beratung im Deutschen Bundestag vom 12. Mai einen positiven beziehungsweise zusätzlichen Druck erzeugenden Effekt auf die Abstimmung in Frankreich vom 29. Mai haben. Ein französisches Nein könnte wiederum der Opposition in Dänemark, wo im September 2005 abgestimmt werden wird, sehr wohl Auftrieb geben, zumal man sich sagen könnte, dass ohnehin eine zweite Runde nötig würde. Diesbezüglich ist bereits öffentlich vom «effet contagieux» die Rede gewesen.[13] In Dänemark wünschten die Supporter des

10 Zur allgemeinen Entwicklung: Walter Lipgens (Hrsg.), 45 Jahre Ringen um die Europaische Verfassung. Dokumente 1939–1984. Bonn 1986.

11 Roland Bieber, Ein Grundgesetz für Europa. Die Bemühungen um eine europäische Verfassung. In: Vom Schuman-Plan zum Vertrag von Amsterdam. Entstehung und Zukunft der EU. Hrsg. v. Fritz Breuss u.a. Wien/New York 2000. S. 340.

12 Dokumentation: Conv. 658/03.

13 Diktum des dänischen Europaabgeordneten Jens-Peter Bonde, vgl. Le Monde vom 23. März 2005. Die Berechnungen von Eric Chaney von der Bank Morgan Stanley haben den positiven Ansteckungseffekt sehr hoch bewertet, indem sie die Anteile der erwarteten negativen Stimmen in der darauffolgenden Abstimmung halbiert haben (Le Monde vom 1. April 2005). Dem ist die Vermutung entgegenzuhalten, dass die negativen Ansteckungen stärker wirken als die positiven.

Verfassungsprojekts, dass jedenfalls vor Grossbritannien abgestimmt wird, damit ihr Land nicht in den negativen Sog der britischen Opposition gerate.

Bekanntlich lassen nicht alle 25 EU-Mitglieder die gemeinsame Verfassung auf gleiche Weise genehmigen: 15 ratifizieren nur über die nationalen Parlamente, 10 führen Volksabstimmungen durch, wobei diese Durchführungen zum Teil vom freien Ermessen der Regierungs- und Staatschef abhängen. Es herrscht typische europäische Vielfalt. Bisher hat man – wenn man von Deutschland absieht, dessen Grundgesetz aus historischen Gründen keine Volksabstimmungen mehr vorsehen wollte – nicht feststellen können, dass sich Bürgerinnen und Bürger von Ländern ohne Volksabstimmung im Vergleich mit Bürgerinnen und Bürgern mit Volksabstimmung wesentlich benachteiligt fühlen.[14] Ob das zu begrüssen oder zu bemängeln ist: Politische Gepflogenheiten ruhen in hohem Masse in sich selber, im Landesüblichen, und werden höchstens an sich diskutiert, aber nicht im Vergleich mit anderen Ländern.

Es gibt zahlreiche Gründe, die über die grundsätzliche demokratietheoretische Argumentation hinaus in utilitaristischer Weise für die Durchführung von Volksabstimmungen sprechen. Es gibt aber auch einige Vorbehalte; diese sind aber nicht so gewichtig, dass sie die positiven Argumente überwiegen. An positiven Wirkungen sind vor allem zu nennen:

1. Volksabstimmungen führen zu einer besseren Legitimität des Verfassungsregimes.
2. Volksabstimmungen zwingen die politische Elite, sich an die Bürger zu wenden.
3. Volksabstimmungen drängen die Bürger, sich mit «Europa» zu befassen.
4. Volksabstimmungen fördern die Kenntnisse.
5. Volksabstimmungen fördern die Integration.

Ohne Zweifel – und Frankreich liefert dazu in diesen Wochen einen schönen Beweis – findet wegen der Abstimmung zwangsläufig eine Auseinandersetzung mit Reformprojekten und den damit verbundenen Fragen der gesellschaftlichen Entwicklung statt. Eine derartige Abstimmung gibt auch den verschiedenen gesellschaftlichen Kräften Gelegenheit, sich zu manifestieren und sich in der öffentlichen Debatte ins Spiel zu bringen. So machte eine Autorin im «Figaro» darauf aufmerksam, dass das Abstimmungsverhalten der Frauen entscheidend sei und dass es in den Parlamentspräsidentinnen Simone Veil und Nicole Fontaine zwei grosse französische Europäerinnen gibt.[15] Oder: José Bové, Wortführer der *Confédération paysanne*, kann im «Monde» auf die Deregulierungsgefahren für die Bauernbetriebe aufmerksam machen.[16] Man kann die These wagen, dass Abstimmungskämpfe nicht nur ein wichtiges Moment des Aushandelns politischer Forderungen, sondern auch eine wichtige Form des kollektiven Lernens sind und ohne Abstimmungsdatum diese Lernprozesse ausblieben.

14 Immerhin wurde so etwas wie eine Stellvertreterdebatte in Italien beobachtet: «Privés de référendum, les Italiens s'immiscent dans le débat français» (Le Monde vom 18. Mai 2005, S. 7).

15 Béatrice Majnoni d'Intignano, Membre du Conseil d'analyse économique, in: Le Figaro vom 8. März 2005.

16 Le Monde vom 18. März 2005.

(Vor allem nach dem 29. Mai 2005 konnte man dann allerdings auch Stimmen hören, die dieser These ausdrücklich widersprachen und erklärten, dass mit der Abstimmungsdebatte sogar die Desinformation zugenommen habe.[17]) In Verfassungsgebungsprozessen kann man immer wieder hören, dass die Herstellung von Bürgernähe, das Bekanntmachen mit den öffentlichen Problemen, die Vitalisierung der Demokratie ein wesentliches eigenes Ziel und nicht nur ein Nebeneffekt des Projekts seien.[18] Eine etwas zu selbstverständliche Annahme lautet, dass mit dem Grad des Wissens auch der Grad des Wohlwollens steigt. Es gibt Umfragen, die auch das Gegenteil belegen. Die erstere Annahme wird durch den *Eurobaromètre spécial* vom Januar 2005 bestätigt: «[...] on observe une nette corrélation entre le niveau de connaissance et de soutien de texte.»[19]

Von den negativen Argumenten lasse ich diejenigen nicht gelten, die aus schweizerischer Erfahrung keine sind: 1. dass die Materie zu komplex sei, 2. dass leichter demagogische Propaganda betrieben werden könne, 3. dass unter Umständen kein Sachentscheid im Vordergrund stehe und die Gelegenheit bloss für eine allgemeine Unmutsbekundung gegen Brüssel genutzt würde und 4. dass das Volk wie jeder Souverän keine Verantwortung tragen müsse, zumal es auch sich selber nicht zur Verantwortung ziehen könne. Man weiss auch trotz *exit-poll*-Befragungen wenig Genaues über die Motive des Ja und des Nein. Dies sind tatsächliche Schwachstellen, doch gibt es sie bei allen Volksabstimmungen, sie gehören zu den Grundbedingungen des «Spiels». Zur Komplexität der Abstimmungsvorlage: Demokratie beginnt mit dem Vorlegen demokratiefreundlicher Vorlagen, und demokratiefreundlich heisst allgemeinverständlich. Diesbezüglich sündigt die EU, weil ein Verfassungsvertrag von über 300 Seiten mit 448 Artikeln von den Bürgern/Bürgerinnen nicht verdaut werden kann. Es bedarf der Kurzfassungen. Solche kann man auch entwickeln. In Spanien sind sie zum Beispiel den grossen Tageszeitungen beigelegt und in Paris an den Metroausgängen verteilt worden.[20]

Es bleibt ein wichtiges Argument, mit dem ich mich etwas eingehender auseinandersetzen möchte: das Argument, dass man keine echte Wahl hat. Das dürfte auch

17 Erhard Friedberg, Direktor des Centre de sociologie des organisations im Institut d'études politiques de Paris, ist ganz entschieden der Meinung: «Le débat n'était pas exemplaire, il n'a pas amélioré le niveau de connaissances des Français sur l'Europe et certainement pas servi la cause de l'Europe en France.» Was zugenommen habe, sei vielmehr die systematische Desinformation gewesen (Le Monde vom 7. Juni 2005, S. 13).

18 1997 wurde unter anderem mit diesem Argument die Totalrevision der Verfassung von Basel-Stadt gefordert (Basler Zeitung vom 27. Februar 1997). Ähnlich in den 1960er Jahren auf gesamtschweizerischer Ebene, vgl. Georg Kreis, Die Lancierung der Totalrevision der Bundesverfassung in den 1960er Jahren. In: Dynamisierung und Umbau. Die Schweiz in den 60er und 70er Jahren. Zürich 1998. S. 21–38. Auch in: Ders., Vorgeschichten zur Gegenwart. Ausgewählte Aufsätze. Bd. 2. Basel 2004. S. 359–377.

19 Eurobaromètre Spécial 214. Conclusion. S. 25.

20 Sonderausgabe des Wochenblatts «L'Hémicycle» vom 16. Februar 2005.

der Grund sein, warum der prominente Historiker Jacques Le Goff die Prozedur des Referendums als antidemokratisch bezeichnet hat.[21] Verfassungsabstimmungen sind, wie im Falle des Vertrags von Maastricht (1992) und des Vertrags von Nizza (2000), eigentlich keine echten Entscheide. Es besteht ein hoher Erwartungsdruck, der davon ausgeht, dass bei dieser «Übung» ein zustimmendes Resultat herauskommt. Man ist sich im Falle des Verfassungsvertrags bewusst: Wenn auch nur eine Abstimmung negativ ausgeht, werden die anderen 24 Zustimmungen – vorläufig – nicht umgesetzt werden können. Die Regierungen und das politische Kader sind in diesem Fall «condamnés à réussir», sie haben in ihren Ländern schlicht ihre Hausaufgaben zu machen und gefälligst für ein positives Votum zu sorgen.

Sachlich ist es allerdings gerechtfertigt, dass man international ausgehandelte Ergebnisse nicht in gleichem Mass einer Ablehnung aussetzen will wie ein innenpolitisch vorbereitetes Projekt. Gilt dies schon für einen bilateralen Vertrag, ist es in noch höherem Mass bei einem multilateralen Vertragswerk der Fall. Dass es sich hier um einen Entscheid ohne echte Wahl handelt, wird von der Opposition heftig beanstandet. Der französische Spitzenpolitiker Nicolas Sarkozy gab kürzlich die Parole aus: «Nous n'avons pas le droit de dire non.»[22] Hat der Bürger in einer derartigen Situation wirklich nicht das Recht, nein zu sagen? Charles Pasqua hat diese Ordre prompt aufgenommen und umgedreht mit einem «On a le droit de dire ‹non›».[23] Jetzt können wir darauf warten, dass Lionel Jospin erneut mit seinem «non au non» antritt, wie er das 1992 zugunsten des Vertrags von Maastricht getan hat. Obwohl hier die Erwartung einer Zustimmung in der Tat und legitimerweise hoch ist, kann man eine derartige Abstimmung deswegen nicht als reine Farce bezeichnen.

Die These, dass eine derartige Abstimmung zu einer reinen Formalität verkommt, ist aus mehreren Gründen unzutreffend:

Erstens darf man die präventive Wirkung in der Phase der Ausarbeitung nicht vergessen, während deren man gewissen Widerständen nur darum Rechnung trägt, weil später noch über das Projekt abgestimmt werden wird. Die in Aussicht gestellte Milderung der Direktive Bolkestein unter anderem aus Rücksicht auf die französische Opposition zeigt, dass die Präventivwirkung sogar auf Bereiche ausserhalb des Abstimmungsgegenstandes ausstrahlt.[24]

Zweitens können ablehnende Stimmen mindestens kurzfristig zählen, auch wenn sie in der Minderzahl bleiben. Diese Regel wird in der schweizerischen Abstimmungskultur zuweilen bis zur Perversion praktiziert, so dass man 49-Prozent-Minderheiten zuweilen mehr Gewicht gibt als 51-Prozent-Mehrheiten. Da geht es allerdings um Sachgeschäfte, und da ist es deutlicher, wogegen die Gegner sind. Grossprojekte wie diese Verfassung werden in der Regel aus einer eher diffusen Kombination von meh-

21 Jacques Le Goff: «Je suis, en outre, opposé au procédé du référendum, à mes yeux antidemocratique» (Le Monde vom 22. März 2005. S. 7).

22 Le Figaro vom 7. März 2005.

23 Le Monde vom 17. März 2005

24 Consensus à Bruxelles pour aider Jacques Chirac (Le Monde vom 24. März 2005).

reren Nein ablehnt: Den einen geht es um den Zustand der Autobahnen, anderen um das Ausmass der Arbeitslosigkeit oder neuerdings eben um die Direktive Bolkestein.[25]

Drittens geht es darum, dass man der gerade regierenden Partei den Erfolg nicht gönnen mag, und allen geht es vielleicht auch noch ein wenig um die in zehn Jahren separat zu entscheidende EU-Mitgliedschaft der Türkei. Es ist ein beinahe aussichtsloses Unterfangen, Parallelthemen von der Hauptfrage zu trennen. Solchen Reflexen ist in der weiteren Politik schwer Rechnung zu tragen.

Oppositionsstimmen können, wie gesagt, kurzfristig im politischen Prozess Beachtung erlangen. Umgekehrt werden bescheidene Zustimmungsgrade gerne als fehlende Legitimität gedeutet. Bei Verfassungsabstimmungen sind die Erwartungen jedenfalls besonders hoch, da genügt eine 51-Prozent-Mehrheit nicht. Die Zustimmung von 76,5 Prozent in der spanischen Verfassungsabstimmung vom Februar 2005 ist von vereinzelten Kommentatoren vor allem wegen der niedrigen Stimmbeteiligung von 39,4 Prozent als bescheiden eingestuft worden. Mittel- und längerfristig ist es aber völlig egal, wie gross die Zustimmung war. Der Euro wird in Frankreich im «plébiscite de tous les jours» geschätzt oder nicht geschätzt, dies unabhängig davon, dass seine rechtliche Basis (Vertrag von Maastricht) mit nur 51,1 Prozent Ja angenommen wurde. Weiss man heute, wieviel Zustimmungsprozente die Constitution der Fünften Republik am 28. September 1958 erhielt? Es spielt offensichtlich keine Rolle.

Das gleiche kann man eben auch von der Stimmbeteiligung sagen, obwohl man bei niedriger Stimmbeteiligung gerne die Legitimität des Entscheids in Frage stellt. Interessant ist, dass sich im Falle eines Verfassungsprojekts und insbesondere eines Europaprojekts die Massstäbe verschärfen und ein «gewöhnliches» Ja nicht genügt. Insbesondere wird stets Enthusiasmus oder – um mit Charles de Gaulle zu sprechen – «Feierlichkeit» erwartet. Falls das nicht festgestellt werden kann, ist schnell von Skepsis und Müdigkeit die Rede. Man spricht im Falle von Europa im allgemeinen lieber von den halbleeren als von den halbvollen Flaschen. Ohne dass man sich sonderlich darüber aufregte, wurde kürzlich (im März 2005) im Kanton Zürich eine neue Verfassung – und dies nach einem stark kontroversen Abstimmungskampf – mit nur 37 Prozent Stimmbeteiligung angenommen. Im April 1998 wurde die neue Bundesverfassung auch nur mit 59,2 Prozent Ja-Stimmen und einem knappen Ständemehr von 13:10 angenommen, und dies bei einer schabigen Stimmbeteiligung von 40,8 Prozent.

Die schweizerische Abstimmungsforschung hat bereits vor Jahren eine nüchterne Beurteilung der Abstimmungsverhalten gefordert und im Lande der häufigen Sachabstimmungen (bis zu 30 im Jahr auf den drei klassischen Ebenen Gemeinde, Kanton,

25 Gemäss der nach ihm benannten, noch nicht verabschiedeten Richtlinie sollen Arbeitnehmer insbesondere der neuen Mitgliedstaaten zu niedrigeren als ortsüblichen Löhnen beschäftigt werden können. Damit würde die Wirtschaft angekurbelt und dem Trend der «délocalisation» von Unternehmen in Regionen mit niedrigen Löhnen entgegengewirkt.

Bund) neben dem traditionellen Staatsbürger den modernen Citoyen entdeckt.[26] Während der traditionelle Bürger aus staatsbürgerlicher Pflicht an jedem Urnengang sozusagen automatisch teilnimmt, ob ihn das Projekt direkt betrifft oder nicht, ob es umstritten ist oder nicht, verhält sich der moderne Citoyen egoistischer und rationaler. Egoistischer, indem er sich fragt, inwiefern das Projekt für ihn persönlich wichtig ist; und rationaler, indem er den wahrscheinlichen Ausgang des Plebiszits einkalkuliert und sich den «Effort» der Stimmabgabe erspart, wenn er annimmt, dass das Resultat auch ohne ihn in die von ihm gewünschte Richtung geht oder Opposition nicht einmal einen Demonstrationseffekt hat.

In einer «Wahl ohne Wahl» könnte es neben den sachlich begründeten Ablehnungen auch ein Nein bloss aus Protest geben. Ob es um eine Totalreform wie beim Projekt einer neuen Verfassung oder nur um eine Teilreform geht, die Neinsager haben es in der Regel leichter. Gegnerschaft bringt in der Regel mehr Militanz und Mobilisation zustande und kann mit Polemik mehr bewirken als befürwortende Würdigung. Man muss Leute gar nicht zu Gegnern machen, sondern sie nur verunsichern. Dies führt dazu, dass diese sich sagen, dass man im Zweifelsfall eher Nein stimmen sollte. Die schweizerische Erfahrung zeigt, dass Sachgeschäfte in der Ausgangslage, am Anfang der Abstimmungskampagne, jeweils recht hohe Zustimmungen haben, dass sie diesen Vorsprung aber mehr und mehr verlieren, je näher der Abstimmungstermin kommt, so dass die Befürworter glücklich sind, wenn der Rückgang des ursprünglich hohen Zustimmungsgrades von 70 Prozent und 60 Prozent noch vor der 50-Prozent-Marke stehenbleibt und nicht darunterrutscht. Mit anderen Worten: Die mit einem Anteil von 30 Prozent gestartete Opposition ist schnell bei 49 und sogar bei 51 Prozent.

Was geschieht, wenn die im übrigen nicht geringe Wahrscheinlichkeit eintreten und eine Verfassungsabstimmung negativ ausgehen sollte? Theoretisch gibt es drei Möglichkeiten: 1. die Wiederholung der Abstimmung, 2. ein bilaterales Aushandeln einer speziellen Lösung und 3. der Austritt. Rechtlich ist der Fall klar. Die EU wird auf jeden Fall als Basis die weiterhin gültigen Verträge von Rom, Maastricht, Amsterdam und Nizza haben.[27] Dass der Prozess temporär blockiert wird, ist bereits gesagt

26 Erich Gruner und Hans Peter Hertig, Der Stimmbürger und die «neue» Politik / Le Citoyen et la «nouvelle» politique. Bern 1983. Später: Wolf Linder, Claude Longchamp und Regula Stämpfli, Politische Kultur der Schweiz im Wandel – am Beispiel des selektiven Urnengangs. Basel 1991. – Dazu ebenfalls der Klassiker Anthony Downs, An economic theory of democracy. New York 1957. In deutscher Übersetzung: Ökonomische Theorie der Demokratie. Tübingen 1968. Neuerdings: Gebhard Kirchgässner und Tobias Schulz, Was treibt die Stimmbürger an die Urne? Eine empirische Untersuchung der Abstimmungsbeteiligung in der Schweiz, 1981–1999. In: Schweizerische Zeitschrift für Politikwissenschaft Vol. 11. Nr. 1. 2005. S. 1–56. Diese Studie stellt die These in Frage, dass die Stimmbeteiligung mit dem Konfliktgrad beziehungsweise der Umstrittenheit zunimmt.

27 Lucia Serena Rossi, En cas de non-ratification ... Le destin périlleux du «Traité-Constitution». In: Revue trimestrielle de droit européen. 2004. S. 621–637. – Bruno de Witte, The Process of Ratification and the Crisis Option: A Legal Perspective. Actes du Colloque de La Haye 13–16 Octobre 2004. Zit. nach Christine Kaddous, Les accords bilatéraux II entre la Suisse et l'Union européenne et la Constitution européenne et le processus de ratification. In: Revue suisse de droit international et européen 15e année. Nr. 1. 2005. S. 9.

worden, und das könnte bereits ein wichtiger Teil der Satisfaktion sein. Der Verfassungsvertrag könnte nicht in Kraft gesetzt werden, der Gipfel vom Dezember 2006 müsste sich mit der Frage befassen, ob eine weitere Regierungskonferenz einberufen werden soll etc. Die EU stünde nicht vor dem Nichts. Sie hätte ja immer noch «Nizza». Ein wichtiges Ziel bestand aber gerade in der Überwindung jener Vertragsrevision. Offiziell gibt es keinen «Plan B», Alternativen werden öffentlich keine diskutiert. Im Jahr 2002 wurden unter dem vielsagenden Namen «Penelope» (dem Namen von Odysseus' Gattin, die, um Zeit zu gewinnen, ihre Webarbeit immer wieder rückgängig machte) unter anderem auch Alternativszenarien skizziert, die in Richtung «variabler Geometrie» und «Kerneuropa» gingen, wobei man nicht in Betracht zog, dass Kernländer wie Frankreich nicht zustimmen könnten.[28]

Die EU-Geschichte hat bekanntlich bereits zwei Fälle von Zustimmungsverweigerung geliefert. Sie zeigen möglicherweise, dass man solche «Pannen», wenn sie kleinere Mitglieder betreffen, offenbar als leichter verkraftbar einstuft.

Im Falle des *dänischen Nein* beschloss der Gipfel von Edinburgh vom 11./12. Dezember 1992 wichtige Ausnahmeregelungen für Dänemark (keinen Zwang zum Euro und zur gemeinsamen Verteidigung, keine zwingende Teilnahme an der weiteren Rechtsentwicklung, insbesondere im Rechtsverkehr). So wurde bei leicht gesteigerter Stimmbeteiligung (von 83,1 Prozent auf 85,5 Prozent) aus einem im Juni 1992 zustande gekommenen Nein von 52,1 Prozent im Mai 1993 ein Ja von 56,8 Prozent.

Im Falle des *irischen Nein* zu «Nizza» wurden, was das Gesamtprojekt betraf, keine gewichtigen Änderungen vorgenommen, hingegen bezüglich der Neutralität für Irland wichtige Zusicherungen abgegeben. Das Nein von 53,9 Prozent im Jahr 2001 wurde wiederum innerhalb eines Jahres, 2002, in der zweiten Runde in ein Ja von sogar 62,9 Prozent umgewandelt, dies auch über eine stärkere Mobilisation der Wählerschaft mit einer Steigerung der Stimmbeteiligung von 34,4 Prozent auf 48,6 Prozent.[29]

4. Hin zu einem Ausbau der direkten Demokratie?

Die Partisanen der direkten Demokratie hoffen, dass durch die geballte Ladung der zehn freigesetzten Volksabstimmungen eine demokratisierende Dynamik ausgelöst wird. Die Befürworter für mehr Volksrechte in der EU sagen, dass die EU danach nicht mehr die EU von zuvor sein werde und dass man inskünftig – wegen der geöffneten

28 Vgl. auch Bettina Thalmaier, Optionen für einen Plan B im Falle des Scheiterns der Ratifikation des Verfassungsvertrages. CAP Working Paper März 2005.

29 Michael Holmes (Hrsg.), Ireland and the European Union: Nice, Enlargement and the Future of Europe. Manchester 2005. – Brigitte Marcher, The European Debate in Ireland: Lessons and Stimuli in the Perspective of the Forthcoming European Elections (Zusammenfassung einer öffentlichen Debatte am Renner Institute. Gehalten in Wien am 26. September 2003). – Pat Lyons, Richard Sinnott, Voter Turnout in the Republic of Ireland. Dublin, März 2003 (Die Information stammt von der Clive Church in Kent).

Schleuse – mehr Volksabstimmungen werde durchführen müssen.[30] Dem könnte allerdings die Einmaligkeit des Geschäfts widersprechen. Grundgesetze gibt es nicht alle Jahre einzuführen, und allzu viele Grundfragen stehen auch nicht zur Verfügung. In Ländern wie Grossbritannien, Dänemark und Schweden kann es noch um die Einführung des Euro gehen. Dann könnte es, wie bereits laut gefordert, um Volksabstimmungen bei der eventuellen Aufnahme der Türkei in zehn Jahren gehen. Schon im Jahr 2000 war im Hinblick auf die Osterweiterung von Plebisziten auch auf der Aufnahmeseite die Rede.[31] Das war, wenn man vom bereits erwähnten Spezialfall Frankreich 1972 absieht, ein neues Phänomen, das sich aus einem Zusammenfallen von zwei Tendenzen erklärt: einerseits der wachsenden Skepsis gegen diese Erweiterung, anderseits dem stärker werdenden Ruf nach Mitsprache der Bürger.[32] In Frankreich hat der Kongress dieser Erwartung bereits entsprochen, indem er am 28. Februar 2005 eine Verfassungsbestimmung beschloss, die für jede künftige Erweiterung (mit Ausnahme von Rumänien, Bulgarien und Kroatien) die Zustimmung des französischen Volkes verlangt.

Ein Ausbau der direkten Demokratie mit Volksabstimmungen zu begrenzten Sachgeschäften, über einzelne Gesetze beziehungsweise Richtlinien, ist auch in der EU von morgen nicht vorgesehen. Der Verfassungsvertrag enthält in Artikel I-47 aber eine revolutionäre Neuerung:[33]

> «Unionsbürgerinnen und Unionsbürger, deren Anzahl mindestens eine Million beträgt und bei denen es sich um Staatsangehörige einer erheblichen Anzahl von Mitgliedsstaaten handeln muss, können die Initiative ergreifen und die Kommission auffordern, im Rahmen ihrer Befugnisse geeignete Vorschläge zu Themen zu unterbreiten, zu denen es nach Ansicht jener Bürgerinnen und Bürger eines Rechtsaktes der Union bedarf, um die Verfassung umzusetzen. Die Bestimmungen über die Verfahren und Bedingungen, die für eine solche Bürgerinitiative gelten, einschliesslich der Mindestzahl von Mitgliedsstaaten, aus denen diese Bürgerinnen und Bürger kommen müssen, werden durch Europäisches Gesetz festgelegt.»

Man kann in der Aufnahme dieses Artikels ein Indiz dafür sehen, dass die Idee der direkten Demokratie weiter gediehen ist – «a fait son chemin». Als Historiker interessiert man sich weniger für die Frage, ob es sich dabei um eine gute oder weniger gute

30 So wird das Referendum in Irland über die Abtreibung als ein «spillover» der EU-Abstimmungen gedeutet.

31 Zum Beispiel Günter Verheugen in der «Zeit» vom 7. Juli 2000.

32 Pierre Moscovici, ehemaliger Minister für europäische Angelegenheiten, europäischer Exdeputierter und Mitglied der Europakonvention, fordert ein System «plus démocratique» (S. 95), eine öffentliche Debatte, politischen Druck und eine «redéfinition du lien entre l'Europe et le citoyen» (S. 135), aber er erwähnt nicht das Intrument der Initiative (Les 10 questions qui fâchent les Européens. Paris 2004).

33 Andreas Auer, European Citizens' Initiative. In: European Constitutional Law Review. Vol. 1. Issue 1. 2005. S. 79–86.

Innovation handelt, sondern eher für die Frage, wie es dazu gekommen ist. Auf Grund der Darstellung eines schweizerischen Experten und Militanten der direkten Demokratie ergibt sich das folgende provisorische Bild: Dieser Teil der «ultimes retouches» kurz vor dem Gipfel von Thessaloniki vom Juni 1993 hat eine beinahe zehnjährige Vorgeschichte, in der es zu einer wichtigen Zusammenarbeit zwischen NGO (wie «eurotopia») und Regierungsdelegationen (vor allem der italienischen und österreichischen) und dann auch mit einzelnen Exponenten des Konvents gekommen ist.[34] Dass es schliesslich zu dieser Lösung kam, ist auf die von Olivier Duhamel kürzlich im Amphithéâtre Boutmy beschriebene Kombination von «volonté et chaos» zurückzuführen, wobei es in diesem Fall viel mehr Willen als Chaos gab.

Das vorgesehene Initiativrecht ist vielleicht ein bescheidener Anfang. Jedenfalls ist es eng begrenzt. Es beschränkt sich auf eine unformulierte Anregung in einem genau umschriebenen Punkt. Der so angestossene Prozess verläuft dann aber nach dem bereits etablierten Prozedere zwischen Kommission, Rat und Parlament – und ohne Basisbürger. Das neue Instrument könnte die Integration stärken, weil seine Anwendung den Ausbau der transnationalen Kooperation von Parteien und Verbänden erfordert und die Interaktion zwischen unterer und oberer Ebene intensiviert. Die Europäische Initiative könnte auch insofern einen Anfang bedeuten, als mit diesem demokratischen Recht weitere demokratische Rechte eingefordert werden könnten. Auch wenn die neue Europäische Initiative zu einem wichtigen Instrument werden sollte, werden weiterhin die meisten Geschäfte auf der Ebene des Europäischen Parlaments behandelt und mitentschieden.

5. Hin zu neuen Dimensionen der Demokratie?

Die Kritiker des Demokratiedefizits haben sich mehrheitlich stets am klassischen Parlamentsmodell des Nationalstaates orientiert, sie wollen aus dem Parlament eine richtige Volkskammer, sodann aus Ministerrat eine zweite Kammer (einen Bundesrat) und aus der Kommission eine richtige Regierung machen.[35] In jüngerer Zeit melden sich aber Stimmen, die diese Ambition für verfehlt halten und ihr vorwerfen, sich an einem überholten Modell zu orientieren. Sie propagieren ein alternatives Modell. Es sei nämlich eine Illusion zu meinen, dass sich Politik auf entscheidende Orte konzentrieren lasse und Politik ihre Legitimation aus repräsentativ-demokratischer Willensbildung gewinne.

34 Bruno Kaufmann, Eine Prise Schweiz für die EU-Verfassung. In: Helvetia im Aussendienst. Was Schweizer in der Welt bewegen. Hrsg. v. Jürg Altwegg. Zürich 2004. S. 155–170. Kaufmann ist Direktor des Initiative & Referendum Institute Europe (IRI Europe) in Münster. Die frühen Ambitionen sind belegt etwa in der Vierteljahrszeitschrift für Integrationsfragen «Die Union» 4/1998.

35 Karl-Heinz Reif, Wahlen, Wähler und Demokratie in der EG. Die drei Dimensionen des demokratischen Defizits. In: Aus Politik und Zeitgeschichte 19. 1992. S. 43–52.

Politik habe kein Zentrum und ziele nicht aufs Ganze. Politik sei polyzentrisch und ziele auf kleine Teillösungen von kleinen Teilproblemen. Der Bamberger Soziologe *Richard Münch* hat diesem neuen Verständnis einen schon 2001 erschienenen Aufsatz mit dem einprägsamen Titel «Demokratie ohne Demos» gewidmet.[36]

Das neue Verständnis zeichnet kein statisches Staatsgebäude mit einfacher Geometrie, wie man es in der Schule lernt. Münch zeichnet ein dynamisches und hybrides Gebilde und sagt von dessen Wesensmerkmalen, es bilde eine pluralistische Mehrebenendemokratie mit einer Vielzahl von beweglichen Arenen und einer Vielzahl von offenen Gruppen, die um Einfluss und provisorische Lösungen kämpfen. Gesetzgebung schaffe nur einen Rahmen, es gebe keine definitiven Lösungen, alles bleibe Stückwerk, beliebig revidierbar und permanent korrigierbar. Die beiden Welten, die moderne des streng geometrischen Nationalstaats und die postmoderne der nach variabler Geometrie funktionierenden Prozessmaschine, müssen sich gegenseitig nicht ausschliessen. Ob der Entdecker der postmodernen Welt nur eine postmoderne Brille aufgesetzt oder tatsächlich postmodern gewordene Verhältnisse wahrgenommen hat, soll hier offenbleiben. Bei gewissen Formulierungen schwingt schon einiges Wunschdenken mit, wenn von «immer mehr verblassenden Resten von Nationen» geschrieben wird und neben der Vielzahl horizontal angeordneter Interessengruppierungen «vor allem» selbstverantwortlich handelnde Individuen vermeintlich wahrgenommen werden.

Die beiden Politikverständnisse heben zwei sich gegenseitig nicht ausschliessende Realitäten auf Kosten des anderen hervor. Auch wenn es nach einem schwachen Versuch eines Ausgleichs aussieht: Die Denker wie die Praktiker, auf nationaler wie auf supranationaler Ebene, sind gut beraten, wenn sie die informellen und inoffiziellen Politikprozesse wahrnehmen und ernst nehmen. Wer andererseits die informelle Politik ins Zentrum rückt, sollte die formellen Prozesse nicht unterschätzen und auch nicht geringschätzen. Es gibt wichtiger werdende Zonen, wo sich die beiden begegnen, ja überschneiden.[37]

Die Auseinandersetzungen um die demokratischen Rechte bewegen sich oft zwischen zwei Mustern: Das eine sieht – dies mehr beklagend als ihm zustimmend – den Trend zu einem fortschreitenden Abbau und einer stetigen Schmälerung der Basispartizipation infolge der ebenfalls zunehmenden Verlagerung der Entscheide auf unerreichbar hohe Ebenen oder scheinbar ferne Orte – wie Brüssel. Das andere Muster meint, in den letzten Jahren einen noch nie dagewesenen globalen Aufbruch in eine neue demokratische Qualität wahrzunehmen und die direkte Demokratie von Etappensieg zu Etappensieg eilen zu sehen – von der Ukraine bis nach Taiwan.[38] Der «Econ-

36 Richard Münch, Demokratie ohne Demos. Europäische Integration als Prozess des Institutionen- und Kulturwandels. In: Theorien europäischer Integration. Hrsg. v. Wilfried Loth und Wolfgang Wessels. Opladen 2001. S. 177–203. Speziell ab S. 199ff.

37 Ebenda, S. 203.

38 Bruno Kaufmann, Eine Prise Schweiz für die EU-Verfassung. S. 110. Die Volksinitiative wird auch in den USA als zukunftsträchtiges Instrument gewürdigt, vgl. John G. Matsusaka, For the Many or the Few: The Initiative, Public Policy and American Democracy. Chicago 2004.

omist» hat von einem weltweiten Trend gesprochen und diesen als «next big step for mankind» gewürdigt. Unsere akademischen Studien, die sich mit den schwierigen Fragen der politischen Partizipation befassen, bewegen sich im Mittelfeld zwischen diesen Extremvorstellungen.

17 Beitrittsabstimmungen

10.05.1972 – Irland (83,1 Prozent JA)
26.09.1972 – Norwegen (53,5 Prozent NEIN)
02.10.1972 – Dänemark (63,3 Prozent JA)
05.06.1975 – Grossbritannien, über Verbleib (67,2 Prozent JA)
12.06.1994 – Österreich (66,6 Prozent JA)
16.10.1994 – Finnland (56,9 Prozent JA)
13.11.1994 – Schweden (52,7 Prozent JA)
28.11.1994 – Norwegen (52,2 Prozent NEIN)
08.03.2003 – Malta (53,7 Prozent JA)
23.03.2003 – Slowenien (89,6 Prozent JA)
03.04.2003 – Slowakei (86,8 Prozent JA)
12.04.2003 – Ungarn (83,8 Prozent JA)
11.05.2003 – Litauen (91,8 Prozent JA)
08.06.2003 – Polen (77,4 Prozent JA)
14.06.2003 – Tschechien (77,3 Prozent JA)
14.09.2003 – Estland (66,8 Prozent JA)
21.09.2003 – Lettland (67,5 Prozent JA)

14 Sachabstimmungen

23.04.1972 – Frankreich: EG-Erweiterung (68,3 Prozent JA)
26.05.1986 – Irland: Einheitliche Europäische Akte (69,9 Prozent JA)
27.06.1986 – Dänemark: Einheitliche Europäische Akte (56,2 Prozent JA)
18.06.1989 – Italien: Initiative für EU-Verfassung (88,1 Prozent JA)
02.06.1992 – Dänemark: EU-Vertrag von Maastricht (52,1 Prozent NEIN)
18.06.1992 – Irland: EU-Vertrag von Maastricht (69,1 Prozent JA)
20.09.1992 – Frankreich: EU-Vertrag von Maastricht (51,1 Prozent JA)
18.05.1993 – Dänemark: EU-Vertrag von Maastricht (56,8 Prozent JA)
22.05.1998 – Irland: EU-Vertrag von Amsterdam (61,7 Prozent JA)
28.05.1998 – Dänemark: EU-Vertrag von Amsterdam (55,1 Prozent JA)
28.09.2000 – Dänemark: Beitritt zum Euro (53,1 Prozent NEIN)
07.06.2001 – Irland: EU-Vertrag von Nizza (53,9 Prozent NEIN)
19.10.2002 – Irland: EU-Vertrag von Nizza (62,9 Prozent JA)
14.09.2003 – Schweden: Beitritt zum Euro (55,9 Prozent NEIN)

Verfassungsvertrag: Volksabstimmungen

Spanien: 20. Februar 2005, Rat 18. Mai 2005
Frankreich: 29. Mai 2005
Niederlande: 1. Juni 2005
Luxemburg: 10. Juli 2005

Dänemark: 27. September 2005 (ausgesetzt)
Portugal: 9. Oktober 2005 (ausgesetzt)
Polen: 25. Oktober 2005 (ausgesetzt)
Tschechien: evtl. Juni 2006
Grossbritannien: 2006/07 (ausgesetzt)
Irland: evtl. Anfang 2006

Verfassungsvertrag: Parlamentsabstimmungen

Litauen: 11. November 2004
Ungarn: 20. Dezember 2004
Italien: Abgeordnetenhaus 25. Januar 2005, Senat 6. April 2005
Slowenien: 1. Februar 2005
Griechenland: 19. April 2005
Österreich: 11. Mai 2005, Bundesrat 25. Mai 2005
Slowakei: 11. Mai 2005
Deutschland: 12. Mai 2005, Bundesrat 27. Mai 2005
Belgien: 19. Mai 2005, Votum Regionalparlamente ausstehend
Lettland: 2. Juni 2005
Zypern: 30. Juni 2005
Malta: 7. Juli 2005
Estland: Herbst 2005
Schweden: Dezember 2005
Finnland: Ende 2005/Anfang 2006

Europabürger und -bürgerinnen am Scheideweg: Die Beurteilung einer komplexen Problematik muss in ein Oui oder Non umgesetzt werden. Beide Haltungen stehen dem französischen Volk gleichsam ins Gesicht geschrieben. Nur eine ist indessen möglich. Und viele entscheiden sich im Zweifelsfall für das grössere Non (Le Monde vom 6./7. März 2005. S. 6). Der historische Entscheid fiel am 29. Mai 2005.

Grenzen der Demokratie?

Überlegungen anlässlich Frankreichs jüngster EU-Abstimmung

Frankreich hat am 29. Mai 2005 über den EU-Verfassungsvertrag abgestimmt. Eine Mehrheit von 54,87 Prozent hat die Vorlage bei einer Stimmbeteiligung von 69,74 Prozent abgelehnt.[1] Sie hat damit nicht nur direkt für Frankreich entschieden, sie hat indirekt auch den gesamten EU-weiten Abstimmungsprozess beeinträchtigt und dafür gesorgt, dass das Verfassungsprojekt scheiterte.[2] Ein beträchtlicher Teil der gegen die Vorlage vorgebrachten Argumente und die entsprechend für die Ablehnung ins Gewicht gefallenen Motive könnten irremachen bezüglich der Tauglichkeit der direkten Demokratie – wenigstens für solche Art von Fragen. Dies könnte zum Schluss führen, dass die Demokratie eben ihre Grenzen hat.

Hätten die Regeln der indirekten Demokratie gegolten, hätte Frankreich ja gesagt: Am 28. Februar 2005 hatten die zum Kongress in Versailles versammelten beiden Kammern die Vorlage mit einer Mehrheit von 90 Prozent der Stimmen angenommen. Ähnlich weit lagen die Haltungen in den Niederlanden auseinander: Während in der Abstimmung der indirekten Demokratie 128 von 150 Abgeordneten für den Verfassungsvertrag gestimmt hatten, kam in der Abstimmung der direkten Demokratie vom 1. Juni eine Nein-Mehrheit von etwa 62 Prozent heraus. Es entspricht einer allgemeinen Erfahrungstatsache, dass Parlamente innovativer sind als das «Volk». Hätte man einzig auf die indirekte Demokratie abgestellt, wäre die Schweiz bereits 1984 der UNO beigetreten und nicht erst 2002 und hätte sie bereits 1959 das Frauenstimmrecht eingeführt und nicht erst 1971. Für die EU stellt sich die Frage, ob die offensichtlich höhere Hürde der direkten Demokratie nur «Verspätungen» dieser Art verursacht oder sich als absolute Barriere erweist. Falls es nur «Verspätungen» sind, könnten sie als der unerlässliche Preis für das Gegengeschäft der besseren Legitimation und stärkeren Integration verstanden werden.

Die folgenden Ausfuhrungen gehen wie die meisten Auseinandersetzungen mit dem Thema davon aus, dass es richtig gewesen wäre, dem Verfassungsvertrag zuzustimmen (wenn auch mit grösseren oder kleineren Vorbehalten), und dass über diese Richtigkeit jetzt nicht nochmals eine Debatte geführt werden muss. Jetzt geht es vielmehr um die Frage, warum dieses Richtige nicht zustande kam, ob sich die ablehnende

1 Neueste Publikation zum Thema: Pascal Perrineau (Hrsg.), Le vote européen 2004–2005. De l'élargissement au référendum français. Paris 2005.

2 Es war für Frankreich das dritte Europa-Referendum nach demjenigen vom April 1972 über die EG-Erweiterung mit einer Zustimmung von 68,3 Prozent und vom September 1992 über Maastricht mit einer Zustimmung von 51,1 Prozent.

Mehrheit oder die befürwortende Minderheit falsch verhalten habe und inwiefern das System dafür «verantwortlich» sei. Im folgenden werden die zweifelhaften Seiten dieses Abstimmungskampfes aufgezeigt, dann soll stets im Vergleich mit der Alternative der indirekten Demokratie (als unverzichtbare Minimalvariante) sowie unter Beizug schweizerischer Erfahrungen dargelegt werden, ob und inwiefern die angemeldeten Zweifel ausgeräumt werden können oder die Demokratie eben Grenzen haben muss.

Worin bestanden nun die am französischen Plebiszit erkennbaren problematischen Seiten der direkten Demokratie? Hier sollen fünf Punkte angesprochen werden:

1. Volksbefragungen zu Verfassungsprojekten sind kompliziert.
2. Volksbefragungen zu Verfassungsprojekten fehlen die Alternativen.
3. Volksbefragungen sind in hohem Mass Volksverführern ausgesetzt.
4. Volksbefragungen geben Antworten auf nicht gestellte Fragen.
5. Volksbefragungen sind in hohem Mass dem Nein-Trend ausgeliefert.

1. Volksbefragungen zu Verfassungsprojekten sind kompliziert

Es geht hier um eine Variante der stets wiederkehrenden Meinung, dass eine bestimmte Frage zu komplex sei, um einer Volksabstimmung ausgesetzt zu werden; dies nach dem Motto, dass gewisse Dinge arbeitsteilig den Politprofis überlassen werden müssten und die Politlaien dazu keine qualifizierte Meinung haben könnten. Giscard, der Präsident des Konvents, war in diesem Sinn der Meinung, dass man sehr wohl über die Teile I und II des Verfassungsvertrags (mit dem wirklich Neuen der allgemeinen Kompetenzordnung und dem Grundrechtskatalog) die direkte Demokratie spielen lassen konnte, hingegen nicht über den Teil III. Dieser sehr technische und komplizierte, bereits bestehende, historisch gewachsene Teil mit den geltenden Bestimmungen hätte nur über Parlamentsberatungen behandelt werden sollen. Er war zwar auch der Meinung, dass eine direkte Volksbefragung nötig sei (einmal fügte er allerdings das Bonmot bei, vorausgesetzt, dass sie positiv ausgehe). Er hielt aber nur die neuen Teile I und II geeignet für eine Volksabstimmung; seines Erachtens war der Umgang mit der Vorlage («gestion du référendum») ganz wichtig und wurde, wie er nachträglich offen erklärte, von seinem Nachnachfolger Chirac sehr schlecht gehandhabt. Giscard kritisierte insbesondere die Verteilung des Volltextes, weil damit nur das Vorurteil der zu grossen Kompliziertheit bekräftigt worden sei. Man hätte sich auf die ersten 15 Seiten und den Grundrechtskatalog beschränken und den Rest in den Mairies zur Verfügung halten sollen, er habe deshalb auch bei Chirac telefonisch interveniert.[3]

Demokratie beginnt mit dem Vorlegen demokratiefreundlicher Vorlagen, und demokratiefreundlich heisst allgemeinverständlich. Diesbezüglich sündigte die EU, das heisst vor allem der Europäische Rat, der ein Dokument von über 300 Seiten mit 448 Artikeln als Verfassungsvertrag verabschiedet und damit ungünstige Vorausset-

3 Le Monde vom 15. Juni 2005. S. 15.

zungen geschaffen hat. Man kann aber nicht sagen, dass bereits damit das Projekt zum Scheitern verurteilt war. Man kann aber mit Giscard der Meinung sein, dass mit der Zustellung des integralen Texts an alle Bürger und Bürgerinnen die Situation noch verschlimmert und eine unnötige Zusatzbelastung geschaffen wurde – «une agression et une menace». Chirac rechtfertigte diese Aktion mit der rechtlichen Notwendigkeit, jedenfalls wollte er eine Klage vermeiden.[4]

Da Verfassungen stets Gesamtwerke sind, kann eine Abstimmung über sie auch zu einer Kumulation von Gegnerschaften führen. Den einen passt dieses, den anderen jenes nicht. Allerdings könnte auch das Gegenteil eintreten: Wegen des einen oder anderen bestrittenen Punktes hätte man nicht den ganzen, positiv beurteilten Rest opfern wollen. Es liegt in der Natur von Verfassungsvorlagen, dass sie «überfrachtet» sind, weil sie eine Grundtotalität der Staatsordnung betreffen. Wenn also in jedem Fall sozusagen das ganze Spektrum der politischen Fragen (wobei die letztlich doch nicht sehr komplizierte Frage der Kompetenzregelung im Vordergrund steht) zur Vorlage gemacht werden muss, muss die Verfassung eben einfach oder, wie man auch sagt, «verdaubar» sein. Dies müsste sie aber auch unabhängig vom Abstimmungsvorgang im Hinblick auf den späteren Verfassungsalltag sein. Was ist das Idealformat einer Verfassung? Entspricht die schweizerische Bundesverfassung von 1998 mit ihren rund 195 Artikeln und 50 Seiten diesem idealen Mass?

Vielleicht bestand die Überfrachtung bereits darin, dass man das Ding als Verfassung bezeichnete. Dass Verfassungen verschiedenartig sein können, ist offensichtlich nicht allen einsichtig. Viele denken, dass es darum geht, die nationale Verfassung auf supranationaler Ebene zu ersetzen, und dass die europäische Ordnung ebenso zentralistisch sei wie die nationale. Anderseits war es schon integraler Bestandteil des Projekts, den Symbolbegriff für die gesamteuropäische Ordnung einzuführen.

Vieles, was jetzt fehlt und nun irgendwie nachgebessert werden muss, wäre als Einzelvorlage durchaus angenommen worden: die zweijährige statt der halbjährlich wechselnden Präsidentschaft, der gemeinsame Aussenminister, die erhöhte Mitsprache der nationalen Parlamente, natürlich auch die Premiere eines gesamteuropäischen basisdemokratischen Initiativrechts. In diesem Fall waren aber nicht die Kumulation, die Kompliziertheit oder die Überfrachtung ausschlaggebend, weil mehrheitlich eine Auseinandersetzung mit dem Verfassungsinhalt gar nicht stattfand, sondern dass das Projekt wie ein Stichwort zum Anlass genommen wurde, die eigene Befindlichkeit zu manifestieren.

Die Medien haben, alles in allem, jedenfalls gute Vermittlungsarbeit geleistet. Was getan werden konnte, zeigte «Le Monde». Die Publizistik dieses Blattes ist wegen ihrer überragenden Qualität gewiss kein Beleg für durchschnittliche Standards, aber in einer Grundsatzdebatte über Rahmenbedingungen der direkten Demokratie doch ein wichtiges Indiz für Handlungsmöglichkeiten. Da gab es, abgesehen von den Berichten über

4 Gemäss Aussagen von Giscard d'Estaing in seiner grossen «Abrechnung»: Réflexions sur la crise de l'opinion à l'égard de l'Europe (Le Monde vom 15. Juni 2005. Titelseite und S. 15–17).

die politische Auseinandersetzung, abgesehen von Interviews zum Beispiel mit dem Landwirtschaftsminister über die Auswirkung auf die Bauernbetriebe[5] und abgesehen von den direkten Forumsauftritten von den verschiedensten Seiten, zwei systematische Vermittlungselemente: zum einen die grossen, vielleicht zu grossen, ganzseitigen Darlegungen über die «Contours de l'Union» (eher breite Ausführungen über Neumitgliedschaften und Austrittsmöglichkeiten, über das Verhältnis von sozialer Marktwirtschaft und hoher Wettbewerbsfähigkeit etc.), stets ergänzt durch Zitate aus dem Verfassungsvertrag und Grafiken von europaweiten Umfragen zum entsprechenden Thema. Und zum anderen gab es die auf eine Lektürezeit von drei Minuten ausgerichtete Rubrik «Le traité en 40 questions» zu zentralen Fragen wie «Une place excessive à la libre concurrence?» (Nummer 8) oder «La protection sociale est-elle mieux assurée?» (Nummer 9) wiederum mit Auszügen aus dem Vertragstext und einem Kurzkommentar. Besonders wichtig hätte Nummer 4 sein können, welche die Leser auf die neue Bürgerinitiative hinwies.[6] Zudem gab es Kurzfassungen, eine wurde in Paris an den Metrostationen aufgelegt, also in der ohnehin zustimmenden Metropole.[7] Ob sie auch die mehrheitlich negativ eingestellte Provinz erreichten, ist eine andere Frage.

Eine wichtige Frage betrifft den allgemeinen Kenntnisstand beziehungsweise den Informiertheitsgrad. Und dieser ist bekanntlich niedrig. Das Eurobarometer kommt auf einen Durchschnittswert von 4,3 Punkten auf 10 mögliche. Konkret heisst das etwa, dass von der mittleren Gruppe (mit 5,5 Punkten) 66 Prozent nicht wissen, dass die heutige EU mehr als 12 Mitglieder umfasst.[8] Elementare Kenntnisse wären aber die elementare Voraussetzung einer funktionierenden Demokratie.

Noch ein Wort zur Kompliziertheit: Es wurde auch schon darauf hingewiesen, dass die mit Anteilnahme und Leidenschaft verfolgten Fussballmeisterschaften, die sonntäglichen Pferderennen und diverse Lottospiele nicht weniger kompliziert seien. Es besteht in der Tat gegenüber denjenigen, die Abstimmungen vorbereiten, ein überrissener Anspruch, mit ihren Vorlagen «Bürgernähe» herzustellen. Es sei daran erinnert, dass es neben dem Bringprinzip auch ein Holprinzip gibt und von den Bürgern und Bürgerinnen auch ein gewisser Effort erwartet werden darf. Dieser normative Ansatz hilft aber nicht weiter, weil auch in diesem Fall der «Souverän» wie eine launische Primadonna stets recht hat.

5 Le Monde vom 22. April 2005. S. 10.

6 Le Monde vom 14. April 2005. S. 7. Zur Bürgerinitiative vgl. den vorangegangenen Aufsatz in diesem Band. S. 375–390.

7 Sonderausgabe des Wochenblatts «L'Hémicycle» vom 16. Februar 2005. In Spanien wurde eine Kurzfassung den grossen Tageszeitungen beigelegt, doch wer liest schon Zeitungen?

8 Umfragen zum Euroskeptizismus, Le Monde vom 9. April 2005. S. 7.

2. Volksbefragungen zu Verfassungsprojekten fehlen die Alternativen

Es war für die Abstimmung eine Belastung, dass von vornherein von den befragten Bürgerinnen und Bürgern eine Zustimmung erwartet wurde. Es gab, wie in den meisten Vorlagen, keine alternativen Lösungen, keine Varianten, zwischen denen man auswählen konnte. Das Visavis war bewusst ein Nichts oder eine Katastrophe, an der man nicht schuld sein wollte.

Der Eindruck, dass man ein unbestelltes, von anderen angerichtetes Menü schlucken müsse, wirkte kontraproduktiv und nährte die Meinung, dass das Ganze eine Farce sei, weil alles bereits entschieden sei und «die da oben» ohnehin machen würden, was sie wollten – ein weiterer Grund, nein zu sagen. Darum erhielt die nicht konkretisierte Chiffre des «Plans B» eine gewisse Bedeutung, insbesondere in der Kampagne des sozialistischen Dissidenten Laurent Fabius.[9] Staatspräsident Jacques Chirac bekräftigte am 3. Mai 2005: «Il n'y a pas de plan B, il n'y a qu'un plan A, l'adoption de la Constitution.» In der Presse konnte man zudem lesen, dass Kommissionspräsident José Manuel Barroso seinen Büros ausdrücklich verboten habe, irgendwelche Ersatzpläne zu entwickeln.[10]

Die Frage ist, ob damit die Träger der Demokratie vor vollendete Tatsachen gestellt werden, ob von ihnen nur noch ein Kopfnicken erwartet wird oder ob es echte Alternativen oder wenigstens Modifikationsmöglichkeiten gibt. In diesem Punkt sorgt die nationalstaatliche Struktur der Demokratien für einen wesentlichen Unterschied: Bei innenpolitischen Geschäften kann man dem demokratischen Prozess leichter Rechnung tragen als bei aussenpolitischen Geschäften, weil man im Falle innenpolitischer Geschäfte Modifikationen oder gänzliche Neuanläufe innerhalb des gleichen politischen Systems vornehmen kann und im Falle aussenpolitischer Geschäfte mindestens zwei politische Systeme (im Falle der multilateralen EU sind es jetzt deren 25) im Spiel sind.

Die Konsequenz muss in doppelten Konsultationen bestehen: in einer ersten bei Geschäftsbeginn und in einer zweiten bei Geschäftsende. In der Schweiz hat man dem seit dem Fiasko des EWR-Nein von 1992 ein Stück weit Rechnung getragen, indem man das Parlament und die Kantone bei der Festlegung der Verhandlungsmandate mitreden lässt. Was aber klar abgelehnt wurde, war, dass Parlament und Kantone feste Bestandteile von Verhandlungsdelegationen sind. Im gleichen Sinne wurde auch die Initiative der Lega am 8. Juni 1997 deutlich abgelehnt, welche die Aufnahme von Verhandlungen, was eine klassische Prärogative der Exekutive ist, von der Zustimmung des Volkes abhängig machen wollte. Die Beteiligung in der Phase des Geschäftsbeginns kann, so gut sie auch grundsätzlich ist, allerdings nur beschränkt befriedigen, weil

9 Sein «Plan B» bezog sich aber vor allem auf die Frage, wie er zum Präsidentschaftskandidaten der Linken werden könne («Le plan B de Laurent Fabius», Le Monde vom 7. Mai 2005. S. 15).

10 «Les tenants du oui nient l'existence d'une solution alternative au traité» (Le Monde vom 5. Mai 2005. S. 8).

wichtige Fragen erst während der Bearbeitung des Geschäfts aufkommen. Das gilt in hohem Masse bei der Ausarbeitung eines internationalen Verfassungsvertrags.

Es ist zutreffend, dass man die Volksvertretungen und Völker, die man jetzt einbezieht, weil man deren Zustimmung braucht, im Moment des Starts des Projektes nicht konsultiert hat. Die Konsultation hätte aber mehr dem Ob als dem Wie gegolten. Konsultationen zu Inhalten hätten Vorwegnahmen von Lösungen bedeutet, die man über Verhandlungen erst erarbeiten musste. Und man kann nicht sagen, dass die Ausarbeitung einer Verfassung grundsätzlich bestritten war. Ein derartiges Ziel bestand bereits seit über einem halben Jahrhundert, und 1984 hat sich das auf Grund allgemeiner Wahlen zusammengesetzte Europäische Parlament sogar mit einer grossen Mehrheit dafür ausgesprochen. Die Lösung hätte wohl darin bestehen müssen, mit einem über allgemeine Wahlen gebildeten supranationalen Verfassungsrat das Projekt anzugehen. Der im Herbst 2001 gebildete Konvent war im Vergleich zu den einzig von Exekutiven mit dem Mittel der Diplomatie ausgehandelten Werken von «Maastricht» (1992), «Amsterdam» (1996) und «Nizza» (2000) ein Schritt in die richtige Richtung, weil er (allerdings von den Regierungen bestimmt) auch Parlamentarier und andere Nichtregierungsvertreter umfasste. Es war offenbar ein zu bescheidener Schritt.

Das Nein lebte nicht nur vom Nein zu einem konkreten Projekt, sondern von einem angeblichen Ja zu einer beinahe unbegrenzten Zahl von scheinbaren Alternativen, die sich mit grosser Wahrscheinlichkeit nie werden realisieren lassen. Wohl hielt das Nein – theoretisch – den Weg offen für anderes; ob aber das andere je eintreten wird, bleibt völlig offen. Laurent Fabius, der Führer des sozialistischen Nein-Lagers, verkündete: «Pour une Europe plus forte, on commence par dire non.»[11] Das ist derart logisch, dass man dem nur zustimmen kann. Ob es tatsächlich weiterhilft, ist jedoch eine andere Frage. Auf das Nein können drei Varianten folgen: 1. eine weitgehend neue Vorlage, 2. eine «renégociation» zu dem, was von der grossen Mehrheit angenommen worden ist oder werden wird, und 3. die Beibehaltung des Status quo. Kräftiges Wunschdenken (Delors nannte es abwertend «possibilisme»[12]) kann in mancher Hinsicht eine Stärke sein, in einer derartigen Abstimmung ist es eher ein Handicap.

Nochmals Fabius: «Pour une Europe plus forte, on commence par dire non.»[13] Es ist beinahe pervers, dass sich selbst eine Art der Zustimmung in einem Nein ausdrückte. Die Gegenposition wurde von Carmen González, Ehefrau des früheren spanischen Premiers, markiert, als sie an einer Pariser Veranstaltung der europäischen Sozialisten sagte, zu oft sei es der tragische Fehler der Linken gewesen, das Gute im Namen des Besseren zu opfern, während doch in Wahrheit das Beste der Feind des Guten sei.[14]

11 Le Monde vom 10. Mai 2005. S. 7.

12 Interview in Le Monde vom 13. Mai 2005. S. 7.

13 Le Monde vom 10. Mai 2005. S. 7.

14 Zit. aus einem Beitrag des Oxford-Historikers Timothy Gordon Ash im Tages-Anzeiger vom 27. Mai 2005 wie in Le Monde vom 29. Mai 2005. S. 11.

3. Volksbefragungen sind in hohem Mass Volksverführern ausgesetzt

In Debatten um eine derartige Vorlage ist jedes Argument zugelassen. Man geht davon aus, dass sich Rede und Widerrede schon selbst ausgleichen und dass unhaltbare Aussagen vor den Schiedsrichtern, den abstimmenden Bürgern und Bürgerinnen, keinen Bestand haben werden. Abgesehen davon, dass das gleiche Geschäft aus objektiv unterschiedlichen Positionen unterschiedlich beurteilt werden kann, kommen auf Grund unterschiedlicher Wertvorstellungen und Weltsichten unterschiedliche Einschätzungen und Ansichten zustande. Das gehört zum Wesen der Demokratie.

Giscard d'Estaing hat in seinem Schlusskommentar nach dem Debakel vom 29. Mai zwei Dimensionen oder Potenzen einander gegenübergestellt: «la passion et la raison». Was die Vernunft betrifft, ist er wie die meisten, die diesen Begriff in den Mund nehmen, davon ausgegangen, dass es nur eine Vernunft gibt und dass dies diejenige ist, die auch er praktiziert. Was die Leidenschaft betrifft, machte er eine wesentliche Einschränkung: Er meine nur die von Furcht und Misstrauen bestimmte Leidenschaft.[15] Jean-Louis Debré, Präsident der Nationalversammlung, nahm eine ähnliche Gegenüberstellung vor, als er die Franzosen schon im April dazu aufgerufen hatte, Laune («humeur») und Vernunft («raison») auseinanderzuhalten.[16]

Ein Teil der Stimmung bestand aus verschiedenen Gründen bereits, ein Teil wurde durch die Oppositionspolitik zusätzlich angeheizt. Von der genannten Art von Meinungsdifferenzen zuweilen schwer unterscheidbar, gibt es das Feld von offensichtlichen Täuschungen, Verdrehungen und Lügen, die aus einer bestimmten Zweckhaltung bewusst oder unbewusst betrieben werden.[17] In einer besonders groben Variante sind es falsche Tatsachenbehauptungen (z.B. der Verfassungsvertrag führe zu einem Abtreibungsverbot,[18] zur Aufhebung der Laizität [strikte Trennung von Staat und Kirche], er schaffe die staatliche Rente ab, hebe den öffentlichen Dienst auf, streiche die Arbeitslosengelder etc.); in einer anderen Variante sind es Behauptungen mit falschen Kausalitäten (dass mit einem Nein die entstehende Direktive Bolkestein[19] vermieden

15 Le Monde vom 15. Juni 2005. S. 17.

16 Le Monde vom 27. April 2005. S. 9.

17 Friedberg erklärt unumwunden: «C'était, au mieux, des erreurs ou des demi-vérités, au pire des mensonges purs et simples, inventés avec le seul souci de faire peur, et ainsi de faire gagner des voix à la cause sacré du non.» Erhard Friedberg, Direktor des Centre de sociologie des organisations im Institut d'études politiques de Paris (Le Monde vom 7. Juni 2005. S. 13).

18 Gisèle Halimi, «Le traité constitutionnel, une menace pour les femmes» (Le Monde vom 19. Mai 2005. S. 14). Gegenposition Sylvaine Agacinski, «Femmes, n'ayons pas peur» (Le Monde vom 27. Mai 2005. S. 15). In der erwähnten Le-Monde-Serie «Le traité en 40 questions» ist bereits am 12. April die Frage behandelt worden: «Le droit à l'avortement est-il menacé?» Der ehemalige SP-Chef Henri Emmanuelli behauptete ebenfalls, die Verfassung verbiete die Abtreibung.

19 Der ehemalige niederländische Kommissar Frits Bolkestein kam im April 2005 nach Paris, um zu zeigen, dass er nichts von einem Frankenstein habe (Le Monde vom 7. April 2005. S. 7). Gemäss der nach ihm benannten, noch nicht verabschiedeten Direktive sollen Arbeitnehmer insbesondere der

werde, dass es mit einem Ja mehr Arbeitslose gebe etc.) bis hin zum Vorgaukeln von Alternativen, die gar nicht bestehen (vgl. obigen Abschnitt). Die Beispiele zeigen, dass vor allem die Anhänger des Neins zu dieser Art von Argumenten griffen. Und je allgemeiner die Abstimmungsvorlage (wie im Falle des Verfassungsvertrages), desto grösser die Gefahr, dass mit unwahren Argumenten erfolgreich Abstimmungskampf betrieben werden kann.

Eine spezielle, ebenfalls von den Nein-Anhängern praktizierte Variante des Lügens besteht darin, diejenigen, die Zutreffendes sagen, der Lüge zu bezichtigen oder mindestens mit dem Vorwurf einzudecken, sie würden wichtige Teile der (unbequemen) Wahrheit versteckt halten. Diese Art der Desinformation dürfte sich mit besonderem Erfolg des Internets bedienen, weil sie da mit ihrer Leserschaft sozusagen allein ist, den Nimbus der Untergrundzeitung hat, welche die von der Öffentlichkeit unterdrückte Wahrheit vermittelt, sofern man sich den Zugang durch aktives Auffinden selber verschafft. In der Presse war in diesem Zusammenhang vom Berufsschullehrer Etienne Chuard die Rede, dessen Homepage bis zu 30 000mal am Tag besucht worden sei.[20]

Giscard d'Estaing klagte nachträglich: «Les Français de bonne foi ont été trompé, amis il ne le savent pas encore.»[21] Entweder lassen sich falsche Behauptungen gar nicht korrigieren, oder sie werden widerlegt, und es bleibt trotzdem etwas hängen. Der Zweck muss gar nicht sein, die Leute zu überzeugten Gegnern zu machen. Es genügt, dass man sie verunsichert. Denn dies führt dazu, dass diese sich sagen, dass man im Zweifelsfall eben Nein stimmen sollte. Während Verträge ungültig werden, wenn sie durch Täuschung zustande gekommen sind, kann ähnliches für Volksabstimmungen nicht gelten. Diese werden, unter welchen Einflüssen auch immer zustande gekommen, als – mindestens für einige Zeit – «in Stein gemeisselt» behandelt. Darum auch die schroffe Zurückweisung der Auffassung, dass man – inzwischen klüger geworden – über die genau gleiche Abstimmungsvorlage nochmals abstimmen könnte.[22]

Entscheidungsträger der indirekten Demokratie sind gegenüber der Demagogie resistenter, weil sie näher an den Geschäften sind und entsprechend bessere Dossierkenntnisse haben. Parlamente sind aber nicht völlig unberührt von diesem Problem, weil sie auch Demagogen in ihren Reihen haben, die mit den «zum Fenster hinaus» abgegebenen Voten ihre Anhängerschaft bedienen wollen. Aber innerhalb einer Ratsverhandlung bestehen weit günstigere Verhältnisse für Berichtigungen und Widerlegungen als im offenen Feld des Abstimmungskampfes der direkten Demokratie.

neuen Mitgliedstaaten zu niedrigeren als ortsüblichen Löhnen beschäftigt werden können. Damit würde die Wirtschaft angekurbelt und dem Trend der «délocalisation» von Unternehmen in Regionen mit niedrigen Löhnen entgegengewirkt. Vgl. auch «La directive Bolkestein ou le malaise européen» (Le Monde vom 11. März 2005).

20 Jacqueline Hénard im Tages-Anzeiger vom 28. Mai 2005.

21 Le Monde vom 15. Juni 2005. S. 15.

22 Der Luxemburger Regierungschef Jean-Claude Juncker sprach sich noch vor der 1. Abstimmung im Falle einer Ablehnung für eine 2. Abstimmung aus, was sogleich als «insulte au peuple français» bezeichnet wurde (Le Monde vom 27. Mai 2005. S. 7).

Der in direkter Demokratie erprobten Schweiz geht es nicht besser. Wie die Erfahrung mit den Abstimmungskämpfen zu ähnlichen Vorlagen (erleichterte Einbürgerung, Schengen/Dublin oder Personenfreizügigkeit) zeigt, kommt es auch hier von gegnerischer Seite zu demagogischen Argumentationen, die mit wahrheitswidrigen Angaben Ängste und Ressentiments schüren.

4. Volksbefragungen geben Antworten auf nicht gestellte Fragen

Das Verfassungsprojekt im besonderen, aber auch manche andere Projekte im allgemeinen werden in der Schweiz, in Frankreich oder andernorts gerne zum Anlass genommen, um ein Plebiszit zu nicht gestellten Fragen abzuhalten. In diesem Fall betrafen die Antworten wohl die Europapolitik, die EU als solche, die Osterweiterung, die Direktive Bolkestein etc. Sie betrafen aber auch die Wirtschaftsverhältnisse im allgemeinen, die Globalisierung, den Neoliberalismus, die Arbeitslosigkeit etc. Und sie betrafen auch und in erster Linie die aktuelle Regierung.

Die Abstimmung war, weil vom Präsidenten angesetzt, bis zu einem gewissen Grad auch eine Abstimmung über den jetzt 72jährigen Präsidenten und dessen Regierungsmannschaft.[23] «Jacques Chirac et son référendum», titelte «Le Monde», um im Text dann etwas das Gegenteil auszuführen, dass es nämlich nicht in erster Linie um den Präsidenten gehe.[24] Für sich selber hielt Chirac allerdings fest, dass ein negativer Ausgang der Abstimmung für ihn keine Auswirkungen haben werde, das heisst, dass es deswegen keinen Rücktritt unmittelbar danach geben werde und dass es auch kein Präjudiz für die nächste, dritte Präsidentschaft 2007 sein werde. Keine Zweifel bestanden dagegen, dass bei einem negativen Ausgang die Regierungsmannschaft in jedem Fall ausgewechselt würde. So bekamen Fragen, ob man dem Präsidenten diesen Triumph gönnen oder ob man der Regierung diese Niederlage zumuten wolle, ein gewisses Eigengewicht. Für Giscard d'Estaing war aber klar, dass die starke Ausrichtung des Referendums auf die aktuellen Regierungsverhältnisse nicht systembedingt, sondern gewollt war. Chirac hätte die Möglichkeit gehabt, sich da herauszuhalten und daraus eine wirkliche Europa-Debatte zu machen, indem er das Feld grossen Europäern (zum Beispiel ihm, Giscard und Delors) überlassen hätte. Anderseits war es möglich, von einer «Constitution Giscard» zu reden, wie es in Frankreich die ablehnende Hälfte der Linken tat, um zusätzliche Nein-Stimmen zu bekommen. Wäre man dann überhaupt soweit gekommen? Wie Chirac mit dem Referendum die Linke spalten wollte, wollte Laurent Fabius, Nummer 2 der französischen Sozialisten, sich als Führer der ablehnenden Oppositionshälfte mit dieser Abstimmung eine Basis für seine Präsidentschaftskandidatur im Jahr 2007 schaffen.

23 Die Kampagne hatte auch Züge eines Familienunternehmens, der erste Fernsehauftritt mit der Jugend wurde in hohem Mass von der Chirac-Tochter Claude mitorganisiert.
24 Le Monde vom 12. März 2005. S. 15.

Wenn es dem Willen massgebender Parteidenker entsprach, aus dem Referendum ein parteipolitisches Kräftemessen zu machen, dann heisst das, dass sie von dieser zum Hauptgeschäft werdenden Nebennutzung auch hätten absehen können. Mithin kann man das System der direkten Demokratie dafür nicht verantwortlich machen. Oder ist eine Ordnung doch nach ihren Missbrauchsmöglichkeiten zu beurteilen?

Die Abstimmung war in der Tat stark belastet durch die grosse – zu grosse – Bedeutung des Staatschefs. Davon zeugen etwa die Schlagzeilen, die erklärten, was von Chirac erwartet wurde (z.B. die Verabreichung eines «électrochoc»), und die bekanntgaben, wie sehr man von seinen Auftritten enttäuscht war. Dass das zeitlos gemeinte Vertragswerk zu stark von der aktuellen politischen Konstellation abhing, zeigte das auf den Premierminister Jean-Pierre Raffarin ausgerichtete Wortspiel vom «raffarindum» und die trotzig-stolze Bemerkung etwa der Schriftstellerin Corinne Maier: «Il faut que ces gens-là partent. Qu'on nous sorte ce bonhomme, cela ne peut pas durer! Mon vote non, c'est vrai, est lié au contexte politique. Je l'assume totalement.» Sie wisse, man solle eigentlich vernünftig und erwachsen sein, sie habe nun einmal, gerade weil sie stets dazu ermahnt werde, Lust, einmal das Gegenteil zu machen, es also nicht zu sein und einmal zu schauen, was dann passiert. «Là-haut, cela va les faire chier.»[25] Auch nach dem Abstimmungssieg herrschte noch dieser simple, nur auf Befriedigung dieses einen Gefühls ausgerichtete Triumphalismus, wie die folgende Erklärung eines gewerkschaftlich organisierten Mathematiklehrers an einem Pariser Lycée zeigt: «C'est une belle gifle que nous leur avons donnée. J'espère qu'ils en tiendront compte et quitteront les postes qu'ils occupent actuellement.»[26] Das ist, wenn auch in der städtischen Variante, der Geist der «Jacquerie», die den «Seigneurs» das Fürchten beibringen will. Diese Art von Basisopposition wandte sich auch tatsächlich von der Provinz gegen die Hauptstadt und das Machtzentrum, wenn 95 Bürgermeister des Departements Haute-Saône gedroht hatten, die Referendumsabstimmung nicht durchzuführen, wenn nicht bis dann eine bestimmte, längst fällige Schulreform durchgeführt worden ist.[27]

Die starke Ausrichtung auf die aktuelle Regierung gestattete es Giscard, später sogar eine mehrheitliche Zustimmung zu «seinem» Verfassungsprojekt herbeizureden, indem er von den 55 Prozent Nein-Stimmen sagte, dass 10 Prozent der aktuellen Regierung (die auch er nicht mag) galten und dass sich 6 Prozent gegen die überhaupt nicht aktuelle EU-Mitgliedschaft der Türkei ausgesprochen hätten, so komme man doch auf eine schöne Zustimmungsrate zur eigentlichen Vorlage.[28]

Giscard d'Estaing erklärte im Frühjahr 2005, dass «à la différence des Suisses, qui savent voter sur des textes, les Français [...] se prononcent sur la question qu'ils ont envie de se poser».[29] Leider ist das eine Idealisierung, denn auch in der Schweiz besteht,

25 Le Monde vom 13. April 2005. S. 7.
26 Le Monde vom 1. Juni 2005. S. 6.
27 Le Monde vom 2. April 2005. S. 7.
28 Le Monde vom 15. Juni 2005. S. 15.
29 Zit. nach Le Monde vom 31. Mai 2005. S. 10.

wie weiter unten noch ausgeführt wird, bei speziellen Vorlagen die spezielle Tendenz, nicht zur speziell vorgelegten Problematik abzustimmen, sondern über die gesamte Problematik ein Demonstrationsurteil abzugeben: wenn es um eine spezifische Einbürgerungsregelung geht, die gesamte Ausländerpolitik zu beurteilen, ja darüber abzustimmen, ob es überhaupt Ausländer geben darf. Oder wenn es um den Beitritt zum Abkommen von Schengen geht, das gleich zu einem allgemeinen Plebiszit zu machen, ob die Schweiz überhaupt mit der EU kooperieren soll oder ob die EU an sich etwas Gutes oder Schlechtes ist.

Zum Vorwurf, dass die Franzosen – im Gegensatz zu den Schweizern – keine Abstimmungsunterlagen lesen würden: Lesen ist stets eine Frage des Aus-lesens und der Interpretation. Die Bürger und Bürgerinnen lasen den Verfassungstext je auf eigene Weise. Jemand las ihn zugegebenermassen auf eine ganz spezielle Art, indem er über die elektronische Suchmöglichkeit die Häufigkeit von Begriffen feststellte und daran glaubte die Prioritäten des Verfassungswerkes messen zu können: Das Wort Bank komme 176mal, das Wort Konkurrent 174mal vor, das Wort sozialer Fortschritt dagegen nur 3mal und das Wort öffentliche Dienstleistung sogar nur 1mal.[30]

Der bekannte französische Soziologe Edgar Morin hatte schon recht, wenn er, den Verfassungsentwurf mit der Bibel oder dem Koran vergleichend und eine Antwort an Giscard d'Estaing vorwegnehmend, sagte, dass es eigentlich nicht um den Text, sondern vor allem um den Kontext gehe. «C'est un vice de pensée de se concentrer exclusivement sur un texte.» Im Text könnten sich Befürworter wie Gegner mit geeigneten Passagen für entgegengesetzte Aussagen bedienen. Der globale Kontext rufe nach der Schaffung eines politischen Europa. Eine Verfassung wie die vorgeschlagene, mit ihren Stärken und Schwächen, sei mehr wert als keine Verfassung.[31]

Man kann der Wählerschaft nicht vorschreiben, worüber sie abstimmen soll, wenn sie eine bestimmte Vorlage zum Aufhänger für ein Plebiszit über andere Fragen machen will. Das Votum zum Verfassungsprojekt wurde (noch vergleichsweise sachnah am Thema) als nachträgliches Votum zur Osterweiterung oder (doch weniger sachnah) als Votum gegen die Globalisierung und gegen den wachsenden Druck der Konkurrenz aus China, zum Beispiel im Textilsektor, oder gegen die generelle Unsicherheit des Lebens verstanden. Und schliesslich war das Votum, wie gesagt, auch ein Protest gegen die Regierung. Die vorangegangenen Regionalwahlen (zusammen mit den Wahlen zum Europäischen Parlament) hatten die Regierung auch schon desavouiert, ohne dass sich etwas geändert hätte. Darum der Eindruck, dass man nicht gehört oder, wenn gehört, nicht beachtet wurde. Selbst Jean-Louis Debré, Präsident der Nationalversammlung und Mitglied der gaullistischen Regierungspartei UMP, räumte ein: «En 2004, nous aurions dû mieux percevoir le message de nos concitoyens.»[32]

30 Leserbrief in der NZZ vom 6. Juni aus Chaumont le Bourg (F).
31 Le Monde vom 11. Mai 2005. S. 13.
32 Le Monde vom 23. April 2005. S. 9. Ähnlich Giscard d'Estaing: Das Desaster der Regionalwahlen habe sich in erster Linie gegen die nationale Regierung gerichtet. Dass diese Regierung im Amte behalten wurde, habe man als Beweis dafür aufgefasst, dass man nicht gehört werde (Le Monde vom 15. Juni 2005. S. 16).

Wie sehr aus einer tiefsitzenden Protesthaltung eine teils hochgradig widersprüchliche Haltung eingenommen wurde, sollen die vier folgenden Beispiele zeigen:

Erstes Beispiel: Eine wichtige, aber das Abstimmungsgeschäft nicht eigentlich betreffende Sorge galt der hohen Arbeitslosigkeit und der Angst vor weiteren Arbeitsplatzverlusten (Stichwort «délocalisation»), einem tatsächlichen Problem, aber auch einem Problem, das weder durch ein Ja noch durch ein Nein irgendwie verändert worden wäre. Das Problem wurde mit der Osterweiterung, das heisst der am 1. Mai 2004 ohne Konsultation der französischen (und anderer) EU-Bürger und -Bürgerinnen vorgenommenen Aufnahme der zehn neuen Mitgliedsländer, in Verbindung gebracht. Mag sein, dass die Erweiterung die bereits zuvor eingetretene Verschiebung von Unternehmen in diese Regionen mit günstigeren Löhnen zusätzlich unterstützt hat. Nach übereinstimmenden Aussagen hat die Osterweiterung per saldo aber einen positiven Effekt auf die französische Wirtschaft und auf die Beschäftigungslage: Der Export vervierfachte sich, was etwa 10 Mia. Euro ausmacht und dies wiederum 130 000–150 000 Arbeitsplätze. Dem stünde ein Verlust von «nur» 6500 Arbeitsplätzen wegen der besagten Verlagerungen gegenüber.[33] Doch: Obwohl erstens die Problematik mit der Abstimmungsvorlage nichts zu tun hatte und obwohl man zweitens sogar belegen konnte, dass Bedenken von einem falschen Problembild ausgingen, konnte diese Art von Argumentation viele Nein-Anhänger nicht erreichen, dies nach dem Motto «Man wird doch noch Angst haben dürfen». Nach der Abstimmung stellte man eine deutliche Korrelation zwischen Gebieten mit hohen Nein-Anteilen und hoher Arbeitslosigkeit fest.[34]

Zweites Beispiel: Frankreich hätte mit dem Verfassungsvertrag bei den Entscheidungen des Rats ein stärkeres Stimmengewicht erhalten, als der geltende Vertrag von Nizza dies regelt, der Frankreich mit einem EU-Bevölkerungsanteil von 13,5 Prozent nur 8,4 Prozent Stimmengewicht gibt. Die neue Regelung des doppelten, auch auf die Bevölkerungszahl abstellenden Mehrs wäre für Frankreich besser gewesen.[35] Trotzdem liessen sich die rechtspopulistischen Kräfte, welche die nationalen Interessen Frankreichs zu verteidigen vorgaben, nicht davon überzeugen, dass sie mit einem Nein gegen diese Interessen verstiessen. Und die linkspopulistischen Kräfte waren derart auf die innen- und sozialpolitische Betrachtungsweise fixiert, dass sie für die Appelle nicht erreichbar waren, dass es gut wäre, die EU gegenüber Amerika und Asien zu stärken.

Drittes Beispiel: Während beinahe eines halben Jahrhunderts waren speziell die französischen Bauern die ganz grossen Profiteure der EG, dann der EU, deren Budget zur Hälfte für die Subventionierung der Landwirtschaft verwendet wurde, wovon wiederum 20 Prozent den französischen Bauern zugute kamen. Dies hindert viele Bauern aber nicht, mit einem Votum gegen den Verfassungsvertrag vor allem gegen die

33 Zum Beispiel Tages-Anzeiger vom 31. Mai 2005 unter Berufung auf Jacques Rupnik, Politologe und Osteuropa-Fachmann. Ähnlich Staatspräsident Chirac in der ersten Fernsehdebatte (Le Monde vom 16. April 2005. S. 8).

34 Le Monde vom 1. Juni 2005. S. 7.

35 Le traité en 40 questions Nummer 15 «Quel poids pour la France et l'Allemagne?» (Le Monde vom 27. April 2005. S. 7).

EU zu stimmen. Dies aus drei Gründen: erstens aus Unwillen gegen die zunehmende Bürokratie, zweitens aus dumpfem Unbehagen wegen der vorgenommenen Osterweiterung und drittens, weil nicht die EU, sondern die nationale Regierung aus Budgetgründen die Benzinsubvention für Landwirtschaftsmaschinen entweder reduzieren oder streichen will. Da kann lange darauf hingewiesen werden, dass es der französischen Regierung gelungen war, das bauernfreundliche EU-Budget bis ins Jahr 2013 zu retten, und dass ein Nein «une preuve d'égoïsme» und «une marque d'ingratitude» wäre.[36]

Und ein viertes Beispiel: Die Ablehnung des Verfassungsprojekts konzentrierte sich insbesondere bei der ablehnenden Linken auf den Teil III, der die bestehenden Verträge zusammenfasst, jedoch von der Ablehnung nicht betroffen war, weil er in Form der alten Verträge weiterbestand. Hingegen erhielten Teil I und II bessere Noten, können jetzt aber nicht in Kraft gesetzt werden, weil sie mit dem Nein zum schliesslich doch Weiterbestehenden (Teil III) effektiv abgelehnt wurden. Auf diesen eigentlich leicht einsehbaren Widerspruch konnte lange hingewiesen werden, es half nichts. Und so nützte es auch nichts, wenn man darauf aufmerksam machte, dass störende Bestimmungen, etwa zum Konkurrenzprinzip, bereits in Artikel 3 des weiterbestehenden EWG-Vertrags von Rom 1957 standen und nicht das Produkt des «neoliberalen» Verfassungsentwurfs waren. Oder der offenbar anstössige Artikel 210 über die Sozialpolitik bloss die Übernahme des Artikels 137 des jetzt weiterhin gültigen Nizza-Vertrages ist.

Der vor allem die eigenen Sorgen zum Ausdruck bringende Umgang mit Volksrechten ist kein Argument gegen die Volksrechte selbst. Es ist an sich einleuchtend, dass selten durchgeführte Abstimmungen nicht die gleiche Qualität aufweisen wie regelmässig wiederkehrende Volksbefragungen. Die einzelnen Artikulationsmöglichkeiten werden weniger mit zusätzlichen, eigentlich ausserhalb der Vorlage liegenden Artikulationsbedürfnissen aufgeladen und haben in diesem Sinne dann weniger Ventilfunktion.

Mag sein, dass es in einer Routinedemokratie, abgesehen vom geringeren Bedarf an Zusatzdemonstrationen, so etwas wie eine durch regelmässige Praxis trainierte Fähigkeit zur Sachlichkeit gibt. Allein, es gibt auch in der Schweiz – Giscards schmeichelndes Urteil in Ehren – bei ganz bestimmten Geschäften einen Hang zum Irrationalen, dies unabhängig davon, wie routiniert in anderen Fragen (insbesondere in der Einnahmen- und Ausgabenpolitik) abgestimmt wird. Ob häufig oder selten abgestimmt wird, Vorlagen zur Souveränität und zur Ausländerpolitik rufen auch in einer routinierten Demokratie in hohem Masse irrationale Reaktionen hervor. Sie berühren die Vorstellung, dass man eine primitive oder primäre Schutzgemeinschaft bilde und dass die existentielle Sicherheit bedroht werde. Debatten über Abstimmungen im allgemeinen wie über Verfassungsabstimmungen im besonderen können leicht zu Ersatzforen für Diskussionen über Gott und die Welt, das heisst über Hoffnungen und Ängste, Vorlieben und Abneigungen gegen Souveränitätsräuber oder gegen Modernisierungsprozesse oder gleich über beides, werden. Der eigentliche Verfassungstext spielt da keine Rolle, man will versichernde Antworten auf Alltagssorgen, oder es gibt einen Protest gegen deren Ausbleiben.

36 Editorial «Ingratitude paysanne» (Le Monde vom 24. März 2005. S. 16).

Abstimmungstermine sind auch in der Schweiz bis zu einem gewissen Grad das Ergebnis von Regierungsentscheiden und – entsprechend – das Produkt von Manipulationsbemühungen. Aber nicht nur deswegen wird auch in der Schweiz mit sogenannten «Denkzettel»-Reaktionen nicht nur zu vorgelegten Sachgeschäften, sondern auch gegen die gegenwärtige Regierung Stellung bezogen. Die meisten der gegen die «Auslieferung» an das Ausland gerichteten Voten richten sich auch gegen die «Auslieferer», die eigene Regierung, die Herren von Bern, die mit dem Ausland kooperierenden oder gar in dessen Auftrag handelnden Vögte. Besonders stark war dieser Reflex in der UNO-Abstimmung von 1986 und der EWR-Abstimmung von 1992. Es bestand auch in der Schweiz die Neigung, Abstimmungen, welche das Verhältnis zum Ausland betrafen, möglichst zu vermeiden beziehungsweise nur dann ansetzen zu wollen, wenn man sicher war, dass sie auch in zustimmendem Sinn ausgingen, weil man das Ausland nicht brüskieren und sich nicht vor ihm blamieren wollte. Vielleicht weil diese Hemmung zurückgegangen ist und sicher auch weil wegen der wachsenden Verflechtung diese Art von Geschäften zugenommen hat, sind Vorlagen zu Aussenbeziehungen inzwischen Teil der Normalität geworden. Trotzdem: Allein von der Routinehaftigkeit solcher Abstimmungen ist kein vernünftigerer Umgang mit solchen Vorlagen zu erwarten.

Verhalten sich die Vertreter der indirekten Demokratie besser? Der Hannoveraner Staats- und Verfassungsrechtler Ulrich Haltern bemerkt zutreffend: «Auch die zur Legislative zusammengeschlossenen gewählten Vertreter des Volkes treffen Entscheidungen aus Motivbündeln heraus, die nicht immer sachangemessen sind und zu einer vernünftigen Lösung führen.»[37] Aber die irrationale Willkür hält sich hier stärker in Grenzen.

5. Volksbefragungen sind in hohem Mass dem Nein-Trend ausgeliefert

Es gibt die These, dass die direkte Demokratie keine ideologische Schlagseite habe, dass der Einbezug der Basis weder die konservative noch die liberale Richtung begünstige.[38] Mag sein, dass dies zutrifft, sie könnte aber bestimmte Arten von Fragen eher in der einen oder anderen Richtung begünstigen. Hingegen ist erwiesen, dass sie Ablehnungen von Vorlagen begünstigt.

Präsident Jacques Chirac hatte am Nationalfeiertag 2004 (14 Juillet) bekanntgegeben, dass zum Verfassungsvertrag ein Referendum abgehalten würde. Das war sein Entscheid, aber er entsprach den Erwartungen der meisten Parteien.[39] Damals, das ist

37 Ulrich Haltern, Die EU ist in keiner Sackgasse. Plädoyer für ein Nachdenken über das Integrationsziel (NZZ vom 10. Juni 2005).

38 Vgl. etwa Christoph Schalteggers Besprechung von John G. Matsusaka, For the Many or the Few: The Initiative, Public Policy and American Democracy. Chicago University Press 2004 (NZZ vom 12./13. März 2005).

39 Wirkung und Ursache gleichsetzend, wird gern gesagt, Chirac habe damit aus innenpolitischen Interessen vor allem die Linke spalten wollen.

für das Verständnis von Chiracs Entscheid nicht unwichtig, lag die Zustimmung bei etwa 64 Prozent. Am 4. März 2005 gab das Elysée bekannt, dass der Abstimmungstermin auf den 29. Mai 2005 angesetzt worden sei. Damals lag die Zustimmung noch bei etwa 58 Prozent. Manche hätten, um das Ja nicht zu lange dem Erosionsprozess auszusetzen, eine kürzere Frist als diese 85 Tage gewünscht.

Es ist ein bekanntes, aber m.W. noch wenig erforschtes Phänomen, dass – auch in der Schweiz – die Nein-Anteile im Laufe von Abstimmungskämpfen zunehmen. Im konkreten Fall von 31 Prozent im September 2004 auf die 55 Prozent im Mai 2005. Wie man weiss, war diese Zunahme nicht konstant: Mitte März 2005 hatten beide Anteile ein erstes Mal Gleichstand erreicht, Mitte April übertraf das Nein vorübergehend deutlich das Ja mit einer erstmaligen Spitze von 55 Prozent, tauchte dann wieder ins Minus gegen Monatsende, um dann um den 10. Mai ein zweites Mal Gleichstand zu erlangen und von da an zum Endresultat aufzusteigen. Trotzdem kann man bei der Aussage bleiben, dass es generell einen starken Trend zum Nein gibt. Die Nein-Position ist grundsätzlich immer im Vorteil. Wie ist das zu erklären, und spricht das gegen Entscheidfindung via direkte Demokratie?

Wenn es sich um einen Wechsel vom Ja zum Nein handelte, dann müsste man davon ausgehen, dass ein positives Vorurteil durch nähere Auseinandersetzung mit der Sache zu einer kritischeren Haltung führte. Die Haupterklärung dürfte aber weniger in einem Wechsel vom Ja zum Nein als in einer Verschiebung vom Unentschieden zu Nein liegen. Bürger und Bürgerinnen müssen sich ihre Meinung erst bilden. Umfrageresultate zeigen, dass von Mitte März bis Ende Mai der Anteil der Unentschiedenen von rund 35 Prozent auf rund 20 Prozent zurückging.[40] Mithin gelang es der Opposition, diese gleichsam ins Nein-Lager zu ziehen.

War dies möglich, weil die Gegner die besseren Argumente hatten, den besseren Abstimmungskampf betrieben (inklusive Demagogie), oder hatten die Nein-Sager nicht generell leichteres Spiel als die Ja-Sager? Letzteres dürfte mit einiger Wahrscheinlichkeit der Fall sein. Hinzu kommt, dass sich das Nein-Lager leichter aus verschiedenen Motiven aufaddiert als das Ja-Lager. Die Anhänger des Ja-Lagers konnten sich zwar ebenfalls von verschiedenen, ja gegenläufigen Motiven leiten lassen, sie hatten aber immer als verbindlichen Punkt einen konkreten Abstimmungsgegenstand. Das Nein-Lager konnte diesen aber (vgl. den Abschnitt zu den Alternativen) mit den verschiedensten «Gegenprojekten» bekämpfen. Im Nein-Lager kamen Kräfte zusammen, die gegensätzlicher nicht sein konnten – nationalistische Rechte («souverainistes») wie linke Internationalisten.[41] Das gibt es freilich auch in der indirekten Demokratie. Die

40 «La conquête des indécis, dernier acte de la campagne française» (Le Monde vom 24. Mai 2005. S. 5). Am Schluss blieben 30,3 Prozent den Urnen fern, was eine Stimmbeteiligung ergab, die derjenigen zum Maastricht-Vertrag im September 1992 (30,3 Prozent) und zur EG-Erweiterung vom April 1972 (39,8 Prozent) entsprach. An der Abstimmung um die Reduktion der Präsidentschaft von sieben auf fünf Jahre vom September 2000 gab es eine Nichtbeteiligung von 69,7 Prozent.

41 Einem klar nationalistischen Nein-Votum kann man in der weiteren Politik Rechnung tragen. Wenn aber die Abstimmungsmotive, wie im Falle des französischen Nein zum Verfassungsvertrag, derart

Ablehnung der «Europäischen Verteidigungsgemeinschaft» 1954 gerade durch die französische Nationalversammlung ist ein Beispiel dafür.

Im weiteren gibt es eine eigene Oppositionsdynamik. Gegnerschaft bringt in der Regel mehr Militanz und Mobilisation zustande und kann mit Polemik mehr bewirken als befürwortende Würdigung. Das Nein erhält auch kräftigen Zuzug, wenn es nicht oder nicht nur um einen Sachentscheid geht, sondern um eine allgemeine Demonstration des Unwillens. Volksmacht drückt sich vor allem durch Ablehnung und nicht durch Zustimmung aus. Nur indem man das Gegenteil von dem entschied, was die ansonst stets Mächtigen wünschten, hatte man das Erlebnis, eine sich selten bietende Gelegenheit wirklich genutzt und selbst etwas entschieden zu haben.

Hinzu kommt die Illusion, formell etwas demonstriert, real aber nichts Fatales entschieden zu haben, weil man sich für den Status quo ausgesprochen hat. Hier spielt der Mechanismus, dem zufolge man «im Zweifel» lieber nein sagt. Auf der Realebene sind Negativentscheide aber ebenfalls Entscheide. Sonderbarerweise scheint das Nein eher Schutz und damit etwas zu versprechen, was man gerade im Verhältnis zum Ausland und insbesondere zur ausländischen Konkurrenz benötigt. Indem man ein Nein abgibt und dieses bestimmten Bedrohungsszenarien zuweist, scheint man etwas gegen diese Gefahr getan zu haben.

Die Dominanz des Neins drückt sich ferner darin aus, dass man sich auch nach der Abstimmung viel stärker mit dem Nein beschäftigt als mit dem Ja. Dies geschieht nicht in erster Linie aus einem Interesse für die Mehrheitsmeinung. Man interessiert sich vor allem für eine Haltung, die es gewagt hat, gegen die Regierung anzutreten, und die es auf sich genommen hat, dem Rest Europas Schwierigkeiten zu bereiten. Über die Nein-Motive wurde heftig nachgedacht, nicht über die Ja-Motive. Und dass das Projekt immerhin die Zustimmung von gegen 13 Millionen (versus 15,5 Millionen) Franzosen hatte, geht unter.

Wie setzten sich Nein- und Ja-Lager zusammen? Es war ein Charakteristikum dieser Abstimmung, dass das Abstimmungsverhalten nicht einfach durch soziale Klassen und Milieus bestimmt war und die Trennlinie, ja der Graben, wie wiederholt betont wurde, quer durch Ehepaare, Altersheime, Lehrerzimmer etc. verlief.[42] In der Makrobetrachtung kann man festhalten: Ja stimmten die urbanen Zentren Paris, Lyon, Strassburg, Bordeaux, Nantes, Rennes, Grenoble, Toulouse. Marseille folgte nicht diesem Muster, und es gab auch ablehnende Städte wie Nizza, Lille, Valenciennes oder Le Havre. Zustimmung kam vom wirtschaftlichen Kader und von den akademischen Berufen (62 Prozent), von den oberen Lehrkräften (57 Prozent) und, was aus schweizerischer Sicht erstaunen kann, von den Pensionierten (56 Prozent). Abgelehnt haben die Vorlage die Arbeiter (81 Prozent), die Arbeitslosen (79 Prozent), die mittleren Berufe (56 Prozent), die Angestellten (60 Prozent). Alles in allem keine klare Rechts-links-Teilung. Was das Geschlechterverhalten betrifft: Die Frauen haben die Vorlage

widersprüchlich sind und sich sogar gegenseitig aufheben, weil die Vorlage den einen zu weit, den anderen zuwenig weit ging, dann ist es kaum möglich, eindeutige Schlüsse zu ziehen.

42 «Discordes à la française» (Le Monde vom 27. Mai 2005. S. 14).

wahrscheinlich leicht stärker abgelehnt als die Männer.[43] Bezüglich der Alterssegmente fällt auf: Während die über 65jährigen, wie gesagt, zustimmten und die einzige Gruppe mit einer Ja-Mehrheit bildeten, lehnte «die Jugend», d.h. die Gruppe der 18–24jährigen, die Vorlage mit 59 Prozent ab, ähnlich die Altersgruppe der 25–34jährigen. Die höchste Verwerfung findet sich in der Altersklasse der 35–49jährigen (65 Prozent), und diese Gruppe hatte noch vor 13 Jahren, als sie 1992 (damals als 22–36jährige) über Maastricht abstimmte, dem EU-Projekt mehrheitlich ihre Stimme gegeben.[44]

6. Sonderfall Frankreich

Wenn das alles so ist, warum fällt es in einem Land stärker ins Gewicht als in einem anderen Land, warum weniger in Spanien und Luxemburg, warum stärker in Frankreich und den Niederlanden? Lediglich zu Frankreich hier die folgenden Überlegungen:

In Frankreich ist der Euroskeptizismus seit der Osterweiterung von 2004 besonders stark. Andererseits ist der Anteil derjenigen, welche «Europa» als Chance einschätzen, mit 44 Prozent doppelt so hoch wie die Zahl der 20 Prozent, die in Europa eine Bedrohung sehen.[45] Frankreich hat, im ganzen gesehen, eine Verlierergesellschaft, es sieht sich, das kam im Abstimmungskampf deutlich zum Ausdruck, von Aufholergesellschaften von Polen bis China bedrängt, es kämpft mühsam für die Wahrung des Besitzstands, es muss heute für gleiche Erträge mehr leisten, kann aber selbst dann das Niveau schwer halten und droht in einer imaginären und der realen Skala abzusteigen. Spanien dagegen kann sich als Land verstehen, das in den letzten zwei Jahrzehnten zugelegt und sein Potential noch nicht ausgeschöpft hat.

Diese Konstellation hat den Nein-Effekt speziell gestärkt. Eng damit verbunden und im Kontrast dazu ging von der noch immer bestehenden Vorstellung der «Grandeur de la France» eine negative Wirkung aus. Beide Lager bedienten sich des Grandeur-Arguments. Die Befürworter riefen in Erinnerung, dass Frankreich Gründungsmitglied der EG war und dass seit dem Schuman-Plan von 1950 bisher alle wichtigen Impulse von ihm ausgegangen seien (inkl. der 1999 erarbeiteten und jetzt in den Verfassungsvertrag integrierten Grundrechtscharta) und darum eine besondere Verpflichtung bestehe. Die Tatsache, dass die neuen Teile des Verfassungsvertrags unter dem Präsidium eines ehemaligen französischen Staatspräsidenten (Giscard d'Estaing) ausgearbeitet wurden, schien diese Auffassung zu bestätigen. Im Falle einer Ablehnung würde Frankreich schlecht dastehen – «que la France fasse figure de ‹mouton noir›».

Dem Nein-Lager war es letztlich entweder egal, dass der Entscheid der Franzosen für den «Rest» der Europäer Konsequenzen haben wird, oder sie sahen darin

43 Le Monde vom 27. Mai 2005. S. 6 stellte eine «hostilité accrue» fest. Schon vorher in Umfragen zum Euroskeptizismus in Le Monde vom 9. April 2005. S. 7.

44 Le Monde vom 31. Mai 2005. S. 2.

45 Le Monde vom 12. März 2005.

gerade eine besondere Chance. Entweder hiess es auf dem rechten Flügel, dass es Aufgabe der Franzosen sei, ohne falsche Rücksichten auf andere Frankreichs Interessen zu verteidigen. Oder es hiess auf dem linken Flügel, dass Frankreich nach der Formel der «mission civilisatrice» Vorkämpfer für eine bessere Welt sei und mit der Ablehnung auch dem «Rest Europas» einen Dienst erweise. Laurent Fabius handelte mit seinem «Plan B» aus diesem Verständnis heraus; er glaubte, dass Frankreich den entscheidenden Impuls für eine «renégotiation» geben könne. Von der Gegenseite wurde ihm zu Recht vorgehalten, er nähre damit bei den Franzosen die unselige Illusion, «que l'Europe tourne autour de la France comme la Terre autour du Soleil».[46] Bezeichnenderweise waren es externe Beobachter, die bemerkten, dass Franzosen, wenn sie vom gaullistischen wie vom kommunistischen Nationalismus getrieben sind, dem Gallozentrismus verfielen und speziell Mühe hätten, mit anderen Staaten Kompromisse einzugehen.[47]

Die französische Abstimmung wurde auch aus der externen Sicht als besonders wichtig eingestuft. Der vorangegangenen Volksabstimmung in Spanien vom 20. Februar wurde lange nicht die gleiche Bedeutung beigemessen, hingegen war klar, dass das französische Verhalten auf die nachfolgende Volksabstimmung in den Niederlanden vom 1. Juni grosse Auswirkungen zeitigen wird. So gab es eine ungute gesamteuropäische Konzentration auf Frankreich: Jedermann schaute hin, und viele gingen auch hin. Man weiss nicht, wie sich der Polittourismus ausgewirkt hat. Ging von den persönlichen Auftritten anderer Regierungschefs in Frankreich eher ein positiver oder ein negativer Effekt aus? Positiv in dem Sinn, dass die Solidaritätsappelle die Zustimmung förderten, negativ in dem Sinn, dass sie die trotzige Ablehnung nicht nur der Vorlage, sondern nun auch der «Einmischungen» förderten. Vielleicht hoben sich die gegenläufigen Effekte auch gegenseitig auf. Mittel- und längerfristig dürfte die transnationale Teilnahme an der öffentlichen Debatte (mit Appellen etwa eines Václav Havel und zahlreicher anderer Europäer)[48] einen wichtigen Beitrag zur Herstellung einer gesamteuropäischen Öffentlichkeit geleistet haben. Und diese Art von Engagement fand nur statt, weil eine Volksabstimmung angesetzt war.

46 Claude Haigneré, ministre délégué aux Affaires européennes, in Le Monde vom 24. Mai 2005. S. 14. Fabius erklärte, er wolle ein «solidarisches» und kein «neoliberales» Europa, es gehe aber nicht darum, aus Europa einen «jardin à la française» zu machen, um dann den bezeichnenden Nachsatz beizufügen: «mais si la France ne propose pas un projet européen ambitieux, qui le fera?» Chirac warf er bei dieser Gelegenheit vor, die Osterweiterung ohne Sorgfalt vorangetrieben zu haben (Le Figaro vom 7. März 2005).

47 Daniel Cohn-Bendit: «La République ‹gallo-communiste› n'est pas compatible avec le compromis européen» (Le Monde vom 17. Mai 2005. S. 8). Erhard Friedberg, in Frankreich tätiger Soziologe österreichischer Herkunft, über den französischen Makel des «gallo-centrisme» (Le Monde vom 7. Juni 2005. S. 13).

48 Titelschlagzeile «L'Europe contre-attaque pour sauver le oui» (Le Monde vom 20. Mai 2005). Václav Havel, Pour une souveraineté partagée, in Le Monde vom 21. Mai 2005. Frontseite. Es war vor allem

7. Einige vorläufige Schlussbemerkungen

Ob man nun zwischen der einen oder der anderen Variante wählen konnte oder nicht, ist es von Vorteil, man ist sich der Stärken und Schwächen der Modalitäten bewusst.

Parlamentsentscheide haben die Stärke der besseren Vertrautheit mit der Materie, der unter Umständen darum sachlicheren Auseinandersetzung und (zumal bei Entscheiden mit Namensaufruf) der Behaftbarkeit von eingenommenen Haltungen und auf der anderen Seite die Schwäche der beschränkten Legitimität und der Entbehrlichkeit einer breiten Basisdiskussion.

Volksentscheide dagegen haben die Stärke der breiteren Legitimität und der Unumgänglichkeit einer breiten Basisdiskussion und die Schwäche der Überforderung und Unvertrautheit mit der Materie, der Freisetzung von demagogischen Exzessen und, wegen der Anonymität des Massenentscheids, der grundsätzlich fehlenden Behaftbarkeit.

Wägt man *Vorteile und Nachteile* gegeneinander ab, könnte man zur Vermeidung von Risiken und zur Sicherung von Projektabschlüssen dem parlamentarischen Verfahren den Vorzug geben – oder umgekehrt zur Sicherung des Basiseinbezugs, selbst auf das Risiko eines Fiaskos, der Volksabstimmung den Vorzug geben. Dem einen Prozedere könnte man den Vorteil kurzfristiger Gewinne auf Kosten langfristiger Nachteile zuschreiben, dem anderen langfristige Vorteile um den Preis kurzfristiger Nachteile. Denn: Muss man nicht einräumen, dass Volksabstimmungen zuweilen Umwege bedeuten, dass dies aber nicht nur notwendige, sondern auch gewinnbringende Umwege sind, weil sie mitunter auch zu Lösungen führen, an die man zuvor nicht dachte und die man sich auch nicht hätte vorstellen können?

Unter normativen Gesichtspunkten kann man sich zudem nach dem Motto, dass es des Guten nie zuviel geben könne, auf den Standpunkt stellen, dass nur die maximale Variante zu empfehlen ist. Allein gibt es tatsächlich des Guten nie zuviel? Müssen der Demokratie keine Grenzen gesetzt werden? Und wenn doch, wo sind sie zu ziehen? Stellt man die Fragen in dieser Direktheit, wird man kaum antworten können, dass der Demokratie auf Grund der abgestrebten Sachziele und der gemachten Erfahrungen grundsätzliche, materielle und prozedurale Grenzen gesetzt werden müssen oder können.

Unser Nachdenken über Machbarkeiten hat oft etwas Technokratisches, Utilitaristisches und entsprechend Beschränktes; es ist auf ein engeres Ziel ausgerichtet. Mehrfach ist bereits von Gewinnen und Gelingen, von Erreichen oder Fiasko die Rede gewesen, was voraussetzt, dass feststeht, wie das Projekt aussieht und wie es zu einem

die europäische Linke und vor allem die Politprominenz Westeuropas, die sich «einmischte»: die Deutschen Gerhard Schröder und Joschka Fischer (letzterer auch im Streitgespräch mit dem sozialistischen Senator Jean-Luc Mélenchon, Le Monde vom 7. Mai 2005. S. 12ff.), der Portugiese Mario Soares, der Spanier Josep Borrell, der Belgier Elio Di Rupo; die drei wichtigsten italienischen Gewerkschaften (Le Monde vom 25. Mai 2005. Frontseite). Aber auch Teile der EU: So sprachen sich die 25 in Paris versammelten Gesundheitsminister für ein «oui français» aus (Le Monde vom 18. April 2005. S. 9).

guten Ende gebracht werden soll. Dagegen ist eigentlich nichts einzuwenden. Demokratie heisst nicht völlige Offenheit und Unbestimmtheit des Wollens. Zur Demokratie darf gehören, dass eine Regierung oder dass Regierungen etwas verwirklichen wollen und mit diesem Willen unter Einhaltung der demokratischen Prinzipien das gewollte Resultat erzielen. Jenseits der utilitaristischen Einschätzung kann man sich natürlich auch auf den Standpunkt stellen, dass es schlicht ein zu gewährendes Grundrecht ist, in Dingen, die einen betreffen, auch mitzubestimmen.

Anderseits kann man sich auch schwerlich auf den Standpunkt stellen, dass «bloss» indirekt von Parlamenten getroffene demokratische Entscheide grundsätzlich minderwertig seien. Die Tendenz dazu besteht in der Schweiz, doch ist das weniger das Resultat einer überlegten Einschätzung als ein Reflex des allgemeinen Überlegenheitsanspruchs gegenüber dem als minderwertig eingestuften Ausland. Man sollte auch gegenüber den Vorstellungen ein wenig skeptisch sein, dass die Schweiz das ideale Vorbild (Modell) sei, dass sie sich gleichsam selber exportieren und erst dann ein Mitglied der EU werden könne, wenn diese die helvetische Demokratie übernommen habe. Diese Warnung richtet sich gegen die bornierten Nationalisten, die sich im übrigen gar nicht wünschen, dass es eine Angleichung an die Schweiz gibt, weil sie damit der Voraussetzung für ihre Überlegenheitsgefühle verlustig gingen. Sie richtet sich nicht gegen ein gemeinsames, transnationales Nachdenken über Möglichkeiten, die Demokratie zu stärken, und nicht gegen das Einbringen von schweizerischen Erfahrungen in einen Verständigungsvorgang unter Gleichgestellten.

Nach der Abstimmung in Frankreich gab es zwei gegensätzliche Diskurse: Der eine betonte das Positive, die Tatsache, dass erstmals eine engagierte Volksdiskussion über Europa stattgefunden habe (was in Spanien nicht der Fall gewesen sei); dass eine nie dagewesene innenpolitische Mobilisation stattgefunden habe;[49] dass wegen der Anteilnahme von Nichtfranzosen am französischen Abstimmungskampf so etwas wie eine transnationale Öffentlichkeit entstanden sei;[50] dass die direkte Demokratie sogar einen eigentlichen Durchbruch erzielt habe, man jedenfalls der Basis inskünftig mehr Beachtung schenken werde, als dies bisher geschehen ist. Die Meinung, dass es dank der Volksabstimmung zu einer guten Diskussion gekommen sei und dass damit auch ein kollektives Näherrücken an das bisher viel zu ferne Brüssel stattgefunden habe,

49 Zusätzliche Interventionen gab es vor allem auf der Seite der Befürworter/innen, zum Beispiel durch die Auftritte des ehemaligen SP-Chefs Lionel Jospin und die ehemalige liberale Präsidentin des Europäischen Parlaments Simone Veil, die sich deswegen extra vom Verfassungsrat (Conseil constitutionnel) beurlauben, das heisst mit politischer Bewegungsfreiheit ausstatten liess. Mobilisation aber auch von weniger bekannten Grössen wie Philippe Lemoine, Kopräsident der Gruppe Galeries Lafayette (Le Monde vom 25. Mai 2005. S. 15) oder Pierre de Lauzun, stv. Direktor der französischen Bankenvereinigung (Le Monde vom 20. Mai 2005. S. 13). Aber auch Personen aus Kirche, Kultur und Wissenschaft, etwa Dalil Boubakeur, Rektor der Moschee von Paris (Le Monde vom 11. Mai 2005. S. 7).

50 Interessant ist die Konstellation, dass sich Bürger und Bürgerinnen eines Landes, das kein Referendum abhält, am Referendumskampf eines anderen Landes beteiligen. «Privés de référendum, les Italiens s'immiscent dans le débat français» (Le Monde vom 18. Mai 2005. S. 7).

bleibt allerdings nicht unwidersprochen. Der Soziologe Friedberg ist ganz entschieden der Meinung: «Le débat n'était pas exemplaire, il n'a pas amélioré le niveau de connaissances des Français sur l'Europe et certainement pas servi la cause de l'Europe en France.» Was gewonnen habe, sei vielmehr die systematische Desinformation gewesen.[51]

Die andere Reflexion gilt der Frage, was falsch gelaufen sei. Sie bleibt legitimerweise bei der Vorstellung, dass das Projekt etwas Richtiges und Notwendiges angestrebt habe, dass sich keine inhaltlichen, materiellen Fragen stellen und es nur um die technische Frage gehe, wie man es denn anstellen solle, dass das Projekt auch die Zustimmung der Basis erhalte. Einige Fragen müssen jedoch etwas weiter ausholen und können sich nicht auf die Phase des Abstimmungskampfes beschränken. Da geht es um Fragen wie: Hätte der Konvent in diesem oder jenem Punkt bessere Arbeit leisten sollen? War es richtig, eine Debatte um den Sozialstaat zu vermeiden?[52] Hätte man einen anderen Konventspräsidenten haben, hätte man das Wort «Verfassung» vermeiden müssen, zumal es sich bei diesem Gesetzestext gar nicht um eine Verfassung handle («falscher Zungenschlag»)?[53] War es richtig, im Juni 2004 etwas brüsk festzustellen beziehungsweise zu dekretieren, wie das Giscard offenbar getan hatte, dass die Arbeiten nun abgeschlossen seien und ein Konsens bestehe, damit, wie vorgesehen, das Werk am 29. Oktober 2005 in Rom feierlich unterzeichnet werden könne? Hätte man sich mehr Zeit lassen müssen, Zeit, die jetzt doch auch gebracht wird? Und gab es da nicht noch ein von Kommissionspräsident Romano Prodi vorgelegtes Konkurrenzprojekt einer europäischen Verfassung, das bessere Chancen gehabt hätte? Und was hätte man, da es offenbar gar nicht so sehr um das Verfassungsprojekt ging, generell tun sollen, um den allgemeinen Europa-Groll in Grenzen zu halten? Es könnte als tragisch bewertet werden, dass ausgerechnet in einem Moment, da mehr Bürgernähe hergestellt wird, die zuvor vielleicht zu lange ferngehaltenen Bürger mit Distanz reagieren.

Es gibt noch zwei spezielle Fragenkomplexe: Wenn aus dem Gebot der demokratischen Partizipation der Verfassungsvertrag via eine Volksabstimmung eingeführt werden soll, warum sollte dieses Prinzip eine Wiederholung im Falle einer Ablehnung verbieten? Wäre das nur eine zusätzliche Variante der Erwartung, dass letztlich auf jeden Fall nur ein Ja herauskommen darf? Dies gemäss der Formel, dass so lange diskutiert wird, bis die Mehrheit es endlich begriffen hat?[54] Und warum meint man, dass man Malta sehr wohl oder, wie erlebt, Irland und Dänemark ein zweites Mal abstimmen lassen könne, nicht aber das grosse Frankreich?

51 Erhard Friedberg, Direktor des Centre de sociologie des organisations im Institut d'études politiques de Paris (Le Monde vom 7. Juni 2005. S. 13).

52 Jacques Delors bemerkte, es sei kein Zufall, dass die beiden Arbeitsgruppen des Konvents «Union économique et monétaire» und «le social» nicht funktioniert hätten (Le Monde vom 4. Mai 2005. S. 4).

53 Vgl. dazu Peter Normann, The Accidental Constitution: The Story of the European Convention. Brüssel 2003.

54 Debré, Präsident der Nationalversammlung, sprach bezeichnenderweise von einem «finalement comprendre» (Le Monde vom 2. April 2005. S. 7).

Der zweite Fragenkomplex betrifft die Art des Entscheids. Muss es ein einstimmiger, könnte es nicht auch nur ein mehrheitlicher Entscheid sein? Kein Zweifel, das zur Abstimmung unterbreitete Projekt verlangt eine einstimmige Gutheissung (Artikel IV-447, Absatz 2). Und gibt es im EU-Beschlussverfahren auch noch weitere, weniger wichtige Fragen zum Beispiel in der GASP, die ebenfalls diese zugegebenermassen hohe Hürde vorsehen? Das Problem besteht darin, dass die EU-Mitglieder trotz aller Supranationalität diesbezüglich noch immer als souveräne Gebilde verstanden werden und darum die mentalen Voraussetzungen für Mehrheitsentscheide (noch) fehlen. Die zentrale Frage besteht darin, wie man – wenn man das will – dahin kommt, dass die Betroffenen bereit sind, die substantiellen Souveränitätsreste fallenzulassen.

In der Schweiz wurde 1848, allerdings unter militärischem Druck, eine Ordnung durchgesetzt, in der 8 von 24 kantonalen Staaten die Verfassung ablehnten. Damals traten die Teilstaaten ihre Vetomacht in aussenpolitischen Fragen zugunsten einer helvetischen GASP ab. 1998 wäre in der Schweiz niemand auf die Idee gekommen, dass die neue Bundesverfassung nicht in Kraft treten könne, weil sie in 10 von 23 Kantonen keine Mehrheit erhalten hatte (im Kanton Glarus gab es beinahe 70 Prozent Nein-Stimmen), oder dass die von einer Mehrheit der Kantone angenommene Verfassung für die genannten Kantone nicht gelte. Und das war schon vor 150 Jahren so, als die Verschmelzung zu einer bundesstaatlichen Einheit noch nicht so weit fortgeschritten war.

Die Ratifizierung des von der EU verabschiedeten Verfassungsvertrags hat die Frage aufgeworfen, wieviel Demokratie die EU nötig hat – und erträgt. So ist die Frage allerdings allgemeiner gestellt, als sie in diesem Beitrag abgehandelt ist. Hier ging es um Volksabstimmungen zu Verfassungsvorlagen. Demokratie beschränkt sich aber nicht auf diese Materie. Eine über den begrenzten Raum der Verfassungsmaterie hinaus gelebte direkte Demokratie könnte auch dem Umgang mit Verfassungsfragen zugute kommen. Verfassungsabstimmungen sind, obwohl sie einem speziellen «Stoff» gelten, letztlich doch nur Varianten anderer Abstimmungen – sofern welche stattfinden.

Werden die beiden negativen Abstimmungsergebnisse auf einfache Weise ernst genommen, dann ist das gegenwärtige Verfassungsprojekt gestorben, dann müssten andere eigentlich nicht mehr abstimmen. Die Luxemburger haben sich nicht beeindrucken lassen und am 10. Juli 2005 trotzdem eine Abstimmung durchgeführt, deren Ausgang mit 56,5 Prozent Ja-Stimmen erwartungsgemäss positiv verlief. Der Brüsseler Gipfel vom 16. Juli 2005 beschloss, dass man Verständnis für diejenigen Länder habe, die noch etwas Zeit für Erörterungen benötigten, und das Schlussdatum vom 1. November auf das Jahr 2007 verschoben werde. Hier geht man, auf die selbsterfüllende Wirkung einer Roadmap hoffend, noch immer davon aus, dass es keine Alternative zum Projekt gibt. «Ajouter du temps au temps» lautete die Formel, von welcher der dänische Staatschef sogleich Gebrauch machte und den Abstimmungstermin vom 27. September 2005 strich; gleich erging es dem portugiesischen Termin vom 9. Oktober 2005 und dem tschechischen Termin, der noch gar nicht festgelegt war, aber auf Ende 2006/Anfang 2007 verschoben wurde. Jacques Delors wurde getadelt, weil er «ehrlicherweise» erklärte, dass man sehr wohl einen «Plan B» erarbeiten könne, dies aber Zeit brauche. *Strictu sensu* kann aber nur das als «Plan B» bezeichnet werden, was neben dem «Plan A» als Notlösung bereits besteht. Später zu erarbeitende Ersatzlösungen, wie Delors meinte, haben nicht den Status eines «Plans B».[55] Es gab und gibt wirklich keinen «Plan B», auch wenn der Parlamentspräsident Josep Borrell scherzte, es gebe eben mehrere «Pläne A».[56] Nach dem französisch-niederländischen Doppel-Nein wendet man sich nun zwangsläufig einem «Plan D» zu. Er steht für Debatte, Dialog und Demokratie.

55 «Le devoir de vérité impose de dire qu'il peut y avoir un plan B» (Le Monde vom 13. Mai 2005. S. 7.) Delors hatte sich allerdings schon zuvor bei der BBC in diesem Sinne geäussert, ohne eine grössere Aufregung zu erzeugen (Le Monde vom 5. Mai 2005. S. 8).

56 Le Monde vom 5. Mai 2005. S. 8.

Die Aufnahme der zehn neuen Mitgliedstaaten am 1. Mai 2004 in Dublin war ein historischer Moment. Dieser Moment wurde aber in Etappen schon früher vorentschieden. Doch wann? Am Gipfel vom Juni 1992 in Lissabon? Am Gipfel vom Dezember 1997 in Luxemburg? Am Gipfel vom Dezember 1999 in Helsinki? Oder erst am Gipfel vom Dezember 2002 in Kopenhagen? Oder in den Vorberatungen dieser Gipfel? Erweiterungen des Mitgliederbestandes sind vergleichsweise leicht festzustellende Schlüsselmomente. Daneben gibt es andere, schwerer zu identifizierende. Einige davon sind im nebenstehenden Artikel erörtert (Fahnenaufzug mit Staats- und Regierungschefs am 1. Mai 2004 vor dem Palais der irischen Staatspräsidentin. Foto: Keystone).

Schlüsselmomente der europäischen Integrationsgeschichte

Zunächst ein paar Vorbemerkungen: Pierre Gerbet, der Verfasser der immer noch gültigen Geschichte «La Construction de l'Europe» von 1983, erklärte nicht, wie man den Begriff der Konstruktion zu verstehen hat. Dachte er an Architekten und Ingenieure, an Entwürfe und Baupläne? Implizit geht er davon aus, dass es sich um eine «construction progressive» handelt, ein «achèvement» in Etappen, wobei die Form des Endprodukts nicht definiert ist. Marie-Thérèse Bitsch wählte etwa den gleichen Titel für ihre 1996 erschienene «Histoire de la construction européenne», aber sie trug dem inzwischen stärker gewordenen Reflexionsbedarf doch Rechnung, indem sie explizit zwischen der Geschichte der Europaidee, der Geschichte der Konstruktion und der Geschichte der Integration unterschied, ohne allerdings darauf einzugehen, wie diese drei Geschichten zusammenhängen könnten. Ihr Verständnis von Konstruktion ist allerdings nicht sehr analytisch und insbesondere nicht auf den Prozess, sondern auf das Resultat des Prozesses ausgerichtet.[1] «Construction» (in Anführungszeichen gesetzt) bedeutet ihres Erachtens «l'ensemble des réalisations qui contribuent à créer des liens organiques entre Etats européens».[2] Im Text selber ist selten von Konstruktion die Rede, viel häufiger dagegen von «création», seltener von «mise en place» oder von «naissance». Wenn es nicht um eine Neuschöpfung, sondern nur um die Umsetzung des Neuen geht, wählt die Verfasserin die temporale Formulierung der «mise en route».[3]

Dass sich die Konstrukteure für alternative Modelle entscheiden können, wird nur einmal sichtbar, wenn vom Schuman-Plan von 1950 die Rede ist, hier handelt es sich um eine «option de Paris pour la construction d'une Européenne». Und im Falle der Europäischen Verteidigungsgemeinschaft (EVG) handelt es sich um eine «tentative avortée». Sehr geläufig ist der Begriff der «relance» nach dem «échec» von 1954 und nach der Stagnation vor 1969 oder «un nouveau départ»[4]. Dieser Begriff ist aber

1 Mehr auf den Prozess ausgerichtet und doch auch auf das Resultat ausgerichtet ist der die Vorgänge ebenfalls stark vereinfachende englische Terminus des «making-of».

2 Marie-Thérèse Bitsch, Histoire de la construction européenne de 1945 à nos jours. Brüssel 1996. S. 15. Nouvelle Edition Bruxelles 2001.

3 Umgangssprachlich kann man die Formulierung hören, «la construction prends son chemin», andere Formulierungen äussern sich auch zur Geschwindigkeit: «La Construction européenne connaît un net relantissement [...].»

4 Letztere Formulierung in Kombination mit «tournant» im Aufsatz von Marie-Thérèse Bitsch, Le sommet de La Haye. Sa mise en route de la relance de 1969. In: Crises and Compromises: The European Project 1963–1969. Hrsg. v. Wilfried Loth. Baden-Baden 2001. S. 564.

von den zeitgenössischen Akteuren mit programmatischer Absicht eingesetzt worden und keine Bezeichnung, die den Befund einer nachträglichen Analyse auf den Begriff bringen will. Der Begriff der «construction» stammt im übrigen ebenfalls aus dem Vokabular der Europapolitik. Das disqualifiziert ihn nicht grundsätzlich, weil er nicht mit einem bestimmten ideologischen Inhalt verknüpft ist. In der Schweiz wird ablehnend von der EU gesagt, dass sie nur ein Konstrukt, ein Artefakt sei, dies im Gegensatz etwa zu einer angeblich organisch gewachsenen Einheit wie der 700 Jahre alten Confédération. Die Metapher des Hauses wird aber von allen Kulturen gepflegt, vor allem wenn man sagen will, dass das Gebilde verschiedene Wohnungen umfasst.

Was ich hier vorschlage, ist sehr einfach und in gewisser Hinsicht doch auch ambitiös: eine Lektüre der bekannten Integrationsgeschichte, die gleichsam Ausschau hält nach Schlüsselmomenten, in denen bei der «construction» oder auf der «route» wichtigere Entscheidungen fielen, die vielleicht auch anders hätten ausfallen können.[5] Gemeint sind objektive Entscheide, wie man sie als Ergebnisse von komplexen Entwicklungen feststellen kann, nicht subjektive, einsame Entscheide, wie man sie zu Recht oder zu Unrecht zum Beispiel einem Charles de Gaulle bezüglich der britischen Mitgliedschaft zuschreibt. Beispiel eines objektiven Entscheids ist die Schaffung des Europarats 1949, von dem man nicht sagen kann, wer der Gründer, der Vater, der Gründungsvater, der Architekt, der Konstrukteur gewesen ist. Darum geht es hier auch nicht um die wichtige Frage der Vorgehensweisen bei der Umsetzung der gegebenen Zielsetzungen, sondern wirklich um die grösseren Alternativen selbst in der Zielsetzung.[6]

Was ist das, was konstruiert wird? Das naheliegendste Bild ist das Haus. Die Erklärung von Staatspräsident Charles de Gaulle folgte diesem Bild, als er im November 1967 sein zweites «Non» zur Aufnahme Grossbritanniens damit begründete und von Konstruktion oder Destruktion sprach, «d'un édifice qui à été bâti au prix de tant de peines et au milieu de tant d'espoirs».[7]

Das Haus der EU ist in Etappen gebaut. Darum ist von ihm schon gesagt worden, es gleiche eher den Containergebäuden von Heathrow als einer gotischen Kathe-

5 Es gibt für die deutsche Geschichte, von verschiedenen Autoren verfasst, ein analoges Unternehmen: Scheidewege der deutschen Geschichte. Von der Reformation bis zur Wende, 1517–1989. Hrsg. v. Hans-Ulrich Wehler. München 1995. In der Einleitung bemerkt Wehler, dass die möglichen, aber nicht eingetretenen Entwicklungsvarianten von der Historiographie, die eben stets von den «Siegern» geschrieben wird, vernachlässigt werden (S. 9).

6 Die metaphorische Sprache greift im übrigen auch ganz gerne auf eine andere Einzelperson, nämlich den Kapitän. Dabei ist dann weniger die Konstruktion des Schiffes wichtig als sein Kurs, «l'itinéraire», «le fait que l'on tient le cap, même si le cap en forme de finalité est inconnu». Strukturelle Beachtung finden da höchstens die nationalen Rettungsboote. Der Kurs auf dem Meer ist besonders sinnhaft, weil er nicht nur zu neuen Ufern führt, sondern weil der Weg nicht wie auf dem Festland vorgegeben ist, sondern erst entsteht, indem man ihn zurücklegt. Es fällt auf, dass in der deutschen Europa-Literatur sehr oft von «Weg» die Rede ist, manchmal im Englischen auch von «road». Die Franzosen ziehen es aber bei weitem vor, von Konstruktion zu sprechen.

7 Zit. nach Gérard Bossuat, De Gaulle et la seconde candidature britannique aux Communautés européennes (1966–1969). In: Crises and Compromises: The European Project 1963–1969. Hrsg. v. Wilfried Loth. Baden-Baden 2001. S. 524.

drale, etwa derjenigen von Chartres, obwohl an dieser auch mindestens während eines halben Jahrhunderts gebaut wurde. In meinem Beitrag möchte ich der Frage nachgehen, wann es in diesem Bauprozess Momente gegeben hat, in denen die Bauerei zu anderen Ausbauten hätte führen können. Die Literatur ist der Frage nach den Schlüsselmomenten nicht systematisch nachgegangen, jedenfalls nicht mit kontrafaktischen Überlegungen, wie die Momente auch noch hätten ausgehen können. Als Historiker hat man schon Mühe, die Vorgänge, die tatsächlich stattgefunden haben, zu verstehen. Um wieviel schwieriger ist es, auch noch zu verstehen, was nicht stattgefunden hat, aber allenfalls hätte stattfinden können? Theoretisch ist man sich schnell einig, dass historische Abläufe oft keine Zwangsläufigkeit haben und auch eine andere Richtung hätten nehmen können. Wenn wir uns dies an konkreten Fragen bewusst machen, könnte das der tatsächlich eingetretenen Variante zusätzliches Gewicht geben. Wir kämen dann zum Schluss, dass stärkere Determinanten zur Realisation ebendes Realisierten geführt haben. Dies allerdings ohne jeden pauschalen Determinismus und ohne teleologische Vorstellung, dass ein Prozess zwangsläufig einem bestimmten Endzustand entgegenstrebt, zum Beispiel einem so oder andersgearteten Europa.

Eine abgeschwächte Variante teleologischer Entwicklungsvorstellungen geht davon aus, dass von einem bestimmten Moment an die Eigendynamik so stark wird, dass der erreichte Zustand irreversibel ist. Nachdem die Sechs die Spannungen der 1960er Jahre überstanden und sozusagen den Test bestanden hatten, konnte man erleichterte Kommentare hören, die erklärten, dass der Integrationsprozess hiermit eben irreversibel geworden sei. Einer derartigen, auf die Zukunft ausgerichteten Diagnose kann man zustimmen, wenn sie nicht die Ewigkeit (oder die 700 Jahre der Eidgenossenschaft) anvisiert. Auch wenn die EU kein Reich ist, sondern ein Regime, dürfen wir nicht vergessen, was uns Jean-Baptiste Duroselle als eine wichtige Einsicht mitgegeben hat: «Tout empire périra.»[8]

Bekannt ist vielleicht der 2001 vom Luxemburger Politologen Romain Kirt herausgebrachte Band über die *Krisen* der EU.[9] Anlass war das ausserordentliche Vorkommnis, dass im Vorjahr die vom Luxemburger Jacques Santer präsidierte Kommission zurücktrat. Krisen sind aber nicht das, worum es hier gehen soll. Krisen, das geht aus den meisten Texten hervor, sind Zustände, die sich an der Norm des guten Funktionierens messen. Krisenüberwindung wird in diesem Verständnis als erneute Möglichkeit des Weitermachens oder gar besseren Weitermachens auf dem eingeschlagenen Weg aufgefasst. Dieses Verstandnis ist sehr nahe beim teleologischen Denken der Zwangsläufigkeit. So heisst es denn auch in Romain Kirts Einleitung: «Krisen haben den europäischen Einigungsprozess stets vorangetrieben [...].»[10] An anderer Stelle

8 Jean-Baptiste Duroselle, Tout empire périra. Une vision théorique des relations internationales. Paris 1981.

9 Romain Kirt (Hrsg.), Die Europäische Union und ihre Krisen. Baden-Baden 2001. Der dem abgetretenen Kommissionspräsidenten nahestehende Herausgeber würdigte diesen Rücktritt in der Einleitung als «mutig und politisch absolut korrekt».

10 Ebenda, S. 13.

findet sich allerdings auch bei ihm ein treffenderes Verständnis, wenn er sagt, dass in Krisen eine Wende sowohl zum Besseren als auch zum Schlechteren eintreten kann.[11]

Die grundsätzliche Offenheit der Geschichte macht die Analyse historischer Entwicklung spannend. Dem Nachdenken über alternative Entwicklungen, die zwar nicht eingetreten sind, aber hätten eintreten können, sind allerdings engste Grenzen gesetzt. Es dürfte zu den stets gleichen, nicht sehr originellen drei Varianten von Vermutungen führen:

Erstens, dass die heute mit starken Bindungen zusammengehaltenen EU-Mitglieder wieder in den Zustand der Dispersion und der nationalstaatlichen Sololäufe zurückfallen könnten, im besten Fall verbunden durch eine grosse Freihandelszone. Die Desintegration wurde vor allem in den ersten Jahren wegen der Gefahr eines neuerlichen deutschen Alleingangs befürchtet.

Zweitens, dass sich aussereuropäische Kräfte, insbesondere die USA, stärker einmischen und die einzelnen Staaten Europas gegeneinander ausspielen könnten.

Drittens, dass es zu einem Zusammenschluss von ausgewählten Mitgliedern kommen könnte: a) zu einem Viererdirektorium unter den Grossen oder b) zu einem harten, sich durch eine erhöhte Koordination und Solidarität charakterisierenden Kern. Innereuropäische Allianzen dürfte es in schwacher Form in der EU ohnehin immer wieder geben. Diese sind aber an gemeinsame Spielregeln gebunden und werden – hoffentlich – in stets wechselnden Kombinationen auftreten, so dass die Kohäsion der Union deswegen nicht zu stark strapaziert werden wird.

Vor allem von den Anhängern eines Ausbaus wird im Moment des Widerstands schnell die Extremalternative von Leben oder Tod evoziert. So zirkulierte im November 1969 ein Flugblatt mit dem Titel «La Haye: enterrement de l'Europe ou conférence de la dernière chance?».[12] Die Reformgegner dagegen waren überzeugt, dass nie das Leben der Nation(en) in Frage gestellt ist, sondern immer nur das der Gemeinschaft. Man kennt etwa das Wort von Charles de Gaulle vom April 1965: «La France a vécu avant le traité de Rome et pourra vivre après sa mise en sommeil.»[13]

Unsere Wanderung durch die Geschichte des Integrationsprozesses, die wir jetzt nach dieser längeren Einleitung unternehmen, hat lediglich zum Ziel, nach denjenigen Momenten Ausschau zu halten, in denen die eingetretene Fortsetzung keine Selbstverständlichkeit war und auch Weichenstellungen hin zu einer anderen Entwicklung möglich gewesen wären. Es können mindestens zehn wichtigere Momente dieser Art benannt werden:

11 Ebenda, S. 26. Für Kirt ist der Begriff der «Reifungskrise» zentral, die Wende ist mindestens hinsichtlich des Wachstums, aber auch der Reifung stets eine Wende zum Besseren (vgl. S. 31).

12 Marie-Thérèse Bitsch, Le sommet de La Haye. S. 552.

13 Zit. nach Maurice Vaisse, La politique européenne de la France en 1965: pourquoi «la chaise vide»? In: Crises and Compromises: The European Project 1963–1969. Hrsg. v. Wilfried Loth. Baden-Baden 2001. S. 206. Siehe auch Maurice Vaisse, La grandeur: politique étrangère de De Gaulle (1958–1969). Paris 1998.

Ganzes oder geteiltes Europa

Eine *erste Weichenstellung* betrifft die in den Jahren 1945–1948 bestehende Alternative zwischen der Schaffung eines «ganzen» oder eines zweigeteilten Europa. Eine Alternative war dies nur in dem Masse, als es eine Alternative zum Zerfall der Kriegsallianz und zum sogenannten Ausbruch des Kalten Krieges gegeben hätte. Die verstärkte Ausformung der bipolaren Struktur, wie sie ansatzweise bereits nach dem Ersten Weltkrieg um 1920 entstanden war, scheint mir aber weitestgehend unvermeidlich gewesen zu sein. Kleinere Varianten wären lediglich denkbar in der Intensität der Gegensätze. Die Marshall-Plan-Hilfe wurde, wie man weiss, gegenüber einem «ganzen» Europa angeboten, und sie konnte, wie man ebenfalls weiss, von Staaten im sowjetischen Einflussbereich nicht angenommen werden. Westeuropa wurde zum Brückenkopf der westlichen Supermacht und zu einem Rempart gegen das Reich des Ostens. Zudem war die Marshall-Plan-Hilfe an die Einhaltung der liberalen Marktwirtschaft gebunden. Die Bipolarität musste aber nicht die Teilung Europas bedeuten. Man hätte auch ein neutrales Europa zwischen den beiden Blöcken schaffen können. Bekanntlich hätte dies den Wünschen der anfänglich starken Bewegung der Union der Europäischen Föderalisten entsprochen. Die Neutralisierung wurde vom Westen – wohl nicht zu Unrecht – als Bevorteilung des Ostens empfunden, weil dieser in der Strategie der mit Subversion und Agitation arbeitenden indirekten Machtausdehnung besser bewandert war. Aus dem gleichen Grund wünschte der Westen auch keine Wiedervereinigung Deutschlands um den Preis der Neutralisierung.

Föderalistisches oder unionistisches Europa

Eine *zweite Weichenstellung* betrifft die in den Jahren 1948–1950 bestehende Alternative zwischen dem supranationalen Modell der in Frankreich stark vertretenen Föderalisten und dem locker-konföderalen Modell der in Grossbritannien stark vertretenen Unionisten. Erstere machten zwar die grösste Gruppe aus, blieben bekanntlich aber auf der Strecke, letztere setzten sich durch. Warum? Eine einfache Antwort liegt darin, dass die Ambitionen der ersteren viel grösser waren, letztere sich mit weniger begnügen wollten. Hinzu kam, dass für die grösseren Ambitionen wahrscheinlich weniger Geld zur Verfügung stand als für das eng limitierte Projekt.[14] Die Literatur stellt in diesem Sinne den föderalistischen Rigorismus und den staatenbündischen Pragmatismus einander gegenüber.[15] Im weiteren wird der Erfolg der einen und der Misserfolg der anderen mit der unterschiedlichen Organisationstüchtigkeit erklärt. Die von Henri Brugmans, einem Universitätsprofessor, angeführten Föderalisten

14 Es ist schwer denkbar, dass die Föderalisten, wie das dem Unionisten Sandys gelang, über den holländischen Prinzen Bernhard die Firma Philips zum Sponsor hätten gewinnen können. Frank Niess, Die europäische Idee. Aus dem Geist des Widerstands. Frankfurt a.M. 2001. S. 182.

15 Frank Niess, Die europäische Idee. S. 161.

werden als unerfahren, ein wenig naiv dargestellt, die Unionisten unter Duncan Sandys, Churchills Schwiegersohn und Exminister, als cleverer und dynamischer. Die einen redeten und verfassten Texte, die anderen handelten und schufen vollendete Tatsachen. Die Föderalisten dachten daran, mit der Einberufung von Etats généraux de l'Europe nach Versailles einen grossen Verfassungsgebungsprozess einzuleiten. Die Unionisten verwirklichten das Alternativprogramm, den Kongress von Den Haag, der unter frustrierter Mitwirkung der Föderalisten die Regierungen zum Handeln auffordern sollte. Also ein *Top-down-Approach* und kein *Bottom-up-Approach*. Als ob man damals eine wirklich bestehende Chance verpasst hätte, klagten Europaveteranen in den 1960er Jahren, als andere mit der Zeit das nach und nach schufen, was ihnen in einem Schwung zu realisieren 1947/48 nicht gelungen war: «Nous avons perdu quinze ans!»[16]

Umfassende oder sektorielle Integration

Eine *dritte Weichenstellung*, die eng mit der zweiten verbunden war, betraf die Alternative: umfassende oder sektorielle Integration. In der Ausgangslage, das heisst in den Jahren 1943–1948 und in den Plänen der Föderalisten, stand das Modell einer Vollintegration im Vordergrund, das Modell der Teilintegration gewann erst seit 1947 an Boden und setzte sich nach 1948 mit der Verkündung des Schuman-Plans 1950 durch. Zuvor, 1949, hatte man mit dem Europarat doch ein umfassendes, aber ausgesprochen schwaches Gremium geschaffen. Dieser französisch-britische Kompromiss war ebenfalls eine wichtige Weichenstellung: Nach dem französischen föderalistischen Modell wurde eine Parlamentarische Versammlung (allerdings ohne ihr Kompetenzen zu geben)[17] und nach dem britischen unionistischen Modell ein rein intergouvernementales Ministerkomitee eingerichtet.[18] Die Zuständigkeit des Europarats wurde mehrfach begrenzt, mit der Ausklammerung der Verteidigungsfragen der NATO und der Wirtschaftsfragen der OEEC und in einem dritten Schritt mit der Ablehnung der von der Assemblée geforderten «création d'une autorité politique européenne avec des pouvoirs réels dans des questions limitées». Die schwache Ausstattung des Europarats wurde als Preis für das Mitwirken der Briten bezeichnet. Andere waren vielleicht froh, sich hinter den Briten und den Skandinaviern verstecken zu können. Jedenfalls vergab man damit die Möglichkeit, die erprobten nationalen Staatsstrukturen auf supranationaler Ebene zu reproduzieren.

16 Raymond M. Jung, damaliger Vizepräsident der UEF, überliefert dieses Diktum als Kommentar Henri Brugmans' von 1963 auf einen Entscheid vom Mai 1958 zugunsten der «Institutionnalistes» oder «Fonctionnalistes» und zum Nachteil der «Constitutionnalistes» (NZZ vom 5. Februar 1999).

17 Die Briten wollten für die Mitglieder der Parlamentarischen Versammlung sogar eine Ernennung und bindende Instruktionen durch die Regierung.

18 Uwe Holtz (Hrsg.), 50 Jahre Europarat. Baden-Baden 2000.

Mit oder ohne Grossbritannien

Eine *vierte Weichenstellung* betrifft die in den Jahren 1950–1955 entschiedene Frage der frühen Beteiligung Grossbritanniens am Integrationsprojekt. Wie man weiss und zum Beispiel in Churchills Zürcher Rede von 1946 dokumentiert ist, ging man in Grossbritannien zunächst mit grosser Selbstverständlichkeit davon aus, dass die europäische Integration eine kontinentale Angelegenheit sei. Es gibt speziell in Grossbritannien eine Debatte zur Frage, ob der britische Inselstaat 1950 vom Schuman-Projekt ausgeschlossen wurde oder nichts wissen wollte. Edmund Dell (Oxford 1995) vertritt gegen die leicht dominierende Ausschlussthese die These der frivolen/leichtsinnigen «abdiction of leadership».[19] Aus britischer Sicht kann man aus zwei Gründen diese Weichenstellung bedauern: einmal weil damit die Rolle der britischen «leadership» an Frankreich verschenkt wurde (wobei eine singuläre «leadership»-Rolle im Europa von Brüssel gar nicht systemkonform gewesen wäre); und zum anderen weil man die britische Bevölkerung – vielleicht – schon früher veranlasst hätte, gewisse Fundamentalvorbehalte abzubauen. 1950 war allerdings noch nichts entscheiden. Im Juni 1955 gingen die Bundesrepublik und die Beneluxländer mit der nicht nur illusorischen Erwartung an die Aussenministerkonferenz von Messina, dass sich Grossbritannien am EWG-Projekt beteiligen könnte. Die Alternative hätte wohl nicht ein um Grossbritannien erweiterter harter Kern geheissen, sondern eine Verwässerung von EGKS (Europäische Gemeinschaft für Kohle und Stahl) und EWG (Europäische Wirtschaftsgemeinschaft), wie sie das Projekt des Europarats schon 1949 erfahren hatte.

EVG oder NATO

Eine *fünfte Weichenstellung* nimmt in dieser Reihe insofern eine Sonderstellung ein, als sie zwei Projekte betrifft, die nicht verwirklicht wurden: die in den Jahren 1950–1954 angestrebte EVG (Europäische Verteidigungsgemeinschaft) und die 1952 in die Wege geleiteten Beratungen zur Schaffung der EPG (Europäische Politische Gemeinschaft).[20] Die Weigerung der Nationalversammlung vom 30. August 1954, dem von allen Partnern bereits ratifizierten Vertrag zuzustimmen, wird von Experten insofern als die schlimmste Krise in der Geschichte des Integrationsprozesses gewertet, als hier ein grosses Projekt in aller Form scheiterte.[21] Man ist sich einig,

19 Edmund Dell, The Schuman plan and the British abdication of leadership in Europe. Oxford 1995. – Monika Rosengarten, Grossbritannien und der Schuman-Plan. Frankfurt a.M. 1997.

20 Später sollte mit den Fouchet-Plänen I und II (1961/62) auch das Projekt der «Politischen Union» zur Konzertation der Aussen- und Verteidigungspolitik scheitern. Vgl. etwa Wichard Woyke, Die Ablehnung der Fouchet-Pläne oder die Krise der europäischen Verfasstheit. In: Die Europäische Union und ihre Krisen. Baden-Baden 2001. S. 97–109.

21 Wolfgang Kaiser, «Une bataille est perdue, mais la guerre reste à gagner» – Das Scheitern der Europäischen Verteidigungsgemeinschaft 1954 und der Durchbruch zur horizontalen Wirtschaftsinte-

dass dieses Scheitern die Sechs unter Druck setzte, in einem anderen Sektor einen Erfolg zu erzielen, und dass dieser eine Dynamik zugunsten der Römer Verträge von 1957 ausgelöst hat, weil man sich, wie es heisst, ein zweites Scheitern nicht leisten konnte. Das Scheitern war faktisch eine der Voraussetzungen für die EWG, was aber nicht heisst, dass sie auch eine unerlässliche Voraussetzung bildete. Man kann auch nicht behaupten, dass umgekehrt der Erfolg in der militärischen Gemeinschaft zu einer wesentlichen Zurückstellung der wirtschaftlichen Gemeinschaft geführt hätte. Im übrigen sah man das Scheitern der EVG kommen und begann schon vor dem negativen Entscheid mit der Entwicklung der alternativen Lösung der NATO und der WEU (Westeuropäische Union).

EWG oder EFTA

Eine *sechste Weichenstellung* betrifft den in den Jahren 1955–1960 gefallenen Entscheid zwischen mehreren Dingen: der Fortführung der sektoriellen Integration, der Schaffung der von Frankreich und Deutschland angestrebten Zollunion und das Gegenprojekt der von Grossbritannien bevorzugten grossen Freihandelszone. Wie man weiss, führte gerade dieser deutliche Versuch einer Weichenstellung nur zu einem temporären Schisma in Europa zwischen EWG und EFTA (als kleine Freihandelszone). Letztere erwies sich nicht als tragfähige Alternative. Andere Entscheide betrafen die Frage, wie die sektoriellen Vertiefungen weiterentwickelt werden sollten. Frankreich strebte sie im Bereich der Atomenergie an, wobei zu entscheiden war, ob man das über eine Erweiterung des bestehenden Montansektors oder mit der Schaffung eines zweiten separaten Sektors (einer EAG) machen sollte. Die von den Beneluxstaaten und Westdeutschland favorisierte EWG könnte man ebenfalls als sektorielles Projekt verstehen, sie war im Grunde aber mehr und peilte eine umfassende Wirtschaftsgemeinschaft mit einem einheitlichen Binnenmarkt an. Hier muss auch auf die Frage hingewiesen werden, ob der Schritt zur EWG und EAG bezüglich des erreichten Integrationsgrades tatsächlich einen Fortschritt oder wegen der fehlenden (im Falle der EGKS vorhandenen) Finanzautonomie nicht vielmehr einen Rückschritt bedeutete.

Status quo oder Weiterentwicklung

Eine *siebte Weichenstellung* wurde in den Jahren 1965–1969 in der generellen Frage der Belassung des Status quo oder der Zulassung einer weiteren Entwicklung in der Vertiefung und in der Erweiterung getroffen. Maurice Vaisse zeigt, dass es General de Gaulle weniger um die Blockierung der Weiterentwicklung (vor allem mit dem Übergang zu Mehrheitsentscheiden) ging als um die Sicherung der Finanzierung der für

gration. In: Die Europäische Union und ihre Krisen. Baden-Baden 2001. S. 94. Dieser Beitrag verwendet auch französische Aufsätze von Soutou (1987) und Bariéty (1993).

Frankreich essentiellen GAP (Gemeinsame Agrarpolitik).[22] Frankreichs Politik des «Leeren Stuhls» förderte eher die Integration, als dass sie sie schwächte, weil sie eine zusätzliche Nähe unter den anderen Fünf und zwischen diesen und Grossbritannien schuf. 1966/67 hätten die fünf Mitglieder, die eine Aufnahme Grossbritanniens wünschten, diese theoretisch um den Preis eines Verzichts auf die französische Mitgliedschaft verwirklichen können. Doch eine neue Sechsergruppe mit Grossbritannien statt Frankreich war tatsächlich keine echte Alternative. 1967 bestand zwar der von Benelux entwickelte «Plan der politischen und technischen Zusammenarbeit unter 5+1» in den von den Römer Verträgen nicht abgedeckten Bereichen, doch führte dies nicht sehr weit. Auf der Suche nach alternativen Entwicklungsmöglichkeiten könnte man sich noch eher vorstellen, dass Grossbritannien länger draussen geblieben wäre oder sich gar mit den USA zu einer grossen nordamerikanischen Freihandelszone (NAFTA) zusammengetan hätte.[23] Auch wenn es rückblickend den Eindruck macht, dass der Integrationsprozess in jedem Fall weitergehen musste, trifft Gérard Bossuats Einschätzung zu, dass in der Zeit selbst grosse Ungewissheit herrschte: «Personne ne pouvait prédire que les Communautés ne disparaîtraient pas.»[24]

Status quo oder Vertiefung

Eine *achte Weichenstellung*, die diesen Namen verdient, fand erst in den Jahren 1984–1992 statt. Diese Epoche liegt im Niemandsland zwischen Vergangenheit und Gegenwart, sie ist für die Historiker zu nahe und liegt für die Analytiker der Gegenwart bereits zu weit weg. Was man aber sicher bereits feststellen kann: In diesen Jahren findet mit der am 17. Februar 1986 unterzeichneten EEA (Einheitliche Europäische Akte) und mit dem Griff nach dem Integrationsniveau von «Maastricht» ein Sprung in eine neue Qualität statt. Warum war er möglich? Hätte er auch ausbleiben können? Bei diesem Sprung liegt das gleiche wie bei der vorangegangenen Weichenstellung vor: Die entscheidenden Voraussetzungen werden vorher geschaffen: Was 1992 unterzeichnet und 1993 in Kraft gesetzt und in den weiteren 1990er Jahren umgesetzt werden wird, hatte seinen Anfang zu Beginn der 1980er Jahre.[25] Spuren dazu sind die «Feierliche Deklaration zur Europäischen Union» vom 19. Juni 1983 am Gipfel

22 Vgl. Anm. 13.

23 Bossuat weist darauf hin, dass dies keine echte Alternative war (Gérard Bossuat, De Gaulle et la seconde candidature britannique aux Communautés européennes (1966–1969). S. 515).

24 Gérard Bossuat, De Gaulle et la seconde candidature britannique aux Communautés européennes (1966–1969). S. 529. Ähnlich Heiner Timmermann, der von einer Krise spricht, «von der man nicht wusste, ob sie die Bemühungen der letzten fünfzehn Jahre zunichte machen oder ob man Problemlösungen finden würde, die den Prozess auf eine realistische und von allen akzeptable politische Basis stellen und entwickeln würden» (Die «Politik des leeren Stuhls» und der Luxemburger Kompromiss. In: Die Europäische Union und ihre Krisen. Baden-Baden 2001. S. 112).

25 Vgl. Beitrag von Gerhard Kümmel, In Trübsal vereint – Europa zwischen Tindemans-Bericht und Einheitlicher Europäischer Akte. S. 119–149.

von Stuttgart, die Zustimmung des Parlaments zu einem Verfassungsentwurf (Spinelli) am 14. Februar 1984, die Einigung in verschiedenen wichtigen Geschäften (wie Haushaltsausgleich für Grossbritannien oder Abbau der Polizeiformalitäten an den Binnengrenzen) und die Einsetzung des Dooge-Ausschusses (zur Reform institutioneller Fragen) am Gipfel von Fontainebleau vom 25./26. Juni 1984, die Genehmigung des Weissbuches zum Binnenmarkt und der Einsetzung einer Regierungskonferenz am Gipfel von Mailand am 28./29. Juni 1985. Das Schicksal des angenommenen, dann aber nicht weiterverfolgten Verfassungsvertrags ist ein Beispiel dafür, dass man Geschichte auf unterschiedliche Weise lesen kann. Dass aus dem überwältigend positiven Votum (237:31 bei 43 Enthaltungen) keine Verfassung entstand, ist die Wahrnehmung des Scheiterns; dass der Entwurf jedoch die EEA möglich machte, die Wahrnehmung des Gelingens.[26]

Status quo oder Erweiterung

Eine *neunte Weichenstellung* war zweifellos die im Mai 2004 vorgenommene Osterweiterung.[27] Sie hat aber nur etwas nachgeholt, was 1945 nicht möglich war. Entsprechend wurde der Aufnahmebeschluss am Gipfel von Kopenhagen im Dezember 2002 als Aufhebung der Resultate des Zweiten Weltkrieges und als Überwindung der ein halbes Jahrhundert dauernden Ära des Kalten Krieges gefeiert.[28] Schon am Gipfel vom Juni 1992 in Lissabon wurde ein Anwachsen auf 30 Mitglieder ins Auge gefasst. Im Dezember 1997 wurde in Luxemburg die Aufnahme von 6 Ländern als möglich bezeichnet, im Dezember 1999 in Helsinki die Aufnahme von weiteren sechs Ländern und im Dezember 2002 in Kopenhagen die Aufnahme der 12 plus eventuell der Türkei. Man hat sich diesen Prozess als eine Kombination eines Grundsatzentscheides und einer Reihe von Einzelentscheiden «sur dossier» vorzustellen. Der Grundsatzentscheid war ein Entscheid für die Sicherung der Stabilität im Osten durch Integration. Die Alternative wurde so formuliert: Bringt man die Stabilität nicht in den Osten, wird die Instabilität in den Westen kommen. Freilich gab es vor allem im Jahr 2003 skeptische Stimmen, die sagten, dass die Instabilität gerade wegen des Integrationsversuchs nach Westen komme, und den Zerfall der EU prophezeiten. Ähnliches konnte man schon bei der Süderweiterung (Griechenland 1981, Spanien und Portugal 1986) hören und wird auch bezüglich eines allfälligen Beitritts der Türkei gesagt.

26 John Pinder, Steps towards a Parliamentary Democracy for Europe: The Development of the European Parliament from the Seventies to the Nineties. In: Fritz Breuss, Gerhard Fink und Stefan Griller (Hrsg.), Vom Schuman-Plan zum Vertrag von Amsterdam. Entstehung und Zukunft der EU. Wien 2000. S. 208.

27 Man könnte in der ersten Osterweiterung vom Oktober 1990, das heisst in der Wiedervereinigung Deutschlands, die deutscherseits mit dem Verzicht auf die D-Mark zugunsten des Euro «erkauft» worden ist, ebenfalls eine wichtige Weichenstellung erblicken.

28 Georg Kreis, Europa und seine Grenzen. Mit sechs weiteren Essays zu Europa. Bern 2004.

Macht oder Grossmacht

Das führt zur *zehnten Weichenstellung*, die für etwa 2014/15 angekündigt worden ist. Eine allfällige Mitgliedschaft der Türkei dürfte mehrere Konsequenzen haben. Der Hauptentscheid könnte darin bestehen, dass die EU mit dem Einbezug der Türkei definitiv zu einer gemeinsamen Aussenpolitik gezwungen und zu einem globalen Akteur wird, der nicht nur seine direkten Aussenbeziehungen gestaltet, sondern zugleich auch Ordnungspolitik betreiben muss.

Die in den Jahren 2005/06 durchgeführten Abstimmungen zum Verfassungsvertrag wären rein materiell eigentlich keine Weichenstellung. Dieses Werk transformiert *Heathrow* nur bedingt in ein *Chartres*. Das Gelingen wäre fast wichtiger als die Konstruktion. Es hätte konsolidierende Wirkung, ohne dass etwas fundamental Neues geschaffen würde.

Und ein Nachsatz nach dem 29. Mai und dem 1. Juni 2005: Jetzt, da mit den beiden Ablehnungen in Frankreich und in den Niederlanden selbst diese an sich bescheidene Reform abgelehnt worden ist, muss man sich fragen, ob dieser negative Moment nun nicht doch den Charakter einer Weichenstellung hat, Weichenstellung in Form eines Nichtentscheids und einer grösseren Denkpause.

Vielleicht erlagen die Konstrukteure des Völkerbunds ein wenig, wie man sagt, der Illusion, dass dem Recht so etwas wie «self-executing power» innewohne. Jedenfalls sagte man sich 1945, dass man diesen Fehler nicht wiederholen und die kollektive Sicherheit in die Hände von starken Weltpolizisten legen wolle. Hier, im Moment der UNO-Gründungskonferenz von San Francisco (gleichsam vor dem goldenen Tor) im Frühjahr 1945, war noch nicht entschieden, wer den Primat haben wird: Recht oder Gewalt (Evening Standard vom 26. April 1945. Zeichnung: David Low. Aus: Die Zeit vom 10. April 2003).

Die Systeme der kollektiven Friedenssicherung von 1919 und 1945*

Die Frage, worin sich die beiden Organisationen der kollektiven Friedenssicherung unterscheiden, wurde bereits 1945 intensiv diskutiert. Die Debatte war – wie in so vielen Fällen – eine politische Debatte, bevor sie eine historische wurde. Deshalb ist auch die bereits vorliegende Literatur zu einem grossen Teil politische Literatur. Das heisst, es ist ein Schrifttum, das mit der Absicht der Einflussnahme in stark wertendem Sinn zum Tagesgeschehen Stellung nimmt. Abgesehen von dieser Tendenz ist die Literatur zu dieser Frage durch eine weitere Eigenheit gekennzeichnet: Sie vergleicht Ungleiches. Sie vergleicht die illusionsreichen Absichten von 1945 mit der desillusionierenden Praxis der Zwischenkriegszeit. Hätte man bereits die Praxis der Nachkriegsära einbeziehen können, das Urteil wäre nüchterner ausgefallen. Damit ist auch schon gesagt, dass die Vergleiche von 1945 in der Regel zum Vorteil der UNO und zum Nachteil des Völkerbundes ausfielen und eher die Unterschiede als die durchaus bestehenden Gemeinsamkeiten betonten. Auch dies entsprach der vorherrschenden politischen Tendenz. Die beiden künftigen Supermächte, die in der neuen Organisation der kollektiven Friedenssicherung eine tragende Rolle spielen sollten, waren beide nicht daran interessiert, die innere Kontinuität der beiden Organisationen zu betonen. Die USA, die 1920 dem Völkerbund nicht beigetreten waren, nahmen allein schon aus Rücksicht auf die wiederum nötig werdende Zustimmung des Kongresses eine distanzierte Haltung gegenüber der Vorgängerorganisation ein. Die UdSSR distanzierte sich aus anderen Gründen vom Völkerbund: Nachdem sie lange in Genf nicht zugelassen worden war und auch ihrerseits nicht hatte mitwirken wollen, war sie 1939 wegen des Finnland-Krieges ausgeschlossen worden.

Auf die politisch bedingten Abgrenzungsversuche reagierten die akademischen Kenner der Materie mit Darlegungen, welche im Sinne einer Richtigstellung die Kontinuität betonten. Zu ihnen gesellten sich Exponenten des Völkerbundes, die sich für «ihre» Vergangenheit wehrten und es nicht zulassen wollten, dass die neue Organisation auf Kosten der alten gepriesen wurde. Im folgenden sollen nun, eher praxisorientiert, die wichtigsten Analogien und Unterschiede dargelegt werden. Wir werden uns

* Das Schweizervolk wird am 16. März 1986 über den UNO-Beitritt entscheiden müssen. Vorbemerkung: Der nachfolgende Artikel ist nicht als Stellungnahme zu dieser Frage, sondern als Beitrag zu einem in Warschau durchgeführten Historikerkongress zum Ersten und Zweiten Weltkrieg verfasst worden. Dennoch kann er mit der bevorstehenden Abstimmung in Verbindung gebracht werden: Er zeigt die grosse Entwicklung auf, aus der der Völkerbund hervorgegangen ist und die von ihm nun weiter getragen wird; eine Entwicklung, die auch für die Schweiz, wie immer die Abstimmung ausgehen mag, bestimmend sein wird.

aber nicht einfach damit zufriedengeben dürfen, dass wir diese Analogien und Unterschiede feststellen. Der Vergleich muss uns zu den entscheidenden Fragen führen: Bedeuten die Analogien ein Festhalten an bewährten Strukturen oder eine Unfähigkeit, die nötigen Anpassungen vorzunehmen? Und bedeuten umgekehrt die Unterschiede, gemessen an der Zielsetzung der Organisation, eine Verbesserung, ja sogar einen Fortschritt auf dem Weg einer allgemeinen Evolution?

Die wichtigsten Übereinstimmungen

1. Wie 1917/18 war 1944/45 wieder von einem «letzten Krieg» die Rede, der noch durchgestanden werden müsse. Beide Male wurden, auf Siegerseite, die Kriegsanstrengungen zu einem wichtigen Teil damit gerechtfertigt, dass einer *dauernden Friedensordnung der Weg geebnet* werden, das heisst ein System geschaffen werden müsse, das künftige Kriege ausschliessen oder zum mindesten sehr erschweren werde. Präsident Wilson nannte bereits 1917 in der Kongressrede, die den Kriegseintritt der USA rechtfertigen sollte, dieses idealistische Fernziel, wenn er ausrief:

> «[...] das Recht ist kostbarer als der Friede, und wir werden für die Güter kämpfen, die unserem Herzen stets am teuersten gewesen sind – für die Demokratie, für das Recht all derer, die einer Obrigkeit untertan sind, bei der Regierung ihres Landes eine Stimme zu haben, für die Rechte und Freiheiten kleiner Nationen, für eine allgemeine Herrschaft des Rechtes, ausgeübt von einer Gemeinschaft im Einvernehmen handelnder freier Völker, die dazu angetan ist, allen Nationen Frieden und Sicherheit zu bringen und die Welt endlich frei zu machen.»

24 Jahre später wurde diese Vision in der Atlantik-Charta vom 14. August 1941 nochmals entwickelt. Man betonte, «dass alle Völker der Welt aus sachlichen und geistigen Gründen zum Verzicht auf die Anwendung von Gewalt gelangen müssen», und man sprach sich auch damals dafür aus, dass «nach der endgültigen Vernichtung der Nazityrannei» ein «umfassenderes und dauerhaftes System allgemeiner Sicherheit» geschaffen werden müsse.

2. Die beiden neuen Ordnungen waren in beiden Fällen *Friedensordnungen der Sieger* und die Besiegten beide Male zunächst bloss Objekte dieser Ordnung. Gründungsmitglied des Völkerbundes konnte nur werden, wer zur Siegerkoalition gehörte oder als Neutraler binnen zwei Monaten den Beitritt erklärte. 1945 wurde dieses Prinzip sogar verschärft, so dass neutrale Staaten wie die Türkei oder Argentinien noch im Februar/März 1945 Deutschland den Krieg erklären mussten, um in den Bund der «peace-loving nations» aufgenommen zu werden. Beide Male verstanden sich die Sieger aber nicht nur als die Stärkeren, sie verstanden sich selbstverständlich auch als die moralisch Besseren: 1919 als die Partei der Demokraten, die den Ungeist der Autokraten und Militaristen besiegt hatten; 1945 als die Friedens- und Freiheitspartei, die den

Ungeist des Faschismus überwunden hatte oder noch überwinden werde. Selbst wenn die Regime, die sich in den besiegten Ländern inzwischen installiert hatten, einem anderen Geist verpflichtet waren, blieben diese Regierungen und ihre Länder (1919 zum Beispiel die Weimarer Republik, 1946 zum Beispiel die Volksrepublik Bulgarien) aus der neuen Ordnung zunächst ausgeschlossen.[1]

3. Die Grossmächte nahmen trotz des egalitären Prinzips, von dem beide Entwürfe der neuen Staatengemeinschaften ausgingen, eine *privilegierte Stellung* ein, nicht nur eine informelle Vorrangstellung – ihr Sonderstatus wurde auch statutarisch fixiert. Bekannt ist das 1945 geschaffene Vetorecht der fünf permanenten Mitglieder des Sicherheitsrates (Artikel 23 und 273). Etwas weniger bekannt ist dagegen die (auch etwas weniger weitgehende) Privilegierung der Grossmächte durch die Ordnung von 1919: Zunächst sollten (gemäss Artikel 4) die fünf Grossen (USA, Grossbritannien, Frankreich, Italien, Japan) im Völkerbundsrat eine dauernde Dominanz haben über die vier nichtständigen Vertretungen kleinerer Staaten.[2] Die Privilegierung wurde 1945 allerdings weiter ausgebaut: Während der Völkerbundsrat in wichtigen Fragen bloss Empfehlungen abgeben konnte, waren die vom Sicherheitsrat beschlossenen Massnahmen für die UNO-Mitglieder im Prinzip verpflichtend. Gegen Beschlüsse des Sicherheitsrates konnten sich eben nur die Inhaber des Vetorechtes wehren. Privilegiert waren im übrigen die Grossmächte jeweils bereits in der Erarbeitungsphase. Den bekannten Vorberatungen von Moskau, Teheran, Dumbarton Oaks und Jalta in den Jahren 1943–1945 entsprechen die Separatverhandlungen von 1919, die im «Rat der Vier» ohne die übrigen Verbündeten und unter Ausschluss der Öffentlichkeit geführt wurden. Beide Male konnten die übrigen Staaten nur noch bescheidene Retuschen vornehmen, nachdem die wichtigsten Fragen bereits vorweg entschieden worden waren. 1950 hingegen machte der Umstand, dass die Sowjetunion vorübergehend dem Sicherheitsrat fernblieb, es möglich, unter amerikanischer Führung im Namen der UNO der nordkoreanischen Invasion eine Armee entgegenzustellen, in der Truppen aus elf weiteren Staaten mitkämpften.

4. Sodann scheiterte beide Male das Vorhaben, dem System der kollektiven Sicherheit auch das notwendige Sicherheitsinstrument, nämlich eine *gemeinsame Armee*, zu geben. 1919 wie 1945 waren es vor allem die Franzosen, die entweder eine internationale Armee oder nationale Truppenkontingente zu Händen des Völkerbundes beziehungsweise der UNO forderten und zum mindesten einen *permanenten Generalstab* ins Leben rufen wollten. Statt dessen schuf man 1919 bloss eine Ständige Kommission zur Beratung des Völkerbundsrates in Militärfragen (Artikel 9). Für den Fall einer militärischen Bundesexekution war lediglich vorgesehen, dass man den Völkerbunds-

1 Zulassungsdaten der im Ersten Weltkrieg besiegten Nationen: Österreich Dezember 1920, Bulgarien Dezember 1920, Ungarn September 1922, Deutschland September 1926 und Türkei Juli 1932. – Zulassungsdaten der Verliererkoalition des Zweiten Weltkrieges: Italien, Ungarn, Rumänien, Bulgarien Dezember 1955, Japan Dezember 1956 und die beiden Deutschland September 1973.

2 Vgl. Alfred Pfeil, Der Völkerbund. Literaturbericht und kritische Darstellung seiner Geschichte. Darmstadt 1976. S. 48f. – Francis P. Walters, A History of the League of Nations. London 1952. 2 Bde.

mitgliedern empfehle, Truppen zur Verfügung zu stellen (Artikel 16.2). Das mit der UNO-Charta (Artikel 47) geschaffene Generalstabskomitee hatte etwa die gleiche Funktion wie die Völkerbundskommission für Militärfragen. Der wesentliche Unterschied bestand lediglich darin, dass das Generalstabskomitee das Beratungsorgan einer kompetenteren Exekutive, nämlich des Sicherheitsrates, war. Allein, dieses Komitee gab bereits 1947 den Geist auf, ohne der Verwirklichung einer kollektiven Armee auch nur einen Schritt näher gekommen zu sein.[3]

5. Wichtige Vorgänge des internationalen Geschehens spielten sich sowohl in der Ära des Völkerbundes als auch in den Jahren seit der Gründung der UNO *ausserhalb des gemeinsamen Sicherheitssystems* ab. Sei es, weil bestimmte Fragen nicht in diese Organisationen hineingetragen wurden, sei es, weil sie von diesen nicht bewältigt wurden. In den Jahren nach 1919 wurde die Autorität des Völkerbundes stark untergraben durch die konkurrenzierenden Parallelaktivitäten der Reparationskommission, des Obersten Rates und der sogenannten Botschafterkonferenz. Auch in den Jahren nach 1945 glaubte man dem eigenen Sicherheitsbedürfnis mit politischen Sonderbündnissen und, nach der Verschärfung des Ost-West-Gegensatzes, mit militärischen Bündnissystemen Rechnung tragen zu müssen. Wie in der Zwischenkriegszeit wichtige Vorgänge (etwa der Ruhrkonflikt von 1923 oder das Arrangement von München 1938) ablaufen konnten, ohne dass sich der Völkerbund einschaltete, blieb auch die UNO, wenn wir von den papierenen Resolutionen absehen, von den meisten kriegerischen Auseinandersetzungen unberührt, und ihre Mitglieder wissen, dass sie durch das Organ der kollektiven Sicherheit weder ernsthaften Schutz noch ernsthafte Strafe erfahren werden. Die Konflikte werden, wenn sie überhaupt bewältigt werden, ausserhalb der UNO gelöst (wie jüngst im Libanon wieder ersichtlich).

6. So schlecht die kollektive Sicherheit funktionierte, so gut funktionierte die *technische Zusammenarbeit* in den Bereichen beispielsweise des Verkehrs-, des Gesundheits- und Flüchtlingswesens und so weiter. In diesen Bereichen war und ist eine kontinuierliche Aufbauarbeit möglich. Und unter Aufbau ist nicht nur der Ausbau der internationalen Kodifikation, es ist auch die Ausbildung einer internationalen Beamtenschaft gemeint, die abseits von der lärmigen Tagespolitik das stille Geschäft einer weltweit wirkenden Administration betreibt. Übereinstimmungen in Form von Kontinuität haben wir auch in der Übernahme des Internationalen Arbeitsamtes und in der Fortführung des Internationalen Gerichtshofes im Haag durch die UNO.

Die bisherigen Ausführungen erwecken den Eindruck, dass es sich bei der UNO weitgehend um eine Zweitauflage des Völkerbundes gehandelt habe. Würden sich Vergleiche nur rechtfertigen, wenn die zu vergleichenden Objekte ein beträchtliches Mass an Übereinstimmung aufweisen, so wäre ein Vergleich der Friedensordnungen von 1919 und 1945 allein schon wegen der frappanten Analogien angezeigt. Nun gibt es aber doch auch einige wichtigere Unterschiede festzustellen.

3 Maurice Vaisse, La Société des Nations et le désarmement. In: La Société des Nations rétrospective. Berlin 1983. S. 245–265. – Charles Wilmott Harrington, The Problem of Disarmament in the United Nations. Genf 1950 (Diss. Genf). S. 30–55.

Die wichtigsten Unterschiede

1. Ein Unterschied dürfte allerdings nicht stark ins Gewicht gefallen sein, 1945 aber wurde er als wichtig erachtet: Damals wurde positiv hervorgehoben, dass die Friedensordnung *vor Kriegsende* geschaffen worden sei. Sie wurde nicht wie die Ordnung von 1919 zum integralen Bestandteil eines Diktatfriedens, der die klassischen Kriegsziele, welche den Besiegten bestimmte Bedingungen auferlegten, mit dem höheren Kriegsziel, eine bessere Welt zu schaffen, vermengte.

2. Ein zweiter Unterschied ist dagegen von grösserer Bedeutung. 1945 wurde die 1919 vergeblich angestrebte *Universalität* trotz der einstweiligen Ausschlüsse der Besiegten weitestgehend verwirklicht. Jetzt spielten die USA und die UdSSR als die beiden führenden Grossmächte die ihnen zukommende Rolle. In der Organisation von 1919 waren nicht nur diese beiden Mächte nicht vertreten, der Völkerbund stand anfänglich in schärfstem Gegensatz zum jungen bolschewistischen Regime und dessen Hoffen auf die Weltrevolution.[4] Überdies war der Völkerbund, und dies trotz der Beteiligung zahlreicher südamerikanischer Staaten, weitgehend eine eurozentrische Organisation geblieben. Die nach 1945 etappenweise erfolgte Aufnahme ehemaliger Kolonialländer als souveräne Staaten und gleichberechtigte Mitglieder gab der UNO schliesslich den Charakter einer wirklich universalen Organisation.

3. In der Ordnung von 1945 setzte sich ein *erweitertes Konfliktverständnis* durch. Die Schaffung eines Wirtschafts- und Sozialrates (Artikel 61) brachte die institutionelle Anerkennung der Tatsache, dass sich Friedenssicherung nicht auf rein politische und akute Krisen beschränken durfte und sich im Sinne mittel- und längerfristiger Friedenspflege eben auch wirtschaftlicher und sozialer Probleme annehmen müsse. 1945 wurde allerdings bloss verwirklicht, was bereits 1939 im sogenannten Bruce-Plan gefordert worden war; und das 1939 geforderte Zentralkomitee für Wirtschafts- und Sozialfragen hätte bloss die Institutionalisierung einer Tätigkeit sein sollen, die in der Zwischenkriegszeit durch den Völkerbund bereits an die Hand genommen worden war. So gross, wie es scheinen mag, war der Unterschied nicht. Der wichtige Unterschied lag darin, dass die Wirtschafts- und Sozialfragen nun in einem eigenen Gremium und nicht mehr im zentralen Exekutivorgan behandelt wurden und darum dem Einfluss rein politischer Überlegungen etwas entzogen waren. Auffallend anders war im weiteren die Haltung, welche die *westlichen* Siegermächte 1945 in wirtschaftlicher Hinsicht den Besiegten gegenüber einnahmen. Sie verzichteten von vornherein darauf, wie 1919 Reparationsleistungen zu verlangen, und von 1947 an leisteten die USA sogar massive Aufbauhilfe (Marshall-Plan).

4 Die junge bolschewistische Regierung sah im Völkerbund lediglich eine internationale Organisation des Kapitals. Nach sozialistischer Auffassung hätte eine überstaatliche Völkerordnung zur Abschaffung der Staaten und der Klassen führen müssen. Vgl. Ingeborg Plettenberg, The Soviet Union and the League of Nations. In: The League of Nations in retrospect. Berlin 1983. S. 144–181. – Martin D. Dubin, Toward the Bruce Report: the economic and social programs of the League of Nations in the Avenol era. In: The League of Nations in retrospect. Berlin 1983. S. 42–72.

4. Als weiterer Unterschied ist die unterschiedliche *Kompetenzausstattung* der grossen Mitgliederversammlungen wie der zentralen Exekutiven hervorzuheben. Die Unterschiede zwischen den Mitgliederversammlungen des Völkerbundes und der UNO fallen, wenn man auf die Praxis und nicht auf die Theorie abstellt, nicht stark ins Gewicht. Wohl sahen die Völkerbundssatzungen (Artikel 5) grundsätzlich Einstimmigkeit vor, die Völkerbundsversammlung fand aber Mittel und Wege, auch Mehrheitsbeschlüsse zu fassen. Anderseits hatten die etwas leichter zu fassenden, weil statt Einstimmigkeit bloss ein Zweidrittelmehr erheischenden Beschlüsse der UNO-Generalversammlung lediglich den Wert von Empfehlungen (Artikel 18). Was nun die beiden Exekutivräte betrifft, wurde im Sicherheitsrat wohl das als lähmend empfundene Einstimmigkeitsprinzip des Völkerbundsrates teilweise aufgegeben, für verbindliche Beschlüsse wurde aber immerhin die Einstimmigkeit der permanenten Ratsmitglieder zur Voraussetzung gemacht (Artikel 27.3). Die im Vetorecht ihren Ausdruck findende Unterscheidung zwischen erst- und zweitrangigen Mächten hat dazu geführt, dass man von der UNO sagte, sie sei im Gegensatz zum egalitär konzipierten Völkerbund ein autoritäres Gebilde. Nun wissen wir aber, dass erstens die Grossmächte auch in der Genfer Organisation eine privilegierte Stellung einnahmen und dass zweitens das geplante Machtkartell der fünf Weltpolizisten gar nicht zu spielen begann und überdies bisher auch andere Staaten, zuweilen sogar bloss Staatspartikel, auf dem Umweg über ihre Schutzmächte ebenfalls in den Genuss des Vetomechanismus gekommen sind.

5. Ungleich war ferner die Bewertung der *Abrüstungsfrage*. Während man 1919 der Meinung war, der Rüstungswettlauf (in den Jahren vor 1914) sei eine der Hauptkriegsursachen gewesen, neigte man 1945 eher dazu, im Rüstungsrückstand (gegenüber dem hochgerüsteten Dritten Reich) eine Hauptursache für den Kriegsausbruch von 1939 und die Niederlagen in der ersten Kriegsphase zu sehen. Statt eines eindeutigen Bekenntnisses zur Abrüstung, wie es der Völkerbund in Artikel 8 abgelegt hatte, wurde in Artikel 47 der UNO-Charta unter den Aufgaben des Generalstabskomitees lediglich festgehalten, es habe ausser der Rüstung auch eine «eventuelle Abrüstung» zu reglementieren. Die Schöpfer des Völkerbundes waren davon ausgegangen, dass der Zwangsabrüstung des besiegten Gegners möglichst schnell eine allgemeine Abrüstung folgen müsse. 1945 dagegen ging man davon aus, dass mit dem erneut gefassten Plan, eine gemeinsame Truppe zu schaffen, die nationalen Rüstungen bald automatisch überflüssig und darum abgebaut würden. In der Zwischenkriegszeit dominierte der Gedanke, dass die Abrüstung das Mittel zur Erlangung der Sicherheit sei. 1945 setzte man eher auf den umgekehrten Weg: Nun sollte die gemeinsam garantierte Sicherheit das Mittel zur Abrüstung sein. Was daraus wurde oder eben nicht wurde, ist bereits unter Punkt 4 dargelegt worden. Eine neuere Variante des alten Problems ergab sich zudem aus dem ebenfalls gescheiterten Versuch, mit der 1946 auf Initiative der Westmächte geschaffenen Atomenergiekommission die Nuklearrüstung auszuschalten.[5]

5 Salvador de Madariaga, Disarmament. London/New York 1929. – Hermann Volle, Claus-Jürgen Duisburg, Probleme der internationalen Abrüstung: Die Bemühungen der Vereinten Nationen um internationale Abrüstung und Sicherheit 1945–1961. Frankfurt a.M. 1964.

6. Ein auffallender Unterschied bestand schliesslich in der *Ausführlichkeit der beiden Organisationsstatuten.* Die Völkerbundssatzungen kamen mit 26 Artikeln aus – die UNO-Charta benötigte dagegen 110 Artikel. Anhänger des ersten Vertragswerkes behaupteten, es habe mit weniger Aufwand gleichwertige, ja sogar bessere Statuten geschaffen. Anderseits wird man auch die Ausführlichkeit der UNO-Charta als Vorzug zu deuten wissen. In beiden Fällen dürften aber die tatsächlichen Leistungen der Organisationen zum geringsten Teil von der Qualität der juristischen Grundlagen abhängig gewesen sein. Wie unmassgeblich im Ernstfall Rechtsklauseln sein können, zeigte die Aufnahme Rotchinas im Oktober 1971: Taiwan-China hätte als Vetomacht eigentlich in der Lage sein müssen, seinen eigenen Ausschluss zu verhindern.

Bewertung

Die aufgezeigten *Unterschiede* können als Verbesserung gegenüber der Ordnung von 1919 verstanden werden. Die etwas differenziertere und nicht mit der Problematik der Friedensverträge direkt verknüpfte Kodifikation, der stärkere Einbezug der wirtschaftlichen und sozialen Fragen, die Ausdehnung der Mitgliedschaft, der Versuch, eine handlungsfähigere Zentralinstanz zu schaffen, und schliesslich die Anerkennung der Tatsache, dass das Recht alleine nicht genügt und dass man auch über Mittel verfügen muss, um es durchzusetzen – dies alles kann man, gemessen am Ziel, ein funktionierendes System kollektiver Sicherheit zu schaffen, als Weiterentwicklung der ersten Ansätze von 1919 verstehen.

Wie aber sind die *Übereinstimmungen* zu verstehen? Die Privilegierung der Grossmächte ist eine Anerkennung der Tatsache, dass der rechtliche Status dem reellen Gewicht des Staates angepasst sein muss. Sie ist insofern auch als Annäherung an den angestrebten Idealzustand zu werten, als sie von den übrigen Mitgliedern die Preisgabe eines Teils ihrer Souveränität abverlangte. Insofern aber, als sie die Grossen in ihrer Weigerung bekräftigten, ihren Souveränitätsspielraum zugunsten einer Instanz mit Mehrheitsentscheiden einzuengen, ist das Belassen, ja Verstärken der Grossmächteprivilegierung gewiss nicht als Annäherung an den Idealzustand zu verstehen. Dass wiederum keine gemeinsame Sicherheitstruppe geschaffen wurde, ist alles andere als ein Festhalten an Bewährtem, es entsprang vielmehr der Unfähigkeit, das an sich erwünschte Instrumentarium zu schaffen. Daraus erklärt sich auch die Neigung, sich ausserhalb des gemeinsamen Sicherheitssystems zu arrangieren; eine Neigung, die sich aus der Schwäche der Organisation ergab und diese gleich ein weiteres Mal schwächte.

Die ernsthaften Befürworter der kollektiven Sicherheit waren enttäuscht, dass 1945 nicht mehr Fortschritte erzielt wurden. Im entscheidenden Punkt, nämlich dem Abbau der nationalen Souveränitäten, war man grundsätzlich auf der Position von 1919 geblieben. Die Souveränität der Mitglieder ist beide Male ausdrücklich gewährleistet worden (1919 mit Artikel 10, 1945 mit Artikel 2.1). Dass nach dem Scheitern des ersten Versuches überhaupt ein zweiter unternommen wurde, konnte man auch als

Positivum werten. Freilich wurde nie ernsthaft die Auffassung vertreten, dass nach dem «Versagen» des Völkerbundes kein weiterer Anlauf zur Schaffung einer gemeinsamen Sicherheitsorganisation genommen werden sollte. Wie bereits erwähnt, konnte lediglich an eine direkte Fortführung des Völkerbundes nicht gedacht werden. Und so kam es eben zu dieser Neuschöpfung, die in manchen Punkten bloss eine Neuauflage der alten Organisation war.

Kriege bringen in der Regel sehr bedeutsame Änderungen mit sich. Nicht nur Verschiebungen von Grenzen und Rangordnungen der Staaten, nicht nur Veränderungen, in denen sich irgendwelche partikulare und temporäre Konjunkturen ausdrücken. Kriege sind erwiesenermassen Motoren für technische Entwicklungen; in Phasen akuter Kriege erfahren diese eine forcierte Beschleunigung. Kriege können aber auch als Motoren der gesellschaftlichen Entwicklung wirken, und zwar in Richtung einer stärkeren Vergesellschaftung. Ein Teil der Aufgaben, die in den liberalen Gesellschaften infolge der Kriege dem mit Sondervollmachten ausgestatteten Staat übertragen worden waren, sind nach Kriegsende nicht mehr an den Privatbereich zurückgefallen. Auch die Frauenemanzipation hat durch die beiden Weltkriege entscheidende Fortschritte erfahren. Der revolutionäre Sozialismus wertete den Ersten Weltkrieg als positiven Entwicklungsschub, weil er die bolschewistische Revolution von 1917 gebracht hatte. Daraus ergab sich die Meinung, man könne sich deshalb aus einem weiteren Weltkrieg eine weitere Ausdehnung der sozialistischen Revolution erhoffen.[6] Und in einem gewissen Sinn hat sich diese Hoffnung ja auch erfüllt.

Im Bereich der internationalen Zusammenarbeit waren die Fortschritte, die «dank» dem Ersten Weltkrieg erzielt wurden, grösser als diejenigen, die sich aus dem Zweiten Weltkrieg ergaben; das heisst, die Unterschiede zwischen 1914 und 1919 waren wesentlich grösser als die zwischen 1939 und 1945. Der eigentliche qualitative Sprung fand 1919 statt. Zu den klassischen Kriegszielen, welche die Unterwerfung des Gegners anstreben beziehungsweise die eigene Unterwerfung vermeiden wollen, kam als völlig neues Kriegsziel ebendie Absicht hinzu, in einem System kollektiver Sicherheit eine universale Friedensordnung zu schaffen. Dieses Kriegsziel strebte die Abschaffung der nationalstaatlichen Kriege an. Das *ius belli,* das Recht, Krieg zu führen, war bis zum Ersten Weltkrieg eines der selbstverständlichen Vorrechte des Souveräns – der souveränen Fürsten wie der souveränen Staaten. Diesem Verständnis zufolge waren die Kriegsgegner als *iusti hostes* gleichwertige Kontrahenten und die Kriege legitime Duellkriege. Versuche, den Krieg grundsätzlich zu ächten, waren vereinzelt zwar bereits vor 1914 unternommen worden – ernsthaft aber wurde das *ius belli* erst mit dem Ersten Weltkrieg in Frage gestellt.[7] Diese Infragestellung beschränkte sich jedoch auf die natio-

6 Sabine Wichert, The British Left and Appeasement: Political Tactics or Alternative Policies? In: The Fascist Challenge and the Policy of Appeasement. Hrsg. v. Wolfgang J. Mommsen und Lothar Kettenacker. London 1983. S. 133.

7 Carl Schmitt, Der Nomos der Erde im Völkerrecht des Jus Publicum Europaeum. Köln 1950. Niemandem wäre es in den Sinn gekommen, die von Napoleon III. und Bismarck geführten Kriege

nalen Aktionen. Kriege, die zur Schaffung einer neuen Staatengemeinschaft oder später im Namen dieser Gemeinschaft geführt würden, galten weiterhin als legitim.

In einer Analogie zur Herausbildung des nationalstaatlichen Gewaltmonopols, das die Selbstjustiz der Bürger weitgehend zu unterdrücken verstanden hatte, sollte 1919 und 1945 die Selbstjustiz nun auch der Staaten beseitigt und das Recht auf Gewaltanwendung an eine supranationale Instanz abgetreten werden. Parallel dazu, so stellten es sich gewisse Anhänger einer überstaatlichen Organisation wenigstens vor, sollte die nationale Selbstherrlichkeit zugunsten eines Weltparlamentarismus aufgegeben werden, wie im vorangegangenen Jahrhundert die Selbstherrlichkeit der Fürsten und lokalen Gemeinschaften den nationalen Parlamenten hatte weichen müssen.[8] Im Zuge der beiden Kriege gelang es nun aber nicht, die Staatengemeinschaft auf eine Entwicklungsstufe zu heben, die den Nationalkrieg als archaische Methode der Konfliktregelung hinter sich gelassen und zugleich einen auf Mehrheitsentscheiden beruhenden Weltparlamentarismus eingeführt hätte. Dass die Schöpfungen von 1919 und 1945 hinter den ursprünglichen Zielsetzungen und der eigentlichen Notwendigkeit zurückblieben, wurde beide Male mit der Beteuerung entschuldigt, es handle sich ja nur um einen Anfang, um den berühmten ersten Schritt, dem weitere folgen sollten.[9] Beide Organisationen, obwohl aus einem progressiven Schöpfungsakt hervorgegangen, erwiesen sich aber als eher konservative Einrichtungen; nicht nur wegen der Trägheit, die jeder grösseren Organisation innewohnt, sondern weil sie nach Phasen kriegerischer Umwälzungen auf die Sicherung des Status quo hin angelegt worden waren.

als strafbare Handlungen zu beurteilen, sofern die Bestimmungen des *ius in bello* (z.B. die Genfer Konvention) eingehalten wurden. Es ist indessen höchst fraglich, ob, wie Schmitt meint, sich der Erste Weltkrieg wegen des neuen Kriegsverständnisses zu einem Vernichtungskrieg ausgeweitet habe. Mehr spricht dafür, dass der gerade von deutscher Seite in totalem Ausmass geführte Krieg sekundär ein neues Kriegsverständnis herbeigeführt hat.

8 Sosehr die Rückbildung der partikularen und die Herausbildung untergeordneter Instanzen zur Vorstellung ermuntern, dass dieser Prozess in eine Weltregierung und ein Weltparlament ausmünden werde, muss doch ganz entschieden betont werden, dass diese Vorstellung der Realität nicht gerecht wird. Jedenfalls ist die Exekutive der UNO kein übernationales, sondern lediglich ein internationales Gebilde. Und von der UNO-Generalversammlung als von einem Weltparlament zu sprechen ist schon deswegen höchst problematisch, weil die «Parlaments»-Mitglieder nicht gewählt, sondern von souveränen Mächten delegiert werden. Inzwischen ist auch nicht einmal de facto ein Weltstaat entstanden, aus dem man, wenn es ihn gäbe, gar austreten könnte. Aus Staaten kann man nicht austreten, nicht einmal aus Föderationen und Unionen, wie die USA, die UdSSR und die Schweiz sie bilden, selbst wenn ein theoretisches Austrittsrecht bestünde.

9 Zum Beispiel der US-Präsident Truman, der in San Francisco betonte: «This Charter, like our own Constitution, will be expanded and improved as time goes on.» Oder in der gleichen Konferenz der südafrikanische Delegierte Jan Christian Smuts: «Alas, the Covenant proved only a milestone. This new Charter of the United Nations may also prove to be more than a milestone. We pray that it may have a greater significance, but it may be that we shall in due course travel even beyond this milestone and have to erect further beacons on the road toward peace, until ultimately the distant frontiers are reached of that new, that newer world, where war among the nations will be only a dim far-off memory of the race» (Documents of the United Nations Conference on international organizations San Francisco. Vol. I. London/New York 1945. S. 715 und 422).

Die Völkerbundssatzungen und die UNO-Charta wären an sich kein Hindernis für eine friedliche Anpassung an die Entwicklung der Staatenwelt gewesen. Mit Artikel 19 im einen und Artikel 14 im anderen Fall[10] hätte die Möglichkeit bestanden, den Status quo der Weltordnung zu modifizieren, wenn die Wahrung des Weltfriedens dies erforderte. Von dieser Möglichkeit wurde jedoch in beiden Fällen nie ernsthaft Gebrauch gemacht. Beide Vertragswerke sahen zudem auch für sich selbst die Revisionsmöglichkeit vor. Aber auch Artikel 26 und Artikel 108/9 blieben ungenutzt.[11] Man darf freilich nicht übersehen, dass bei unverändertem Statut mit der Zeit beide Male auf dem Interpretationsweg gewisse Anpassungen vorgenommen wurden.[12] Die wesentlichsten Veränderungen fanden jedoch beide Male durch die Aufnahme neuer Mitglieder und die entsprechende Erweiterung des Völkerbundsrates und des Sicherheitsrates statt.

1945 wurde in den Debatten um die Vor- und Nachteile der beiden Organisationen zu Recht betont, dass es letztlich weder auf die materielle noch auf die juristische Basis der Organisation ankomme, sondern auf die Einstellung der Akteure, die sich im gegebenen System bewegen.[13] Dies war die einzige Lehre, die man 1945 zu ziehen in der Lage war. Mit ihr verband sich die Aufforderung, es mit der kollektiven Friedensordnung wirklich ernst zu nehmen, weil auf diese Weise den allgemeinen, aber auch den ureigensten Interessen am besten gedient sei. Einen Fortschritt kann man in dieser Einsicht allerdings nicht erblicken. Sie entsprach durchaus dem, was man bereits 1919, ja sogar schon vor 1914 wusste. Und über diese theoretische Einsicht ist man auch in der Zwischenzeit nicht viel weiter hinausgelangt.

10 Bezeichnenderweise ist der Revisionsartikel 14 in Dumbarton Oaks von den Grossmächten nicht vorgesehen und erst in San Francisco von den kleineren Staaten eingefügt worden. Allgemein zur UNO-Charta vgl. Leland M. Goodrich, Edvard Hambro und Anne P. Simon, The Charter of the United Nations. Commentary and Documents. New York/London ³1969.

11 1945 stimmten einige mittlere und kleinere Staaten dem Vetoprivileg der Grossmächte nur zu, weil sie der Meinung waren, dieses Vorrecht werde bei einer künftigen Revision wieder beseitigt. Damit konnte ernstlich aber nicht gerechnet werden, war doch für jede Revision die Zustimmung der Vetomächte erforderlich.

12 Ulrich Scheuner, Aufgaben und Strukturwandlungen im Aufbau der Vereinten Nationen. In: Die Vereinten Nationen im Wandel. Symposiumsakten. Hrsg. v. Wilhelm A. Kewenig. Berlin 1975. S. 189–257. Als Revision, welche die UNO-Charta doch in einem wichtigen Punkt modifizierte, sei die «Uniting for Peace»-Resolution vom 3. November 1950 genannt. Mit ihr gab sich die Generalversammlung in Fällen, in denen der Sicherheitsrat handlungsunfähig war, die Kompetenz, selbst Massnahmen zu ergreifen.

13 Wie sehr das Funktionieren von der Einstellung der massgebenden Teilnehmer abhing und abhängt, betont auch Stanley Hoffmann in der Bilanz seiner kenntnisreichen und klugen Abhandlung: «Lorsque la solidarité existait, les organisations étaient inutiles. Quand elle a cessé de se manifester, elles étaient impuissantes» (Organisations internationales et pouvoirs politiques des Etats. Paris 1954. S. 412). Zur Debatte von 1945 vgl. Georg Kreis, Entre deux étapes de la diplomatie multilatérale permanente: Réflexions et jugements sur la Société des Nations au moment de la fondation des Nations Unies. In: Relations internationales 39, Herbst 1984.

Zu den Anfängen des Kalten Kriegs gibt es keine Bilder. Da dominieren noch die Bilder des vordergründigen Konsenses: Jalta etc. Darum ein Bild aus der Eisblütezeit des Kalten Kriegs, das zeigt, dass es zuweilen ein langlebigeres Bildgedächtnis als ein Gedächtnis an Umstände und Zeitpunkte gibt. Vielleicht auch eher eine Kabarettnummer des Kalten Kriegs: Die legendäre Szene von Nikita Chruschtschow in der UNO-Sitzung begab sich folgendermassen: Am 12. Oktober 1960 beriet die UNO über einen Antrag der UdSSR gegen den Kolonialismus. Als der philippinische Vertreter in seinem Votum auf die Unterdrückung osteuropäischer Völker verwies, versetzte das den sowjetischen Staats- und Sicherheitschef Chruschtschow derart in Rage, dass er sich einen Schuh auszog, wütend auf sein Pult einhämmerte und dabei ausrief: «Warum darf dieser Nichtsnutz, dieser Speichellecker, dieser Fatzke, dieser Imperialistenknecht und Dummkopf – warum darf dieser Lakai der amerikanischen Imperialisten hier Fragen behandeln, die nicht zur Sache gehören?» (Foto: Keystone).

Le débat sur les origines de la guerre froide: état de la question

La question des origines de la guerre froide est aussi vieille que la guerre froide elle-même. Depuis quand ce phénomène que l'on a coutume d'appeler «guerre froide» existe-t-il? Avant de nous pencher sur cette question très centrale déjà, j'en poserai une autre encore: pourquoi est-ce opportun aujourd'hui justement de faire le point sur l'état de la question? Deux raisons peuvent être évoquées pour prouver qu'une telle investigation est particulièrement indiquée: en premier lieu le quarantième anniversaire de la fin de la Seconde Guerre mondiale a suscité la publication d'un certain nombre d'ouvrages sur cette période. Les points de vue qui y sont exprimés méritent d'être discutés et intégrés dans le débat historiographique. En deuxième lieu, après la détente des années 1962–1979, les relations entre les deux superpuissances se sont refroidies à tel point qu'il est aujourd'hui question d'une nouvelle guerre froide et que l'on éprouve le besoin de reprendre, dans les analyses de la situation actuelle, certaines interprétations des conflits de l'après-guerre afin de mieux comprendre les temps présents. La même remarque est valable pour la discussion autour de la double décision de l'OTAN au sujet du réarmement nucléaire.

Cependant, il faut le constater dès l'abord: les deux catégories de publications n'ont guère apporté d'éléments nouveaux. Dans la première, la littérature commémorative n'a produit que des recensements correspondant aux interprétations courantes.[1] Dans la deuxième catégorie, le jeu des analogies entre la première guerre froide et la politique internationale des années quatre-vingt présupposait même l'existence d'une image fixe déjà. Plusieurs publications concernant ce passé récent se servent de la situation soi-disant identique des années d'après-guerre comme point de départ de leurs développements.[2] Relevons un autre aspect encore: la littérature consacrée à l'ère de la

1 Exemples de cette litterature: Pierre Barral, Il y a trente ans. La guerre froide. Paris 1984. 246 p. Yves Durand, Naissance de la guerre froide, 1944–1949. Paris 1984. 323 p. Le travail de Barral (Université de Nancy) relève de la tendance réaliste; son titre nous reste incompréhensible car il parle, en se référant à 1944, d'événements survenus «il y a trente ans [...]». Pour Durand (Université d'Orléans), qui reprend les thèses révisionnistes, c'est un fait accompli que les Etats-Unis auraient «mis en place» la guerre froide pour couvrir l'expansion des intérêts américains. De la même catégorie, Bernard A. Weisberger, Cold War, Cold Peace. New York 1984.

2 Noam Chomsky, «The Cold War and the Superpowers». Dans: Monthly Review, 33 (6), novembre 1981. pp. 1–10. – Fred Halliday, The Making of the Second Cold War. London 1983. – Stanley Hoffmann, La Nouvelle Guerre froide. Paris 1983. 272 p. – Jürgen Bruhn, Schlachtfeld Europa oder Amerikas letztes Gefecht. Gewalt und Wirtschaftsimperialismus in der US-Aussenpolitik seit 1840. Berlin 1983. 223 p.

détente s'est enrichie entre-temps mais elle ne peut éviter de prendre la phase de la «non-détente» comme arrière-plan pour mettre en évidence celle de la détente.[3]

Indépendamment de ce fait, il n'est plus guère possible d'avancer des arguments neufs: tout – ou presque tout – a déjà été dit sur la guerre froide. Tous les propos possibles de ce débat controversé ont été développés et le nombre de leurs défenseurs varie en fonction de la conjoncture politique. Ceci est valable avant tout pour les relations entre les deux protagonistes USA et URSS. Des éléments nouveaux pourraient certainement être mis en évidence dans une *analyse globale* qui, sur la base de l'ensemble des études monographiques, dégagerait les différences existant à l'intérieur des deux blocs, restant malgré la polarisation assez hétérogènes, et qui mettrait en évidence les rapports différenciés entre les diverses positions des deux camps. En effet: le «rideau de fer» n'est pas tombé partout en même temps et de la même manière.

L'apparition de sources nouvelles serait-elle une raison supplémentaire qui justifierait un réexamen des anciennes conclusions? En Occident, les chercheurs ont continué à fouiller les fonds disponibles, des fonds nouveaux sont devenus accessibles,[4] mais grosso modo le nombre des sources n'a pas véritablement augmenté, vu qu'il y a perdurance d'une même situation: alors que les documents des Etats-Unis sont accessibles de façon quasi illimitée à tous les chercheurs, les archives de l'Union soviétique restent fermées, non seulement aux chercheurs étrangers mais aussi à la grande majorité des historiens soviétiques. Les sources soviétiques ne représentent qu'un maigre filet en comparaison du fleuve impétueux des sources américaines, britanniques ou allemandes. Il y a deux raisons à cela: d'une part les processus de décision au sein de l'Etat et du Parti sont rigoureusement occultés, d'autre part des périodes entières et des personnes *non grata* sont effacées de la discussion (dans la mesure où celle-ci existe) si l'opportunité politique l'exige. Si l'on veut analyser le camp soviétique, il faut se contenter de prises de position officielles et se lancer dans la «kremlinologie», c'est-à-dire spéculer sur des variantes apportées au protocole et interpréter des modifications subtiles de vocabulaire. Les insuffisances d'une telle situation sont partiellement compensées par la richesse de la littérature américaine qui, par ses controverses internes stimulantes, ouvre

3 Manfred Goertemaker, Die unheilige Allianz. Die Geschichte der Entspannungspolitik, 1943–1979. München 1979. 253 p. L'auteur traite avant tout la période de la détente qu'il fait commencer, après des années de transition de 1962–1969, avec l'année 1969 (premiers contacts SALT). L'auteur ne désire pas mettre en avant la renaissance de la guerre froide mais au contraire le dixième anniversaire de la détente.

4 Voici les nouveaux recueils de sources parus au cours de ces dernières années: Containment: Documents on American Policy and Strategy, 1945–1950. Ed. by Thomas H. Etzold and John Lewis Gaddis. New York 1978. 449 p. – Heinrich Bodensieck, Der Kalte Krieg. Weltpolitik, 1945–1962. Quellen und Arbeitshefte zur Geschichte und Politik. Stuttgart 1984. 120 p. – Un ouvrage particulièrement précieux: Witnesses to the origins of the Cold War. Edité par Thomas T. Hammond. Seattle/London 1982. Il s'agit d'une collection de témoignages de fonctionnaires ayant vécu les débuts de la guerre froide. Les plus connus en sont George F. Kennan (The View from Russia) et Martin F. Herz (The View from Austria). – Dear Bess. The letters from Harry to Bess Truman, 1910–1959. Ed. by Robert H. Ferrell. New York 1983. Strictly personal and confidential. The Letters Harry Truman Never Mailed. Ed. by Monte M. Poen. Boston 1982.

elle-même tout l'éventail des possibilités permettant d'interpréter les événements de la guerre froide. Cette accessibilité unilatérale des sources a concentré notre attention sur les processus de décision de l'Occident et provoqué par conséquent la focalisation des recherches – et par conséquent – des critiques sur cette partie du conflit.[5] L'analyse critique à laquelle la société occidentale soumet la politique des puissances occidentales n'est pas seulement due à l'état des sources mais trouve aussi son origine dans le penchant, inhérent à cette société et sensible à tous les niveaux, à se remettre en question, comme le fait justement remarquer Ernst Nolte dans son étude pertinente sur la guerre froide.[6] Malgré cette tendance, que l'on ne peut que continuer à déplorer, l'Union soviétique ne devrait pas être évincée dans le débat qui nous occupe. L'analyse de sa politique s'effectuera dans des conditions certes plus difficiles, mais guère plus défavorables que celles rencontrées dans l'étude de temps plus reculés (le Moyen Age par exemple) pour lesquels le jugement ne peut se faire que sur la base d'indications fragmentaires.

Après ces considérations préliminaires, passons à la présentation de quelques-unes des études dans l'ordre chronologique des sujets traités. Notre rapport représente en quelque sorte la suite de l'article publié par Marco Altherr dans la revue *Relations internationales*; c'est la raison pour laquelle nous ne remonterons en principe pas au-delà de 1977.[7] Pour analyser les publications les plus récentes sur la guerre froide, il faut surmonter non seulement l'aspect quantitatif de la tâche mais encore établir une catégorisation du contenu. Les contraintes d'ordre rédactionnel nous obligent à nous limiter ici aux seuls aspects des rapports américano-soviétiques. Récemment cependant des études ont paru qui cernent de plus près le rôle de la troisième puissance importante de cette période, celui de la Grande-Bretagne.[8] En outre, il y a bien sûr un nombre incalculable de publications sur l'attitude des différents Etats pendant cette période.[9]

5 Les orthodoxes de l'Est citent volontiers les voix révisionnistes de l'Ouest comme témoins alors qu'ils n'admettent aucun révisionnisme dans leur propre camp. Cf. par exemple le travail de Karl Drechsler, Die USA zwischen Antihitlerkoalition und Kaltem Krieg. Berlin-Est 1986. 426 p. D'après ce récit présenté comme une contribution scientifique, la politique des USA fut déterminée par les «forces aventurières et agressives émanant de la classe dirigeante», alors que l'URSS aurait constamment recherché, depuis sa création, le principe de la coexistence pacifique. Pour l'auteur il va de soi qu'il ait eu libre accès à toutes les archives américaines alors que les archives soviétiques demeuraient interdites. Ce fait est par exemple déploré par Walrab Vox Buttlar qui a analysé avec les yeux du politologue les Ziele und Zielkonflikte der sowjetischen Deutschlandpolitik, 1945–1947. Stuttgart 1980. p. 13. Le travail de William Taubmann sur Stalin's American Policy. New York 1982, a été écrit sans l'appui de matériaux soviétiques. Même situation pour la contribution de Pierce de Senarclens, «Le stalinisme et les origines de la Guerre froide». Dans: Revue européenne des sciences sociales, n° 57, tome XIX, 1981. pp. 61–81.

6 Ernst Nolte, Deutschland und der Kalte Krieg. München 1974.

7 Marco Altherr, «Les origines de la Guerre froide: un essai d'historiographie». Relations Internationales, n° 9, printemps 1977. pp. 69–81.

8 Terry H. Anderson, The United States, Great Britain, and the Cold War, 1944–1947. Columbia/London 1981. 256 p. – Victor Rothwell, Britain and the Cold War, 1941–1947. London 1982. 551 p.

9 Etant donné que la moitié des membres de la rédaction de cette revue sont suisses, nous nous permettons de signaler la parution de la documentation suivante: Christoph Graf et Peter Maurer, «Die Schweiz und der Kalte Krieg, 1945–1950». Dans: Etudes et Sources, 11. Publ. par les Archives fédérales suisses. Berne 1985. pp. 5–82.

Vojtech Mastny est l'un des rares historiens à avoir également fait une évaluation critique du camp soviétique.[10] L'essentiel de ses réflexions parues en 1979 peut être résumé en trois points:

1. La collaboration entre les deux parties réunies dans leur opposition à l'ennemi commun fut hypothéquée dès le départ par l'existence de désaccords. Dans la question polonaise par exemple, Moscou avait pu être amené à renoncer aux gains territoriaux convenus avec l'Allemagne en 1939, ce qui n'empêcha pas les dirigeants soviétiques de revendiquer à nouveau et sans tarder ces mêmes territoires dans la Pravda. Ensuite la Charte atlantique, pour ne citer que cet exemple, fut proclamée par les deux puissances occidentales sans consultation de leur nouveau partenaire. L'Union soviétique n'y apposa d'ailleurs sa signature que sous une réserve significative, exigeant que la charte soit appliquée de manière différenciée «selon la situation, les besoins et la spécificité historique des différents pays».
2. Une nouvelle entente de l'Union soviétique avec le Troisième Reich aurait pu être possible après 1941 encore. Celle de 1939 aurait d'ailleurs moins été conclue sous la menace d'un péril réel que par un opportunisme visant avant tout des acquis territoriaux. L'Union soviétique se serait ménagé bien longtemps, sait jusqu'à l'été 1944, la possibilité d'un renversement des alliances.
3. Staline n'aurait pas visé des objectifs définis à l'avance mais plutôt tenté de vérifier, au moyen d'une politique des objectifs minimaux et maximaux, jusqu'où il pouvait aller. Ses adversaires, Roosevelt et Churchill, auraient seulement failli dans ce sens qu'ils ne surent pas préparer leurs peuples à temps à l'éventualité d'une rupture entre les parties en conflit.

Il est certes méritoire, sinon nécessaire, après tout ce qui a été publié jusqu'à ce jour, de porter l'accent sur la faiblesse de l'«alliance» de 1941 pour évaluer la «déchirure» à sa juste mesure. En avançant la disponibilité soviétique à conclure une paix séparée, Mastny remet en question l'image d'une Union soviétique résolument antifasciste et il atténue en même temps les critiques qui reprochent à l'Occident d'avoir pactisé avec Hitler en 1938 à Munich et d'avoir envisagé encore une telle possibilité à la fin de la guerre. Dans ce rapport triangulaire, chacune des parties pouvait objectivement être intéressée à ce que les deux autres se déciment mutuellement. Dans le cadre du débat sur la continuité de la politique américaine, il est intéressant de constater que Mastny

10 Vojtech Mastny, Russia's Road to the Cold War. New York 1979. p. 143. Eduard Mark se prononce dans le même sens en insistant sur la thèse que l'URSS tente d'augmenter sa sécurité sans être provoquée par les Etats-Unis et que pour elle «sécurité» était inséparable de «domination». La contribution de Mark est précieuse en ce sens qu'elle dégage les diverses conceptions de pouvoir et d'influence qui, à leur tour, provoquent une manière différente de gérer des zones d'influence, et qu'elle explique l'origine du conflit sur la base de ces différences qui n'avaient pas toutes été perçues dès le départ par les parties («American Policy toward Eastern Europe and the Origins of the Cold War, 1941–1946. An Alternative Interpretation». Dans: The Journal of American History, vol. 68, 2, septembre 1981. pp. 313–336).

cite le jeune sénateur Harry S. Truman déclarant publiquement en 1941 qu'il était souhaitable que la Russie et l'Allemagne s'entre-tuent dans la mesure du possible.

Si nous recherchons les premières fissures dans cette soi-disant «alliance», il faut mentionner peut-être les divergences manifestes apparues en juin 1943 au sujet de la formation du deuxième front,[11] mais surtout le désaccord ouvert provoqué par la question de savoir à qui allait revenir l'administration de l'Italie occupée. Cette problématique a été reprise par *Bruno Arcidiacono* qui lui a consacré une analyse très complète.[12] Il lui importait avant tout de réfuter l'affirmation selon laquelle les puissances occidentales n'avaient jamais envisagé une administration commune avec l'URSS et que celle-ci aurait très vite accepté son exclusion. Les Britanniques, pour leur part, auraient été favorables à une participation soviétique dans l'administration de l'Italie parce qu'ils s'en promettaient en contrepartie une participation dans les territoires occupés plus tard par l'Armée rouge (avant tout dans les pays ennemis, la Roumanie et la Bulgarie). Cette tentative de coopération envisagée par le Foreign Office comme un «dress rehearsal» (répétition générale) échoua cependant, car les Américains ne désiraient pas voir leur autorité militaire sur la péninsule restreinte par une participation soviétique et ils conclurent l'armistice avec l'Italie en solitaire. Arcidiacono y voit moins l'expression d'une attitude anticommuniste que l'application d'une doctrine de la suprématie absolue des opérations militaires, doctrine plutôt apolitique mais peu prévoyante.

Alors que pour Mastny il ne fait pas de doute que l'Union soviétique recherchait une telle participation dans l'unique but de faire accéder l'Italie au communisme grâce à ses sympathisants dans le pays, Arcidiacono n'y voit qu'une hypothèse non vérifiée; il considère l'offre d'une participation dans l'administration des territoires occupés par l'Armée rouge également comme une hypothèse mais, étant donné la progression des troupes soviétiques, il le comprend comme une offre réelle. Mastny au contraire explique l'équivalence des droits proposée par Staline par le fait que ce dernier ne considérait pas encore la conquête de ces pays comme une affaire conclue.

La deuxième capitulation en Italie, celle des troupes allemandes du 2 mai 1945, apparaît dans les premières analyses américaines comme un générateur important de l'hostilité entre les parties en conflit.[13] *Bradley Smith* et *Elena Aga-Rossi* ont étudié cette capitulation sur la base de documents américains nouveaux. Les deux auteurs soupçonnent les Allemands d'avoir voulu, par ce moyen, viser une paix antisoviétique séparée avec les adversaires occidentaux seulement. Ils voient dans cet épisode une nouvelle source de tension pour les rapports américano-soviétiques mais ne lui attribuent pas de

11 Mark A. Stoler, «The ‹Second Front› and American Fear of Soviet Expansion, 1941–1943». Dans: Military Affairs 39, n° 3, 1975. pp. 136–141.

12 Bruno Arcidiacano, Le «précédent italien» et les origines de la guerre froide. Les Alliés et l'occupation de l'Italie, 1943–1944. Bruxelles 1984. 481 p. – Du même auteur: «La politique soviétique en Italie, 1943–1945». Dans: Relations internationales, n° 45, printemps 1986. pp. 35–49.

13 Gar Alperowitz: «Is it not too ranch to say, that the (Soviet) suspicion arising from these events [...] set in motion the first important hostilities of the Cold War?» Dans: New York Review of Books, 8 septembre 1966. David Horowitz parle seulement d'une «mise en danger sérieuse» de l'alliance (From Yalta to Vietnam. American Foreign Policy in the Cold War, 1965).

conséquence décisive étant donné que les désaccords au sujet de la Pologne, accompagnés des incidents de la conférence de San Francisco, étaient déjà très vifs à ce moment-là.[14]

La recherche d'*Arthur Funk*, parue en 1982, accorde une place centrale aux deux conférences de Yalta et de Potsdam et qualifie l'évolution entre les deux conférences de processus de la désillusion.[15] Funk tient les négociateurs occidentaux pour responsables du fait que le public occidental ait pu se faire des illusions en février 1945 encore. En fait, l'auteur voudrait baser son travail sur une parité des responsabilités: «[...], ni l'Est ni l'Ouest ne peuvent être absous de l'accusation d'avoir fomenté la Guerre froide, de même que ni l'un ni l'autre des deux camps ne mérite d'être tenu pour seul et unique responsable de la rupture». Pour Funk, les dirigeants de l'un des camps avaient les mains liées par l'opinion publique, c'est-à-dire le corps électoral, et les dirigeants de l'autre camp par l'Armée et le Parti. Néanmoins, l'historien américain reproche au président Truman de ne pas avoir, à l'instar de son prédécesseur, tenté l'impossible et cherché à atténuer les divergences qu'il qualifie en même temps de «trop importantes». A son avis, il aurait été possible d'«éviter que la fissure ne devienne une crevasse ...». Cet effort, il ne l'exige que de la part des Etats-Unis – sans parité aucune cette fois-ci. Si, en raison du poids des facteurs déterminants, il qualifie d'«inévitable» la méfiance hostile réciproque, on comprend difficilement pourquoi, malgré les exigences très élevées qu'il manifeste a posteriori envers son pays, il croit devoir partager l'opinion selon laquelle «la meilleure occasion de paix de toute l'histoire» se serait présentée en 1945. La conférence de Potsdam marque-t-elle l'émergence de la guerre froide? Selon Funk, les composantes y étaient déjà présentes. La guerre froide aurait été entamée seulement dès la fin de 1945.

L'explosion des bombes atomiques en août 1945 a-t-elle ouvert la brèche à la guerre froide? En 1948 déjà, le scientifique anglais Blackett défendait la thèse que ce fut la volonté politique de démontrer la supériorité militaire des Etats-Unis sur l'URSS, et non l'intention d'amener le Japon à capituler le plus rapidement possible, qui constitua la véritable amorce de la guerre froide.[16] *André Kaspi*, à l'instigation d'une controverse américaine, s'est également penché en 1981 sur cette question, en soulignant que dans un premier temps la bombe atomique n'avait guère influencé l'attitude des Américains ni modifié non plus les rapports américano-soviétiques. Le fait que le climat de Potsdam ait été plus tendu que celui de Yalta ne serait pas dû à l'existence du monopole de l'armement atomique détenu par les Etats-Unis: malgré leur avance dans ce domaine, les Américains auraient demandé peu et moins reçu encore.[17]

14 Bradley F. Smith et Elena Agarossi, Operation Sunrise: The Secret Surrender. London 1979.

15 Arthur Funk, De Yalta à Potsdam. Des illusions à la Guerre froide. Bruxelles 1982. 251 p.

16 Patrick M. S. Blackett, Military and Political Consequences of Atomic Energy. London 1948. Repris de la manière la plus marquante par le révisionniste Gar Alperowitz, Atomic Diplomacy: Hiroshima and Potsdam. New York 1965. Réfuté par ex. par Maddox (voir note 25).

17 André Kaspi, «Controverse: fallait-il bombarder Hiroshima?». Dans: L'Histoire, n° 32, mars 1981. pp. 87–91. Cette prise de position se rapporte à l'article de Joseph Alsop, «Was the Hiroshima Bomb Necessary?». Dans: The New York Review of Books, octobre 23, 1980. Alsop se base aussi sur des documents japonais pour évaluer l'importance de la puissance militaire japonaise.

Le travail le plus important consacré récemment à la problématique de l'armement atomique est sans doute celui de *Gregg Herken*, paru en 1981.[18] Il opère un transfert des questions: pour lui, les événements d'août 1945 pèsent moins lourd dans la balance que l'attitude des Américains dans la période qui suivit. Quant à l'utilisation de la bombe atomique, Herken déclare que deux motivations étaient données: la motivation purement militaire et celle de gagner indirectement un avantage sur le plan diplomatique. L'auteur critique la politique américaine à différents égards: il met en lumière une certaine insouciance qui régnait, au début, au niveau de la politique de l'énergie nucléaire, et une surévaluation considérable de l'avance américaine sur le plan de l'armement atomique (l'Union soviétique réussit en quatre ans ce que l'on n'attendait pas avant une génération), finalement une politique hystérique du secret, opposant à l'«iron curtain» tiré par l'Est un «atomic curtain» occidental. Dans un même temps, l'auteur réfute les théories qui prétendent accorder à la problématique de l'armement nucléaire l'importance d'un facteur décisif pour la guerre froide dès le départ. Aussi souligne-t-il que la supériorité atomique n'a été intégrée dans la planification stratégique américaine qu'à partir de 1948. Il ressort également de la formulation de la *militarisation* de la guerre froide, utilisée dans un autre contexte, que les facteurs militaires ne revêtent, dans cette évolution, qu'une importance secondaire.

Une des questions centrales du travail de Herken est de savoir comment la supériorité américaine a été perçue et exploitée sur le plan politique et quelles ont été les réactions soviétiques. Voici sa conclusion en raccourci: la bombe atomique constitua certes le point de départ d'une nouvelle course aux armements mais l'effet de la «winning weapon», comme on l'a appelée, demeura relativement restreint: non seulement les Américains ne s'en servirent pas comme d'une menace mais les Russes ne s'en seraient pas laissé menacer. De plus, elle ne fut pas utilisée non plus comme appât pour favoriser de façon générale la disposition à coopérer des dirigeants soviétiques, ainsi que l'aurait souhaité le secrétaire d'Etat Byrnes. Cela signifie, vu sous l'angle spécifique de la question qui nous occupe, que les Etats-Unis n'ont pas baissé la température de la guerre froide en utilisant la bombe atomique mais qu'elle n'a pas contribué non plus à un réchauffement du climat (c'est-à-dire par une offre de participation).

Comme d'autres avant lui, *Fraser Harbutt*, dans son article paru en 1981, fixe l'émergence de la guerre froide au printemps 1946 et en discerne des signes révélateurs dans le discours de Byrnes du 28 février 1946 et celui de Churchill du 3 mars 1946.[19] Sa tentative de retracer la transformation de l'attitude américaine fait figure de parent pauvre comparée à l'étude fouillée de Herken. En outre, il table sur une supposition erronée en voyant dans la tentative personnelle de Byrnes, qui voulait engager en décembre 1945 l'URSS à adopter une attitude plus conciliante, l'expression de l'«American policy» en vigueur. Sous cet angle, il est trop simpliste de considérer le raidisse-

18 Gregg Herken, The Winning Weapon. The Atomic Bomb in the Cold War, 1945–1950. New York 1981. 425 p.

19 Fraser Harbutt, «American Challenge, Soviet Response: The Beginning of the Cold War, February–May, 1946». Dans: Political Science Quarterly, vol. 96, 4, winter 1981/82. pp. 623–639.

ment de l'attitude américaine («end of accomodation») comme une conséquence de la seule intervention de Churchill. Harbutt révèle des changements importants dans les rapports Russie–Angleterre–Amérique (les Etats-Unis commencent à respecter les intérêts britanniques; l'Union soviétique tend désormais à considérer non plus la Grande-Bretagne mais les Etats-Unis comme leur adversaire principal) – mais il n'explique pas le pourquoi de ces changements. Bien qu'il ne le formule pas explicitement, les USA apparaissent comme les principaux responsables de l'antagonisme Est–Ouest. Il constate que l'Union soviétique a commencé par opposer une politique d'apaisement à la nouvelle politique de confrontation menée par les Etats-Unis (propositions de retrait pour l'Iran et la Chine) pour ne s'engager que par la suite, en voyant que ses efforts ne rencontraient aucun écho, dans une politique de confrontation.

La contribution de *Melvyn Leffler* prend comme point de départ l'opinion courante selon laquelle les Etats-Unis auraient mené la guerre sans perspectives d'avenir et avant tout par idéalisme.[20] Son propos est de prouver que les stratèges militaires avaient élaboré, en 1943/44 déjà, des plans détaillés pour un système d'implantation de bases maritimes en vue d'assurer l'hégémonie des Etats-Unis sur l'océan Atlantique et l'océan Pacifique. L'existence de telles bases avait été jugée indispensable à la sauvegarde de la sécurité nationale. Tout ceci se serait fait sur la base d'impératifs économiques et sans avoir égard au développement ultérieur de l'alliance. Leffler inscrit son analyse dans le prolongement de la problématique soulevée par le très récent déploiement de missiles de moyenne portée en Europe. Il souligne aussi que les mesures américaines auraient favorisé justement ce qu'elles cherchaient à empêcher: une attitude plus agressive de Moscou. Sur un point précis cependant le parallélisme indirect établi avec les années quatre-vingt reste boiteux: la puissance militaire de l'Union soviétique est aujourd'hui infiniment plus grande que celle de 1945 qui – nous pouvons en convenir avec l'auteur – avait été effectivement surestimée par les Etats-Unis.

Plusieurs questions particulières ont aussi fait l'objet de publications importantes au cours de ces dernières années; par exemple celle de *Bruce Kuniholm* sur la signification des événements en Iran, Turquie et Grèce[21] ou celle d'*Aaron Miller* concernant l'importance du pétrole saoudien pour la politique étrangère américaine.[22]

20 Melvyn P. Leffler, «The American Conception of National Security and the Beginnings of the Cold War 1945–1948». Dans: American Historical Revieiv, vol. 89, 2, avril 1984. pp. 346–399. – Trevor Barnes, «The Secret Cold War: The C.I.A. and American Foreign Policy in Europe. Part II». Dans: The Historical Journal, 25, 3 (1982). Grande-Bretagne. pp. 649–670. Aux propos de Leffler ont répondu dans la même revue John Lewis Gaddis et Bruce Kuniholm. Voir aussi John Lewis Gaddis, Strategies of Containment: A Critical Appraisal of Postwar American National Security Policy. New York 1982.

21 Bruce R. Kuniholm, The Origins of the Cold War in the Near East: Great Power Conflict and Diplomacy in Iran, Turkey and Greece. New York 1982.

22 Aaron Miller, Search for Security: Saudi Arabian Oil and American Foreign Policy, 1939–1949. Chapel Hill, N.C. 1980. – Yuri Napuch, Die Sowjetunion, das Erdöl und die Ursachen des Kalten Krieges. Frankfurt a.M./Berlin 1986. 514 p.

En analysant la littérature présentée, on ne saurait, dans un débat sur les origines de la guerre froide, se limiter à un laps de temps restreint – à «une année de la déchirure». La largeur du champ de vision revêt une importance considérable pour la compréhension du conflit: en effet, si l'on considère la guerre froide comme un produit de l'immédiat après-guerre, les divergences croissantes entre les deux futures superpuissances apparaissent sur la toile de fond d'une alliance fonctionnant bien en apparence. Par contre, en élargissant le champ de vision et en englobant toute la période de l'entre-deux-guerres dans l'analyse, ces mêmes divergences semblent amorcer plutôt un retour vers une situation préexistante.

L'historiographie révisionniste ne remonte pas en règle générale au-delà de 1945 et part de l'idée que, dans l'immédiat après-guerre, les Etats-Unis auraient troublé l'entente sereine avec leur impérialisme capitaliste et leur politique expansionniste. *L'historiographie orthodoxe* marque une prédilection pour la même période mais elle inverse les responsabilités: pour elle, ce sont l'expansionnisme soviétique et le communisme visant la domination du monde qui sont responsables de l'éclatement de l'alliance. Les périodes plus anciennes ne sont prises en considération que dans la mesure où l'on reproche à l'Union soviétique d'avoir réactivé son potentiel révolutionnaire de 1917. *L'historiographie réaliste*, qui ne tient d'aucune des deux tendances dogmatiques, tend à expliquer, comme le faisait en 1965 déjà André Fontaine, la problématique de la guerre froide sur la toile de fond des difficultés présentes pendant l'entre-deux-guerres déjà.[23] C'est valable surtout pour l'analyse de *Daniel Yergin* publiée en 1977 et qui, avec ses analyses très complètes, constitue la contribution la plus importante de ces dernières années.[24] Yergin centre son attention avant tout sur la politique étrangère des Etats-Unis mais il ne peut éviter d'évaluer aussi la politique étrangère soviétique. Yergin est un représentant très marquant de l'histoire diplomatique classique en ce sens qu'il considère les rapports américano-soviétiques comme «façonnables» et l'accroissement des tensions plus ou moins comme évitable. En ne voyant dans les intérêts économiques des Etats-Unis qu'un élément de politique étrangère, il se distance des révisionnistes tout en se rapprochant d'eux par sa critique de l'interprétation expansive des besoins de sécurité américains. L'originalité de la contribution de Yergin réside dans la formule séduisante qu'il tire de deux perceptions fondamentalement différentes de la politique soviétique: l'*axiome de Riga* et l'*axiome de Yalta*. La première tire son nom du poste d'observation américain établi dans la ville portuaire sur la Baltique. Dans cette évaluation, l'Union soviétique apparaît comme un organisme visant la révolution mondiale,

23 André Fontaine, Histoire de la guerre froide, 1917–1967. 2 vol. Paris 1965/67. – Du même auteur: Un seul lit pour deux rêves. Histoire de la «Détente», 1962–1981. Paris 1981.

24 Daniel Yergin, Shattered Peace. The Origins of the Cold War and the National Security State. Boston 1977. 526 p. Yergin a suscité une attention très large. Son livre a été traduit en plusieurs langues. Version française: La Paix saccagée. Les origines de la guerre froide et la division de l'Europe. Paris 1980. Compte-rendu plutôt négatif de Charles Lucet dans la Revue d'Histoire diplomatique, 94, 1980. pp. 251–257; plus positif Giora Kulka dans Jerusalem Journal of International Relations, 6, 1982. pp. 73–99.

poussé par un besoin messianique de domination universelle et constituant de ce fait une menace constante. Dans la seconde, adoptée par Roosevelt à Yalta, l'Union soviétique est considérée comme une grande puissance se comportant de manière tout à fait traditionnelle et qui, malgré ses pratiques totalitaires exercées au sein de sa propre sphère d'influence, n'aspire pas automatiquement à des ambitions totalitaires dans le domaine de la politique étrangère, comme ce fut le cas pour le Troisième Reich. L'URSS, dans le style de la diplomatie traditionnelle, aurait voulu s'étendre «à l'intérieur des frontières historiques de la Russie», créer des zones d'influence et rassembler autour d'elle des alliés. Yergin défend le point de vue que les Etats-Unis, en revenant à l'axiome de Riga en 1945/46, auraient sous-estimé les possibilités d'une action diplomatique et d'une entente éventuelle, ce qui aurait provoqué par la suite une combinaison funeste de l'idée tivilsonienne universaliste et de la politique de sécurité expansive qu'une appréciation inadéquate de l'Union soviétique faisait apparaître comme nécessaire.

En plus des raisons mentionnées précédemment, qui soulignent l'opportunité d'une investigation sur l'état actuel du débat concernant la guerre froide, il faut citer ici une troisième raison supplémentaire: l'historiographie semble s'être consolidée dans une troisième phase: à la domination de l'*école orthodoxe* a succédé, dans les années soixante, l'école révisionniste; puis celle-ci a dû céder sa position centrale à une tendance que l'on peut qualifier d'*école réaliste*. Dans la littérature, cette tendance récente porte le nom d'école postrévisionniste mais cette appellation ne désigne que le passage lui-même et non sa substance. Le terme de réaliste lui convient dans la mesure où elle ne propage pas, c'est-à-dire ne défend pas, de visions dogmatiques comme les deux tendances précédentes mais poursuit, libre de toute contrainte théorique, l'analyse de données empiriques. Les deux écoles «vaincues» continuent bien entendu à rester vivantes, mais leurs affirmations n'occupent plus de position centrale. Et si l'école révisionniste a développé des thèses en partie erronées et si elle n'est que le reflet antigouvernemental de l'orthodoxie gouvernementale, elle a tout de même contribué grandement à favoriser le dépassement de cette dernière.

Les frontières entre les différentes écoles demeurent floues et au sein de chacune d'entre elles il faut encore distinguer différentes tendances. Ceci est particulièrement valable pour les révisionnistes chez qui on peut faire la différence, à l'instar de Robert Maddox, entre «hard revisionists» et «soft revisionists».[25] Les conceptions de la variante douce (moderate) se distinguent à peine de celles de l'école réaliste. C'est ainsi que Yergin, que l'on peut qualifier de prototype du réalisme, est classé parfois parmi les révisionnistes.

Récemment, *Kenneth W. Thompson* a établi un aperçu des différentes écoles et a porté l'accent sur la forte affinité existant entre le courant orthodoxe et le courant

25 Robert James Maddox, The New Left and the Origins of the Cold War. Princeton 1973. Voir aussi Alan J. Levine, «Some Revisionist Theses on the Cold War, 1943–1946: A Study of a Modern Mythology». Dans: Continuity, 1, 1980. pp. 75–97. Martin F. Herz, qui avait en 1966 déjà publié le livre Beginnings of the Cold War, a fait une analyse des retombées de la pensée révisionniste dans l'enseignement: «How the Cold War is taught». Washington, D.C. 1978.

révisionniste, en attribuant à tous les deux les mêmes erreurs.[26] Etant donné que les deux écoles voient soit dans l'une, soit dans l'autre des deux grandes puissances, et le système de société qu'elles représentent, la seule responsable du conflit, un rapprochement des deux points de vue lui paraît impossible. Thompson propose donc une troisième interprétation: d'après lui le germe même du conflit se trouverait dans la situation objective, c'est-à-dire dans le côtoiement des deux grands blocs, indépendamment des intérêts économiques ou des oppositions idéologiques. Vu sous l'angle des rapports de puissance, l'extension de la sphère d'influence soviétique en direction de l'Occident aurait constitué le facteur décisif dans le déclenchement du conflit.

En ce qui concerne la littérature en langue allemande, *Michael Wolffsohn* a rédigé un aperçu historiographique des différentes écoles.[27] Son propos était moins d'établir un rapport bibliographique que de tenter de démontrer que les diverses tendances d'interprétation étaient elles-mêmes le produit de certaines conjonctures politiques. En ce qui concerne l'histoire elle-même, ses considérations fortement théoriques font apparaître la guerre froide comme une vague très ample dans une évolution séculaire et la phase de détente qui suivit comme une vague courte, comme une conjoncture politique.

Notre aperçu n'a pas la prétention d'être complet. Il comporterait pourtant une véritable lacune en ne mentionnant aucune des études théoriques établies sur la base des catégorisations de la science politique. Parmi les parutions en langue allemande, il faut mentionner avant tout le livre de *Werner Link*, publié en 1980.[28] L'auteur voit dans l'antagonisme Est–Ouest un conflit d'envergure mondiale, générateur de tensions dans le réseau des relations internationales, qui se concrétisent dans les différents conflits locaux et régionaux. Lui aussi ne voit dans l'alliance contre les puissances de l'Axe et contre le Japon qu'une coopération qui s'était temporairement superposée à un antagonisme presque séculaire.

John A. Vasquez et *Richard W. Mansbach*, dans un autre travail théorique présenté en 1983, sont avant tout préoccupés de montrer les différentes étapes d'un «global political change».[29] Les auteurs proposent de distinguer entre la crise proprement dite et sa ritualisation, mais en même temps ils déclarent que les démarcations sont floues. En outre, ils montrent que les problèmes peuvent être gérés soit en étant repris dans l'agenda politique, soit laissés dans la «dormancy», c'est-à-dire portés à la périphérie de l'attention publique. La description des différentes étapes paraît très plausible, mais on ne sait pas qui ou quoi dirige les opérations et à quel niveau les problèmes ont été

26 Kenneth W. Thompson, Cold War Theories, vol. 1: World Polarization, 1943–1953. Baton Rouge/London 1981. 212 p. – Joseph L. Black, Origins, Evolution and Nature of the Cold War. An annotated Bibliography (War/Peace Bibliography Series 19). Oxford 1986. 173 p. – Hugh Thomas, Armed Truce. The Beginnings of the Cold War, 1945/46. London 1986. 600 p.

27 Michael Wolffsohn, Die Debatte über den Kalten Krieg. Politische Konjunkturen. Historisch-politische Analysen. Opladen 1982. 61 p.

28 Werner Link, Der Ost-West-Konflikt. Die Organisation der internationalen Beziehungen im 20. Jahrhundert. Stuttgart 1980. 249 p.

29 John A. Vasquez et Richard W. Mansbach, «The issue cycle: conceptualizing long-term global political change». Dans: International Organization, 37, 2, spring 1983. pp. 257–279.

gelés. On ne peut être que d'accord avec les auteurs lorsqu'ils soulignent que la perception et l'imagination revêtent un rôle important dans ce genre de conflits.

La question des origines de la guerre froide est avant tout une question de l'attribution des responsabilités. Dans les réponses que l'on y apportera, il faudra donc prendre position explicitement ou implicitement à l'égard de la question de savoir si une guerre froide aurait pu être évitée. Ces prises de position, à leur tour, devront définir quelles alternatives auraient été possibles. En principe, deux évolutions sont imaginables: tout d'abord la variante négative, celle de la «guerre chaude», contrastant avec la guerre froide considérée au départ comme un moindre mal et appréciée en tant que tel, puis la variante positive d'une coexistence pacifique ou de la solution plus pacifique encore d'une concordance. Dans la littérature cependant, la variante négative n'est jamais choisie comme élément de comparaison, elle se limite à la variante positive. Et ceci même par ceux qui en principe l'excluent étant donné qu'ils admettent par analogie avec la lutte «inévitable» des classes que le monde capitaliste, obligatoirement, ne peut que poursuivre une politique expansive et agressive. Il est paradoxal que ce déterminisme rigoureux apparaisse comme l'un des accusateurs les plus véhéments du monde occidental parce que celui-ci se comporte de la façon dont il devrait, soi-disant, se comporter. A ceci s'oppose une autre explication, en principe également déterministe: la confrontation était inévitable mais les acteurs auraient pu – à cette époque comme aujourd'hui – déterminer les degrés de l'opposition. Cette manière de voir présente l'avantage qu'elle ne programme pas à l'avance le développement des rapports américano-soviétiques ni les hypothèque par un péché originel – par exemple par une déchirure. Cette appréciation part plutôt du principe que les deux camps, comme le dit Werner Link, se doivent de rechercher, «par l'augmentation ou la diminution du degré d'organisation relationnel sur le plan international, un mélange entre le rapprochement et la démarcation qui correspond chaque fois au rapport existant entre les oppositions et les causes communes».[30]

Nachtrag 2005: Seit dem Verfassen dieses Artikels sind zwei Jahrzehnte vergangen. Ohne ihn in seiner Bedeutung zu überschätzen, könnte man ihn unter dem Aspekt lesen, ob und inwiefern er jetzt, da die Epoche des Kalten Krieges der Vergangenheit angehört, noch bestand hat oder einer substantiellen Revision bedarf. Die gemässigte Schule der «Revisionisten», unter der Etikette der «Realisten» und am besten verkörpert durch *Daniel Yergin,* erweist sich als sehr zeitbeständig. Und sie wurde am besten fortgesetzt von *John Lewis Gaddis* mit dem sprechenden Titel «We Now Know» (Clarendon Press 1997). Die zum Thema erschienenen Werke sind Legion. Nur als weiteres Beispiel sei hier genannt: *Klaus Larres* und *Anne Lane* (Hrsg.), The Cold War. Oxford 2001, eine Aufsatzsammlung u.a. mit einem Artikel von Gaddis und abschliessend mit einem Beitrag eines zeitgenössischen Akteurs *Arthur Schlesinger, Jr.*, «Some Lessons from the Cold War». Die Hauptlektion der inzwischen zu einem Ende gekommenen fundamentalen Debatte besteht darin, dass die Verfechter der «liberal society»

30 Werner Link, Der Ost-West-Konflikt. p. 8.

im Streit der beiden Welten recht bekommen hätten. Mit Blick auf die dritte Welt im weitesten Sinn sollte man aber eher den Satz unterstreichen, der nebenbei darauf aufmerksam macht, dass deswegen kein Ende der Schwierigkeiten in Sicht ist, sondern diese sich nur verschoben haben: «Difficulties lie ahead [...].»[31]

31 Arthur M. Schlesinger, Some Lessons from the Cold War. In: The Cold War. Hrsg. v. Klaus Larres und Anne Lane. Oxford 2001. S. 238.

Kaisermanöver 1912: Der Hohenzoller Wilhelm II. kommt in die Schweiz und wird vom bürgerlichen Bundespräsidenten Ludwig Forrer und vom militärischen Primus inter pares, dem Oberstkorpskommandanten Ulrich Wille, empfangen. Hier auf dieser Gedenkkarte alle drei in Medaillons. Auch auf der allegorischen Ebene empfängt die ältere Helvetia die junge Germania. Im Hintergrund gibt die Tellskapelle der Schweiz eine historische Tiefe, über die das Zweite Kaiserreich nicht verfügt. Die Schweiz stand zu ihrem grossen Nachbarn in einer merkwürdigen Mischung von Unterlegenheits- und Überlegenheitsgefühlen (Georg Kreis, Der Weg zur Gegenwart. Basel/Boston/Stuttgart 1986. S. 232).

Von der Anlehnung zur Abgrenzung

Schweizerische Beziehungen zu Deutschland im 19. und 20. Jahrhundert

Kleinstaaten stehen in verschiedener Hinsicht in einem besonderen Verhältnis zu grossen Staaten, insbesondere wenn diese direkte Nachbarn sind und zum grössten Teil dem gleichen Kulturkreis zugehören. Das besondere Verhältnis ist je nach Umstand ein Verhältnis der Anlehnung oder der Abgrenzung. Im Zweiten Weltkrieg wurde dieser Grundvorstellung entsprechend von seiten der Abgrenzungswilligen der Slogan «Anpassung oder Widerstand» lanciert.[1] In Wirklichkeit finden wir diese Haltungen jedoch nicht nur in der Form der Alternative. Zudem ist nicht in jedem Fall Anlehnung mit Sympathie und Abgrenzung mit Antipathie gleichzusetzen. Es gibt, wie wir am Schluss noch sehen werden, mindestens auch die Kombinationsvariante von praktischer Anlehnung in Verbindung mit antipathischer Grundhaltung beziehungsweise die Kombination von Anlehnung *und* Abgrenzung. Wie auch immer: Grossstaatliche Nachbarschaft kann mit ihrem Potential die Eigenständigkeit der Kleinen – gewollt oder ungewollt – in Frage stellen, mit expliziten Annexionsplänen, aber auch durch migrationsbedingte, wirtschaftliche und kulturelle Kolonisierung.[2]

Meine Ausführungen möchten aufzeigen, dass es diese Varianten der Dominanz durchaus gegeben hat, dass sie aber nicht immer in gleicher Weise irritiert haben und dass, wie ich am Schluss andeuten möchte, Abgrenzungsbedürfnisse nur zum Teil von der Haltung des Nachbarn, zum Teil auch von der eigenen Befindlichkeit abhängen, mithin neben exogenen auch endogene Ursachen haben können.

1 Alice Meyer, Anpassung oder Widerstand. Die Schweiz zur Zeit des deutschen Nationalsozialismus, Frauenfeld 1965.

2 Wir sind uns bewusst, in mehrfacher Hinsicht ein komplexes Thema vor uns zu haben. Einmal, weil wir zwischen realen Beziehungen, zum Beispiel in Form von Wirtschaftsströmen, und imaginären Beziehungen, zum Beispiel in Form von wechselseitigen Vorstellungen über kollektive Mentalitäten, unterscheiden müssen und uns zudem fragen können, wie sich die beiden Ebenen zueinander verhalten. Sodann, weil wir wissen, dass Beziehungen privat oder öffentlich, schicht- und bereichsspezifisch sein konnen. Und schliesslich, im speziellen Fall der Schweiz, weil zu unterschieden ist, ob es sich bei dem, der sich mit Deutschland in Beziehung setzt, um den deutschen, den französischen oder italienischen Landesteil oder um die offizielle Schweiz handelt und ob letztere wirklich für die Gesamtheit oder nur für den sie majorisierenden deutschen Landesteil spricht. Im weiteren käme die – wiederum allgemeine – Problematik hinzu, dass Beziehungen von Grenzbevölkerungen mit ihren direkteren und häufigeren Nachbarschaftskontakten anders sind oder sein können als die Beziehungen von Bevölkerungen des Landesinnern zum Nachbarstaat. Analysten von derartigen Beziehungsfeldern sind in der Regel überfordert, wenn sie über längere Zeiten den beiden Beziehungsseiten symmetrisch den gleichen Komplexitätsgrad zugestehen. Meistens wird doch eine Seite privilegiert, in unserem Fall ist es die schweizerische. Hier leisten wir uns Differenzierungen nach Epochen, Klassen, Regionen; eine Differenzierung, die wir auf der anderen Seite nicht in gleichem Masse aufbringen.

Der chronologische Durchgang kann keine klare Periodisierung anbieten. Wir werden sehen, dass 1870 einerseits ein Wendepunkt und andererseits doch keiner ist; dass der Erste Weltkrieg wider Erwarten keine wirkliche Zäsur ist; dass 1945 in gewisser Hinsicht eine neue Phase einleitete und trotzdem mit einer Vergangenheit belastet blieb, die nicht vergehen will. Wir haben es, wie so oft, eher mit fliessenden Übergängen zu tun, mit der bekannten Gleichzeitigkeit von Ungleichzeitigem.

Die Ausführungen können sich übrigens nicht auf Gesamtdarstellungen zum gleichen Thema abstützen. Es stehen zwar zahlreiche Monographien zu speziellen Fragen zur Verfügung, die Beziehungsfrage aber ist, anders als im Falle der Beziehungen zu Frankreich oder zu Österreich, kaum thematisiert worden.[3] Man könnte dies als Folge einer gewissen Berührungsangst verstehen.

Das Verhältnis der Schweiz zu Deutschland sollte nicht nur in der bilateralen Dimension betrachtet werden, hängt es doch bis zu einem gewissen Grad auch von den anderen *Nachbarschaftsbeziehungen* ab. Von den schweizerisch-*italienischen* Beziehungen kann man sagen, dass sie in der Regel für die schweizerisch-deutschen Beziehungen irrelevant gewesen sind. Selbst in einer Phase, da Italien und Deutschland eine engere Partnerschaft als die Achsenmächte eingegangen sind, präsentierten sich die beiden Nachbarschaften als unterschiedliche Beziehungsfelder.[4] Die schweizerisch-*österreichischen* Beziehungen sind für unser Thema insofern von Bedeutung, als die für die alte Eidgenossenschaft konstitutive Gegnerschaft zu Habsburg mit der Zeit, da die Schweiz zur Selbstdefinition offenbar weiterhin eine Gegnerschaft brauchte, zu einer Gegnerschaft gegen Deutschland wurde; zuerst in Form einer Feindseligkeit gegenüber den tatsächlichen oder vermeintlichen Schwaben, dann gegen die wirklichen oder angenommenen Preussen.[5] Die schweizerisch-*französischen* Beziehungen sind für uns besonders wichtig, weil man in der neueren Zeit, insbesondere in den Jahren 1870–1945 und ein wenig darüber hinaus, das Verhältnis zu Deutschland und Frankreich als den beiden Hauptantagonisten des Kontinents als konkurrenziell und darum sich gegenseitig beeinträchtigend verstand. Dominierte zunächst der französische Einfluss bis zum Ende des Second Empire Napoleons III., nahm nach 1870 der Einfluss des jungen Zweiten Kaiserreiches Wilhelms I. auf Kosten der französischen Position zu, bis 1918 eine Phase der etwa gleich starken Verbindungen nach beiden Seiten einsetzte, die vielleicht bis zur Gegenwart anhält.

3 So sind in den sechziger Jahren unter der Leitung von Edgar Bonjour drei Dissertationen über die Beziehungen vor 1914 zu Grossbritannien (Othmar Uhl), zu Österreich-Ungarn (Rudolf Danecker) und zu Frankreich (Adolf Lacher) erarbeitet worden, keine dagegen über die Beziehungen zu Deutschland. Auf diesen Umstand angesprochen, erklärte Bonjour, man habe diesem Gegenstand gegenüber noch nicht die nötige Distanz. – Am festgestellten Defizit ändert auch die kürzlich – 1995 – in Zürich erschienene Schrift von Markus Kutter nichts, die unter dem Titel «Die Schweizer und die Deutschen» darlegt, dass insbesondere in den Jahren 1790–1815 mehrfach der Gedanke ausgesprochen worden ist, aus der Schweiz und Süddeutschland ein gemeinsames Gebilde zu schaffen.

4 Edgar R. Rosen, Italien, Deutschland und die Schweiz im Sommer/Herbst 1940. In: Schweizerische Zeitschrift für Geschichte 3. 1969. S. 661–665.

5 Helmut Maurer, Schweizer und Schwaben. Ihre Begegnung und ihr Auseinanderleben am Bodensee im Spätmittelalter. Konstanz 1991.

In der Ära der schweizerischen *Staatenbildung*, insbesondere in den Jahren 1830–1848 bis zur Gründung des modernen Bundesstaates und dann in der Konsolidierungsphase 1848–1870, waren die Beziehungen zwischen der Schweiz und dem deutschen Vielstaatengebilde alles in allem unproblematisch. Wichtig war die Anreicherung der in jeder Beziehung unterentwickelten Schweiz durch die liberale Emigration aus deutschen Gebieten, von Georg Büchner und Georg Herwegh bis zu weniger Bekannten: Schönlein, Oken, Snell etc. Der Unterricht an den 1833/34 gegründeten Universitäten von Zürich und Bern wurde grösstenteils von deutschen Emigranten bestritten. In Zürich waren anfänglich sämtliche Lehrstühle von Deutschen besetzt. Die einheimische Bevölkerung scheint diesen Zuzug ohne Skepsis und Ablehnung hingenommen zu haben. Der Bibelkritiker David Friedrich Strauss war nicht wegen seiner Herkunft umstritten. Es gab weder Volkszählungen noch Fremdenpolizeien. Wo wie viele Menschen welcher Nationalität lebten, interessierte kaum.

In der Ära der Festigung der Nationalstaatlichkeit gab Preussen 1856/57 vorübergehend ein willkommenes Feindbild ab, als es sich für «seine» Royalisten einsetzte, die in *Neuenburg* nach einem fehlgeschlagenen Putschversuch eingekerkert worden waren. «La patrie en danger» – mit dieser schweizerischerseits wohl bewusst angeheizten Befürchtung konnten die alten inneren Gegensätze aus der Bürgerkriegszeit von 1847 abgebaut werden.[6] Das Bemerkenswerte aber ist: Weder die Preussen im allgemeinen noch ihr König Wilhelm VI. dürften damals als negative Grössen im kollektiven Gedächtnis nachhaltig haften geblieben sein, zumal Napoleon III. in diesem Konflikt eher zugunsten der fürstlichen Ansprüche agierte und sich naturgemäss nicht für die republikanische Zielsetzung der vollständigen Befreiung Neuenburgs stark machte. Die Aversion gegen dessen «politique impériale», die man insbesondere im Streitfall um den Status von Nordsavoyen zu spüren bekommen hatte, war derart gross, dass man um 1860 sogar an ein Verteidigungsbündnis mit Deutschland, also an Anlehnung dachte; einem Deutschland, das wegen seiner föderalistischen Struktur und seiner Introvertiertheit als der Schweiz ziemlich ähnlich verstanden wurde.[7]

Bis 1870 könnte in der kleinen Schweiz gegenüber dem grossen Deutschland sogar ein gewisses Überlegenheitsgefühl am Werk gewesen sein, war doch den schweizerischen Nationalisten 1848 etwas gelungen, was ihre deutschen Brüder nicht zustande gebracht hatten. In dieser Zeit lag die Idee eines nationalstaatlichen Zusammengehens durchaus im Bereich des Denkbaren. Der schweizerische Schriftsteller Gottfried Keller konnte Deutschland als sein «zweites Heimatland» preisen, den «herrlichen deutschen Brüdern» emphatisch Grüsse schicken und in einem bekannten Gedicht bekennen: «[…] Du stiller Ort am alten Rhein, / Wo, ungestört und unge-

6 Gottfried Keller bemerkte damals gegenüber einem deutschen Korrespondenzpartner: «Das Kriegsspektakel hat uns um vieles vorwärts gebracht in unsern inneren Verhältnissen, und wenn Sie seiner Majestät begegnen, so danken sie doch Allerhöchstderselben dafür in meinem Namen» (Emil Ermatinger, Gottfried Kellers Leben, Briefe und Tagebücher. Bd. 1. Stuttgart 1916. S. 388).

7 Edgar Bonjour, Geschichte der schweizerischen Neutralität. Bd. 1. Basel 1965. S. 392ff.

kannt, / Ich Schweizer darf *und* Deutscher sein.»[8] Im Internationalismus des liberalen Denkens spielte die Kategorie von «gross» und «klein» keine Rolle.

Wie sehr sich die Verhältnisse aber mit dem deutschen Grösserwerden beziehungsweise der Gründung des Deutschen Reiches verändert hatten, zeigten die empörten Reaktionen auf einen Ausruf des inzwischen alten und noch immer am alten liberalen Verbundenheitsideal orientierten Gottfried Keller. «Sagen Sie den Deutschen», soll Keller – wohl schon im allgemeinen Alkoholdusel – 1872 einem von Zürich nach Strassburg berufenen deutschen Medizinprofessor zugerufen haben, «dass, wenn sie einmal unter einer Verfassung leben, die auch ungleichartige Bestandteile zu ertragen vermag, die Zeit kommen dürfte, in der auch wir Schweizer wieder zu Kaiser und Reich zurückkehren könnten.»[9] Gewisse Interpreten nahmen Keller gegen den Vorwurf des Landesverrats in Schutz, indem sie darlegten, er habe nicht die Schweiz im Reich aufgehen lassen wollen, sondern gewünscht, dass das Reich schweizerisch würde. Dieses Denkmuster hat es durchaus gegeben, und es besteht heutzutage – unabhängig von äusserer Grösse oder Kleinheit – weiterhin bezüglich des Verhältnisses zwischen der Schweiz und der Europäischen Union: Europa ja, sofern es wie die Schweiz wird.[10] Es wäre allerdings ein Irrtum zu meinen, dass schweizerischerseits ein entschiedener Wille vorhanden wäre, irgendwelche Tugenden oder Ideale zu exportieren. Man will diese zwar als vorbildlich anpreisen, aber als Mittel zur Abgrenzung für sich behalten.

Die im grossen und ganzen bemerkenswert grosse Stabilität im Verhältnis zwischen der Schweiz und Deutschland beruhte nicht zuletzt auf dem Umstand, dass sich die kleine Schweiz durch den grossen Nachbarn als Staat nicht in Frage gestellt fühlte. Was dies bedeutete, zeigt ein Zwischenfall, der das normalerweise gewahrte Prinzip nicht respektierte. 1889 kam es zum Streit, weil die Schweiz den deutschen Agenten *Wohlgemuth* verhaftete, der einen deutschen Sozialisten als Lockspitzel hatte anwerben wollte. Die Schweiz hielt trotz Zollsanktionen und Aufkündigung des Niederlassungsvertrags am Asylrecht fest.[11] Wie zuvor im Falle der liberalen Emigranten[12] und in den 1930er Jahren im Falle des jüdischen Grenzgängers Jacob ging es nur sekundär um den konkreten Schutz der Asylsuchenden und primär um die Verteidigung des Souveränitätsrechts. Im Fall Jacob (1935) erwirkte die Schweiz mit der Drohung, sich

8 Ermatinger, S. 434 «Am Vorderrhein» (1841) und «Gegenüber» (o.D.).

9 Klaus Urner, Die Deutschen in der Schweiz. Von den Anfängen der Kolonienbildung bis zum Ausbruch des Ersten Weltkrieges. Frauenfeld 1976. S. 64ff., auch mit einer anderen Version der umstrittenen Äusserung.

10 Damit ist nicht das «Verschweizern» gemeint, hat dies doch die Bedeutung von sich selber isolieren und klein werden.

11 Hansjörg Renk, Bismarcks Konflikt mit der Schweiz. Der Wohlgemuth-Handel von 1889, Vorgeschichte, Hintergründe und Folgen. Basel 1972. – Daniel Cusinay, Thomas Hauser und Matthias Schwank, Deutsche Sozialdemokraten in der Schweiz nach dem Erlass des Sozialistengesetzes (1878–1890). In: «Zuflucht Schweiz». Der Umgang mit Asylproblemen im 19. und 20. Jahrhundert. Hrsg. v. Carsten Goehrke, Werner G. Zimmermann. Zürich 1994. S. 121–172.

12 Karin Dean und Markus Widmer, Flüchtlinge und Flüchtlingspolitik in der Schweiz 1848/49. «Zuflucht Schweiz». S. 39–63.

an den Internationalen Gerichtshof zu wenden, ein Nachgeben des Dritten Reiches, was als ein Sieg Davids über Goliath empfunden wurde.[13]

Doch zurück ins 19. Jahrhundert: Der als Kampf zwischen *Germanentum und Romanentum* interpretierte Deutsch-Französische Krieg von 1870/71 bildete einen wichtigen Wendepunkt im Verhältnis der Schweiz zu Deutschland. In den ersten Tagen hatte die Vorstellung noch Gültigkeit, dass «die verschiedenen Rassen» keinen zwangsläufigen Gegensatz bilden müssten, dass sie sich sogar ergänzen könnten und, wie eine Regierungserklärung festhielt, über allem «die gemeinsame Menschennatur» stehe. Grosse Teile der Schweiz konnten sich dann aber, wie im übrigen auch Frankreich selber, nicht der mit ethnischen Vorstellungen durchsetzten Auffassung entziehen, dass Deutschland, zum Beispiel mit seinen guten Volksschulen, das bessere Gesellschaftsmodell habe und sich im sozialdarwinistischen Wettlauf darum an die Spitze der Entwicklung zu stellen im Begriffe sei.[14] Auch für die französische Schweiz hatte Deutschland ein Bildungswesen, an dem man sich orientierten wollte; ein grosser Teil der Bildungselite studierte an deutschen Universitäten, wie im übrigen viele Deutsche, da ein Studium in Frankreich nach 1870 etwas problematisch war, ihre Französischsemester in Lausanne und Genf absolvierten.

Bemerkenswerterweise löste in der Schweiz die offensichtliche Gewichtsverlagerung im nachbarschaftlichen Umfeld längere Zeit keine Irritation aus, obwohl zwei weitere Entwicklungen dies hätten provozieren können: Der an sich bereits grosse Einwanderungsstrom aus Deutschland stieg nämlich weiter an, und anlässlich der Annexion des Elsasses wurden deutsche Stimmen laut, welche die Auffassung vertraten, es würde sich doch auch bezüglich der deutschen Schweiz empfehlen, die «zufällige geschichtliche Entwicklung» des seit 1648 eingeschlagenen Sonderweges wieder rückgängig zu machen.[15]

Was die *Migrationsvorgänge*[16] betrifft, müssen wir uns hier mit der Nennung von pauschalen Grössenordnungen begnügen: In den Jahren 1860–1880 erfuhr die Zahl der

13 Nikolaus W. Jost, Der Fall Jacob-Wesemann (1935/1936). Bern 1972.

14 Der in Zürich eingebürgerte deutsche Rechtsgelehrte und Universitätsdozent Heinrich Fick schrieb schon im November 1870: «Dieser Krieg ist ein Ereignis, dem an Wichtigkeit kaum irgendein anderes der Weltgeschichte an die Seite gesetzt werden kann. Es ist der Sieg des Germanentums und der Reformation über Romanismus und Papismus» (zit. nach Klaus Urner, Die Deutschen in der Schweiz. S. 59).

15 Zitat aus einer Schrift von Adolph Wagner, nach Klaus Urner, Die Deutschen in der Schweiz. S. 61.

16 Die Historiographie hat sich zwar sehr für die schweizerische Überseeauswanderung und für die Auswanderung nach Russland interessiert, über Schweizer in Deutschland wissen wir dagegen sozusagen nichts, und für das 19. Jahrhundert kennen wir nicht einmal die Zahlen. Was die Bildung und die Lebensbedingungen von Schweizerkolonien betrifft, beschränken sich die wenigen Studien auf ältere Vorgänge vorwiegend des 17. Jahrhunderts, insbesondere nach Brandenburg. Dass es im Grenzraum selbstverständliche Austauschbeziehungen gab, davon zeugt der aus der saisonalen Wanderung stammende Begriff der sogenannten «Schwaben-Gänger» für Knechte und Mägde, die sich in Süddeutschland verdingten. Der «Schweizer» war damals eine verallgemeinernde Bezeichnung für Hirten und Stallknechte. Im französischen Sprachraum war ein «Suisse» eine andere Bezeichnung für Portier.

in der Schweiz lebenden Deutschen eine Verdoppelung von rund 48 000 auf rund 95 000 und in den weiteren zwei Jahrzehnten nochmals einen beträchtlichen Anstieg um etwa 80 Prozent auf 168 000 im Jahr 1900. In den folgenden zehn Jahren kamen weitere 50 000 hinzu, so dass 1910 rund 220 000 Deutsche in der Schweiz gezählt wurden, was bei einem durchschnittlichen Ausländeranteil von 14,7 Prozent etwa 5,9 Prozent der Wohnbevölkerung ausmachte. Der Erste Weltkrieg brachte mit der Rückwanderung von etwa 70 000 eine Reduktion um etwa ein Drittel und leitete einen anhaltenden Rückgang ein. Unter den Ausländern bildeten die Deutschen lange Zeit, das heisst bis 1930, die grösste Gruppe, um 1890 war beinahe jeder zweite Ausländer ein Deutscher, 1910 waren es, da die Zahl der Italiener zugenommen hatte, noch etwa 40 Prozent, dicht gefolgt eben von den Italienern mit gegen 37 Prozent.

Mit Klaus Urner, der das wichtigste Werk zu unserem Thema vorgelegt hat, sind zwei grosse Einwanderungsströme zu unterscheiden: Der eine wurde gebildet von den oppositionellen Deutschen, zumeist Sozialisten, der andere von den kaiserlich gesinnten Deutschen. Beide richteten sich in je ihren Milieus problemlos ein, ziemlich unassimiliert und parakulturell organisiert, aber nicht im nationalistischen Sinn als Fremde wahrgenommen. Beide alimentierten auf ihre Weise die Schweiz. Die schweizerische Arbeiterbewegung erfuhr wesentliche Impulse von eingewanderten Deutschen. Stellvertretend für viele sei hier nur der aus Breslau stammende und 1865 nach Zürich gekommene Buchbinder Hermann Greulich genannte der noch als «Ausländer» 1870 die erste Sozialistische Partei der Schweiz gründete und dann als Schweizer Bürger 1902 Mitglied der Volkskammer wurde. Aus dem anderen Strang gingen wichtige, zum Beispiel mit den Namen Nestlé (1843), Wander (1863), Brown-Boveri (1891) verbundene Unternehmensgründungen hervor.

Erst um die Jahrhundertwende verloren das nachbarschaftliche Verhältnis und die starke deutsche Präsenz die Selbstverständlichkeit. Erst jetzt wurde das Verhältnis in zunehmendem Masse auch in den Kategorien von «gross» und «klein» problematisiert und kamen erste Abgrenzungswünsche auf, was aber nicht davon abhielt, dass die traditionelle Anlehnungshaltung weiter praktiziert wurde. Wie sehr mit den Jahren die Abhängigkeit von Deutschland und mit ihr das Abgrenzungsbedürfnis gewachsen waren, zeigten die empörten Reaktionen auf eine weitere Grussadresse, diejenige eines schweizerischen Germanistikprofessors, der 1902 – unter Berufung auf das schon 1872 nicht mehr zeitgemässe Diktum von Gottfried Keller – die Schweiz als «deutsche Provinz» mit bestimmten Reservatrechten bezeichnete und sich glücklich schätzte, dass sein Land (das man aus dieser Perspektive gerne als Oberland bezeichnete) nicht wie die Niederlande mit der politischen Abtrennung vom Reiche auch die sprachliche und kulturelle vollzogen habe.[17]

Der wachsende deutsche Einfluss wirkte sich insbesondere auf die Armee aus. Dienstauffassung und strategisches Denken orientierten sich am deutschen Vorbild,

17 Äusserung des Berner Germanisten Ferdinand Vetter zum 50jährigen Bestehen des Germanischen Nationalmuseums; Klaus Urner, Die Deutschen in der Schweiz. S. 67.

das man als das «kriegsmässigste Heer» pries.[18] Die enge – von einigen als allzu eng empfundene – Verbindung zwischen der schweizerischen Armeespitze und dem Deutschen Reich wird gerne mit den familiären Verbindungen der Familie Wille und mit dem Kaiserbesuch von 1912 belegt. Ulrich Wille, Sohn eines eingewanderten Deutschen, Gatte einer Gräfin von Bismarck, ferner über eine Tochter mit der Familie von Weizsäcker verbunden, war 1914–1918 Oberkommandierender der Schweizer Armee.[19] Der Besuch Wilhelms II. konnte als Inspektion der schweizerischen Kriegstauglichkeit beziehungsweise seines südlichen Flankenschutzes verstanden werden. Die Schweiz erhielt gute Noten. Seine Majestät erklärte, die gemachten Beobachtungen hätten «seinem Soldatenherzen» wohlgetan. Die schweizerische Dankbarkeit für so viel Ehre drückte sich unter anderem in der Feststellung aus, dass der «langersehnte Sonnenglanz» das Land leider nur für Augenblicke verkläre.[20]

Nicht nur Militärs, auch zivile Führungskräfte waren zum Teil sehr eng mit Deutschland verbunden, wobei die Verbundenheit über familiäre Bande nur bedingt etwas über die im einzelnen eingenommenen Haltungen aussagt. Immerhin sah zum Beispiel der Berichterstatter der kaiserlich-deutschen Gesandtschaft in Bern darin ebenfalls einen Vorteil, dass der schweizerische Bundespräsident für das Jahr 1907, Eduard Müller, eine Deutsche als Mutter und eine Deutsche zur Gattin hatte und in Dresden zur Welt gekommen war.[21] Schweizerischerseits wurde darin nichts Anstössiges gesehen.

Die Verbundenheit im militärischen Bereich war zwar offensichtlich, weit stärker fiel aber das wirtschaftliche Kräfteverhältnis ins Gewicht. Die schweizerische Wirtschaft schien über Zweigniederlassungen, über Kapitalbeteiligung (z.B. an der Kreditanstalt und am Bankverein, an manchen Warenhäusern und Hotels), über die direkte Produktekonkurrenz in wachsendem Mass in deutsche Abhängigkeit zu geraten. Nach der Schweiz wurden mehr Güter verkauft als nach Italien, oder, anders ausgedrückt, die Schweiz bezog mehr Güter aus Deutschland als Schweden, Spanien, die Türkei, Bulgarien und Serbien zusammen.[22]

Während die deutsche Schweiz dies weniger stark empfand und zudem selber weitgehend auf der profitierenden Seite stand, sah sich die französische Schweiz mehr und mehr in der Rolle eines bewirtschafteten und fremdbestimmten Objekts. Ihre Abwehrreaktionen richteten sich gleichermassen gegen die deutsche Schweiz wie

18 Generalstabschef Theophil Sprecher von Bernegg bemerkte in seinem Bericht von 1908 des weiteren: «Die deutsche ist zweifellos auch die Armee, bei der unsere Offiziere immer noch am meisten für ihre Ausbildung gewinnen können» (Hans Rapold, Der Schweizerische Generalstab. Bd. 5 (1907–1924). Basel 1988. S. 21).

19 Heinz Christian Röthlisberger, Der politische Standort von Ulrich Wille. Stäfa 1975.

20 Huldigungsauftritt einer Tochter des Bundesrats Arthur Hoffmann. Zu den Manövern: Hans Rudolf Kurz, Der deutsche Kaiserbesuch in der Schweiz. In: Allgemeine Schweizerische Militärzeitschrift 128. 1962.

21 Hans Rapold, Der Schweizerische Generalstab. Bd. 5 (1907–1924). Basel 1988. S. 21. – Zu den bis in den Zweiten Weltkrieg sich hinziehenden Richtungskämpfen vgl. Georg Kreis, Auf den Spuren von La Charité. Die schweizerische Armeeführung im Spannungsfeld des deutsch-französischen Gegensatzes 1936–1941. Basel 1976.

22 Klaus Urner, Die Deutschen in der Schweiz. S. 451.

gegen das Deutsche Reich und folgten ähnlichen Ausdrucksmustern, wie Frankreich sie damals entwickelte: Man rückte den sogenannten Materialismus auf die dem deutschen Wesen zugeordnete Seite des «Barbarentums» und der niedrigen Interessen, während man für sich und für das romanische Wesen im allgemeinen den Sinn für die höheren Werte, insbesondere für die «Kultur» in Anspruch nahm.[23] In dieser Zeit dürfte die damals auch im Elsass zirkulierende, z.T. noch heute kolportierte Auffassung aufgekommen sein, dass Deutschland oder die Deutschen wegen ihrer Tüchtigkeit zwar ernst genommen, vielleicht auch geachtet, aber nicht geliebt würden.

Der aktive Widerstand gegen das, was man deutschen Imperialismus nannte, entzündete sich an der Gotthardbahn-Konvention von 1909, welche die Abgeltung für die Nationalisierung dieses unter anderem mit italienischem und deutschem Geld finanzierten Alpentransits regelte.[24] Die Deutschland gewährten Tarifvergünstigungen wurden im französischen Landesteil in Massenkundgebungen und Massenpetitionen als Auslieferung an den gefährlichen Nachbarn und als Ausverkauf nationaler Interessen angeprangert.[25] Vor diesem Hintergrund kam es in den ersten Kriegstagen anlässlich der Verletzung der belgischen Neutralität und der Beschiessung von Löwen durch die Reichswehr zu einem binnenschweizerischen Disput, der als sogenannter «Graben», als «fossé», in die Geschichte einging.

Die *germanophile Haltung* mit der Tendenz zur Anlehnung dominierte bis 1917/18. General Wille hatte schon im Sommer 1915 darauf aufmerksam gemacht, dass der Moment günstig wäre, auf seiten der Zentralmächte in den Krieg einzutreten,[26] und noch im Frühjahr 1918 rechnete er mit einer siegreichen Westoffensive, welche «die staunende Bewunderung der ganzen Welt und aller kommenden Geschlechter» hervorrufen werde.[27] Bundesrat Arthur Hoffmann, Chef der schweizerischen Aussenpolitik und ohne entsprechende verwandtschaftliche Bande stark mit Deutschland sympathisierend, unterstützte im Juni 1917 in neutralitätswidriger Weise die Bemühungen um einen Deutschland entlastenden Separatfrieden im Osten. Die Sache wurde publik, Hoffmann musste demissionieren und wurde durch den Genfer Gustave Ador ersetzt, durch einen Politiker also, der bezeichnenderweise bei den Ententemächten *persona grata* war.[28]

23 Georg Kreis, Krisenreaktionen in der französischen Schweiz vor 1914. In: Die neue Schweiz? Eine Gesellschaft zwischen Integration und Polarisierung (1910–1930). Hrsg. v. Andreas Ernst und Erich Wigger. Zürich 1996. S. 21–39. Auch in: Georg Kreis, Vorgeschichten zur Gegenwart. Ausgewählte Aufsätze. Bd. 1. Basel 2003. S. 413–427.

24 Felix Bosshart, Der Gotthardvertrag von 1909. Ein Beitrag zur schweizerischen Innen- und Aussenpolitik vor Ausbruch des Ersten Weltkrieges. Zürich 1973. – Sibylle Wegelin-Zbinden, Der Kampf um den Gotthardvertrag. Schweizerische Selbstbesinnung am Vorabend des Ersten Weltkrieges. Horgen 1974.

25 Georg Kreis, Der lange Weg des Staatsvertragsreferendums. Schweizerische Aussenpolitik zwischen indirekter und direkter Demokratie. Basel 1995.

26 Hermann Böschenstein, Bundesrat und General im Ersten Weltkrieg. In: Schweizerische Zeitschrift für Geschichte 10. 1960. S. 515–532.

27 Niklaus Meienberg, Die Welt als Wille & Wahn. Zürich 1987. S. 163. Übernommen im Schulbuch: Das Werden der modernen Schweiz. Bd. 2. 1914–Gegenwart. Basel 1989. S. 10.

28 Paul Stauffer, Die Affäre Hoffmann/Grimm. In: Schweizer Monatshefte 1973/74. S. 1–30.

Die starken Sympathien für Deutschland – von Anlehnung kann man jetzt nicht mehr sprechen – blieben *über 1918 hinaus* erhalten, zumal Frankreich in seiner Siegerhaltung den schweizerischen Vorstellungen einer flexiblen Zollregelung im Raume Genf wenig entgegenkam und damit entsprechend unbeliebt war.[29] Der Tessiner Bundesrat Giuseppe Motta, seit 1920 Aussenminister, betonte 1920 wiederholt und zum offensichtlichen Ärger Frankreichs die Notwendigkeit, Deutschland in den Völkerbund aufzunehmen. Er erntete damit starke Zustimmung in der dem Völkerbund gegenüber eher skeptischen deutschen Schweiz und leise Kritik in der vehement für die schweizerische Völkerbundsmitgliedschaft eingetretenen französischen Schweiz.[30] Der Vertrag von Locarno von 1925 wurde in der Schweiz beinahe euphorisch begrüsst, natürlich weil er das schweizerische Umfeld sicherer zu machen schien, aber auch weil er in formaler Hinsicht Deutschland eine Gleichstellung mit Frankreich brachte.[31] In der Folge setzte sich die schweizerische Diplomatie vehement dafür ein, dass Deutschland einen ständigen Sitz im Völkerbundsrat erhielt.[32] In den zwanziger Jahren ist es also der «Kleine», der sich weitgehend aus ureigensten Interessen, aber auch aus Gefühlen der Verbundenheit für den «Grossen» stark macht.

Die Machtübergabe an die *Nationalsozialisten* führte nicht sogleich und nicht durchwegs zu einer Störung des schweizerisch-deutschen Verhältnisses. Der Nationalsozialismus genoss bis etwa zum sogenannten Röhm-Putsch im bürgerlichen Lager noch einige Sympathien als Kraft, die zum Rechten schaue und mit den Kommunisten aufräume.[33] Ein Teil des schweizerischen Bürgertums wäre aus innerer Zustimmung in der Unterstützung des Nationalsozialismus weiter gegangen, als er tatsächlich ging, wenn dies nicht die Schweiz in ihrem traditionellen Bestand in Frage gestellt hätte. Ein anderer Teil des Bürgertums blieb dagegen dem Liberalismus verpflichtet und liess sich nicht in die braun-rote Alternative pressen. Offene Sympathisanten, die sogenannten «Frontisten», die meisten mittelständisch, grösstenteils jüngeren Alters, hatten unter anderem auch darum wenig Entfaltungschancen, weil sie schnell als Agenten des Auslandes abgetan werden konnten.[34]

Den Sympathien mit dem Nationalsozialismus waren in dem Masse Grenzen gesetzt, als dessen Programm eine *Bedrohung für die Selbständigkeit* und integrale Erhaltung der plurikulturellen Schweiz bedeutete. Es blieb nicht unbemerkt, wenn nationalsozialistische Statistiken die Deutschschweizer zum 90-Millionen-Volk der Deutschen zählten und entsprechende Karten die deutsche Schweiz gewissermassen

29 Peter Stettler, Das aussenpolitische Bewusstsein in der Schweiz 1920–1930. Zürich 1969. S. 179ff.

30 Edgar Bonjour, Geschichte der schweizerischen Neutralität. Bd. 2. Basel 1965. S. 774ff.

31 Peter Stettler, Das aussenpolitische Bewusstsein in der Schweiz 1920–1930. S. 267ff.

32 Edgar Bonjour, Geschichte der schweizerischen Neutralität. S. 787ff.

33 Eric Dreifuss, Die Schweiz und das Dritte Reich. Vier deutschschweizerische Zeitungen im Zeitalter des Faschismus 1933–1939. Frauenfeld 1971.

34 Etwa 800–900 Schweizer traten nach 1941 in die Waffen-SS ein, zumeist Leute mit Hilfsberufen und schwierigen Lebensverhältnissen, ohne wirklich politische Motivation. Linus Reichlin, Kriegsverbrecher Wipf, Eugen. Schweizer in der Waffen-SS, in deutschen Fabriken und an den Schreibtischen des Dritten Reiches. Zürich 1994.

als bereits heimgeführten Teil Grossdeutschlands zeigten.[35] Sehr direkt sahen sich Schweizer allerdings erst nach den Blitzsiegen der Wehrmacht in der zweiten Hälfte des Jahres 1940 mit der Anschluss- beziehungsweise der Aufteilungsgefahr konfrontiert.[36]

Als Reaktion auf Annexionsgelüste und Vereinnahmungsversuche, aber auch auf die Krisenhaftigkeit der Zeit, war es bereits in den dreissiger Jahren unter der Parole der *«Geistigen Landesverteidigung»* zu einer verstärkten Betonung des tatsächlich oder vermeintlich Schweizerischen gekommen. Die Verbundenheit mit der spezifischen Nationalkultur wurde wichtiger als die Verbundenheit mit dem übernationalen Kulturraum. Damit verstärkte sich, was schon in den Jahren vor 1914 als helvetistische Heimatbewegung mit einer entsprechenden Dialektwelle begonnen hatte. Vor 1914 suchte man aber nicht die Abgrenzung gegen Deutschland, sondern das Authentische und Ursprüngliche. In den dreissiger Jahren dagegen diente die Pflege der Eigenart der Betonung der Andersartigkeit. Zur gleichen Zeit verstärkte sich im Lande aber auch die transnationale Dimension der deutschen Kultur: Die Schweiz wurde zum Hort verfolgten Kulturschaffens, wo Bilder deutscher Expressionisten (Franz Marc, Otto Dix, Paula Modersohn, Beckmann, Corinth, Schlemmer etc.) ausgestellt,[37] wo Dramen von Bertolt Brecht (Mutter Courage, Der gute Mensch von Sezuan, Leben des Galilei) uraufgeführt[38] und Bücher von Ernst Bloch, Willy Brandt, Hermann Rauschning und anderen verlegt werden konnten.[39]

In dieser Zeit wurde die *deutsche Kolonie*, obwohl auf etwa ein Drittel des Umfanges von 1910 geschrumpft,[40] aus zwei Gründen als Fremdkörper empfunden: einmal, weil man sie automatisch als Exponenten eines aggressiven Nachbarstaates empfand; und zum anderen, weil man in ihnen wegen des bestehenden Organisationszwangs Mitglieder der «Fünften Kolonne», potentielle Feinde im Moment des Angriffs vermutete. Wie gross der Hass in der Bevölkerung auf «die Deutschen» sein konnte, erlebten und schilderten schweizerische Diplomaten, die in Autos mit deutschen Nummernschildern reisten, und zurückgekehrte Auslandschweizer, die, weil im Ausland aufgewachsen, nur Hochdeutsch sprachen und entsprechend behandelt wurden. Para-

35 Werner Rings, Die Schweiz im Krieg, 1933–1945. Zürich 1974. S. 64ff. Und die zeitgenössische Abwehrschrift von Bruno Grimm, Gau Schweiz? Dokumente über die nationalsozialistischen Umtriebe in der Schweiz. Bern 1939.

36 So liess sich der Botschaftsattaché Trump vollmundig über die künftige Aufteilung der Schweiz aus. Vgl. Georg Kreis, Juli 1940. Der Fall Trump. Basel 1973. – Expansionistische Absichten wurden z.T. erst später bekannt, etwa der Vorstoss des Konstanzer Bürgermeisters Leopold Mager, der sich im Juli 1940 an Hitlers Chefadjutanten wandte und ihn bat, die gewaltigen Siege der jüngsten Zeit zu nutzen, um seine Stadt durch eine «weite hoheitsrechtliche Ausdehnung des deutschen Gebietes nach Süden» von der «Grenzlandnot» zu befreien. Vgl. Werner Trapp in St. Galler Tagblatt vom 10. August 1990.

37 Georg Kreis, «Entartete» Kunst für Basel. Die Herausforderung von 1939. Basel 1990.

38 Günther Schoop, Das Zürcher Schauspielhaus im Zweiten Weltkrieg. Zürich 1957. – Erwin Parker, Mein Schauspielhaus. Erinnerung an die Zürcher Theaterjahre 1933–1947. Zürich 1983.

39 Peter Stahlberger, Der Zürcher Verleger Emil Oprecht. Zürich 1970.

40 In den Bestand von 78 000 im Jahre 1941 waren sogar die Österreicher eingeschlossen.

doxerweise könnte auch die Anwesenheit von Gegnern und Opfern des nationalsozialistischen Regimes die Abneigung gegen Deutschland gefördert haben. Bereits gegen Ende des Ersten Weltkrieges war es zu negativen Reaktionen gegen politisierende Deserteure und Refraktäre gekommen.[41] Nicht die durch die Arbeitsmigration in die Schweiz gekommenen, sondern die politischen Flüchtlinge, jetzt nicht mehr die Liberalen, sondern Sozialisten, Kommunisten, Anarchisten bildeten den Urtypus des unerwünschten Fremden.[42]

In der Zwischenkriegszeit[43] wurde für das schweizerische Verhältnis zu Deutschland in zunehmendem Masse die Vorstellung von den *«zwei Deutschland»* wichtig.[44] Die Aufteilung unternimmt eine stereotype Unterscheidung in ein gutes Deutschland der Demokraten, Dichter und Denker und ein schlechtes Deutschland der Despoten und Denunzianten. Das Bild mag für die innerdeutsche Selbstverständigung und für das französisch-deutsche Verhältnis schon früher von Bedeutung gewesen sein, aus der schweizerischen Sicht ist es mir erst 1914 begegnet. So unterschied der religiös-soziale Leonhard Ragaz im November 1914 zwischen einem militaristischen, nationalistischen, hohenzollerischen Deutschland und einem «besseren Deutschland, dem man gerne die Weltherrschaft gönnen möchte».[45] Zur Zeit des Dritten Reiches verbanden sich mit der Vorstellung vom «anderen Deutschland» eher die Namen der Klassiker, allenfalls derjenige von Thomas Mann, aber nicht diejenigen von Bertolt Brecht und Heinrich Mann.

Spätestens von 1933 an wäre es nötig gewesen zu präzisieren, welchem Deutschland die Anlehnung oder Abgrenzung galt. Aus der alten Germanophilie heraus unterhielt die kleine, im Kampf gegen den Völkerbundsbeitritt entstandene Gruppierung des *«Volksbunds für die Unabhängigkeit der Schweiz»* eine Deutschfreundlichkeit, die dem Dritten Reich zugute kam und die Abgrenzung gegen nationalsozialistische Zumutungen erschwerte. Im November 1940 forderte sie von der Landesregierung die Kaltstellung liberaler, an der französischen und angelsächsischen Welt orientierter Kräfte und eine freiwillige Vorwegnahme von Anpassungen, welche die neuen Herren Europas über kurz oder lang von der Schweiz sicher fordern würden. Der Vorstoss bewirkte jedoch gerade das Gegenteil, stärkte den politischen Abgrenzungswillen.

41 Dieter Riesenberger, Deutsche Emigration und Schweizer Neutralität im Ersten Weltkrieg. In: Schweizerische Zeitschrift für Geschichte 38. 1988. S. 127ff. – Bettina Durrer, Auf der Flucht vor dem Kriegsdienst. Deserteure und Refraktäre in der Schweiz während des Ersten Weltkrieges. In: «Zuflucht Schweiz». Der Umgang mit Asylproblemen im 19. und 20. Jahrhundert. Hrsg. v. Carsten Goehrke, Werner G. Zimmermann. Zürich 1994. S. 197–216.

42 Zu einem Beispiel unerwünschter Aktivitäten: Karl Hans Bergmann, Die Bewegung «Freies Deutschland» in der Schweiz 1943–1945. München 1974.

43 Die Jahre 1918–1945 wurden aus Rücksicht auf einen nachfolgenden Vortrag von dem Kollegen Josef Mooser hier weniger ausführlich behandelt.

44 Das Bild ist vielleicht theologischen Ursprungs und eine Variante der Vorstellung von den beiden «Jerusalem» oder «Israel». Der Kolloquiumsband «Das ‹Andere Deutschland› im Zweiten Weltkrieg». Hrsg. v. Lothar Kettenacker. Stuttgart 1977, enthält keine Klärung dieser Dualität.

45 Leonhard Ragaz in seinen Briefen. Bd. 2. 1914–1932. Zürich 1982. S. 64.

1946 sahen sich die Petitionäre in der Öffentlichkeit dem nachträglichen Vorwurf des Landesverrats ausgesetzt.[46] Gewiss hatten sie in Sorge um das eigene Land gehandelt, sie hatten aber nicht so recht gemerkt, dass das Deutschland von 1940 nicht mehr dasjenige von 1920 war. Die prekäre Situation, in der sich die Schweiz nach dem Zusammenbruch Frankreichs befand, hatten sie zur Begleichung alter innenpolitischer Rechnungen missbraucht.

Umstrittene Berühmtheit erlangte der damalige Gesandte der Schweiz in Berlin: *Minister Hans Frölicher* machte sich, wie dies bei solchen Funktionen vorkommen kann, stärker zum Anwalt des Gastlandes und in diesem Fall der nationalsozialistischen Politik in der Schweiz als zum Verteidiger der schweizerischen Eigenständigkeit in Deutschland. Noch kürzlich wurde in einem grossangelegten Symposium der Versuch unternommen, diese Einschätzung zu revidieren und dem Diplomaten zugute zu halten, er sei eben der mühsamen Verantwortungsethik verpflichtet gewesen und habe sich nicht in billiger Gesinnungsethik ergangen.[47] Was zur Zeit des Dritten Reiches schweizerischerseits an Anpassung betrieben wurde, verstand sich gerne als kluge Konzession des «Kleinen» an den «Grossen». In der Zeit selber und später tarnte sich jedoch einiges als Verantwortungsbewusstsein, was selber Gesinnungshaltung war.

Die Frage der Anlehnung und der Abgrenzung stellte sich auch, aber in spezifischer Weise für die in Deutschland lebenden Schweizer. Mit Blick auf die ausserordentlichen Verhältnisse sind deren Lebensbedingungen zur Zeit des Dritten Reiches kürzlich zu einem öffentlichen Thema gemacht worden. 1932 bildete die schweizerische Gruppe mit rund 50 000 nach der französischen und der amerikanischen die drittgrösste Ausländerkolonie. Etwa die Hälfte davon kehrte 1939 in die Schweiz zurück.[48] Kontrovers ist die Frage, ob die schweizerischen Behörden den in Deutschland lebenden Schweizern eine gegenüber dem Nationalsozialismus entgegenkommende Haltung empfohlen hätten oder ob es zu selbständigen Anpassungen gekommen ist. Erfahrungsgemäss machen sich Ausländerkolonien meistens gegenüber ihren Herkunftsländern zu Anwälten der Politik des Residenzlandes.[49]

Die *Handelsbeziehungen* mit Deutschland, die eh und je den grössten Teil des Aussenhandels ausmachten, in der Regel aber für die Schweiz eine passive Bilanz aus-

46 Gerhart Waeger, Die Sündenböcke der Schweiz. Die Zweihundert im Urteil der geschichtlichen Dokumente 1940–1946. Olten 1971.

47 Symposion vom Oktober 1993 in der alten, authentischen Botschaft in Berlin mit Historikern und Schriftstellern. Es gibt zwar mehrere Dramen, aber keine historische Monographie über diesen Mann, der im übrigen 1962 in einem Privatdruck eine Rechtfertigungsschrift veröffentlicht hat. Zu seiner Tätigkeit vgl. Edgar Bonjour, Geschichte der schweizerischen Neutralität. Bde. 3ff. und Georg Kreis, General Guisan, Minister Frölicher und die Mission Burckhardt 1940. In: Schweizerische Zeitschrift für Geschichte 27. 1977. S. 99–121. Zu einem Vorgänger Frölichers vgl. Hermann Böschenstein, Zwischen Diplomatie und Gesellschaft. Der Schweizerische Gesandte in der Weimarer Republik 1922–1932, Hermann Rüfenacht. Bern 1992.

48 Nach dem Krieg wuchs die Gruppe der in Deutschland lebenden Schweizer wieder beträchtlich an, in der BRD von 23 000 im Jahr 1950 auf 65 664 im Jahr 1995; in der DDR blieb die Grösse ziemlich konstant bei rund 2500.

49 Am 25. Januar 1996 wurde in Lenzburg eine Tagung zum Thema abgehalten.

wiesen, weil mehr importiert als exportiert wurde, diese Beziehungen wurden in der Zeit des nationalsozialistischen Regimes problematisch, weil sie in höherem Masse auch politische Bedeutung erlangten. Die schweizerische Historiographie der ersten Generation der zeitgenössischen Akteure strich die Notwendigkeit dieser Handelsbeziehungen für die eigene Versorgung und Vollbeschäftigung heraus. In einem weiteren Verarbeitungsvorgang wird nun aber der Frage nachgegangen, in welchem Masse nicht pures Gewinnstreben für die Wirtschaftskontakte bestimmend war.[50] Dies gilt nicht nur für den Warenverkehr, sondern auch für die Übernahme von Raubgold durch die Schweizerische Nationalbank,[51] für den Aufkauf «arisierter» Betriebe (die Zigarrenfabrikation Strauss in Süddeutschland, die Schuhfabrik Jacoby in Berlin)[52] und für die Betriebsführung nach NS-Normen, zum Teil mit rücksichtsloser Ausbeutung von Kriegsgefangenen (z.B. der Zweigfirmen von Maggi und Georg Fischer in Singen und von Brown-Boveri in Mannheim).[53]

Nach dem Zweiten Weltkrieg wiederholte sich – freilich in einer Variante – die Konstellation der Jahre nach «Versailles». Die Schweiz wehrte sich dagegen, dass sämtliche in der Schweiz angelegten deutschen Privatvermögen in widerrechtlicher Weise den Siegern ausgehändigt wurden. Indem der «Kleine» seine eigenen Interessen verteidigte, wurde er auch hier zum Verteidiger der Interessen des grösseren Nachbarn.[54] Im übrigen beobachtete man als bestandene Demokraten den westdeutschen Demokratisierungsprozess. Anfänglich wartete man ungeduldig auf dessen erste Erfolge, gewissermassen die Staatswerdung des «anderen Deutschland», und als der Aufbau eines soliden demokratischen Staatswesens schnelle Fortschritte machte, fragte man sich zunächst skeptisch, ob dies denn echt und von Dauer sei.[55] Man schickte zwar gerne einige Demokratieexperten auf Vortragstournee, das echte Demokratentum wollte man aber aus Gründen des Abgrenzungsbedürfnisses für sich behalten. Jetzt

50 Edgar Bonjour, Geschichte der schweizerischen Neutralität. Bd. 6. S. 201ff.

51 Werner Rings, Raubgold aus Deutschland. Die «Golddrehscheibe» im Zweiten Weltkrieg. Zürich 1985.

52 Der Fall Villiger wurde 1989 vom 2. Sender des Radios der deutschen und rätoromanischen Schweiz aufgegriffen, der Fall Bally von der Sonntagszeitung vom 5. Mai 1996. Als Teil der UEK-Berichterstattung: Gregor Spuhler, Ursina Jud, Peter Melchior und Daniel Wildmann, «Arisierungen» in Österreich und ihre Bezüge zur Schweiz. Zürich 2001.

53 Roland Peter, Schweizer Unternehmen unterm Hakenkreuz. In: Basler Magazin vom 24. Februar 1996. Der Verfasser ist Autor des Werkes: Rüstungspolitik in Baden. Kriegswirtschaft und Arbeitseinsatz in einer Grenzregion im Zweiten Weltkrieg. München 1995. Als Teil der UEK-Berichterstattung: Christian Ruch, Myriam Rais-Liechti und Roland Peter, Geschäfte und Zwangsarbeit: Schweizer Industrieunternehmen im «Dritten Reich». Zürich 2001.

54 Linus von Castelmur, Schweizerisch-alliierte Finanzbeziehungen im Übergang vom Zweiten Weltkrieg zum Kalten Krieg. Die deutschen Guthaben in der Schweiz zwischen Zwangsliquidierung und Freigabe (1945–1952). Zürich 1992. Neuerdings: Die Schweiz, der Nationalsozialismus und der Zweite Weltkrieg. Schlussbericht der Unabhängigen Expertenkommission Schweiz–Zweiter Weltkrieg. Zürich 2002. S. 456ff.

55 Georg Kreis, Reconstruction sans restauration: l'image de l'Allemagne dans la «Nouvelle Gazette de Zurich» de 1945 à 1956. In: Relations internationales. Nr. 52. 1987. S. 413–429. Das ganze Heft ist dem Thema «Deutschland aus der Sicht seiner Nachbarn» gewidmet.

gibt es keinen Gottfried Keller mehr mit Gefühlen tiefer Verbundenheit. Von einem Max Frisch hören wir – 1946 – nur distanzierten Pessimismus: «Für ein Volk, das nur sich selber sieht, gibt es bloss zweierlei: Weltherrschaft oder Elend. Die Weltherrschaft wurde versucht, das Elend ist da. Und dass es gerade dieses Elend ist, was eine Erlösung aus jener Denkart abermals verhindert, das ist das Trostlose –.» Wie unzutreffend diese Einschätzung war, zeigt zum Beispiel die Tatsache, dass Frischs Tagebuch mit ebendiesen Bemerkungen vier Jahre später in Frankfurt am Main bei Suhrkamp erschien.[56] Die in den Kriegsjahren vorherrschende Haltung gegenüber Deutschland hat Max Frisch in seinen Dienstaufzeichnungen von 1940 festgehalten mit der Schilderung der grossen Wut, die man im Militärdienst am Radioapparat ausliess, dessen Empfang von jemandem irrtümlicherweise auf einen deutschen und nicht den schweizerischen Sender eingestellt war.[57]

Die Zahl der Deutschen in der Schweiz war mit Kriegsende, zum Teil wegen politisch motivierter Ausweisungen, weiter gesunken, von den 78 000 im Jahr 1941 auf 55 000 im Jahr 1950. Dann stieg sie wiederum rasant an und verdoppelte sich bis 1970 auf 118 000. Nach 1970 ging sie bis zur Wiedervereinigung kontinuierlich zurück auf rund 82 000 im Jahr 1989. Diese Rückläufigkeit, auch wenn sie durch Zuwanderung aus der ehemaligen DDR vielleicht etwas gedämpft worden ist, entspricht dem generellen Trend, wonach mehr Menschen mit EWR-Bürgerrechten die Schweiz verlassen als aufsuchen und der Anteil der EWR-Ausländer schmilzt (von 78,4 Prozent im Jahr 1984 auf 64,1 Prozent im Jahr 1994). Alles in allem wird dieser Rückgang bedauert, und die nördlichen Nachbarn sind gewiss in diese Beurteilung eingeschlossen. Schweizerischerseits bestehen eigentlich keine Irritationen mehr wegen der Deutschen im Lande. Das unerwünscht Fremde wird heutzutage durch andere Ausländer verkörpert.[58]

Aus schweizerischer Sicht hat sich die Frage, wie man als kleine Gemeinschaft neben einer grossen leben kann, sozusagen entnationalisiert, von den einzelnen Nachbarschaften abgewandt. Der «Grosse» ist nun die Europäische Gemeinschaft. Und dieser «Grosse» ist bekanntlich bei manchem der Bezugspunkt unguter Gefühle. Dabei ist nicht auszuschliessen, dass das Verhältnis der einzelnen Landesteile zur EU in hohem Masse doch von den Einstellungen zu den jeweiligen nationalen Nachbarschaften mitbestimmt ist; dass also die Romands unter anderem darum für die EU sind, weil sie ein ungestörtes Verhältnis zu Frankreich haben, wie das Tessin wegen seines Abgrenzungsbedürfnisses gegenüber einem bestimmten Italien die EWR-Mitgliedschaft abgelehnt hat. Die vorherrschende Integrationsgegnerschaft der deutschen Schweiz müsste demnach ein Hinweis darauf sein, dass eine Mehrheit Deutschland gegenüber weiterhin eine Schutzdistanz wahren will. Ist das so, und wenn ja, warum ist es so?

56 Max Frisch, Tagebuch. Frankfurt a.M. 1950. S. 47.

57 Max Frisch, Blätter aus dem Brotsack. Zürich 1940. S. 46. Die gedämpften Formulierungen tragen die typischen Züge von unter Zensurbedingungen entstandenen Äusserungen.

58 Ende 2004 waren 133 636 Deutsche in der Schweiz niedergelassen, sie nahmen damit die vierte Stelle ein. Weiter Italien (rund 304 000), Serbien und Montenegro (rund 200 000) und Portugal (rund 150 000). Die Personenfreizügigkeit der «Bilateralen I» hat eine weitere Zunahme von deutschen Einwanderern zur Folge.

Es ist offenbar so. Deutschland steht in der schweizerischen Beliebtheitsskala nicht gut da, wesentlich schlechter als die Franzosen und kurz vor den letztrangierten «Arabern» und «Russen», wie Rekrutenbefragungen von 1972 und 1981 zeigen.[59] Andererseits glaubt man von Deutschland vergleichsweise viel lernen zu können (mehr als von den Franzosen), und man will mit ihm weit stärker als mit den anderen drei Nachbarn verbunden sein, natürlich vor allem im Wirtschaftlichen (wo 57 Pluspunkte zustande kommen), aber auch im Sport (mit 46 Pluspunkten), etwas weniger in der Kultur (mit 12 Pluspunkten) und sogar in der Politik (wo es immerhin noch 3 Pluspunkte gibt neben 8 Minuspunkten im Verhältnis zu Frankreich).[60]

Die Autoren der Umfrage von 1981 erklären die Abneigung gegen den deutschen Nachbarn mit dem Erlebnis des Zweiten Weltkrieges. Man kann dies bestätigen, zugleich muss man es auch relativieren, eine gewisse Distanz ist, wie wir gesehen haben, schon seit der Jahrhundertwende aufgekommen. Sie hat sich in den dreissiger Jahren zu einer eigentlichen Abgrenzungshaltung entwickelt oder vielmehr dieser Platz gemacht, da generative Evolution nicht nachgewiesen werden kann. Das Bemerkenswerte an der Erhebung von 1981 ist die Feststellung, dass die Antipathie in der deutschen Schweiz grösser ist als im gesamtschweizerischen Mittel. Man kann das, wie die Autoren es tun, damit erklären, dass sich die deutsche Schweiz im Zweiten Weltkrieg durch Deutschland stärker bedroht gefühlt hat als andere Landesteile. Man kann es aber auch mit dem allgemein stärkeren Abgrenzungsbedürfnis erklären, dieses hat es aber, wie gezeigt, gerade in der deutschen Schweiz bis in die Zwischenkriegszeit kaum gegeben. Gewiss besteht auch ein Zusammenhang zwischen der Bedrohungserfahrung des letzten Krieges und der ablehnenden Haltung gegenüber den westeuropäischen Integrationsplänen. Dieser lässt sich an verschiedenen Stellungnahmen nachweisen. In völlig unbedarfter Weise wurde schon 1950 bei der Gründung der Kohle- und Stahlgemeinschaft, 1957 beim Abschluss der Römer Verträge und 1992 bei der EWR-Abstimmung eine Gleichsetzung der hegemonialen Ambitionen des nationalsozialistischen Deutschland mit der Europäischen Gemeinschaft vorgenommen. 1950 war von «totalitärem Dirigismus» und von «neuer Diktatur» die Rede, 1957 kamen ähnliche Worte wieder, allerdings auch der eher französische Terminus des Neojakobinertums, und 1992 fielen mitunter Vergleiche mit Hitler-Europa. Ältere Menschen sprachen davon, dass man die Schweiz nicht 1939–1945 mit vielen Opfern verteidigt habe, damit sie jetzt verraten und verkauft werde.

Dafür aber, dass ein Teil der Bürgerinnen und Bürger insbesondere der deutschen Schweiz, der Agglomerationsgürtel und der ländlichen Gebiete (soweit es diese überhaupt noch gibt) Deutschland und, was offenbar identisch geworden ist, Europa nicht

59 Daniel Frei u.a., Die Schweiz und ihre Nachbarn. Aarau 1983. Zu den schweizerischen Selbst- und Fremdbildern im allgemeinen vgl. Georg Kreis, Stereotype. Das Bild von sich selbst und das Bild der anderen. Handbuch der schweizerischen Volkskultur. Bd. 3. Hrsg. v. Paul Hugger. Zürich 1992. S. 1259–1273. Auch in: Ders., Vorgeschichten zur Gegenwart. Ausgewählte Aufsätze. Bd. 2. Basel 2004. S. 501–520.

60 Daniel Frei u.a., Die Schweiz und ihre Nachbarn. S. 65.

mögen – dafür gibt es aber ein weiteres, vielleicht noch wichtigeres Erklärungsmoment: Die Schweizer haben, wie Carlo Schmid einmal gesagt haben soll, offenbar vor allem mit dem Schweizerischen Mühe, das sie an den Deutschen nicht mögen.[61] Es gibt Indizien dafür, dass Schweizer Schweizerisches beziehungsweise sich selber nicht mögen. Vor allem die Deutschschweizer fühlen sich nicht recht wohl in ihrer eigenen Gesellschaft. Auch diesbezüglich könnte eine gewisse Verwandtschaft mit der deutschen Mentalität vorliegen.[62] Dies hat aber nichts mehr mit staatlicher, sondern mit mentaler Grösse beziehungsweise Kleinheit zu tun.

61 Kürzlich wieder in Erinnerung gerufen durch Dieter Chenaux-Repond, den schweizerischen Botschafter in Bonn, in: Weltwoche vom 4. Januar 1996. Das GEO-Special vom April 1996 bestätigt dies: Deutschland ist bezüglich Sympathieanteilen stark abgeschlagen: Am sympathischsten ist Italien bei 32,1 Prozent, Frankreich bei 25,6 Prozent, Österreich bei 21,6 Prozent und Deutschland bei nur 8,5 Prozent (Liechtenstein nimmt noch 7,1 Prozent in Anspruch). Hingegen macht Bundeskanzler Kohl hinter US-Präsident Clinton am meisten Punkte in der Frage, welchem fremden Staats- oder Regierungschef man am meisten vertraue. Es gibt viele, die meinen, dass die deutsche Mentalität der schweizerischen am nächsten komme.

62 Elisabeth Noelle-Neumann, Die verletzte Nation. Über den Versuch der Deutschen, ihren Charakter zu ändern. Stuttgart 1987.

Bundesrat Giuseppe Motta äusserte sich am 14. März 1938 als erster Mann der schweizerischen Aussenpolitik sehr diplomatisch über den Anschluss Österreichs, indem er ihn als «seit langem unabwendbar» einstufte und «Bewunderung» über die Art und Weise der Durchführung ausdrückte. Der deutsche Gesandte, der diese Worte nach Berlin übermittelte, könnte dabei die Stellungnahme des Bundesrats etwas wärmer formuliert haben, als sie war. Doch warum hätte er dies tun sollen? Vor dem Parlament erklärte der Bundesrat: «Die Schweiz hält sich von fremden Händeln fern» (Werner Rings, Schweiz im Krieg 1933–1945. Zürich 1974. S. 79. Fotograf unbekannt).

Die Schweiz und der Anschluss Österreichs[1]

Wie jede Analyse der Anschlussproblematik zu kurz greift, die sich auf die Jahre 1936–1938 oder gar auf die Wochen vor dem 12. März 1938 beschränkt, kann sich auch eine Betrachtung der schweizerischen Haltung zur Anschlussfrage nicht auf einen kurzen Zeitraum beschränken, sondern muss die Entwicklung der gesamten Zwischenkriegszeit erfassen. Von welchen Fragestellungen soll sich eine solche Betrachtung leiten lassen? Es sind drei Fragenbereiche zu unterscheiden: erstens der Bereich der klassischen Frage nach dem Einfluss des einen Staates auf den anderen, das heisst der Frage, ob die Schweiz die Entwicklung, die zum Anschluss führte, begünstigt oder erschwert hat. Für das Verständnis der österreichischen Vorgänge ist diese Frage freilich von beschränktem Interesse, weil die Einwirkungsmöglichkeiten des benachbarten Kleinstaates im Gegensatz etwa zu denjenigen Italiens eng begrenzt waren. Daneben gibt es zwei weitere Problemkomplexe: Der eine betrifft die Frage, wie die österreichischen Vorgänge aus den verschiedenen schweizerischen Perspektiven wahrgenommen und beurteilt worden sind; der andere betrifft die Frage, wie sich die österreichischen Vorgänge auf die Schweiz ausgewirkt haben. Die schweizerische Historiographie, in der die selbstbezogene Betrachtungsweise natürlicherweise dominiert, beschäftigt sich vor allem mit der letzten Frage. In dem Masse, als dennoch die erste Frage diskutiert wird, geschieht es mit der Tendenz, die eigenen Möglichkeiten zu überschätzen und die praktizierte Politik zu kritisieren, weil sie zuwenig idealistisch und zu pragmatisch gewesen sei.

1 Als grundlegende Literatur zu diesem Beitrag vgl. Edgar Bonjour, Geschichte der schweizerischen Neutralität. Bd. 3, 1930–1939. Basel 1967. – Stephan Gass, Ungarn und die Entstehung des französischen Ostmitteleuropa-Systems am Ende des Ersten Weltkrieges. Basel 1984 (Diss. Universität Basel) (zu Kaiser Karls Exiljahren 1919–1921: 239ff. und 256ff.). – Franz Goldner, Flucht in die Schweiz. Die neutrale Schweiz und die österreichische Emigration 1938–1945. Wien 1983. – Daniel Witzig, Die Vorarlberger Frage. Die Vorarlberger Anschlussbewegungen an die Schweiz, territorialer Verzicht und territoriale Ansprüche vor dem Hintergrund der Neugestaltung Europas 1918–1922. Basel ²1974 (Diss. Universität Basel). – Rolf Zaugg, Die Schweiz im Kampf gegen den Anschluss Österreichs an das Deutsche Reich 1918–1938. Bern 1982 (Diss. Universität Basel) (wichtigste Publikation zum Thema). – Horst Zimmermann, Die Schweiz und Österreichs Anschluss an die Weimarer Republik. Die schweizerisch-österreichischen Beziehungen von 1922–1931 (Diss. Universität Bern, Bern 1967). – Ders., Die Schweiz und Österreich während der Zwischenkriegszeit. Eine Studie und Dokumentation internationaler Beziehungen im Schatten der Grossmächte. Wiesbaden 1973. – Ders., Die Schweiz und Grossdeutschland. Das Verhältnis zwischen der Eidgenossenschaft, Österreich und Deutschland 1933–1945. München 1980.

Der neutrale Kleinstaat Schweiz war daran interessiert, dass zwischen den ihn umgebenden Nachbarn das Gleichgewicht einigermassen erhalten blieb. Hatte bereits die Auflösung der Donaumonarchie das traditionelle Gleichgewicht gestört, hätte der Anschluss von «Restösterreich» an das Deutsche Reich dieses völlig aufgehoben. Die Schweiz zog es vor, vier statt nur drei Nachbarn zu haben. In einer Zeit, da die nördlichen und südlichen Nachbarn als «Achsenmächte» im Gleichschritt marschierten, bedauerte die Schweiz in besonderem Masse, dass der östliche Nachbar als selbständiger Staat von der Landkarte verschwand. Schweizerischerseits war man indessen von Anfang an, das heisst schon 1920, gegenüber dem Anschluss Österreichs ablehnend eingestellt.

Ausgehend davon, dass die Schweiz in der Erhaltung des vierten Nachbarn ein eigenes Interesse erblickte, ist zu fragen, was sie diesbezüglich unternommen hat. Es entsprach gewiss der allgemeinen Zielsetzung, wenn man dem im Mai 1919 ausgesprochenen Wunsch Vorarlbergs nach einem Anschluss an die Schweiz mit grösster Zurückhaltung begegnete und so den in Österreich bestehenden Befürchtungen entgegenwirkte. Die schweizerische Zurückhaltung war allerdings mit einer *Reservatio mentalis* verbunden: Deutsch oder italienisch dürfte Vorarlberg nicht werden. Falls die Übernahme durch andere Staaten drohte, behielt man sich vor, ebenfalls Anspruch zu erheben. 1938 sollte davon jedoch keine Rede mehr sein. Eine andere Angelegenheit blieb ebenfalls nur Intermezzo ohne weitere Folgen: die Asylgewährung für Kaiser Karl I. in den Jahren 1919–1921, selbst wenn der exilierte Habsburgermonarch das schweizerische Territorium dazu benutzte, die Restauration seiner Herrschaft wenigstens in Ungarn zu betreiben.

Wenn die Schweiz in diesen beiden Punkten das Leben der jungen Republik nicht ernsthaft beeinträchtigte – was unternahm sie, um es nachhaltig zu fördern? Sie versuchte die Lebensfähigkeit dieses aus ihrer Sicht erwünschten Staates vor allem mit Lebensmittellieferungen, mit Krediten und Vorzugszöllen zu stärken. 1920 wurde ein Sofortkredit von 25 Mio. Franken gewährt, dieser zum Teil aber an bestimmte Lebensmittellieferungen geknüpft. Mit ihrer damaligen Kreditgewährung befand sich die Schweiz mit einem Anteil von 3,9% jedoch nur auf dem sechsten Platz hinter den Niederlanden, die einen Anteil von 5,5% bestritten. 1922 stellte die Schweiz im Rahmen der Völkerbundsanleihe von total 650 Millionen Franken (gegen die übliche Verzinsung nochmals einen Kredit von 20 Mio. Franken zur Verfügung. Die Landesregierung begründete die finanzielle Beteiligung an der «Wiederaufrichtung» Österreichs mit der Feststellung: «Ohne Hilfe von aussen ist es Österreich unmöglich, der Katastrophe zu entgehen.» Bei der Folgeanleihe von 1932 sollte sich dann die weitere Hilfe auf 5 Mio. Franken beschränken. Während bei der staatlichen Hilfe immer auch der Eigennutzen mitbedacht wurde, kamen von privater Seite Hilfsaktionen im Wert von 26 Mio. Franken zustande, die weder rückzahlbar noch verzinsbar waren und aus rein humanitären Gründen geleistet wurden. Die handelspolitischen Konzessionen, die Österreich im Handelsvertrag von 1926 gewährt wurden, kann man wegen der Exporterleichterungen ebenfalls als Beitrag zur Stärkung der Lebensfähigkeit verstehen.

Derartige Hilfe bewegte sich freilich in engen Grenzen, denn man wollte doch auch Österreich nicht zu einem gefährlichen Konkurrenten werden lassen, indem man seine strukturell ähnliche Volkswirtschaft allzustark förderte.

Noch enger waren die Grenzen der politischen oder gar militärischen Hilfsmöglichkeiten gezogen: Aus Neutralitätsgründen wäre es nicht möglich gewesen, französischen Schutztruppen, wie man das im Februar 1934 öffentlich erörtert hatte, Transit zu gewähren.

Von welchem Zeitpunkt an hat man in der Schweiz mit der Unvermeidbarkeit des Anschlusses gerechnet? Theoretisch war dem Bundesrat (also der Landesregierung) seit 1933 wohl bewusst, dass die Gefahr eines Verschwindens des vierten Nachbarn im Wachsen war. Die Lage wurde jedoch gerade dann relativ optimistisch eingeschätzt, nachdem Österreich jeweils einen Schritt näher an den Anschluss herangeführt worden war: nach dem Abkommen vom 11. Juli 1936 und nach dem Berchtesgadener Treffen vom 12. Februar 1938. Beides wurde als Entspannungsbeitrag gewertet. Am 14. März 1938 berichtet der deutsche Gesandte Otto Köcher nach Berlin, der schweizerische Aussenminister Giuseppe Motta habe den Anschluss «infolge innenpolitischer Zerrissenheit Österreichs seit langem als unabwendbar angesehen». Auf schweizerischer Seite wird diese Einschätzung, die auch nur eine diplomatische Höflichkeitsfloskel sein kann, nicht bestätigt: weder in Aufzeichnungen noch durch konkretes Handeln, zum Beispiel durch eine zusätzliche Sicherung der Ostgrenze oder durch die Zürcher Börsenkurse der österreichischen Wertschriften.

So war denn auch die schweizerisch-österreichische Grenze im März 1938 ziemlich ungesichert. Die Generalstabsabteilung blockierte vorsorglich den Urlaub eines in der Ostschweiz im sogenannten «Wiederholungskurs» stehenden Füsilierbataillons; zwei freiwillige Grenzschutzkompanien übernahmen die Grenzkontrolle, und die St. Galler Regierung schickte 100 mit Stahlhelm und Karabiner bewaffnete Kantonspolizisten ins Rheintal (und versuchte später vergeblich die Kosten dieses Aufgebots dem Bund in Rechnung zu stellen).

Natürlich hat man stets an die Möglichkeit eines Anschlusses gedacht. Als dieser dann tatsächlich eintrat, waren die meisten aber doch konsterniert. Es war nicht Österreichs Fall, der in erster Linie betroffen machte, sondern die Frage, welche *Lehren daraus für die Schweiz* zu ziehen seien. Die Art der gezogenen Rückschlüsse hing jedoch davon ab, *wie* die Vorgänge wahrgenommen und interpretiert wurden. Die offiziellen Verlautbarungen wollten nicht wahrhaben, was wirklich geschah, wenn sie die Gleichschaltung durch die Nationalsozialisten mit den grossdeutschen Bestrebungen des 19. Jahrhunderts gleichsetzten. Die Erklärung der Landesregierung vom 21. März 1938 sprach nämlich vom «historischen Ereignis», das sich in den Tagen zuvor vollzogen hatte: «Der Wille, die Völker Deutschlands und Österreichs zu vereinigen, war nicht neu. Er hat bereits im letzten Jahrhundert zu bewaffneten Auseinandersetzungen geführt; dieser Wille hat sich durchgesetzt.»

Die vorherrschende öffentliche Meinung deutete den Anschluss nicht als Vollzug einer historischen Tendenz, sondern als Folge aktueller Missstände: als Folge

1. der wirtschaftlichen Zerrüttung,
2. der geistigen Unterhöhlung,
3. der Vernichtung der demokratischen Grundrechte,
4. der Uneinigkeit des Volkes und
5. des mangelnden Selbsterhaltungs- und Verteidigungswillens.

Man pflegte gerne den Vergleich, lehnte jedoch Gleichsetzungen strikte ab: «Die Schweiz ist nicht Österreich: aber das Schweizervolk muss aus dem Schicksal Österreichs lernen!» Aus den zahlreichen Pressekommentaren sei lediglich eine einzige, aber ziemlich repräsentative Stimme, diejenige der kleinen «Zürichsee-Zeitung» vom 14. März 1938, zitiert:

> «Tatsache ist, dass der Umbruch in Österreich laut allen vorliegenden Meldungen mit frenetischem Jubel begrüsst wurde, dass man die einmarschierenden deutschen Truppen als Befreier feierte, dass die Hakenkreuzfahne – und das kann unmöglich alles Regie und fauler Zauber sein – von einer Ecke des Landes bis zur andern sozusagen von selbst in die Höhe ging. Bei uns aber wären unter ähnlichen Umständen die Gewehre von selbst losgegangen, das Volk wie ein Mann aufgestanden, wäre jeder totgeschlagen worden, der von Verhandlungen gesprochen hätte. Hier liegt der grosse Unterschied, der nicht zu übersehen ist: der schweizerische Unabhängigkeitswillen ist intakt und über jeden Zweifel erhaben.»

Alles in allem dürfte diese Beurteilung richtig gewesen sein, auch wenn die Entschiedenheit, mit der die «Selbstverständlichkeit» festgestellt worden ist, die volkspädagogische Absicht verfolgte, dass im Ernstfall auch wirklich eintreffe, was man mit scheinbarer Sicherheit glaubte prognostizieren zu müssen.

Für die schweizerische Aussenpolitik galt generell, dass sie speziell mit den Nachbarstaaten, unbesehen der Art ihrer Regime, *freundschaftliche* Beziehungen unterhalten wollte und im Bedarfsfall einen kleinstaatlichen Opportunismus praktizierte. Diese Doktrin der freundschaftlichen Beziehungen erklärt wenigstens teilweise die freundlichen Worte, die Aussenminister Motta nach dem Anschluss dem deutschen Gesandten gegenüber fand. Jener mag die Worte noch etwas freundlicher gemacht haben, als er am 14. März 1938 nach Berlin telegraphierte:

> «Bundesrat Motta hat mir gegenüber ausdrückte [sic] Bewunderung über Art und Weise Durchführung des Anschlusses durch Führer. [...] Vertrat Auffassung, dass Konfliktgefahr auch für später nicht bestehe, im Gegenteil der bisher durch österreichische Frage vorhandene Konfliktstoff beseitigt sei.»

Sind solche Freundlichkeiten nur als gedankenlose Erfüllung diplomatischer Gepflogenheiten oder sind sie nicht zum Teil auch als Ausdruck politischer Sympathie zu verstehen?

Wie wirkte sich der Anschluss auf die Schweiz aus? Inwiefern der Schweiz wegen des Wegfalls des vierten Nachbarn konkrete Nachteile erwachsen worden wären, müsste erst noch untersucht werden. Sicher wirkte sich der als Folge des Anschlusses 1938 stark ansteigende *Flüchtlingsstrom* belastend aus. Um nicht für alle deutschen und österreichischen Bürger die Visumspflicht einführen und eine entsprechende Gegenmassnahme für die Schweizer hinnehmen zu müssen, regten die schweizerischen Verhandlungspartner im September 1938 in Berlin die Anbringung des berüchtigten J-Stempels in den Reisepässen deutscher und österreichischer «Nichtarier» an.[2]

Der Anschluss hatte für die Schweiz insofern eine positive Auswirkung, als damit eine direkte territoriale Verbindung zwischen den Achsenpartnern Deutschland und Italien hergestellt und die Schweiz als *Transitland* für problematische Verschiebungen von Waren und Truppen weitgehend entbehrlich wurde. Die andere positive Auswirkung ist bereits genannt worden: Die Erfahrung vom März 1938 gab dem schon *bestehenden Widerstandswillen* zusätzlichen Auftrieb.

Eine weitere Auswirkung wird in der schweizerischen Geschichtsschreibung einseitig als positiver Vorgang gewertet: die Rückkehr zur *integralen Neutralität.* 1920 hatte die Schweiz mit dem Eintritt in den Völkerbund insofern Abstriche an ihrer Neutralität gemacht, als sie sich bereit erklärt hatte, nötigenfalls an wirtschaftlichen Sanktionen mitzuwirken. Nachdem Deutschland und Italien aus der «Genfer Liga» ausgetreten waren, sah sich die Schweiz von aussen (von der Publizistik der Achsenmächte), aber auch von innen (den alten Germanophilen der Zeit vor 1918) der Forderung ausgesetzt, ebenfalls aus dem Völkerbund auszutreten. Dies hätte eine Einordnung in die «Achse» bedeutet, wie sie Österreich dann zugemutet wurde. Die Schweiz ging mit ihrem aussenpolitischen Anschluss nicht so weit. Mit der Rückkehr zur integralen Neutralität nahm sie aber eine mittlere Stellung zwischen der Position der Achsenmächte und der Position des Völkerbundes ein. Die positive Beurteilung sieht in diesem Vorgang ein Besinnen auf den ursprünglichen, gleichsam wahren Status der Schweiz; die negative Beurteilung eine zwar nur partielle, aber dennoch schwächliche Anpassung an die Erwartungen der beiden Nachbarn im Norden und Süden. Frankreich, der Nachbar im Westen, und die anderen massgebenden Völkerbundsmächte hätten der schweizerischen Distanzierung vom System der kollektiven Sicherheit kaum zugestimmt, wenn der Fall Österreichs nicht die Schwäche des Völkerbunds erneut sichtbar und die Vorsicht der Schweiz verständlich gemacht hätte.

2 Georg Kreis, Die Rückkehr des J-Stempels. Zur Geschichte einer schwierigen Vergangenheitsbewältigung. Zürich 2000.

Schokolade, Uhren, Banken – wie die Österreicher die Schweiz sehen

Nachbarn mit dem Rücken zueinander

VON INGE SANTNER

Auf 400 prall gefüllten Druckseiten und noch obendrein wissenschaftlich untermauert, kriegt man neuerdings zu lesen, was man ohnehin schon instinktiv ahnte: dass die Schweizer und Österreicher kaum weniger verschieden sind als die Hottentotten und die Finnen.

Das aufschlussreiche Buch nennt sich trocken «Österreich-Schweiz: Nachbarn, Konkurrenten, Partner» und zählt zu den Forschungsberichten des österreichischen Instituts für Internationale Politik. Herausgeber ist der Wiener Hans Thalberg, der die Schweiz «von unten und von oben kennt», konkret aus der Perspektive eines Flüchtlings von 1942 bis 1945 und eines Botschafters von 1975 bis 1981.

Als Langzeitdiplomat hat Thalberg viele Ansprachen angehört und gewiss auch etliche gehalten, in denen die besonders guten nachbarlichen Beziehungen zwischen Österreich und der Schweiz beschworen wurden. Da war wiederholt die Rede von zwei industriell hochentwickelten kleinen Republiken in Mitteleuropa mit annähernd gleich vielen Menschen und gleich vielen Bergen. Da kamen automatisch die unübersehbaren Parallelen zur Sprache, die immerwährende Neutralität natürlich,

Schweizer, Österreicher: Keiner will vom anderen etwas wissen

Fotos Keystone Reuter

Schulbücher gerade nur drei «herausragende Ereignisse», nämlich erstens die «Entstehung der Schweizer Eidgenossenschaft» im 13. und 14. Jahrhundert mit besonderer Betonung der «egoistischen Züge dem Reich gegenüber», zweitens den Cal-

Austausch von Personen oder Informationen.

Selbst für den akademisch gebildeten Österreicher also bleibt die Schweiz Terra incognita. Er begreift nicht, dass die mentalitätsmässigen Unterschiede zwischen

lich) strahlensichere Bunker
den, scheint der österreichisch
sorglos zu schlafen. Warum w
gensätzliche Verhalten? Stin
wirklich, dass die Schweizer
Geldsäcke» sind, wie der D
wiener vermuten würde, und
cher «nachlässige Schlampe
nichts dergleichen, kommer
Schmid. Entscheidend sei einz
das unterschiedliche kollekti
ständnis. Die Schweizer fühlte
sicher in der Rolle eines Vert
jahrhundertelang zahlreiche
halten vermochte. Die Öste
dererseits blickten melanchol
Tradition verlorener Schlac
und wären folglich zutiefs
einen Atomkrieg unter keiner
überleben zu können.

Sofern Schmid mit seiner
die saumseligen Historiker re
vieles spricht dafür! –, ist die
Sache bis auf weiteres hoffnu
steht auch das gutgemeinte ne
seinem spontanen Aufruf zu
nerschaft zweier existentiell
angewiesenen Völker» (Herau
Thalberg) auf ziemlich verlor

Erste Ansätze zu mehr Ve
Österreicher für die Schweize
sem Fall allerfrühestens nach
tionen zu erhoffen. Denn so
es, klügere Geschichtslehrer s

Der Band, für den der nebenstehende Aufsatz verfasst wurde, ist in der «Weltwoche» vom 21. Juli 1988 mit diesem Artikel aufgenommen worden. Dass man «Rücken an Rücken» lebe, wird wegen gewisser Übereinstimmungen der beiden Länder als verwunderlich bezeichnet. Anderseits könnte man darin auch den tieferen Grund sehen, warum man sich nicht in die Augen schaut. Dagegen gibt es sehr wohl auf beiden Seiten Blicke, es sind aber Blicke «auf» den andern. Der Nachbar ist bewundertes oder kritisch beäugtes Modell. Als der österreichische Bundespräsident Thomas Klestil, dessen Gattin übrigens nach 1945 als «Kriegskind» in der Schweiz weilte, 1992 die Schweiz besuchte, stellte man insbesondere bezüglich der Europapolitik fest: «Das Schweizer Muster verblasst in Österreich» (Ausschnitt aus: Die Weltwoche vom 21. Juli 1988).

Die Wiederherstellung des österreichischen Staates nach dem Zweiten Weltkrieg

Ein Blick in die schweizerische Publizistik

1. Vorbemerkung

Die Anerkennung der österreichischen Bundesregierung durch die schweizerische Landesregierung vom 2. November 1945 wurde von der *Neuen Zürcher Zeitung* (NZZ) als Entscheid gedeutet, der vor allem die schweizerische Absicht der guten Nachbarschaft dokumentieren solle. Die Schweiz habe 1938 das Verschwinden der österreichischen Republik tief bedauert, und es sei ihr aus verschiedenen Gründen daran gelegen, dass dieser östliche Nachbar als lebensfähiger Staat wieder aufgebaut werde.[1]

Wäre die Reaktion wärmer ausgefallen, hätte sie einem anderen nachbarlichen Verhältnis gegolten? Die Frage kann so nicht gestellt werden, wurde doch die Reaktion weniger durch eine Grundeinstellung zu einem bestimmten Land determiniert als durch eine bestimmte politische Konstellation zu einem bestimmten Zeitpunkt. 1945 erschien der östliche Nachbar in den Augen wohl der meisten Schweizer – und dies erklärt die gemischte Haltung – in der Doppelrolle sowohl eines *Opfers* als auch eines *Komplizen* des Nationalsozialismus.

Schon 1938 hatte die NZZ beide Interpretationen vorgenommen. Einerseits deutete sie Österreich als Opfer des rücksichtslosen Expansionswillens des Dritten Reiches und als Opfer der Verzagtheit der Westmächte und des Versagens des Völkerbundes. Andererseits verstand sie Österreich aber auch als Opfer der eigenen Anschlusswünsche; diese hätten es schliesslich zum Komplizen seiner späteren Beherrscher gemacht. Die Westmächte hätten die Gefahr eines unter äusserem Druck herbeigeführten Anschlusses gesehen, hätten aber aus Angst vor der letzten Konsequenz, dem Krieg, nicht eingegriffen. Andererseits hätten die grossdeutsche Sehnsucht der österreichischen Bevölkerung und der Anschlussgedanke, der seit zwanzig Jahren immer einen mehr oder weniger beträchtlichen Teil des Volkes erfüllte, die deutschen Pläne begünstigt. Der Kommentar nannte den Anschluss eine «übertallmässige Überrumpelung», er hielt es aber auch für bezeichnend, dass die österreichische Armee keinen Schuss zur Verteidigung der Unabhängigkeit des Landes abgegeben habe.[2] Auch

1 Agenturmeldung, 1649/2. November 1945. Kommentar, 1651/3. November 1945 (Karl Weber). Zu 1938 vgl. den vorangegangenen Aufsatz. S. 473–477.

2 «Hitlers Triumph über Österreich», 463/15. März 1938. Im Rückblick der NZZ-Geschichte erscheint Österreich auch eher als Opfer eines Versagens der internationalen Solidarität. Vgl.: Die Neue Zürcher Zeitung im Zeitalter des Zweiten Weltkrieges 1930–1955 (verfasst vom späteren Chefredakteur Fred Luchsinger). Zürich 1955. S. 1984ff.

später erinnerte die NZZ ohne Beschönigung an diesen Moment: Das Drama von Hitlers erstem Eroberungszug habe «ohne Kanonendonner, mit dem blossen Motorengeräusch der Panzerdivisionen» zum Erfolg geführt.[3]

Indessen wurde weder 1938 noch 1945 die Haltung Österreichs und der Westmächte im Sinne einer tadelnden Schulmeisterei kritisiert. Die kritische Beurteilung der österreichischen Vorgänge sollte vor allem eine Warnung für die eigene Bevölkerung sein, auch wenn, wie man sich beizufügen beeilte, «Struktur und Situation» der beiden Länder eigentlich unvergleichbar seien. Gegenüber der schweizerischen Leserschaft wurde betont: «Österreich ist dem Zugriff eines Mächtigeren nicht zuletzt deshalb zum Opfer gefallen, weil es im Inneren gespalten war, weil sein Wille zur Unabhängigkeit nicht ausser allem Zweifel stand.»[4] Die Anerkennungsfrage, die sich 1945 stellte und in einem gewissen Sinn erst 1955 mit der Anerkennung der österreichischen Neutralität eine abschliessende Beantwortung erfahren sollte, bildete, was die Wiederherstellung regulärer diplomatischer Beziehungen betrifft, für die NZZ fortan kein Thema mehr.

Unsere Analyse wird sich im folgenden auf die Publizistik der NZZ beschränken. Die NZZ ist wegen der hohen Qualität ihrer aussenpolitischen Kommentare und der Ausführlichkeit ihrer Berichterstattung das allgemein anerkannte Referenzblatt der Schweizer Presse. Mit ihrer überdurchschnittlichen Qualität und ihrem konservativ-bürgerlichen Standort, den man besonders in innenpolitischen Belangen und in der Beurteilung der sowjetischen Politik spürt, ist sie jedoch nicht repräsentativ für die Haltung der Schweizer Presse schlechthin. Dass hier die Publizistik der NZZ und nicht eines anderen Blattes vorgestellt wird, erklärt sich im weiteren aus dem Umstand, dass diese Zeitung über ein ausgezeichnetes Archiv verfügt, mit dessen Hilfe die gesuchten Artikel mit vergleichbar geringem Aufwand lückenlos erschlossen werden können.[5]

Trotz der systematischen Erfassung der Österreich betreffenden Artikel lässt sich mit dem gesichteten Material kein lückenloses Bild zusammenstellen. Hingegen sind zwei grössere Themenkomplexe auszumachen: die Stellung Österreichs in der internationalen Politik und die innere Qualität der österreichischen Gesellschaft. In der Art, wie diese Themen behandelt werden, lässt sich annähernd die Einstellung des ausgewählten Blattes zum österreichischen Nachbarn ablesen. In der NZZ finden sich freilich neben den redaktionellen Eigenleistungen im Sinne der freiwilligen Themati-

3 «Die österreichische Frage», Teil II, 255/12. Februar 1945 (A.M.).

4 «Das Ende des unabhängigen Österreich», 446/13. März 1938. Vgl. auch den ungezeichneten Leitartikel von Chefredakteur Willy Bretscher «Was not tat!», 520/23. März 1938; nochmals publiziert in: Neue Zürcher Zeitung 1933–1944. Siebzig Leitartikel von W. Bretscher. Zürich 1945. – Zur allgemeinen Lage: Edgar Bonjour, Geschichte der schweizerischen Neutralität. Bd. 3. Basel 1967. S. 230ff. – Rolf Zaugg-Prato, Die Schweiz im Kampf gegen den Anschluss Österreichs an das Deutsche Reich 1918–1938. Bern 1982. S. 223ff. – Horst Zimmermann, Die Schweiz und Österreich während der Zwischenkriegszeit. Wiesbaden 1973. S. 388ff.

5 Leiter der Auslandredaktion war in den hier behandelten Jahren Albert Müller. Sofern nichtgezeichnete Artikel auf Grund der zeitungsinternen Dokumentation als seine Texte identifiziert werden konnten, werden sie in Klammern mit (A.M.) nachgewiesen.

sierung zahlreiche andere Artikel, die gleichsam durch die Beziehungsvorgänge selbst beigesteuert worden sind, insbesondere durch die mannigfaltigen Hilfsaktionen für österreichische Kinder, Handwerker, Studierende, Kulturschaffende etc. Diese Hilfsaktionen wurden vom österreichischen Bundeskanzler *Leopold Figl* anlässlich seines Besuchs in der Schweiz vom Juli 1948 mit warmen Dankesworten gewürdigt und vom schweizerischen Bundespräsidenten *Enrico Celio* als «heilige Pflicht» bezeichnet.[6]

Auch die NZZ bezeichnete die schweizerische Hilfe als – im Verhältnis zur Notlage bescheiden genug – «eine Pflicht der internationalen Solidarität, aber nicht weniger auch eine Bekundung der Freundschaft und der Interessengemeinschaft, welche die beiden Länder verbindet.[7] Neben den materiellen Leistungen, die das kriegsgeschädigte Land vom verschont gebliebenen Nachbarn entgegennehmen durfte, war es für Österreich wichtig, dass nach sieben Jahren der Abgeschlossenheit das «Tor zur Welt» über die kulturell und sprachlich verwandte Schweiz aufging.[8]

2. Die internationale Dimension der österreichischen Frage

Das Interesse der Kommentatoren galt verständlicherweise weniger den österreichischen Vorgängen an sich, es galt vielmehr deren Konsequenzen auf die internationale Politik und die eigene Situation. Die NZZ zeigte von Anfang an (und solange die Besetzung durch die Sowjetunion andauerte) Verständnis dafür, dass sich Österreich eher als Mittel- oder Bindeglied zwischen West und Ost sah denn als engagierter Parteigänger des westlichen Lagers. Ein Bericht vom April 1946 hält fest, Österreich wolle und müsse eine neutrale politische Basis und eine wirtschaftliche Brücke zwischen Ost und West bilden, und kommt dann zu folgendem Schluss: «Die reibungslose Erfüllung dieser Aufgabe dürfte den Interessen aller Staaten entsprechen.»[9] Auch später blieb dieses Verständnis erhalten. Obwohl der Osthandel im eigenen Land mit Acht und Bann belegt war, erklärte die Schweizer Zeitung, Österreich könne wegen seiner geographischen Lage den Handel mit dem Ostblock niemals ablehnen.

> «Der Osthandel führt gewiss nicht zu einer politischen Entspannung, ist aber vielleicht doch ein Beitrag zur Beruhigung der schwierigen und undankbaren Beziehungen zu den Volksdemokratien.»[10]

6 «Bundeskanzler Figl in Bern», 1405/2. Juli 1948.
7 «Der österreichische Bundeskanzler in der Schweiz», 1398/1. Juli 1948.
8 Der Topos vom «Tor zur Welt» taucht in verschiedenen Stellungnahmen auf. Zur Förderung dieser Beziehungen wurde 1945 die von Prof. J.R. von Salis präsidierte «Gesellschaft zur Förderung der kulturellen Beziehungen zwischen Österreich und der Schweiz» gegründet.
9 «Österreich und die Grossmächte», 668/16. April 1946 (wg) – Friedrich Wlatnig, der 1927–1938 und von 1949 an wieder Korrespondent der NZZ war. – Neuerdings siehe auch: Eric Flury-Dasen, Tor zum Westen, Stabilität gegen Osten. Schweizerisch-österreichische Beziehungen nach dem Krieg. In: NZZ vom 30. März 2000.
10 «Österreich in Abwehrstellung», 594/14. März 1954 (wg).

Im Bericht vom April 1946 erscheint Österreich aber latent bedroht durch die Sowjetunion, die im Begriffe stehe, alle anderen Donaustaaten unter einem neuen aussenpolitischen System zu sammeln. Der Berichterstatter der NZZ hebt gerne hervor, wie wichtig das Gegengewicht des Westens zur sowjetischen Bedrohung sei. Es habe sich schon deutlich gezeigt, «dass das Schicksal von Wien und Österreich auch in Zukunft in einem hohen Mass von der aktiven Anteilnahme und Unterstützung Washingtons abhängen wird».[11]

Österreichs Schicksal lag nach Auffassung der NZZ nur zu einem geringen Teil in den Händen der Österreicher selbst. Der bescheidene Spielraum, der ihnen aber doch zur Verfügung stand, würde gut genutzt:

> «Klug auf dem schmalen Weg zwischen West und Ost voranschreitend, sucht die österreichische Regierung unter Führung des Bundeskanzlers immer mehr die Verwaltung vom Zugriff der fremden Militärbehörden zu lösen und sie völlig in österreichische Hände zurückzuführen.»[12]

Der Leser dürfte verstanden haben, welchem Zugriff welcher Militärbehörde im speziellen das besetzte Land entwunden werden musste.

Die Kommentatoren der Nachkriegszeit nahmen mehr oder weniger explizit den Befund von 1938 auf, wonach Österreich unter anderem darum seine Eigenständigkeit eingebüsst habe, weil es von der damaligen Staatenwelt nicht genügend verteidigt worden sei. Wie man 1938 den wehrlosen Staat vor dem Zugriff des Dritten Reiches hätte bewahren sollen, müsse man ihn jetzt vor einer ähnlichen Gefahr schützen, die von einem ähnlichen Bedroher, nämlich der Sowjetunion, ausgehe. Bereits im Februar 1945 wies die NZZ auf die Ähnlichkeit der Problematik hin:

> «Wenn die Sowjetunion Anspruch auf alleinige Beherrschung dieser Schlüsselposition erheben sollte, wären die Folgen nicht weniger schwer als im Jahre 1938 die Konsequenzen des deutschen Einmarsches in Österreich.»[13]

Die kraftlose Haltung der Westmächte von 1938 wird in einem weiteren Artikel von 1945 ebenfalls kritisiert; der Kommentator sprach von Selbsttäuschung und den Illusionen, «mit denen die anderen Mächte ihre Passivität beschönigten».[14] Und am Ende unseres Zeitraumes – 1955 – warnte *Salvador de Madariaga*, der dem Chefredakteur der NZZ verbunden war, die Westmächte dürften sich nicht von einer falschen Sehnsucht nach Frieden leiten lassen; der einzige Weg, Moskau von der Verwirklichung seiner Expansionspläne abzuhalten, bestehe darin, fest genug und lange genug nein zu sagen.[15]

11 Vgl. Anmerkung 9.
12 Vgl. Anmerkung 7.
13 Vgl. Anmerkung 3.
14 «Die österreichische Frage», Teil I, 245/11. Februar 1945.
15 «Die Schwenkung Moskaus in der österreichischen Frage», 1176/4. Mai 1955.

Dass die vier Mächte dem österreichischen Antrag entsprachen und den in der Präambel des Staatsvertrages von 1955 ursprünglich vorgesehenen Passus über die Mitverantwortlichkeit am Krieg fallenliessen, wurde von der NZZ ausdrücklich gutgeheissen. Zehn Jahre nach Kriegsende wäre es ihres Erachtens «etwas pedantisch» gewesen, Österreich diesen Vorwurf auf dem Papier des Staatsvertrages nochmals zu machen.

> «Schliesslich hatten alle vier Grossmächte kein oder jedenfalls nur ein zweifelhaftes moralisches Recht zu einem solchen Vorwurf, da sie dem Einmarsch Hitlers und der Annexion Österreichs im Frühjahr 1938 untätig zugeschaut hatten.»[16]

Schon im Frühjahr 1945 hatte das Blatt erklärt, für die Kriegsbeteiligung könne Österreich nur teilweise haftbar gemacht werden, sei es doch bei Kriegsausbruch kein souveräner Staat mehr gewesen.[17]

Die NZZ begrüsste die 1955 festgelegte Verpflichtung Österreichs, den Status eines *neutralen Staates* einzunehmen. Sie verstand die Neutralität als Preis für den Rückzug der Besatzungstruppen und die Erlangung der Unabhängigkeit und schloss sich wohl ein, wenn sie erklärte, die freien Völker würden allgemein dem Verlangen Österreichs nach Wiederherstellung der Souveränität und nach Befreiung des Landes von der Last der Okkupation Sympathie entgegenbringen. Zudem war es ihr offenbar recht, wenn die Sowjetunion für den künftigen Status Österreichs die Schweiz als Beispiel, wenn nicht sogar als Vorbild suggerierte. Es fällt auf, dass in der ersten ausführlichen Stellungnahme unter dem Titel «Die Stellung Österreichs und die Neutralität der Schweiz» von Österreich nur wenig, von der Sowjetunion dagegen sehr ausgiebig die Rede ist. Die NZZ bemerkte, dass die massgebenden Sowjetzeitungen einmal mehr vermeiden würden, die schweizerische Neutralität ausdrücklich anzuerkennen; es zeige sich sogar die Tendenz, den besonderen Charakter der schweizerischen Neutralität zu verwischen. Immerhin spreche die «Prawda» von einer Bewährung der schweizerischen Haltung während einer ganzen geschichtlichen Epoche und empfehle diese Politik ausdrücklich zur Nachahmung. Auch in der abschliessenden Bemerkung war mehr von der Sowjetunion als von Österreich die Rede.

> «Was die Österreicher angeht», schrieb die NZZ im April 1955, «so würden sie auf die Dauer Moskaus Berufung auf das Beispiel der Schweiz wohl ernster nehmen, wenn das Vorbild der künftigen Stellung Österreichs von sowjetkommunistischer Seite nicht so oft angefochten worden wäre.»[18]

16 «Unterzeichnung des Staatsvertrages in Wien», 1295/16. Mai 1955 (A.M.).

17 Vgl. Anmerkung 3.

18 1067/24. April 1955. – Im Moskauer Memorandum vom 15. April 1955 wurde zwischen der österreichischen und der sowjetischen Regierungsdelegation unter anderem Einverständnis darüber erzielt, Österreich sei verpflichtet, «immerwährend eine Neutralität der Art zu üben, wie sie von der Schweiz gehandhabt wird».

Weder in diesem Moment noch später fielen je Worte, welche die junge österreichische Neutralität als Entwertung der alten schweizerischen deuteten oder gar den Eindruck aufkommen liessen, die Schweiz könnte sich dadurch in ihrem Identitätsprofil bedroht fühlen.[19]

Die Anerkennung der österreichischen Neutralität durch den Bundesrat vom 24. November 1955 war für die NZZ nochmals Anlass, sich eingehend mit dem völkerrechtlichen Status des östlichen Nachbarn auseinanderzusetzen. Das Blatt zitierte in zustimmendem Sinn eine Stellungnahme von Bundespräsident *Max Petitpierre*, die betonte,

> «dass, wenn auch die Neutralität in ihrem Grundprinzip immer den gleichen Begriff darstellt, durch die Art und Weise ihrer Handhabung jedes neutrale Land daraus doch eine verschiedene Politik ableiten kann, je nach seiner geschichtlichen und politischen Entwicklung. Die Beispiele Indiens, Schwedens, der Schweiz, und auch heute Österreichs, rechtfertigen die Behauptung, dass es, wie auch schon gesagt wurde, ebenso viele Neutralitäten wie neutrale Staaten gibt.»[20]

Aus den weiteren Ausführungen des Kommentators tritt uns eine bemerkenswerte kühle Sachlichkeit entgegen. Die Zurückhaltung dürfte aber weniger als Eigenheit der Beziehungen zu Österreich denn als genereller Stil zu erklären sein, in dem solche aussenpolitische Fragen abgehandelt wurden. Die Angelegenheit wurde nicht als etwas Positives, sondern als Traktandum behandelt, das nicht negativ sei. So wurde vor allem festgestellt, dass das österreichische Bundesverfassungsgesetz vom 26. Oktober 1955 über die Neutralität *nicht* im Widerspruch zum Völkerrecht stehe, dass es auch politisch *nicht* schweizerischen Interessen widerspreche und dass die Schweiz die öster-

19 Dass es solche Bedenken gab, überlieferte Peter Stadler, Das schweizerische Geschichtsbild und Österreich. In: Friedrich Koja und Gerald Stourzh (Hrsg.), Schweiz–Österreich, Ähnlichkeiten und Kontraste. Graz 1986. S. 46. Einen staatsrechtlichen Vergleich der beiden Neutralitäten kann man aus den in der gleichen Publikation veröffentlichten Beiträgen von Luzius Wildhaber und Hanspeter Neuhold ziehen. Wichtig zu diesem Thema ist der Aufsatz von Edgar Bonjour, Österreichische und schweizerische Neutralität. In: Ders., Die Schweiz und Europa. Bd. 7. Basel 1981. S. 13–23.

20 Beantwortung der Interpellation von Nationalrat Willy Bretscher (Präsident der Aussenpolitischen Kommission des Nationalrates und Chefredakteur der NZZ) vom 20. September 1955 über die aussenpolitische Lage der Schweiz. Wortlaut der Beantwortung in Max Petitpierre, Seize ans de neutralité active. Aspects de la politique étrangère de la Suisse 1945–1961. Neuchâtel 1980. S. 307ff. Zur Haltung der Parlamente vgl. Jürg Späni-Schleidt, Die Interpretation der dauernden Neutralität durch das schweizerische und das österreichische Parlament. Bern 1985 (Schriftenreihe der Schweizerischen Gesellschaft für Aussenpolitik, Bd. 8). – Christian Jenny, Konsensformel oder Vorbild? Die Entstehung der österreichischen Neutralität und ihr Schweizer Muster. Bern 1995. – Georg Kreis, Kleine Neutralitätsgeschichte. Ein Inventar zum neutralitätspolitischen Diskurs in der Schweiz seit 1943. Bern 2004. S. 68ff.

reichische Neutralität *nicht* garantieren müsse.[21] In zwei weiteren Artikeln wurde die Frage abgehandelt, ob die Neutralität und die Mitgliedschaft in einer Organisation der kollektiven Friedenssicherung miteinander vereinbar wären – oder eben *nicht*. Der Kommentator kam zum Schluss, dass dies «strenggenommen» unvereinbar sei, er räumte aber ein, dass das Völkerrecht stärker als das Landesrecht eine Sache der Interpretation sei. Die kollektive Sicherheit sei bis jetzt toter Buchstabe geblieben; dies habe man 1945, als sich die Frage für die Schweiz gestellt hatte, nicht wissen können. Der Eintritt Österreichs in die UNO wurde keineswegs als Verlassen des neutralen Tugendpfades gewertet. Im Gegenteil: Die Ausführungen schlossen mit der Feststellung, dass wegen der weiten Interpretierbarkeit des Völkerrechts der Aufnahme Österreichs in die Vereinten Nationen eine grundsätzliche Bedeutung zukäme, die in der Schweiz mit Aufmerksamkeit verfolgt werden müsse.[22]

Die Beurteilung der militärischen Konsequenzen der Neutralisierung Österreichs überliess die NZZ einem externen Fachmann: *Hans Rudolf Kurz* wies im August 1955 unmissverständlich darauf hin, dass mit der Neutralisierung ein militärisches Vakuum geschaffen worden sei und diese neue Lage die NATO-Mächte benachteilige, weil sie das westliche Bereitschaftsdispositiv gegen Osten in einen Nord- und einen Südabschnitt aufspalte, während der Ostblock keine strategische Einbusse erleide. Eine erst noch aufzubauende österreichische Armee könne das Vakuum aber nicht füllen und nicht viel mehr als eine «symbolische Landesverteidigung» gewährleisten, zumal der Wiederaufrüstung durch den Staatsvertrag erhebliche Beschränkungen auferlegt seien. Die Neutralisierung habe auch für die Schweiz eine Verschlechterung der militärischen Lage gebracht, die schweizerische Festung Sargans sei gewissermassen eine Festung an der russischen Grenze geworden, weil ein sowjetischer Vorstoss «nahezu ungehindert» bis zur Schweiz möglich sei. Zudem dürften die Westmächte wegen der Trennung des NATO-Raumes in einen Nord- und einen Südabschnitt im Kriegsfall eher versucht sein, ihre Verbindungen über schweizerisches Hoheitsgebiet sicherstellen zu wollen. *Kurz* kommt – im August 1955 – zum Schluss,

> «dass, rein strategisch gesehen, der österreichische Staatsvertrag bei weitem nicht jene Entspannung der Lage gebracht hat, die er politisch bewirkt haben mag. Im Gegenteil liegt in der neuen Regelung erheblicher Konfliktstoff. Für uns ergibt sich daraus die zwingende Notwendigkeit, nicht nachzulassen in unseren militärischen Anstrengungen und alles zu tun, um unsere Armee kampfbereit zu erhalten.»[23]

21 «Die Anerkennung der österreichischen Nation durch den Bundesrat», 3613/27. Dezember 1955 (Max Nef).

22 «Kollektive Sicherheit», 3622/28. Dezember 1955; «Österreich in den Vereinigten Nationen», 3635/30. Dezember 1955, beide von Max Nef.

23 «Die militärische Lage Europas nach der Neutralisierung Österreichs», 2184/21. August 1955 (H.R. Kurz).

In der Deutung der überraschenden Tatsache, dass nach jahrelangem Ringen um den Abschluss eines Staatsvertrages 1955 plötzlich doch eine Einigung zustande kam, nahm Österreich einen bescheidenen Platz ein. Neben der grundsätzlich immer wieder gewürdigten Standfestigkeit der österreichischen Politiker und der österreichischen Bevölkerung im allgemeinen (vgl. unten) wurde es vor allem dem Kreml zugeschrieben, dass Österreich seine volle Souveränität wiedererlangte. Die Sowjetunion habe mit ihrer Verhandlungsbereitschaft in der österreichischen Frage in erster Linie die deutsche Frage in ihrem Sinne lösen wollen. Die zugestandene Neutralisierung hätte zu einem Verzicht auf die Wiederbewaffnung Westdeutschlands (Verzicht auf die Verwirklichung des Pariser Abkommens vom 23. Oktober 1954) führen sollen:

> «Das österreichische Beispiel soll in deutschen Kreisen der Spekulation auf direkte Verhandlungen mit Moskau neuen Auftrieb geben und in der Bundesrepublik der Tendenz zum Durchbruch verhelfen, die in der Hoffnung auf zweiseitige Abmachungen mit der Sowjetunion die Aufrüstung zurückzustellen bereit wäre. Damit würde natürlich der Westeuropäischen Union wie dem Atlantikpakt ein schwerer Schlag zugefügt.»[24]

Zudem habe die Sowjetunion mit dem österreichischen Beispiel andere europäische Staaten, die bisher ihre Sicherheit in der Anlehnung an den Westen gefunden hatten, von dieser Gemeinschaft ablösen wollen. Bereits in der Festberichterstattung vom 16. Mai 1955 finden wir die Mahnung: «Das ist der Schatten, der drohend hinter dem Optimismus und den heiteren Freuden der Wiener Konferenz sich erhob.»[25] Schon am 22. Mai 1955 konnte der Kommentator jedoch die beruhigende Feststellung weitergeben, dass die magische Wirkung, die von der russisch-österreichischen Verständigung ausgegangen sei, vorläufig bestimmt abgeebbt sei: Einzelne Diplomaten alter Wiener Schule würden sich zwar «in übergrossem Selbstvertrauen» vorstellen, dass Österreich zur Vermittlung zwischen Amerikanern und Russen eigentlich berufen sei. Dennoch sei nicht die österreichische Politik für die Illusionen (die Neutralisierung als Allheilmittel) verantwortlich, sondern die Diplomatie und die öffentliche Meinung bei den Westmächten selbst.[26]

Bisher haben wir folgendes feststellen können: Der österreichischen Frage an sich wird geringe Beachtung geschenkt, das Interesse konzentriert sich vielmehr auf die internationalen Konsequenzen der verschiedenen Lösungen der österreichischen Frage. Die direkten schweizerisch-österreichischen Beziehungen werden kaum erörtert. Erst der Besuch des Bundeskanzlers von 1948 veranlasst das Blatt, ein paar grundsätzliche Gedanken zum schweizerisch-österreichischen Verhältnis auszusprechen. Dann aber ist naturgemäss von den mannigfaltigen Übereinstimmungen die Rede:

24 «Das Abkommen Raabs mit Moskau», 1000/17. April 1955.
25 «Das Fest in Schönbrunn», 1306/16. Mai 1955 (A.M.).
26 «Rückblick auf Paris und Wien», 1351/22. Mai 1955 (A.M.).

> «Die Freundschaft zwischen der Schweiz und Österreich beruht auf den starken Fundamenten der sprachlichen Verwandtschaft, des geistigen und kulturellen Austauschs, der wirtschaftlichen Beziehungen, vor allem aber auf dem gemeinsamen Bekenntnis zu den Ideen und Idealen des westlichen Menschen, zur Rechtsordnung der Demokratie, zur Achtung der persönlichen Freiheitsrechte der Bürger.»[27]

Indessen wird selbst die Frage der Neutralisierung Österreichs in bemerkenswert geringem Mass zur Schweiz in Beziehung gesetzt. Und wenn doch, geschieht es aber nicht, wie man erwarten könnte, um sich selbst als Massstab und Orientierungspunkt anzubieten. Die einzige Bemerkung, die ein wenig in diese Richtung geht, fällt in einer Berichterstattung aus Wien, in der es heisst, es werde nicht einfach sein, in einem Land, das über Jahrhunderte stets aktiven Anteil an der europäischen Politik gehabt habe, die Selbstbeschränkung schmackhaft oder auch nur die Konsequenzen klarzumachen, die sich aus der Neutralität ergeben. Dies, um dann beizufügen:

> «Die Politiker studieren gegenwärtig das Schweizer Lexikon, und es ist anzunehmen, dass Bücher über die Geschichte der Neutralität der Schweiz demnächst in Österreich aufmerksame Leser finden.»[28]

3. Die innenpolitische Dimension der österreichischen Frage

In der Beurteilung der innerösterreichischen Verhältnisse knüpften die Kommentare der Nachkriegszeit ebenfalls an die Vorgänge der Zwischenkriegszeit an. Im Februar 1945 erinnerte die NZZ daran, die Österreicher seien am Untergang ihres Staates nicht unschuldig gewesen:

> «Nach der Niederlage von 1918 und dem Verlust der Zugehörigkeit zu dem weiträumigen Habsburgerreich standen sie der schwierigen, aber nicht unlösbaren Aufgabe der politischen und wirtschaftlichen Selbstbehauptung im engen Rahmen eines Kleinstaates mit verdrossener Mutlosigkeit gegenüber.»

Die Staatsgesinnung sei von Anfang an unsicher und schwankend gewesen; das Schlagwort vom «Anschluss» sei von einer «Wolke verschwommenen Denkens» umgeben gewesen, das sich eingebildet habe, den Pelz waschen zu können, ohne ihn nass zu machen. Die Altösterreicher hätten sich erst im letzten Moment zur Wehr gesetzt, da sei aber die Jugend dem österreichischen Staatsgedanken bereits verlorengegangen.[29]

27 «Der österreichische Bundeskanzler in der Schweiz», 1398/1. Juli 1948.
28 «Der zukünftige Status Österreichs», 1088/25. April 1955 (wg).
29 «Die österreichische Frage», Teil II, 255/12. Februar 1945 (A.M.).

Diese Kritik verband sich aber mit der Feststellung, dass das österreichische Volk unter der Wucht des teuren Preises, den es für seinen Fehler hatte bezahlen müssen, das nötige Verständnis für die Voraussetzungen eines erfolgreichen Unabhängigkeitskampfes entwickelt habe:

> «Die österreichische Frage ist wieder offen, und die Mehrheit der Österreicher sucht oder wünscht ihre Lösung zweifellos auf dem Wege der staatlichen Unabhängigkeit.»[30]

Nach den ersten allgemeinen Wahlen vom 25. November 1945 bekräftigte *Jean Rodolphe von Salis* als Gastkommentator, der Wille zur staatlichen Selbständigkeit (und die Anhänglichkeit an das Österreichertum) würden echter wirken als jemals unter der Ersten Republik zwischen 1918 und 1938:

> «Die Rückkehr zum Kleinstaat ist nicht mehr ein Schmerz und eine Resignation wie nach dem Zerfall der Monarchie 1918, sondern eine Erlösung und Befreiung, verbunden mit einem Bekenntnis zur Heimat.»

Doch nicht nur dies: Im Unterschied zur Zwischenkriegszeit werde nun auch die Demokratie und der Föderalismus allseitig bejaht, und darum sei auch eine Zusammenarbeit unter den verschiedenen Kräften möglich geworden. Man könne diesen Wahltag als Geburtstag der neuen österreichischen Republik bezeichnen.[31] Im Frühjahr 1949 kam Redakteur *Albert Müller* mit einer durch und durch positiven Einschätzung der innerösterreichischen Verhältnisse von einer Journalistenreise nach Hause. Er hatte sich vergewissern können,

> «dass das Land sich im selbstverständlichen Gefühl der Lebensfähigkeit und mit unverwüstlicher Kraft aus den Trümmern erhebt und dass die Regierung, die beiden grossen Parteien und die überwältigende Mehrheit des Volkes den Mut und die Entschlossenheit zu allen Anstrengungen aufbringen, die zur Wiedererlangung und Behauptung der vollen Freiheit und Unabhängigkeit notwendig sind».

Müller fügte bei, dieses Urteil beruhe keineswegs auf Eindrücken, die etwa während einer politischen Schönwetterperiode gesammelt worden seien. Das zur Budgetsanierung getroffene Lohn- und Preisabkommen bedeute vielmehr eine starke innenpolitische Belastung. Besonders anerkennend hob der Berichterstatter die Zusammenarbeit zwischen der bürgerlichen Volkspartei und den Sozialisten hervor und das Bestreben, die politische Ruhe und den sozialen Frieden unter allen Umständen zu wahren. Dies

30 Ebenda.
31 «Die Geburtsstunde der österreichischen Demokratie», 1804/30. November 1945 (J.R. von Salis).

allein schon rechtfertige eine zuversichtliche Prognose. Überdies gäben die ausserordentlichen Anstrengungen, die das österreichische Volk heute zur Sicherung eines geordneten Haushaltes seines demokratischen Staatswesens unternehme, ihm das volle Recht auf eine möglichst rasche Aufhebung des teuren Okkupationsregimes.[32]

Im Herbst 1949 konnte der Kommentator der NZZ den Ausgang der Parlamentswahlen als Sieg der Regierungskoalition und als Ausdruck einer erfreulichen Stabilität würdigen; diese Kontinuität werde der Entwicklung Österreichs am besten dienen. Das Ergebnis sei auch darum erfreulich, weil erstens die Nachbarschaft mit den Volksdemokratien keinen ins Gewicht fallenden Auftrieb der Kommunisten und zweitens die neuerliche Beteiligung der vor vier Jahren wegen ihrer nationalsozialistischen Vergangenheit ausgeschlossenen Bürger dem «Verband der Unabhängigen» nur beschränkten Zulauf gebracht hätten.»[33]

Zur eigentlichen Bewährungsprobe geriet ein Jahr später die Inkraftsetzung des Lohn- und Preisabkommens, wurde doch dieser Moment von den Extremgruppierungen beider Flügel zur Agitation benützt, um parteipolitische Kampagnen zu lancieren. Der von den sowjetischen Besatzungsorganen begünstigte Generalstreik endete nach den Worten der NZZ mit einer «eklatanten Niederlage». Das Blatt erkannte in den Unruhen ein Beispiel neuer Sowjetmethoden der indirekten Aggression, es durfte jedoch auch in dieser Testsituation feststellen:

> «Die österreichische Regierung hat in dem Konflikt eine feste Haltung gezeigt, und das österreichische Volk vor allem hat ein erstaunliches Mass von Widerstandskraft gegenüber den Kommunisten bewiesen.»[34]

Im Frühjahr 1954 erschien nach einer Erklärung Molotows, wonach vor dem österreichischen Staatsvertrag zuerst ein deutscher Friedensvertrag unterzeichnet werden müsse, die Erlangung der Unabhängigkeit plötzlich auf unbestimmte Zeit hinausgeschoben. Der Wiener Korrespondent der NZZ erklärte in Übereinstimmung mit der allgemeinen Meinung, ein Abschluss könnte unter Umständen noch zehn oder zwanzig Jahre auf sich warten lassen. Bei der Bevölkerung stellte er eine ausserordentliche Erbitterung, aber keine Symptome des Kleinmuts oder der Zermürbung fest. Der Rückschlag im Bereich der internationalen Politik habe die Regierungskoalition gefestigt und zu einer erhöhten Selbstdisziplin und Unterordnung der Parteipolitik unter die Aussenpolitik geführt. Die neue Situation werde durch das merkwürdige österreichische Talent zur Defensive erleichtert, das durch den Volkscharakter und die Geschichte der Jahrhunderte gegeben sei.

32 «Die Belastungsprobe Österreichs», 1049/22. Mai 1949 (A.M.).

33 «Wahltag in Österreich», 2047/9. Oktober 1949 (A.M.); «Das Ergebnis der Wahlen in Österreich», 2074/12. Oktober 1949 (A.M.).

34 «Die Machtprobe in Österreich», 2109/8. Oktober 1950 (A.M.).

> «Die Bevölkerung kennt die Forderungen der Stunde, die eine Festigung der Koalition, eine fortschreitende Konsolidierung und eine Betonung der Bodenständigkeit verlangen, während Pessimismus und Negativismus verpönt sind.»[35]

Als ein Jahr später, im Frühjahr 1955, mit dem plötzlichen Einlenken der Sowjetunion ein unerwarteter Szenenwechsel eintrat, registrierte der Korrespondent eine doppelte Reaktion: Einerseits halte die Bevölkerung unbeirrt an ihrem Unabhängigkeitswillen fest, andererseits sei sie auch bereit, auf die für sie doch noch unvertraute Neutralitätsforderung einzuschwenken. Die Umstellung auf die Neutralität sei zwar ein «höchst eigenartiger Prozess» in einem Lande, das seit zehn Jahren im täglichen Leben einen erbitterten Abwehrkampf gegen das russische Besatzungsregime habe führen müssen. Immerhin erinnere man sich daran,

> «dass die Brückenstellung zwischen dem Osten und dem Westen einer alten historischen Funktion entspreche, die sich aus der geographischen Lage ergebe und an die man letzten Endes schon seit Jahrhunderten gewöhnt sei».

Die Bevölkerung sei eisern entschlossen, den Kampf um die Freiheit auf der Basis einer echten Neutralität fortzusetzen. Die vorsichtige österreichische Zustimmung laute aber, sie wolle wohl nach dem Vorbild der Schweiz neutral sein, nicht aber nach dem Vorbild Finnlands. Die Österreicher seien sich bewusst, dass der günstige Kompromiss im Kreml nicht nur eine direkte Folge der Pariser Verträge sei, «sondern in hohem Masse auch das Ergebnis der Hartnäckigkeit, mit der Österreich während zehn Jahren unbeirrt das gleiche Ziel verfolgt hat».[36]

Diese Feststellung relativiert den im ersten Abschnitt gewonnenen Eindruck, dass Österreich weitgehend nur ein Objekt der internationalen Politik gewesen sei. Die Wiedererlangung der Unabhängigkeit wird zu einem wichtigen Teil als österreichische Eigenleistung gesehen – und gewürdigt. Auch in diesem Abschnitt ist nichts Herablassendes zu spüren. Die von schweizerischer Seite ausgesprochene Anerkennung geht nicht davon aus, dass die Schweiz ein Vorbild sei. Nur in einem Fall – und nicht die NZZ hat ihn zu verantworten – erscheint die Schweiz explizit als positives Exempel: In einer Berichterstattung über eine Gedenkfeier vom März 1945 zum Jahrestag des Anschlusses von 1938 lesen wir, Nationalrat *Walter Bringolf* habe sich mit dem Vorurteil auseinandergesetzt, dass das kleine Österreich nach dem Ersten Weltkrieg nicht lebensfähig gewesen sei. Der Redner widersprach dieser Meinung, wie die NZZ ihr ja auch widersprochen hatte; er fügte aber bei, die mutlose Klage über das wirtschaftliche Unvermögen sei vor allem auch im Vergleich «mit den Verhältnissen in der Schweiz, die an Rohstoffen unvergleichlich ärmer sei», immer als unverständlich erschienen.[37]

35 «Österreich in Abwehrstellung», 594/14. März 1954 (wg).

36 «Die russisch-österreichische Verständigung», 1023/19. April 1955 (wg).

37 «Österreichische Gedenkfeier» (der Studentenvereinigung «Austria»), 436/12. März 1945.

Die auffallende Zurückhaltung im Ziehen von Vergleichen bedeutete freilich nicht, dass den Würdigungen der Vorgänge implizit nicht doch ein Vergleich zugrunde lag. Jedenfalls erinnert die Betonung der Einsicht, wie segensreich die Konkordanz der bürgerlich-sozialistischen Regierungskoalition und wie notwendig das Durchstehvermögen für eine erfolgreiche Selbstverteidigung sei, an helvetische Topoi, die sich als Grund- und Leitvorstellungen schweizerischerseits bewährt hätten. Indem sie solches betonte, setzte sie aber keine eigenen Akzente. Auf österreichischer Seite wurde die Wichtigkeit der parteipolitischen Zusammenarbeit und des Freiheitswillens ebenso markant unterstrichen.[38]

Bei der Kommentierung der innerösterreichischen Vorgänge fällt auf, dass sie sich überhaupt nicht mit der Frage auseinandersetzt, ob und in welchem Masse die österreichische Gesellschaft die nationalsozialistische Vergangenheit bewältigt habe. Dies ist um so bemerkenswerter, als diese Fragestellung in der Kommentierung der deutschen Verhältnisse einen zentralen Platz einnahm. Die Kommentare beschränkten sich, wie gesagt, auf die Erörterung der Frage, inwiefern Österreich 1938 für den Verlust seiner Eigenstaatlichkeit selbst verantwortlich sei. Für die Kriegszeit erscheint Österreich nur als Opfer. Es blieb bei der im Februar 1945 geäusserten Meinung:

> «Die Ströme von Blut, die dafür vergossen wurden, sind für eine Sache geflossen, die im Bewusstsein des Volkes nicht die eigene sein konnte, auf jeden Fall nicht die eigene gewesen wäre, wenn nicht ein fremder Wille es zur Dienstbarkeit gezwungen hätte.»[39]

In diesem Punkt spiegelt die NZZ nur die verbreitete und insbesondere auch von den Alliierten eingenommene Haltung wider: Während man in Deutschland aufwendige «Säuberungsaktionen» durchführte, wurde in Österreich mit ungleich grösserer Zurückhaltung Entnazifizierung betrieben.

Nur ein einziger und zudem von aussen beigesteuerter Artikel nahm sich dieser Problematik an: Er wandte sich vor allem an die deutsche, nebenbei aber auch an die österreichische Jugend, sprach von der Notwendigkeit einer inneren Erneuerung und von der Erwartung, dass die moralische Lektion daraus selbständig gezogen werden müsse. Dieser im Sommer 1946 publizierte Text provozierte die ebenfalls veröffentlichte Zuschrift eines Österreichers, der die bekannten Thesen vertrat, dass sich Österreich gegen einen Anschluss nicht habe wehren können, dass 1939 keine Kriegsbegeisterung geherrscht habe, dass die zum Dienst Ausgezogenen aus Vaterlandsliebe ihre Pflicht getan hätten. Bereits damals gab es den Standpunkt: «Ich bin heute hierüber nicht stolz, schäme mich aber dessen auch nicht.»[40] Die 1986 im Vorfeld der Bundes-

38 Man vergleiche etwa Figls Ansprache anlässlich seines Besuches in der Schweiz, 1405/2. Juli 1948.

39 Vgl. Anmerkung 29.

40 «An die deutsche und die österreichische Jugend» (anlässlich der Publikation einer Sondernummer der Studentenverbindung «Zofingia»), 1353/31. Juli 1946 (b-i). – «An die schweizerische Jugend. Eine Antwort», 1454/17. August 1946 (E.M).

präsidentenwahl aufgebrochene Diskussion um die Frage, wieweit man sich wenigstens nachträglich bewusst sein sollte, dass man sich mit dieser Haltung zum Helfershelfer eines zutiefst unmenschlichen Regimes gemacht, wieweit man sich, wenigstens pauschal, mit den Zielsetzungen dieses Regimes sogar identifiziert habe – diese Diskussion wurde nach 1945 auch in der NZZ nicht geführt.

Die hier referierte Entwicklung der ersten zehn Nachkriegsjahre und die Berichterstattung über diese Entwicklung führten zu einem ausgesprochen positiven Österreichbild. Die enorme Aufbauarbeit, die Österreich in diesen Jahren der Gegenwartsbewältigung leistete, wurde von schweizerischer Seite stets mit grosser Anerkennung und immerhin auch mit einiger Sympathie zur Kenntnis genommen.

Die beiden Alpenländer, wie man sagt, sitzen nicht nur «Rücken an Rücken» und schauen deshalb zwangsläufig in entgegengesetzte Richtungen, sie halten recht eigentlich Ausschau nach unterschiedlichen Zukunftshorizonten und sind deshalb – sekundär – Rücken an Rücken. Man fragte sich, speziell im Moment des EU-Beitritts Österreichs 1995, warum die beiden Kleinstaaten nicht auf die gleiche Weise auf die europäische Herausforderung reagierten. Dazu fallen zwei schnelle Antworten ein: Die Schweiz ruht in einer fiktiven Mitte und hat keine Ostgrenze, die zunächst den Westen wichtiger machte und dann mit einer Öffnung überwunden werden musste. Und Österreich konnte unter neuen Vorzeichen an seine Epoche der Überstaatlichkeit vor 1918 anknüpfen. Die Schweiz dagegen pflegte schon damals, allerdings gezwungenermassen, den Alleingang (Tages-Anzeiger vom 17. Januar 1995. Zeichnung: Hannes Binder).

Österreich, von der Schweiz besehen

Wer einen Geburtstag begeht, möchte gefeiert werden, wenn möglich aber auch mit sich zu Rate gehen, möchte Besinnung betreiben und sich damit etwas Selbstvergewisserung zuhalten. So war das auch in der Schweiz anlässlich ihres fiktiven 700. Geburtstages von 1991. Durchdachtes kann für seinen Gegenstand positiv wie negativ ausfallen. Sollte man Kritisches erwarten, könnte man leicht enttäuscht werden. Fremdbilder sind im Normalfall meistens naiver und liebevoller, unkritischer als die auf Selbstanklage festgelegten Selbstbilder.

Der offenbar dies- und jenseits des Arlbergs lebendige Wunsch, besucht, definiert, vielleicht sogar kritisiert zu werden, ist wahrscheinlich nicht nur eine Geburtstagsattitüde, er entspringt vielmehr der psychischen Disposition des Kleinen, der sich begreiflicherweise der richtigen Einbettung – zunächst der Einbettung überhaupt – vergewissern will. Dies bestätigt E. Friedell mit seiner Bemerkung, für Österreichs Seelenlage sei immer von eminenter Bedeutung, «was das Ausland dazu sagen wird».

Für einen Staat gibt es eigentlich nur eine angemessene Einbettung, nämlich die des Zentrums. Von einem Bürgermeister habe ich einmal gehört, dass Europa im Zentrum der Welt, Österreich im Zentrum Europas und Linz im Zentrum Österreichs liege. Aus welcher Stadt der Bürgermeister war, will ich nicht verraten. Die Sache hat nur einen Haken: Das Zentrum der Welt und das Zentrum Europas – Oberösterreich vielleicht eingeschlossen – ist bereits durch die Schweiz besetzt, durch das Land, das auch die Alpen für sich gepachtet hat. Entgegen jüngsten Befunden kann darum auch der «Ötzi» weder Österreicher noch Italiener, sondern muss wohl ein zuerst nach Italien ausgewanderter, dann auf einen österreichischen Gletscher verirrter Schweizer sein.

Einbettung durch Nachbarn: Die beste Einbettung hat man noch immer bei sich selbst, und diese gewährleistet man, indem man sich – wenn nicht permanent, so doch wenigstens oft und auch ohne Einbezug der Nachbarn –fragt, wer man denn sei. Ich habe, wenn man vom deutschen Sonderfall absieht, in England, Frankreich und Italien nie derart viele Umfragen über sich selber gesehen wie in Österreich und in der Schweiz – hier also eine weitere Gemeinsamkeit.

Mit der Schweiz und vielen, allzu vielen Ländern muss Österreich auch die Metapher der Brücke und die Inanspruchnahme der Verbindungs- und Begegnungsfunktion teilen. Ich frage mich aber, ob die häufige Beschwörung des Brückenbildes nicht – wie in der Schweiz – bloss eine verbale Kompensation ist a) für die tatsächliche Enge der eigenen Borniertheit und b) für die doch alles bestimmende Westorientierung, das heisst für die realpolitische Gegenwart zwischen k. u. k. Nostalgie und mitteleuropäischer Utopie. Und verhält es sich beim Wort der Multikulturalität (das bekanntlich auch in der Schweiz einen exklusiven Anspruch markiert) nicht wie beim Umgang mit der Liebe: Die einen reden darüber, die anderen machen es.

Die Dispositionen in der österreichischen und in der schweizerischen Gesellschaft mögen weitgehend die gleichen sein, die beiden Gesellschaften scheinen sich aber nicht gleich intensiv füreinander zu interessieren. Es gibt zwar das symmetrische Bild der beiden Nachbarn, die Rücken an Rücken zueinander leben würden, wie es in einem Diktum heisst, das Hans Thalberg zugeschrieben wird. Dieses Bild kam und kommt aber – im Sinne einer Mängelrüge – bezeichnenderweise von österreichischer Seite, die eben doch nicht nur mit dem Rücken zur Schweiz lebt, sondern mitunter nach der Schweiz blickt und dann ebendies glaubt bemängeln zu müssen. Das Interesse der Österreicher für die Schweiz, dies zeigt die Publizistik, ist alles in allem grösser als das Interesse der Schweizer an Österreich. Weder der deutsche noch der französische, noch der italienische Nachbar befasst sich derart intensiv mit der Schweiz. So gibt es ein Mehrfaches an österreichischen Büchern über die Beziehungen zur Schweiz als in der umgekehrten Kombination. Wie ist dieses einseitige Interesse zu erklären?

Für Österreich kann man sagen, dass es nach dem zweimaligen Schock – dem Reduktionsschock von 1918 und dem Untergangs- und Okkupationsschock von 1945 – in der kontinuierlich gedeihenden Schweiz ein Vorbild erblicken konnte. Ein Vorbild, an das man sich gerne anlehnte, mit dem man sich sogar gerne identifizierte und damit beinahe schon das war, was man sein wollte. Aus den vielen möglichen Belegen dazu nur ein Wort des österreichischen Bundespräsidenten Karl Renner von 1946:

> «Wir wollen frei für uns bleiben und es allein in der Welt versuchen. Es gibt Staatswesen, die weniger als 6 Millionen Einwohner zählen und doch für sich bestehen und gedeihen. Warum soll es uns nicht gelingen?»

Im weiteren erklärt sich das österreichische Interesse an der Schweiz aus der Tatsache, dass österreichische Emigranten in der Schweiz gelebt und diese Erlebnisse ihren Landsleuten vermittelt haben. Wahrscheinlich wäre das Interesse der Schweizer auch grösser, wenn einige von ihnen (und es handelte sich ja immer auch um Publizisten) im letzten Krieg in Österreich hätten Zuflucht suchen müssen. Die Wirklichkeit spielte jedoch, wie wir alle wissen, die andere Variante – und eines ihrer Produkte ist Hans Weigels 1962 erschienenes Buch mit dem Titel «Lern dieses Volk der Hirten kennen». Weigel kam nur darum in die Schweiz, weil, wie er sagte, die Weltgeschichte 1938–1945 seine Anwesenheit in, aber nicht seine Liebe zu Österreich unterbrochen hatte.

Für die Schweiz kann man sagen, dass sie in ihrer Position des vermeintlichen Sonderfalls generell nur wenig echte Neugier für die Welt aufbringt. Das schliesst eine sorgsame Beobachtung der Aussenwelt nicht aus, und diesbezüglich wurde Österreich vor allem als Frontstaat des Kalten Krieges wahrgenommen. In der öffentlichen Aufmerksamkeit der deutschschweizerischen Zeitungen nimmt Österreich aber den letzten Rang hinter den deutschen, den französischen und den italienischen Nachbarn ein, wie auch medienstatistische Untersuchungen ergeben haben. In Rekrutenbefragungen rangiert Österreich in der Sympathieskala wiederum zwar deutlich hinter Frankreich, aber unmittelbar vor Italien und deutlich vor Deutschland. Österreich wird als das Land eingestuft, das bezüglich der Problemstrukturen der Schweiz am ähnlichsten ist – was grosso modo ja zutrifft und mir die Gelegenheit gibt, den unvermeidlichen Hinweis auf die Gleichartigkeit der Alpentransitproblematik anzubringen. Es wäre allerdings ein Irrtum anzunehmen, dass Gleichartigkeit, sosehr sie bei Staatsbesuchen jeweils beschworen wird, in der Schweiz oder andernorts in der Welt gleich auch zu Sympathien führen müsste. Die angenommene Ähnlichkeit kann die Erklärung auch dafür sein, dass man den österreichischen Einfluss (auch in kulturellen Belangen) als den geringsten unter den vier Nachbareinflüssen einstuft.

Die Tatsache, dass die Habsburger in früheren Zeiten für die Alte Eidgenossenschaft der konstitutive Idealfeind waren und als solcher noch immer die Geschichtsbücher bevölkern, bestimmt die heutigen Einstellungen überhaupt nicht, es garantiert aber auch kein minimales Interesse an Österreich. Obwohl das offizielle Millenniumsgeschenk der Schweiz eine Habsburgerausstellung ist – das heutige Österreich und das alte Habsburg sind doch zweierlei Dinge. Zu der schwachen Auseinandersetzung mit dem österreichischen Nachbarn gehört im weiteren, dass man in der von der «Weltgeschichte» verschonten Schweiz gegenüber der braunen Vergangenheit Österreichs nicht kritischer ist, als es Österreich selber ist, mithin lange Zeit ziemlich unkritisch, bis um 1988 eine etwas eingehendere Betrachtungsweise einsetzt. In den fünfziger Jahren, da hatte es in der Schweiz allerdings Leute gegeben, die sich an die Anschlusszeit erinnert fühlten, als ein Toni Sailer von den Massen frenetisch bejubelt wurde.

Was den direkten Vergleich betrifft, hatte Österreich bis Ende der achtziger Jahre für die Schweiz im besten Fall die Stellung eines geduldeten Juniorpartners, von dem man sich aber gerne abgrenzte, etwa mit einer besseren als nur einer österreichischen Neutralität. Herablassung kennzeichnete die schweizerische Grundhaltung. In einer Zeit, da das Militär noch etwas wichtiger genommen wurde, sicher vor 1989, da wurden die österreichischen Anstrengungen zur Gewährleistung der Landesverteidigung beinahe nur mit Geringschätzung zur Kenntnis genommen, und es wurde deshalb nicht verstanden, warum der schweizerische Nachrichtendienst (im Fall Schilling/Bachmann) einen Lehrlingsspion probehalber ins österreichische Gelände abkommandierte.

Die Österreicherwitze haben zwar schon seit einer Weile ihre besten Zeiten hinter sich. Eine gewisse Überheblichkeit ist indessen geblieben. So sind «wir» wahrscheinlich überzeugt, dass im Verbund von Swissair und Austrian Airlines der schweizerische Teil der bessere sei. Was hingegen den Vergleich mit den ÖBB betrifft, ist uns bewusst, dass unsere SBB auch nicht mehr sind, was sie vielleicht gar nie gewesen waren. Aus der alten Überlegenheitsvorstellung heraus ist man in der Schweiz, wenn man dies überhaupt zur Kenntnis nimmt, eher erstaunt, dass Österreicher in vermeintlich «schweizerischen» Unternehmen wie Nestlé und Novartis oder Hoffmann-La Roche Spitzenpositionen einnehmen.

Es gab und gibt bei allen falschen Überlegenheitsgefühlen trotzdem Zonen der irritierenden Konkurrenz: nicht in der Kultur, die in der Schweiz bekanntlich einen Holzboden hat und, was schlimmer ist, als Randerscheinung taxiert wird. Österreich wird als kulturelle Grossmacht – leider mit zuwenig Neid – respektiert. Irritationen könnte es im Zirkus der internationalen Skiwettkämpfe geben und gibt es sicher, wenn man im Tourismusland Schweiz merkt, dass die österreichischen Ferienangebote nicht nur günstiger, sondern auch noch besser sind. Irritation hat es gegeben wegen der österreichischen Ambition, in Wien das zweite UNO-Zentrum in Europa zu haben und überhaupt als Gastgeber internationaler Organisationen (von der IAEO über die OPEC bis zur UNIDO) mit der Schweiz in Konkurrenz zu treten.

Jüngst jedoch hat eine grundlegende Umbewertung Österreichs eingesetzt, und zwar seit 1992, als es in der Schweiz nicht gelang, Bürgerinnen und Bürger zu überzeugen, dass eine Beteiligung am EWR eine gute Sache sei, und man 1994 dann zuschauen konnte, wie es in Österreich den massgebenden Kräften gelang, das Land in die Europäische Union hineinzuführen. Wer nur in kurzfristigen Zielhorizonten denkt, will jetzt plötzlich doch mit einer beschränkten Neugier herausfinden, mit welcher Methode die Österreicher das Unmögliche möglich gemacht haben. Dabei wird allerdings übersehen, dass Österreich schon Jahrzehnte zuvor einen anderen Weg eingeschlagen hat, mit dem UNO-Beitritt und der Europaratsmitgliedschaft zum frühestmöglichen Zeitpunkt. Auch die Neutralität war weniger der eigene als der Wunsch der Grossmächte, und an der Neutralität schätzte man weniger die politische Enthaltsamkeit als die gegen Aufteilungen und Anschlüsse versichernde Neutralitätsgarantie. Dass Österreich vergleichsweise leicht nun den Anschluss an die EU gefunden hat, erklärt sich aus schweizerischer Sicht unter anderem aus zwei in der Schweiz nicht gegebenen Umständen: a) aus der trotz der «zentralen Position» tatsächlichen Randlage in gefährlicher Nähe zu Krisengebieten und b) aus der aussenpolitischen Tradition, die Österreich bis 1918 als international ins Gewicht fallende Macht gehabt hat.[1]

Jetzt ist Österreich für die Schweiz in gewissen Belangen zum Vorbild geworden. Die Neue Zürcher Zeitung stellte in ihrer Millenniumsausgabe fest, die frühere Herablassung sei mittlerweile durch «beinah unterwürfige Bewunderung» abgelöst worden. Nach der vorübergehenden «Verschweizerung» der österreichischen Aussenpolitik gibt es jetzt schweizerische Stimmen, die eine «Verösterreicherung» der schweizerischen Aussenpolitik befürworten und damit aber auch die innenpolitische Durchsetzung der Integrationspolitik mitmeinen müssten. Österreich erscheint aber auch in anderer Hinsicht als Vorbild: Was den Österreichern mit ihrem Auftritt an der Frankfurter Buchmesse 1995 gelungen sei, möchten die Schweizer, die ja 1998 schon wieder ein Jubiläum zu feiern haben, mit explizitem Bezug auf Österreich ebenfalls fertigbringen können. 1998 wird die Schweiz 150 Jahre Bundesstaat feiern, eine Schöpfung, die gegen den Willen des Regimes von Metternich zustande gekommen ist.

1 Vgl. auch Urs Altermatt und Bernhard Wigger, Zwei verschiedene Wege in Europa. In: Weltwoche vom 17. Januar 1995.

Nachtrag: Das Jahr 2005 ist für Österreich bekanntlich ein mindestens dreifaches Jubeljahr: 60 Jahre Zweite Republik, 50 Jahre Unabhängigkeit, 10 Jahre EU-Mitgliedschaft. In den letzten Jahren hat sich das Verhältnis zwischen den beiden Staaten – mindestens von der Schweiz aus besehen – tiefgreifend verändert. Die Gewichte haben sich verschoben. Die mehr oder weniger ausgeprägte Überheblichkeit gegenüber dem österreichischen Nachbarn hat sich in einen stillen Respekt verwandelt. Alles scheint den Österreichern besser zu gelingen. Die Wirtschaft weist höhere Wachstumsraten auf, die nationale Airline bleibt besser auf Kurs, selbst in der gemeinsam durchgeführten Fussballmeisterschaft (Euro 08) hat man die Nase vorne. Seit einigen Jahren hört man in der Schweiz keine Österreicherwitze mehr.

Soeben erschienenes Schlüsselwerk: Oliver Rathkolb, Die paradoxe Republik. Österreich 1945 bis 2005. Wien 2005.

Von der Basler Goethe-Stiftung 1981 geschaffener Jean-Monnet-Preis, verliehen an den Briten Edward Heath, die Franzosen Alain Poher und Jacques Delors, die Österreicher Josef Klaus und Rudolf Kirchschläger, die Luxemburger Gaston Thorn und Jacques Santer und andere. 1986 hätte nach dem Willen des Stifters der Preis von 20 000 Franken auf 100 000 Franken erweitert werden sollen, um der «Erlahmung des [europäischen] Einigungswillens» entgegenzuwirken. Das von Prof. Henri Rieben präsidierte Kuratorium folgte diesem Wunsch nicht, weil nach seiner Einschätzung keine Leistungen und Kandidaten in Sicht seien, die einen derartigen Megapreis rechtfertigten. 1990/92 wurde der Preis zunächst auf 30 000 Franken, dann auf 45 000 Franken aufgestockt. 1996 ging der Preis an den spanischen König Juan Carlos I. 2001 erhielten (hier im Bild aus den Händen von Henri Rieben) Helmut Schmidt und Valéry Giscard d'Estaing die Jean-Monnet-Goldmedaille für ihre Verdienste um den Euro. Preisredner war Delors. Die Ehrungen waren stets grosse gesellschaftliche Ereignisse (1996 waren es 3500 Gäste), und in zahlreichen Fällen waren die gleichen Personen sowohl Geehrte wie auch auf der Seite der Ehrenden aktiv (Le Temps vom 10. November 2001. Foto: Keystone, Fabrice Coffrini).

Zweifelhafter Umgang mit «zweifelhafter Vergangenheit»

Zum anhaltenden Streit um die Alfred Toepfer Stiftung

Die hier zu besprechende Problematik bildet ein Konglomerat von in sich verschlungenen Geschichten, mindestens acht an der Zahl, die je auf ihre Weise wahrgenommen und erzählt werden können und durchaus auch eigene, separate Aufmerksamkeit verdienen. Da ist einmal die Lebensgeschichte eines erfolgreichen, im kulturellen, aber auch im politischen Leben intervenierenden Unternehmers. Da ist die Geschichte seines Stiftungsimperiums und des damit verbundenen Stiftungsbetriebs mit seinen starken und sehr schwachen Seiten. Sodann die Geschichte der Verstrickungen mit dem NS-Regime, die Nachgeschichte dazu mit den besseren und schlechteren Versuchen, diese Vergangenheit aufzuarbeiten. Wichtig ist auch die wechselvolle Geschichte des zwischen französischen und deutschen Ansprüchen liegenden Elsass, aber auch die auf der österreichischen Seite bestehenden Sensibilitäten und einsetzbaren Ressentiments; dann die Geschichte der europäischen Integration und schliesslich die Geschichte der gegen die Toepfer Stiftung geführten Kampagne.

Wie kann man analytisch die verschiedenen Teilgeschichten erfassen, ohne sie vollständig wiederzugeben, und zugleich den vielseitigen Zusammenhängen gerecht werden und zeigen, dass es da nicht nur Berührungspunkte zwischen den einzelnen Teilen gibt, sondern dass die Verwobenheit der Teilwelten sogar das Wesentliche dieser Geschichte und dass letztlich die Komplexität der Verhältnisse das eigentliche Thema ist? Und wie da noch zu einem Urteil kommen, das sich nicht darauf beschränkt, die Verhältnisse mit unangebrachter Unverbindlichkeit eben für komplexer zu erklären, als die meisten Urteilenden meinen und einzugestehen bereit sind?

Bevor Teile dieser Teilgeschichten aufgerollt und ihre Wechselbeziehungen ausgebreitet werden, ist noch eine Erklärung fällig, worin die Aktualität beziehungsweise die heutige Relevanz dieser Geschichte besteht, die seit etwa drei Jahrzehnten immer wieder in der Öffentlichkeit in Teilen erortert wird. Die jüngste Episode bestand darin, dass die bekannte französische Regisseurin und Intendantin Ariane Mnouchkine vom Théatre du Soleil im April 2005 den ihr zugesprochenen Hansischen Goethe-Preis der Hamburger Alfred Toepfer Stiftung zurückwies.[1] Die eher auf der linken Seite des Politspektrums einzuordnende Künstlerin hatte den mit immerhin 25 000 Euro ausgestatteten Preis zunächst schriftlich angenommen, ihn dann aber via Pressecommuniqué und DPA wegen der «zweifelhaften Vergangenheit» des 1993 gestorbenen Stifters

1 Sigfried Schibli, Lieber keinen Preis. Mnouchkine und der Goethe-Preis. In: Basler Zeitung vom 19. April 2005. S. 3.

abgelehnt und ist nicht bereit gewesen, in den von der Stiftung gesuchten Dialog einzutreten. Mit dem Rückzieher, der von den Medien vor allem des deutschsprachigen Raums beachtet wurde, jedoch kaum von denjenigen des französischsprachigen, war es der seit den 1990er Jahren agierenden Anti-Toepfer-Lobby gelungen, eine weitere Runde für sich zu verbuchen. Darauf müssen wir im letzten Kapitel nochmals zurückkommen.

Es ist die Wiederkehr dieser Geschichte, die ihr zusätzlich ein eigenes Wesen gibt und die davon herrührt, dass immer nur Teile davon erörtert und Zusammenhänge mit anderen Teilen nicht gesehen oder bestritten werden. Aber auch davon, dass es offenbar keinen Ausweg aus dieser Geschichte gibt, in der einerseits Statthalter von Bestehendem ein Werk weiterpflegen, so gut sie es können, und anderseits eine Gegnerschaft ihre Protestgeschichte ebenfalls weiterpflegt und mit ihrer fundamentalen Opposition die Gegenseite lahmzulegen versucht. So zieht sich diese Geschichte von Episode zu Episode hin.

1. Zur Lebensgeschichte

Aus der langen und reichen Lebensgeschichte – Toepfer wurde 99 Jahre alt – interessiert im vorliegenden Zusammenhang vor allem, wann und wie er zu seinem grossen Vermögen gekommen ist, warum er dieses zum grössten Teil in seinen Stiftungen angelegt hat, von welchen Idealen Toepfer beseelt war und wie sich seine Einstellung beim Gang durch die Zeit entwickelt hat. Speziell bei diesen Fragestellungen, aber auch bei den meisten anderen Fragen muss oder müsste sorgfältig zwischen dem Lebensbild, das Toepfer selber vermittelt hat, und dem Bild, das man aus einem Maximum von Quellen verschiedenster Art gewinnen kann, unterschieden werden. Es entsprach Toepfers Grundeinstellung, dass er – gegen Ende seines Lebens wohl etwas stärker als in früheren Jahren – öffentlich Zeugnis ablegte und damit in der seltsamen Mischung von Bescheidenheit und geltungsbedürftigem Stolz der Mit- und Nachwelt ein Bild seines Lebens vermittelte – und unterschob.[2]

Toepfer war ein etwas naiver Idealist, ein ausgesprochener Autodidakt mit der wiederum sonderbaren Mischung aus Verehrung von anerkannten Geistesgrössen der aktuellen Kunst- und Wissenschaftswelt und deren Unterwerfung. Diese bestand darin, dass er die Verehrten zu Figuren seines imposanten Stiftungsinventars machte, sie sozusagen in sein persönliches Panoptikum einverleibte.

Berührend ist das kulturbeflissene Patriarchentum, das uns aus der folgenden Episode entgegentritt: Im Mai 1932 verordnete Alfred Toepfer an Goethes 100. Todestag seinem Betrieb einen vorzeitigen Feierabend und schenkte seinen Mitarbeitern zu Lasten der Firma nach freier Wahl ein Buch, eine Konzert- oder eine Theaterkarte.[3]

2 Alfred Toepfer, Erinnerung aus meinem Leben, 1894–1991. Hamburg 1991. Sowie die Reden in den veröffentlichten Preisschriften und unpublizierten Papieren.

3 Susanne Hornfeck, Der Hansische Goethe-Preis 1949–1999. S. 9 (vgl. Anm. 4).

Anderseits war Toepfer ganz offensichtlich stiftungsbesessen und hatte diesbezüglich die Unersättlichkeit eines leidenschaftlichen Sammlers und – zuvor – Jägers.

Das Vermögen? Toepfer war ein erfolgreicher Getreidehändler und Händler von Baustoffen. Ein erster grosser Teil war aber über Devisenglück in der ersten grossen Weltwirtschaftskrise von 1922 zusammengekommen. Jedenfalls musste er nicht auf die Nazis warten und sich privat an deren Raubfeldzügen beteiligen, wie immer wieder suggeriert worden ist. Während des Zweiten Weltkriegs war er, dies sei nicht verschwiegen, zwar auch in besetztem Ostgebiet (Posen) als Privatunternehmer tätig und erzielte auch dort beachtlichen Gewinn. Die ihm vorgeworfene Beteiligung an der Ausplünderung Frankreichs («pillage») um 1943/44 praktizierte er dagegen, was aus der Sicht der Opfer allerdings kaum akzeptabler ist, nicht als Privatperson, sondern im Dienste der deutschen Kriegswirtschaft. Nach dem Muster, das auf den Widerspruch zwischen hohem Idealismus und niederem Realitätssinn abzielt, wollte man dem Mäzen immer wieder dunkle Geschäfte anhängen. Entgegen den wiederkehrenden Vermutungen war Toepfer aber nicht über Aneignung von jüdischem Eigentum, Zwangsarbeit in Polen oder Plünderung französischer Güter reich geworden.

Die Stiftermotive? Zum einen war das Motiv im Spiel, das einen jeden Stifter – ob in sakraler oder säkularer Variante – bewegt und umtreibt: Kauf von Seelenheil gegen gute Taten, Erwerb von Anerkennung in der Gegenwart wie in der Ewigkeit. Hinzu kam eine profitable Anlagetechnik: Das gemeinnützige und darum steuerfreie Stiftungsvermögen stand zu günstigen Konditionen wiederum den eigenen, privaten Unternehmungen zur Verfügung. Die beiden Welten scheinen sich gegenseitig durchdrungen zu haben. So sind auch heute noch die Johann Wolfgang von Goethe-Stiftung und das private Handelsunternehmen A.C. Toepfer AG in Basel am gleichen Ort untergebracht.

Die lebensgeschichtliche Entwicklungslinie? Nichts wäre falscher, als in Toepfer einen simplen Opportunisten zu sehen, der sich als ehemaliger Nazi unerkannt und ungeschoren in die Nachkriegsära hinüberretten konnte. Hingegen scheint es für Toepfer selbstverständlich gewesen zu sein, dass er, soweit nötig und möglich, die jeweilige Machtelite zum Partner hatte. Typischer und in gewisser Hinsicht fataler war die Konstanz, mit der er seine Deutschtümelei durch die Jahre betrieb, ohne den sich ändernden politischen Kontexten Rechnung zu tragen und zu berücksichtigen, wie sehr seine scheinbar apolitische Haltung politisch doch bedeutsam war.

Dazu gehörte seine persönliche «Kameradentreue», die er über 1945 hinaus auch problematischen Weggefährten gegenüber hielt, etwa dem als Kriegsverbrecher verurteilten elsässischen Heimatrechtler Hermann Bickler oder Adolf Rein, dem NS-Fachreferenten für Hochschulpolitik und zeitweiligen Rektor der Universität Hamburg, oder Friedrich Metz, dem völkischen Geographen und zeitweiligen Rektor der Universität Freiburg, oder der Schriftstellerin Gertrud Fussenegger (vgl. unten) und anderen mehr. Rein und Metz wurden von Toepfer noch 1965 mit einer Goldmedaille geehrt, Rein war bis 1968 Vorsitzender der Hamburger Stiftung. Man könnte auch anerkennend bemerken, dass er diese Treue selbst dann hielt, wenn ein billiger Opportunismus für ihn günstiger gewesen wäre. Er verstand sich aber so sehr als sein eigener Herr und Meister, dass er kaum auf die Idee kam, dass seine Haltung ihm selber hätte schaden können. Und bei allem wirkte doch inhaltliche Übereinstimmung mit.

2. Zur Stiftungsproblematik

Toepfer stieg in den frühen 1930er Jahren in grösserem Umfang ins Stiftungswesen ein. Der erfolgreiche Autodidakt brachte damit seine sicher ehrlich gemeinte, aber etwas naiv praktizierte Verehrung von Geistesgrössen zum Ausdruck. Seine Hingabe praktizierte der Unternehmer zudem in einer Weise, dass sie auf eine usurpatorische Inanspruchnahme hinauslief. Ohne dass dies ein direktes Nebenziel gewesen wäre, mehrten die Dutzende von Preisstiftungen nicht nur das Ansehen von Geehrten, sondern immer auch dasjenige des Ehrenden und seiner Institutionen. Er, der es offensichtlich verstand, sein materielles Kapital mit gutem Gewinn anzulegen, entwickelte und betrieb mit grossem Erfolg auch eine sich selber verstärkende Prestigemaschinerie.

Kostenlos standen als zusätzliches Anlagekapital grosse (und ungeschützte) Namen zur Verfügung: eben Goethe, aber auch Shakespeare, Kopernikus, Rembrandt, Mozart, Herder, Jacob Burckhardt, Albert Schweitzer, Jean Monnet und viele andere mehr – und in der Summe logischerweise auch die Kategorie «Europa». Als weiteres Kapital kamen die teilweise grossen Namen der Geehrten hinzu. Mnouchkine hätte in diesem Sinn ebenfalls einen Mehrwert gebracht. Im Falle des jetzt zurückgewiesenen Preises war bereits eine höchst ansehnliche Reihe zusammengekommen: von Martin Buber über Giorgio Strehler zu Jean Starobinski, alles keine oberflächlichen Wichtigtuer.[4]

Zum Gesamtsystem gehörte freilich, dass es auch eine zweite und dritte Liga gab – sowohl bei den Namen der Preise wie bei den Namen der Gepriesenen – sowie eine grosse und bunte Schar von Leuten, die als nimmermüde Kuratoriumsmitglieder, Stiftungsfunktionäre, Laudatoren und Ehrengäste anderen und sich selber unablässig die Ehre gaben.[5]

Versteht sich, dass Toepfer der Kopf des Stiftungsimperiums war. Er brauchte aber Mitspieler. Solche standen ihm wegen des Geldes beinahe beliebig zur Verfügung. Auch die scheinbar unabhängige Wissenschaft war in der Regel auf Abruf bereit. Es gab keine Universität, die sich nicht in den Toepferschen Betrieb hätte einspannen lassen. So kam auch Basel zu seinem Preis: 1971 schuf Toepfer in Absprache mit der Alma mater basiliensis einen Jacob Burckhardt-Preis von 20 000 Franken.[6] Der erste Preis-

4 Zur Geschichte nur gerade dieses Preises vgl. Susanne Hornfeck, Der Hansische Goethe-Preis 1949–1999. Hamburg 1999. 184 S. Diese Publikation ist Teil der von der Hamburger Stiftung veranlassten Abklärungen.

5 Dazu weitere Belege im Abschnitt «Die Nebeneffekte des Auszeichnungsbetriebs», Beitrag Kreis in Bericht 2000. S. 115–122 (vgl. Anm. 21).

6 Dritter Preisträger war 1975 Herbert Lüthy. Die vollständige Liste der Preisträger findet sich bei Peter Lussy, Bericht. S. 45 (vgl. Anm. 22).

träger war der angesehene Burckhardt-Biograph Werner Kaegi. Dieser hatte sich, weil ihm in diesem Fall spezielle Vorsicht geboten schien, zuvor noch versichert, dass das Geld «sauber» war.[7]

Anderseits liess die Dankesgeste der Universität nicht lange auf sich warten: 1973 wurde Toepfer prompt zum Ehrendoktor der Philosophisch-Historischen Fakultät ernannt. Dies auf Antrag des jungen Professors für französische Literaturwissenschaft, der ab 1973/74 mit Toepfer-Geld eine aufwendige Vortragsreihe organisieren und ab 1975 im Kuratorium des Burckhardt-Preises Einsitz nehmen durfte.[8]

Etwas anders lag der Fall beim 1966 geschaffenen Oberrheinischen Kulturpreis, der abwechselnd in den französischen, den deutschen und den schweizerischen Raum vergeben wurde. Die für die Ausführungen in Kapitel 5 und 6 wichtige Grundidee dieses Preises war die Entschärfung der «künstlichen», der organischen Substanz des Raumes widersprechenden nationalen Grenzen. Der Elsässer Historiker Freddy Raphael lehnte 1986 diesen Preis ab, obwohl das Preisgeld eine willkommene Aufbesserung seiner bescheidenen Einkommensverhältnisse bedeutet hätte. Mit dem – anders als bei Mnouchkine – in der Öffentlichkeit kaum beachteten Verzicht wollte Raphael keine polemische Demonstration bekunden, er wollte sich einfach nicht in etwas verwickeln lassen, das ihm zweifelhaft erschien. Hingegen hatte er noch 1977 die Annahme eines Stipendiums von dieser Seite als unproblematisch empfunden. Die 1999 vorgenommenen Abklärungen der Preispolitik zeigen, dass mit dem Oberrheinischen Kulturpreis auch nicht in verdeckter Form pangermanische Politik verfolgt worden ist.[9]

3. Zur Verstrickung mit dem NS-Regime

Vorweg sei festgehalten, dass es an sich erfreulich ist, dass heutzutage die meisten vermeiden möchten, in den Verdacht zu kommen, Schandtaten der NS-Zeit zu leugnen oder gar gutzuheissen und eben Verstrickungen zu vertuschen. Problematisch ist dagegen, dass dazu auch die Bereitschaft gehört, sich schnell und ungeprüft von jemandem

7 Der Schreibende, Assistent von Kaegi, war 1971 der erste Bezüger der in Kombination mit dem Preisträger jeweils ausgestellten Fordermedaille plus Stipendium von 5000 Franken. Mit der Toepfer Stiftung kam er erst wieder in Kontakt, als er 1996 und 1997 im Klingenthal zwei Treffen veranstaltete, die dem Erfahrungsaustausch mit anderen Verantwortlichen für Europastudien dienten. Diese indirekte Unterstützung durch die beiden Stiftungen ist über die Vermittlung des Vorstandsmitgliedes der Hamburger Stiftung und ehemaligen Kanzlers der Universität Hamburg, Hugbert Flitner, zustande gekommen, nachdem der Schreibende ihn 1995 im Rahmen des 50-Jahr-Jubiläums des Hamburger Europa-Kollegs kennengelernt hatte.

8 Prof. Robert Kopp versuchte unter Androhung rechtlicher Schritte mit mehreren Schreiben (29. Februar, 16. Mai und 6. Juni 2000) die indirekt auch ihn betreffende Auswertung der Akten zu beeinflussen beziehungsweise zu verhindern (Antworten von G.K. an Kopp vom 10. März und 21. Juni 2000).

9 Vgl. Peter Lussy, Bericht (Anm. 22).

und etwas zu distanzieren, der oder das mit zweifelhaften Methoden in vergröbernder Weise in diesen kompromittierenden Kontext gerückt wird.

Die dem Streit zugrundeliegenden Fragen sind komplex. Jedenfalls viel komplizierter, als die simple Reduktion auf das Totschlagargument der «braunen Vergangenheit» oder des «passé Nazi» wahrhaben will; ein Argument, das so nicht von Mnouchkine vorgebracht, aber von ihren wohlmeinenden Freunden sicher so eingesetzt worden war. Bringt man es fertig, eine Sache dem Dunstkreis des Nationalsozialismus zuzuweisen, gilt diese schnell und definitiv als zutiefst schändlich. Solchen Vorwürfen muss man sich immer wieder stellen, selbst wenn sie aus polemischer Absicht vorgebracht werden. Dies ist denn auch im vorliegenden Fall geschehen (vgl. Kapitel 4), und es ist, was anerkennend eingeräumt werden muss, vor allem dank der um 1996 stärker aufgetretenen Opposition geschehen.

Bei der Frage, ob der Hamburger Unternehmer ein Nazi, ein NS-Täter, ein Hitler-Sympathisant gewesen ist, handelt sich nicht um eine Frage, die mit einem einfachen Ja-nein-Befund beantwortet werden kann: Toepfer war kein Nazi, er arrangierte sich aber mit den Nazis. Zudem ging er nach 1945 nie auf Distanz zu seinen problematischen Arrangements während der NS-Zeit, und, schlimmer, er schönte seine Biographie derart, dass er der Nachwelt über die Figur des «Gestapo-Opfers» sogar als Mann des Widerstands gegen die Nazis erschien.

Schönung der eigenen Vergangenheit – das hatte es in vielfachen Varianten gegeben. Das Besondere im Fall Toepfers bestand darin, dass er sich hohen Werten verbunden fühlte, auch während der NS-Zeit, und dass man seine Nähe zu einzelnen Nazi-Grössen als Widerspruch zu allem Edlen und Guten, ja als dessen Missbrauch verstehen konnte. Hinzu kam, dass Toepfer die hochgehaltenen Werte (im Sinne des von ihm sehr geschätzten Buches von Julius Langbehn «Rembrandt der Erzieher» von 1890) als in der deutschen Natur besonders stark angelegt verstand und deshalb ihr Hochhalten immer auch eines des Deutschtums war. Der grossdeutsche Expansionismus verband sich mit kulturnationalistischem Überlegenheitsgefühl. Aus der gleichen Haltung schöpfte später die rassistische Unterdrückungs- und Vernichtungspolitik ihre Legitimation. Die Auszeichnungen der Toepfer Stiftungen waren in diesem Kontext nicht nur Anerkennung herausragender Einzelleistungen, sondern Hinweise auf ein kollektives Stammespotential. Dass man heute Persönlichkeiten wie Ariane Mnouchkine auszeichnen will, zeigt, welchen Weg die Stiftung inzwischen zurückgelegt hat.

Das Hauptproblem bestand aber nicht in der NS-Nähe, sondern darin, dass Toepfer wie im Falle anderer «Grenzländer» auch und insbesondere den Status des Elsass in Frage stellte (vgl. Kapitel 5). Toepfer betrieb tatsächlich über lange Zeit eine politisch problematische Deutschtümelei. In den Wandervogeljahren vor 1914 war sie noch eher harmlos, nach 1920 stellte sie sich aber in den Dienst eines expansionistischen Grossdeutschtums, schliesslich stützte sie teilweise auch das rassistische Volkstumsverständnis der NS-Ideologie. Ihm deswegen Unterstützung des Holocaust anzuhängen, wie dies modisch getan worden ist, geht jedoch entschieden zu weit.

4. Zur Vergangenheitsverarbeitung

1999 legte der Geograph Michael Fahlbusch seine akribische Studie über die am Rande auch von Toepfer mitfinanzierten Aktivitäten der «Volksdeutschen Forschungsgemeinschaften» (VFG) vor.[10] Die Studie stand in der noch jungen, aber kräftig expandierenden Tradition der Aufdeckung von bisher unterschätzter oder geleugneter Komplizenschaft der deutschen Geisteswissenschaften, insbesondere der Historiker, der Kulturgeographen und Volkskundler.[11] Dass «Wissenschaft» weit politischer war und sich weit stärker in den Dienst des Dritten Reiches stellte, als dies lange Zeit nicht zuletzt auch aus Rücksicht auf die Gelehrten gesehen wurde, wird heute kaum noch bestritten. Etwas anderes ist freilich die Einschätzung der von diesen Diensten ausgehenden Effekte.

Fahlbusch kann zwar die menschenverachtende Ideologie der Volkstumskunde und deren Verzahnung mit Reichsdienststellen nachzeichnen. Die im Vorwort sowie im Schlusswort plakativ denunzierte «wissenschaftliche Beihilfe zum Holocaust» findet im ausführenden Teil aber keine entsprechende Bestätigung.[12]

Sie wäre für die Beurteilung des Hamburger Mäzens jedoch relevant, weil zahlreiche Preise aus Toepfers Johann Wolfgang Goethe-Stiftung von Mitgliedern der VFG, die in den Kuratorien sassen, an Mitglieder der VFG verliehen wurden. Fahlbusch bezeichnet die Helferdienste der Volkstümler als «Mitarbeit im NS-System» und spricht von «Schulterschluss mit der NS-Führung», von «Beitrag» zur physischen Vernichtung von Bevölkerungsgruppen. Dabei bleibt allerdings unklar, welche Bedeutung diese Dienste tatsächlich hatten: Hatten sie eine bloss die «Forschung» selbst legitimierende oder, soweit diese überhaupt dessen bedurfte, eine die Vernichtungspolitik rechtfertigende oder gar eine stimulierende und richtungweisende Funktion?

Aus dem Bedürfnis, der vielleicht von niemandem ernsthaft vertretenen These von der bedeutungslosen und harmlosen Wissenschaft möglichst markant die Gegenthese der bedeutungsvollen und unheilvollen Wissenschaft gegenüberzustellen, überschätzt und überzeichnet Fahlbusch den Einfluss der Leute der VFG. Er deutet deren Beitrag sogar als direkte Voraussetzung für den Völkermord, wenn er es als gegeben erachtet, «dass gerade der hochtechnisierte Vernichtungsapparat notwendigerweise

10 Michael Fahlbusch, Wissenschaft im Dienst der nationalsozialistischen Politik? Die «Volksdeutschen Forschungsgemeinschaften» 1931–1945. Baden-Baden 1999. 887 S. – Hartwig Brandt spricht (vielleicht in der FAZ?) am 28. September 1999 von «thesenhaftem Beharren» in Fragen, «die der letzten Beantwortung noch bedürfen». Christoph Jahr spricht in der NZZ vom 16./17. Oktober 1999 von einem «äusserst diffusen Bild» und von «unterstellten, aber keineswegs beweisbaren Zusammenhängen». Weitere Besprechungen: Georg Kreis in Basler Zeitung vom 21. Oktober 1999. – Stefan Frech in Schweizerische Zeitschrift für Geschichte. Vol. 50. 2000. Nr. 1. S. 112–114.

11 1997 debattierte in Berlin ein Diskussionsforum die Rolle der Historiker im Dritten Reich und die Möglichkeit ihrer Beteiligung am Völkermord. Im Zentrum standen dabei die Rothfels-Schüler Theodor Schieder und Werner Conze. Jüngste Publikation zu diesem Bereich von Johannes Hürter und Hans Woller (Hrsg.), Hans Rothfels und die deutsche Zeitgeschichte. München 2005 (aus der Tagung am Münchner Institut für Zeitgeschichte, Juli 2003).

12 Michael Fahlbusch, Wissenschaft im Dienst der nationalsozialistischen Politik? S. 609 und 795.

eines entsprechenden rationalen Planungsapparates bedurfte, der die nötigen Daten aufbereitete, damit der Vernichtungsprozess überhaupt anlaufen konnte».[13]

Manchmal sind es die kleinen Wörter, die einer Aussage ein bestimmtes Verständnis geben. Was heisst in diesem Fall das «damit»? Man könnte den ethnischen Kartographen wegbereitende Funktion zuschreiben. Sind sie deswegen mitverantwortlich dafür, was mit diesen Karten später angerichtet wurde? Oder sind die Karten sogar in der Absicht angefertigt worden, dass gewaltsame Umsiedlungen und Massenvernichtungen vorgenommen werden können? Für den keineswegs auf Verharmlosung bedachten Osteuropahistoriker Karl Schlögel ist mindestens die zeitliche Unterscheidung wichtig, wenn er die Forschungen zum «deutschen Volksboden» der Weimarer Zeit zuordnet und die Nazis als die späteren Nutzniesser versteht: «Das östliche Europa war ethnographisch längst vermessen, Naziführung, Wehrmacht, Einsatzkommandos – sie alle mussten die Karten nur hervorholen und lesen.»[14]

Den zum Schutze des Elsass operierenden Gegenspielern der Toepfer Stiftungen konnte es nur recht sein, wenn man den Hamburger Mäzen schliesslich auch in diesem kompromittierenden Kontext ansiedeln konnte. Ihre ersten und stärksten Vorwürfe galten aber den angeblich gegen die französische Zugehörigkeit des Elsass gerichteten Aktivitäten. Dass man diese noch mit NS-Vergangenheit in Verbindung bringen konnte, war ein willkommener und stark entwickelter Zusatzaspekt.

Nachdem Toepfers Aktivitäten bereits zuvor verschiedentlich kritisiert worden waren, erzielte die 1995/96 von einem Mittelschullehrer angeführte und von den transnationalen Vergangenheitsdebatten analoger Art begünstigte Aktion von «universitaires»[15] einen Durchbruch: Der Vorwurf, «de s'être servis de cette fondation, dans un esprit de continuité depuis les années trente, pour défendre la thèse d'une refondation de l'Europe sur une base ethnique et pangermanique», bewirkte, dass sowohl die Universität Strassburg als auch das Strassburger Bürgermeisteramt beschlossen, sich inskünftig nicht mehr an der Verleihung des Strassburg-Preises zu beteiligen. Und dies wiederum veranlasste 1997 die Hamburger Stiftung, eine Unabhängige Historikerkommission einzusetzen, wie dies in anderen Fällen bereits geschehen war.

Toepfers «zweifelhafte Vergangenheit» war 1999 auch in Basel ein Thema. Lionel Boissou, der Anführer der elsässischen Historikergruppe, der Toepfer «agitation à visage découverte» vorwarf,[16] dies jedenfalls selber ebenfalls betrieb, er erhielt, möglicherweise durch Fahlbuschs Vermittlung, einen Auftritt im Basler Lokalfernsehen. Im lokalen Parlament wurde, von Fahlbusch alimentiert, eine Interpellation eingereicht. Ein jüdisches Wochenblatt schaltete sich wiederum mit Bezug auf Fahlbuschs Thesen

13 Ebenda, S. 799.

14 Karl Schlögel, Im Raume lesen wir die Zeit. Über Zivilisationsgeschichte und Geopolitik. München 2003. S. 209.

15 Vgl. die von Lionel Boissou initiierte und zu grösseren Teilen verfasste und als «Weissbuch» verstandene Schrift «Ombres et lumières sur les fondations Toepfer». Strassburg 1996. 59 S. Zuvor hatte sich Boissou bereits geäussert: Alfred Toepfer, Un «Ami de l'Alsace». In: Saisons d'Alsace Nr. 128 (Sommer 1995). S. 99–108.

16 Lionel Boissou, Ombres et lumières. S. 7.

in die Kampagne ein.[17] Ausser der kantonalen Regierung musste – wegen des Ehrendoktors – auch die Universität Stellung beziehen.[18] Um weiterer Polemik aus dem Weg zu gehen, wurde in der Folge der stets mit Glanz und Gloria zelebrierte Basler Burckhardt-Preis diskret «stillgelegt». Die 1995 geehrten Heinz Spoerli und Paul Sacher blieben so die letzten Namen auf der Preisliste. Inzwischen sind weitere Preisverleihungen ebenfalls eingestellt worden, 1996 auch die Vergabe des Oberrheinischen Kulturpreises, weil eine Vermischung mit der regionalpolitischen Bewegung vermieden werden sollte.[19]

Die Unübersichtlichkeit des Toepferschen Stiftungsimperiums war eine Quelle permanenter Konfusion. Die Hamburger Alfred Toepfer Stiftung F.V.S. mit ihrem 1949/50 geschaffenen Hansischen Goethe-Preis (den auch Mnouchkine hätte erhalten sollen) und die Basler Johann Wolfgang von Goethe-Stiftung werden enger miteinander in Verbindung gebracht, als dies den heutigen Verhältnissen entspricht.[20] Stiftungskritiker sprachen fälschlicherweise von der Basler «Filiale». Obwohl es feste personelle Beziehungen gab und gibt (zum Beispiel mit der doppelten Präsenz sowohl der Toepfer-Familie als auch von Marie-Paule Stintzi in beiden Stiftungsräten), waren und sind die beiden Stiftungen unabhängige Gebilde, die in der Vergangenheitsfrage eine deutlich unterschiedliche Haltung einnahmen.

Nach Toepfers Ableben waren die Beziehungen zwischen den Stiftungen zeitweise sogar ausgesprochen gespannt. Die Hamburger Stiftung, in der die direkten Nachkommen des Stifters den Ton angeben, nahm eine sehr offene Haltung ein, sie war ehrlich bemüht, die Vergangenheit schonungslos aufzuarbeiten und eine neue Ära einzuleiten. Sie gewährte der Unabhängigen Historikerkommission uneingeschränkten Zugang zum Archiv, publizierte deren Bericht und stellte ihn im Dezember 1999 an einer Medienkonferenz vor.[21] Die Basler Schwesterstiftung hielt sich dagegen stark

17 Schlomoh H.R. Gysin im Israelitischen Wochenblatt vom 23. April und 11. Juni 1999. Gysin berief sich auf Karl Heinz Roth, Bremen.

18 Interpellation Ueli Mäder vom 12. April 1999. Mäder war damals Privatdozent für Soziologie an der Universität Basel. Der Interpellant bezog sich auf eine Sendung des Basler Lokalfernsehens vom 17. März 1999, die ihrerseits Lionel Boissous Vorwürfe zum Ausgangspunkt hatte. Die Interpellation wurde am 11. Mai 1999 schriftlich beantwortet. Die Antwort berichtigte ein paar Fehlannahmen, verwies zusammen mit der Universität auf die laufenden Abklärungen der in Hamburg eingesetzten Historikerkommission und stellte, sobald deren Ergebnisse vorliegen würden, eine inhaltlich abschliessende Stellungnahme in Aussicht. Diese wurde nie abgegeben und später auch von niemandem mehr erwartet.

19 Beitrag von Georg Kreis in Bericht 2000. S. 112 (vgl. Anm. 21).

20 Hinzu kamen immer wieder Verwechslungen mit den zuvor zeitweise existierenden Vaduzer und Freiburger Goethe-Stiftungen.

21 Alfred Toepfer (1894–1993), Kaufmann und Stifter. Bausteine einer Biographie – Kritische Bestandesaufnahme. Hrsg. v. Georg Kreis, Gerd Krumeich, Henri Ménudier, Hans Mommsen und Arnold Sywottek. Hamburg 2000. 488 S. (zit. Bericht 2000). An diesem Bericht haben des weiteren unter eigenem Namen Beiträge beigesteuert: Hugbert Flitner, Christian Gerlach, Hans-Jürgen Heinrich, Winfried Marx, Arne Radtke-Delacor und Jan Zimmermann. Ergänzend dazu separate Publikationen wie die Arbeit von Hornfeck (vgl. Anm. 4) und die Arbeit von Jan Zimmermann und Meik Woyke, Die Kulturpreise der Stiftung F.V.S. 1935–1945. Hamburg 2000. 951 S.

zurück. Zwar ermöglichte sie – dem starken Druck nachgebend – ebenfalls die Abfassung eines Berichts durch einen unabhängigen Historiker, mit den Resultaten trat sie aber aus fadenscheinigen Gründen nie an die Öffentlichkeit.[22]

Der von Peter Lussy verfasste Bericht hielt beispielsweise fest, es sei irritierend, dass Toepfer einerseits als Verfechter der europäischen Einheit erscheine – «und gleichzeitig nicht selten den Eindruck erweckt, er sei mit mindestens einem Fuss noch irgendwo in einer völkisch-nationalen und militaristischen Mentalität hängen geblieben».[23] Wie es Toepfer nicht möglich war, zur ersten Hälfte seines Lebens auf Distanz zu gehen, fiel es der Basler Stiftung schwer, insbesondere im Elsass nach Toepfers Tod eine neue Ära einzuläuten.

Es sieht so aus, als ob die Gegnerschaft gegen Toepfers Aktivitäten einzig aus einer bestimmten französischen Position betrieben wurde und ausschliesslich das französisch-deutsche Verhältnis betraf. Der Eklat um Mnouchkine schien das wiederum zu bestätigen. Bevor vertieft von der wiederum in diese Richtung weisenden Auseinandersetzung um Toepfers Elsass-Engagement die Rede ist, soll noch auf die bisher weitgehend unbeachtet gebliebene Kontroverse um den 1990 gestifteten Grillparzer-Preis kurz eingegangen werden, weil sie zweierlei zeigt: erstens dass Toepfer auch in Österreich auf einen gewissen Widerstand gestossen ist und zweitens – was bemerkenswerter ist – dass sich dieser beinahe atypisch früh, nämlich 1992, bemerkbar gemacht hat.

5. Zu den «Kolonisationsbefürchtungen» in Österreich

Der mit 25 000 DM für «beispielhafte» kulturelle Leistungen in Österreich und zwei Reisestipendien für «vielversprechende» Jugendliche zu je 2500 DM ausgestattete Grillparzer-Preis wurde im Mai 1989 anlässlich eines Festessens im Wiener Rathaus zu Ehren der Herder-Preisträger angekündigt und im August 1990 gestiftet, die Preise sollten jeweils von der Universität Wien verliehen werden, die erste Verleihung anlässlich Grillparzers 200. Geburtstages im Januar 1991 im grossen Festsaal der Universität stattfinden und an Peter Handke gehen.

Im Vorfeld der Preisverleihung gelang es einer kleinen Gruppe um Christian Michelides, einen bereits etwas älteren Stundenten der Theaterwissenschaft, mit einem Protest und der Forderung, das Rektorat solle die Feier absagen und den Preisträger mit eigenen Mitteln abfinden, überproportionale Medienbeachtung zu erzielen.[24] Michelides

22 Peter Lussy, Bericht über die Tätigkeit der Johann Wolfgang von Goethe-Stiftung Basel 1968–1999. Basel 2000. 89 S. und umfangreiche Anhänge. Lussy (lic. phil.) war von G.K. für das Projekt gewonnen worden. Der Bericht ist in der Universitätsbibliothek und im Staatsarchiv deponiert.

23 Peter Lussy, Bericht. S. 53.

24 Von Michelides heisst es Ende 1992, er sei in die Werbebranche gegangen, zunächst als CD bei GGK Wien, dann – pikanterweise – bei McCann-Erickson Deutschland! Später machte er sich einen Namen als Menschenrechtsaktivist und Präsident der österreichischen Schwulen- und Lesbenvereinigung. Der Wiener Germanist und Grillparzer-Kuratoriumsangehörige Wendelin Schmidt-Dengler qualifizierte ihn im «profil» vom 7. Dezember 1992 als «Wirrkopf» ohne klare Intentionen und die Toepfer-Kritik als «vollmundige, aber kaum sachhaltige Polemik».

empörte sich darüber, dass im Namen des österreichischen Nationaldichters eine deutsche Stiftung einen österreichischen Schriftsteller auszeichne. Diese «neudeutsche Form der Machtausübung» sei perfider als die alte zur NS-Zeit, Österreich werde im Vorbeigehen «angeschlossen», dies sei ein «unverschämter Akt kultureller Kolonisation».[25] Die Presse berichtet, allerdings ohne spezielle Empörung, dass Toepfer in der Zwischenkriegszeit eine grossdeutsche Preispolitik verfolgt hatte. Zitiert wurde dabei aus der Stiftungszweckbestimmung von 1932, mit den Preisen die Grenzländer und deren für das Volkstum schöpferische Menschen zu fördern. «So bilden sie einen Kranz oder einen Wall/Damm um das Binnendeutschtum.»[26] Und nach der Preisverleihung konnte man lesen, dass sich der Rektor der Wiener Universität auf Grund der Angriffe auf den Stifter veranlasst gesehen habe, das «humanitäre Wirken» des Mäzens zu würdigen. Später wurde unter dem Titel «Filz, Eklats und Intrigen» der Auszeichnungszirkus generell kritisiert und bezogen auf den neuen Grillparzer-Preis beanstandet, dass der bereits mit höchsten Weihen bedachte Handke einen weiteren Kranz geflochten bekommen habe, mithin in Umkehrung des Fördergedankens nicht ein Talent anerkannt wurde, sondern ein bereits prominenter Autor die Aufmerksamkeit auf einen jungen Preis lenken sollte – womit wir wieder beim Kapitel 2 wären.[27]

Die ausführlichste Stellungnahme findet sich im Feuilleton der FAZ und stammt von Ulrich Weinzierl, einem aus Wien stammenden, kritisch unabhängigen und prononciert gegen Rassismus in jeder Form auftretenden Publizisten.[28] Weinzierl hielt, «um der historischen Wahrheit die Ehre zu geben», fest, dass Toepfers Stiftungen im Dritten Reich zum Teil auch unter der Verantwortung des Stifters tatsächlich Zwekken des Regimes gedient hätten. Es sei aber unredlich zu verschweigen, dass Toepfer seit dem Zweiten Weltkrieg «Abermillionen an vernünftiger, europäisch human gesinnter Kulturförderung» zur Verfügung gestellt habe.[29] Von Michelides sagte er: «Aus Halbwahrheiten, Übertreibungen und Unterstellungen rührte er einen Brei an, den eine Prise missbrauchter antifaschistischer Parolen noch appetitanregender machen sollte.» Die Resonanz dieser Aktion müsse zu denken geben «als Symptom eines latenten Unbehagens in Österreich angesichts des neuen grossen Deutschland».[30]

25 Michelides in Wiener Arbeiterzeitung, Januar 1991, zit. nach profil vom 21. Januar 1991. Die Befürchtungen blieben; vgl. Inge Santer, Ist Österreich eine deutsche Wirtschaftskolonie? Aufgeschreckte Donaurepublik: Patrioten warnen vor einem neuerlichen «Anschluss» – diesmal durch die Hintertür. In: Weltwoche vom 5. September 1996.

26 Die Satzungen von 1932 halten unter anderem fest: «Die Stiftung soll ihr Augenmerk vornehmlich auf die an das Reich grenzenden, aber jenseits der heutigen Reichsgrenzen liegenden Länder und Gebiete deutschen und niederdeutschen Volkstums richten.» Vgl. Beitrag Flitner/Woyke in Bericht von 2000, S. 279. Ferner Jan Zimmermann, Bericht 2000. S. 92.

27 Manager Magazin 10/1991 über den «Krieg der Stifter». S. 324.

28 Anerkannter Fachmann der deutschen Literatur, damals Mitarbeiter der FAZ, heute der «Welt», Verfasser einer hervorragenden Hofmannsthal-Biographie (Zsolnay/Hanser Verlag 2005), Sohn der bekannten Historikerin Prof. Erika Weinzierl.

29 Weinzierl verwies auch auf die inzwischen umstrittene Gestapo-Haft von 1937.

30 Österreich fürchtet den kulturellen Anschluss. Aufregungen um den neuen Franz-Grillparzer-Preis. In: FAZ vom 17. Januar 1991, S. 25.

Die Kontinuität war – nicht im Sinne des grossdeutschen Expansionismus, aber lebensgeschichtlich – vielleicht doch stärker, als Weinzierl dies bemerkte. So ging es um die Gegenhonorierung von «hohen Auszeichnungen», die der Stifter von Österreich und Wien erhalten hatte.[31] In der offiziellen Liste sind ein Ehrendoktor der Universität Wien, für 1974 die Ernennung zum Ehrensenator der Universität Wien und für 1981 ein durch den österreichischen Bundespräsidenten verliehener Professorentitel aufgeführt.[32] Der Wiener Ehrendoktor aus der NS-Zeit (1944) blieb auf der Liste undatiert und gab lange Zeit Rätsel auf. Für die militanten Toepfer-Kritiker aus dem Elsass war klar, dass dieser Ehrendoktor ein Produkt der NS-Nähe des Mäzens war.[33] Genaues Nachfragen und Nachschauen fördert einen völlig gegenteiligen Befund zutage: Auf Grund einer Initiative des Wiener Universitätsrektors vom 18. Dezember 1943 befasst sich die Philosophische Fakultät mit der Frage der Verleihung des Ehrendoktorats an Alfred Toepfer und stellt am 11. Januar 1944 einstimmig einen entsprechenden Antrag. Das Rektorat reicht ihn am 10. März 1944 an das Reichsministerium für Wissenschaft, Erziehung und Volksbildung weiter. Doch Berlin verweigert die Genehmigung. Einem weiteren Brief des Rektors an das Reichsministerium vom 6. Mai 1944 kann man entnehmen: «Auf Grund eines Aktes der geheimen Staatspolizei Hamburg vom 17. April 1944 [...] nehme ich [...] den Antrag [...] in aller Form zurück.» Diese Episode wird im Jahresbericht der Universität für 1973/74 im Zusammenhang mit der Ernennung zum Ehrensenator referiert. Der Autor des Berichts kommt keinen Moment auf die Idee, dass der Honorierungsversuch von 1943/44 etwas mit den damals herrschenden Verhältnissen zu tun hatte, und sah in der Ehrung von 1974 eine Wiedergutmachung einer 30 Jahre vorher zugefügten Kränkung. Die Motivierung der Ehrung sei im Grunde damals wie heute die gleiche gewesen, und das öffne die Augen «für die respektierende Kontinuität der Persönlichkeit und des Werkes von Alfred Toepfer».[34] Auch für Toepfer muss die Ehrung von 1944 nichts Anrüchiges gehabt haben, er führte ihn – eben undatiert – als etwas auf, das ihm zu Recht gegeben und zu Unrecht wieder genommen wurde. Es war eine Trophäe, auf die der *Dr. h.c. mult.* nicht einfach verzichten wollte.

Eine andere auffallende Kontinuität: Bei der Errichtung des fünfköpfigen Grillparzer-Preiskuratoriums liess Toepfer dem Rektorat mit einer Ausnahme freie Hand. Nach seinem Willen sollte die damals 78jährige Gertrud Fussenegger dem Kuratorium angehören. Sie war 1979 mit dem zur Nazi-Zeit geschaffenen Mozart-Preis der Toepfer Stiftung ausgezeichnet worden und war einigen in Erinnerung als Schriftstellerin,

31 Vermerk zu einem Radiogespräch im ORF vom 3. Januar 1991.

32 Alfred Toepfer zum 100. Geburtstag, 13. Juli 1994. S. 51.

33 Beiträge Georges Bischoff und Lionel Boissou, Ombres et lumières. S. 4 und 7. Bereits im Beitrag von Jan Zimmermann des Historikerberichts findet sich der Hinweis, dass das Ehrendoktorprojekt gescheitert sei und dies die widersprüchliche Einschätzung der Person Toepfers durch die nationalsozialistischen Instanzen zeige (Bericht 2000. S. 243). Zum Hintergrund der 1943 geplanten Ehrung vgl. Georg Kreis in Bericht 2000. S. 117.

34 Universität Wien. Das Studienjahr 1973/74, Bericht von Werner Welzig, S. 14–16 (freundlicherweise vom derzeitigen Rektor Prof. Georg Winckler zur Verfügung gestellt).

die mit 26 Jahren 1938 dem Führer zugejubelt, die im «Völkischen Beobachter» publiziert und noch um 1943/44 antisemitische Texte geschrieben hatte. Wie wenig Gertrud Fussenegger noch in den 1990er Jahren die verbrecherische Natur des NS-Regimes erkannt hat, zeigt ihre Bemerkung, sie habe den Antisemitismus damals für etwas gehalten, «wie man heute annimmt, dass im Raume der Freiheit halt eben auch die Pornographie einen Platz hat».[35]

Die neue Stiftung wurde damit erklärt (oder gerechtfertigt), dass Toepfer seit über 25 Jahren alljährlich sieben Herder-Preise und -Stipendien der Universität Wien zur Verfügung stelle, damit diese Gelehrte oder Künstler aus Polen, der Tschechoslowakei, Ungarn, Jugoslawien, Bulgarien, Rumänien und Griechenland auszeichnen könne, und dass er nun auch etwas für Österreich selber habe tun wollen.[36]

Der Protest entsprang einem Motivgemisch, in dem die Bedeutung der einzelnen Komponenten schwer zu gewichten ist: Zunächst sah es so aus, als ob man damit einen gleichnamigen älteren, aber seit zwei Jahrzehnten eingeschlafenen Preis vor der neuen Konkurrenz schützen wollte. Dann machte sich das von Weinzierl ebenfalls diagnostizierte und sich nach der deutschen Wiedervereinigung stark manifestierte antideutsche Ressentiment bemerkbar. Dies trat schliesslich in Verbindung mit Vorbehalten auf, die den Stifter direkt betrafen. Bei der zweiten Preisverleihung im Januar 1992 sollte sich die letzte Komponente noch verstärken.

Preisträger für 1992 war der 73jährige Romancier Hans Lebert. Er nahm die Ehrung und das Preisgeld an, erschien aber nicht zur Verleihung, sondern liess durch einen Schauspieler des Burgtheaters eine Tirade gegen den Stifter des Preises verlesen. Er appellierte an das nationalistische Ressentiment und warnte zugleich vor einer Wiederholung der unheilvollen Geschichte. Er bezeichnete es als Pikanterie, dass ein deutscher Preis just den Namen eines österreichischen Klassikers trage, und beschwor das Kolonisationsgespenst. Er bezeichnete es als Absurdität, dass eine Stiftung, die in den 1930er Jahren grossdeutsches Gedankengut verbreitet habe, ausgerechnet ihn, «einen österreichischen Patrioten und Antifaschisten», ausgezeichnet habe. Er warf Toepfer vor, noch immer Annexionsabsichten zu verfolgen:

> «Zuerst kommen die Missionare und verändern das Weltbild, dann kommen die Kaufleute und korrumpieren die Stammeshäuptlinge durch mehr oder weniger kostbare Geschenke, und schliesslich kommen die Annexionstruppen und hissen die fremde Fahne.»[37]

35 Aufschlussreiches Interview von Christian Michelides mit Fussenegger in der taz vom 23. Oktober 1993 anlässlich der Verleihung des Jean-Paul-Preises an die Schriftstellerin. Einleitend wird die vom preisverleihenden Bayerischen Kultusministerium gemachte Feststellung weitergegeben, Fussenegger habe ihre damalige «Verblendung heftig beklagt». An problematischen Texten werden da genannt: Gedicht «Stimme der Ostmark, 12. März 1938», antisemitischer Text aus dem «Inneren Reich», April 1943. H. 1. S. 65–67, in Buchform 1944 unter dem Titel «Böhmische Verzauberungen» erschienen.

36 Vermerk zu einem Radiogespräch im ORF vom 3. Januar 1991.

37 Zitiert nach einer weiteren Berichterstattung von Ulrich Weinzierl «Östreich dankt», in der FAZ vom 16. Januar 1992.

Der deutsche Botschafter Philipp Jenninger[38] verliess aus Protest die Veranstaltung, vor dem Ende des Festaktes wurde die Rede auf Flugblättern der Zeitschrift «Forum» verteilt.[39]

Der alte Toepfer versuchte mit einem längeren Brief an den unverschämten Preisträger seine Biographie in ein akzeptables Licht zu rücken. «Sie waren offenbar falsch unterrichtet.» Die Preise der 1930er Jahre hätten (nur) den «grossen mittelalterlichen Wirtschaftsraum der Hanse» abdecken wollen, also Grossbritannien, Holland, Flandern, Skandinavien, Finnland und die baltischen Länder. Zudem präsentierte er sich als Mann des Widerstands (verbunden mit Ernst Niekisch[40] und mit Ernst Jünger und wegen Aktivitäten 1943/44 dem «Galgen» ausgesetzt). Nach 1948 wieder aktionsfähig, habe er seine Preise auf das gesamte Europa ausgerichtet. Der Brief schloss mit der Aufforderung:

> «Sie sollten sich mit Ihren gewichtigen Schriften dem kommenden geeinten Europa und seiner grossen Zukunft widmen. Wien war einst das Zentrum des Heiligen Römischen Reiches Deutscher Nation. Wien sollte mit Strassburg, vielleicht abwechselnd, Hauptstadt Europas werden.»[41]

Die «falsche» beziehungsweise einseitige Unterrichtung (sie hatte offensichtlich auch bei Mnouchkine gespielt) ging weiter. Im Frühjahr versuchte Michelides in einem langen Schreiben eine slowenische Preisträgerin von der Annahme des Preises abzuhalten. Zunächst wurde zur Anerkennung ihres Schaffens durch die «berühmte Jury» gratuliert, dann aber das Problem angesprochen: «Indessen befürchten wir», hiess es in dem Schreiben, «dass Sie bisher noch nicht mit Toepfers Vergangenheit bekannt sind.»[42] Dieser Intervention war kein Erfolg beschieden, die Agitation ging aber weiter. Im November 1992 erhielten zahlreiche Schriftsteller gefälschte Mitteilungen des Rektorats, sie seien als Träger des mittlerweile mit 30 000 DM ausgestatteten Grillparzer-Preises für das Jahr 1993 auserkoren worden. Rektor Alfred Ebenbauer erstattete beim Staatsanwalt Strafanzeige wegen Amtsanmassung und Täuschung.[43] Im Mai 1993 konnte sich die Stiftung zu dem durchringen, wozu Weinzierl bereits im Januar 1992 geraten hatte: Sie stellte den Preis ein.[44]

38 Jenninger musste 1988 als Bundestagspräsident wegen einer als antisemitisch eingestuften Rede zurücktreten.

39 Forum XXXIX. Jahr. 15. Januar 1992. Nr. 457. – Michelides konnte immer wieder in dieser Zeitschrift (zuweilen auch Neues Forum genannt) gegen die Toepfer Stiftung antreten.

40 Zu Niekisch vgl. den Beitrag von Hans Mommsen und Winfried Marx, Alfred Toepfer in der deutschen Politik von 1913 bis 1945. In: Bericht 2000, S. 34 und andernorts.

41 Toepfer an Lebert, 23. Januar 1992. Es liegt keine Antwort vor.

42 Neues Komitee zur Rettung des Grillparzer-Preises, sig. Angela Gruber und Christian Michelides, 6. März 1992 an Dr. Zmaga Kumer, Ljubljana, Übersetzung aus dem Slowenischen.

43 Ruth Rybarski, «Autoren verarscht». In: profil vom 7. Dezember 1992.

44 Im März 1993 war noch ein drittes Mal der Preis vergeben worden, und zwar an Albert Drach.

6. Zur Elsassfrage

Toepfer setzte sich, wo immer es möglich war, für die «Heimholung verlorengegangener Volksteile» ein. Dies im Rahmen einer Bewegung, die das Deutsche nicht nur kulturell, sondern diffus auch biologisch verstand. Seine «Grenzlandarbeit» entfaltete Toepfer an der Nordgrenze in den niederdeutsch-germanischen Küstenstreifen von Gent bis Königsberg, an der Ostgrenze im österreichischen Burgenland und im tschechischen Sudetenland und an der Westgrenze im Elsass. Das Elsass, das Toepfer bereits vor 1914 in seinen Wandervogeljahren durchstreift hatte, könnte ihm besonders wertvoll gewesen sein. Mit sonderbarem Bezug auf Goethes Jugendliebe in Sesenheim wollte der Hamburger Kaufmann schon 1931/32 in diesem Elsässer Dorf eine Jugendherberge im Sinne eines «Vorpostens» deutscher Kultur einrichten.

In Lussys Bericht findet sich auch der Hinweis auf Toepfers aufschlussreiche Darlegung, warum ihm das Elsass derart wichtig ist:

> «Es gibt Leute, die manchmal leicht schockiert aufhorchen: schon wieder ein Elsässer ausgezeichnet. Dazu ist einiges zu sagen [...]. Es gibt wahrscheinlich im europäischen Raum keine Landschaft, die so leidgeprüft ist im Laufe der Geschichte wie das Elsass. Es gibt aber gleichzeitig keine Landschaft in Europa, in der der Zahl und der Qualität nach so viele überragende Begabungen, so viele grossartige Menschen leben wie im Elsass, und es ist nach meiner Überzeugung nach den geschichtlichen Prüfungen auch keine Landschaft mit diesen prachtvollen Menschen und Begabungen mehr berufen im europäischen Sinne – über das Bemühen für die deutsch-französische Aussöhnung hinaus zu wirken – als das Elsass.»[45]

Die Schweiz stand bei Toepfer offenbar nicht auf dem pangermanischen Einverleibungsprogramm. Hingegen war Basel schon 1930 als Stiftungsdomizil ins Auge gefasst worden. Hier hätten die Gelder seiner internationalen Geschäfte, unerreichbar für den deutschen Fiskus, zusammenfliessen sollen. Wie kam es, dass Toepfer neben Hamburg 1930 sein zweites Standbein ausgerechnet in Basel haben wollte? Möglicherweise spielte die Nähe zu Frankreich eine Rolle. Von Basel aus konnte man leicht im Elsass präsent sein, ohne in exponierter Weise anwesend zu sein. Weil die Konditionen in Liechtenstein günstiger waren, siedelte Toepfer die Stiftung zunächst doch nicht in Basel an, sondern in Vaduz. 1968 transferierte er den Sitz schliesslich doch noch nach Basel, nachdem es nun Basel war, das günstigere Konditionen zur Verfügung stellen konnte.

Toepfer kehrte in den frühen 1960er Jahren ins Elsass zurück. 1963 stiftete er den Strassburg-Preis, 1965 kaufte er in Strassburg ein schönes Renaissancehaus und machte es zu einer internationalen Begegnungsstätte. 1973 erwarb er im weiteren Umfeld

45 Tischrede Toepfers von 1978, zit. nach Peter Lussy, Bericht. S. 34, Anm. 143.

von Strassburg das Schloss Klingenthal mit gleicher Zweckbestimmung, was unter dem Aspekt des «Ausverkaufs der Heimat» an kaufkräftige Deutsche mit einigen Unmutsbekundungen verbunden war.[46] Zu einem ersten grösseren Eklat kam es 1979 anlässlich der Verleihung des Europapreises für Staatskunst an Premierminister Raymond Barre und Bundeskanzler Helmut Schmidt, als in den Medien Vorwürfe laut wurden, Toepfer habe eine «Nazi-Vergangenheit».[47]

Als vollamtliche Geschäftsführerin der Basler Stiftung wirkte die bereits erwähnte Marie-Paul Stintzi, Elsässerin aus Mulhouse. Sie war 1963/64 als Studentin über ein Stipendium mit dem Stiftungswerk in Kontakt gekommen, drei Jahre darauf war sie bereits Mitarbeiterin der Stiftung, später stieg sie in höhere Chargen auf, 1986 hielt Toepfer als 92jähriger – vergeblich – um ihre Hand an. Stintzi, die viele Ehrungen mitinszeniert hatte, wurde im Juli 1996 ihrerseits mit dem Ritter-Orden der *Légion d'Honneur* geehrt. Damit wurde auch demonstriert, dass Stintzi nicht als Agentin des deutschen Expansionismus, sondern als eine in der französischen Gesellschaft geschätzte Person angesehen wurde.[48]

Es ist, wie gesagt, nicht die «Beihilfe zum Holocaust», sondern die Beteiligung an den Bestrebungen, das Elsass zu annektieren, und, schlimmer noch, das angeblich auch nach 1945 in diesem Sinne weitergeführte Engagement, was den Mäzen in Frankreich zur «bête noire» machte. Im weiteren konnte man aus französischer Sicht unter völkerrechtlichen Kriterien sowie nach den Massstäben der Demokratie und der Menschenrechte Toepfer zu Recht vorwerfen, dass für ihn die Welt 1940/41 in Ordnung war und die Dinge hätten so bleiben können, wie sie waren: Die «Heimkehr» des Elsass ins Reich war für ihn eine gute Sache und ein Europa unter der Hegemonie des deutschen NS-Regimes mindestens akzeptabel.

Es fällt auf, dass Toepfer in den bewusst gestalteten Äusserungen die nationale Politik und damit die Frage der deutschen Besetzung, der französischen Souveränitätseinbusse und der Zugehörigkeit des Elsass ausblendete. Er lenkte die Frage auf seine Einstellung zum Elsass und zu einzelnen Elsässern. Toepfer beschwor das «wechselreiche Schicksal» dieser Region, schwärmte von Landschaft und Bauten und der «überdurchschnittlichen Tüchtigkeit» ihrer Menschen. Der Nationalismus habe seine geschichtliche Rolle ausgespielt, die europäische Aufgabe habe begonnen. «Angefangen werden musste hierfür mit der deutsch-französischen Aussöhnung. Hierbei hat das Elsass aus der intimen Kenntnis Frankreichs und Deutschlands seine grosse europäische Mission.»[49]

Während der NS-Zeit bestand der «europäische Ansatz» der Grenzüberwindung darin, dass von deutschem Grenzland aus Brücken zu «fremdem Volk» zu schlagen

46 Vgl. Beitrag Kreis in Bericht 2000. S. 122ff.

47 Ebenda, S. 135ff.

48 Stintzi wies darauf hin, dass sie die Ehrung für ihr soziales Engagement ausserhalb Toepfers Stiftungswerk erhalten habe (Beitrag Kreis in Bericht 2000. S. 171). Lionel Boissou, Ombres et lumières. S. 10, dürfte dies zu Recht anders sehen.

49 Toepfer an Pierre Bockel, Archiprêtre des Strassburger Münsters, 23. Oktober 1979 (Beitrag Kreis in Bericht 2000, S. 158).

seien. Die Gräben wurden aber mit dieser «Brückenarbeit» eher vertieft. Ab 1943 ging es ihm darum, Europa vor «raumfremden Mächten» (den USA und der UdSSR) zu bewahren.[50] Erst nach 1945 wandte sich Toepfer einem Europaverständnis zu, das eine Partnerschaft einigermassen gleichgestellter Kulturen zur Grundlage hatte.[51]

Für Toepfer war das Elsass das Modell Europas, und zwar als eine noch immer vom Volkstum bestimmte, zugleich entstaatlichte, trans- oder anationale Region Europas. Dieses Europa- und Regionenverständnis hätte aber in seiner Umsetzung im Falle des Elsass für Frankreich und Deutschland unterschiedliche Konsequenzen gehabt: Die von Toepfer erhoffte Erosion des Nationalen musste in diesem Fall die französische staatlich definierte Nation treffen, während die erwünschte Stärkung des Volkstums die Stärkung der völkisch verstandenen deutschen Nation herbeiführen musste. Toepfer bewegte sich noch in den siebziger Jahren in dieser Ambivalenz. Was (wahrscheinlich) der ihm nahestehende Bickler im Mai 1979 an Bundeskanzler Helmut Schmidt schrieb und – nicht zufällig – in Kopie auch in Toepfers Dokumentation liegt, könnte sehr gut auch Toepfers Haltung wiedergeben: Bickler rief dem Kanzler einerseits die Bedeutung des Elsass als europäisches Bindeglied «jenseits aller politischen Opportunität» in Erinnerung und sprach andererseits die Erwartung aus, dass die elsässische Hauptstadt Strassburg «von einer starken deutschen Regierung wenigstens einen Anflug der ideellen Hilfe» erhalte, «wie sie Ihr Kollege Kreisky seinen Landsleuten in Südtirol zuteil werden liess».[52]

7. Zur Rolle Europas

Toepfer deutete den Zweiten Weltkrieg als vertane Chance, Europa zu einigen. Dass dies unter Bedingungen eines brutalen Vorherrschaftsanspruchs seines Landes stattgefunden hätte, störte ihn nicht. Toepfers zumeist improvisierte Tischreden dürften immer wieder Äusserungen enthalten haben, die zeigten, dass Toepfer keine kritische Distanz zu dem entwickelt hatte, an dem er als Zeitgenosse indirekt und direkt beteiligt gewesen war. In der harmlosen Variante konnte er, ohne sich bewusst zu sein, dass dies unangenehm oder gar verletzend sein konnte, in Gesprächen mit Franzosen Formulierungen produzieren wie «als ich 1940 in Paris war […]». Eine bedenklichere Variante bestand darin, dass er 1975 peinlich berührten Gästen erklären konnte, die jungen Französinnen auf den Knien von deutschen Besatzungssoldaten 1940 in Paris seien ein Beleg für die tiefe deutsch-französische Freundschaft.[53] Um Versöhnungsstreben und Friedfertigkeit zu belegen, verwiesen Toepfer und seine Anhänger

50 Vgl. Beitrag Zimmermann in Bericht 2000. S. 249.

51 Vgl. Beitrag Kreis in Bericht 2000. S. 158ff.

52 Vgl. Beitrag Kreis in Bericht 2000. S. 159.

53 Dieses Diktum wurde, ohne dass die Zeugen voneinander wussten, von vier Teilnehmern dieses privaten, aber offiziellen Basler Anlasses bezeugt, unter anderem von Herbert Lüthy, 1975 Jacob-Burckhardt-Preisträger und hervorragender Kenner Frankreichs.

gerne auf ein in Paris mit dem Schriftsteller Ernst Jünger geführtes Zukunftsgespräch. Abgesehen davon, dass dieses Gespräch vor der sich abzeichnenden Niederlage Deutschlands stattfand, ist zu bemerken, dass Toepfer auch nach 1945 mit einer heute störenden Selbstverständlichkeit davon ausging, dass er sich als Wehrmachtsangehöriger überhaupt damals in Frankreich aufgehalten hatte.

Toepfers Grundhaltung und Denkmuster blieben nach 1945 die gleichen. Sie waren auf Deutschland bezogen noch immer im traditionellen Nationalismus verhaftet, befürworteten aber – auf ausserdeutsches Gebiet bezogen – eine einseitige Aufweichung der Nationalgrenzen: Als Carlo Schmid 1970 in einer Strassburger Preisrede von den verhängnisvollen Folgen des gerade 100 Jahre zurückliegenden Krieges von 1870/71 sprach (wozu auch die Annexion des Elsass gehörte), liess der Mäzen in seiner anschliessenden Tischrede durchblicken, dass er die Auffassung des Festredners nicht teilte. Dieter Tiemann bemerkt in seiner Dokumentation zum Strassburg-Preis, diese Reaktion zeige, «wie schwer es Alfred Toepfer trotz aller Bereitschaft zur Förderung der deutsch-französischen Verständigung fiel, sich von seinem alten, kulturell geprägten Nationalbegriff zu lösen und das Elsass als integralen Bestandteil Frankreichs anzuerkennen».[54]

Es ist erstaunlich und kann irritieren, wie leicht nach 1945 da und dort ein Europäertum von Hitlers Gnaden ohne tiefgreifende Haltungsänderung zu einem Europäertum der Verständigung zwischen Gleichgestellten mutieren konnte. Das Elsass, oft als ein Europa im kleinen verstanden, sollte, da es nicht mehr deutsch war und ungern als wieder französisch gesehen wurde, jetzt – *faute de mieux* – wenigstens gemischt französisch-deutsch sein. Das muss aber nicht heissen, dass sich hinter diesem Toepferschen Verständnis ein versteckter Separatismus verbarg. Bis jetzt sind überhaupt keine Belege bekannt, die zeigen, dass Toepfer nach 1945 in dieser Richtung aktiv gewesen wäre oder Aktivitäten unterstützt hätte.

Anderseits bedeutete es eine geradezu stossende Unverfrorenheit, wenn Toepfer in den 1970er Jahren suggerierte, er habe schon im Sommer 1940 ein Europa-Konzept verfolgt, wie er es in den 1950er und 1960er Jahren damals praktizierte. Das Kuratorium des Strassburg-Preises war bezüglich der Datierung der «Konversion» seines Mäzens etwas vorsichtiger und ging in den 1990er Jahren davon aus, dass 1943 eine Wende stattgefunden habe. Toepfer dürfte in dem Masse die Prämisse, dass europäische «Versöhnung» unter deutscher Hegemonie stattfinden müsse oder stattfinden könne, fallengelassen haben, als sie sich durch den Gang der weltpolitischen Dinge selber verflüchtigte. Zurück blieb aber, zwangsläufig in Kombination mit neuen Rahmenbedingungen, die Vorstellung eines noch immer stark ethnisch/völkisch geprägten Europa gleichgestellter Bestandteile. Im Sommer 1944 sprach er von der «Notwendigkeit auf Gleichberechtigung, Achtung und Förderung jedes bodenständigen Volkstums in Europa». Im Juli 1944, die Alliierten hatten in den Wochen zuvor die Küste

54 Dieter Tiemann, Abriss der Geschichte des Strassburg-Preises. Manuskript 1999. Anm. 54. 2001 im Hamburger Verlag Christians veröffentlicht.

der Normandie erobert, formulierte Toepfer Europa-Vorstellungen, die nahtlos in die neuen Gegebenheiten übergingen: Er sprach von einem «europäischen Grossraum mit einheitlicher Wehrmacht, Wirtschaft und Aussenpolitik wie in den USA – aber unter Anerkennung der völkischen Vielgestaltigkeit Europas unter Respektierung der freien kulturellen Entfaltung für jedes Volkstum und Gleichberechtigung».[55]

Das im Maastrichter Vertrag von 1992 als bescheidenes Gegengewicht zum sich abzeichnenden Brüssel-Zentralismus gestärkte «Europa der Regionen» erscheint aus der Sicht Boissous und anderer französischer Nationalisten, wenn nicht gerade zu diesem Zwecke geschaffen, dann wenigstens dafür nutzbar, um an Deutschland angrenzende Gebiete aus den Nachbarstaaten herauszubrechen und Deutschland direkt oder indirekt einzuverleiben.

Der Hauptvorwurf galt, wie gesagt, nicht so sehr den NS-Verstrickungen, die Hauptkritik lautete und lautet noch immer, dass der deutsche Kornhändler und seine Trabanten die Einheit der französischen Nation unterminieren und – in der Zwischenkriegszeit wie in der Nachkriegszeit – die Herauslösung des Elsass aus dem französischen Staat betreiben würden. Im Katalog der Vorwürfe gegen Toepfer findet sich auch die Feststellung, dass er 1976 auch einen okzitanischen Separatisten in Toulouse geehrt habe.[56]

Die Rolle des historischen Chefanklägers spielte Lionel Boissou, ein in Mulhouse unterrichtender Lehrer. Mit eigenen Kleinarbeiten belegte er, dass deutsche Stellen in den 1920er Jahren bestrebt waren, französische Regionalbewegungen für ihre Zwecke einzuspannen.[57] Mit einem Hang zu Verschwörungstheorien meint er, auch heute vor Machenschaften des deutschen Innenministeriums warnen zu müssen. Das Konzept des «Europa der Regionen» erscheint ihm und anderen beunruhigten Nationalisten ein systematischer Angriff auf die verschiedenen Grenzgebiete und insbesondere auf die französische Einheit.[58] Bei der Identifikation des Feindes ist man schnell mit Hinweisen auf neonazistische Kreise zur Hand, aber auch ein Joschka Fischer ist verdächtig

55 Toepfer an Werner Best, Jüngers Weggefährte und Gestapomann, am 7. Juli 1944 (Bericht 2000. S. 160). Zu Best vgl. die ausgezeichnete Biographie von Ulrich Herbert, Berlin 2001.

56 Mit dem Ossian-Preis für Robert Laffont (Lionel Boissou, Ombres et lumières. S. 8). Zur Problematik dieser «Separatistenbewegung» vgl. Isidora Opacic, Nos ancêtres les Cathares. Die katharische Bewegung in den Identitätsvorstellungen des Pays d'Oc und ihre Deutungen in der nationalen französischen Geschichtsschreibung, Lizentiatsarbeit Historisches Seminar der Universität Basel 2005.

57 Lionel Boissou, L'Allemagne et les mouvements identitaires en France, des années 20 à la Deuxième Guerre mondiale. In: Cahiers pour l'analyse concrète. N° 53. 2004. – Vgl. auch Boissous Beitrag zum Kolloquium von Brest vom November 2001 über die bretonischen Autonomisten. Vgl. auch Boissous älteren Auftritt in Humanisme unter dem Gesamttitel «L'Espoir et le Réel». N° 232/233. März 1997, in dem er die *«ethnischen»* Aktivitäten der Berliner Aussenpolitik sowie der von ihr benutzten Organisationen ins Visier nimmt. Das seit 1990 entstehende Europa sei im Begriff, sich *«völlig unter deutsche Vorherrschaft»* zu begeben und den Vorgaben der *«deutschen Geopolitik»* zu entsprechen.

58 Dem ist natürlich nicht so. Vgl. etwa den Band zu einer 1995 durchgeführten Tagung: Europa und seine Regionen. Hrsg. v. Elisabeth Vyslonzil und Gottfried Stangler. Franfurt a.M. 1996.

wegen seiner bekannten Rede an der Humboldt-Universität vom Mai 2000 «Vom Staatenbund zur Föderation».[59] Ein ähnliches Verständnis finden wir etwa bei der in Paris tätigen Elsässer Germanistin Yvonne Bollmann. 1996 sagte sie von der Betonung der elsässischen Identität, dass diese von bestimmten Personen als «machine de guerre» für Deutschland und gegen Frankreich benutzt werde, dass sich Politiker Baden-Württembergs das Elsass aneignen wollten und dass der geplante Oberrheinrat das Elsass «natürlich» nach Deutschland werde abgleiten lassen.[60]

Aus dieser Sicht dürfte auch die 1963 zur Planungskoordination der stark wachsenden Basler Agglomeration geschaffene *Regio Basiliensis* ein höchst verdächtiges Gebilde sein.[61] Auch ihr könnte man vorwerfen, das Elsass aus dem französischen Staatsverband locken zu wollen, zumal die Basler Toepfer Stiftung bei ihrer Errichtung 1969 in Basel neben der Zweckumschreibung «im Dienste der europäischen Einheit» um den Passus erweitert wurde: «und damit auch im Interesse der Regio Basiliensis». Diese Formulierung hatte vor allem den Zweck zu ermöglichen, dass die Stiftungsaufsicht durch die lokale Behörde wahrgenommen werden konnte und nicht an den Bund abgetreten werden musste. Ansonsten bestanden aber kaum konkrete Berührungspunkte mit der *Regio Basiliensis*. Immerhin erhielt ihr Gründer und erster Geschäftsführer Hans Briner 1984 ebenfalls eine Auszeichnung der Johann Wolfgang von Goethe-Stiftung.[62]

59 Vgl. etwa Charles Saint-Prot: «L'Europe des régions et des ethnies fait en effet partie du grand jeu d'une Allemagne qui n'a pas exorcisé ses vieux démons. [...] La charte européenne des langues régionales et minoritaires, rédigée dans les conditions que l'on sait par des gens que l'on connaît, est donc l'un des instruments dans la lutte conduite contre les Etats-nations, en particulier la France» (L'unité nationale en danger, ca. 1998, www.jeune-france.org/Unité nationale). Der Autor zitiert auch Boissou und beruft sich auf das Buch von Walter von Goldenbach und Hans-Rüdiger Minow, Von Krieg zu Krieg. Die Aussenpolitik Deutschlands. Berlin 1997 (vgl. dazu die Besprechung in Schweiz. Militärzeitschrift. Nr. 8. 1997). Minow bot Boissou in einem Fernsehfilm eine Plattform, wie Boissou sein Communiqué vom 9. September 2004 von Minow mitunterzeichnen liess.

60 Yvonne Bollmann in LiMes, Revue Française de géopolitique. N° 1. 1996. S. 110f. 1998 publizierte sie den Essay «La Tentation allemande», in dem sie die Meinung vertritt, dass die deutschen Entwürfe für ein *«föderales Europa»* das bekannte Ziel anstreben: das europäische *«Reich»*, das die karolingische Herrschaft fortschreibt und unter Berliner Aufsicht steht. Bollmann sieht wie Charles Saint-Prot und wahrscheinlich auch Lionel Boissou in der vom Europarat 1992 verabschiedeten und von Frankreich 1999 unterzeichneten Europäischen Charta der Regional- oder Minderheitensprachen ein unheilvolles Mittel, mit dem der ethnozentrische Regionalismus den Nationalstaat in Frage stellt. «Or l'ethnisme est le moyen le plus sûr de détruire la France» (Yvonne Bollmann, La bataille des langues en Europe. Essai. Paris 2001).

61 Zur Regio Basiliensis vgl. den entsprechenden Aufsatz in diesem Band. S. 175–185.

62 1984 wurde der Oberrheinische Kulturpreis an den Elsässer Mundartdichter Conrad Winter, an den Freiburger Volkskundler Lutz Roehrich und an den Basler Politiker Hans Briner verliehen. Der Freiburger Oberbürgermeister Rolf Böhme versicherte in seiner Laudatio, es gehe nicht darum, die Grenzen zu beseitigen, aber «die Grenzen als Narben der Geschichte zu überwinden» (Peter Lussy, Bericht. S. 23ff.).

8. Zu den Kampagnen gegen die Stiftungsaktivitäten

Die Bemühungen der Hamburger Stiftung, mit einer schonungslosen Aufklärung einen Neustart einzuleiten, wurden von den unablässig zornigen Enthüllern nicht honoriert, sondern nur mit den alten stereotypen Verdächtigungen beantwortet. Dies, obwohl der Historikerbericht zahlreiche Befunde (oder gemessen an der früheren Abwehrhaltung der Stiftung auch als «Eingeständnisse» zu wertende Ergebnisse) enthielt.

Der Stiftung wurde vorgeworfen, sie habe ein paar Historiker rekrutiert, welche Toepfers Verteidigung sicherstellen mussten, wie sie den Historikern die Glaubwürdigkeit aberkannte, weil die Abklärungen von der Stiftung bezahlt wurden. In gleicher Weise zustande gekommene und durchgeführte Aufträge, etwa von den Volkswagen Werken oder von der Deutschen Bank oder vom Bertelsmann Verlag, waren nie dem Grundverdacht der Gefälligkeitsarbeit ausgesetzt. Die Kritiker der Toepfer-Abklärungen waren auch insofern inkonsequent, als sie Teile des Berichts, nämlich die (auch in finanzieller Hinsicht) unter gleichen Bedingungen zustande gekommenen Beiträge von Gerlach und Radke-Delacors, positiv würdigten, weil sie mit ihren «révélations accablantes» dank «courage» und «pugnacité» der Autoren eher die von ihnen bereits vertretenen Auffassungen zu bestätigen schienen.[63]

Eine wichtige Technik der fortgesetzten Agitation besteht noch immer darin, den selbsterzeugten Lärm – «des polémiques et des scandales publics nombreux» – als objektive Skandale zu bezeichnen, die die Preisverleihungen verursacht hätten, und das dann als Beweis für die Berechtigung der laut gewordenen Empörung einzusetzen.

Boissou verhinderte im Herbst 1999 mit seiner Agitation die Verleihung des Robert Schuman-Preises an den ehemaligen polnischen Aussenminister Skubiszewski, indem er den französischen Senat, in dessen Räumen die Preisverleihung hätte stattfinden sollen, mit einem simplen Hinweis auf die belastende Vergangenheit – «un passé nazi, pangermaniste et antifrançais» – gegen die Hamburger Stiftung aufbrachte.[64] Boissou nahm auch in jüngerer Zeit weitere Preisverleihungen aufs Korn: den im Januar 2003 an Lothar Späth verliehenen und mit 25 000 Franken ausgestatteten Joseph Rey Preis sowie den im September 2004 vergebenen Albert-Schweitzer-Preis. Der Rey-Preis war nach dem gleichnamigen Colmarer Bürgermeister geschaffen worden,

63 Undatiertes Schreiben «Alfred Toepfer. De la nécessité d'une mise au point historique solide et réellement indépendante», mitgetragen von Sylvain Schirmann, Alfred Wahl, Georges Bischoff, Lionel Boissou, Léon Strauss, Philippe Breton und Bernard Reumaux. Das Schreiben beurteilte den Bericht, abgesehen von den beiden Beiträgen von Gerlach und Radtke-Delacor, als Machwerk im Auftrag der Hamburger Stiftung. Ganz anders Pierre Ayçoberry, der beim Weissbuch von 1996 noch mitgewirkt hatte, aber nicht dem offensichtlich bestehenden Hang zum Gruppenauftritt verhaftet blieb und den Historikerbericht als wissenschaftliche Leistung würdigte, was einen angenehmen Kontrast zum Empörungsgeschrei der eingeschworenen Toepfer-Gegner bildete (Schreiben an den Autor vom 9. November 2001).

64 E-Mail von Boissous Mitstreiter Gérard Loiseaux an Francis Grignon vom französischen Senat, 3. Oktober 1999.

der sich für die deutsch-französische Versöhnung und in der grenzüberschreitenden regionalen Zusammenarbeit mit dem Breisgau eingesetzt hatte.

Boissou liess grundsätzlich kein Verständnis für Regionalismus und schon gar nicht für grenzüberschreitenden Regionalismus zu. 1998 von einem Gesinnungsgenossen vor der Fernsehkamera zum «Europa der Regionen» befragt, kann Boissou nur auf den terroristischen und kriminellen Separatismus und auf einen zwanzig Jahre (!) zuvor verübten Anschlag auf die Gedenkstätte Struthof und auf die Sprengung sogar von elsässischen Denkmälern hinweisen und sagen, dass «diese Leute» die Unterstützung von europäischen Regionalisten erhielten.[65]

In der von Boissou verbreiteten Chronik figuriert auch eine von ihm selber erzeugte «vive polémique», die sich im Dezember 2002 gegen eine vom Deutschen Historischen Institut angekündigte *Table ronde* richtete, welche eine Rehabilitierung Toepfers und seiner Stiftungen angestrebt habe. In Wirklichkeit ging es darum, den bisher kaum zur Kenntnis genommenen kritischen Bericht der unabhängigen Historikerkommission vorzustellen und zu diskutieren. Ein Mitglied der Gruppe Boissou wäre eingeladen gewesen. Eine Teilnahme wurde aber grundsätzlich abgelehnt.[66] Besonders empört – «profondément choqué» – war man, dass das Einladungsschreiben es gewagt hatte, vom Elsass als «de culture allemande, mais de nationalité française» zu reden. Diese Formel entstamme dem Toepfer vorgeworfenen «völkischen» Irredentistenvokabular und sei politisch wie kulturell inkorrekt.[67] Da selbst der unzutreffende Vorwurf, sich in den Dienst des deutschen Revanchismus zu stellen, eine Belastung für das Deutsche Historische Institut geworden wäre, wurde die Veranstaltung kurzfristig wieder abgesagt. Die in Aussicht gestellte breitere Ersatzveranstaltung fand bisher verständlicherweise nicht statt.

65 Hans-Rüdiger Minow, Unheimliche Nachbarn. Die Rolle der Deutschen in den Euro-Regionen. WDR am 6. Juni 1998, 11.00–11.30 Uhr.

66 Birte Toepfer und Ulrich-Christian Palach an den Verfasser, 5. Dezember 2002. Boissou hatte schon 1998 den Dialog verweigert, als er zu einer vom Europainstitut Basel organisierten internationalen Tagung eingeladen war, an der die Problematik der Kulturpropaganda im Ausland im allgemeinen und die Situation des Elsass im besonderen problematisiert wurde (Schreiben an Boissou vom 20. Januar, 13. und 18. Februar 1998, Schreiben von Boissou vom 16. Februar und 4. März 1998, ersteres bezeichnenderweise mit Kopie an die Elsässer Presse). Selbst die im Bestreben um Transparenz angebotene Teilnahme bloss als Beobachter wurde abgelehnt und in der Tatsache, dass die Tagung von der Hamburger Stiftung finanziert war, eine inakzeptable Voraussetzung erblickt. Die Veranstalter der Tagung liessen sich dagegen von der Idee leiten, dass die Stiftung mit der Finanzierung den Tatbeweis erbringen könne, dass sie auch unabhängige und kritische Auseinandersetzungen mit ihrer eigenen Vergangenheit unterstütze. Léon Strauss, Mitautor des Weissbuchs von 1996, lehnte ebenfalls eine Teilnahme ab. Ein Ergebnis der Tagung «Vom Kulturimperialismus zum Kulturaustausch» vom März 1998 ist die Publikation von Lothar Kettenacker, Hansgerd Schulte und Christoph Weckerle, Kulturpräsenz im Ausland. Deutschland, Frankreich, Schweiz. Hrsg. v. Georg Kreis. Basel 1998 (Basler Schriften zur europäischen Integration. Nr. 39).

67 Georg Alfred Wahl an Werner Paravicini, Direktor des Deutschen Historischen Instituts in Paris, 21. November 2002.

Was ein einzelner, von wohlmeinenden Helfern unterstützter Agitator tut oder lässt, ist von beschränkter Wichtigkeit. Wichtiger ist die Rolle, die er in der Gesellschaft unter bestimmten Bedingungen spielen kann. Die französisch-deutschen Verhältnisse sind offenbar noch immer derart fragil, dass sich auf französischer Seite einzelne Fanatiker mit Erfolg als Verteidiger einer vermeintlich bedrohten Nation aufspielen und andere zur Geisel ihres Feindbildes machen können. Man kommt nicht darum herum festzustellen, dass einiges, was die Kritiker mit ihren Projektionen glaubten vorwerfen zu müssen, sich vielmehr bei ihnen selbst findet: die niedrige Militanz im Namen höherer Werte, der virulente Nationalismus, die verdeckte Agitation, die Verweigerung einer Auseinandersetzung mit offenem Visier, letztlich totalitärer Ungeist. Das Elsass und Frankreich verdienen und haben bessere Verteidiger.

So bleibt die Situation weiterhin blockiert. Für die Stiftungen ist dies zwar bedauerlich, sie haben indessen, wie die Jahresberichte zeigen, noch genügend andere Betätigungsfelder. Das eigentliche Ärgernis besteht darin, dass dem ehrlich gemeinten und substantiellen Versuch, Vergangenheit aufzuarbeiten, nur höchst bedingt Erfolg beschieden war, weil die Ankläger von gestern es vorziehen, an ihren alten und ursprünglich durchaus berechtigten Vorwürfen festzuhalten, statt mit ebenfalls berechtigter Genugtuung festzustellen, dass ihre Forderung nach Aufklärung Früchte getragen hat.

Stereotypisierung ist das Resultat von Verallgemeinerungen und zugleich Reduktion von Vielfalt. Das erfuhr auch das bunte und reiche Trachtenwesen des Elsass, das in den Köpfen nach 1870 eine Einebnung auf einen Typus erlebte, der eigentlich nur im Niederelsass und da bloss in einigen Orten (um Hanau und Haguenau) so getragen wurde. Der wichtigste Impuls dürfte von Jean-Jacques Henner (1829–1905) ausgegangen sein, der die hier abgebildete «Alsacienne» 1871 Gambetta überreichte, die in der Folge in grosser Auflage reproduziert wurde. Eine Personifikation des geduldigen, entsagungsreichen, hingebungsvollen Wartens, Prototyp eines Frauenschicksals à la Penelope – «J'attends». Der von den in der innerfranzösischen Emigration lebenden Elsässern mitgetragene Kult um das verlorene Elsass schuf ein Frauenbild, das die 1914 ins Elsass einmarschierenden Soldaten «de l'intérieur» mit einem gewissen Erstaunen gar nicht vorfanden. Selbstverständlich trägt die Verkörperung des Elsass auf dem in Basel stehenden und von Auguste Frédéric Bartholdi geschaffenen Strassburger Denkmal von 1895 ebenfalls diese Tracht (Jean-Jacques Henner, «Elle attend». 1871. Aus: Histoire de l'Alsace. Hrsg. v. Philippe Dollinger. Gegenüber S. 384).

Die Idee der Revanche in Frankreich 1870–1914[1]

«Für meine Generation sah ich keinen anderen Lebenssinn als die Hoffnung, unsere verlorenen Provinzen wiederzubekommen.» Der 1860 in Lothringen geborene Poincaré, der 1920 dieses Geständnis vor Studenten der Sorbonne ablegte,[2] hätte sich vor dem Krieg so freimütig nicht zur Idee der Revanche bekannt. Nach dem Krieg gab er mit seinem Bekenntnis ungewollt der unterlegenen Seite recht, welche die Schuld an einem Krieg nicht allein tragen wollte, einem Krieg, der ihrer Meinung nach durch Frankreichs Revanchestreben mindestens mitverursacht worden sei. Nach der Wiedereingliederung der 1871 verlorenen Provinzen liess sich in Frankreich freilich leicht erklären, man habe schon immer angestrebt, was sich glücklich nun ergeben – selbst dann, wenn man sich für dieses Ziel direkt nie eingesetzt hatte.

Im folgenden soll die Idee der Revanche nicht aus dem engen Winkel der Kriegsschuldproblematik betrachtet werden. Es soll vor allem um die Frage gehen, wer sich wann aus welchen Gründen mit welchen Absichten in den Jahren 1870–1914 zur Revanche bekannt hat, eine Frage, die erstaunlicherweise bisher nicht systematisch abgeklärt worden ist.[3] Ein erster Teil wird versuchen, die inneren Parteiungen in

1 Die Äusserung zu diesem Thema ist ein Nebenprodukt der bisher unpublizierten und nur in einem Exemplar in der Universitätsbibliothek hinterlegten Habilitationsschrift: Frankreichs republikanische Grossmachtpolitik 1870–1914. Innenansicht einer Aussenpolitik. Teil I: Die Voraussetzungen der französischen Aussenpolitik, 1870–1914. Basel 1980. Das ursprüngliche, 1978 entstandene Vortragsmanuskript ist mit 68 Fussnoten versehen gewesen, die nicht mehr auffindbar und zum grössten Teil auch nicht mehr rekonstruierbar sind. Deshalb bleiben manche Zitate ohne Belege. Da es sich zum grossen Teil um andernorts nicht zugängliche Hinweise und Zitate handelt, sollen sie hier trotzdem publiziert werden. Alle Fussnoten sind neu eingefügt, zum Teil auf Grund von Notizfragmenten, zum Teil handelt es sich auch nur um Ersatzhinweise.

2 Die beste Biographie ist zwar nicht die jüngste, aber dennoch zu empfehlen. Vgl. Gordon Wright, Raymond Poincaré and the French Presidency. Stanford 1942.

3 Immerhin gibt es den Aufsatz von Frederic H. Seager, The Alsace-Lorraine Question in France. In: From the Ancien Régime to the Popular Front. Hrsg. v. Charles K. Warner. New York 1969. S. 111–126. Seager vertritt die einleuchtende These, dass das Interesse an der Elsassfrage mehr die Folge als die Ursache der französisch-deutschen Spannungen gewesen sei (S. 112). – Anders als der Titel vermuten lässt, betrifft der Aufsatz von Markus Völkel nicht unser Thema: Geschichte als Vergeltung. Zur Grundlegung des Revanchegedankens in der deutsch-französischen Historikerdiskussion von 1870/71. In: Historische Zeitschrift. Bd. 257. 1993. S. 63–107. – Vgl. auch die Einleitungen und Texte von Raoul Girardet, Le Nationalisme français 1871–1914. Paris 1970: La déesse Revanche. S. 49ff. Cette inexorable question d'Alsace-Lorraine. S. 237ff. – Aus frankreichfeindlicher Sicht: Paul Rühlmann, Der Revanchegedanke in der französischen Schule (o.O. o.J.).

der Frage der Revanche darzulegen, und wird sich vor allem mit den 1870er Jahren beschäftigen. Ein zweiter Teil wird auf die Auswirkungen der ausserfranzösischen Verhältnisse auf den Revanchegedanken eingehen und sich vorab den 1880er und 1890er Jahren zuwenden. Ein dritter Teil sodann wird sich vorwiegend in den Jahren nach 1900 bewegen und sich mit der Politik der französischen Kabinette beschäftigen, wo sich die im ersten Teil dargelegten Parteienverhältnisse und die im zweiten Teil beleuchteten äusseren Einflüsse gewissermassen begegneten.

1. Innenpolitische Positionen in der Revanchefrage

Nachdem der Winterkrieg gescheitert war, der schon 1870 die militärische Revanche für Sedan hätte bringen sollen, und Frankreich, wie das Plebiszit vom Februar 1871 zeigte, mehrheitlich zur Einsicht gekommen war, dass die Weiterverfolgung dieses Zieles im Moment sinnlos sei, wurde der vormals aktive Vergeltungswille zur vagen und dennoch klaren Idee, dass Frankreich einmal das Ergebnis der Niederlage rückgängig machen werde. Vage war die Idee vor allem in der Frage, wie das Erhoffte zu erlangen sei; präziser waren die Vorstellungen, welche Ziele angestrebt werden sollten: Sicher ging es um die Wiedergewinnung der verlorenen Provinzen Elsass und Lothringen. Mit dieser klar umschreibbaren Ambition und nur mit dieser wird denn auch gemeinhin die Idee der Revanche in Verbindung gebracht.

Es gab aber ein zweites Revancheziel: Es ging nämlich auch – und hier wird die Idee wieder vager – um eine umfassendere Wiederherstellung des angeschlagenen Grossmachtprestiges. Die Einigung Italiens, die Gründung des Deutschen Reiches, dann die Niederlage im Kampf nicht etwa gegen eine breite Allianz wie bei Waterloo, sondern allein gegen das aufstrebende Preussen – dies sowie die sich damals eben verbreitende Selektionslehre Darwins haben das schon vor 1870 vorhandene Gefühl verstärkt, eine dekadente Nation zu sein.[4] Nicht nur war Frankreich nicht mehr die kontinentale Hegemonialmacht des 17. und 18. Jahrhunderts, man fürchtete, auch noch die im Kongresssystem des 19. Jahrhunderts eingenommene Stellung als eine der fünf massgebenden Grossmächte zu verlieren, ein Volk mit grossartiger Vergangenheit und

4 Bereits 1869 predigte Prévost-Paradol in seinem Buch «La France nouvelle», Frankreich müsse seine Grossmachtposition durch den Aufbau eines afrikanischen Empires sichern. «[…] ou bien nous resterons ce que nous sommes, nous consumant sur place dans une agitation intermittente et impuissante, au milieu de la rapide transformation de tout ce qui nous entoure, et nous tomberons dans une honteuse insignifiance […]; ou bien de quatre-vingts à cent millions de Français etc.» (S. 418ff). Vgl. auch Koenraad W. Swart, The sense of decadence. S. 172–178 (vgl. Anm. 21). Auf die entstandenen Nationalstaaten Italien und Deutschland bezogen: «Tout le monde se dit que la grandeur est une chose relative et qu'un pays peut être diminué, tout en restant le même, lorsque de nouvelles forces s'accumulent autour de lui» (Gustave Rothan, Les Origines de la Guerre de 1870. La politique de 1866. Paris 1879/1883. S. 461. Vielleicht ein Diktum des Finanzministers Magne an Napoleon III. vom 20. Juli 1866).

bescheidener Zukunft zu werden, ein Staat ohne Stimme im Konzert der Grossmächte, ein Spanien, Polen, Belgien – oder gar eine Schweiz.[5]

Zwischen den beiden Revanchezielen bestand ein offensichtlicher Zusammenhang: Einerseits beeinträchtigte die territoriale Amputation das Potenzgefühl der französischen Grossmacht, anderseits war die Instandstellung des Grossmachtpotentials eine Voraussetzung, um die verlorenen Territorien zurückzuerhalten. Grundsätzlich befürwortet wurden beide Zielsetzungen – Wiedergewinnung der Provinzen und Wiederherstellung des Grossmachtprestiges – von der republikanischen Linken, dem Zentrum, der monarchistischen Rechten und den Bonapartisten. Nur die äusserste Linke lehnte die territorialen Wiedergutmachungsvorstellungen ab und beschränkte sich auf die Propagierung einer Idee, die von den übrigen Republikanern ebenfalls gepflegt wurde: Sie verstanden allein schon die Konstituierung der Republik als partielle Revanche gegenüber den dekadenten Dynastien. Im Glauben an eine internationale oder anationale Gesellschaft von Brüdern und Schwestern sah sie ihre Aufgabe darin, das republikanische Kind grosszuziehen, um es dereinst Europa zurückzugeben, was gewissermassen die Vollendung der Revanche gewesen wäre. Der mehrfache Premierminister Charles de Freycinet sollte 1889 die Weltausstellung, die man zum hundertsten Jahrestag der Französischen Revolution inszenierte, ausdrücklich als Revanche für unvergessliches Unglück bezeichnen.[6]

Das breite Mittelfeld der Linken propagierte aus nationalistischen Motiven und mit jakobinischen Methoden sowohl die nach den Vogesen orientierte wie die auf das Grossmachtprestige bedachte Revanche. Léon Gambetta, der wortgewaltige Sprecher der linken Opposition, setzte sich für beide Ziele ein, indem er einerseits in kleinbürgerlichen Cafés der Provinz mit Hinweisen auf die «justice immanente» Wind säte und anderseits für ein Reformprogramm eintrat, das schon Ernest Renan gefordert hatte und das aus der französischen Schulstube eine Bastion gegen die Erfolge des preussischen Volksschullehrers als des wahren Siegers von Sadowa und Sedan machen wollte. Trotz ihrem militanten Revanchismus lehnte die Linke die militärische Revanche ab, nicht aus Prinzip, sondern in der Einsicht, dass Frankreich einstweilen nicht stark genug war, die Politik ihrer Wünsche durchzusetzen. Öffentlich jedenfalls bekannte sie sich nur zur «revanche par le droit», was soviel hiess wie Rückerstattung auf dem Verhandlungsweg in einem Moment, da das Deutsche Reich unter Druck gesetzt werden

5 Gabriel Charmes: Es sei unverzeihlich, «la réduire graduellement au rôle d'une Belgique ou d'une Suisse ayant un territoire plus étendu» (Politique extérieure et coloniale. 1885. S. 103). Im selben Werk: «faire déscendre au rôle de l'Espagne ou de la Belgique» (S. 10). Von Polen als negativem Beispiel ist häufig zu Beginn der 1870er Jahre im Umfeld von Gambetta die Rede, z.B.:«Nous tournons terriblement à la Pologne du dix-huitième siècle, et je crains fort que nous ne finissions comme elle» (Lanfrey an Roux, 25. November 1872). Und noch zwei Beispiele zu Spanien: «Notre décadence est plus absolue et plus irrémédiable que celle d'Espagne» (Schriftsteller Louis Ménard 1875). Man hatte an der Konferenz von 1878 in Berlin den Eindruck erwecken können, «que la France, du rang de puissance de premier ordre, était tombé au rang de l'Espagne» (Joseph Reinach in Revue Politique vom 11. Dezember 1880).

6 Vgl. Anm. 24.

konnte. Adolphe Thiers, dann das konservative und etwas später das gemässigt republikanische Regime sahen sich in ihrer Regierungsverantwortung verpflichtet, die revanchistischen Parolen der Opposition zu verurteilen. Deutschland sollte nicht provoziert werden. Ein weiterer Krieg, so fürchtete man, hätte möglicherweise den Verlust von Nancy und der Franche-Comté gebracht. Mit der Losung «point de revanche, mais des revendications», nicht Revanche also, sondern Aufrechterhaltung des Anspruchs, verwendeten die Monarchisten und die grossbürgerlichen Republikaner ihren stillen Eifer darauf, der noblen Verwundeten während des «recueillement» Selbstvertrauen und Ansehen wiederzugeben und der Nation – so lautete die Losung weiter – die Zukunft zu reservieren. Die Regierungsparteien pflegten die umfassendere Zielsetzung der Revanche, ohne deswegen auf Elsass-Lothringen zu verzichten.

Um 1880 wurde die Parole der Revanche vorübergehend heimatlos. Zwar galt jetzt gerade bei der vormals oppositionellen und nun zur Regierungspartei gewordenen Linken der Patient als wiederhergestellt, Frankreich als wiedererstarkt und deshalb auch aussenpolitisch wieder handlungsfähig, es verfügte bis 1887 sogar über eine zahlenmässig stärkere Armee als der deutsche Nachbar. Doch nun lockten neue Ziele, die überseeischen Gebiete, und zudem entfiel die Notwendigkeit, sich der Revanche als mobilisierender und integrierender Parole zu bedienen. Was in den ersten Jahren der Kult der Revanche, war nach 1877 der Kampf gegen den Klerus.

Die von den kolonial gesinnten Republikanern zurückgestellte Revanche hätte von den Radikalen als der verbleibenden Opposition zur Linken aufgenommen werden können. Joseph Reinach aus dem einflussreichen Umfeld Gambettas fürchtete im Dezember 1880, die Radikalen der Linken, die sich nach der Begnadigung der Kommunarden nach einem neuen, parteipolitisch gewinnbringenden Geschäft umsahen, könnten im bevorstehenden Wahlkampf die Revanche als Plattform nehmen und die noch blutende Wunde, wie er sagte, mit ihren vulgären Ambitionen vergiften.[7] Doch die Radikalen wurden, indem sie sich für eine isolationistische Aussenpolitik und gegen eine expansive Kolonialpolitik aussprachen, nicht zwangsläufig zu aktiven Revanchisten. Die radikale Linke hielt wie die konservative Opposition die Phase der Rekonvaleszenz noch lange nicht für abgeschlossen. Die Monarchisten vertraten, nachdem sie 1877 Oppositionspartei geworden waren, zuweilen sogar eine Auffassung, welche die Bonapartisten von Anfang an vertreten hatten: Frankreich werde gar nicht genesen können, solange es Republik sei, und man könne allein schon der aktuellen Staatsform wegen nicht an Revanche denken.

Neue Unterkunft fand der militante Revanchismus nach 1882 in einer Bewegung, die mit der Linken die plebiszitären, mit der Rechten die autoritären Charakterzüge gemeinsam hatte. Man kann das Abwandern der Revancheidee vom Lager des linken Nationalismus ins Lager des sich in den 1880er Jahren ausbildenden Nationalismus der Rechten als sich überkreuzende Entwicklung sehen. Gewiss, während 1871 der Revan-

7 Joseph Reinach, L'opinion publique en France et la politique extérieure. In: Revue politique vom 11. Dezember 1880. S. 554–564.

chekrieg von der Linken befürwortet und von der Rechten abgelehnt wurde, zeigten die Jahre vor 1914 eher umgekehrte Verhältnisse. Eine Parteilinie führt in diesem Schema von der kriegerischen zur pazifistischen Linken (gewissermassen von Gambetta zu Jaurès), die andere Parteilinie von der friedenswilligen zur kriegsbereiten Rechten (etwa von Broglie zu Maurras). Und im Schnittpunkt dieser beiden Linien stehen Boulanger und Déroulède, der General und der Poet, die beide wie die Idee der Revanche ursprünglich in der Linken beheimatet waren und 1885 zu Wortführern des neuen Revanchismus wurden. Das Schema der sich kreuzenden Entwicklungsstränge sagt aber nichts aus über die tatsächlich ausschlaggebenden Einstellungen zu dem in der Regel weniger militant verfochtenen Postulat, die frühere Grossmachtposition zurückzuerobern. Die äusserste Linke, die sich vor allem auf innenpolitische Fragen konzentrierte und nie Befürworterin des militanten und territorialen Revanchismus war und im genannten Schema ohne Seitenwechsel in einer Linie von der Kommune bis zur «Section française de l'Internationale ouvrière» eingetragen werden müsste, war letztlich auf ihre Art ebenfalls eine treue Stütze des französischen Grossmachtanspruchs. Ihr Nationalismus beruhte auf der Idee, Frankreich falle die internationale Aufgabe zu, die Errungenschaften der Französischen Revolution zu verbreiten und – wofür sie 1914 dann auch einstand – nötigenfalls zu verteidigen. Die entgegen ihrer Bezeichnung im Grund gemässigten «Radicaux de Gauche» lehnten den direkten Revanchismus ab, weil sie Frankreich weiterhin Zeit zum Kräftesammeln für den als unvermeidlich erachteten Konflikt lassen wollten. Sie waren und blieben Verfechter des im Links-rechts-Schema nicht erfassten Grossmachtanspruchs Clemenceaus, der sich schon 30 Jahre zuvor zu einer verhalten kriegerischen «Realpolitik» bekannt hatte. Sie verurteilten 1912 entschieden Caillaux' Finanzpazifismus und Jaurès' Idealpazifismus und verkündeten: «Wir glauben nicht, dass die Logik unserer Niederlage die Knechtschaft bedeute. [...] Wir sind friedlich, aber wir sind nicht unterworfen. Wer uns zum Krieg zwingt, wird uns kampfbereit finden.» Das umfassendere Revanchepostulat, nämlich der Logik der Niederlage zu entrinnen, war für Frankreichs Haltung am Vorabend des Ersten Weltkrieges weit bestimmender als der vor allem von militanten Kleingruppen der rechten Opposition unterhaltene Kult um die verlorenen Provinzen.[8]

2. Auswirkungen des internationalen Kontextes

Wieweit aber wurde die Einstellung zur Idee der Revanche durch die globalen Vorgänge und die Beziehungen zu Drittstaaten beeinflusst? Frankreichs Wiedereintritt in die grosse Weltpolitik, die Wiederaufnahme einer auf territoriale Expansion bedachten Kolonialpolitik und die sich in der Folge einfindende Idee, Frankreich könnte

8 Gabriel Hanotaux kultivierte in seiner Antidekadenz-Rede von 1901 einerseits die Idee der energischen Wiedergeburt Frankreichs, andererseits aber plädierte er indirekt für die Aufgabe der Revancheidee: «[La France] a même apaisé le tumulte de son cœur» (öffentliche Veranstaltung der fünf Akademien vom 25. Oktober 1901. In: L'énergie française. S. 340).

seinen Verlust von 1871 mit dem Erwerb überseeischer Gebiete kompensieren, bedeutete für den Revanchegedanken Konkurrenz und Stimulierung. Stimuliert wurde das am Grossmachtideal orientierte Revancheziel, beeinträchtigt wurde lediglich das auf die Provinzen ausgerichtete Revanchestreben.

Der französische Imperialismus wurde nicht von wirtschaftlichen Zwängen getragen, sondern von der Idee, Frankreich müsse kolonisieren, um entweder Grossmacht zu bleiben oder erneut Grossmacht zu werden.[9] Man hat es kaum zur Kenntnis genommen: Frankreich entwickelte auch im Bereich seiner Kolonialpolitik immer wieder Revanchegefühle, es suchte in den Kolonien nicht nur indirekte kompensatorische Revanche für Sedan, sondern sehr direkte Revanche für das in grossen Teilen (von Kanada bis zu den indischen Kontoren) an Grossbritannien gefallene Kolonialreich des Ancien régime, Revanche auch für das 1882 an Grossbritannien verlorene Ägypten, Revanche für das 1898 am oberen Nil abermals an Grossbritannien abzutretende Faschoda. Die Tatsache, dass Frankreich über den Meeren ähnliche Vergeltungssehnsüchte hegte wie auf dem Kontinent, erleichterte die Harmonisierung der beiden Zielsetzungen nicht. Wie vertrugen sich das auf die Vogesen ausgerichtete Revancheziel und Frankreichs koloniale Grossmachtziele?

Auf diese Frage sind in der Zeit selbst drei Arten von Antworten gegeben worden: Eine erste Gruppe vertrat die Auffassung, die Kolonialexpansion beeinträchtige die Vorbereitung auf den kontinentalen Revanchekrieg nicht, im Gegenteil, sie verbessere sogar dessen Voraussetzungen. Eine zweite Gruppe hielt Kolonial- und Revanchepolitik für unvereinbar und trat vor diesen Alternativen dafür ein, dass Frankreich seinem alten Vorsatz treu bleibe und sich ganz auf die Heimführung der verlorenen Gebiete konzentriere, da die Kolonien nie Ersatz für die Provinzen sein könnten. Eine dritte Gruppe empfand die beiden Blickrichtungen ebenfalls als schlecht vereinbar, meinte aber, es sei unrealistisch, im Zeitalter der kolonialen Expansion weiterhin auf die «ligne bleue des Vosges» zu starren, Frankreich müsse der Kolonialpolitik selbst dann den Vorzug geben, wenn dies auf Kosten der Möglichkeiten einer Revanche an der Ostgrenze gehe.

Strassburg oder Suez? Die gemässigten Republikaner um Waddington, Gambetta, Ferry und ihre Nachfolger liessen den neuen Ambitionen ihren Lauf, und daneben liessen sie die alten Hoffnungen bestehen. Sie verfochten die These, dass beides sehr wohl vereinbar sei. Die Kolonien seien bloss vorläufige Entschädigungen, keine Abfindungen, denn sie seien nicht mit dem Verzicht auf den Anspruch verbunden, schliesslich auch noch die Provinzen zurückzuerhalten. Zudem liess sich die eine oder andere Kolonie als Tauschobjekt in einem allfälligen Handel um die Provinzen einsetzen.[10] Immerhin wagte es der Publizist Gabriel Charmes, dessen Äusserungen wir als Stimme

9 Zit. nach Raoul Girardet, L'idée coloniale en France de 1871 à 1962. Paris 1972. S. 21.

10 Als eines von vielen Beispielen: Premierminister Combes fragte 1903 im Gespräch mit dem deutschen Botschafter Radolin, ob man nicht ein, zwei Kolonien gegen Elsass-Lothringen tauschen könnte, ob er Madagaskar wolle oder lieber Tonkin beziehungsweise Indochina (Combes, Mon Ministère. S. 220).

der gemässigten Republikaner nehmen dürfen, zu verkünden, man solle nicht vergessen, dass es ausser den Vogesen noch andere Grenzen gebe und Frankreich im Kolonialbereich sogar grösserer Schaden entstehen könne, als es durch den Verlust von Elsass-Lothringen erlitten habe.[11]

Vehement gegen die republikanische Kolonialpolitik sprach sich die zur Rechten und zur Linken des Regierungszentrums der gemässigten Republikaner angesiedelte Opposition aus. Diese beiden Oppositionsflügel warfen der Regierung vor, Opfer von Bismarcks Ablenkungsmanövern zu sein. Deutschland sei daran interessiert, dass Frankreichs Soldaten nicht am Ufer des Rheins, sondern am Nil und am Mekong stünden.

Die Radikalen geisselten die Verschwendung von «Geld und Blut», wie Clemenceau den Aufwand der Kolonialpolitik umschrieb, weil sie das Ziel dieser Politik ablehnten.[12] Sie waren zwar Befürworter der zivilisatorischen Missionsidee, aber Gegner der imperialistischen Annexionspolitik und forderten auch in dieser Frage die unbeeinträchtigte Fortführung des «recueillement», des inneren Wachstums, um Frankreichs moralische Grösse gedeihen zu lassen und jede Attacke auf die Würde der französischen Nation abwehren zu können.

Und die Konservativen? Nicht alle stellten die Notwendigkeit der Kolonialpolitik in Frage; zum Teil kritisierten sie bloss deren Methode und warfen der Regierung vor, sie seien mit ihrer abenteuerlichen Politik «à la Jules Verne» schlechte Fortsetzer der von ihnen initiierten Kolonialpolitik. Doch mehrheitlich lehnten sie (wenn sie die kirchliche Mission auch durchaus befürworteten) die staatliche Kolonialexpansion ab, weil sie mit den militärischen Pflichten auf dem Kontinent unvereinbar sei und sich nicht mit Quantität kompensieren lasse, was man an Qualität verloren habe. «J'ai perdu deux sœurs, et vous m'offrez vingt domestiques», rief 1885 Déroulède, der republikanische Kampfgefährte der Konservativen. Herzog Albert de Broglie warf wie Clemenceau der republikanischen Regierung vor, Blut und Geld in den Kolonien zu verschwenden, überhaupt offenbare die Kolonialpolitik, wie stark das neue Regime auf dem schädlichen Prinzip des persönlichen Erfolges beruhe, dessen Politik mithin nur ein Haschen nach diesem Erfolg sei. Doch was für Erfolge! Konservative Notabilitäten stellten belustigt fest, die Heldentaten der republikanischen Parvenüs bestünden darin, «Neger» zu bändigen und Wüsten zu erobern.

Stimmen, welche die dritte der Meinungen vertraten, dass nämlich die Provinzen zugunsten der Kolonialpolitik ganz aufzugeben seien, erhoben sich selten. Paul Leroy-Beaulieu, der an der *Ecole libre des sciences politiques* und am *Collège de France* lehrende Wirtschaftswissenschafter, hatte sich schon 1872 bemüht, die Franzosen zu überzeugen, dass die Kolonialexpansion das einzige Mittel sei, um Frankreichs «Grandeur» zu sichern. Wie im 18. Jahrhundert ein New Orleans gegründet worden sei,

11 Gabriel Charmes, Politique extérieure et coloniale, 1885.

12 Raoul Girardet, Le Nationalisme français 1871–1914. Paris 1970, im Abschnitt: Un patriotisme «continental». S. 107ff., Frédéric Passy und Georges Clemenceau in der Nationalversammlung vom 30./31. Juli 1885.

müsse man jetzt in Nordafrika ein Nouvelle Strasbourg und ein Nouvelle Metz gründen, damit das Mittelmeer, wenn schon nicht ein französischer, so doch wenigstens ein neolateinischer See würde.[13] Mit seinem 1874 erschienenen Werk «De la colonialisation chez des peuples modernes» übte Leroy-Beaulieu starken Einfluss auf Jules Ferry aus, und 1881 wagte er in der Tunesien-Debatte den einsamen Ruf, Frankreich solle doch die Idee der Revanche aufgeben und auf dem Kontinent eine rein defensive Politik betreiben.[14]

Deutschland mochte Frankreich 1881 bei der Errichtung des Tunesien-Protektorates oder nach 1882 in der Ägypten-Frage zur Seite gestanden haben – die Unterstützung, die es ihm brachte, war jedoch nie sehr weitreichend und nie als Wechselgeld für den Verzicht auf die alten Aspirationen entgegengenommen worden. Zur französisch-deutschen Annäherung, die sich 1879 in der Tunesien-Frage abzeichnete, stellte Desprez, der Politische Direktor des Quai d'Orsay, fest: «Ce rapprochement, quelle qu'en dût être la durée n'impliquait l'abandon d'aucun de nos souvenirs, d'aucun des nos espérances», wobei er die Erinnerungen und Hoffnungen in einer zweiten Fassung neu einkleidete und von «principes de notre politique en Europe» sprach. 1884 erklärte Baron de Courcel, Ferrys Botschafter in Berlin, seinem deutschen Gesprächspartner deutlich, man könne gewiss wie in der Ägypten-Frage abklären, wo die gemeinsamen Interessen lägen, doch wenn sich Deutschland mit Frankreich verständigen wolle, dürfe es nicht versuchen, gleichzeitig die Elsass-Lothringen-Frage anzuschneiden, denn sollte es diese Wunde berühren, würde die französische Nation nicht mehr Herrin ihrer Gefühle sein.

Die englisch-französische Rivalität im ägyptischen Kondominium und der Wettlauf der beiden kolonisierenden Grossmächte in West- und in Zentralafrika führten insbesondere in den Jahren 1884/85 und von 1896 bis 1900 vorübergehend dazu, dass Frankreich bereit war, sich wenigstens in kolonialen Fragen mit Deutschland zu verständigen. Die Beziehungen zum deutschen Erbfeind waren aber auf dem Kontinent nicht in dem Masse besser geworden, als sich die Beziehungen zum britischen Erbfeind auf den Meeren verschlechtert hatten. «En comparaison des Anglais, les Allemands sont presque nos amis», konnte man 1893 in einem französischen Blatt lesen. War Grossbritannien für Frankreich ein Feind, konnte Deutschland eben nur «fast» zum Freund werden. Bitter stellte Robert de Caix, einer der führenden Kolonialisten, 1898 nach dem Zusammenstoss in Faschoda fest, Grossbritannien sei sich eben bewusst, dass es der wirkliche Nutzniesser der durch die Elsass-Lothringen-Frage geschaffenen Situation sei. Und dieser Situation mussten eben auch die französischen Kolonialisten Rechnung tragen.

13 Konsequenterweise spricht er sich auch für die Auswanderung der Elsässer nach Algerien aus (Journal des Débats vom 5. November 1872). 1881 ist er selbstverständlich für die Annexion Tunesiens (L'Economiste Français vom 7. Mai 1881. S. 565–567). Aufschlussreich ist die Gegenüberstellung «La politique continentale et la politique coloniale». Auch er warnt, Frankreich müsse darauf achten, kein Belgien zu werden.

14 Vgl. Raoul Girardet, L'idée coloniale. S. 53ff. 1913 stellte er in «La question de la population» die Frage, ob eine Revanche überhaupt möglich sei.

1891 hat Frankreichs Allianz mit dem mächtigen Russland eine in ihrer Effektivität schwer zu ermessende, aber diplomatisch und publizistisch immerhin einsetzbare Verstärkung gebracht, nicht nur nötigenfalls gegen Deutschland auf dem Kontinent, allenfalls auch gegen Grossbritannien in den Kolonien. In Frankreich glaubte man durch das russisch-französische Bündnis beiden Revanchen nähergerückt zu sein. Die Allianz wurde als Bestätigung dafür genommen, dass Frankreich sein Grossmachtprestige trotz des Makels, unter dem es als republikanisches Staatswesen in einem monarchischen Europa litt, weitgehend wiederhergestellt hatte. Zugleich kam die Hoffnung auf, der neue Partner könnte einen Versuch unterstützen, die Provinzen auf dem Verhandlungsweg zurückzuerhalten. Das Jahr 1891 brachte wie später das Jahr 1897, als Félix Faure als erster Präsident der Republik das Land verliess, um in Kronstadt mit Nikolaus II. zusammenzutreffen, eine auffallende Häufung französischer Äusserungen zur Elsass-Lothringen-Frage. Unter dem Pseudonym «Jean Heimweh» erschien im September 1891 die Broschüre mit dem vielsagenden Titel «Pensons-y & parlons-en».[15] Das war eine bewusste Abänderung der bekannten Parole, die auf Gambettas Aufforderung vom November 1871 zurückgeht: «[...] ne parlons jamais de l'étranger, mais que l'on comprenne que nous y pensons toujours».[16]

Ernest Lavisse, der Geschichtslehrer der III. Republik, unterstützte Jean Heimwehs Publizistik und bezeichnete das andauernde Schweigen als verhängnisvoll; die Revanche strebe nicht die primitive Befriedigung der Eigenliebe an, der Revanche gehe es um die Verteidigung der Humanität und um das Selbstbestimmungsrecht des Menschen.[17] Stephen Pichon, der 1906 Clemenceaus Aussenminister wurde, sagte ebenfalls 1891 von der Elsass-Lothringen-Frage, sie müsse ständig der europäischen Öffentlichkeit vorgelegt bleiben. «Il faut y penser et en parler toujours», dachte und sprach er nicht nur, er schrieb es sogar. Wie sehr sich die Verhältnisse seit Gambettas Schweigeaufruf verändert hatten, zeigte eine Umfrage des «Mercure de France» vom Dezember 1897. Rund hundert Personen wurde unter anderem die Frage vorgelegt, ob die Franzosen heutzutage weniger an Elsass-Lothringen dächten, obgleich sie immer noch davon redeten.[18] Schriftsteller Remy de Gourmont nahm im Rahmen dieser Enquete erneut Stellung zu dieser Frage, die er (bezeichnenderweise auch 1891) schon einmal beantwortet hatte. Damals kostete ihn die Kühnheit, den Patriotismus mit einem Krankheitserreger zu vergleichen, seine Stelle in der *Bibliothèque nationale*. In der-

15 Jean Heimweh, Pensons-y & parlons-en. Paris. 1891. 46 S. «La question d'Alsace est mûre pour la discussion. Le moment est venu de la raisonner publiquement» (S. 7). Heimweh ist ein Pseudonym für Fernand de Dartein, einen Chefbeamten mit elsässischer Herkunft des Ministère des travaux publics. Vom gleichen Autor: Triple Alliance et Alsace Lorraine, 1892. Dann: L'Alsace-Lorraine et la paix. Paris 1894. Dann: Droit de conquête et plébiscite. Paris 1896. Der Autor hoffte, dass in Deutschland mit der Zeit die Sozialdemokraten an die Macht kämen, welche die Provinzen als demilitarisiertes Gebiet an Frankreich zurückgäben, und er sprach sich für eine Volksbefragung aus.

16 Joseph Reinach, Discours et plaidoyers politiques de M. Gambetta. Bd. II. Paris 1881. S. 172. – Henri Galli (Gallichet), Gambetta et l'Alsace-Lorraine. Paris 1911.

17 Ernest Lavisse, La question d'Alsace dans une âme d'Alsacien. Paris 1891.

18 L'Alsace-Lorraine et l'Etat actuel des esprits. In: Mercure de France, Dezember 1897. S. 641–814.

selben Stellungnahme gestand er, er würde für die vergessenen Provinzen weder den kleinen Finger der rechten Hand rühren, da er ihn zum Schreiben brauche, noch den kleinen Finger der linken, die ihm dazu diene, die Asche von der Zigarette abzustreifen. Noch 1897 insistierte er, die Revanche sei nur wegen des nationalen Geschwätzes nicht schon längst begraben, sie sei aber inoffensiv geworden und beginne nun auch lächerlich zu werden.[19]

Der Spott, womit Remy, der 1870 noch ein Kind gewesen war, die lamentierenden Grossväter überschüttete, legt die Vermutung nahe, die Revanchefrage sei in den 1890er Jahren zu einer Generationenfrage geworden. Wäre sie es tatsächlich, hätte sie sich mit dem Abtreten der älteren Generation von selbst erledigt. Gambetta war seit 1882 tot. Tot war seit 1883 General Chanzy, dessen radikale Freunde einmal gehofft hatten, er würde auf dem Schlachtfeld am Rhein den Marschallstab erhalten. Tot war seit 1899 der Elsässer Scheurer-Kestner, der 1871 seine getrennten Brüder getröstet hatte, sie müssten sich höchstens fünf Jahre gedulden, und der 1894 die bange Frage gestellt hatte, ob Frankreich der Revancheidee so treu geblieben sei wie das Elsass der Hoffnung, wieder französisch zu werden.[20] Indessen blieb die Grossmacht- beziehungsweise Dekadenz- beziehungsweise Revancheproblematik dem Lande erhalten. Das zeigt beispielsweise das 1886 von Alfred Pernessin unter dem Pseudonym «Dr. Rommel» veröffentlichte Buch «Au pays de la Revanche» mit diesen Feststellungen: «La France n'est évidemment plus jeune, elle n'a plus le courage de pousser la charrue, de travailler au loin, de faire des enfants [...]. Pourquoi tant hésiter à parler de décadence!»[21]

3. Zusammenspiel von innen und aussen in den Jahren nach 1890

Im Deutschen Reich rechnete man mit dem allmählichen Erblassen der Revancheidee, und die Stimmung in Frankreich schien dieser Vorstellung besonders in den Jahren 1896 bis 1902 recht zu geben. Doch der Prozess des Vergessens war nicht unaufhaltsam und auch nicht irreversibel. Wenn die Idee der Revanche mitunter wieder zum Vorschein käme, so sei dies, meinte der italienische Aussenminister Luzzoti, dessen Äusserung gerne nach Berlin rapportiert wurde, dadurch zu erklären, dass man in Frankreich die Narbe von 1871 nach Bedarf und Belieben bluten lassen könne wie die

19 Ebenda, S. 693f. Remy de Gourmont hätte eine Nationalgrenze entlang der Sprachgrenze eingeleuchtet.

20 Die Fieber- und Resignationskurven haben sich in Elsass-Lothringen und in Frankreich gegenseitig beeinflusst, doch können diese Effekte hier vernachlässigt werden.

21 S. 5ff. Anfänglich bestand der Verdacht, dass ein Deutscher das für Frankreich wenig schmeichelhafte Buch geschrieben hat. Pernessins Vater war Schweizer, seine Mutter war Engländerin, er arbeitete viel im Ausland für den Crédit Lyonnais. Zu den Debatten um das Buch vgl. Koenraad W. Swart, The sense of decadence in nineteenth-century France. The Hague 1964. S. 179.

Ampulle des San Genaro. Wieweit war die französische Regierung für das zuweilen schlagartige Erwachen des Revanchegeistes verantwortlich zu machen?

Sosehr sich die französischen Regierungen von Thiers bis Poincaré bemühten, gegen innen auf revanchistische Manifestationen dämpfend zu wirken – von den 58 Kabinetten hat keines jemals den Anspruch auf die verlorenen Provinzen aufgegeben. Das Konzept des «recueillement» bedeutete nicht die Anerkennung des Status quo. Es ging wie sein russisches Vorbild davon aus, dass Friedensschlüsse nur Ausdruck der momentanen Kräfteverhältnisse seien und – einmal diese Verhältnisse verändert – auch die Verträge wieder geändert werden müssten. Wenn es Russland innerhalb einer Generation gelungen war, 1871 in London abzuschütteln, was ihm nach dem Krimkrieg 1856 in Paris auferlegt worden war, warum sollte es nicht auch Frankreich gelingen, den «definitiven Frieden», wie es wörtlich im Vertragstext von Frankfurt heisst, gelegentlich zu revidieren?[22] Schon 1873 hatte Albert Sorel auf das andere in diesem Zusammenhang gerne genannte Vorbild hingewiesen: auf Preussen, das 1806 nach Jena und Auerstedt auch am Boden gelegen und sich mit Geduld und Fleiss zu neuer Grösse emporgearbeitet hatte.[23] «1870» erschien als absoluter Tiefpunkt der französischen Geschichte. Was folgte, wurde an der zentralen Frage gemessen, ob es Frankreichs Wiederauferstehung markiere. Man war aus der Erfahrung der kollektiven Demütigung geradezu besessen von dieser Zwangsvorstellung. Das Programm: «travailler à remettre la France en état de reprendre son rang, ses sûretés, ses provinces».[24] Das konnte auf verschiedenste Art geschehen, zum Beispiel mit einer erfolgreichen Weltausstellung 1878[25] oder durch den Empfang königlicher Hoheiten.[26]

Diese Zukunft wollte sich Frankreich offenhalten und mit dieser Zukunft auch die Elsass-Lothringen-Frage. Es richtete deshalb sein besonderes Augenmerk darauf, dass der bilaterale Vertrag von 1871 nicht von Drittstaaten anerkannt würde. Als Russland, ohne seinen Allianzpartner zu konsultieren, 1898 eine allgemeine Friedens-

22 Ernest Daudet, La Mission du comte de Saint-Vallier. Paris 1918. S. 5.

23 Albert Sorel in der Revue des Deux Mondes 1873. Ähnlicher Gedanke bei Chaudordy 1870/71: Preussen sei die Wiedererstehung gelungen, weil es im Konzert der Mächte geblieben sei; Napoleon dagegen habe verloren, weil er keine Alliierten hatte (S. 101).

24 In: République française, Oktober 1876 (?). Henri Galli (Gallichet), Gambetta et l'Alsace-Lorraine. Paris 1911. S. 49. Sowie in Juliette Adam, Mes angoisses et nos luttes. Paris 1907. S. 19.

25 «[...] il fallait en assurer le succès puisqu'elle affirmerait le relèvement matériel, le prestige et la vitalité de la France» (Henri Galli (Gallichet), Gambetta et l'Alsace Lorraine. Paris 1911. S. 144). «[...] nous avions surtout à cœur de démontrer ce que sept années passées dans le recueillement et consacrées au travail avaient pu faire pour réparer les plus terribles désastres» (Charles de Freycinet, Souvenirs. Bd. II. Paris 1913. S. 34).

26 Dass dies eine wichtige Komponente der französischen Russlandpolitik war, weiss man. Das ging aber weiter in weniger wichtige und dennoch bedeutsame Gefilde. Das republikanische Regime wollte auch die Sympathie der Königshäuser zurückgewinnen. Als der dänische König 1903 Paris einen Besuch abstattete, schrieb Jules Jusserand, französischer Botschafter in Washington, an Aussenminister Delcassé, wie sehr er es bedaure, nicht dabeisein zu können. Und: «C'est plus que notre rang, c'est notre place de voisins, d'égaux, d'amis que nous reconquérons peu à peu» (17. Juni 1903).

konferenz einberief, beeilte sich Frankreich sicherzustellen, dass man nicht die Beibehaltung des Status quo in Europa formell beschliessen werde. Es gab Franzosen, die (wie Pierre de Coubertin) hofften, dass Österreich-Ungarn gelegentlich auseinanderfallen werde, dass man dann dem Deutschen Reich den Teil Deutsch-Österreich zuhalten und damit das Gewicht Preussens im deutschen Verband schmälern könne und im Gegengeschäft dafür Elsass-Lothringen zurückerhalte.[27]

Hielten die französischen Regierungen am alten Anspruch fest, weil sie wollten oder weil sie es mussten? Die Feststellung, die Saint-Vallier 1878 als französischer Botschafter in Berlin gemacht hatte, dass keine deutsche Regierung, so stark und populär sie auch immer sei, auch nur einen Streifen des umstrittenen Territoriums preisgeben könnte, diese Feststellung galt in noch höherem Mass für die französischen Regierungen. Etwas aufzugeben, was man nicht besass, wäre möglicherweise leichter gewesen, doch waren die vom Parlament abhängigen Regierungen der Französischen Republik um einiges verletzbarer als diejenigen des Deutschen Kaiserreiches. Die Revanche war zwar kein Streitpunkt mehr zwischen den Parteien. Sie war kein Wahlthema, wie in den elsässischen Reichstagswahlen die «protestation» eines war. Sie stand nicht auf dem Boden des politischen Alltages und war in diesem Alltag dennoch präsent, brauchbar als Idee und missbrauchbar als rhetorische Figur. Ein Kabinett, dem man Verrat der alten Hoffnung hätte nachweisen können, wäre in den knappen und unstabilen Mehrheitsverhältnissen von den stets sprungbereiten Konkurrenten der Gegen-, Neben- und Mitregierungen spielend gestürzt worden, auch wenn die Beschuldigung der Nachgiebigkeit gegenüber dem Erbfeind bloss Vorwand war, um – wie im Falle Caillaux' – beispielsweise einen Verfechter der Einkommenssteuer zu Fall zu bringen. Weder die revanchistische Opposition zur Rechten noch die pazifistische Opposition zur Linken konnte Frankreichs Deutschlandpolitik steuern; der Entscheid, wie sich Frankreich gegenüber Deutschland zu verhalten habe, blieb innerhalb des breiten Lagers der Regierungsformationen der gemässigten Republikaner und der Radikalen. Dort war jeder gegen jeden: Hanotaux gegen Delcassé, gegen Etienne und gegen Clemenceau, Clemenceau gegen Delcassé, gegen Caillaux und gegen Hanotaux.

Wenn bei Zusammenstössen mit Deutschland, nicht an der Rheingrenze, sondern jetzt im Kolonialbereich – 1905 in Tanger, 1908 in Casablanca, 1911 in Agadir –, plötzlich Revanchegefühle erwachten, geschah dies ohne Zutun der Regierung.[28] Die Nation fühlte sich durch den gefürchteten Nachbarn unter Druck gesetzt. Sie meinte in diesen Zwischenfällen zu spüren, dass die Restauration des Grossmachtstatus noch immer in Frage gestellt war. Sollten Revanche und Kolonialpolitik je in einem Konkurrenzverhältnis zueinander gestanden haben, so waren beide Aktionsrichtungen jetzt zu einer geworden, seitdem sich Frankreich auch in Marokko von Deutschland bedroht

27 Pierre Arnaud, Sport et Olympisme au lendemain de la Première Guerre mondiale. Referat einer Tagung der «relations internationales», Lausanne Mai 2002.

28 Zur Situation zwischen den beiden Marokkokrisen vgl. auch Georg Kreis, L'Allemagne et l'Entente cordiale (Tagungspapier zum Kolloquium an der Université d'Arras vom 30. September 2004, im Druck).

fühlte und nun auch die Kolonialdomäne, wie der Kongovertrag von 1911 zeigt, zum unveräusserlichen Gut der Nation geworden war. Frankreichs Kardiogramm notierte bei den Revanchegefühlen die gleichen Ausschläge wie in der Kolonialpolitik, wo lange Perioden des allgemeinen Desinteresses mit kurzen Momenten vehementer Anteilnahme wechselten. Zur Zeit der französisch-deutschen Kolonialentente mag es so ausgesehen haben, als ob das nachbarliche Verhältnis dauerhaft harmonisch sein könnte, wenn nur nicht die Elsass-Lothringen-Frage noch immer als Zankapfel zwischen den beiden Nationen gestanden hätte.

Nach 1905 war es nicht mehr das kleine Hindernis, das den allgemeinen Frieden störte; der allgemeine Unfriede, das heisst die verstärkte und mit Handelsbilanzen, Bruttoregistertonnen, Geburten- und anderen Produktionsquoten bezifferbare Rivalität zwischen dem tendenziell expandierenden Deutschland und dem stagnierenden Frankreich, machte vielmehr auch diese Frage immer wieder spürbar. Wenn sich das Hindernis weder durch Verzicht noch durch Kauf oder Tausch (etwa gegen Madagaskar) und auch nicht in einer Neuverteilung Europas beseitigen liess, da die Donaumonarchie weiterhin durch den greisen Franz Joseph zusammengehalten und auch der «kranke Mann am Bosporus» nicht liquidiert wurde – hätten unter diesen Umständen die französischen Staatsmänner nicht wenigstens versuchen können, zu Deutschland ein weniger krisenanfälliges Verhältnis zu entwickeln, wenn schon nicht ein Verhältnis des Vertrauens, dann wenigstens ein Verhältnis des vertrauteren Umganges?

Die rechte Opposition neigte dazu, allein schon in der Tatsache Verrat zu wittern, dass persönliche Kontakte zu Deutschen bestanden. Die linke Opposition hielt nichts von Kontakten auf Regierungsebene, sie setzte auf das tiefergreifende Gespräch «von Volk zu Volk». Und bei denjenigen, die gerade regierten oder sich zur Übernahme der nächsten Regierung bereithalten wollten, überwog die den innenpolitischen Spielraum erheblich verringernde Neigung, keine kritikfähigen Verantwortungen zu übernehmen. Rücksichten auf die Reaktionen im eigenen Land liessen schon Gambetta 1878 davor zurückschrecken, das geplante Treffen mit Bismarck zu verwirklichen. Diese Zurückhaltung wurde durch die Überzeugung noch verstärkt, dass sich das innenpolitische Risiko aussenpolitisch gar nicht bezahlt machen werde. Seit Waddingtons Teilnahme am Kongress von Berlin 1878 war kein französischer Staatsmann mehr in offizieller Mission in Deutschland gewesen.

Die in Frankreich herrschende Zurückhaltung stand im schroffen Gegensatz zu den draufgängerischen Avancen des deutschen Kaisers. Wilhelm II. hätte sich gerne von der Pariser Menge bejubeln lassen.[29] Es ärgerte ihn, dass alle Welt in der abendländischen Kulturmetropole empfangen wurde – nur er nicht. Als unruhiger Geist durchpflügte er wie der Fliegende Holländer die Meere und hätte gerne den Weg eines französischen Staatschefs gekreuzt. Der französische Präsident Loubet war, als er 1904 von

29 Dass diese Angaben nicht mehr genauer belegt werden können, ist besonders ärgerlich. Der gelegentlich folgende 2. Bd. der von John C.G. Röhl verfassten Biographie von Wilhelm II. wird hoffentlich dazu auch Auskünfte enthalten. Bd. I zu den Jahren 1859–1888 ist 1993 erschienen.

Neapel aus auf dem Seeweg nach Hause kam und die kaiserliche «Hohenzollern» vor Sizilien lag, auf eine Begegnung gefasst, die Flaggen lagen zum Hissen bereit, die Bordkapelle hatte die kaiserliche Hymne geübt; doch auch Loubet machte nicht den ersten Schritt zu einer Begegnung, deren einziges sicheres Ergebnis die unvermeidliche Polemik im eigenen Hause gewesen wäre.[30] Noch Ende Juni 1914 hätte Aristide Briand während der Kieler Segelregatten des Kaisers Gast sein können; doch offensichtlich wollte auch er, der sich für sein nächstes Ministermandat bereithielt, nicht die Verantwortung für ein Treffen übernehmen, dessen leere Freundlichkeiten nur kompromittiert und zur Preisgabe des alten Anspruchs geführt hätten. Paradigmatisch ist das 1907 ebenfalls in Kiel geführte Gespräch zwischen dem deutschen Kaiser und dem französischen Kolonialistenführer Etienne. Es lässt sich auf drei Elemente reduzieren: 1. auf ein kaiserliches Allianzangebot, das aber nach französischer Meinung Frankreich wie Österreich-Ungarn in die Abhängigkeit von Deutschland geführt hätte, 2. auf die französische Antwort «Avant il faudrait refaire la France!» und 3. auf die verletzten Gefühle desjenigen, der den naiven Vorschlag lanciert hatte.[31] Dass nichts zu machen sei, war für Delcassé, den Aussenminister der «Entente cordiale» und den nachmaligen Botschafter in Sankt Petersburg, keine Frage. Auf seinen Reisen nach Russland pflegte er Berlin jeweils im Nachtzug zu passieren.

Neben dem nach 1905 sich nicht mehr abschwächenden Gefühl, dass eine substantielle Verständigung mit Deutschland nicht möglich sei, fand sich die Gewissheit ein, dass es zu einem militärischen Konflikt kommen müsse, dass der Krieg das einzige Mittel zur Herbeiführung eines beständigen Friedens sei. Statt nach Revanche wurde nun nach einem Frieden «sans humiliation» gerufen, und diese rhetorische Figur wurde auch von jenen gepflegt, welche die Revanche ablehnten, aber wie Clemenceau die Würde und wie Jaurès die Mission der Nation verteidigten. Die Inhalte der Losungen waren nicht die gleichen, alle meinten aber auf ihre Weise, Frankreich habe den Anspruch und die Pflicht, die Stellung einzunehmen, die es aufgrund seiner Vergangenheit und seiner kulturellen Leistungen glaubte einnehmen zu müssen.

Nach 1905 wurde die Idee der Revanche weniger von den schmerzlichen Erinnerungen an den erlebten Krieg unterhalten als von der Gewissheit, dass ein weiterer Krieg unvermeidlich sei. Der Schriftsteller Charles Péguy, der 1891 vielleicht ein Remy de Gourmont gewesen wäre (Remy de Gourmont war jedenfalls 1914 weitgehend ein Péguy geworden), kaufte sich 1905 nach der Krise von Tanger in Erwartung des Kon-

30 Möglicherweise etwas in Abel Combarieu, Sept ans à l'Elysée avec le Président Emile Loubet: de l'affaire Dreyfus à la conférence d'Algésiras 1899–1906. Paris 1932.

31 In einer anderen unpublizierten Quelle, den «Carnets» von Gabriel, ist unter dem Datum vom 12. Juli 1907 ein ausführlicher Bericht von Etienne zu entnehmen: Der Kaiser habe erklärt, Europa müsse angesichts der von Amerika und Asien («péril jaune») drohenden Gefahren zusammenstehen, es gebe nur eine Lösung, eine Allianz, worauf ihm Etienne geantwortet haben soll, ob er denn eine Allianz «avec un pays démembré» abschliessen wolle. Der Kaiser habe mit einem Gesicht («dur comme acier») geantwortet, man solle nicht meinen, dass er etwas ändern könne, «à ce qui est accompli».

fliktes Marschschuhe und Wollsocken.[32] Diese Marschbereitschaft ist nicht durch die Sehnsucht erzeugt worden, endlich die Provinzen heimzuholen. Mobilisierend wirkte das Gefühl, definitiv nicht wie Preussen nach 1806 und nicht wie Russland nach 1856 zu neuer Grösse emporzusteigen, sondern für immer eine besiegte Nation zu bleiben. Frankreich war zwar Europas Bankier, sein Genie hat der Welt die Menschenrechte und der Menschheit den Kinoapparat gegeben. Es hatte Telegraph und Tauchseeboot verbessert und die besten Piloten der noch jungen Luftschiffahrt hervorgebracht. Doch wo blieb der Lohn für diese Leistungen? Er schien ihm zu entgehen, wie der von ihm geschaffene Suezkanal ihm entgangen war.[33] In einer letzten grossen Kraftanstrengung galt es zu verhindern, dass Frankreich für immer die «rentrée» als Grossmacht verpasse. Während jenseits des Rheins Deutschland im Bewusstsein der Stärke dem Krieg entgegenmarschierte, war die Kriegswilligkeit, die sich 1914 in Frankreich manifestierte, eine Kampfbereitschaft der Schwäche – einer Schwäche, die sicher unmittelbar nach 1871 grösser war und inzwischen reduziert wurde und darum, trotz des Weiterbestehens der Schwäche, zugleich das Gefühl nährte, dass man jetzt wieder handeln könne. Barrère, der französische Botschafter in Rom, hatte schon 1903 Aussenminister Delcassé gegenüber diese Meinung vertreten: «Hier nous étions condamnés à l'impuissance, aujourd'hui nous pouvons parler et agir.»[34]

1918 aber schienen beide Ziele der Revanche erreicht. Nach seinem Triumphzug durch die wiedergewonnenen Provinzen verkündete Ministerpräsident Georges Clemenceau: «Nous sommes et nous demeurons un grand peuple.»[35]

32 Vgl. auch Raoul Girardet, Le Nationalisme français 1871–1914. Paris 1970. «L'heure de Péguy» (S. 251ff.).

33 Vgl. etwa Maurras: «Une fois de plus il était démontré que nos savants, nos ingénieurs, nos mécaniciens savent vaincre les résistances de la nature et reculer les limites de notre domaine, mais que nous ne savons pas – nous citoyens, nous Français, nous nation, [...] nous Etat – profiter de la victoire pour prendre, tout au moins, une avance considérable sur nos rivaux» (Appendice V. S. 303).

34 Barrère an Delcassé am 10. März 1903.

35 Clemenceau am 11. November 1918 vor der Nationalversammlung: «[...] la France retrouverait sa place dans le monde pour poursuivre sa course magnifique dans l'infini du progrès humain». Vgl. Discours de Guerre. 1934. S. 286. – David Robin Watson, Georges Clemenceau. A political Biography. Plymouth 1974.

Bissige Idylle – hinter dem harmlosen Deckblatt des 1913 erschienenen und von Hansi (Jean Jacques Waltz) gezeichneten und verfassten Kinderbuchs verbirgt sich explosiver Stoff. Der Autor wird von den deutschen Behörden des Hochverrats angeklagt und im Juli 1914 zu einem Jahr Gefängnis verurteilt (Hansi, Mon Village. Paris 1913. Foto: Universitätsbibliothek Basel. © Maison de Hansi).

Hansis doppelter Kampf gegen das Deutsche und die Moderne

Kinderbücher können aufschlussreiche historische Quellen sein. Hansi-Bücher sind vielleicht nur bedingt Kinderbücher – spannende historische Quellen sind sie auf jeden Fall. Sie geben Aufschlüsse über Einstellungen, die bei einem bestimmten Publikum herrschen, die durch das Buch angesprochen, bekräftigt, vertieft und weiterentwickelt werden. Der Autor ist dabei mindestens so sehr unpersönliches Medium, als er auch persönlicher Gestalter, eben Autor, ist. Der nachfolgende Beitrag lädt zur Lektüre des Textes und noch mehr der Bilder vor allem des bekanntesten Hansi-Buches «Mon Village» ein. Zur Ergänzung werden auch einige Illustrationen aus anderen Werken beigezogen. Mit dem Gang durch die Bilderwelt soll zugleich gezeigt werden, was man aus gewissen Bildern alles herauslesen kann. Doch im Wechselspiel zwischen Betrachter und Betrachtetem ist es primär das ausserbildliche Wissen, das uns sehend macht und Aspekte entdecken lässt. Anderseits soll derartiges Vorwissen auch nicht einengen. Man sollte sich auch die Chance geben, vom Bild etwas gezeigt zu bekommen, das man noch nicht «gewusst» hat.

Jean-Jacques Waltz, der später unter dem Künstlernamen Hansi berühmt werden sollte, kam am 23. Februar 1873 als jüngstes von vier Kindern in Colmar zur Welt. Er entstammte bürgerlichen und gebildeten Familienverhältnissen, die Mutter hatte ein Kollegium besucht, der Vater wurde 1881 Stadtbibliothekar und 1893 Konservator des Stadtmuseums Unterlinden. Jacques war ein schwieriger Schüler. Sein missratenes Gastspiel am Colmarer Gymnasium hinterliess bei ihm eine nachhaltige Abneigung gegen die deutsche Lehrerschaft, wie die 1908 herausgebrachten Karikaturen des «Professors Knatschke» und viele andere Figuren zeigen. Dreissig Jahre nach der unglücklichen Schulerfahrung schrieb er: «Mon séjour au lycée allemand de Colmar compte parmi les plus mauvais souvenirs de ma vie.»[1] Jacques wollte Kunstmaler werden, der Vater sorgte dafür, dass er «was Nützliches» lernte und Textilzeichner wurde.

1 Erster Satz des Vorworts in der 1912 publizierten «Histoire d'Alsace racontée aux petits enfants de France par l'oncle Hansi». Zur gesamten Problematik vgl. etwa Joerg Roesler, Die misslungene Integration Elsass-Lothringens in das Deutsche Reich nach 1871 als warnendes Beispiel in: Basler Zeitschrift für Geschichte und Altertumskunde 1996. S. 127–145. Mit politischer Schlagseite, aber auch mit nützlichen Angaben: Das Reichsland Elsass-Lothringen 1870–1918. Hrsg. im Auftrag des wissenschaftlichen Instituts der Elsass-Lothringer im Reich an der Universität Frankfurt. 3 Bde. Berlin 1931–1936. Vor allem Bd. 2. – Siehe auch Fernand L'Huillier, L'Alsace dans le Reichsland (1871–1918). In: Histoire de l'Alsace. Hrsg. v. Philippe Dollinger. Toulouse 1970. S. 433–467. – Philippe Dollinger, La «Terre d'Empire» (1900–1918). In: L'Alsace de 1900 à nos jours. Toulouse 1979. S. 15–97.

Trotzdem liess der junge Mann von seiner Liebe zum künstlerischen Zeichnen und Malen nicht ab, er betätigte sich einerseits als Landschaftsmaler, andererseits als Gestalter von Plakaten, Menükarten, Exlibrisvignetten und Anzeigen jeglicher Art. Von 1907 an war er als selbständiger Maler tätig.

Die wachsenden politischen Spannungen riefen in ihm eine neue Dimension des Gestaltens wach. Hansi, wie er sich nun nannte und spätestens seit 1906 signierte, wandte sich einem anderen Darstellungstyp zu: Er wurde Karikaturist und Zeitschriften- und Buchillustrator, aber auch schreibender Autor, denn die auf ihre Weise wichtigen Texte stammen ebenfalls von ihm. 1906 erschien die erste Serie der «Vogesenbilder», 1908 eine zweite Serie, 1912 legte er eine in 55 000 Exemplaren hergestellte «Histoire d'Alsace racontée aux petits enfants de France par l'oncle Hansi» vor, 1913 folgte das bekannteste Buch «Mon Village» mit dem revanchistischen Untertitel «ceux qui n'oublient pas». In den Jahren 1914–1918 engagierte er sich in der französischen Armee, nach 1919 folgte eine Reihe weiterer Bücher.[2]

Von seinen Geschichtsstunden sagte Hansi, dass sie die grössten Leidensmomente seiner leidvollen Schulerfahrungen gewesen seien. Man habe die Geschichte Preussens lernen und sich stets abfällige Bemerkungen über Frankreich gefallen lassen müssen, nie sei von der Französischen Revolution und von Napoleon die Rede gewesen, sonderbarerweise sei diese Periode immer in die Ferienzeit gefallen. Jetzt, 1912, habe er eine Geschichte verfasst, wie er sie schon damals gerne in den Händen der Kinder gesehen hätte. Seiner Geschichte liegt ein äusserst einfaches Muster zugrunde: Frankreich steht für die Welt des Guten, ihm gegenüber liegt die Welt des Bösen (vor allem die als brutale und räuberische Wesen dargestellten Germanen, aber auch die Hunnen und Schweden) – und dazwischen der Rhein.

«Mon Village» von 1913 ist zwar ebenfalls den «petits enfants de France» gewidmet, doch ist dieses wie jenes seiner Bücher nur bedingt ein Kinderbuch. Pierre-Marie Tyl spricht von «littérature adaptée à la psychologie enfantine»[3], doch dürfte ein Publikum jeglichen Alters anvisiert worden sein, zumal man davon ausgehen konnte, dass Eltern und Grosseltern die Bücher vorlasen. Die Kinder nehmen in diesem Buch eine wichtige Stellung ein, sie spielen, tanzen, singen, sie «hänseln» und verspotten die Fremden, sie anerkennen dagegen die einheimischen Autoritäten, sie verkörpern das Wahre, das Echte, das Reine – und die Zukunft. Das in «Mon Village» gezeichnete Dorf verkörpert das ländliche, das traditionelle, das beständige, das ewige Elsass, das für die deutschen Besatzer unerreichbar ist und Frankreich, dem derzeit unerreichbaren Vaterland, treu bleibt. Der grösste Teil der hier präsentierten Bilder stammt aus diesem Buch.

2 Vgl. Pierre-Marie Tyl, De Jean-Jacques Waltz à Hansi. In: Le grand livre de l'oncle Hansi. Paris 1982. S. 7–14. Hansi ist mit seinem grossen Talent sicher eine ausserordentliche Erscheinung; diese bettete sich aber ein in ein breiteres publizistisches Phänomen, an dem sich auch andere beteiligten.

3 Ebenda, S. 11.

Zu Abbildung 1: In der Dorfschule (S. 6) sitzt Hansi gleich in dreifacher Ausführung: einmal als Karikaturist des Lehrers, einer Kleinausgabe des Professors Knatschke. Von ihm heisst es, dass er wenig wisse, aber hart und hochnäsig sei und nur ein geschraubtes Hochdeutsch rede. Hansis Geringschätzung kommt auch in der Beschreibung der Kleider zum Ausdruck: Der Lehrer trage einen falschen Kragen aus Kautschuk und einen (typisch) grünen Kittel. Der zweite Hansi hält eines der beliebten und geliebten Soldatenbildchen von Epilal in den Händen. An anderer Stelle (S. 14) heisst es, dass diese Bildchen derart beliebt seien, dass man vier Bildchen von deutschen Soldaten anbieten müsse, wenn man im Tausch einen französischen Soldaten erwerben wolle. Der dritte Hansi malt dem artigen Karlchen, dem ebenfalls grün gekleideten Sohn des deutschen Dorfpolizisten, eine Pickelhaube auf den Rücken. Schulwandkarte, angeschnittenes Kaiserporträt und Wandtafeltext zeigen, wie sehr der Unterricht auf Deutschland ausgerichtet ist.

Zu Abbildung 2: Dieses Bild aus der Elsassgeschichte von 1912 (S. 99) zeigt Hansi als Landschaftsmaler, eine Elsässerin (oder die Alsatia) schaut ihm über die Schulter. Der Künstler bevorzugt das echt romantische Ruinenmotiv der einer falschen Romantik huldigenden Hochkönigsburg im Hintergrund. Sie ist von Schlettstadt 1901 dem deutschen Kaiser als Ruine geschenkt worden, vielleicht um Unterhaltskosten an ihn abzuwälzen. 1908 ersteht sie in «neuem» Glanz, ein Teil des vier Millionen Mark teuren Baus kam zum Teil wahrscheinlich aber doch auch aus elsässisch-lothringischem Steuergeld. Die neomittelalterliche Burg wurde, wie die Kolonne grün gekleideter Pilger zeigt, schnell zu einem populären Ausflugsziel deutscher Tagestouristen. Im anschliessenden Text verbittet sich der Autor, dass den Elsässern die deutsche Kultur als hochstehend präsentiert werde. Die Deutschen müssten zuerst den über Jahrhunderte gewachsenen Vorsprung der Franzosen einholen. Dass die Deutschen keine Kultur hätten, wurde auch zum Ausdruck gebracht durch die Gegenüberstellung von eingehend und lustvoll umschriebenen elsässischen Gerichten einerseits und den ewigen Butterbroten andererseits (vgl. dazu auch Abbildung 6).[4] Und den Kaiser lässt er zur Hochkönigsburg an anderer Stelle sagen: «Jetzt haben wir den Elsässern an Stelle ihres ollen Trümmerhaufens eine hochromantische Ritterburg hinjebaut, und die Leute sind womöglich noch immer nicht zufrieden.»

Zu Abbildung 3: Die Erzählung von «Mon Village» hat einen Anfang und ein Ende, einen Morgen und einen Abend und zugleich einen Frühling und einen Winter vor dem nächsten definitiven Frühling. Dazwischen ist Mittag und zugleich Sommer. Dieses Bild hält den Moment fest, da nach dem Winter der erste Storch im Dorf eintrifft, ein Grossmutter-Storch, wie es heisst. Daneben (hier nicht abgebildet) ein kleines suggestives Bild dieser Mutter aller Störche, nicht mit einem jungen Storch im Schnabel, sondern mit einem kleinen Franzosensoldaten, in seinen unverkennbaren roten Hosen. Der Storch kommt aus Afrika, er kommt aber vor allem aus Frankreich,

4 Dass die Deutschen kulinarische Barbaren seien, hielt ein elsässischer Zeitgenosse für erwiesen, weil diese die Spargel ganz essen würden, derweil die Elsässer nur die obere Hälfte essen (Jules Froelich, Le Pangermanisme en Alsace. Paris/Nancy 1913. S. 16).

über die Vogesen geflogen, und er wird mit der jungen französischen Luftwaffe gleichgesetzt: «Tout comme les aréoplanes qui viennent de France […].» Im Unterschied zu den französischen Flugzeugen landet der Storch, sozusagen ein Vorbote in mehrfacher Hinsicht. Darum die grosse Aufregung im «village», man strömt zusammen, heisst den Boten der neuen Jahreszeit willkommen. Die dörfliche Gesellschaft, die sich hier versammelt, ist allerdings nicht intakt. Es fehlen die Männer der mittleren Generation. Unter den Kindern der alte, von den Deutschen in Pension geschickte Schulmeister, auch der Curé ist da, neben ihm ein Grossvater – und der einsame preussische Dorfpolizist, ein «lourdeau de race étrangère». Er kommt herbeigeeilt, um den Grund der «Zusammenrottung» abzuklären. Der Storch wird beneidet, weil er jedes Jahr über die Vogesen nach Frankreich fliegen kann. Das ist die umgekehrte Perspektive der in der Metropole lebenden Heimwehelsässer, die sehnsuchtsvoll nach der «ligne bleue des Vosges» blicken. Der Storch wird, was einer Aufforderung zur Invasion gleichkommt, gebeten, beim nächsten Rückflug einen «p'tit piou-piou» (wie der Kosename für die jungen französischen Soldaten heisst) mitzubringen. Der Storch, ein Hoffnungssymbol: Auf den Winter der Okkupation soll der Frühling der Befreiung folgen.

Zu Abbildung 4: Von dieser Kirmes sagt Hansi (S. 22), dass sie erst beginnen kann, nachdem der erneut als in der bunten Menge isoliert dargestellte Dorfpolizist abgeklärt hat, dass keine falschen Fahnen gehisst worden sind. Gemäss der geltenden Fahnenordnung dürfe die Trikolore auf dem Freiheitsbaum im Hintergrund nicht gezeigt werden. Das Elsässer Volk tanzt um den Freiheitsbaum. Von den Vögeln auf diesem Baum sagt Hansi, dass sie zu zwitschern aufhören, wenn der Dorfpolizist vorbeigeht. Vorne links zwei wiederum grün gekleidete Fremdlinge und Eindringlinge, abgehalten von einem mit Spielzeugpistole ausgerüsteten Buben. Im mittleren Vordergrund ein anderer Bub und ein Mädchen, das Mädchen mit einem Lebkuchenherz, in das ein abgebildeter französischer Soldat gleichsam eingeschlossen ist. Hier soll uns aber vor allem die Dreiergruppe am rechten Bildrand interessieren: Ein preussischer Leutnant hat zwei Dorfschönen wahrscheinlich Avancen gemacht, er wird aber abgewiesen, das dahinter vorbeiziehende Paar steht für das erwartete «richtige» Verhalten. Hansi zeigt uns keine «Okkupantenliebchen», deutsch-französische Mischehen hat es aber in grösserer Zahl gegeben. 1910 gab es neben den rund 9000 innerelsässisch-lothringischen Eheabschlüssen rund 3000, bei denen eine Hälfte nicht aus Elsass-Lothringen stammte. Davon hatten 50 Prozent einen Partner aus Deutschland und nur 10 Prozent einen Partner aus Frankreich. Von den rund 1500 deutschen Partnern sind zwei Drittel Männer und ein Drittel Frauen. 519 Männer elsässisch-lothringischer Herkunft sind nicht in die Fremdenlegion gegangen (vgl. Abbildung 5), sondern haben eine Deutsche geheiratet. 20 Prozent der Eheabschlüsse kommen unter Deutschen zustande (das grüne Paar auf der linken Seite könnte hier mitgemeint sein). Auch dieses Phänomen wurde kritisch beurteilt und als Indiz für eine separate Besatzungsgesellschaft ohne Assimilationsdruck gewertet. Das sind im übrigen Durchschnittswerte. Einwanderungen produzieren aber stets Zonen mit stärkerer Immigrantenpräsenz. Um 1895 hatte die Hälfte der Bevölkerung in Strassburg und Metz deutsche Staatsbürgerschaft, in Colmar war es ein Fünftel. Um 1904 lag der Durchschnitt für das gesamte Elsass-Lothringen noch etwas tiefer, nämlich bei einem Sechstel. Zur massiven Einwanderung von, je nach Schätzung, insgesamt 240 000–400 000 kam noch eine Abwanderung von Elsässern nach Frankreich. Ein wichtiger und zeichnerisch in verschiedenen Varianten festgehaltener Vorwurf: Die deutschen Ehepaare waren reproduktionsfreudiger, hatten in der Regel viel mehr Kinder, die dann im Gegensatz zu den elsässischen Kinderlein als unsympathische Wesen dargestellt wurden.

Zu Abbildung 5: Diese beiden Personen befinden sich – im «village» – auf dem sonntäglichen Kirchgang (S. 10). Es ist die erste und die dritte Generation, Grossvater und Grosskind. Der Grossvater mit Orden, die er im Krimkrieg (1855), im Italienfeldzug (1859) und selbstverständlich im letzten Krieg (1870/71) erworben hat. Die zweite Generation fehlt, der Vater musste fliehen, weil er, wie im Buch erklärt wird, an einem heimlich gefeierten 14 Juillet über den Kaiser geschnödet hat und denunziert worden ist – von einem Ausländer natürlich, einem badischen Musikanten. Der Vater ist jetzt, wie man im Buch weiterlesen kann, in der Fremdenlegion, er kämpft in Afrika für Frankreichs Grösse und hat es sogar zum Sergeant-Major gebracht. Im Elsass sei der Vater als Deserteur eingestuft, seine Güter seien konfisziert worden, die Mutter sei über diesem Elend gestorben. Doch der Vater schickt dem Buben bunte Bildchen, die der Sohn ins Gesangbuch legt. Eine etwas sonderbare Kombination, die zeigt, wie sehr der auf Frankreich ausgerichtete Patriotismus zur Religion geworden ist. Wenn dieser fiktive Vater 1872 das Elsass verlassen hat, gehört er zu den rund 26 000 Refraktären, die in diesem Jahr verzeichnet worden sind. Das waren Dreiviertel der Stellungspflichtigen. 1878 ist es mit rund 10 000 noch knapp ein Viertel, 1884 sind es noch 4000, 1894 noch knappe 2000. Fazit: Die Erosion des Vergessens hat ihre deutlichen Folgen. Das Schicksal des «village»-Vaters ist keineswegs repräsentativ. Wir erinnern uns: Hansis Vater ist 1871 nicht ausgewandert: Einerseits war er zuwenig vermögend, um das ohne Erschwernis tun zu können; anderseits war er auch zuwenig arm, so dass er nichts zu verlieren gehabt hätte. Zudem war Vater Waltz bereits 34 Jahre alt und nicht mehr der Gefahr ausgesetzt, dass er im deutschen Heer hätte Dienst leisten müssen. Bis zum 1. Oktober 1872 konnten die Elsässer für die französische Staatsbürgerschaft optieren, was, nachdem das regionale und kollektive Selbstbestimmungsrecht verweigert worden war, als Möglichkeit der individuellen «Selbstbestimmung» angepriesen wurde. Etwa 12,5 Prozent (rund 160 000) machten von diesem Optionsrecht theoretischen Gebrauch, doch mindestens zwei Drittel wurden später annulliert, weil die Option nur zählte, wenn man auch auswanderte.[5] Auf den ersten Schub folgte indessen jahrgangsweise die Auswanderung der stellungspflichtigen Elsässer.

Zu Abbildung 6: Diese in den «Vogesenbildern» als Bild X präsentierte deutsche (und darum in Grün gekleidete) Familie hat ebenfalls einen Ausflug auf die noch im Bau befindliche Hochkönigsburg unternommen. Hansi zeigt in einem anderen Bild

5 Alfred Wahl, L'option et l'émigration des Alsaciens-Lorrains, 1871–1872. Paris 1974 (Diss. Metz 1972).

zwei Ausflügler, die sich verwundert fragen, warum die Elsässer sogleich merkten, dass sie Deutsche seien. Von ihren Kleidern, sagt Hansi, sie seien eben immer grün, vom Spinatgrün zum Senfgrün, es sei aber nie das Grün der Hoffnung. Die Erläuterungen zu diesem Bild lassen den Vater sagen: «Zunächst werde ich euch in einem kurzen Vortrag die Anlage der deutschen Ritterburg erklären und deren wichtigste Teile, nämlich Bergfried, Palas und Wehrgang beschreiben; daran anschliessend wird uns Karlchen das schöne Gedicht ‹Des Sängers Fluch› vortragen und so die romantische Stimmung erhöhen, worauf wir uns an dem mitgebrachten Butterbrot gütlich tun werden.» Sonderbar die vorne rechts das Bild anschneidenden Eisenbahnschienen, im konkreten ein Realelement der Baustelle, auf der symbolischen Ebene ein Kontrastsignal der Moderne.

Zu Abbildung 7: Die Elsässer feiern ihre Kilbi, des Kaisers Geburtstag lassen sie aus, aber den Geburtstag der französischen Nation wollen sie begehen, sie müssen dafür aber in die französische Nachbarschaft gehen, zum Beispiel wie hier nach Nancy, auf die Place Stanislas mit Jean Lemours prachtvollem Gitterwerk (S. 29). Wie heute noch gibt der Auftritt tollkühner Piloten (eines der beiden Flugzeuge in umgekehrter Lage) dem 14 Juillet eine zusätzliche Note. Hansi sagt, man erkenne am folgenden Tag die Elsässer, die an diesem Fest teilgenommen haben, am heimlichen Strahlen ihrer Augen.[6] Und die ungeliebten Deutschen, die sich an dieses französische Nationalfest verirrt haben, sind rechts unten sogleich an ihren grünen Kleidern erkennbar.

Zu Abbildung 8: Ausser Nancy mit seiner Parade gab es noch andere Orte, wo die Seele der Elsässer mit ihrem fernen und doch nahen Vaterland kommunizieren konnte: insbesondere das Schlachtfeld von Wissembourg. Auf dem Gefallenendenkmal zaubert der gallische Hahn über glühendem Abendrot kampfeswillige Schwadronen über dem Horizont hervor. Nur Kinder wagten sich an diesen Ort, für Erwachsene sei er viel zu gefährlich (S. 27). In Wirklichkeit ist dieses Denkmal 1909 in Anwesenheit einer grossen Menge eingeweiht und bei diesem Anlass auch die Marseillaise gesungen worden.

Zu Abbildung 9: Noch schläft das Kind bei dumpfem Kanonendonner, wie Hansi sagt, deutsche Kanonen, denn Deutschland wisse, dass nur mit Schwert behalten werden könne, was mit Schwert gewonnen (S. 32). Von Zeit zu Zeit etwas entfernter wie ein Echo könne man auch französische Geschütze hören. Denn Frankreich sei auf der Hut. Das schlafende Elsässer Kind hält eine Puppe eines französischen Soldaten im Arm. Man kann noch einen Teil der «pantalons rouges» sehen.

Zu Abbildung 10: November 1918: Der Krieg ist vorbei, das Elsass erwacht, vom «poilu» geweckt, aus seinem Dornröschenschlaf (L'Alsace heureuse. Paris, 1919). Im Hintergrund das Strassburger Münster mit der Trikolore. Es war aber nicht mehr das gleiche Elsass wie das von 1870, das da erwachte. Es war ein Elsass, das seine Identität im Widerstand gegen Deutschland gestärkt und 1911 eine Landtagsverfassung er-

6 Das Überschreiten der Grenze wurde als temporäre Befreiung empfunden, die Rückkehr wie eine neuerliche Inbesitznahme durch den deutschen Polizisten. Vgl. Alfred Wahl und Jean Claude Richez, L'Alsace entre France et Allemagne 1850–1950. Paris 1993. S. 220.

kämpft hatte.[7] Das war nur teilweise mit dem ganz auf Frankreich ausgerichteten Elsass kompatibel, das Hansi zu einem Bild verdichtet hatte. Der «poilu», der französische Soldat, der im Schützengraben mit seiner Tapferkeit «du poil» beweisen musste, war das positive Gegenstück zum Feindbild des deutschen Soldaten. 1913 wäre es in «Mon Village», schon wegen der Aufsicht der Besatzungsbehörde, undenkbar gewesen, dass Hansi die deutschen Soldaten negativ dargestellt hätte. Erst 1915/16 in einer späteren Ausgabe der «Histoire d'Alsace racontée aux petits enfants de France par l'oncle Hansi» von 1912 gibt es die erste gegen das Militär gerichtete Karikatur zur «Affäre von Zabern» (Saverne). 1920 bricht dann aber das Negativbild des hässlichen Deutschen voll durch: Hansi zeigt stets den gleichen, aber in immer neuen Uniformen gekleideten deutschen Soldaten 1871 als «Prussien», 1912 als «Schwob» und 1917 als «Boche».[8]

Hansi stellte, wie hätte es auch anders sein können, in seiner politischen Polemik die deutsche Repression schärfer dar, als sie war (vgl. Abbildung 8). Das konnte zur witzigen Behauptung führen, dass die Behörden einen Drachen in rot-weisser Farbe (als den Farben des Elsass) konfisziert hätten, weil er, einmal in der Luft, zusammen mit dem blauen Himmel eine französische Trikolore ergeben habe. Anderseits lockte er die repressive Seite der Besetzer mit seiner Agitation heraus, und deren Reaktionen gaben seiner Darstellung sekundär doch recht. Hansi machte sich über die heftigen Überreaktionen der Besatzer auf jede subversive Geste lustig. Sie würden zwar über Tausende von Soldaten verfügen, über Festungen und Kruppkanonen, Zeppeline und sich doch vor verunsichernden Kleinigkeiten fürchten.

Bereits im Mai 1913 hatte er eine Busse von 900 Mark erhalten, weil er mit seinem «Histoire d'Alsace» (1912) die deutsche Gemeinschaft beleidigt habe – «la collectivité des Allemands venus en Alsace après 1870». Bezüglich «Mon Village» warfen die Behörden dem Autor Beleidigung von Amtspersonen, Polizisten und Lehrern, und Anstiftung zur gewaltsamen Trennung vom Reich vor, weniger in Worten als im Bild (delikat sind diesbezüglich vor allem die Abbildungen 3 und 8). Der Staatsanwalt beantragte im Mai 1914 sechs Monate Haft und 1000 Mark Busse. Das Colmarer Strafgericht erklärte sich aber für nicht zuständig, das Verfahren müsse, da es um Hochverrat ging, am Reichsgericht in Leipzig weitergeführt werden. Hansi wurde elf Tage lang eingesperrt und dann gegen eine hohe Kaution freigelassen. In Leipzig verurteilte ihn das Gericht am 9. Juli 1914, mithin drei Wochen vor Kriegsausbruch, wegen des Buches «Mon Village» zu einem Jahr Gefängnis. Hinzu kamen andere, zuvor nur

7 Vgl. auch Hans-Ulrich Wehler, Elsass-Lothringen von 1870–1918. Das «Reichsland» als politisch-staatsrechtliches Problem des zweiten deutschen Kaiserreichs. In: Zeitschrift für die Geschichte des Oberrheins. 109. Band (in der neuen Folge 70. Band). Karlsruhe 1961. S. 133–199.

8 «Schwob» war weniger Schimpfwort als Spitzname (sobriquet) für Deutsche im Ausland. «Boche» war dagegen Ausdruck tiefster Verachtung und grenzenlosen Hasses. Der Ausdruck sei bereits 1880 belegt, unterschiedlich erklärt als Ableitungen von «caboche» (Grosskopf), vom meridionalen «tête de boche», von «almoche» (hässlich), vgl. Albert Dauzat, L'argot de guerre. Paris 1918. Von 1919 an redet Hansi mit Vorliebe vom «soldat boche», vom «ancien maire boche», von den «fonctionnaires boches», vom «avocat boche», die gefährlichsten seien aber der von elsässischen Notabeln geschützte und empfohlene «Boche protégé» oder der «Boche recommandé».

bedingt ausgesprochene Strafen. Hansi, wieder in Colmar, entwischte seiner Bewachung, floh mit dem Zug nach St-Louis und ging von dort zu Fuss nach Basel. Dort musste er, nach eigener Schilderung, sich aber in acht nehmen, «car à Bâle la police allemande était toute puissante».[9] Kurz darauf verliess er die Schweiz wieder, er ging nach Belfort und stiess dort zur französischen Armee.

Jean-Jacques Waltz war beileibe nicht das einzige Opfer der deutschen Repression. Eine wichtige Widerstandsfigur war Abbé Emil Wetterle, ein elsässischer Abgeordneter im deutschen Reichstag (in der gleichen Fraktion mit Vertretern der dänischen und polnischen Minderheiten). Als Redaktor des «Nouvelliste d'Alsace-Lorraine» führte er 1909 eine heftige Fehde gegen die «Strassburger Post», weil dieses pangermanische Blatt den Rektor des Strassburger Gymnasiums, einen Herrn Gneisse, eine Kampagne gegen die angebliche Welschisierung des Elsass führen liess (zur Diskussion stand Französischunterricht in der Grundschule) und in das Verbot französischer Vornamen und von französischen Grabinschriften mündete.[10] Wetterles Stellungnahme, angereichert mit einer Karikatur Gneisses, wurde als Flugblatt verteilt und kam so in die Hände von Schülern. Gneisse klagte als Privatmann, Wetterle wurde zu zwei Monaten Gefängnis verurteilt. Vor der Haft betrug die Auflage von Wetterles Blatt 400 Exemplare, nach der Haft deren 3000. Und aus Paris durfte er eine Jeanne d'Arc in Bronze in Empfang nehmen.

Ein Freund Wetterles machte Gneisse nach der Formel «C'est le ridicul qui tue» das schriftliche Angebot, in einem Colmarer Café Théâtre zu einer Traumgage abends ein paar Sätze aus seiner Anklageschrift zu rezitieren. Dieser Freund war auch der Autor der Karikatur und wurde im gleichen Prozess zu einer Busse von 500 Mark verurteilt. Dieser Freund hiess Hansi und holte den Betrag für die Busse wieder herein, indem er Karikaturen von Deutschen zeichnete und verkaufte. – Charles Bahy, der 1908 Hansis «Professor Knatschke» verlegt hatte, sah indes von einer Neuauflage ab, weil er als Schweizer die Ausweisung aus dem Elsass riskierte.[11]

Bis 1902 hatten die meisten Repressionsmassnahmen auf dem 1871 erlassenen Diktaturparagraphen beruht. Nach dessen Aufhebung im Jahr 1902 griffen die Behörden auf ältere französische Gesetze von 1849 und 1852 zurück. Die Grundrechte waren mit Zeitungsverboten und Versammlungsverboten erheblich eingeschränkt, wer dage-

9 Hansis Schilderung des ganzen Verfahrens und mit Zeichnungen aus seiner Haft «d'après nature» in: «L'Alsace heureuse». Paris 1920. S. 14–20.

10 Dem Schweizer Paul Seippel fiel schon 1894 auf einer Elsassreise auf, wie die Deutschen das Französische beseitigen wollten. Er zitierte Jean Heimweh (vgl. den Aufsatz über die Idee der Revanche in diesem Band S. 525–539), der beschreibt, wie auf den Mützen der Angestellten das französische «Gaz» ins deutsche «Gas» umgewandelt wurde (En Alsace-Lorraine. In: Zofinger Zentralblatt. März 1913. S. 470–479).

11 Auch der in Strassburg tätige Schweizer Buchhändler Emil Brunner wurde im Sommer 1913 ausgewiesen, weil er Hansi-Bücher vertrieben hatte. Der Bundesrat befasste sich mit diesem Fall. Das Eidgenössische Politische Departement hielt aber ungerührt fest: Der Buchhändler habe ausgesprochen chauvinistisch-französische und deutschfeindliche Publikationen vertrieben, darum falle die Verantwortung für sein Verhalten auf ihn zurück (DDS Bd. 5. Nr. 375, vorher auch Nr. 364).

gen verstiess, riskierte die Verbannung. Die auffallende Betonung der eigenen regionalen Kultur diente der Abwehr einer doppelten Entfremdung: zum einen der Entfremdung infolge des Imports der Besatzerkultur und zum anderen der Entfremdung durch die rasante Modernisierung, die in jenen Jahren auch und vielleicht insbesondere das Elsass erfasste.

Die Deutschen haben im Elsass, zumal in den Jahren zwischen 1900 und 1914, die Modernisierung stark vorangetrieben, im wirtschaftlichen Bereich, mit einer regen Bautätigkeit, in der Verwaltung, im öffentlichen Verkehr. Beide Dynamiken, die der Einwanderung und der Modernisierung, wirkten zusammen in der öffentlichen Verwaltung, in der es auch zu einer massiven Verdrängung der alteingesessenen Beamten kam, was zu einer weiteren Verstärkung der ursächlichen Faktoren führte. Aus der von Hansi eingenommenen Position konnte man gegen beides je einzeln sein, gegen das Deutsche und gegen die Modernisierung, erst recht musste man dagegen kämpfen, wenn es als doppelte Überfremdung kombiniert auftrat.

Die zweite Ablehnungsfront wurde bisher zuwenig wahrgenommen. Sie kam aber schon in den «Vogesenbildern» (Bild V) klar zum Vorschein: Ganz in der Mentalität des gleichzeitig sich auch in der Schweiz manifestierenden Heimatschutzes,[12] setzte sich Hansi für die Erhaltung von Kunstdenkmälern in ihrem ursprünglichen Zustand ein und bekämpfte die von den Deutschen (wie im Falle der Hochkönigsburg) vorgenommenen «Verschönerungen». Am Beispiel des Storchentores von Türkheim (vgl. Abbildung 11) zeigte er, was dabei herauskommen, wenn man die geschmacklosen Deutschen machen liesse: So würden an den «malerischsten Stellen» Ecken und Türmchen angebracht, diese allerdings auch als Leitungsmaste gebraucht, hinzu kam ein ebenfalls «malerischer» Zinnenkranz, nichtvorhandene Ecksteine wurden mit rosafleischfarbener Ölfarbe nachgeahmt, und – besonders wichtig – der natürliche Storch wurde durch einen künstlichen ersetzt: «Da die Störche das schöngemusterte (ebenfalls neue) Dach beschmutzen, und auch sehr oft nicht da sind, dürfte es sich empfehlen, einen solchen aus Blech auf dem Neste anzubringen.»

12 Vgl. den Aufsatz «Krisenreaktionen in der französischen Schweiz vor 1914» in: Georg Kreis, Vorgeschichten zur Gegenwart. Ausgewählte Aufsätze. Bd. 1. Basel 2003. S. 413–427.

Abbildung 1[13]

Abbildung 2

13 Abbildungen 1 bis 11: © Maison de Hansi.

Abbildung 3

Abbildung 4

Abbildung 5

Abbildung 6

Abbildung 7

Abbildung 8

Abbildung 9

Abbildung 10

Abbildung 11

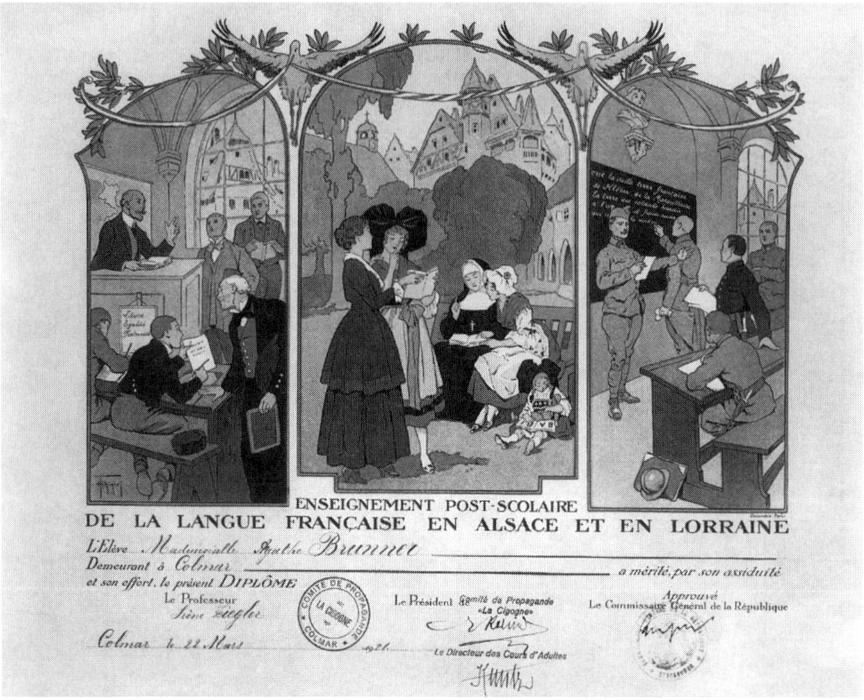

Umerziehung an breitester Front: in der Schule, bei den Frauen, beim Militär. Wer einen Umerziehungskurs absolviert hatte, bekam, wie hier Fräulein Brunner 1921, ein wohl auch die Chancen auf dem Arbeitsmarkt steigerndes und mit vier Unterschriften versehenes Diplom vom Propagandakomitee «Storch» – «La cigogne» – ausgehändigt (La Lettre de l'Historial Nr. 18. Juni 2003).

Der elsässische Partikularismus im Spannungsfeld des deutsch-französischen Gegensatzes 1918–1939

Ich komme, wie Sie wissen, aus Basel.[1] Und ich komme mit einem Thema im Gepäck, das ein europäisches ist, das Geschichte der internationalen Beziehungen und Regionalgeschichte kombiniert. Offenbar gehört das Elsass zum Repertoire von Historikern, die in Basel zu Hause sind.[2] Ich habe mich tatsächlich von der Elsassfrage (wie übrigens auch von der Jurafrage) schon immer angezogen gefühlt, habe über das Elsass der Jahre vor 1914 gearbeitet, bin da auch dem Büchermacher Hansi (Jean-Jacques Waltz) begegnet.[3] In der Auseinandersetzung mit der Zwischenkriegszeit musste ich mich auch mit der Zeit befassen, in der die Literatur dazu entstanden ist, das heisst mit den 1970er Jahren. Ist von «Elsassfrage» die Rede, gehen bei gewissen Leuten die Warnlampen an oder wird auch gleich geschossen, weil man damit automatisch eine Infragestellung des Status quo verbindet und etwas, was es in der entsprechend tabuisierten Realität gar nicht gebe, sondern nur als annexionistisches Programm. Die Elsassfrage in Form der Frage «Wieviel Autonomie für ein umstrittenes Grenzgebiet?» bestand schon vor 1918, und sie bestand auch nach 1939 sowie in den 1970er Jahren, als das Grenzgebiet wahrlich nicht mehr umstritten war. Die Frage hatte ihre Konjunkturen und innerhalb der grossen Wellen feinere Binnenkonjunkturen. Und sie hatte über das kollektive Gedächtnis eine anhaltende Sprengkraft, die darin bestand, dass die schwierigen Erfahrungen vorangegangener Zeiten in den nachfolgenden Zeiten präsent waren und einen eigenen Faktor bildeten.

Im allgemeinen Sieges- und Erlösungstaumel von 1918 schien sich die wiedergewonnene Provinz mit ihrem Mutterland von 1870 problemlos zu verschmelzen. Auf

1 Gastvortrag an der Universität Bern vom 10. Mai 2004. Abgesehen von der nachfolgend zitierten Literatur sind zu diesem Zeitraum zu nennen: Irmgard Grünewald, Die Elsass-Lothringer im Reich. Ihre Organisation zwischen Interpretation und Kampf um die Seele ihrer Heimat. 1918–1933. Frankfurt 1984 (Europäische Hochschulschriften III, Bd. 23). – Christian Baechler, L'Alsace-Lorraine dans les relations franco-allemandes de 1918 à 1933. In: La France et l'Allemagne entre les deux guerres mondiales. Hrsg. v. Jacques Bariéty u.a. Nancy 1988 (Actes du colloque, Sorbonne, Paris, Jan. 1987). S. 69–109. – Bernard Vogler, Comment l'Alsace est devenue française. In: L'Histoire 45, Mai 1982. S. 6–19. Dieser Beitrag äussert sich vor allem zu den frühen Phasen, die Zeit seit 1918 wird nur kurz gestreift. Wichtig ist, dass aber auch er zu dieser Zeit bemerkt: «En fait, le retour à la France va très vite provoquer un malaise, en raison de l'incapacité de la classe politique française, marquée par le jacobinisme, d'admettre le droit à la différence» (S. 17).

2 Vgl. etwa das Werk von Rudolf Wackernagel von 1919.

3 Vgl. den entsprechenden Beitrag in diesem Band. S. 541–555.

elsässischer Seite wurde gejubelt: «L'âme de l'Alsace, c'est l'âme de la France.»[4] Weder in Frankreich noch im Elsass glaubte man die Wiedervereinigungsfrage einem Plebiszit unterziehen zu müssen. Das Selbstbestimmungsrecht der Elsässer war ein Prinzip, das – gerade von französischer Seite – nur in den Jahren 1871–1914 gefordert wurde.[5] Der französische Staatspräsident Raymond Poincaré deutete in seiner Strassburger Rede vom 9. Dezember 1918 den enthusiastischen Empfang, den die elsässische Bevölkerung den einmarschierenden Truppen der *Grande Armée* bereitet hatte, als klares Bekenntnis zu Frankreich und rief in die Menge: «Le plébiscite est fait!» Dieser präsidiale Ausspruch entsprang allerdings einem kleinen Regiefehler, war man doch auf französischer Seite ganz entschieden der Meinung, dass es überhaupt kein Plebiszit brauche, also auch keine positive Manifestation, keine Akklamation am Strassenrand, um die Rücknahme des Raubs von 1871 zu legitimieren.[6]

Die partikularistischen «Heimatrechtler» beriefen sich, als sie in den 1920er Jahren das Selbstbestimmungsrecht forderten, denn auch prompt auf diese Plebiszitäusserung, etwa in dem Sinn, dass wer zu einem bestimmten Zeitpunkt ein positives Plebiszit abgeben kann, das Recht haben müsste, unter veränderten Bedingungen auch einmal ein negatives Plebiszit abzugeben. Schon 1920 gab sich der Autor einer Denkschrift überzeugt, dass eine Volksabstimmung für Frankreich jetzt negativ ausginge: Die Deutschen hätten es in 50 Jahren nicht fertiggebracht, dass sie geliebt würden; den Franzosen sei es in 20 Monaten dagegen gelungen, dafür zu sorgen, dass sie gehasst würden.[7]

Noch heute gibt es deutsche Stimmen, die bezweifeln, dass 1918 überall gejubelt wurde, und darauf hinweisen, dass es sich auch nur um Freude über die Beendigung des Kriegs gehandelt haben könnte.[8] Man könnte – wie im Falle des angeblichen oder tatsächlichen Kriegsjubels im Frankreich von 1914[9] – noch weiter abklären wollen, wie die Reaktionen im Moment des Einmarsches tatsächlich waren. Sicher verliefen diese nach der Dramaturgie der «Libération», die immer Sieger und Verlierer kennt. Unbestritten ist aber, dass die Haltungen davor und danach durchaus gemischt waren:

4 Roger Dumont, dem dieses Diktum für 1919 zugeschrieben wird, sah dann 1926 im elsässischen Malaise ein Symptom für eine gesamtfranzösische Verwaltungsproblematik (Karl-Heinz Rothenberger, Die elsass-lothringische Heimat- und Autonomiebewegung. S. 28, vgl. Anm. 6).

5 Vgl. etwa René Henry, La Question d'Alsace-Lorraine. In: Questions diplomatiques et coloniales, t. XVII. 1904. S. 161–171. Der Autor erklärt, Frankreich sei im Falle der «réunification» von Savoyen und Nizza anders vorgegangen, und er beruft sich, was das Selbstbestimmungsrecht betrifft, auf den schweizerischen Staatsrechtler Johann Kaspar Bluntschli (S. 166 und 168).

6 Karl-Heinz Rothenberger, Die elsass-lothringische Heimat- und Autonomiebewegung zwischen den beiden Weltkriegen. Bern 1976 (Europäische Hochschulschriften). S. 34; zum Regiefehler S. 270ff.

7 Karl-Heinz Rothenberger, Die elsass-lothringische Heimat- und Autonomiebewegung. S. 46.

8 Eduard Haug, L'Alsace und Elsass. Notwendige Anmerkungen und Ergänzungen zu einer Darstellung der elsässischen Geschichte. Filderstadt 1989 (Schrift der Gesellschaft der Freunde und Förderer der Erwin von Steinbach-Stiftung). S. 14ff. Kommentar zu einem französisch-deutschen Film und Begleitheft.

9 Jean-Jacques Becker, Comment les Français sont entrés dans la guerre. Paris 1977.

Gemischt und unterscheidbar am ehesten nach Alterskategorien. Die Begeisterung der jüngeren Menschen dürfte sich in Grenzen gehalten haben. In der Stadtbevölkerung dominierte die Sympathie für Frankreich, bei den Weinbauern herrschten dagegen Skepsis und dunkle Befürchtung wegen der nun wieder stärker werdenden Konkurrenz durch die französische Weinproduktion.[10]

Diese Skepsis wurde von der nationalen Propaganda übertönt. Frankreich wurde als starke Schutzpatronin, das Elsass als hilfsbedürftiger Schützling gedeutet, die Elsässer wurden zu Superfranzosen hochgejubelt, das Elsass zu nichts weniger als zur Seele Frankreichs stilisiert.[11]

Schon bald wurde man sich beiderseits, ganz besonders aber auf der elsässischen Seite bewusst, dass die Proklamation von 1918, wonach die französischen und die elsässischen Interessen identisch seien, auf einem Missverständnis beruhte. Der Prozess dieses Bewusstwerdens und die folgenden Manifestationen des partikularistischen Bewusstseins lassen sich in vier Phasen gliedern:

1. Die Jahre 1919–1924 als Phase der Wahrnehmung der Andersartigkeit,
2. die Jahre 1924–1927 als Phase der Intensivierung des Sonderbewusstseins,
3. die Jahre 1928/29 als Kulminationsphase und
4. der Niedergang der Autonomiebewegung in den Jahren 1930–1939 mit einem letzten kleinen Aufschwung in den Jahren 1936/37.

Wahrnehmung, Ansteigen, Kulmination und Niedergang – diese Prozesse lassen sich formal und zum Teil quantifizierbar feststellen: an den Wählerstimmen, Zeitungsgründungen und -auflagen, an der Versammlungshäufigkeit und an der weiteren Mobilisierbarkeit im Rahmen von Petitions- und Streikaktionen; sie lassen sich aber auch inhaltlich definieren anhand der Tragweite der partikularistischen Zielsetzungen.

Soviel zur Einleitung. Die weiteren Ausführungen werden sich jetzt mit dem elsässischen Partikularismus als solchem befassen, dann in einem zweiten Kapitel die Haltung Deutschlands und in einem dritten Kapitel diejenige Frankreichs darlegen und untersuchen, welche Anteile die beiden Haltungen an der Herausbildung des Phänomens hatten; im vierten Kapitel komme ich auf die wirtschaftlichen Bedingtheiten zu sprechen, und abschliessend wird die Rede sein vom internationalen Kontext und vom Elsass am Vorabend des Zweiten Weltkrieges.

10 Alfred Wahl und Jean Claude Richez, L'Alsace entre France et Allemagne 1850–1950. Paris 1993. S. 252.

11 Vgl. auch Hansi, L'Alsace heureuse. Paris o.J. Ein Bild zeigt, wie das Elsass von einem Poilu geweckt wird wie die «Belle au bois dormant» von einem Prinzen. Vgl. Abbildung 10 in diesem Band. S. 554. Ferner Anm. 17.

1. Der elsässische Partikularismus

Was bisher pauschal als Partikularismus bezeichnet worden ist und die Gegenposition zu den Assimilationisten bildete, müsste nach Tendenzen differenziert werden. Es lassen sich drei Abstufungen unterscheiden: 1. Die schwächste Ausformung des Partikularismus finden wir in der Forderung nach blosser Verwaltungsdezentralisation, nach regionalem Vollzug zentral und einheitlich fixierter Verwaltungsvorschriften. 2. Der eigentliche Partikularismus strebte partielle Selbstbestimmung mittels partieller Ausgliederung aus dem übergeordneten Staat an. Er hatte eine Autonomie zum Ziel, die sich in bestimmten Bereichen eigene Gesetze geben kann. Der zeitweise Dimensionen einer Massenbewegung annehmende Partikularismus der elsässischen «Heimatbewegung» bewegte sich in dieser mittleren Kategorie und war um 1920 nicht stärker «gegen» Frankreich gerichtet, als er 1910 «gegen» Deutschland gerichtet war.[12] Im deutschen Staatsverband wollte das Elsass ein eigenes Bundesland werden (dies wäre, wenn das Elsass bei Deutschland geblieben wäre, weil konform mit dem deutschen Föderalismus, so auch zustande gekommen). Einmal in Frankreichs zentristischem Staatsverband, hätten die elsässischen Partikularisten gerne regionale Autonomie gehabt, sie waren aber so sehr auf Frankreich ausgerichtet, dass sie die Dezentralisierung auch für andere französische Regionen wünschten.[13] 3. Schliesslich ist der Separatismus als marginale Kraft zu nennen, der in sezessionistischen Bestrebungen entweder die volle Souveränität oder den Anschluss an Deutschland oder die föderative Verbindung mit anderen Rheinstaaten suchte.

Der partielle Selbstbestimmungswille konzentrierte sich auf die Erhaltung zweier regionaler Eigenständigkeiten: der Einheit von Kirche und Staat und der Erhaltung der deutschen Sprache beziehungsweise der Zweisprachigkeit oder Dreisprachigkeit, sofern man den Dialekt als eigene Sprache mitzählt. Dies waren elementare und konservative Forderungen. Dazu gesellten sich weitergehende, teils traditionelle, teils innovatorische Postulate mit unterschiedlichem Unterstützungsgrad: zum Beispiel die Einführung einer regionalen Budget- und Gesetzeskompetenz, die Gründung einer eigenen Postverwaltung, einer eigenen Staatsbahn und Staatsbank und handelspolitische Kompetenzen, die eine Abschirmung gegen den innerfranzösischen Wirtschaftsraum und eine Öffnung gegenüber dem deutschen Ausland hätten ermöglichen sollen, und das Recht, den Militärdienst im eigenen Land abzuverdienen oder gar eigene Truppen zu haben. Schliesslich ein klassisches Postulat von Ländern, die sich gegen Abhängigkeit von fremden Mächten wehren wollen, ob dies der Irak (Öl), das Baselbiet (Salz) oder Namibia (Uran) ist: nämlich das Recht auf Eigennutzung der Bodenschätze, Quelle des Reichtums und zugleich Tresor heimatlicher Erde.[14]

12 Dies sehen auch die elsässischen Autoren Wahl und Richez so: Sie deuten die autonomistischen Manifestationen des «Heimatbundes» der 1920er Jahre als Fortführung der Positionen, wie sie von der 1898 gegründeten «Revue alsacienne illustrée» vertreten worden sind (Alfred Wahl und Jean Claude Richez, L'Alsace. S. 237).

13 Ebenda, S. 253.

14 Karl-Heinz Rothenberger, Die elsass-lothringische Heimat- und Autonomiebewegung. S. 135.

2. Deutschlands Elsasspolitik

War der elsässische Partikularismus das Produkt fremder Einwirkung, wie man französischerseits schnell anzunehmen bereit war, um die sich manifestierenden Autonomietendenzen leicht als separatistische Machenschaften diffamieren zu können? Paradoxerweise spielte die Frage der nationalstaatlichen Zugehörigkeit der elsässischen Provinz in den deutsch-französischen Beziehungen der Zwischenkriegszeit keine Rolle. Die Abtretung des Elsass gehörte nicht wie die Entwaffnung der Reichswehr, die Reparationszahlungen oder die Gebietsverluste an der Ostgrenze und in Afrika (Togo, Kamerun, Tanganjika) zu den Gegenständen der deutschen Revisionspolitik, und darum musste von Frankreich die sogenannte «désannexion» von 1918 auch nicht speziell verteidigt werden. Vor Friedensschluss hatte die deutsche Seite allerdings sehr wohl den deutschen Status des Elsass zu verteidigen gesucht und zum Teil die gleichen Positionen eingenommen wie später die Autonomisten.[15]

Deutschland war während der ganzen Zwischenkriegszeit nie darauf aus, die 1919 geregelte Elsassfrage wieder zu einer internationalen Frage werden zu lassen. 1925 hat Deutschland in Locarno bekanntlich die Westgrenze in aller Form anerkannt. Ganz auf die Gewinnung von Lebensraum im Osten ausgerichtet, war Hitler, noch stärker als die Regierungen der Weimarer Republik, darauf bedacht, Frankreich in der elsässisch-lothringischen Frage nicht zu verstimmen.[16] Wohl wurden Elsässer Partikularisten vor allem in den Jahren 1925–1929 mit deutschen Geldern unterstützt – dies geschah aber erst *nach* der markanten Artikulation eines eigenständigen Partikula-

15 Der Versailler Vertrag vom 28. April 1919 sah in Artikel 51 die Rückgabe der 1871 abgetretenen Gebiete und die Wiederherstellung der damaligen Grenze vor. Wilson hatte bereits im achten seiner bekannten 14 Punkte vom 8. Januar 1918 die Befreiung des gesamten französischen Gebiets und die Wiedergutmachung des Frankreich von Preussen «angetanen Unrechts» gefordert (Klaus Schwabe (Hrsg.), Quellen zum Friedensschluss von Versailles. Darmstadt 1997. S. 49). Auf deutscher Seite hielt im Januar 1919 eine offizielle Denkschrift fest, dass man die Sprachgrenze als Kriterium der Grenzziehung vorschlagen, allenfalls die Umwandlung von Elsass-Lothringen in einen neutralen Staat oder wenigstens in eine autonome Provinz innerhalb Frankreichs fordern möchte und «auf alle Fälle Sicherung für die deutsche Sprache und Kultur» (ebenda, S. 104). Im Reichskabinett wurde im März 1919 bemerkt: «[...] wenn die Annexion von 1871 ohne Volksabstimmung ein Unrecht war, so ist auch die Reannexion ohne Volksabstimmung ein Unrecht, dem wir uns nicht ohne Widerspruch beugen dürfen» (ebenda, S. 145). Eine etwas weichere Variante lautete, man wünschte eigentlich die Anwendung des Selbstbestimmungsrechts, sei aber bereit, darauf zu verzichten, wenn dies «das einzige Hindernis des Friedens» sei, man möchte nur vermeiden, dass die Nationalisten in Deutschland Gelegenheit erhielten, einen Revanchekrieg zu fordern (ebenda, S. 192). Im April 1919 war die Regierung grundsätzlich bereit, «das Unrecht von 1871 wieder gutzumachen», sie ging aber davon aus, dass diese Wiedergutmachung kein neues Unrecht schaffen sollte. Sie forderte eine Abstimmung in Elsass-Lothringen unter neutraler Kontrolle und Einbezug der gesamten Wohnbevölkerung vom August 1914, also auch der eingewanderten Deutschen (ebenda, S. 223). In jedem Fall wünschte man einen ungehinderten Bezug von Rohstoffen aus Elsass-Lothringen (ebenda, S. 383).

16 Lothar Kettenacker, Die nationalsozialistische Volkstumspolitik im Elsass während des 2. Weltkrieges. Stuttgart 1973. S. 292.

rismus, und es geschah lediglich mit kulturpolitischen Zielsetzungen. Ungerechtfertigt war die Beunruhigung freilich nicht, denn man konnte nie sicher sein, ob die Minoritätenkultur später nicht doch noch zum Vorwand für weitergehende Einmischungsversuche verwendet würde.

Der elsässische Partikularismus war kein importiertes Produkt deutscher Irredentisten, deutscherseits wurde bloss etwas Bestehendes mit bescheidenen Mitteln gefördert – diese von Karl-Heinz Rothenberger in seiner Mainzer Dissertation mit (etwas zu) grosser Entschiedenheit vertretene Auffassung hat sich – allerdings stark abgeschwächt – auch der Franzose François Georges Dreyfus in seiner Elsassgeschichte zu eigen gemacht.[17]

Wenn äussere Einflüsse zur Erklärung des elsässischen Partikularismus beigezogen werden sollen, müsste man anderen Vorgängen ebenfalls stimulierende Wirkung beimessen: nicht, wie zuweilen bemerkt, dem Einfluss der vatikanischen Politik, dessen Bedeutung von den französischen Jakobinern überschätzt worden ist, aber der Verkündigung des Selbstbestimmungsrechts der Völker zunächst durch den amerikanischen Präsidenten Wilson, später durch den Völkerbund; und dem irischen Unabhängigkeitskampf, der 1921 mit der Bildung eines irischen Freistaates einen wichtigen Erfolg erzielt hatte. Zeitgleich erfuhren die Autonomiebewegungen im schweizerischen Jura eine gewisse Belebung[18] und – näher gelegen – der katholische Rheinlandseparatismus eines Konrad Adenauer in den früher 1920er Jahren. Der reale rheinländische Separatismus wurde von Frankreich lebhaft begrüsst, der elsässische dagegen, auch wenn bloss Phantom, vehement bekämpft.

3. Frankreichs Elsasspolitik

Frankreich war für das Aufleben des elsässischen Partikularismus und dessen weitere Entwicklung in hohem Masse selbst verantwortlich. Einmal war es nicht ganz unbeteiligt gewesen an der Ausbildung des elsässischen Sonderbewusstseins, das sich in den Jahren 1911–1914 gegen ein Aufgehen der Provinz in das Deutsche Reich gesperrt hatte. Die mit französischem Zutun entwickelte Fähigkeit, sich gegen Assimilationsbestrebungen zu wehren, zeigte auch dann noch ihre Wirkung, als es galt, das Elsass nicht mehr gegen die «Verpreussung», sondern gegen die sogenannte «Verwelschung» zu schützen.

Zum anderen war aber der elsässische Partikularismus vor allem eine Reaktion auf Frankreichs Anstrengungen, die deutsche Vergangenheit des Elsass möglichst schnell auszulöschen und die wiedergewonnenen Gebiete als einheitlich verwaltete

17 François Georges Dreyfus, Histoire d'Alsace. Paris 1979. S. 314ff. Vom gleichen Autor ist wichtig in diesem Zusammenhang: La vie politique en Alsace 1919–1936. Paris 1969 (Dissertation).

18 Vgl. den Aufsatz zu den Konjunkturen in der jurassischen Autonomie- und Separationsbewegung in: Georg Kreis, Vorgeschichten zur Gegenwart. Ausgewählte Aufsätze. Bd. 2. Basel 2004. S. 347–357.

Departemente in die «eine und unteilbare Republik» einzugliedern. Diese Bestrebungen standen im krassen Widerspruch zu Versprechungen, die 1914 wie 1918 ausdrücklich die Respektierung der elsässischen Freiheiten, Traditionen, Überzeugungen und Sitten in Aussicht gestellt hatten.[19] Hinzu kam eine von Triage-Kommissionen – «Inquisitionskammern eines überspannten Nationalismus»[20] – durchgeführte rigorose Säuberung *(épuration)*, welche nicht nur die in der vorangegangenen Phase eingewanderten Deutschen, sondern auch die Einheimischen traf, Familien auseinanderriss und Alteingesessene (z.B. Lehrer) ihrer Ämter enthob und durch *Français de l'intérieur* ersetzte.

Die französische Sprache wurde, obwohl etwa 95 Prozent der Bevölkerung deutsch sprachen, ohne lange Übergangsregelungen zur Amts-, Gerichts- und Unterrichtssprache. Die aus Innerfrankreich importierten Lehrer konnten kein Deutsch, ganz abgesehen davon, dass sie die *«langue boche»* nicht hätten reden wollen. Dem Verlust der Muttersprache stand freilich die Aussicht auf Gewinn einer anderen Sprache gegenüber, vielleicht einer besonders edlen Sprache, deren Durchsetzung (wenigstens aus französischer Sicht) geradezu als Beitrag zur Versittlichung des Elsass verstanden wurde.

In der ersten Phase, also den Jahren 1919–1924, war die im Sprachendiktat am deutlichsten spürbare Unifikationspolitik nur einer der Gründe für die verstärkte Wahrnehmung der Andersartigkeit. Ein anderer Grund lag paradoxerweise gerade in der Ungleichheit der Behandlung, vor allem der Beamtenschaft, das heisst der Benachteiligung der einheimischen und der offensichtlichen Begünstigung der innerfranzösischen Funktionäre.

Die zweite Phase (diejenige der Intensivierung des Sonderbewusstseins) wurde ausgelöst durch die Absicht des mit Edouard Herriot an die Macht gelangten *Cartel des Gauches*, das Schulwesen wie im übrigen Frankreich zu laisieren und die Trennung von Kirche und Staat auch im Elsass einzuführen. Herriot verkündete im Juni 1924, die Laizität (man denke an die Kopftuchfrage unserer Tage) sei der Garant der nationalen Einheit und Brüderlichkeit. Die Abschaffung der trennenden Sonderregelung im Elsass entspreche sicher dem Wunsch *«des chères populations enfin rendus à la*

19 So erklärte General Joffre am 24. November 1914 den Bewohnern des oberelsässischen Städtchens Thann, dass Frankreich ihnen ihre Besonderheiten lassen werde: «Votre retour est définitif. Vous êtes français pour toujours. La France vous apporte, avec les libertés qu'elle a toujours représentées, le respect de vos libertés alsaciennes, de vos traditions, de vos convictions, de vos mœurs. Je suis la France. Vous êtes l'Alsace. Je vous apporte le baiser de la France» (zit. nach Karl-Heinz Rothenberger, Die elsass-lothringische Heimat- und Autonomiebewegung. S. 36). – Noch fünf Tage vor dem Einmarsch hatte der Präsident der französischen Kammer Paul Deschanel öffentlich das Versprechen erneuert, die elsässisch-lothringischen Eigenheiten zu respektieren: «C'est toute la France, la France tous les temps, votre ancienne France comme celle de la Révolution et de la République triomphante, qui respectueuse de vos traditions, de vos coutumes, de vos croyances, vous apporte toute sa gloire.»

20 Karl-Heinz Rothenberger, Die elsass-lothringische Heimat- und Autonomiebewegung. S. 38.

France».[21] Angesichts des drohenden Laizismus schwenkte der elsässische Klerus auf den autonomistischen Kurs ein, nachdem er sich zuvor an die Versprechen von 1914 (Joffre) und 1918 (Poincaré) geklammert hatte, wonach die in Frankreich bereits 1905 erfolgte Kündigung des Konkordates (d.h. des Abkommens mit dem Vatikan) nicht auf das Elsass übertragen würde. Dem Klerus waren zwei Dinge wichtig: die Erhaltung der Deutschsprachigkeit beziehungsweise der Zweisprachigkeit und die Erhaltung der Einheit von Kirche und Staat. Zwischen den beiden Zielsetzungen bestand insofern ein Zusammenhang, als die religiöse Unterweisung der grösstenteils deutschsprachigen Landbevölkerung nur in der bereits eingeführten Sprache erfolgen konnte und der Klerus, wenn er seine führende Position wahren wollte, auch allgemein die Sprache der breiten Volksschichten pflegen musste.

In der dritten Phase trieben die Repressionsversuche des französischen Staates das Abgrenzungsbedürfnis auf seinen Höhepunkt. Die sichtlich in gouvernementalem Sinn geführten Prozesse gegen Autonomisten bewirkten das Gegenteil: Die Angeklagten und Verurteilten wurden nicht als schändliche Agenten des Auslandes entlarvt, sondern zu verehrungswürdigen Freiheitshelden erhoben. In dieser Phase dominierte das elsässische Gemeinschaftsgefühl zeitweise über die parteipolitischen Differenzen. Es liess vorübergehend eine regionale Einheitsfront erstehen, in welcher sich sogar Katholiken und Kommunisten verbanden. Die überparteilichen Verbindungen in der Region waren von innerparteilichen Spannungen und Spaltungen im nationalen Rahmen begleitet: 1928 spaltete sich die katholische Volkspartei, und 1929 spaltete sich sogar die KP in einen national-orthodoxen und einen elsässisch-oppositionellen Teil.

Frankreichs Elsasspolitik ist in den bisher vorgelegten Studien aus der Sicht der Provinz, der Perspektive des Objekts betrachtet und darum als verständnislos und unflexibel dargestellt worden. Aus dem Blickwinkel der Metropole und der gesamtfranzösischen Perspektive zeigt sich die Problematik etwas anders: Da macht man die erstaunliche Beobachtung, dass sich der Partikularismus damals als transregionales Phänomen regte, dass es neben der elsässischen Bewegung auch eine bretonische und eine korsische gab. Es ist hier nicht die Aufgabe, diese sonderbare Erscheinung zu erklären, die sich in den 1970er Jahren wiederholen sollte und die sich schon vor 1914 bereits einmal in ähnlicher Weise manifestiert hatte. Ein wichtiger Teil der Elsass-Literatur, auf die wir uns stützen können, stammt, wie gesagt, aus den 1970er Jahren und ist selber Teil des intensivierten Interesses an der regionalpolitischen Frage, bis hin zum Band der beiden Elsässer Historiker Christian Gras und Georges Livet.[22]

21 Aus der Regierungserklärung von Eduard Herriot vom 18. Juni 1924: «L'idée de laïcité, telle que nous la concevons, nous apparaît comme la sauvegarde de l'unité et de la fraternité, nationale [...]. Le gouvernement est persuadé qu'il interprétera fidèlement le vœu des chères populations enfin rendues à la France en hâtant la venue du jour où seront effacées les dernières differences de législation entre les départements recouvrés et l'ensemble du territoire de la République. [...] Dans cette vue il [...] préparera les mesures qui permettraont en respectant les situations acquises en ménageant les intérêts matéreils et moraux de la population, d'introduire en Alsace et en Lorraine l'ensemble de la législation républiquaine.»

22 Régions et régionalisme en France du XVIIIe siècle à nos jours. Paris 1977. S. 311–420.

Ob der elsässische Partikularismus denjenigen der Bretonen und der Korsen förderte oder umgekehrt, sei dahingestellt. Auf jeden Fall sah sich die Regierungsgewalt, die durch die Kraftkonzentrationen während des vorangegangenen Krieges in ihrem Zentralismus bestärkt worden war, einer Mehrzahl von Partikularismen gegenüber, von denen man nicht wusste, ob sie im Separatismus enden würden. Die elsässische Variante dürfte allerdings die gravierendste gewesen sein, weil sie auch das schwierige Verhältnis zum schwierigen Nachbarn Deutschland betraf. Die elsässischen Autonomisten zumal der ersten Phase hofften, wie bereits angetönt, es würde ihnen gelingen, ihr Regionalismuskonzept im Sinne der *«compénétration»* ins übrige Frankreich einfliessen zu lassen, und unterhielten Beziehungen zu Autonomiebewegungen anderer Regionen. 1927 wurde in der Bretagne ein *«Comité des Minorités de France»* gegründet, und 1928 entsandten die bretonische und die korsische Bewegung ihre Anwälte zum Colmarer Autonomistenprozess.[23]

Obwohl Frankreich mit seinem Verhalten, wie die erfolgreiche Politik des *«apaisement»* in der vierten Phase zeigt, die Konjunktur des elsässischen Partikularismus erheblich mitbestimmte, dürfen sich unsere Erklärungen nicht mit einem auf politische Prozesse beschränkten Interaktionsmodell zufriedengeben. Es müsste auch – was bisher nicht unternommen worden ist und hier nur andeutungsweise geschehen kann – abgeklärt werden, inwiefern der elsässische Partikularismus durch spezifische ökonomische Verhältnisse der Region bedingt ist.

23 Aus nationalistischer Sicht wird gerne betont, dass diese Bewegungen mit deutschen Geldern unterstützt worden seien. Vgl. Lionel Boissou. L'Allemagne et les mouvements identitaires en France, des années 20 à la Deuxième Guerre mondiale. In: Cahiers pour l'analyse concrète. Nr. 53. 2004. – Zu den beiden Bewegungen:
Der bretonische Partikularismus
(«Les pommes de terre pour les cochons – Les épluchures pour les Bretons»)
1919 Gründung des Monatsblattes «Breiz Ataoll» (Bretagne toujours)
1927 Parti autonomiste breton
1927 Comité des Minorités de France in der Bretagne gegründet
1929 «Breiz Ataoll» wird Wochenblatt
1932 Verhärtung des bretonischen Separatismus
1938 Verurteilungen von Separatisten

Der korsische Partikularismus («De la morue pour la Corse!»)
1920 Erstausgabe von «A Muvra» (mouflon/Gebirgsschaf)
1923 Partitu Corsu d'Azione (1922 sardische Vorläuferin)
1927 Umwandlung in Partitu Corsu Autonomisto
1934 Versammlung der Etats généraux de la Corse in Ajaccio
1935 Versammlung der Etats généraux de la Corse in Bastia

4. Ökonomische Bedingtheiten des elsässischen Partikularismus?

Der elsässischen Wirtschaft wurden in doppelter Hinsicht brüske Wechsel zugemutet: einmal der Wechsel von der Kriegs- auf die Friedensproduktion, sodann der Wechsel des gesamten national-ökonomischen Konzeptes.[24] Die neue Situation wirkte sich alles in allem für die elsässische Region nicht nachteilig aus; sie zwang aber einzelne Produktionszweige zu Umstrukturierungen, die nicht ohne negative Rückwirkungen auf gewisse Teile der Bevölkerung bleiben konnten. Während die Industrie, besonders die Kaliindustrie, später die gesamte Montanindustrie und bis 1926 sogar die Textilindustrie, einen deutlichen Aufschwung erlebte, hatte die Landwirtschaft bei kleinen Erträgen sichtlich Mühe, der Konkurrenz der innerfranzösischen Produkte standzuhalten; vor allem ist sie im Gemüse- und im Weinbau gezwungen gewesen, weniger, aber bessere Produkte zu erzeugen. (Von den Weinbauern ist bereits die Rede gewesen.) Der Zwang zur Umstrukturierung in der Landwirtschaft und die starke Abwanderung in die Industrie (1900 sind 65 Prozent, 1939 nur noch 40 Prozent der elsässischen Bevölkerung von der Landwirtschaft abhängig) könnten bei den Abwandernden und vor allem bei den Zurückgebliebenen ein Gefühl des Heimatverlustes beziehungsweise der Heimatbedrohung erzeugt, sie könnten rückwärtsgewandte Sehnsüchte ausgelöst und das Aufkommen eben partikularistischer Bewegungen begünstigt haben.

Entfremdet fühlte sich ein Teil der Bevölkerung bereits vor 1914, als das Elsass unter deutscher Herrschaft einen wirtschaftlichen Aufschwung beträchtlichen Ausmasses erlebte, was die erste der regionalistischen Wellen auslöste und zur Herausbildung eines Klimas der *«petite patrie»* und zur Kultivierung, wenn nicht sogar zur eigentlichen Schaffung der Kategorie des *«peuple alsacien»* führte.[25] Mit dem Entfremdungsgefühl verband sich – sowohl vor als auch nach dem Krieg – ein Überfremdungsgefühl: vor dem Krieg gegen die privilegierten Deutschen, nach dem Krieg gegen die privilegierten Franzosen. Partikularismen, welche die soziokulturelle Eigenständigkeit betonen, könnten als Kompensationen verstanden werden, die auf dem Umweg über ethnische Identitäten auf ökonomische Ungleichheit reagieren. Gleiches lässt sich in den Protesthaltungen der Suisse romande und im Nordjura feststellen.[26]

Im elsässischen Fall kann man die Disparität allerdings nicht wie im bretonischen und im korsischen Fall als Modernitätsrückstand definieren. Die sozioökonomische

24 Vgl. auch Jacques Bariéty, Les conséquences pour l'économie française du retour de l'Alsace-Lorraine à la France den 1919. In: Francia Bd. 3 (1975). München 1976. S. 533–553. – Iris Heinz, Les problèmes de la reconvertion économique en Alsace 1918–1926. Strasbourg 1975 (Mémoire de Maîtrise). – Chantal Metzger, Les milieux économiques alsaciens et les négociations franco-allemandes de 1919–1925. In: Revue d'Allemagne, t. XVII. N° 4, Octobre–Décembre. 1985.

25 Wahl und Richez bringen das ebenfalls in einen sehr direkten Zusammenhang, wenn sie sagen: «Dans toute l'Europe se développaient alors des mouvements régionalistes en réaction contre l'industrialisation, la centralisation et l'uniformation» (Alfred Wahl und Jean Claude Richez, L'Alsace. S. 237).

26 Vgl. etwa den Protest in der französischen Schweiz vor 1914 in: Georg Kreis, Vorgeschichten zur Gegenwart. Ausgewählte Aufsätze. Bd. 1. Basel 2003. S. 413–427.

Sonderstellung des Elsass bestand darin, wenn man von den Umstrukturierungszwängen und von der Reaktion auf die beschleunigte Industrialisierung absieht, dass das Elsass einen vergleichsweise fortschrittlichen Entwicklungsstand zu verlieren hatte. Es bleibt zu prüfen, inwiefern sich die Anhänger der partikularistischen Bewegung aus Kreisen rekrutierten, die sich in ihrem Besitzstand bedroht sahen. Die kommunistischen Vertreter der elsässischen Arbeiterschaft beispielsweise waren darum nicht national oder international orientiert, wie sie ihrer Ideologie gemäss hätten sein sollen, sondern sprachen sich für regionale Autonomie aus.[27]

5. Das Elsass am Vorabend des Zweiten Weltkrieges

Nachdem wir festgestellt hatten, dass der elsässische Partikularismus kein Produkt des deutschen Irredentismus und in den deutsch-französischen Beziehungen von nebensächlicher Bedeutung war, haben wir uns den endogenen Faktoren zugewandt und in Frankreichs forcierter Assimilationspolitik und seinen Repressionsversuchen die hauptsächlichen Gründe nicht für die Existenz, aber für das breite Ausmass der partikularistischen Bewegung erkannt. Werfen wir abschliessend nochmals einen Blick auf die internationalen Verhältnisse:

Der elsässische Partikularismus war weder Ursache noch Folge der internationalen Spannungen. Sein Höhepunkt fiel – ohne dass wir eine Gesetzmässigkeit erblicken müssten – in die Phase der französisch-deutschen Détente (1925–1930). Als die Spannungen in den dreissiger Jahren wieder zunahmen, flauten die partikularistischen Strömungen im Gegenteil wieder ab. Einzelne Autonomisten hofften zwar, davon zu profitieren, dass Frankreich nach der Remilitarisierung des Rheinlandes auf das zum Schild der Nation gewordene Elsass vermehrt angewiesen war; sie wollten die Loyalität des Elsass mit Zugeständnissen insbesondere in der Sprachenfrage honoriert sehen. Der Autonomist Camille Dahlet erklärte im Herbst 1938: «[…] die europäischen Erzeugnisse der letzten Zeit haben gezeigt, wie gefährlich es für einen Staat ist, wenn er die berechtigten Forderungen seiner sprachlichen Minderheit vernachlässigt.»[28]

Autonomiewünsche müssen sich vielleicht nicht speziell rechtfertigen, sie leben vom Prinzip des Selbstbestimmungsrechts. Im Falle des gleichsam zwischen Hammer und Amboss befindlichen Elsass lag der Autonomiewunsch der Zwischenkriegszeit speziell darin begründet, dass es nicht Objekt übergeordneter politischer Erwägungen, nicht Glacis, nicht nationales Frontgebiet sein wollte. Möglicherweise brachte die Frontposition auch einzelne Vorteile, der Universität Strassburg zum Beispiel eine gute Ausstattung mit Geistesgrössen wie den Historikern Lucien Febvre, Marc Bloch,

27 Alfred Wahl und Jean Claude Richez, L'Alsace. S. 254.

28 Zit. nach Karl-Heinz Rothenberger, Die elsass-lothringische Heimat- und Autonomiebewegung. S. 239.

Georges Lefebvre oder dem Soziologen Maurice Halbwachs.[29] Die Frontlage hatte aber vor allem zur Folge, dass von 1933 an öffentliche wie private Investitionen stark zurückgingen. Das Kriegsministerium verhinderte die Schaffung einer Petrolraffinerie in Strassburg, in einem Grenzgebiet von 30 Kilometern Tiefe war jeder Fabrikbau bewilligungspflichtig.[30]

Im Elsass der Vorkriegsjahre standen die Sorgen wegen der sich immer deutlicher abzeichnenden Kriegsgefahr im Vordergrund. Während eine kleine Minderheit verstärkt ihre Sympathien für den Nationalsozialismus zeigte, betonte der Grossteil der elsässischen Partikularisten vermehrt seine Verbundenheit mit Frankreich. Man verband diese Loyalitätserklärungen allerdings mit der – wie wir wissen – vergeblichen Hoffnung auf eine deutsch-französische Aussöhnung, damit das kleinnationale Elsass – «la petite patrie» – nicht abermals zum Gegenstand grossnationaler Rivalitäten würde.

6. Auswahlbibliographie zum elsässischen Partikularismus

Kursiv hervorgehoben sind die Publikationen der 1970er Jahre.

Bankwitz, Philip, Les chefs autonomistes alsaciens 1919–1947. Saison d'Alsace Nr. 71. 1980 (Kansas Lawrence 1978).

Documents de l'Histoire de l'Alsace. Hrsg. unter der Leitung von Philippe Dollinger. Toulouse *1972*.

Dreyfus, François G., La vie politique en Alsace 1919–1936. Paris 1969 (Cahiers de la fond. Nat. des sciences po. Nr. 173). 327 S.

Dreyfus, François G., Histoire de l'Alsace. Paris *1979*. 420 S.

Gras, Christian, Georges Livet, Régions et régionalisme en France du XVIIIe siècle à nos jours. Paris 1977 (Actes d'un colloque de Strasbourg du 11 au 13 octobre 1974). S. 311–420.

Histoire de l'Alsace. Hrsg. unter der Leitung von Philippe Dollinger. Toulouse *1970*.

Kettenacker, Lothar, Nationalsozialistische Volkstumspolitik im Elsass. Stuttgart *1973* (Frankfurter Diss. von 1968). 389 S.

Kintz, Jean-Pierre, Vers une autre économie et une autre société. In: L'Alsace de 1900 à nos jours. Toulouse *1979*. S. 133–179.

L'Alsace de 1900 à nos jours. Mit Beiträgen von R. Heitz, Ph. Dollinger, G. Foessel, F.G. Dreyfus, J.P. Kintz und J. Christian. Toulouse *1979*.

L'Huillier, Fernand, Histoire de l'Alsace (Reihe Que sais-je?). Paris [4]1974.

Philippe, Eugène, Les luttes linguistiques en Alsace jusqu'en 1945. Strassburg 1975. 378 S.

29 Wahl und Richez sehen in der Entsendung dieser «jeunes sujets les plus brillants» eine Massnahme zur Französisierung des Elsass (Alfred Wahl und Jean Claude Richez, L'Alsace. S. 236). Vgl. auch Georges Livet, L'université de Strasbourg. Strassburg 1996.

30 Ebenda, S. 47.

Poidevin, Raymond und Jacques Bariéty, Frankreich und Deutschland. Die Geschichte ihrer Beziehungen 1815–1975. München 1982 (franz. Originalausgabe *1977*).

Rothenberger, Karl-Heinz, Die elsass-lothringische Heimat- und Autonomiebewegung zwischen den beiden Weltkriegen. Bern *1976* (Europäische Hochschulschriften III/42). 366 S.

Vogler, Bernard, Comment l'Alsace est devenue française. In: L'Histoire 45, Mai 1982. S. 6–19.

Wackernagel, Rudolf, Geschichte des Elsass. Basel 1919 (beschränkt auf die Zeit bis 1789).

Textnachweis

13 Basel und seine Geschichte. Zur Eröffnung der internationalen Tagung der Dombaumeister, Münsterbaumeister und Hüttenmeister vom 15. September 1992. In: Tagungsband. Basel Juni 1993. S. 7–20. Ebenfalls in: Basler Magazin vom 7. November 1992.

31 Basel und die Eidgenossenschaft 1501–2001. In: Neue Zürcher Zeitung vom 13. Juli 2001.

39 Aufbruch und Abbruch. Die «Entfestigung» der Stadt Basel. Unter dem Titel: Der Abbruch der Basler Stadtmauern. In: Stadt- und Landmauern. Bd. 1. Beiträge zum Stand der Forschung. Zürich 1995. S. 135–143. (In einer Variante auch in Festschrift Hugger: Soll und Haben. Alltag und Lebensformen bürgerlicher Kultur. Hrsg. v. Ueli Gyr. Zürich 1995. S. 213–228.)

53 Das Schicksal der Aeschenvorstadt. Vorstudie zum Vortrag vom 23. November 2005 zum 100jährigen Bestehen des Basler Heimatschutzes (unveröffentlicht).

61 Basel in Bildern und Bilderbüchern (unveröffentlicht).

69 Der Schnauz des Schmieds. Kunst und Kalter Krieg in Basel 1950/51. In: Basler Stadtbuch 2000. Basel 2001. S. 224–241.

91 Europastadt Basel – eine Frage der Urbanität. In: Basler Magazin vom 4./5. September 1999.

99 Das Projekt «Neue Basler Geschichte». In: Schweizerische Zeitschrift für Geschichte 43. Basel 1993. S. 574–593.

121 Der Basler Wiedervereinigungsversuch der 1960er Jahre. Auszug aus: Goldene Jahre und irritierende Erfahrungen. In: Basel. Geschichte einer städtischen Gesellschaft. Hrsg. v. Georg Kreis und Beat von Wartburg. Basel 2000. S. 277–280.

129 Zum historischen Moment eines historischen Vorschlags (Manifest für einen Kanton Basel). In: Basler Stadtbuch 1990. Basel 1991. S. 38–42.

137 Der lange Abschied von der Wiedervereinigung (unveröffentlicht).

161 Territoriale Identität und gesellschaftlicher Wandel. Ist der Streit um Kantonszugehörigkeiten noch zeitgemäss? In: Lehrblätz Laufental. Vom schwierigen Weg der direkten Demokratie. Hrsg. v. Andreas Cueni. Zürich 1993. S. 105–114.

171 Kantone zwischen Stagnation und Aufbruch. In: Basler Stadtbuch 1995. Basel 1996. S. 116–118.

175 Die «Euregio Oberrhein» und die «Regio Basiliensis». In: Europa und seine Regionen. Hrsg. v. Elisabeth Vyslonzil und Gottfried Stangler. Frankfurt a.M. 1996. S. 94–106.

189 Die schweizerische Aussenpolitik von der Gründung des Bundesstaates bis zum Ersten Weltkrieg (1848–1914). In: Neues Handbuch der schweizerischen Aussenpolitik. Bern 1992. S. 27–40.

205 Umstrittene Reisediplomatie. In: Schweizer Monatshefte 59. Zürich 1979. S. 209–219.

217 Die Schweizer Reise des französischen Präsidenten Fallières und die deutsch-französischen Rivalitäten in den Jahren vor dem Ersten Weltkrieg. In: Cinq siècles de relations franco-suisses. Hommage à Louis-Edouard Roulet. Neuchâtel 1984. S. 233–244.

231 Die Anfänge der Direkten Demokratie im Bereich der Aussenpolitik. In: Les origines de la démocratie directe en Suisse. Hrsg. v. Andreas Auer. Basel 1996. S. 333–354.

249 Lernen mit demokratischen Rechten. Schlussbetrachtungen zu einer Genfer Tagung. In: Direkte Demokratie und schweizerische Aussenpolitik. Hrsg. v. Jean-Daniel Delley. Basel 1999. S. 133–140.

257 Volkssouveränität und Aussenpolitik in der Schweiz nach 1918. Zur politischen Kultur eines demokratischen Kleinstaates. In: Studia Polono-Helvetica. Basler Beiträge zur Geschichtswissenschaft 157. Basel/Frankfurt a.M. 1989. S. 149–172.

285 Die Europäische Union – legitimiert aus dem Gang der Geschichte? Vortrag vom 30. Oktober 2004 an der Universität Zürich (bisher unveröffentlicht, erscheint demnächst auch in einem Tagungsband).

299 Der «vierte Tag» der Paneuropa-Bewegung. Zum Basler Kongress von 1932. In: Basler Zeitschrift für Geschichte und Altertumskunde (Festschrift für Andreas Staehelin). Basel 1991. S. 335–361.

323 Der Blick auf Europa – ein Blick in die Geschichte. Wie Herbert Lüthy den europäischen Vergemeinschaftungsprozess beurteilte. In: Schweizer Monatshefte 12. Zürich 1997/98. S. 35–38.

331 Nach der schweizerischen jetzt die europäische Integration. Zur Idee der schweizerischen Modellhaftigkeit. In: Der Beitritt der Schweiz zur Europäischen Union: Brennpunkte und Auswirkungen. Hrsg. v. Thomas Cottier und Alwin Kopse. Bern 1998. S. 189–212.

351 Die schweizerische Europapolitik aus der Sicht des Historikers. Referat vor dem Europa-Forum Luzern vom 15. April 1999. In: Die Zukunft der Schweiz in Europa? Basel 1999. S. 5–16 (Basler Schriften zur europäischen Integration. Nr. 40).

361 Unser Weg nach Europa. In: Aargauer Zeitung vom 8. Juli 2000.

367 Ein langer Atem für Europa. 70 Jahre europäische Basisbewegung in der Schweiz. Vortrag vom 4. Dezember 2004, Hilton Basel NEBS (unveröffentlicht).

375 Wieviel Demokratie für Europa? Vortrag vom März 2005 an der Ecole des Sciences politiques in Paris (unveröffentlicht).

393 Grenzen der Demokratie? Überlegungen anlässlich Frankreichs jüngster EU-Abstimmung. Stark gekürzt bereits erschienen in: Direkte Demokratie, europäische Integration und Handlungsmöglichkeiten der Schweiz. Basel 2005. S. 35–53 (Basler Schriften zur europäischen Integration Nr. 75).

417 Schlüsselmomente der europäischen Integrationsgeschichte. Vortrag vom März 2005 an der Ecole des Sciences politiques in Paris (unveröffentlicht).

429 Die Systeme der kollektiven Friedenssicherung von 1919 und 1945. In: Schweizer Monatshefte 1. Zürich 1986. S. 25–36. Ebenfalls in: Entre deux étapes de la diplomatie multilatérale permanente: réflexions et jugements sur la Société des Nations au moment de la fondation des Nations Unies. In: Relations internationales 39. 1984. S. 373–387.

441 Le débat sur les origines de la guerre froide: état de la question. In: Relations internationales 47. 1986. S. 305–318.

455 Von der Anlehnung zur Abgrenzung. Schweizerische Beziehungen zu Deutschland im 19. und 20. Jahrhundert. Beitrag zu einer Vortragsserie «Deutschland und die ‹kleinen› Nachbarn». Vortrag vom 22. Mai 1996 am Institut für Europäische Geschichte in Mainz (unveröffentlicht).

473 Die Schweiz und der Anschluss Österreichs. In: Österreich, Deutschland und die Mächte. Internationale und österreichische Aspekte des «Anschlusses» vom März 1938. Hrsg. v. Gerald Stourzh und Brigitta Zarr. Wien 1990. S. 355–360.

479 Die Wiederherstellung des österreichischen Staates nach dem Zweiten Weltkrieg. Ein Blick in die schweizerische Publizistik. In: Schweizer Monatshefte 3. Zürich 1988. S. 177–188. Ebenfalls in: Österreich–Schweiz: Nachbarn, Konkurrenten, Partner. Hrsg. v. Hans Thalberg. Wien 1988. S. 41–54.

495 Österreich, von der Schweiz besehen. In: Literatur und Kritik. Salzburg September 1996. S. 66–70.

501 Zweifelhafter Umgang mit «zweifelhafter Vergangenheit». Zum anhaltenden Streit um die Alfred Toepfer Stiftung. Eine Kurzversion davon ist erschienen in: Basler Zeitung vom 13./14. August 2005.

525 Die Idee der Revanche in Frankreich 1870–1914. Vortrag vom 6. März 1978 in der Historisch-Antiquarischen Gesellschaft Basel und Gastvortrag 2003 an der Universität Bern (unveröffentlicht).

541 Hansis doppelter Kampf gegen das Deutsche und gegen die Moderne. Stark ausgebautes Exposé eines Lichtbildervortrags mit dem Titel «Wegelin, Wetterle und Waltz: Vom Widerstand im Elsass um 1910» im zweiten Teil der Veranstaltung der Historisch-Antiquarischen Gesellschaft Basel vom 6. März 1978 (unveröffentlicht).

557 Der elsässische Partikularismus im Spannungsfeld des deutsch-französischen Gegensatzes 1918–1939. Probevortrag im Habilitationsverfahren von 1980 und am Gastvortrag an der Universität Bern vom 10. Mai 2004 (unveröffentlicht).

Georg Kreis bei Schwabe

Georg Kreis
Vorgeschichten zur Gegenwart
Ausgewählte Aufsätze. Band 1
2003. 574 Seiten mit 40 Abbildungen. Broschiert.

Georg Kreis
Vorgeschichten zur Gegenwart
Ausgewählte Aufsätze. Band 2
2004. 578 Seiten mit 43 Abbildungen. Broschiert.

Georg Kreis (Hrsg.)
Erinnern und Verarbeiten
Zur Schweiz in den Jahren 1933–1945
Itinera Fasc. 25
2004. 160 Seiten. Broschiert.

Georg Kreis (Hrsg.)
Zeitbedingtheit – Zeitbeständigkeit
Professoren-Persönlichkeiten der Universität Basel.
Karl Barth – Edgar Bonjour – Karl Jaspers –
Adolf Portmann – Edgar Salin
2002. 98 Seiten. Broschiert.

Georg Kreis, Bertrand Müller (Hrsg.)
Die Schweiz und der Zweite Weltkrieg/
La Suisse et la Seconde Guerre mondiale
Sonderausgabe von vol. 47, 1997, Nr. 4
der Schweizerischen Zeitschrift für Geschichte
1997. 359 Seiten. Gebunden.

Georg Kreis bei Schwabe

Georg Kreis
Die Schweiz unterwegs
Schlussbericht des Nationalen Forschungsprogramms 21:
«Kulturelle Vielfalt und nationale Identität»
1994. 330 Seiten. Broschiert.

Georg Kreis
Die Universität Basel 1960–1985
1986. 381 Seiten. Gebunden.

Lukas Burckhard, René L. Frey,
Georg Kreis, Gerhard Schmid (Hrsg.)
Das politische System Basel-Stadt
Geschichte, Strukturen, Institutionen, Politikbereiche
1984. 525 Seiten. Gebunden.

Georg Kreis
Auf den Spuren von Charité
Die schweizerische Armeeführung im Spannungsfeld
des deutsch-französischen Gegensatzes 1936–1941
1976. 239 Seiten mit Illustrationen. Broschiert.

Schwabe
Unser Signet reicht zurück in die Anfänge der Buchdruckerkunst und stammt aus der Umgebung von Hans Holbein. Es ist die Druckermarke der Petri; sie illustriert die Bibelstelle Jeremias 23,29: «*Sind nicht meine Worte wie Feuer, spricht der Herr, wie ein Hammer, der den Felsen zerschmettert?*» Unser Verlagssignet hat sich von 1527 bis heute als treffendes Bild für die Macht des Wortes bewährt.